38, RUE DE LONDRES

Philippe Sands

38, RUE DE LONDRES

De l'impunité, Pinochet et le nazi de Patagonie

Traduit de l'anglais
par Christophe Beslon

Albin Michel

Ouvrage publié sous la direction
d'Hélène Monsacré

Pour Natalia

Et peut-être qu'il n'y a point d'occasion plus grande, ni de cause plus proche des troubles, séditions, guerres civiles, et ruines des Républiques, que le mépris des gens de bien et l'impunité qu'on donne aux méchants.

Jean Bodin, 1576.

Je suis un monument.

Walther Rauff, 1979.

Je suis un ange.

Augusto Pinochet, 2003.

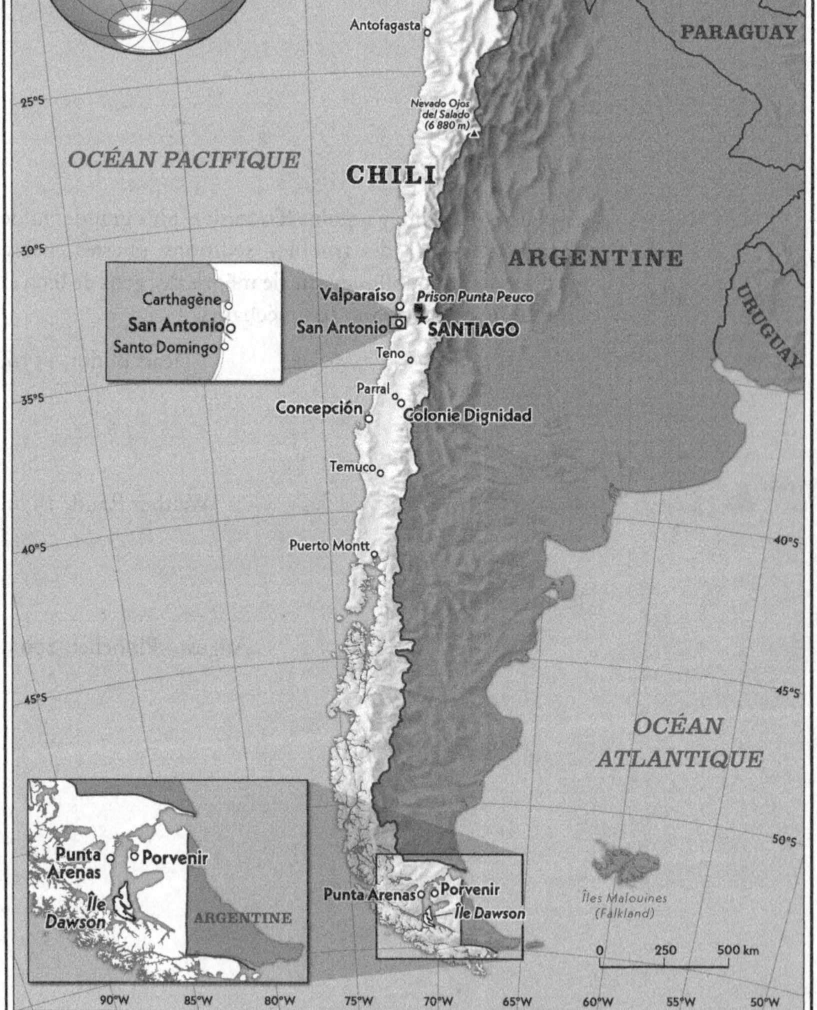
CHILI
PÉROU
BOLIVIE
PARAGUAY
ARGENTINE
URUGUAY
OCÉAN PACIFIQUE
OCÉAN ATLANTIQUE
CHILI
Antofagasta
Nevado Ojos del Salado (6 880 m)
Valparaíso
Prison Punta Peuco
San Antonio
SANTIAGO
Teno
Parral
Concepción
Colonie Dignidad
Temuco
Puerto Montt
Punta Arenas
Porvenir
Île Dawson
Îles Malouines (Falkland)
Carthagène
San Antonio
Santo Domingo
Punta Arenas
Porvenir
Île Dawson
ARGENTINE
0
250
500 km
80°W
25°S
30°S
35°S
40°S
45°S
40°S
45°S
50°S
90°W
85°W
80°W
75°W
70°W
65°W
60°W
55°W
50°W

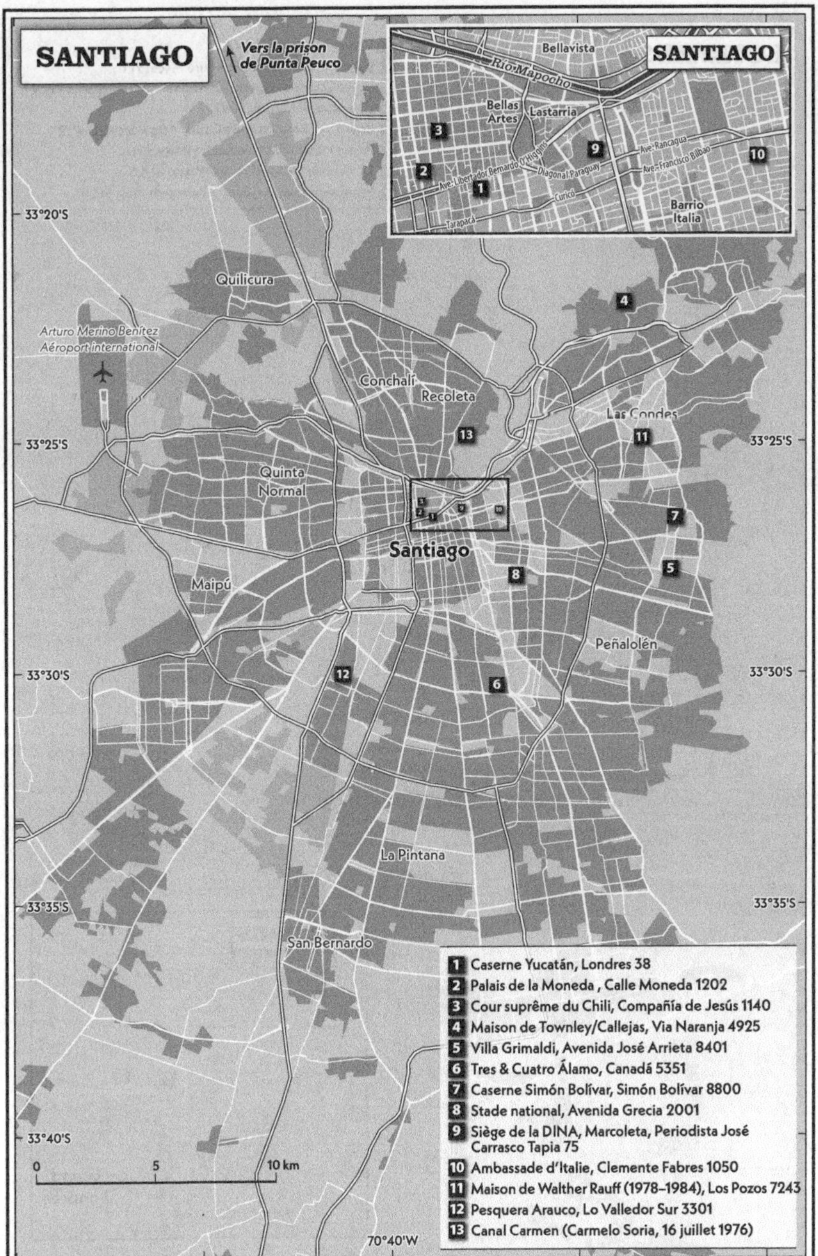
SANTIAGO
Vers la prison de Punta Peuco
33°20'S
Quilicura
Arturo Merino Benítez Aéroport international
Conchalí
Recoleta
Las Condes
33°25'S
Quinta Normal
Santiago
Maipú
Peñalolén
33°30'S
La Pintana
33°35'S
San Bernardo
33°40'S
0
5
10 km
70°40'W
SANTIAGO
Bellavista
Río Mapocho
Bellas Artes
Lastarria
Ave. Libertador Bernardo O'Higgins
Diagonal Paraguay
Ave. Rancagua
Ave. Francisco Bilbao
Curicó
Tarapacá
Barrio Italia
1 Caserne Yucatán, Londres 38
2 Palais de la Moneda , Calle Moneda 1202
3 Cour suprême du Chili, Compañía de Jesús 1140
4 Maison de Townley/Callejas, Via Naranja 4925
5 Villa Grimaldi, Avenida José Arrieta 8401
6 Tres & Cuatro Álamo, Canadá 5351
7 Caserne Simón Bolívar, Simón Bolívar 8800
8 Stade national, Avenida Grecia 2001
9 Siège de la DINA, Marcoleta, Periodista José Carrasco Tapia 75
10 Ambassade d'Italie, Clemente Fabres 1050
11 Maison de Walther Rauff (1978–1984), Los Pozos 7243
12 Pesquera Arauco, Lo Valledor Sur 3301
13 Canal Carmen (Carmelo Soria, 16 juillet 1976)

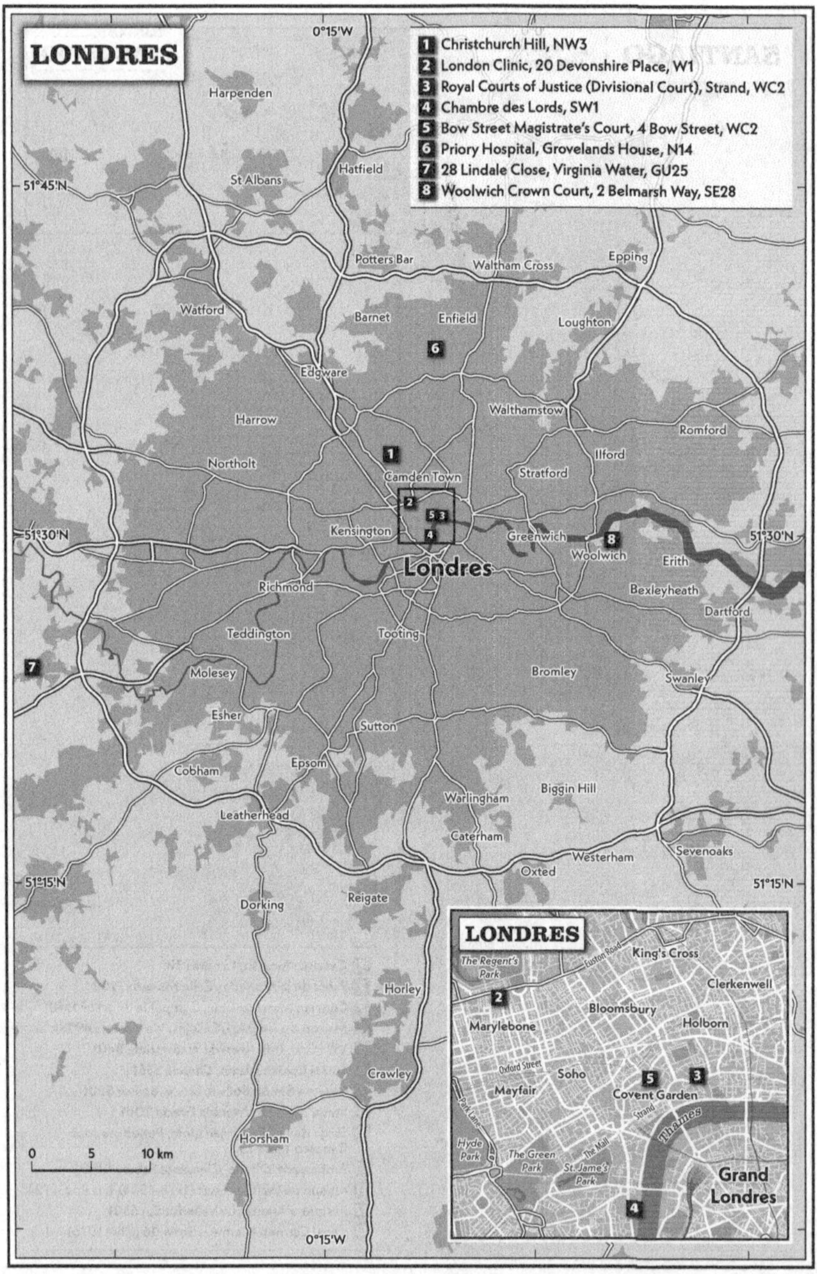
LONDRES
1 Christchurch Hill, NW3
2 London Clinic, 20 Devonshire Place, W1
3 Royal Courts of Justice (Divisional Court), Strand, WC2
4 Chambre des Lords, SW1
5 Bow Street Magistrate's Court, 4 Bow Street, WC2
6 Priory Hospital, Grovelands House, N14
7 28 Lindale Close, Virginia Water, GU25
8 Woolwich Crown Court, 2 Belmarsh Way, SE28
0°15'W
51°45'N
51°30'N
51°15'N
Harpenden
St Albans
Hatfield
Potters Bar
Waltham Cross
Epping
Watford
Barnet
Enfield
Loughton
Edgware
Harrow
Walthamstow
Romford
Northolt
Camden Town
Stratford
Ilford
Kensington
Greenwich
Woolwich
Erith
Londres
Richmond
Bexleyheath
Dartford
Teddington
Tooting
Molesey
Bromley
Swanley
Esher
Sutton
Cobham
Epsom
Warlingham
Biggin Hill
Leatherhead
Caterham
Westerham
Sevenoaks
Oxted
Dorking
Reigate
Horley
Crawley
Horsham
0 5 10 km
LONDRES
The Regent's Park
Euston Road
King's Cross
Clerkenwell
Bloomsbury
Marylebone
Holborn
Oxford Street
Soho
Mayfair
Covent Garden
Strand
Thames
Park Lane
Hyde Park
The Green Park
The Mall
St. James's Park
Grand Londres

Avertissement au lecteur

Dans la procédure judiciaire sans précédent et de portée historique qui a suivi l'arrestation d'Augusto Pinochet à Londres, le 16 octobre 1998 au soir, je n'ai tenu en somme qu'un rôle secondaire. En revanche, il m'a offert une place de choix pour observer le déroulement de l'une des plus grandes affaires criminelles internationales depuis Nuremberg. Le temps a passé, mais je n'ai jamais oublié cette expérience ni les histoires et les personnages qu'elle mettait en scène.

Bien des années après l'arrestation et les événements qui suivirent, je faisais des recherches pour un livre sur la *« Ratline »*, la filière d'exfiltration empruntée par un nazi pour s'échapper de la ville de Lviv, fuir l'Europe et rejoindre l'Amérique du Sud. Dans les archives d'une famille autrichienne, j'ai trouvé une lettre écrite par un ancien dirigeant nazi du nom de Walther Rauff. Poursuivi lui-même pour crimes contre l'humanité et génocide, cet officier SS envoyait ses conseils à un vieux camarade. Je découvris ensuite que, une dizaine d'années plus tard, l'auteur de la lettre s'était établi en Patagonie, dans le sud du Chili, où il allait bientôt prendre la direction d'une conserverie spécialisée dans la mise en boîte de chair de crabe royal.

Il ne m'était pas venu à l'esprit qu'il puisse exister un lien entre Pinochet et Rauff, mais il m'apparut ensuite que les vies des deux hommes étaient étroitement imbriquées. Ce livre est l'histoire d'un voyage entrepris pour exposer leur relation et ses conséquences, un parcours qui touche des sujets historiques, juridiques, politiques et littéraires. Il évoque aussi la mémoire, et cette ligne imaginaire qui sépare, dit-on, la réalité de la fiction, et la vérité du mythe.

Je me suis efforcé de rapporter avec impartialité ce que j'ai appris sur les vies de ces deux hommes, en m'appuyant sur des documents, des archives, des témoignages et des entretiens. Ce récit ne prétend pas être exhaustif, ni constituer l'unique version possible. Il y aura toujours une grande variété de points de vue et de souvenirs sur de telles affaires qui impliquent un si grand nombre de personnes. La vie quotidienne nous apprend que deux individus ayant vécu le même moment auront une vision différente des choses, que les mémoires sont fluides et que les faits avérés restent souvent ouverts à l'interprétation.

Ceci est ma propre interprétation, fondée sur ce que j'ai vu, entendu ou lu. C'est un voyage personnel. Il interroge la justice, la mémoire et l'impunité, à travers le temps et les lieux, ainsi que les fils dont sont tissées nos vies étranges, où les interrogations et les coïncidences affleurent si souvent.

Philippe Sands,
Londres et Bonnieux, novembre 2024.

Personnages principaux

Augusto Pinochet Ugarte, né en 1915 à Valparaíso, Chili ; commandant en chef de l'armée chilienne ; président de la junte militaire puis président de la république du Chili, 1973-1990
Lucía Hiriart, née en 1923, son épouse
Walther Rauff, né en 1906 à Köthen, Allemagne ; officier dans la marine allemande ; SS et Gestapo ; directeur de la Pesquera Camelio
Edith Rauff, née en 1898, sa seconde épouse
Walther Rauff II, né en 1940, son fils
Walther Rauff III, né en 1967, son petit-fils

Allemagne

Gerd Heidemann, né en 1931, journaliste, magazine *Stern*
Karl Wolff, né en 1900, général, chef suprême de la SS et de la police

Chili

Carlos Basso, né en 1972, journaliste et professeur d'université
Sergio Bitar, né en 1940, ministre, économiste, détenu de l'île Dawson
Humberto Camelio, né en 1907, fondateur de la Pesquera Camelio
José (Porotin) Camelio, né en 1932, son fils, Pesquera Camelio

Humberto Camelio, né en 1934, son fils, Pesquera Camelio
Eduardo Camelio, né en 1960, son petit-fils
Mariana Camelio, née en 1996, son arrière-petite-fille, poétesse
Alfonso Chanfreau Oyarce, né en 1950, étudiant, détenu du 38, rue de Londres, époux d'Erika Hennings
Manuel Contreras, né en 1929, armée, directeur de la DINA
Hernán Felipe Errázuriz, né en 1945, avocat et diplomate
Pedro Espinoza, né en 1932, armée, directeur adjoint de la DINA
Eduardo Frei, né en 1942, président de la République (1994-2000)
Samuel Fuenzalida, né en 1956, armée, conscrit affecté à la DINA
León Gómez, né en 1953, professeur d'histoire, détenu du 38, rue de Londres
Erika Hennings, née en 1951, directrice de l'organisation Londres 38, détenue, épouse d'Alfonso Chanfreau
José Miguel Insulza, né en 1943, ministre des Affaires étrangères et secrétaire général du gouvernement
Ricardo Izurieta, né en 1943, armée, commandant en chef
Miguel Krassnoff Martchenko, né en 1946, armée, DINA, tortionnaire
Ricardo Lagos, né en 1938, avocat, économiste, président de la République (2000-2006)
Miguel Lawner, né en 1928, architecte, détenu de l'île Dawson
Orlando Letelier, né en 1932, économiste, ministre, détenu de l'île Dawson
Osvaldo Romo (el Guatón, le Gros), né en 1938, DINA, tortionnaire
Miguel Schweitzer Speisky, né en 1908, professeur de droit, ministre
Miguel Schweitzer Walters, né en 1940, son fils, avocat, ambassadeur, ministre
Carmelo Soria, né en 1921, diplomate attaché à l'ONU
Laura González-Vera, née en 1932, médecin, son épouse
Carmen Soria, née en 1960, journaliste, sa fille
Cristián Toloza, né en 1958, psychologue, haut fonctionnaire
Jorgelino Vergara (el Mocito), né en 1960, jeune valet employé par Manuel Contreras

Espagne

José María Aznar, né en 1953, Premier ministre (1996-2004)
Carlos Castresana, né en 1957, procureur
Juan Garcés, né en 1944, avocat, conseiller du président Allende
Manuel García-Castellón, né en 1952, juge d'instruction, Audiencia Nacional, Juzgado central de instrucción (JCI), tribunal n° 6
Baltasar Garzón, né en 1955, juge d'instruction, Audiencia Nacional, Juzgado central de instrucción (JCI), tribunal n° 5

Royaume-Uni

Thomas Bingham, né en 1933, juge
Tony Blair, né en 1953, Premier ministre (1997-2007)
Nicolas Browne-Wilkinson, né en 1930, juge, Appellate Committee, Chambre des Lords
James Cameron, né en 1961, avocat, défenseur du général Pinochet
Michael Caplan, né en 1953, associé, cabinet juridique Kingsley Napley, *Solicitors*, conseils du général Pinochet
Leonard Hoffmann, né en 1934, juge, Appellate Committee, Chambre des Lords
David Hope, né en 1938, juge, Appellate Committee, Chambre des Lords
Alun Jones, né en 1949, avocat, conseil auprès du Crown Prosecution Service
Jean Pateras, née en 1948, interprète, Metropolitan Police, Scotland Yard
Jonathan Powell, né en 1956, chef de cabinet de Tony Blair (1997-2007)
Gordon Slynn, né en 1930, juge, Appellate Committee, Chambre des Lords
Jack Straw, né en 1946, Home Secretary, ministère de l'Intérieur (1997-2001)
James Vallance White, né en 1938, Fourth Clerk at the Table, greffier principal, Chambre des Lords

Prologue

Santiago, août 1974

Un fourgon frigorifique de marque Chevrolet glisse le long de La Alameda, la voie qui relie le palais de la Moneda à l'université. Arrivé près de l'antique église San Francisco, il tourne à droite pour entrer dans le barrio Paris-Londres, quartier construit autour du croisement de deux rues, calle Londres et calle Paris. Dans ses habitations, élevées sur l'emplacement du jardin d'un ancien ermitage, vivait une population de poètes, d'écrivains et d'artistes.

Le fourgon roule sur les pavés avant de s'immobiliser devant un long bâtiment en pierre grise, au numéro 38 de la rue. Désignée ici simplement sous le nom de « Londres », celle-ci s'appellerait ailleurs dans le monde London Strasse, London Street, ou encore rue de Londres.

Dallage, entrée 38, rue de Londres.

Des hommes en vêtements civils ouvrent les portes arrière du fourgon : un petit groupe d'hommes aux yeux bandés sautent à l'extérieur et sont poussés dans l'entrée. L'un d'eux est un étudiant en histoire âgé de vingt ans, arrêté pour subversion. Il ignore où il se trouve, mais à travers le bandeau ses yeux reconnaissent le dallage noir et blanc devant l'entrée, semblable à un échiquier au sol. Pas de doute, ils sont au siège du Parti socialiste.

On le pousse à l'intérieur du bâtiment en lui faisant monter quelques marches de pierre, puis il est séparé de ses compagnons et conduit dans une pièce adjacente où on lui ordonne de s'asseoir. Une autre personne, une femme, s'assoit à côté de lui.

« Je m'appelle León.

– Je m'appelle Hedy », répond la femme.

Après un temps d'attente, on vient le chercher pour le conduire au premier étage par un escalier tournant situé au fond du bâtiment. Arrivé dans une nouvelle pièce, un gardien lui ordonne de se déshabiller. On l'oblige à s'allonger, nu, sur un vieux sommier, métallique et froid. Puis on l'attache au cadre par les poignets et les chevilles. Le voici écartelé comme un cochon prêt à passer à la broche[1].

Il entend des voix basses, et se demande si l'une n'a pas un accent allemand. De sa couche il aperçoit le profil caractéristique d'une machine à écrire d'un modèle ancien. Il entend d'autres voix et capte la senteur familière d'une eau de toilette bon marché. Les bruits se rapprochent, la fragrance se précise. *Flaño*, un parfum qui allait bientôt se confondre pour lui avec une sensation d'anxiété et de crainte.

Plus tard, alors qu'il était de retour dans la pièce du rez-de-chaussée, on amena un jeune homme qui fut déposé en tas, à même le sol, dans un état effroyable. Quelqu'un murmura : « Alfonso, un étudiant de philosophie. » Peu après, une jeune femme, également prisonnière, fut conduite près de lui. Ils échangèrent quelques mots juste avant que l'étudiant soit emporté au-dehors et chargé à l'arrière d'un fourgon frigorifique prêt à démarrer.

On ne le revit plus jamais.

Londres, octobre 1998

Vingt-quatre ans plus tard.

Quatre officiers de police se pressent à l'entrée de la chambre 801, au huitième étage d'une clinique située dans une rue du centre de Londres. La soirée est déjà avancée en ce vendredi d'octobre ; une interprète est présente. Ils entrent dans la chambre où repose un vieil homme de quatre-vingt-deux ans qui se remet d'une opération au dos. Augusto Pinochet.

L'interprète, une femme à la longue chevelure bouffante, l'informe en espagnol qu'il est en état d'arrestation et lui énonce ses droits. « Vous êtes accusé de meurtres, dit-elle, par un juge espagnol qui demande que vous soyez extradé à Madrid pour être jugé et répondre à l'accusation de génocide que vous avez perpétré au Chili, en torturant des personnes et en les faisant disparaître. »

Deux semaines plus tard, à Paris, je retrouve ma femme devant les hautes portes en bois qui marquent l'entrée du cimetière de Pantin, situé à la périphérie de la ville. C'est là que repose mon grand-père. Nous nous embrassons. « Je viens de recevoir une demande des avocats d'Augusto Pinochet, lui dis-je. Ils voudraient que je plaide son immunité devant les tribunaux anglais, en foi de quoi il ne saurait être extradé vers l'Espagne pour y répondre de l'accusation de génocide ou de tout autre crime.

– Est-ce que tu vas accepter ? » me demande-t-elle immédiatement d'une voix assurée. Je lui rappelle alors la règle de la « station de taxis », qui exige des avocats qu'ils agissent comme des chauffeurs de taxi, obligés d'accepter n'importe quelle course et de ne refuser personne pour des raisons politiques ou liées à la personnalité du demandeur.

« Est-ce que tu vas accepter ? répète-t-elle.

– Tu connais la règle, alors oui, c'est mon intention.

– Très bien », dit-elle sur un ton irrité et doux en même temps, « mais, si tu le fais, je divorcerai. »

Hagenberg, Autriche, juin 2015

Dix-sept ans plus tard.

Je suis au dernier étage d'un vieux château délabré dans le nord de l'Autriche, frayant mon chemin dans les archives familiales d'un couple autrichien depuis longtemps disparu. Je découvre une vieille lettre, écrite après la guerre et adressée à Otto Wächter, alors en fuite à Rome. L'auteur de la lettre était un homme du nom de Walther Rauff qui dispensait des recommandations depuis Damas, en Syrie :

> Garde toujours une ténacité inébranlable, poursuis ta tâche sans crainte, et ne perds pas ton temps à ressasser les jours meilleurs du passé. Si tu acceptes la situation actuelle comme elle est, tu pourras faire beaucoup et reprendre ton ascension... Le principal est de quitter l'Europe... et de se concentrer sur le « rassemblement des forces requises pour une opération ultérieure ».

Va en Amérique du Sud, disait Rauff à Wächter, l'homme qui avait jadis supervisé l'extermination de centaines de milliers de Juifs et de Polonais à Lviv. Puis il concluait : « Je vais continuer à agir en suivant ces principes. »

J'appris que l'auteur de la lettre était lui aussi un SS en fuite. Il était bien connu pour le rôle qu'il avait joué dans le développement de l'utilisation méthodique de camions servant à gazer des Juifs et d'autres victimes promises à la mort, et pour avoir assassiné plusieurs centaines de milliers de personnes à travers l'Europe. Recherché pour ces actes de tuerie de masse, Herr Rauff est parvenu à échapper à la capture et à s'enfuir grâce à la filière de la *« Ratline »*. Des années plus tard, il finit par échouer au bout du monde, en Patagonie, au sud du Chili, où il prit la direction d'une conserverie de chair de crabe royal.

Les rumeurs sur son passé ne cessèrent jamais de l'accompagner. De même que les rumeurs sur son lien avec le général Pinochet. « Tout le monde est au courant », me dira un chauffeur de taxi qui me conduisait dans les rues de Santiago.

I.

ARRESTATION

La certitude qu'il n'existe nul endroit sur terre où les crimes demeureront impunis peut constituer un moyen efficace de les prévenir.

Cesare Beccaria, 1764.

Londres, octobre 1998

1

J'ai appris la nouvelle à la radio le 17 octobre 1998. Nous étions un samedi après-midi et j'attendais les résultats des matchs de football. C'était le jour de mon trente-huitième anniversaire. La BBC annonça l'arrestation à Londres de l'ancien dictateur chilien, le général Augusto Pinochet, en réponse à la requête présentée par un juge espagnol[1]. L'information était intéressante, car ce n'est pas tous les jours qu'un ancien chef d'État se retrouve placé en détention. Sans donner plus de détails, on disait que la demande d'extradition reposait sur des accusations de crimes de génocide, de torture et des disparitions commis durant ses années à la tête du Chili, depuis le jour du coup d'État qui le porta au pouvoir, le 11 septembre 1973, jusqu'à son retrait de la présidence, en mars 1990.

La nouvelle de l'arrestation déclencha une vague de colère, de joie et d'incrédulité. Le gouvernement chilien protesta en soulignant les qualités d'ancien Président et de sénateur à vie de Pinochet qui lui conféraient une immunité complète. « C'est une transgression des normes internationales », déclara son fils à une foule qui lançait des œufs sur la résidence de l'ambassadeur britannique à Santiago. « Un acte lâche », clama la Fondation Pinochet, gardienne de son héritage. « Il dormait quand la police a pénétré dans sa chambre à la clinique. »

Les opposants à Pinochet, en revanche, étaient aux anges. Enfin il peut être interrogé sur le sort de nos proches, déclara le président de l'association des familles des disparus. Une « occasion unique » de répondre des violations des droits humains commises par son régime, dit María Isabel Allende, la fille du président Salvador Allende, mort le jour du coup d'État.

« C'est un séisme », écrivit Roberto Bolaño, romancier chilien installé près de Barcelone. « Les choses ne seront plus jamais comme avant[2]. »

Pour le gouvernement britannique, l'affaire relevait bien des tribunaux. Un ministre, Peter Mandelson, déclara que « l'idée qu'un dictateur brutal puisse revendiquer l'immunité diplomatique apparaîtrait plutôt révoltante pour la plupart des gens[3] ».

L'ancienne Première ministre Margaret Thatcher annonça que l'arrestation, menée « au milieu de la nuit » sur un Pinochet sous sédation, était honteuse, illégale et inhumaine. Elle mettait en danger tous les anciens dirigeants et risquait de peser sur la liberté d'un dirigeant de prendre des décisions « dont il pourrait avoir à répondre devant un tribunal étranger ». Ceux qui exercent « un pouvoir absolu » seraient encore moins enclins à y renoncer, « de peur de finir leurs jours dans une prison espagnole »[4]. Elle reçut le soutien de l'ancien ministre conservateur Norman Lamont, qui considérait Pinochet comme « un bon, courageux et honorable soldat[5] ».

J'étais adolescent au moment du coup d'État et je ne savais pas grand-chose sur Pinochet. Au cours des années suivantes, je ne me suis pas rendu au Chili, et les Chiliens dont je fis la connaissance étaient surtout des étudiants en droit qui suivaient mes cours, ou des universitaires exilés en Europe. Cependant, je lisais des livres et voyais des films consacrés à cette période, et en 1991 j'ai assisté à une représentation de la pièce d'Ariel Dorfman, *Death and the Maiden (La Jeune Fille et la Mort)*, au Royal Court Theatre à Londres. Je n'ai jamais oublié l'interprétation par Juliet Stevenson du rôle d'une femme qui explique à son mari qu'elle a reconnu son bourreau :

« Est-ce que tu n'étais pas malade et les yeux bandés ? *(dit le mari)*

– Je peux être malade et reconnaître une voix.

– Mais un vague souvenir de la voix de quelqu'un ne prouve rien.

– C'est sa voix. Je l'ai reconnue dès qu'il est entré ici hier soir. Sa façon de rire. Certaines de ses phrases. »

C'est à cette époque que j'ai rencontré un professeur de droit chilien, Francisco Orrego Vicuña, avec qui j'ai travaillé plus tard sur des questions environnementales. J'ignorais qu'il avait servi comme ambassadeur de Pinochet à Londres, jusqu'au moment où ce détail a resurgi et a fait capoter son élection comme juge à la Cour internationale de justice. On peut dire qu'il était en bonne compagnie : c'est parce qu'il avait exprimé son admiration pour Pinochet, dit-on, que l'écrivain argentin Jorge Luis Borges a perdu toute chance de décrocher le prix Nobel de littérature.

2

Augusto Pinochet Ugarte est né en 1915 à Valparaíso, dans une famille d'ascendance bretonne et basque. Entré dans l'armée, il y fit son chemin en grimpant les échelons. Il enseigna dans des écoles militaires au Chili et en Équateur, où il vécut au milieu des années 1950 avec son épouse Lucía Hiriart[6]. En 1970, Salvador Allende, le Président socialiste nouvellement élu, nomma Pinochet au poste de chef d'état-major général de l'armée, sous les ordres du commandant en chef, son ami Carlos Prats. Le 23 août 1973, après la démission de Prats, Allende promut Pinochet pour le remplacer. Dix-huit jours plus tard, Pinochet jouait un rôle clé dans le putsch qui renversa Allende ; celui-ci se donnait la mort au palais de la Moneda, siège de la présidence. Tous ces événements sont exposés dans la trilogie de remarquables films documentaires réalisés par Patricio Guzmán *(La Bataille du Chili)* entre 1975 et 1979.

Anticommuniste virulent et germanophile déclaré, Pinochet fut porté à la tête d'une junte militaire de quatre hommes, puis, plus tard, à la présidence du Chili. Il bénéficiait du soutien d'une grande partie de la population chilienne et, aux États-Unis, de l'appui du président Nixon et de Henry Kissinger. Devenu secrétaire d'État une semaine après le putsch, ce dernier y voyait la formation d'un bastion pour contrer l'influence soviétique, ainsi qu'un moyen de promouvoir les principes de l'économie de marché néolibérale inspirés par les idées de l'économiste Milton Friedman et des « Chicago Boys* ».

Résolue à « extirper le marxisme du Chili », la junte dissout les partis politiques de gauche et confisque leurs propriétés[7]. L'immeuble du Parti socialiste situé au numéro 38 de la calle Londres**, au cœur de Santiago, est confisqué et transformé en centre secret d'interrogatoire et de torture, désigné parfois sous le nom de caserne Yucatán. Là, pour éviter d'attirer l'attention, interrogateurs et gardiens sont habillés en civil, le personnel en uniforme est interdit, et les prisonniers qui sont amenés ou extraits sont transportés dans des camionnettes et d'autres véhicules ordinaires[8]. La junte prit le contrôle de sociétés privées pour gérer et financer ces activités secrètes[9].

Bientôt la junte crée une force de police secrète, la *Dirección de Inteligencia Nacional*, la DINA, pour mater les opposants et faire fonctionner Londres 38 et d'autres lieux de torture et d'assassinat du même genre. Pour la diriger, Pinochet nomme Manuel Contreras, militaire de confiance en provenance de l'École d'ingénieurs de Tejas Verdes, près de San Antonio, à l'ouest de Santiago sur la côte Pacifique ; il lui donne des pouvoirs illimités pour éradiquer les gauchistes. Chaque matin, Contreras faisait son rapport à Pinochet, lequel, prétendit-il, approuvait personnellement chacune des opérations de la DINA. Pour sa propre sécurité, Pinochet était quant à lui protégé par une unité militaire d'élite, les *boinas negras*, ou bérets noirs.

Durant quatre années, la DINA a détenu, interrogé et torturé des dizaines de milliers d'opposants à Pinochet. Beaucoup furent tués, et lorsque la DINA fut finalement dissoute, en septembre 1977, ce sont plus de mille cinq cents personnes qui avaient disparu. L'emprisonnement et l'assassinat étaient devenus une routine au Chili,

---

* « Chicago Boys » : cette expression désigne un groupe d'économistes chiliens adeptes de l'ultralibéralisme formés à l'Université de Chicago, qui se mirent au service de la dictature militaire dès le coup d'État du 11 septembre 1973 *(NdT)*.

** Pour la suite du récit, ce lieu sera désigné le plus souvent sous l'intitulé raccourci de son adresse en espagnol, tel qu'il est employé à Santiago et adopté par l'auteur : Londres 38 *(NdT)*.

et également à l'étranger. « C'était un pays occupé par une dictature qui s'inscrivait directement dans le prolongement de l'idéologie nazie », selon les mots du poète Raúl Zurita[10].

Dès le lendemain du putsch, les anciens ministres de Salvador Allende furent envoyés dans un nouveau camp de concentration établi sur l'île Dawson, dans le détroit de Magellan, près de Punta Arenas, à l'extrême sud du pays.

Dans le mois qui suivit, un escadron de la mort de l'armée chilienne se lança dans une campagne d'assassinats à travers tout le pays[11]. Quatre-vingt-dix-sept personnes trouvèrent la mort dans cette opération qui se fera connaître sous l'appellation de « Caravane de la mort ».

Avant la fin de l'année, la DINA avait mis en place des douzaines de centres de détention. À Londres 38, un prisonnier disparaissait en moyenne chaque jour. Parmi les autres centres de détention ouverts à proximité figuraient le Stade national, la villa Grimaldi, les cellules secrètes de Cuatro Álamos incluses dans le camp de Tres Álamos, et la caserne secrète Simón Bolívar où opérait la brigade Lautaro de la DINA. En outre, la DINA acquit une maison sur la via Naranja, dans un quartier huppé, où des chimistes fabriquaient du gaz sarin au sous-sol, tandis que se déroulaient des causeries littéraires à l'étage.

La DINA disposait de centres ouverts dans tout le pays. À San Antonio, c'était la caserne Tejas Verdes et, un peu plus au sud, le centre de torture de Santo Domingo. Dans l'extrême sud, à Punta Arenas, elle s'empara de l'ancien hôpital naval, bientôt désigné sous le sobriquet de « Palacio de las Sonrisas » (« Palais des sourires »).

Un an après le coup d'État, le gouvernement Pinochet et la DINA commencèrent à tuer à l'extérieur du Chili. En septembre 1974, c'est le général Prats qui est assassiné à Buenos Aires. C'était « un homme des plus compétents », dira Pinochet en apprenant la mort de son vieil ami et prédécesseur au poste de commandant en chef. « J'ai toujours éprouvé de l'affection pour lui[12]. »

En octobre 1975, c'est le dirigeant exilé du Parti démocrate-chrétien, Bernardo Leighton, qui échappa à une tentative d'assassinat, à Rome.

En novembre 1975, lors du soixantième anniversaire de Pinochet, la DINA lança l'opération Condor. Ce projet coordonné entre l'Argentine, la Bolivie, le Chili, le Paraguay et l'Uruguay entendait cibler les activistes de gauche et les démocrates à travers tout le continent sud-américain.

En juillet 1976, Carmelo Soria, fonctionnaire des Nations unies bénéficiant d'un statut d'immunité complète selon le droit international, est enlevé dans la rue en plein centre de Santiago. Deux jours après, le corps du diplomate possédant la double nationalité chilienne et espagnole est repêché dans le canal d'El Carmen de la ville.

En septembre 1976, Orlando Letelier, ancien ambassadeur d'Allende aux États-Unis puis ministre de la Défense, est assassiné au cœur de Washington.

Les choses se poursuivent ainsi, d'année en année, non sans opposition. En septembre 1986, le cortège automobile de Pinochet tombe dans une embuscade ; cinq soldats sont tués et de nombreux autres blessés[13]. Le Président, qui a échappé de peu à la mort, ordonne alors une série d'exécutions en représailles.

Deux ans plus tard, en octobre 1988, les Chiliens votent « non » au référendum que Pinochet organise en vue de conserver la présidence de la République. Les électeurs optent au contraire pour un retour à la démocratie et, en mars 1990, après dix-sept années au pouvoir, Pinochet renonce, tout en conservant la charge de commandant en chef de l'armée.

Un gouvernement démocratiquement élu se met alors en place, une coalition baptisée *Concertación* soutenue par les démocrates-chrétiens et les socialistes. Le président Patricio Aylwin crée une Commission nationale baptisée « Vérité et Réconciliation », présidée par Raúl Rettig, qui rendra son rapport en 1991. Le rapport Rettig établira la responsabilité du régime de Pinochet dans la détention illégale ou la torture de plus de quarante mille personnes, et dans le meurtre ou la disparition de plus de trois mille personnes[14]. Beaucoup d'analystes avancent des chiffres encore plus élevés.

En mars 1998, Pinochet renonça à son poste de commandant en chef, mais accepta sa nomination comme sénateur à vie, qui lui conférait une immunité absolue, en tant que parlementaire, à l'égard de toute poursuite judiciaire au Chili.

À ce moment-là, cependant, les affaires relatives aux crimes de son gouvernement, et à son propre rôle, commençaient à s'accumuler. En octobre 1998, un procureur de Santiago, Juan Guzmán, enquêtait sur la responsabilité personnelle de Pinochet, soupçonné d'avoir autorisé la « Caravane de la mort ». Mais, comme pour les autres investigations, il était impossible d'aboutir à une mise en jugement, en raison de la loi d'amnistie promulguée par Pinochet lui-même en 1978 et qui excluait pratiquement toute possibilité de poursuites et de procès pour les crimes commis par le gouvernement qu'il avait dirigé durant dix-sept années.

Tel était l'état des choses au Chili quand Pinochet s'envola pour Londres, ville qu'il aimait et où il se croyait apprécié, tout particulièrement pour avoir apporté son aide aux Britanniques dans la guerre des Malouines menée contre l'Argentine, en 1982.

3

Pinochet, en vérité, se voyait placé au-dessus des lois, et n'éprouvait pas le moindre regret au sujet de ses actes. Je suis un soldat, aimait-il répéter, mon coup d'État a sauvé le Chili du communisme, des agitateurs gauchistes et d'un destin à la cubaine. En termes de style, ce n'était pas un intellectuel ni un penseur – contrairement à Carlos Prats, qu'il craignait pour cette raison –, il avait plutôt quelque chose d'un renard.

Il aimait les films de la saga *Star Wars* et les livres sur Napoléon Bonaparte, et appréciait la compagnie des anciens combattants, notamment des vieux nazis endurcis tels que l'aviateur Hans-Ulrich Rudel. Cet as de la Luftwaffe lui avait dit un jour : « La seule erreur de Hitler a été de perdre la guerre. » Pinochet admirait son anticommunisme inébranlable, tout en affichant pour sa part son scepticisme quant à l'ampleur des crimes nazis. Il demanda un jour à un ministre du gouvernement ouest-allemand en visite officielle s'il était sûr que six millions de Juifs étaient vraiment morts. N'était-ce pas plutôt quatre millions[15] ?

Pinochet était fier de sa bibliothèque personnelle, qui comprenait des livres sur les mouvements de guérilla, les écrits d'Antonio Gramsci et d'autres théoriciens marxistes, et des enquêtes sur les crimes communistes[16]. Il possédait un exemplaire original du poème épique du XVIe siècle *La Araucana*, écrit par le soldat et poète espagnol Alonso de Ercilla y Zúñiga, et n'était de toute évidence pas troublé par son récit lyrique de la répression féroce par l'Espagne de l'insurrection des Indiens mapuches du Chili. « Une malveillance brutale et sans pareille a pollué notre invasion », reconnaît pourtant le poète[17].

Le goût de Pinochet pour la littérature et la force brute ne s'étendait pas aux hommes de loi, dont il se méfiait. Il prit soin de nommer des juges qui pourraient veiller sur lui, et des avocats pour le défendre. Il fit voter une loi destinée à l'immuniser contre les risques de poursuites ; la loi d'amnistie de 1978 lui apporta une protection absolue.

Cette loi fut précipitée par les réactions provoquées par la décision de Pinochet de faire assassiner Orlando Letelier à Washington deux ans plus tôt[18]. Je connaissais un peu cette histoire par mon beau-père éditeur, André Schiffrin, qui avait publié un récit, *Assassination on Embassy Row*, et avait travaillé avec Letelier sur un projet de livre peu de temps avant l'attentat[19]. Natalia, ma femme, m'a dit un jour : « Letelier est venu déjeuner à la maison quelques jours avant son assassinat ; il a dit que j'avais des taches de rousseur adorables ; une fille de douze ans se souvient de choses comme ça. »

Le meurtre de Letelier s'est produit deux mois après la visite que le secrétaire d'État Henry Kissinger rendit à Pinochet au Chili pour l'assurer du soutien des États-Unis à son régime. Jimmy Carter venait de remporter les primaires du Parti démocrate dans l'Ohio, et Paul McCartney et les Wings dominaient les classements musicaux avec *Silly Love Songs*. La visite de Kissinger avait coïncidé avec la fin de l'interdiction des partis politiques en Espagne, qui avait été imposée par Franco en 1939 après la victoire des nationalistes dans la guerre civile espagnole. Pinochet admirait grandement Franco, qui était mort quelques mois avant la venue de Kissinger, et il avait d'ailleurs été l'un des rares dirigeants étrangers à assister à ses funérailles.

Lors de leur rencontre en juin 1976 au palais de la Moneda, Pinochet et Kissinger avaient partagé leur inquiétude de voir le communisme « resurgir » en Espagne, et convenu que le coup d'État au Chili ne représentait qu'une « nouvelle étape » du conflit qui avait déclenché la guerre civile espagnole[20]. J'ai « beaucoup de sympathie » pour vos efforts au Chili, assura Kissinger à Pinochet. « Nous adressons tous nos vœux à votre gouvernement », indique le compte rendu officiel.

En prononçant ces paroles, Kissinger connaissait parfaitement les atteintes massives aux droits humains qui étaient perpétrées au Chili, et les efforts du Congrès américain pour bloquer les ventes d'armes à ce pays. Je veux une amélioration des droits humains, dit-il, avec l'introduction de limites constitutionnelles aux détentions illégales. Pinochet lui assura qu'il ne restait que quatre cents prisonniers, ce qui était faux, mais Kissinger ne semblait vraiment pas s'intéresser aux chiffres. « Vous avez rendu un grand service au camp occidental en renversant Allende. »

Pinochet était plus préoccupé par les agissements des Chiliens exilés à l'étranger, en particulier Letelier qui répandait de « fausses informations », assura-t-il à Kissinger. Au même moment, à Washington, Letelier se plaignait du traitement, qualifié de « cauchemardesque », que lui avait infligé Pinochet. À la suite du putsch, il était resté en détention pendant un an, dont huit mois sur l'île Dawson. « Comment le monde a-t-il pu laisser faire quelque chose d'aussi brutal et immoral dans ce pays ? » demanda-t-il. Est-il vrai que c'est un Allemand du Chili qui a organisé le camp ? l'interrogea un journaliste. « Walther Rauff », répondit Letelier, c'est le bruit qui court[21]. « Je n'ai pas vu M. Rauff, et je ne sais pas s'il est le concepteur de ce camp, mais j'ai lu beaucoup de choses qui vont dans ce sens-là. »

Le séjour de Kissinger à Santiago a certainement rassuré et conforté Pinochet. Au cours du mois qui suivit cette visite, en juillet 1976, le diplomate de l'ONU Carmelo Soria fut tué dans la capitale chilienne, et Pinochet demanda à Contreras et à Pedro Espinoza, son adjoint à la tête de la DINA, d'en finir avec Letelier[22]. Les deux hommes ordonnèrent à Michael Townley de « procéder à l'assassinat ». L'Américain de trente-trois ans, recruté par la DINA deux ans auparavant, était marié à Mariana Callejas, écrivaine chilienne qui venait d'obtenir un prix littéraire décerné par *El Mercurio*, journal qui soutenait Pinochet sans réserve. La DINA avait attribué au couple une maison située sur la via Naranja, dans le quartier chic de Santiago, Lo Curro.

Le plan initial consistait à tuer Letelier avec du gaz sarin enfermé dans un flacon de parfum Chanel N° 5[23]. Mais finalement, le 21 septembre 1976, sur Sheridan Circle, au cœur du quartier des ambassades de Washington, Embassy Row, la Chevrolet de Letelier fut soufflée par une explosion qui tua l'ancien ministre et Ronni Karpen Moffitt, sa collègue à l'Institute of Policy Studies.

Pinochet fut ravi de la nouvelle du trépas de son ennemi juré, qu'il apprit alors qu'il s'apprêtait à accueillir Jorge Luis Borges au palais de la Moneda. « Un excellent homme », dira du président du Chili l'écrivain argentin, un « gentleman » plein de « chaleur et de bonté ». Par ces paroles qui enchantèrent Pinochet, Borges verra sombrer tout espoir de recevoir un prix Nobel[24]. Aux États-Unis, le meurtre de Letelier souleva un tollé. Pinochet accusa des opposants politiques et nia toute implication.

4

L'assassinat de Letelier devait avoir de graves conséquences. L'enquête criminelle qui suivit conduira tout droit à la DINA et à Contreras, et créera une sérieuse menace pour Pinochet. Cet épisode l'alerta sur les dangers que pouvaient représenter des procureurs étrangers, et sur la nécessité de prendre des mesures de protection. Moins d'un an plus tard, sous la pression des États-Unis, Pinochet remplaçait la DINA par une nouvelle entité baptisée *Central Nacional de Informaciones*, ou CNI[25]. Contreras perdit son poste de directeur ; il détruisit les dossiers de la DINA, preuves de quatre années d'activités criminelles, mais il était conscient du pouvoir qu'il détenait sur le Président[26]. « Je ne suis pas avec lui, c'est lui qui est avec moi », dira-t-il de Pinochet, qui élèvera Contreras au grade de brigadier général, dans l'espoir qu'il se tienne tranquille.

Pinochet envoya à Washington une délégation de haut niveau qui comprenait un jeune avocat de confiance, Miguel Schweitzer Walters, fils du ministre de la Justice du Chili[27]. L'enquête du département américain de la Justice se resserrait sur Townley, qui avoua aux enquêteurs qu'il était bien impliqué, suivant les ordres de Contreras et d'Espinoza[28].

Pinochet rejeta la demande américaine d'extradition de Townley, mais obligea Contreras à démissionner de l'armée et conclut un compromis avec Espinoza, qui reconnut son rôle et signa un *affidavit**, déclaration sous serment qui exonérait Pinochet de toute responsabilité (il se rétractera plus tard en prétendant avoir signé sous la contrainte)[29]. Espinoza fut expédié à Punta Arenas pour y prendre le commandement du régiment Pudeto de l'armée. De là, on dit qu'il aida Contreras à expédier des documents compromettants à Hambourg, d'où ils pourraient être produits au grand jour en cas de besoin[30].

En avril 1978, agissant par l'entremise de Schweitzer, Pinochet conclut un marché avec les Américains : en contrepartie de l'expulsion de Townley, ces derniers devaient s'abstenir d'enquêter sur lui-même comme sur d'autres activités de la DINA[31]. Cet accord ne sera jamais rendu public. En revanche, les deux gouvernements émirent une déclaration conjointe pour préciser que Letelier avait été tué par Townley et d'autres agents dévoyés, et que Pinochet n'avait joué aucun rôle dans l'affaire[32].

Transporté jusqu'à Miami en pleurs et menottes aux poignets, Townley protesta et affirma aux procureurs américains que les crimes commis relevaient de la responsabilité de la DINA et de Contreras[33]. Acculé, celui-ci reconnaissait en privé son rôle et menaçait de mettre Pinochet en cause, pour sauver sa peau. J'ai toujours agi « sur ses ordres directs », se défendait-il[34]. Pinochet persistait à souligner quant à lui qu'il n'avait fait que donner des instructions générales à Contreras, mais nuls détails ni moyens pour exécuter la mission[35].

En août 1978, aux États-Unis, un grand jury inculpa Townley, ainsi que Contreras et Espinoza, et cinq exilés cubains. La demande américaine d'extradition de Contreras et d'Espinoza provoqua une crise majeure à Santiago. Les enquêteurs criminels américains avaient conclu que Pinochet était impliqué, au minimum, dans la couverture du meurtre de Letelier, sinon dans le crime lui-même[36]. Selon un rapport de la CIA, Pinochet était « profondément perturbé », buvait

* *Affidavit* : ce mot venu du latin apparaît à plusieurs reprises dans ce livre. Utilisé le plus souvent en droit anglo-saxon, il désigne une déclaration sous serment écrite devant une personne autorisée par la loi et utilisée comme preuve dans une procédure judiciaire *(NdT).*

beaucoup et se montrait agressif. La CIA redoutait un risque d'enlisement complet pour le gouvernement américain.

Craignant d'être confronté à des demandes d'extradition en série, Pinochet et Contreras se mirent d'accord, sur la base d'un mensonge et d'un échange de bons procédés *(quid pro quo)* : il était entendu que Townley avait agi sur sa seule initiative, et que Contreras couvrirait Pinochet, pourvu qu'il échappe à l'extradition vers les États-Unis.

Pinochet prit alors toutes les dispositions nécessaires pour empêcher les tribunaux chiliens d'accéder à la demande américaine d'extradition de Contreras et d'Espinoza. Il somma le président de la Cour suprême de statuer que les deux hommes ne pouvaient pas être extradés, ce que le juge Israel Borquez s'empressa de faire[37].

Quand la décision du juge Borquez fit l'objet d'un appel devant la Cour suprême siégeant au complet, Pinochet intervint encore une fois pour que les termes soient durcis afin d'étouffer tout risque d'extradition[38]. Selon la CIA, « la formulation fut modifiée pour être conforme à l'ordre de Pinochet ». Le 1er octobre 1979, la Cour suprême confirma la décision du juge Borquez, ce qui permit de mettre fin à la détention de Contreras et d'Espinoza.

Pinochet s'était bien sorti d'affaire, tout en apprenant beaucoup sur les tribunaux et les procédures d'extradition, et sur le pouvoir de Washington. Il ouvrit alors aux États-Unis de nombreux comptes bancaires sous des noms variés, qui reçurent des dépôts d'argent dont les montants ne pouvaient pas provenir de son modeste salaire présidentiel[39].

Townley conclut à son tour un marché avec les procureurs américains. Il plaida coupable pour le meurtre de Letelier, et accepta d'être cité comme témoin de l'accusation contre ses acolytes cubains. J'ai pu obtenir un récit de première main grâce à Lucy Reed, une avocate américaine avec qui j'ai participé en tant qu'arbitre au règlement de litiges internationaux. À ma grande surprise, Lucy me dit : « Je me rappelle très bien l'affaire Townley, puisque j'étais l'auxiliaire juridique du juge durant la procédure. » Un échange l'avait particulièrement marquée. Le procureur avait demandé à Townley s'il regrettait ses actes. Celui-ci avait répondu : « Non monsieur, Letelier était un soldat et j'en étais un aussi. J'ai reçu un ordre et je l'ai exécuté du mieux que j'ai pu[40]. » Il déclara également qu'il regrettait la mort de Ronni Moffitt.

Townley prit soin de ne pas mettre Pinochet en cause[41]. Il ne dit rien du rôle de la DINA dans les meurtres de Carlos Prats et de Carmelo Soria, respectant l'accord secret négocié entre Miguel Schweitzer et les Américains. « Je ne crois pas que le juge était au courant de cet accord », dit Lucy Reed, quand je lui en parlai.

Le juge condamna Townley à dix ans de prison. Il bénéficia d'une libération conditionnelle au bout de quarante mois et fut alors placé sous le régime fédéral de protection des témoins. Jusqu'à ce jour, son identité et son lieu de résidence restent secrets, et les États-Unis ont toujours refusé de l'extrader vers le Chili pour qu'il y réponde d'autres crimes[42].

Pinochet s'était offert dix années supplémentaires à la tête du pays en tant que Président. Ce n'est qu'après qu'il eut quitté le pouvoir en mars 1990 que les tribunaux chiliens purent enquêter, poursuivre, condamner et emprisonner Contreras et Espinoza pour les meurtres de Letelier et de Moffitt; car la Cour suprême avait jugé que la loi d'amnistie ne s'appliquait pas aux crimes commis à l'étranger[43].

Tandis que Pinochet se préparait à s'envoler pour Londres en octobre 1998, aucune figure majeure de son régime n'avait encore été condamnée par les tribunaux chiliens pour les crimes commis. Le juge Guzmán était bien en train d'enquêter sur son rôle dans la « Caravane de la mort », mais Pinochet était protégé dans son pays par la loi d'amnistie et l'immunité parlementaire et, à l'étranger, par les règles d'immunité diplomatique applicables à l'ancien chef d'État qu'il était[44].

Cela ne signifie pas pour autant qu'il n'était pas averti des risques. De plus en plus largement reconnu, le principe de compétence judiciaire universelle permettait aux tribunaux de n'importe quel pays de poursuivre tout auteur de crimes contre l'humanité et de génocide, quel que soit le lieu où ils avaient été commis[45]. Le 11 septembre, peu de temps avant le voyage de Pinochet à Londres, le Chili avait ratifié le statut de la Cour pénale internationale (CPI) qui venait d'être adopté à Rome.

Pinochet savait aussi que des groupes de défense des droits de l'homme avaient déjà tenté de le faire arrêter par le passé[46]. Même s'ils avaient échoué, les principaux chefs de l'armée lui déconseillaient ce voyage. On lui faisait valoir que le nouveau gouvernement travailliste de Grande-Bretagne et son Premier ministre, Tony Blair, lui étaient beaucoup moins favorables que Margaret Thatcher et les conservateurs.

Pinochet ignora ces avis. Il ne pouvait nullement être tenu responsable d'éventuels excès commis durant ses années au pouvoir, il était protégé. Il avait la conscience tranquille, les Britanniques étaient des gens corrects, et l'affaire Letelier était une vieille histoire.

« Je suis un ange », dira-t-il, persuadé d'être blanc comme neige.

5

Pinochet, âgé de quatre-vingt-deux ans, accompagné de son épouse Lucía, fit le voyage sous le prétexte fumeux d'une mission d'achat d'armes pour son pays. Le couple dîna avec des amis dans des restaurants à la mode. « J'adore Londres », déclara-t-il à Thatcher en prenant le thé avec elle[47]. Le couple fit du shopping – un manteau chez Burberry's, un livre sur Napoléon à la librairie Hatchards sur Piccadilly[48] – et Pinochet se prépara à subir une opération bénigne du dos.

Il trouva le temps d'accorder une interview au magazine *New Yorker*. Le journaliste Jon Lee Anderson se présenta à son hôtel avec un photographe, pour une séance de photos au Grosvenor House Hotel tout proche, dans une pièce décorée de moult cupidons blancs. Ce décor ne convenait pas à Pinochet – « trop gay ! » me confiera Anderson –, qui désirait un cadre plus solennel.

« Je n'étais qu'un *aspirante* dictateur », plaisanta Pinochet en buvant son thé, tout en frappant du poing sur la table dès qu'une question l'irritait. Selon les mots d'Anderson, « c'est là que Pinochet était le plus proche de me montrer sa peur ».

Je veux un geste de réconciliation, lui dit Pinochet. Qu'entendait-il par là ? « La fin des poursuites ! » En dépit de la protection apportée par la loi d'amnistie et ses garanties d'immunité, pas moins de neuf procédures pénales le menaçaient au Chili, à son grand déplaisir. Les charges exposées comprenaient des accusations de génocide et d'expropriation illégale formulées par Gladys Marín, secrétaire générale du Parti communiste chilien (dont le mari, Jorge Muñoz, avait disparu en 1976). Pinochet entrait dans une grande agitation à la simple évocation de ces sujets. « La fin des poursuites ! » répétait-il, en tapant une fois encore sur la table. Plus de huit cents actions judiciaires, se lamentait-il ; certaines se terminaient quand d'autres se rallumaient. « Ils reviennent toujours sur la même chose, sans cesse. »

Quelques jours après, au moment où Pinochet entrait à la London Clinic du quartier de Marylebone, l'article d'Anderson, titré « Le Dictateur », parut dans le *New Yorker*. Une photographie le montrait serein, assuré de son pouvoir et intouchable, habillé en civil, avec une cravate bleu pâle assortie à la couleur de ses yeux[49].

L'opération se déroula sans accroc.

Dans la soirée du 16 octobre, comme il se reposait, en attendant sa sortie et son prochain retour au Chili, on frappa à la porte de la chambre 801. Un officier de police de Scotland Yard entra, accompagné

Portrait de Pinochet. Londres, octobre 1998.

d'une interprète. En l'espace de quelques minutes, il comprit qu'il venait de perdre sa liberté.

Détenu à Londres, diront ses amis choqués.

Arrêté pour génocide et crimes contre l'humanité, écriront les journaux.

6

Ce n'est que vingt ans après que j'ai eu connaissance des événements qui ont conduit à cette soirée mémorable à Londres. J'ai d'abord été informé par Juan Garcés, avocat espagnol que j'avais rencontré dans le contexte d'une affaire apportée par Victor Pey, son client chilien, dont le journal, *El Clarín*, avait été fermé par Pinochet le jour du coup d'État. Pey réclamait réparation du préjudice subi. Je n'ai pas été en mesure d'assister Garcés, mais cette affaire nous a donné l'occasion de nous rencontrer, en novembre 2018, à son domicile à Madrid.

Paisible et cultivé, un visage doux mangé par une épaisse moustache grise, il a des yeux pétillants et parle d'une voix posée et empreinte de sagesse. En septembre 1973, cet Espagnol de vingt-neuf ans travaillait au côté du président Allende en qualité de conseiller politique. Le jour du coup d'État, comme le palais de la Moneda était bombardé par des chasseurs chiliens Hawker Hunter de fabrication britannique, Allende lui ordonna de partir. « Quelqu'un doit rapporter ce qui s'est passé ici, et toi seul pourras le faire. » Garcés n'a pas oublié cette injonction.

Il se rendit à Paris pour poursuivre ses études afin d'obtenir un doctorat en droit, et ne retourna en Espagne qu'après la mort du général Franco en 1975. Garcés ouvrit alors un cabinet d'avocats à Madrid et se consacra à des affaires de narcotrafic et d'extradition, avant que des exilés chiliens ne commencent à faire appel à lui au milieu des années 1990[50]. Après l'éclatement de l'Union soviétique et la fin de la guerre froide, les Nations unies mirent en place des tribunaux internationaux pour juger les crimes commis au Rwanda et dans l'ex-Yougoslavie, premières entités de ce type à voir le jour depuis Nuremberg (1945-1946) et Tokyo (1946-1948), et les négociations étaient en cours en vue de créer une Cour pénale internationale.

Les idées relatives à la justice internationale prenaient vie et commençaient à se diffuser dans la conscience publique. Après cinquante années de quiétude, le génocide et les crimes contre l'humanité revenaient à l'ordre du jour.

Ces idées progressaient en Espagne comme dans les autres pays. Pinochet pouvait-il être cité à comparaître devant des tribunaux espagnols pour des crimes internationaux, sur la base de la compétence judiciaire universelle ? Garcés était persuadé que c'était non pas une question de vengeance, mais une affaire d'honneur et de justice, un signal d'encouragement pour la justice et pour la coopération internationale. « Les victimes et leurs familles venaient me voir pour me soumettre leurs cas. » Elles s'adressaient à lui parce qu'il présidait la Fondation Salvador Allende qui se consacrait à la torture et aux disparitions au Chili.

Garcés s'employait à réunir les histoires des gens. L'une d'elles lui avait été confiée par la veuve du diplomate des Nations unies qui avait été enlevé, torturé et tué en juillet 1976. Il s'appelait Carmelo Soria, et sa femme Laura voulait citer Pinochet devant les tribunaux espagnols, puisqu'il échappait à la justice du Chili. Garcés collectait les preuves, parlait avec les avocats et rencontrait les procureurs.

Lors de notre première entrevue, il mentionna Soria, mais ce nom ne me disait rien. Trois ans plus tard, en février 2021, je reçus une lettre d'un procureur de Madrid qui était en contact avec Garcés. Son nom était Carlos Castresana ; il avait lu dans *El País* une interview que j'avais donnée au sujet de l'édition espagnole de mon livre *La Filière (The Ratline)*. L'article mentionnait que j'étais en train d'écrire sur l'affaire Pinochet à Londres. Je peux vous dire comment l'affaire a vraiment commencé, me disait-il.

7

Carlos Castresana et moi nous sommes parlé pour la première fois sur Zoom en mai 2021. Il me ramena au printemps de l'année 1996, alors qu'il travaillait au sein de l'unité anticorruption d'Espagne et appartenait à l'Union progressiste des procureurs. Dans les journaux paraissaient des articles sur le vingtième anniversaire de la dictature militaire en Argentine. Cette période de deux décennies revêtait une importance particulière en Espagne, car elle marquait le terme du délai de prescription pour porter devant un tribunal une affaire, concernant des crimes commis à l'étranger.

Castresana m'expliqua que des procédures étaient engagées en Argentine, aussi bien qu'en France, en Allemagne et en Italie. En Espagne, en revanche, il ne se passait rien, en dépit de la présence de nombreux exilés argentins dans le pays. « Je voulais trouver comment agir au nom des victimes espagnoles, en me fondant sur la compétence judiciaire universelle. »

Castresana invoqua alors les origines du droit pénal international moderne. « J'ai été marqué par le précédent créé par Nuremberg, une victoire de la justice, obtenue équitablement, un procès qui était aussi un engagement pour la vérité, dit-il. Et j'ai beaucoup aimé votre livre *East West Street (Retour à Lemberg)*, où vous montrez comment se sont mêlés les enjeux personnels, historiques et juridiques. » Il voyait dans Nuremberg une sorte de narration de l'histoire, et se demandait comment les crimes avaient été définis et ce qui avait déterminé le choix des accusés.

En explorant les moyens d'intenter une action au titre des lois espagnoles, anciennes ou nouvelles, il découvrit que les tribunaux pouvaient jouer sur la compétence universelle pour juger trois sortes de crimes internationaux qui avaient été commis en Argentine : terrorisme, torture et génocide. « L'idée que la victime n'est pas un individu d'une nationalité particulière mais un représentant de l'humanité considérée dans son ensemble revêtait pour moi une grande signification. »

En Espagne, le crime de terrorisme a été introduit dans les années 1970 avec une définition très large. « Pour le général Franco, le terrorisme recouvrait presque tout », ironisa Castresana. Curieusement, il a aussi introduit le crime de génocide dans le droit espagnol. « Franco a pris soin de ne pas ratifier la Convention sur le génocide avant 1969, trente ans après la fin de la guerre civile espagnole, et ne l'a introduit dans le Code pénal qu'en 1971[51]. » Toutefois, les législateurs de Franco n'ont pas suivi les termes exacts de la Convention de 1948 sur la prévention et la répression du crime de génocide, qui définissait le « génocide » comme certains actes commis « avec l'intention de détruire totalement ou partiellement, un groupe national, ethnique, racial ou religieux, comme tel ». La version de Franco mentionnait les groupes « nationaux, ethniques, sociaux ou religieux », mais elle omettait complètement les groupes raciaux, fusionnait les groupes nationaux et ethniques en une catégorie unique, et introduisait la notion de groupes sociaux.

Sans le vouloir, les juristes de Franco ont permis un autre changement lourd de conséquences : ils n'ont pas repris les deux derniers mots de l'article II de la Convention de 1948 – « comme tel » –, ce qui signifiait qu'un procureur espagnol n'était pas tenu de prouver que l'acte était motivé par un ciblage de ces groupes. « En retirant ces deux mots, réalisa Castresana, vous définissez le génocide comme des crimes contre l'humanité, donc vous n'avez plus qu'à prouver que les attaques sur certains groupes se sont bien produites, et non qu'elles étaient motivées par l'intention de détruire ces groupes comme tels. » En bref, Franco a accidentellement facilité le jugement du génocide par l'ajout des « groupes sociaux » et le retrait de la condition « comme tel ». Assez ironiquement, la version de Franco a ainsi ouvert la porte à la poursuite de Pinochet en Espagne, sous le chef d'accusation de génocide perpétré au Chili.

La définition de Franco est restée inchangée jusqu'en 1983, où elle fut amendée pour reprendre exactement la formulation de la Convention de 1948. Ce qui signifie que la définition de 1971 était applicable en septembre 1973, au moment du putsch chilien, et au cours des dix années suivantes.

Donc la définition arrêtée sous Franco pouvait s'appliquer aux crimes de Pinochet durant cette période ?

« Exact, répondit Castresana. J'ai été le premier à penser à appliquer la loi de Franco au génocide. »

Pour atteindre Pinochet ?

« Absolument ! En toute simplicité, j'espérais créer un précédent juridique, sans savoir exactement quelles pourraient être les conséquences. »

Castresana collecta les preuves des crimes commis en Argentine contre des Espagnols et d'autres, en travaillant avec des exilés. En mars 1996, il introduisit une première demande devant la Audiencia Nacional, le tribunal d'Espagne à compétence nationale. « Il s'agissait des crimes internationaux commis en Argentine par le général Jorge Videla (qui s'était emparé du pouvoir en 1976) à l'encontre de victimes de nationalité espagnole. Connaissant le conservatisme de mes collègues magistrats, il eût été bien moins aisé de faire aboutir une affaire sans victimes espagnoles. »

Il parvint à convaincre Carlos Granados, le procureur général d'Espagne, de ne pas faire opposition. « La plupart des procureurs étaient contre l'initiative, mais Granados s'est montré compréhensif ; c'était un chrétien, il était honnête et avait le sens de l'histoire. » Ne passons pas à la postérité comme les procureurs qui ont abandonné les victimes espagnoles, lui dit Granados. Il fallait des victimes espagnoles pour persuader les juges conservateurs et la presse. En l'absence d'opposition venue du sommet, l'affaire concernant l'Argentine pouvait démarrer. À Madrid, la Audiencia Nacional l'attribua au tribunal n° 5 et au juge d'instruction Baltasar Garzón, qui enregistra la plainte.

Castresana se tourna alors vers le Chili. « Autour du 20 avril 1996, j'ai reçu la visite de l'avocat Juan Garcés qui me dit : "J'ai attendu pendant vingt ans ce que vous avez fait avec Videla et l'Argentine, maintenant je vous en prie, faites la même chose avec Pinochet." »

Castresana s'enquit de victimes de nationalité espagnole. Garcés avança plusieurs noms, dont celui de Carmelo Soria qui travaillait pour une entité de l'ONU à Santiago, le Centre de la démographie d'Amérique latine et des Caraïbes. Il avait disparu le 14 juillet 1976, et deux jours après on avait retrouvé son corps mutilé dans un canal de la capitale, près de sa voiture. La mort de ce diplomate possédant la nationalité espagnole avait provoqué une secousse en Espagne.

« L'affaire Soria était bien connue, rappela Castresana. Lui-même jouissait d'une certaine notoriété, et une rue de Madrid portait le nom de son grand-père, Arturo Soria » (un urbaniste qui avait théorisé à la fin du XIXe siècle le concept de la « Ciudad Lineal », une ville dont les constructions étaient disposées de part et d'autre d'une large et unique avenue centrale)[52]. L'attention portée sur le meurtre de Soria redoubla lorsque le Parlement européen vota une résolution déplorant l'incapacité du Chili à découvrir les coupables[53]. « J'étais convaincu que l'accusation de Pinochet en Espagne devait être construite autour de Carmelo Soria», dit Castresana.

Deux obstacles se dressaient devant lui. En premier lieu, au Chili les procédures judiciaires sur l'affaire Soria étaient encore en cours, et il devait donc attendre que le jugement final soit rendu pour pouvoir ouvrir une action en Espagne. En second lieu, la date limite pour ouvrir une procédure en Espagne avant de tomber sous le coup de la prescription était le 14 juillet 1996, soit vingt ans exactement après le meurtre. «Je ne pouvais entamer une action en Espagne que si les tribunaux chiliens rendaient leur jugement avant cette date.»

Il prépara son dossier tout en suivant l'avancement des procédures au Chili. Le 4 juin 1996, la Cour suprême du Chili clôtura l'affaire Soria en invoquant la loi d'amnistie[54]. Ainsi, soucieux de se protéger au Chili, Pinochet avait sans le vouloir ouvert la porte à sa mise en accusation en Espagne. Un mois plus tard, Castresana déposait une plainte à Valence au sujet de Soria et d'une douzaine d'autres victimes. Les défendeurs qu'il citait étaient Pinochet et trois autres membres de la junte chilienne.

Simultanément, la sœur d'Antonio Llido, un prêtre espagnol disparu, déposait plainte également, de même que la Fondation Salvador Allende, au nom d'autres victimes. Le tribunal de Valence transféra les affaires à la Audiencia Nacional, où elles furent confiées au juge Manuel García-Castellón, pour le tribunal nº 6. «De cette façon, l'assassinat de Carmelo Soria fut le point de déclenchement de l'action intentée contre Pinochet, m'expliqua Castresana. À ce stade, nous ne nous posions pas la question de son immunité, car nous n'aurions jamais imaginé qu'il pût être arrêté!»

Longtemps après, j'ai rencontré Castresana et Garcés. Nous avons discuté de la légitimité de l'Espagne à s'intéresser aux crimes commis au Chili, alors qu'elle ne s'était même pas penchée sur ceux de sa propre guerre civile, et ceux de toute l'ère de Franco.

«J'ai toujours été clair sur ce point, dit Castresana: poursuivre Pinochet au Chili, c'était exorciser le fantôme de Franco en Espagne.»

«Nous voulions faire avec Pinochet ce que nous n'avions pas été capables de réaliser pour Franco», ajouta Garcés.

8

Pour notre premier entretien, Castresana était à Madrid et j'étais à Totnes, une petite ville du Devon, au sud-ouest de l'Angleterre. J'étais venu voir ma belle-mère Leina Schiffrin, qui est née en Espagne peu avant la guerre civile. Son père, Federico de la Iglesia, était colonel dans l'armée républicaine. Opposant à Franco, il avait fui son pays avec sa famille pour aller en Angleterre. En 1940, Leonard et Dorothy Elmhirst leur avaient donné refuge à Dartington Hall, dans le Devon.

Huit décennies plus tard, pendant le déjeuner, je racontai à Leina ce que Castresana m'avait dit. Elle écouta avec attention, toujours intéressée par les récits contenant une part d'humanité vraie.

« Quel était le nom de la victime espagnole dont l'affaire est venue devant la Cour de Madrid ? demanda-t-elle.

– Soria, Carmelo Soria. »

Elle cessa de manger, me regarda et dit : « Ah oui, je me souviens maintenant, le cousin Carmelo ! »

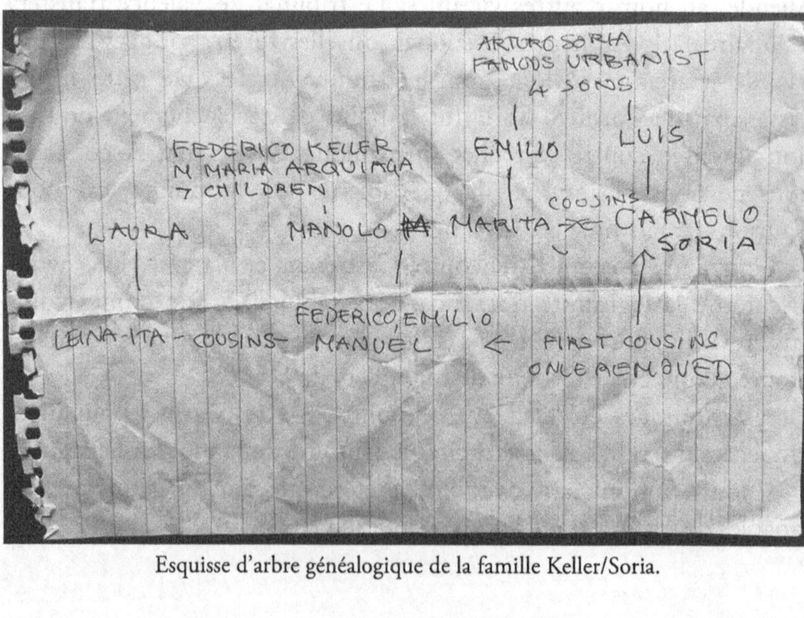

Esquisse d'arbre généalogique de la famille Keller/Soria.

Le cousin Carmelo ?

« Oui, Carmelo Soria, un parent éloigné qui a été pris dans l'affaire Pinochet. Je me rappelle qu'on en parlait dans la famille. »

En Espagne, la famille est une expérience de grande envergure ; c'est ainsi que Leina entreprit bravement d'expliquer le lien de parenté. Sa famille – qui était aussi maintenant, du fait de mon mariage, ma famille espagnole et chilienne – apparaissait d'une complication proche de l'incompréhensible. Elle esquissa un extrait d'arbre généalogique. Manolo, le frère de sa mère Laura Keller, avait épousé Marita Soria, laquelle était la cousine germaine de Carmelo. Celui-ci était donc un cousin à un ou plusieurs degrés.

« Et maintenant, conclut-elle, c'est aussi ton cousin ! »

9

La mort de Carmelo Soria, en juillet 1976, provoqua un choc violent de douleur et d'angoisse dans sa famille. La presse espagnole la présenta comme un accident, tandis que les médias chiliens contrôlés par Pinochet insinuèrent que Soria entretenait une liaison. Derrière ces fausses rumeurs, la vérité était plus brutale : le régime de Pinochet avait commandité l'élimination de Soria en raison de ses sympathies gauchistes.

Leina m'a présenté à certains membres de la famille Keller à Madrid, qui m'ont mis en relation à leur tour avec l'un des trois enfants de Soria. Carmen Soria s'est confiée très franchement – mais, après tout, ne faisais-je pas moi-même partie de la famille désormais – et a parlé des décennies passées à réclamer justice pour le meurtre de son père. « Tu devrais parler à ma mère, Laura González-Vera. C'est elle qui s'est occupée des procédures judiciaires en Espagne, tandis que j'étais concentrée sur le Chili. »

À Santiago, quelques mois plus tard, j'étais assis avec la mère et la fille dans le salon de la maison Soria, entouré de livres, d'objets et de souvenirs. Deux femmes ouvertes et fortes, chaleureuses, élégantes et remarquables. Laura, âgée de quatre-vingt-huit ans, portait une chemise blanche à motifs et une jupe colorée. Médecin retraitée, elle était intelligente et vive, mais paraissait lasse. D'une voix dénuée d'émotion, elle me raconta son expérience brutale.

Laura avait vu le jour à Santiago dans une famille politiquement engagée. Quand elle faisait ses études de médecine, son père José – écrivain, anarchiste et lauréat du prix national de littérature du Chili – la fit entrer dans son cercle d'amis. Arrivé au Chili après la guerre civile espagnole, Arturo Soria, petit-fils d'un urbaniste renommé, y avait fondé Cruz del Sur (« La Croix du Sud »), une maison d'édition littéraire qui comptait Pablo Neruda parmi ses auteurs. « Arturo était un vrai anticommuniste, dit Laura en souriant, mais il avait des amis communistes, notamment Neruda et Alberti. »

Dans les années 1950, quand le Parti communiste chilien fut déclaré hors la loi, Neruda fuit le pays ; il pria Arturo Soria de veiller sur la villa Michoacán, sa maison de Santiago située sur l'avenue Lynch Norte. Neruda la partageait avec sa deuxième femme, Delia del Carril, qu'on appelait *la hormiga*, la fourmi, « parce qu'elle était toujours en mouvement[55] ». Arturo recruta son jeune frère Carmelo, arrivé au Chili en 1946, pour prendre soin de la riche bibliothèque de Neruda.

« Carmelo habitait dans la villa Michoacán quand j'ai fait sa connaissance, en 1949, dit Laura. C'était un drôle de personnage, qui me donnait rendez-vous dans un café fréquenté par des gens venus d'Andalousie. » Les souvenirs étaient encore vifs. « J'adorais l'écouter parler de l'Espagne et de sa famille là-bas, et ces histoires m'ont fait tomber amoureuse de ce gentleman tranquille qui faisait tant d'efforts pour retenir mon attention. Il m'a ensorcelée et cela a marché. Nous nous sommes mariés en 1956. J'étais médecin, payée pour faire ce que j'aimais faire. Lui travaillait pour les Nations unies. Nous avons eu trois enfants. »

Le couple était politiquement engagé et soutenait Allende : Carmelo s'impliqua dans la maison d'édition Quimantú (Editora Nacional), créée en 1971 par le gouvernement d'Union populaire pour assurer une diffusion large des livres auprès du public populaire, et fermée après le coup de force.

« Ma mère enseignait l'anglais et la philosophie dans la première école mixte du Chili, dit Laura. Elle était communiste et avait fait la première campagne présidentielle d'Allende en 1952 ; je l'ai rencontré lors de sa deuxième campagne, en 1958. Il était gentil : quand maman lui a dit que j'étais à la faculté de médecine, il m'a envoyé des petits cadeaux. "Pour le futur docteur", écrivit Allende. Nous sommes restés en contact, même quand il est devenu Président. Mon père était un ami intime de *la Tencha*, la femme d'Allende, Hortensia, qui l'aimait beaucoup. »

Les Soria étaient chez eux avec leurs enfants le jour du coup d'État, le 11 septembre 1973. « Nous nous sommes réveillés tôt, vers six heures et demie, et avons entendu les nouvelles à la radio. » Ils se rendirent au travail, elle à l'hôpital San Borja Arriarán, lui au bureau des Nations unies à Providencia. « Je tenais à être présente au travail, car les médecins de droite étaient en grève. Et Carmelo se sentait protégé par son immunité diplomatique. Nous n'avions pas peur, nous ne voulions pas manquer à nos obligations. »

Le putsch ne l'a pas surprise. « Une semaine avant, lors d'un meeting, Allende avait prévenu que cela pouvait arriver et que, dans ce cas, il risquait de le payer de sa vie. Il savait ce qu'il se préparait et en avait parlé avec Pinochet, le chef de l'armée. »

À la fin de la journée, une des rares personnes à avoir pu s'échapper de la Moneda est arrivée à l'hôpital de Laura. « Le docteur Quiroga nous a dit qu'Allende était mort. »

Tué, ou suicide ?

« Il s'est donné la mort, dit Laura. L'un des médecins, Patricio Guijón, a vu le cadavre d'Allende et a dit que c'était un suicide. Lui s'est retrouvé sur l'île Dawson. » C'était le camp où l'on gardait les ministres d'Allende, en Patagonie, près de Punta Arenas.

Trois années durant, Carmelo et Laura ne s'inquiétèrent pas pour leur sécurité. « Carmelo croyait à la protection apportée par l'ONU, et il ne se privait pas d'évoquer ouvertement les violences du régime. "Ils assassinent des gens." C'est ce qu'il

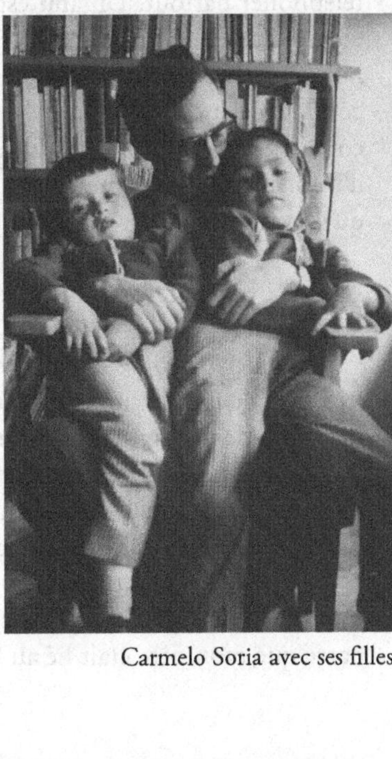

Carmelo Soria avec ses filles.

a déclaré à un visiteur argentin pour décrire ce qu'il était en train de se produire au Chili. »

Carmelo était au courant des disparitions, de la torture et des meurtres, y compris de celui d'un employé des Nations unies qui était réputé proche du MIR (*Movimiento de Izquierda Revolucionaria*, Mouvement de la gauche révolutionnaire). « Un jour, des agents de la DINA sont venus au bureau de l'ONU et ont remarqué la plaque au nom de Carmelo sur sa porte, se souvint Laura. Ils ont fait des remarques insultantes et ont conseillé à Carmelo de faire attention. Il me l'a rapporté. "Ils savent où me trouver maintenant", m'a-t-il dit. »

Effectivement, le 14 juillet 1976, ils l'ont trouvé :

> Il téléphonait toujours quand il quittait le bureau pour rentrer à la maison. Ce jour-là il a appelé à sept heures, a dit à la bonne qu'il avait la migraine et qu'il allait rentrer tôt. Il n'est jamais arrivé. Vers dix heures du soir, j'ai commencé à m'inquiéter. J'ai téléphoné aux services d'urgences des hôpitaux et appelé des amis. Aucune trace. Je suis allée me coucher et, curieusement, j'ai réussi à dormir. Je me suis réveillée à six heures, il n'était toujours pas rentré, donc j'ai recommencé à téléphoner partout. Un ami est venu et nous sommes allés ensemble au commissariat de police pour signaler la disparition. Ils ont pris note et nous ont conseillé d'attendre encore quarante-huit heures. Plus tard, le commissariat de La Piramide a appelé pour dire qu'on avait retrouvé un corps, et une voiture. Mes filles sont sorties pour essayer d'obtenir plus d'information, et je me suis mise en quête d'un avocat, car j'étais sûre qu'il avait été enlevé.

Laura se tut le temps d'une courte pause, puis reprit :

> Ils ont passé toute la journée à chercher la voiture dans un canal dans le centre de la ville, un canal très étroit, deux mètres de large à peine, et un mètre de profondeur. Ils ont trouvé la voiture et l'ont sortie du canal avec une grue. Pas de corps dedans. Le lendemain ils ont découvert le cadavre dans le canal, deux cents mètres plus loin, près d'un pont.
>
> Ils devaient attendre pour l'autopsie, parce qu'ils étaient très occupés, avec toutes ces disparitions. Je décidai de joindre Miguel Schweitzer, le ministre de la Justice de Pinochet. Je connaissais la famille Schweitzer, parce que mon père était lié au frère du ministre, Daniel Schweitzer.

Elle marqua un temps d'arrêt. « Le ministre était le père de l'avocat de Pinochet, Miguel Ángel Schweitzer, avec qui j'allais nager quand nous étions enfants. »

Oui, j'ai bien dit que je connaissais le fils Schweitzer. Il a conseillé Pinochet dans l'affaire Letelier, puis à Londres par la suite. « J'ai téléphoné au bureau du ministre, poursuivit Laura, et j'ai parlé avec la secrétaire : "Dites-lui que *Bisagra*, mon surnom d'alors, désire lui parler." Je lui ai parlé. Il savait que quelque chose se passait, il avait dû être informé en tant que ministre de la Justice. Je suis allée le voir dans son bureau et lui ai dit qu'il devrait démissionner, car Carmelo avait été assassiné. Il me répondit, "Mais comment cela, Bisagra ?" Il affirma qu'il ignorait tout, qu'il allait mener une enquête. Il m'a donné le numéro de téléphone de son frère Daniel, que j'ai appelé et à qui j'ai annoncé que la DINA avait tué Carmelo. »

Une autopsie devait être pratiquée. Laura se rendit à l'hôpital pour observer les choses, voir exactement ce qu'ils avaient fait, et comprendre ce qui avait causé la mort de son mari :

> À la faculté de médecine, j'aimais les cours d'anatomie, et je m'intéressais à Sherlock Holmes et aux romans policiers. Donc je suis allée directement là où se faisaient les autopsies. Le médecin militaire, le docteur Fernández, est venu à ma rencontre. Je le connaissais depuis nos études à l'université. Il a prétendu qu'une épouse ne pouvait pas assister à l'autopsie de son conjoint. Le ministre, Miguel Schweitzer Speisky, est intervenu en personne, donnant son autorisation pour que je sois présente. Devant le refus persistant du docteur Fernández, une personne du ministère a dit que je devais être admise parce que le ministre tenait à tout savoir.

Laura González-Vera observa l'autopsie pratiquée sur son mari par le docteur Fernández. Il prétendit conclure que Carmelo Soria était mort noyé, mais elle protesta :

> J'ai demandé au docteur Fernández pourquoi Carmelo avait le cou brisé ? Sans doute un accident, dit-il. Pourquoi ses côtes étaient cassées ? On avait prétendu qu'il était ivre et avait perdu le contrôle de la voiture, selon le docteur Fernández. J'ai protesté. Il n'y avait pas d'eau dans ses poumons, la noyade était plus que douteuse. D'autre part, il arrivait que

la mâchoire de Carmelo se déboîte, mais il savait comment la remettre en place. Là, elle était restée disloquée. Et j'ai remarqué son œil déplacé et les blessures sur sa tête.

Y avait-il des signes d'un empoisonnement ?

Laura secoua la tête. « Sur le moment, je n'ai pas pensé au gaz, nous n'en entendrons parler que plus tard. » Les rumeurs d'un empoisonnement au gaz sarin ont commencé quand on a appris que Soria avait été détenu dans la maison de Michael Townley, via Naranja, là où le gaz était produit par Eugenio Berríos, un biochimiste chilien qui sera plus tard assassiné en Uruguay.

Laura savait que son mari avait été assassiné par la DINA. Comme elle avait des connaissances haut placées, elle apprit la réaction de Pinochet. « Mamo a vraiment tout gâché », avait-il dit, utilisant le surnom de Contreras, lors d'une réunion de la junte. « Maintenant on va avoir l'ONU sur le dos. » Pinochet avait ses propres idées sur ce qu'il eût fallu faire pour réduire Carmelo Soria au silence. « Mamo aurait dû produire des témoignages affirmant que Soria avait agressé une femme, et que la DINA avait agi pour défendre son honneur. »

Deux mois après l'assassinat, visée par des menaces, Laura s'était enfuie avec ses enfants à Madrid. Elle y était restée installée pendant quarante ans, retournant cependant au Chili quelques semaines par an, entre les mois de mars et de mai. « Je voulais rester en contact avec Santiago, tout en rentrant en Espagne au printemps. »

Au fil des années, Laura s'est battue pour que toute la lumière soit faite et les responsabilités établies, encouragée par son beau-frère Arturo Soria. « Il a étudié le droit mais ne l'a jamais pratiqué professionnellement, dit-elle, et il m'a fait connaître des gens qui étaient intéressés et étaient disposés à aider. » Parmi ses soutiens figuraient des universitaires, des exilés, des journalistes, et certains étaient proches de Felipe González, Premier ministre d'Espagne de décembre 1982 à mai 1996. L'adresse aux Nations unies rédigée par Laura fut largement diffusée. Nicolas Sánchez-Albornoz, historien espagnol de retour d'exil en Argentine, ami de Carmelo, organisa un rassemblement à Madrid. Parmi les participants se trouvait Juan Garcés, qui avait rencontré Carmelo et Laura à Santiago. « Carmelo le connaissait et se fiait à lui, il avait dîné un jour chez nous », se rappelait Laura. Elle aussi appréciait Garcés et avait confiance en lui.

« Il a proposé de monter un dossier d'accusation. J'y ai réfléchi, puis j'ai dit oui. Garcés était tenace et fidèle à Allende. » À Madrid, Garcés présenta Laura à un procureur. « L'affaire a débuté avec Carlos Castresana, merveilleux juriste, un homme qui était convaincu que les crimes contre l'humanité devaient être punis même si les personnes concernées étaient mortes depuis longtemps. C'est comme cela que c'est arrivé. »

Est-ce que Laura avait imaginé que le cas de son mari pourrait servir de catalyseur dans l'enchaînement qui conduisit à l'arrestation de Pinochet à Londres ?

« Oui, dit-elle en souriant. En fait, je ne le savais pas encore, mais je le sais maintenant. »

À la fin de notre conversation, Laura me montra des papiers remontant à cette période. Nous regardâmes son journal du mois de juillet 1996. « C'est le moment où c'est arrivé, quand le juge de Valence a accepté la plainte. »

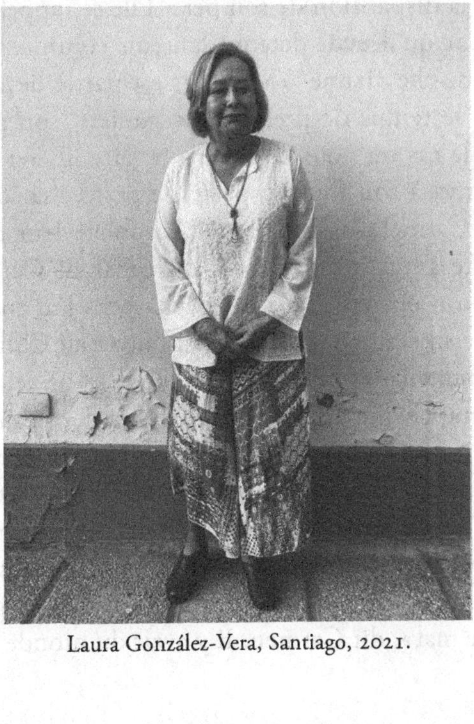

Laura González-Vera, Santiago, 2021.

10

Carmen Soria est la fille cadette de Carmelo et de Laura. Elle a un regard chaleureux, de longs cheveux foncés, des vêtements colorés, et elle fume. « J'avais seize ans quand cela s'est passé. J'ai vu mon père le matin de sa disparition mais nous ne nous sommes pas embrassés comme d'habitude, parce que nous nous étions disputés. Ce soir-là, il n'est pas rentré à la maison. Ma mère a présumé qu'on l'avait arrêté. »

Carmen parlait d'une voix égale, mais il était évident qu'elle avait été profondément marquée par la mort de son père, qui avait bouleversé sa vie, puis, plus tard, celle de ses trois enfants. « C'était une histoire horrible pour eux, à cause de toutes ces allées et venues, les changements de pays et d'écoles, et le fait que j'étais sans cesse harcelée et ciblée. »

La quête de justice de Carmen – ce que l'écrivain Pedro Lemebel a appelé « le combat éternel d'un regard éthique[56] » – a commencé le jour même de la disparition de son père. Elle se rappelait l'appel téléphonique disant qu'il était détenu dans un commissariat de police, et qu'il fallait qu'elle vienne. « Ma sœur est partie devant, je suis restée en arrière, le temps de prendre des papiers, son passeport et de l'argent, pour le cas où nous pourrions le faire libérer sous caution. » Quand elle arriva à son tour au poste de police, sa sœur l'attendait, assise dehors. Carmelo n'était pas là. La police leur dit qu'un accident de voiture s'était produit près du canal El Carmen, et qu'on avait retrouvé son portefeuille et une écharpe. « J'ai enroulé l'écharpe autour de moi, on était en juillet, c'était l'hiver au Chili. »

La police emmena les filles jusqu'au canal, et on leur donna à chacune une longue perche en bambou pour sonder l'eau peu profonde et essayer de trouver le corps. On découvrit la voiture, où manquait un des sièges avant et l'autoradio, mais il s'y trouvait une bouteille de pisco. Pas de corps. Au moment où elles s'apprêtaient à partir, elles virent arriver une ambulance, et le bruit courut que la police avait trouvé quelque chose. « Je ne me souviens pas de grand-chose, je m'étais trouvée mal », dit Carmen. Il y avait du monde chez elles. Elle se souvenait que son petit frère de onze ans était couché par terre et tapait le sol de ses poings.

Le téléphone sonnait sans interruption. « Des inconnus appelaient pour nous insulter, dire que nous étions des communistes. » Des gens criaient des menaces à l'extérieur de la maison et cognaient sur les volets. Terrifiée, Carmen s'était couchée cette nuit-là entourée de bouteilles vides susceptibles de lui servir de projectiles. « Tout était organisé par la DINA, dit-elle. Pour nous, c'était évidemment un assassinat, notre mère n'avait nul besoin de nous le dire. » C'était une période dangereuse. Deux parents proches ont été arrêtés puis ont disparu. Carmen se faisait poursuivre lorsqu'elle sortait pour faire des courses. Après une tentative d'enlèvement, la famille partit pour l'Espagne. « D'abord mon frère, puis ma sœur et moi, le 11 septembre 1976, et enfin ma mère. »

Quatre ans plus tard, Carmen revint au Chili. Les troubles étaient fréquents. Un professeur fut tué. Un jour, sa grand-mère la prévint de ne pas rentrer à la maison, où la police l'attendait. Alors qu'elle faisait son travail de journaliste, elle fut harcelée et arrêtée. Un autre jour, alors qu'elle était au cinéma pour voir le film *Paris, Texas*, on lui subtilisa son appareil photo et ses carnets.

Ce n'est qu'à partir de 1989 que la situation changea, après la défaite de Pinochet au référendum et la tenue des premières auditions de la commission Rettig. Peu à peu, ils en apprirent plus sur ce qui était arrivé à Carmelo. « Je sais qui a tué le père de Carmen Soria », déclara sous serment Luz Arce, une informatrice de la DINA. Le rapport Rettig confirma que Soria avait été tué par des agents de la DINA[57].

La famille se retrouva activement engagée dans des procédures judiciaires. Laura dirigeait les opérations en Espagne, Carmen au Chili. Toutes les deux étaient résolues à agir sans relâche. « Mon frère et ma sœur trouvaient que je me comportais en tyran, dit Carmen, que je ne les tenais pas assez au courant. » Elle aurait bien voulu être plus à leur écoute, mais ce n'était pas simple. Elle se sentait seule, et chaque membre de la fratrie devait se débrouiller pour gérer la situation comme il pouvait.

Une affaire pénale avait été ouverte à Santiago en 1976, l'année même du meurtre de Soria, mais il n'en sortit rien. Une nouvelle enquête criminelle démarra après 1990, quand Pinochet eut quitté le pouvoir, dans laquelle Carmen s'impliqua, en demandant une protection policière. « Ma mère était terrifiée à l'idée de ce qu'il pourrait m'arriver, mais il fallait que je le fasse, pour mon père. »

La juge d'instruction était Violeta Guzmán, à la Cour d'appel de Santiago. « J'attendais beaucoup d'elle, car elle avait une réputation de battante, mais je redoutais aussi qu'elle ne cède à la peur, dit Carmen. Guzmán a décidé qu'elle n'avait pas matière à poursuivre, à cause de la loi d'amnistie. » L'affaire a été transmise au Tribunal militaire, puis à la Cour suprême du Chili. « Les procédures judiciaires sont devenues emblématiques, parce que nous étions soutenus par les Nations unies et le gouvernement espagnol. » En juin 1996, la Cour suprême a qualifié la mort de Carmelo Soria d'homicide aggravé, et désigné nommément ses auteurs, y compris l'un des gardes du corps de Pinochet. « Ce qui rendait l'affaire si délicate, c'est qu'elle remontait directement jusqu'à Pinochet. » Mais la Cour s'en tint là en raison de la loi d'amnistie. Néanmoins, ce jugement a ouvert la porte qui a permis à Carlos Castresana de passer.

Carmen Soria ne renonça pas. Elle fit pression pour empêcher la promotion du brigadier Jaime Lepe, l'un des hommes impliqués dans le meurtre de son père. Elle déposa plainte auprès de la Commission interaméricaine des droits de l'homme[58]. Elle milita également pour l'abrogation de la loi d'amnistie.

La villa de Townley et Callejas via Naranja, Santiago.

« Je voulais connaître tous les détails de ce qui était arrivé à mon père », me confia-t-elle. Cela a pris des années avant que la réalité des faits n'émerge, confirmant qu'il avait été enlevé dans la rue puis amené dans la maison de Townley. « Ils lui ont écrasé les côtes avec des pneus très lourds. Ils l'ont électrocuté. Il est possible qu'ils l'aient empoisonné au gaz sarin, parce qu'il a eu des convulsions, mais ce n'est pas prouvé. Ils lui ont mis la tête sur une marche d'escalier et ont tordu son cou jusqu'à le briser. Mon père est mort via Naranja, dans la maison de Michael Townley et de l'écrivaine Mariana Callejas[59]. » Carmen tira une longue bouffée de cigarette qu'elle exhala lentement. « Quand Pinochet est venu à Londres, c'était une époque d'impuissance et d'impunité au Chili, dit-elle avec colère. Au fil des années, ma défiance profonde envers l'État et le gouvernement n'a pas diminué. Au contraire, elle n'a fait que grandir, et cela continue. »

II

La plainte contre Pinochet que Castresana avait déposée à Valence en juillet 1996 fut traitée avec diligence et suivit le parcours habituel. Après s'être assuré du respect des formes procédurales, le juge de Valence avait fait suivre la plainte à Madrid, à l'attention de la Audiencia Nacional, le tribunal supérieur à compétence nationale du pays. Elle fut attribuée au tribunal d'instruction (Juzgado central de instrucción) nº 6 et au juge Miguel Moreiras, remplaçant du juge García-Castellón.

Moreiras confia l'affaire Pinochet au procureur attaché au tribunal nº 6, Javier Balaguer. Conscient de son importance, celui-ci recommanda, dans une brève note de deux lignes, qu'elle soit instruite. « J'ignore jusqu'à quel point il reconnaissait les allégations de torture et de génocide, mais il accepta l'affaire », dit Castresana. La décision de Balaguer n'ayant pas été contestée en appel, le cas Pinochet pouvait désormais être examiné.

L'étape suivante allait consister à rassembler des dépositions de témoins et d'autres éléments de preuve. Pendant deux ans, Castresana travailla avec des victimes et avec la *Vicaría de la Solidaridad*, instaurée par l'archevêque de Santiago dès 1976 pour réunir des preuves sur les détentions, la torture et les disparitions[60]. Cette entité a joué un rôle vital dans la recherche des responsabilités et l'établissement de la justice au Chili. L'affaire Pinochet de Castresana bénéficia de la décision de l'Attorney General du président Clinton de répondre favorablement à une demande d'assistance de la Audiencia Nacional, en communiquant des preuves disponibles aux États-Unis. Selon Garcés, cela avait valeur de « feu vert » pour d'autres gouvernements, qui y virent un accord du « grand frère » pour ouvrir les portes. Des échos sur les cas Soria et Letelier commencèrent à apparaître dans les médias espagnols, mais leur portée demeurait modeste.

L'affaire chilienne progressait parallèlement à l'affaire argentine de Castresana, qui était quant à elle du ressort du tribunal d'instruction n° 5 et du juge Garzón. Castresana sentait que Garzón était le juge le plus actif, menant son affaire d'une « main de fer ». C'est alors qu'il établit un lien entre les deux cas, qui allait se révéler crucial : l'opération Condor de Pinochet ciblait aussi des opposants en Argentine, ce qui signifiait que la compétence de Garzón pour enquêter sur un assassinat dans ce pays lui permettait de remonter la piste jusqu'au Chili.

Le général Pinochet, commandant en chef de l'armée chilienne, était conscient de la progression des affaires et de leurs implications judicaires. Ses inquiétudes grandirent brusquement, en février 1997, quand Garzón émit un mandat d'arrestation contre l'ancien président de l'Argentine, le général Galtieri. Pinochet envoya à Madrid le général Torres Silva – son procureur préféré, et futur contrôleur général de l'armée – pour convaincre Eduardo Fungairiño, le nouveau procureur principal de la Audiencia Nacional, d'essayer d'interrompre les deux procédures[61].

Si la visite du général Silva fut tenue secrète, elle amena bel et bien Fungairiño à présenter un rapport confidentiel au conseil des procureurs publics. Il plaidait qu'il n'y avait pas eu de coup d'État au Chili, tout au plus une interruption temporaire de l'ordre constitutionnel. Il y eut des fuites sur son rapport, ce qui provoqua un scandale. Fungairiño changea alors de tactique, remplaçant Balaguer, procureur progressiste, par Jesús Peláez, que l'on disait membre de l'institution catholique conservatrice de l'Opus Dei. Fungairiño encouragea ce dernier à contester la compétence des juges d'instruction des tribunaux n° 5 et n° 6 et à faire appel en séance plénière de la chambre pénale de la Audiencia Nacional.

Peláez était « résolument contre nous », se rappelait Garcés.

Il était « très conservateur », renchérit Castresana.

Eduardo Fungairiño ouvrit une procédure devant la Audiencia Nacional visant à dénier à la justice espagnole le droit d'enquêter sur Pinochet et sur le général argentin Galtieri. Cela se passait en 1998 ; l'audience devait se tenir à la fin du mois d'octobre.

Mais alors que l'affaire était en suspens, quelqu'un contacta Juan Garcés à Madrid et un changement complet se produisit.

12

« C'était autour du jeudi 8 octobre, se souvint Garcés. Je pense que c'est peut-être mon ami Victor Pey qui m'a alerté le premier ; il m'a signalé un petit article paru dans les journaux chiliens qui disait que Pinochet se trouvait en Angleterre pour une intervention chirurgicale. » Les organisations de défense des droits de l'homme, dont Amnesty International, qui espéraient voir Pinochet arrêté, étaient aussi en contact avec lui[62].

Garcés devait faire vite. Pendant le week-end des 10 et 11 octobre, il rédigea un document destiné au juge García-Castellón, le très mesuré magistrat du tribunal d'instruction n° 6 qui avait la charge de la plainte chilienne. Garcés avait déjà constitué un dossier réunissant des preuves de la responsabilité de Pinochet dans les crimes de génocide, de terrorisme et de torture. Il préparait maintenant une simple requête afin qu'il lui soit permis d'interroger Pinochet à Londres au sujet de ces crimes. Ce processus était appelé *« auto de procesamiento »*.

Garcés travaillait seul à son domicile. « J'avais tous les papiers qu'il me fallait. » Tandis qu'il rédigeait sa demande, il reçut de Londres un appel téléphonique d'une personne inconnue qui lui confirma qu'il fallait agir en urgence. « Pinochet est à Londres. On ne peut pas le faire arrêter par les autorités britanniques. La seule chance serait d'avoir une ordonnance d'un juge espagnol. » Il apprendra ensuite que son correspondant était Andy McEntee, président de la section britannique d'Amnesty International.

Garcés appela Oscar Soto, l'ancien médecin personnel du président Allende, pour lui demander combien de temps durerait, selon lui, l'hospitalisation de Pinochet. Le docteur Soto doutait fort que Pinochet serait en état de voyager immédiatement. Garcés fut soulagé, car le lundi 12 octobre était le jour de la fête nationale d'Espagne et les tribunaux étaient fermés.

Le mardi 13 octobre au matin, à la première heure, Garcés se rendit à la Audiencia Nacional. Il demanda au juge García-Castellón d'adresser aux autorités à Londres une requête pour lui permettre d'interroger Pinochet. Le juge ne rejeta pas cette idée, sans rien promettre pour autant, aussi Garcés craignait-il qu'il ne fasse rien.

« Connaissant son caractère, je n'étais pas du tout certain qu'il enverrait la requête. Il avait fait avancer les choses, permis qu'on réunisse beaucoup d'éléments de preuve, mais il était soumis à la pression de l'establishment judiciaire espagnol. » Castresana et Garcés étaient persuadés que le procureur principal Fungairiño allait faire tout ce qu'il pouvait pour enterrer l'affaire du Chili. « Je craignais que les pressions convergentes ne provoquent un blocage complet, dit Garcés. Alors j'ai préparé une autre approche, pour le cas où García-Castellón ne ferait rien. »

Cette solution alternative passait par le juge Garzón du tribunal d'instruction n° 5, qui enquêtait sur les crimes commis en Argentine. Garcés savait que l'opération Condor présentait un lien entre l'Argentine, le Chili et Pinochet. « Je ne connaissais pas vraiment le juge Garzón, mais j'avais assisté à une conférence où il parlait des crimes en Argentine, y compris dans le cadre de Condor, donc je savais quelle était son approche. » Garzón lui paraissait plus susceptible d'agir.

Quelques mois plus tôt, Garcés avait déjà déposé plainte auprès du juge Garzón pour un meurtre commis en 1976 en Argentine, dans le cadre de l'opération Condor. Edgardo Enríquez Espinoza, citoyen chilien, avait été arrêté à Buenos Aires, puis torturé, avant de disparaître[63]. (Le frère d'Espinoza, Miguel, fondateur du MIR, avait été tué par la DINA en 1974.) « J'ai approché le juge Garzón pour ce cas, en relation avec son enquête sur l'opération Condor. » Garcés disposait de témoignages et d'autres preuves des liens entre les services de renseignement chilien et argentin, et il espérait que cela pousserait Garzón à s'intéresser à Pinochet.

« Je suis allé voir Garzón le mercredi 14 octobre. Je lui ai parlé sans détour, lui ai dit que Pinochet était en Angleterre, que j'avais fait tout le travail préparatoire pour lui permettre d'intervenir, et que c'était le moment d'agir. » Garcés expliqua que la situation politique en Grande-Bretagne était mûre, avec un gouvernement travailliste et un ministre des Affaires étrangères, Robin Cook, engagé en faveur d'une « politique étrangère éthique » centrée sur les droits humains.

« J'ai dit à Garzón : "S'il vous plaît, envoyez une demande de commission rogatoire en vue d'interroger Pinochet sur son rôle dans l'opération Condor en Argentine." » (Les commissions rogatoires sont des demandes formelles adressées par un tribunal dans un pays donné pour requérir l'assistance judiciaire d'un tribunal situé dans un autre pays, par exemple pour établir des preuves – les autorités américaines avaient eu recours à cette procédure dans l'affaire Townley.) Garzón laissa entendre qu'il était ouvert à une telle démarche, mais qu'il n'agirait que s'il recevait une demande écrite formelle.

13

Baltasar Garzón était déjà dans sa onzième année d'exercice en qualité de juge d'instruction attaché au tribunal n° 5 de la Audiencia Nacional quand il reçut la visite de Garcés, ce mercredi 14 octobre. C'était un homme solide, avec des cheveux drus et un regard perçant, qui était reconnu pour l'audace de ses enquêtes dans des affaires importantes de stupéfiants et de terrorisme. Lorsque je lui ai rendu une première visite bien des années plus tard, il se rappelait sa rencontre avec Garcés. C'était un mercredi, et le juge García-Castellón était probablement absent.

« J'avais passé cinq ans à enquêter sur l'opération Condor et les crimes commis en Argentine », me dit Garzón. Il n'ignorait pas qu'il y avait des victimes chiliennes de Pinochet en Argentine, mais il savait également que c'était le juge García-Castellón du tribunal n° 6 qui dirigeait l'enquête sur ces faits. Garzón ne voulait pas marcher sur les plates-bandes de son collègue. « J'ai accepté la nouvelle demande de Garcés, mais je tenais à rester concentré sur le volet argentin, pas sur Pinochet, se rappelait-il. Mais bien sûr je savais que le cas introduit par Garcés concernait les aspects chiliens de Condor, donc il relevait bien de ma compétence sur les meurtres commis en Argentine. »

« Ce matin-là, me dit Garzón, je suis arrivé à mon bureau à l'heure habituelle, vers huit heures et demie. Juan Garcés est arrivé à dix heures. Il a demandé à me voir et j'ai accepté. Il est entré dans mon cabinet et a dit simplement : "Pinochet est à Londres." » Il apportait avec lui un document résumant les accusations contre Pinochet, « l'une des personnes les plus lourdement responsables » des crimes de l'opération Condor. C'était suffisant pour permettre à Garzón d'agir, et Garcés lui donna aussi le document décrivant le rôle de Pinochet dans la création de la DINA, avec des informations sur les assassinats d'Orlando Letelier et de Carmelo Soria. Garcés avait également la déposition de Contreras qui impliquait directement Pinochet, pour avoir autorisé les actions menées en Argentine par la DINA au titre de l'opération Condor.

« Je tiens à entendre Augusto Pinochet en personne dès qu'il sera remis de son intervention chirurgicale », déclara Garcés à Garzón. Il priait le magistrat de demander aux autorités britanniques d'autoriser cette audition, et de s'assurer qu'elles ne laisseraient pas Pinochet repartir avant qu'il ait pu être interrogé sur son rôle dans l'opération Condor.

Garzón hésitait. « La véritable affaire Pinochet est entre les mains du juge du tribunal d'instruction n° 6, répondit-il à Garcés. Demandez à García-Castellón d'émettre la requête car je n'ai, moi, qu'une petite partie de l'affaire Pinochet. » C'était de sa part une réaction policée et témoignant de son souci de collégialité.

Garzón ajouta : « Pourquoi ne pas suggérer à García-Castellón que s'il n'agit pas, c'est moi qui le ferai », au titre de l'enquête sur l'opération Condor. « Si vous lui dites que je suis bien fondé à agir, je suis sûr qu'il vous donnera ce que vous attendez. » Dans l'intervalle,

Garzón allait rédiger, dit-il à Garcés, un projet de demande conforme à son attente.

Garcés craignait également que García-Castellón ne veuille demander à Scotland Yard de confirmer la présence de Pinochet à Londres. Ce fut un moment décisif pour Garzón, qui comprit que le moindre retard pouvait laisser le temps à Pinochet de s'envoler. Il se dit à lui-même : « J'ai tous les moyens et le pouvoir de me charger de cette affaire », et il décida de passer à l'action[64].

L'après-midi même de ce mercredi 14 octobre, Garzón prépara une courte note destinée à être transmise à Londres *via* Interpol. Pinochet est-il en Grande-Bretagne, et si oui, où ? Comment se porte-t-il ? Veuillez m'autoriser, dit-il, à l'interroger sur son rôle dans l'opération Condor, et « veuillez m'assurer que le Señor Pinochet Ugarte demeurera bien sur le sol britannique jusqu'au moment de sa déposition[65] ».

Tout d'abord, Scotland Yard se contenta de rejeter sèchement la demande. Garzón se souvenait du fax reçu en réponse : « Nous ne comprenons pas pourquoi vous avez besoin de savoir cela, ni la raison qui vous pousse à faire cette demande. Nous ne sommes pas tenus de répondre à vos questions. » La tonalité dissuasive du message ne fit qu'encourager le juge à pousser plus loin.

Fortuitement, ou peut-être pas, Garzón reçut à ce moment même un appel téléphonique inattendu. « C'était John Dew qui m'appelait de l'ambassade britannique. » Ce diplomate chevronné avait été amené à faire la connaissance de Garzón à l'occasion d'une affaire de blanchiment d'argent à Gibraltar, l'enclave britannique à l'extrême sud de l'Espagne, source de maintes frictions entre les deux pays. Lors d'un déjeuner amical à Madrid, au Las Reses, un restaurant traditionnel connu pour ses tripes et son décor d'affiches colorées de corridas, Garzón avait suggéré divers moyens de faciliter la coopération à propos de Gibraltar. Il appréciait Dew. « Typiquement anglais. Très formel. Grand. Cravate. Correct. »

D'après le récit de Garzón, Dew l'avait appelé pour lui dire qu'il était au courant de la fin de non-recevoir opposée par Scotland Yard, mais que les choses n'en resteraient pas là. « Vous allez recevoir une nouvelle réponse, car vous êtes considéré comme un ami de la

Grande-Bretagne. » Dew avait confié à Garzón : « Tout ira bien, grâce à la coopération très positive que nous avons » ; il me rapporta leur conversation quand je l'ai rencontré dans son jardin à Oxford (retraité, il peint des paysages naïfs et des dessins de bonne facture inspirés de ses séjours à La Havane, à Bogota et au nord d'Oxford[66]). Garzón pensait que cet appel avait dû être autorisé en plus haut lieu, car les diplomates britanniques ne s'aventuraient pas d'eux-mêmes hors des sentiers battus[67].

Plus tard, toujours en ce même jour, le mercredi, Garzón reçut un second fax de Scotland Yard dont le ton était plus conciliant. « Il confirmait que Pinochet était dans une clinique du centre de Londres, et demandait : "Qu'attendez-vous concrètement de nous ?" » Garzón ne savait pas encore comment répondre avec précision et décida d'attendre jusqu'au lendemain matin. À ce moment, Juan Garcés avait déjà fourni des projets de demandes de commissions rogatoires : un exemplaire pour le juge García-Castellón, sur les crimes liés au Chili, et l'autre pour le juge Garzón, sur les crimes commis en Argentine qui étaient liés à l'opération Condor et à Pinochet[68].

Ayant reçu la demande écrite de Garcés, Garzón pensait avoir toute l'autorité nécessaire pour agir. Le jeudi matin, 15 octobre, il écrivit à Scotland Yard pour annoncer l'envoi de commissions rogatoires, afin d'être autorisé à interroger Pinochet sur son rôle dans l'opération Condor.

Scotland Yard répondit dans le sens espéré, en communiquant les détails relatifs au séjour de Pinochet dans une clinique du centre de Londres. Garzón déclara qu'il se rendrait à Londres le lundi 19 octobre. « Pour interroger Pinochet. »

Les journaux britanniques rapportèrent que Pinochet était à Londres et que le juge Garzón souhaitait lui parler. Le *Guardian* citait Garzón : « Je n'ai encore rien décidé. » Il ajoutait : « Je vais étudier la question au cours des prochains jours », en précisant qu'on lui avait demandé d'émettre une commission rogatoire. D'après le journal, il n'était « aucunement question » d'une demande d'extradition de Pinochet vers l'Espagne[69].

Le lendemain matin, vendredi 16 octobre, *El País* citait la réponse négative du juge García-Castellón à une question sur l'arrestation éventuelle de Pinochet : « Je sais que ce serait une action très spectaculaire, mais ce n'est pas mon genre. J'ai besoin d'avoir sous les yeux des preuves solides, et ce n'est pas le cas pour le moment[70]. »

En début d'après-midi de ce vendredi, vers deux heures moins le quart, Garzón reçut dans son bureau à Madrid l'information que Pinochet risquait de quitter Londres dès le jour suivant, samedi 17 octobre, pour rentrer au Chili.

Est-ce que vous avez été informé par Scotland Yard ?

Oui, par fax, me dit Garzón. « En gros, ils m'informaient que Pinochet allait partir samedi, le lendemain, et que je n'avais donc plus lieu de me rendre à Londres le lundi, comme je l'avais prévu. Nous ne pouvons pas le retenir, disaient-ils, dites-nous quoi faire. »

Jusqu'à ce moment, Garzón pensait se limiter à envoyer une liste des questions qu'il souhaitait poser à Pinochet. Les nouvelles informations contenues dans le fax de Scotland Yard provoquèrent un changement de direction instantané. Il décida sur-le-champ et seul, sans consultation ni réflexion prolongée, d'émettre un mandat d'arrestation. « Si je m'en étais tenu à ma seule liste de questions, je n'aurais eu aucun moyen de l'obliger à rester, de l'empêcher de partir. » De là vint sa demande d'arrestation et d'extradition avec interdiction de départ signifiée à Pinochet. Garzón avait agi d'instinct.

« C'est le fax de Scotland Yard qui vous a fait changer d'avis ?

– Oui.

– Et cette information était une conséquence directe de votre conversation précédente avec John Dew ?

– Oui. Pourquoi ai-je changé d'avis ? Quand on m'a dit que ce type allait partir, j'aurais pu dire, OK, je n'y peux rien, et García-Castellón ne fera rien non plus. Mais cela serait allé à l'encontre de tout ce que j'étais en train de construire autour de la compétence universelle. C'était plus facile de ne rien faire, mais j'ai quand même préféré plonger dans l'inconnu. »

C'était le vendredi après-midi, en Espagne, quand la plupart des gens se préparent à partir pour le week-end. Garcés était passé plus tôt dans la journée avec une liste de questions que Garzón pouvait inclure dans sa demande de commission rogatoire. L'unique employé encore présent était Jesús Sánchez, clerc assistant. Garzón le pria de rester – « c'est toujours sur moi que ça tombe, je suis toujours le dernier ! » maugréa Sánchez – pour réunir les dossiers sur l'affaire de l'opération Condor. Mais ces derniers étaient sous clé, inaccessibles, lui expliqua Sánchez.

Garzón se demanda ce qu'il pouvait faire sans les dossiers. « Je retournai dans mon bureau et fermai la porte, j'avais besoin d'être seul pour réfléchir. Il y avait bien une option qui était simplement de…

– Laisser tomber et rentrer chez vous ?

– Impossible ! coupa-t-il. L'option A était d'ignorer le problème et de quitter le bureau. L'option B était d'écrire à Scotland Yard, de les remercier pour leur coopération et de leur dire qu'il était trop tard pour faire quoi que ce soit. » Mais il restait une troisième option : « On tenait là une vraie chance d'arrêter Pinochet. Donc, j'ai décidé de changer d'approche, de rédiger un mandat d'arrestation et de l'expédier à Londres. Je pensais que je ne me pardonnerais jamais…

– Si vous ne faisiez rien ? »

Garzón acquiesça. « J'étais conscient du risque d'échec, mais je devais essayer. Alors je me suis mis à rédiger…

– Sur une machine à écrire ?

– À la main, en écrivant au stylo sur une feuille de papier. J'ai tout rédigé de mémoire.

– Quels étaient les crimes ciblés ?

– Je me suis concentré sur le terrorisme d'État, la torture et le génocide. J'écrivais au nom de l'une des victimes, Edgardo Enríquez Espinosa, qui avait été enlevé au Chili le 10 avril 1976, et j'ai mentionné soixante-dix-neuf autres cas de Chiliens disparus… » En disant cela, la voix de Garzón se brisa.

Pendant notre entretien, nous avions devant nous une copie du mandat d'arrestation et d'extradition de Pinochet que Garzón avait rédigé en espagnol. Il exposait les faits, succinctement et crûment. En sa qualité de chef de l'État, écrivait Garzón, Pinochet était directement impliqué dans l'élimination physique, la disparition, l'enlèvement et la torture de milliers de personnes. Le juge s'appuyait sur le rapport Rettig qui a décrit les rôles de Pinochet et de la DINA, et l'opération Condor.

Parmi les morts figurait Carmelo Soria, le diplomate de l'ONU.

Et parmi les disparus figurait un étudiant en philosophie âgé de vingt-trois ans, titulaire de la double nationalité chilienne et française, nommé Alfonso Chanfreau.

14

En octobre 1998, quand l'affaire fut portée devant le juge Garzón, l'histoire d'Alfonso Chanfreau était déjà largement connue au Chili. Erika Hennings, sa veuve, avait partagé avec moi un récit plus personnel, d'une voix empreinte de douleur, de douceur et de détermination, mais elle n'était pas submergée par la tristesse ni brisée par le sort.

« Au bout de cinquante ans, mon combat a changé sur la forme, mais les principes et les émotions sont toujours les mêmes. » La disparition d'Alfonso était profondément injuste, et l'impunité fut totale. « C'est la lutte pour la justice et la vérité qui porte ma voix. »

Erika Hennings est née en 1951 à Santiago, dans une famille militante, d'un père catholique et d'une mère issue d'une famille communiste. « Dans les années 1960, quand la société s'est politisée, je suis devenue militante communiste, pendant un certain temps. » Au moment de ses études, elle s'est rendue un jour avec une amie dans une autre école pendant une grève des professeurs, pour apporter son soutien. « C'est là que j'ai rencontré Alfonso, le *jefe de la toma*, celui qui dirigeait l'occupation de l'école. Il était grand, portait une belle chemise blanche, et était en train de nettoyer les tables dans une salle de classe. On a dansé. Je trouvais qu'il était superbe, ah oui, vraiment superbe ! »

Ils se sont mariés en octobre 1972, à vingt et un ans, et leur fille Natalia est née quelques mois après. Ils étaient tous les deux étudiants à l'université. « Il étudiait la philosophie et était l'un des dirigeants du MIR à l'université, il était plus militant qu'étudiant. Moi j'étais avec les communistes. »

Le jeune couple ne s'attendait pas au coup d'État. « Sur le moment, nous ne pouvions vraiment pas imaginer une chose pareille, c'était

Erika Hennings et Alfonso Chanfreau, 1972.

un jour de peur, dit Hennings. Il y avait des arrestations, y compris celle de mon oncle, et des camions militaires qui commençaient à enlever des gens, les disparitions sont arrivées plus tard. » La mort était partout. « On a vu des cadavres dans le fleuve Maipo, au cœur de Santiago. »

« Alfonso a été emmené la nuit du 30 juillet 1974, le lendemain, ils sont revenus pour moi. » Leur fille était chez ses parents. « Ils nous ont amenés au 38, rue de Londres. D'autres étaient détenus là, notamment León Gómez, qui est arrivé quelques jours après. » Ensemble, ils y ont passé quatorze jours. « De quoi je me souviens ? La musique très forte et le parfum, quand j'y repense je le sens tout de suite, *Flaño*. »

Alfonso fut emmené le 13 août 1974. « C'est le jour de sa disparition. Je l'ai vu le matin. Nous nous sommes parlé. L'un des tortionnaires, *Guatón* Romo, m'a amenée près d'Alfonso et lui a conseillé de me dire au revoir. Nous avons parlé de la France où nous espérions partir, où se trouvaient ses parents, sa sœur et son frère. Nous nous disions : "Attends-moi, n'apprends pas le français sans moi !" On aurait pu partir avant, mais Alfonso tenait à rester, pour résister. Ce matin-là, au moins, nous avons pu nous dire au revoir. »

Hennings fut transférée dans d'autres camps, à Tres Álamos puis à Cuatro Álamos, dans le sud de Santiago. En raison de la double nationalité chilienne et française de Chanfreau, le gouvernement français intervint et Pinochet accepta de libérer sept citoyens français. Hennings supposait qu'Alfonso était l'un d'eux, mais ce n'est qu'à sa propre libération qu'elle apprit qu'il manquait à l'appel. « Quand j'ai vu qu'il n'était pas sur la liste des sept, j'ai pensé qu'il devait être mort. J'espérais qu'il pouvait encore être détenu, mais au plus profond de moi je savais. Je l'ai su immédiatement. »

Hennings se rendit à l'ambassade de France. Ayant acquis la nationalité française par son mariage avec Alfonso, elle était protégée, dans une certaine mesure. « Jacques Marette, un parlementaire français classé à droite, est venu au Chili, a appris les disparitions, et nous a aidés[71]. » Elle lui est toujours restée reconnaissante. Elle déposa devant les tribunaux chiliens une plainte qui n'aboutit à rien. « J'ai été expulsée, je suis allée en France, c'était en 1974. »

Neuf années passèrent avant qu'elle pût retourner au Chili. « En 1984, la DINA avait été remplacée par le CNI, la société chilienne était gouvernée par la peur. Il y avait des mouvements de protestation, et je me suis immédiatement engagée. » La *Vicaría de la Solidaridad*, organisation de l'Église, s'activait, et les familles des disparus s'étaient organisées dans le cadre du comité Pro Paz. Erika Hennings se souvient : « Nous étions surtout des femmes, des mères, il y avait quelques hommes, on était sous surveillance, souvent interrogés par la police. Cela ne nous arrêtait pas. Londres 38 était déjà connu pour avoir été un lieu de détention et de torture, alors nous nous sommes concentrés sur cet endroit. En 1984, on a collé des affiches et maculé les murs de peinture rouge. »

En 1986, Hennings retourna en France pour suivre une formation au métier d'enseignant. « Depuis ce deuxième séjour, je n'ai jamais cessé d'aimer la France, dit-elle, mais pas pour y vivre… ! » Trois ans après, elle revint une nouvelle fois au Chili. « Je suis arrivée au moment de la campagne du référendum, et je travaillais alors pour Médecins du Monde. » Elle s'impliqua activement dans la recherche des disparus, main dans la main avec son amie Viviana Uribe (dont la sœur, Barbara Uribe, et le mari, Edwin Van Yurick, avaient été détenus à Londres 38, avant de disparaître).

À la fin de l'année 1989, Hennings engagea une nouvelle procédure au Chili, avec d'autres membres des familles de disparus. Elle se rendit à Londres 38, où s'était installé dix ans plus tôt, par décret signé de Pinochet lui-même, l'Instituto O'Higginiano[72]. « J'ai visité les lieux, ils nous ont laissés entrer, nous n'avons pas dit qui nous étions. » À l'automne de 1992, elle y retourna avec la juge Gloria Olivares, accompagnée d'autres anciens prisonniers, notamment Viviana Uribe, León Gómez, Miguel Ángel Rebolledo, Hedy Navarro et Luz Arce. Ils étaient là afin d'identifier leurs bourreaux : Miguel Krassnoff, Gerardo Godoy et Basclay Zapata (surnommé *El Troglo*, et décrit comme « très sadique »). Krassnoff irrita la juge en se présentant en uniforme de l'armée, qu'il ne portait jamais quand il opérait à Londres 38, avec un pistolet à la ceinture.

Les anciens prisonniers témoignèrent que c'était bien là qu'ils avaient été détenus et torturés par les trois hommes présents. « Krassnoff prétendit qu'il ne faisait qu'analyser les informations, et *El Troglo* dit qu'il n'était qu'un simple chauffeur », se souvenait Miguel Ángel Rebolledo. La visite fut relatée dans le journal, avec des photos prises à l'extérieur, dont une de León Gómez, avec lunettes et cigarette, à côté de Luz Arce. Dans les dossiers judicaires, j'ai pu prendre connaissance du verbatim des témoignages enregistrés en ce 29 septembre 1992[73].

Nous étions dix témoins, se rappelait Erika Hennings. « En tant que veuve, j'étais autorisée à accompagner tout le monde partout dans les locaux, dit-elle. Krassnoff m'a tendu la main, mais je ne lui ai pas proposé la mienne, bien qu'étant d'un naturel poli. "Je suis un gentleman", a-t-il dit. Un homme froid, qui n'avait aucun doute idéologique sur ce qu'il avait fait. »

Même si elle ne mena à rien, en raison de la loi d'amnistie, la confrontation attira l'attention sur le cas de Chanfreau. C'est vers cette période qu'Hennings identifia Osvaldo Romo, *el Guatón* (le « Gros ») comme l'un des principaux tortionnaires actifs à Londres 38. Plus tard, elle se rendra au Brésil avec Viviana Uribe pour le faire extrader au

Chili, et se retrouvera face à lui au commissariat central de Santiago. « C'était terrible, il m'a reconnue et se souvenait qu'il m'avait amenée près d'Alfonso pour que je lui dise au revoir. *Un mec ignoble**. »

« C'est alors que j'ai vraiment commencé à m'engager sur le projet Londres 38 », dit Hennings, qui voulait y créer un lieu de mémoire nationale. Elle se mit à réunir des preuves dont une grande partie aboutit dans les dossiers qui serviront au juge Garzón pour requérir l'extradition de Pinochet depuis l'Angleterre.

15

Dans l'après-midi du vendredi 16 octobre 1998, le juge Baltasar Garzón, du tribunal d'instruction n° 5 de la Audiencia Nacional à Madrid, apportait la touche finale à son ordonnance d'extradition. Il rédigea à la main les mots suivants :

> J'ORDONNE la détention préventive d'AUGUSTO PINOCHET UGARTE pour les crimes de génocide et de terrorisme, l'émission des ordres internationaux de recherche et d'arrestation pour aboutir à son extradition. L'émission prioritaire d'un mandat international d'arrestation qui devra être exécuté par les autorités judiciaires britanniques.

Ayant signé le document, il pria son assistant de le dactylographier. « Jesús Sánchez est revenu une minute plus tard, dit Garzón. "Don Baltasar, vous êtes sûr de vouloir faire cela ? Avez-vous bien conscience des conséquences ?" Je lui ai répondu : "Taisez-vous et tapez ça !" » Garzón relut le document définitif, l'approuva et demanda à Sánchez de le porter au greffe de la Audiencia Nacional. La greffière le lut et s'écria : « C'est de la folie ! » avant de le signer à son tour.

Il restait encore une formalité, une dernière case à cocher. « Légalement j'étais tenu d'aviser le procureur, m'expliqua Garzón, mais je ne lui faisais pas complètement confiance. » Garzón savait qu'Eduardo Fungairiño opposerait un refus – le très conservateur procureur principal avait déjà déconseillé à un haut gradé de la marine

* En français dans le texte.

chilienne de venir en Espagne pour s'épargner des ennuis judiciaires; il avait aussi demandé à la Audiencia Nacional de déclarer que Garzón n'avait pas autorité pour enquêter sur Pinochet.

« J'ai décidé de contourner Fungairiño, dit-il. Nous étions vendredi après-midi, je savais qu'il partirait sûrement tôt, avant la fermeture des bureaux à quinze heures. Alors j'ai attendu jusqu'à 14 h 58, puis j'ai envoyé Jesús Sánchez frapper à sa porte. Pas de réponse. Donc j'ai demandé au secrétariat du greffe d'enregistrer que nous avions essayé de prévenir le procureur Fungairiño mais que nous n'avions pas pu le trouver. »

Le mandat d'arrêt d'Augusto Pinochet était maintenant prêt à partir, adressé en premier lieu à la police espagnole, puis à Interpol à Madrid, et enfin à Londres. « Ne craigniez-vous pas l'exception d'immunité ? ai-je demandé à Garzón. »

« Non. Pour moi, il était clair qu'il n'y avait pas d'immunité, car Pinochet n'était plus qu'un ancien chef d'État. En Espagne, dans d'autres cas, comme pour Berlusconi en Italie, il était entendu que l'immunité était réservée au dirigeant pendant qu'il était en exercice, pas au-delà. » Cependant, on pouvait s'inquiéter que la police espagnole n'alerte quelque politicien haut placé qui pourrait intervenir pour stopper le processus. « Alors j'ai téléphoné à un policier de ma connaissance et lui ai dit : "Je vous envoie un mandat d'arrêt totalement secret, et je vous prie de ne pas en parler à vos supérieurs." Il m'a répondu : "Monsieur le juge, votre notification verbale me suffit, je vais l'enregistrer, pas besoin d'autre chose." »

C'est ainsi que, peu après trois heures de l'après-midi du vendredi 16 octobre 1998, à Madrid, un mandat d'arrêt d'Augusto Pinochet fut faxé depuis la Audiencia Nacional. Garzón appela John Dew pour l'informer. Dew lui répondit : « Merci beaucoup, Votre Honneur, nous vous tiendrons informé de la suite. »

L'opération tout entière, depuis la rédaction du premier jet jusqu'à la transmission du document final, avait pris moins de deux heures. À seize heures trente, Garzón était en route pour l'arène de Jaén en Andalousie, à trois cent cinquante kilomètres au sud de Madrid, pour voir toréer Curro Romero, son matador préféré. Il reçut un appel de John Dew qui confirmait que Scotland Yard avait bien reçu le mandat et était en train de l'étudier. (Garzón me dira qu'il était alors le seul juge de la Audiencia Nacional à disposer d'un téléphone mobile, un antique modèle Motorola qu'il avait surnommé « la gondole » en raison de sa taille et de sa forme.) Dew l'appela une deuxième fois quand Garzón était dans les tribunes de l'arène. « Scotland Yard apporte le mandat d'arrêt à un juge, pour qu'il le signe », annonça-t-il.

16

L'ordonnance de Garzón portant sur l'arrestation et l'extradition d'Augusto Pinochet parvint à Scotland Yard un peu après quinze heures, heure de Londres. Ce qu'il s'est passé ensuite obéit aux obligations du droit international et du droit anglais.

L'Espagne et la Grande-Bretagne étaient toutes deux signataires de la Convention européenne d'extradition, traité signé en 1957. À ce titre, en recevant la demande d'extradition, la Grande-Bretagne était tenue de remettre Pinochet à l'Espagne, si les conditions fixées par la Convention étaient réunies. Ces conditions comprenaient l'obligation qu'une « infraction passible d'extradition » ait été commise, un acte considéré comme un crime dans les deux pays et punissable d'au moins un an de prison. La requête de Garzón répondait largement à cette exigence.

La Convention européenne avait été insérée dans le droit anglais par l'*Extradition Act* de 1989, lequel déterminait les procédures qui devaient être suivies à Londres. La première étape exigeait qu'un magistrat émette un « mandat d'arrestation provisoire » autorisant la police à placer Pinochet en détention. Le Home Secretary (ministre de l'Intérieur) pouvait alors émettre une « autorisation de poursuivre », à moins que l'impossibilité légale d'ordonner la remise de Pinochet à l'Espagne n'ait été établie. Dans un troisième temps, Pinochet devait être présenté – « aussi rapidement que possible » – devant un tribunal appelé à confirmer que l'acte reproché constituait bien une « infraction justifiant l'extradition », que les preuves étaient suffisantes, et à fixer les conditions d'incarcération ou de liberté sous caution. Enfin, le ministère de l'Intérieur devait décider s'il convenait ou non d'envoyer Pinochet en Espagne. Pour chacune de ces quatre étapes, la loi de 1989 fixait des procédures et des conditions bien précises. Pourtant elle ne réglait pas tout, car elle était muette sur la question de l'immunité de Pinochet.

La première étape était donc celle du mandat d'arrestation provisoire. Comme les tribunaux étaient fermés au moment de l'arrivée de la requête de Garzón, celle-ci fut communiquée au Metropolitan Stipendiary Magistrate, juge de première instance, de permanence. Ce soir-là, il s'agissait de Nicholas Evans, qui habitait à Hampstead, dans le nord de Londres. Scotland Yard rédigea un projet de mandat provisoire que les officiers de la brigade des extraditions devaient lui apporter à domicile. Evans allait le relire, remplir les espaces en blanc et, si tout était conforme, le signer. C'est sa signature qui permettrait qu'Augusto Pinochet soit arrêté.

Bien des années plus tard, Nicholas Evans m'a donné un récit de première main[74]. C'était de sa part un acte généreux et de bon voisinage, car il se trouve que nous habitions à côté l'un de l'autre ; nos jardins étaient séparés par une allée étroite, deux clôtures et un massif de bambous à la croissance incontrôlable.

Je lui ai rendu visite un dimanche d'octobre. Cet homme grand et bien bâti, avec une tignasse de cheveux gris et un teint très coloré, avait une longue expérience du traitement des demandes d'extradition, mais celle-ci était la plus mémorable de toutes. En cette matinée automnale, il m'apparut habillé d'un pantalon de velours côtelé marron et d'un pull bleu, et m'invita à le suivre à l'étage, dans son salon-bureau, où il s'assit, bras croisés, dans un confortable canapé rouge. Tandis que nous commencions à parler, sa femme Diana passa la tête par la porte ouverte. « Café ? Ou peut-être quelque chose de plus fort ? »

« C'était un vendredi, le 16 octobre 1998, voici très exactement dix-huit ans », rappela-t-il. Après une journée d'audiences à la cour des magistrats de Bow Street, dans le centre de Londres, il était rentré chez lui vers six heures. « Il se trouve que j'étais d'astreinte », ce qui signifiait que Scotland Yard pouvait se manifester à tout moment. « Vous pouviez très bien recevoir leur visite à minuit. » L'affaire était traitée comme une véritable urgence. « On m'expliqua que toutes les dispositions avaient été prises par le sénateur Pinochet ou en son nom pour lui permettre de quitter le Royaume-Uni dès le lendemain. »

Rien de particulièrement marquant au cours de la journée ?

« Non, rien, c'était un jour comme les autres. » Puis, après un instant de réflexion : « En fait, il y a peut-être eu une allusion au fait qu'on pourrait avoir besoin d'une ordonnance d'arrestation dans la soirée. J'ai entendu quelque chose à propos d'un mouvement entre l'Espagne et l'Angleterre. » Lui et son épouse dînèrent tôt. Le téléphone sonna vers sept heures et demie. « C'était Scotland Yard qui me prévenait de leur venue, et ils sont effectivement arrivés dans l'heure. »

Quatre officiers se sont présentés peu après huit heures, porteurs d'une demande d'extradition venant de Madrid et d'un projet de mandat d'arrestation de Pinochet. « Ils sont restés pendant à peu près une heure, jusqu'à neuf heures. Il y avait un inspecteur de la Brigade d'extradition et un officier que je connaissais. Je ne me souviens plus de son nom. » Je suggérai le nom d'Andrew Hewett. « Il y avait aussi Lizzie Franey, greffière de Bow Street, particulièrement compétente en matière d'extradition. Elle était très efficace, c'était elle qui vérifiait les documents. »

Est-ce qu'il leur avait offert une tasse de thé ?

« Possible, mais plutôt non, on avait de quoi s'occuper. »

Nicholas s'était un peu préparé, entre l'appel téléphonique et leur arrivée chez lui. « Je pense que le nom de Pinochet avait été mentionné. Je l'avais entendu, mais je n'avais pas une compréhension très claire de cette histoire, ni une idée précise de ce qui était en jeu. D'ailleurs ils ont dit que cela n'aboutirait peut-être à rien, alors je ne me suis pas trop attardé dessus. » Il perçut néanmoins le caractère exceptionnel de l'affaire. « Je commençais à comprendre que c'était quelque chose qui pouvait sortir de l'ordinaire, alors j'ai fait une recherche avec mon ordinateur sur le nom de Pinochet. J'ai lu un peu à ce sujet pour me faire une idée plus claire du contexte. Je ne savais vraiment pas grand-chose. »

Je m'étonnai de son manque d'information. « Je savais que c'était un dictateur chilien. Je savais qu'il y avait beaucoup d'agitation autour de sa manière d'agir. Mais je n'avais pas vraiment… » Nicholas se réfugia dans un silence pensif qui se mua en question : « Quand est-il arrivé au pouvoir ?

– Le 11 septembre 1973.

– Bien, j'ai été admis au barreau en 1971. En 1973, je devais passer mon temps à courir les tribunaux d'instance, plongé dans les affaires pénales. Je ne suivais pas de près les événements à l'étranger, je n'ai pas le souvenir de m'être soucié de ce qu'il se passait alors au Chili.

– C'était bien avant que le droit pénal international n'ait pris son essor, dis-je, et c'était loin.

– Exactement», répondit-il avec vivacité. En 1998, il n'avait aucune raison de diriger son attention sur ces autres développements que furent la création de la Cour pénale internationale durant l'été ou la rumeur d'une inculpation du président serbe Slobodan Milošević à La Haye.

«Pinochet a été le premier ancien chef d'État visé par un tel mandat d'arrestation pour des crimes internationalement reconnus, dis-je.

– Je n'avais pas la moindre idée à ce sujet», répondit-il.

Pas la moindre ?

Nicholas réfléchit. «En parcourant le *Times*, j'ai peut-être vu quelques échos, mais je ne m'y arrêtais pas en règle générale. J'avais toutes sortes de choses prenantes à traiter, il n'y avait pas seulement de la prostitution, de la mendicité ou autres, vous savez ! J'avais beaucoup de travail intéressant pour m'occuper.»

Il ramena alors notre conversation sur la soirée avec les quatre officiers. «Ils sont arrivés avec une "Information"», document qui recense les faits principaux et les poursuites judiciaires possibles. Ils lui expliquèrent que Pinochet était susceptible de quitter le pays dès le lendemain matin à bord d'un jet privé. L'affaire était donc urgente.

«L'inspecteur Hewett était porteur d'une demande d'extradition émanant d'un tribunal situé en Espagne, signé par Garzón. Elle contenait des informations sur la conduite de Pinochet, et c'est à partir de ce matériau qu'il me revenait de décider s'il y avait des crimes pouvant justifier une extradition. Les charges étaient sans doute établies au regard de la législation espagnole, mais elles n'étaient pas absolument évidentes à mes yeux.»

En sa qualité de magistrat d'astreinte, Nicholas se voyait tenu d'aller jusqu'au bout de sa propre réflexion intellectuelle, il ne pouvait certainement pas se contenter d'apposer sa signature sur la ligne en pointillés.

« Donc vous deviez déterminer quelle infraction à la loi anglaise avait pu être commise, et vous convaincre qu'elle était suffisante pour justifier une extradition ?

– Oui, c'est ça. Et cela a pris plus longtemps que pour des cas ordinaires. »

Il ne se rappelait pas la longueur ni les détails du document de Garzón. « Il était probablement très détaillé, avec un historique relatif aux accusations portées. Il évoquait le meurtre de milliers de personnes, la torture, la prise d'otages…

– Et le génocide.

– Je ne me souviens pas de ça », coupa Nicholas, qui poursuivit :

> Il y avait beaucoup de matière, et je devais formuler une infraction passible d'une extradition, ce qu'on appelle « l'Accusation ». Mon rôle était d'émettre une Accusation irréfutable. D'habitude c'est relativement simple, mais ça ne l'était pas dans ce cas, et cela a provoqué des discussions entre nous. Je ne savais rien au sujet de la torture. La torture ! Aujourd'hui ce mot m'est familier mais, à ce moment-là, c'était la toute première fois que je la rencontrais, visée comme telle au titre des crimes commis.

Il sourit, me gratifiant d'un grand sourire chaleureux, courtois, un sourire de bon voisinage.

> J'avais l'habitude de traiter des affaires de cambriolage, de vol, de meurtre, mais là c'était différent. Cela ne m'enchantait pas d'avoir à rédiger une accusation de torture. Nous hésitions, allions d'avant en arrière, et Lizzie s'efforçait de m'aider à trouver la bonne formulation. En réalité, on avait la matière potentielle pour vingt ou trente accusations différentes, mais il ne me fallait qu'une seule infraction pénale permettant l'extradition et remplissant les conditions requises pour une arrestation. J'ai fini par opter pour le meurtre, qui me paraissait le plus simple. Je pensais que cela conviendrait parfaitement et j'ai dit : « Bon, oublions la torture, s'il a tué quelqu'un – ou s'il est accusé pour ça –, concentrons-nous sur le meurtre, ce sera suffisant. »

Le groupe tournait en rond en cherchant une formule d'accusation appropriée pour justifier une extradition au regard du droit anglais. Ils finirent par s'entendre sur le meurtre. Après un certain temps, Evans s'était dit à lui-même : « C'est ridicule, il faut aller au plus simple. »

Est-ce qu'il pensait alors aux conséquences possibles de sa signature ?

« Non, je ne m'en rendais pas compte. Je savais qu'il pourrait y avoir beaucoup de tapage. Je crois que j'ai demandé si le Home Office ou le Foreign Office étaient au courant. On m'a dit "oui", alors je n'ai pas posé d'autres questions. »

Est-ce que lui ou l'équipe de Scotland Yard avaient songé à l'éventualité que Pinochet pourrait revendiquer l'immunité, en tant qu'ancien chef d'État ?

« Probablement, mais je n'avais encore jamais rien eu de semblable à traiter. C'était la première fois que la question se posait. »

Il avait raison. La situation était complètement inédite. Il n'y avait aucun précédent, ni en Grande-Bretagne ni nulle part ailleurs. Aucun ancien chef d'État n'avait encore été arrêté en dehors de son pays pour un crime internationalement reconnu. Dans un cas, un homme avait bien été jugé à l'étranger pour des crimes commis en relation avec un autre pays – en 1992, Manuel Noriega, ex-dirigeant du Panama, fut jugé et condamné aux États-Unis pour trafic de drogue, blanchiment d'argent et escroquerie –, mais il n'y avait encore jamais eu d'action engagée pour un crime international commis dans un pays lointain et longtemps auparavant.

Alors, sachant cela, vous n'aviez aucune raison de vous interroger sur la question de l'immunité d'un ancien chef d'État ?

« Je suppose que je me suis borné à penser simplement : c'est un gars ordinaire maintenant, plus un chef d'État. »

Un mandat d'arrestation provisoire est un document très formel. Il est adressé à « tous les agents et officiers de la Metropolitan Police » et les charge d'arrêter la personne désignée comme l'accusée. Nicholas Evans écrivit :

> Augusto Pinochet Ugarte… entre le 11 septembre 1973 et le 31 décembre 1983, dans le ressort du cinquième tribunal central d'instruction de la Cour nationale de Madrid, a assassiné au Chili des citoyens espagnols relevant de l'autorité du gouvernement de l'Espagne.

Il apposa sa signature et la greffière de Bow Street, Elizabeth Franey, la certifia en apposant ses initiales. EF.

Après le départ des officiers, Nicholas informa rapidement Diana de ce qu'il s'était passé – « un entretien sans grande importance » – et le couple se retira pour la nuit.

Est-ce que le nom de Pinochet vous a donné à réfléchir ?

« Non. J'ai seulement amorcé le mouvement, sans réaliser quel effet aurait ce que je faisais. Je n'ai pas à me féliciter, je faisais seulement mon devoir. Je n'ai pas signé un mandat en pensant que j'avais l'occasion de changer le monde, sûrement pas. Ce n'était qu'une affaire de plus. J'ai signé le mandat d'arrestation. Sans ce papier, ils ne pouvaient rien faire. »

Notre entretien touchait à sa fin. Nicholas se leva et se dirigea vers la fenêtre qui donnait sur la rue. « Vous voyez cette fenêtre là-bas ? demanda-t-il avec douceur. Celle qui est éclairée. »

J'acquiesçai d'un signe de tête.

« C'est le bureau de John Le Carré, c'est là qu'il écrit. Amusant, n'est-ce pas ? »

17

De retour d'Hampstead avec le mandat d'arrestation provisoire dûment signé, les quatre officiers de Scotland Yard s'attaquèrent aux choses pratiques. Il fallait un interprète car Pinochet, dans sa chambre individuelle de la London Clinic, située à l'angle de Devonshire Place et de Marylebone Road, ne parlait pas du tout anglais. Leur choix se porta sur Jean Pateras, interprète très appréciée et expérimentée qui travaillait depuis vingt ans avec la Metropolitan Police.

Bien des années plus tard, j'ai rencontré Jean, qui s'est montrée heureuse de partager avec moi ses souvenirs des événements de cette soirée mémorable. Nous nous sommes entretenus d'abord par téléphone, puis dans son appartement confortable qui donne sur Sloane Square, en buvant du thé, à côté de boîtes d'archives remplies de papiers sur l'affaire Pinochet. Confortablement calée dans un fauteuil, entourée

Jean Pateras, Londres, 2021.

de livres et de photos de famille, un exemplaire du *Daily Mail* étalé sur le tapis, elle portait un haut de couleur crème et un pantalon assorti, sur lesquels contrastait le brillant de ses mocassins dorés. Jean était une de ces personnes sérieuses qui font leur travail avec un grand professionnalisme. Elle est aussi l'un des personnages fabuleux qu'il nous arrive de rencontrer, énergique et accueillante, avec une abondante chevelure coiffée dans un style qui me ramena à ce moment de la fin des années 1990. Elle était née au Costa Rica, d'un père anglo-argentin diplômé de l'Académie militaire de Sandhurst et d'une mère née au Chili de parents anglais. Elle avait passé une partie de son enfance au Chili, où son grand-père exploitait un domaine de vergers.

Parlant un espagnol impeccable, Jean Pateras avait commencé à travailler comme interprète pour la Metropolitan Police dans les années 1980, sur la recommandation d'un ami. Un policier était venu la voir et lui avait demandé : « "Parlez-vous espagnol ?" J'ai répondu "oui", et c'était fait. Ma première affaire concernait le vol d'un morceau de savon dans une boutique Boots the Chemist ! » Voilà qui me rappelait, lui dis-je, ma première affaire en tant que jeune avocat, un vol à l'étalage chez Marks & Spencer. Jean adorait travailler sur des affaires de police, principalement des faits divers locaux jugés par des tribunaux anglais. À l'occasion, il pouvait se présenter un cas important de crimes de guerre, mais l'affaire Pinochet était d'une tout autre dimension. « Génocide, torture et autres horreurs ? Tout cela était nouveau pour moi. »

Jean se lança avec ardeur dans le récit de la soirée du vendredi 16 octobre 1998. « Scotland Yard m'a appelée vers cinq heures de l'après-midi. Je venais de rentrer du tribunal et commençais tout juste à me détendre. "Êtes-vous disponible, Jean?" » Épuisée après une longue journée, elle avait répondu oui, si c'était intéressant. « Oh oui, ont-ils dit, sans aucun doute, mais ils ne pouvaient pas en parler au téléphone, indiquant seulement qu'ils étaient sur le point d'obtenir un mandat d'arrêt pour la personne. »

Piquée par la curiosité, Jean accepta et se rendit en voiture jusqu'à Scotland Yard. « Qu'est-ce qu'il se passe? » demanda-t-elle dans l'ascenseur au sergent-détective, qui lui répondit : « "Nous allons arrêter le général Pinochet." Alors j'ai dit : "Quoi ? On se croirait dans un film de Woody Allen !" » Le caractère loufoque de sa réaction me fit rire de bon cœur avec elle.

Au quatrième étage de Scotland Yard, l'inspecteur Hewett l'informa rapidement avant de filer à Hampstead pour faire signer le mandat d'arrêt. Jean connaissait Nicholas Evans, pour avoir servi d'interprète dans son tribunal. « Rentrez chez vous et tenez-vous prête à recevoir notre appel », lui dit Hewett. Elle dîna avec son mari puis attendit. À neuf heures du soir, elle reçut l'appel qui la priait de se rendre au poste de police de Marylebone. C'est de là qu'elle partit pour la London Clinic avec Hewett et trois autres officiers de police. On était alors aux alentours de onze heures du soir.

« Nous sommes arrivés complètement à l'improviste, dit Jean, sans avertissement préalable. » Les officiers montrèrent leurs cartes de police et expliquèrent la raison de leur venue. On les conduisit à un ascenseur qui les fit monter jusqu'au huitième étage. Devant la porte de la chambre 801, gardée par deux gardes de sécurité chiliens, une infirmière les informa que Pinochet dormait. Sa femme Lucía n'était pas là.

Jean poursuivit : « Quelqu'un a dit : "Bon, alors entrez et réveillez-le doucement pour lui éviter un choc et une crise cardiaque." C'est sans doute moi qui ai dit ça, car je suis plutôt directive ! » Alors l'infirmière a frappé, ouvert la porte et elle est entrée en allumant la lumière. Jean entendit que Pinochet se réveillait. « Je suis entrée quelques minutes après avec deux policiers. Il n'y avait que nous trois. Il était assis dans son lit, en pyjama, lumières allumées, avec les deux gardes chiliens qui étaient entrés dans la chambre, ses gardes du corps privés. Ils ne parlaient pas un mot d'anglais. »

Hewett prit la parole, traduit par Jean :

> J'ai dit : « *Buenas noches*, je m'appelle Jean Pateras et je vous prie d'écouter ce que cet officier de police va vous dire. Je vous répéterai ses paroles en espagnol. » Le sergent-détective a lu l'ordre d'arrestation et a énoncé ses droits à Pinochet[75]. Vous n'êtes pas tenu de dire quoi que ce soit, ce qui pourrait affecter votre défense, et bla bla bla. Puis j'ai ajouté : « Vous êtes arrêté pour meurtre. »

Pinochet écoutait. Il était maintenant près de minuit[76].

Comment a-t-il réagi ?

« Il digérait les paroles qu'il entendait. »

Mais quelle a été sa réaction immédiate ?

> Il a dit : « Je sais qui est le salaud qui est derrière tout ça, c'est ce communiste, Juan Garcés. » Il était furieux. Furieux ! « Juan Garcés » furent ses premiers mots. Je traduisais. Il déclara qu'il était venu pour une mission secrète, qu'il avait un passeport et une immunité diplomatiques. Je lui ai dit : « Vos gardes doivent partir car vous êtes maintenant sous la protection de la police britannique. » Je ne me souviens plus de ce qui s'est passé ensuite. Toutes sortes de choses.

Tout d'abord, les gardes du corps chiliens refusèrent de sortir. « L'un des deux a dit : "Non, je ne partirai pas." » Je lui ai expliqué alors : "Si vous ne partez pas, on va vous faire sortir de force, allez dehors." » Deux officiers de police en uniforme sont entrés et les ont escortés à l'extérieur. Tout le monde se souviendra ensuite « de l'arrogance et de la mauvaise volonté » de Pinochet, « complètement sidéré par ce qui était en train de lui arriver »[77].

Prenant conscience de l'anxiété de Pinochet, Jean essaya de le calmer. « Je lui ai expliqué : "Écoutez, je suis sûre que votre ambassadeur va arriver, vous allez pouvoir lui parler quand il sera là, et tirer tout cela au clair." » L'ambassadeur est arrivé peu après, en effet. « Quand il est redescendu dans l'ascenseur avec nous, il a déclaré : "Ne croyez pas que je suis l'ami de cet homme, c'est à cause de lui que ma famille a dû quitter le pays." »

Jean passa près d'une heure à la London Clinic. « Il y avait beaucoup de choses à régler. Je devais être là pendant que la police faisait ceci et cela, signant des papiers, et devant s'assurer que Pinochet comprenait ce qui allait se passer.» Il était plus de minuit quand elle put repartir. Dehors, dans la rue, les deux gardes du corps chiliens étaient toujours là, sans savoir quoi faire. «Ils étaient tous les deux debout sous la pluie, les yeux rivés sur la clinique en face. Tout à fait extraordinaire. Un dévouement absolu.»

Rentrée chez elle dans un grand état d'excitation, Jean téléphona à Paris à sa sœur, dont le mari était l'ambassadeur du Costa Rica en France:

> Il était près de deux heures du matin, je lui ai dit: «Devine ce que je viens de faire! J'ai arrêté le général Pinochet!» Elle m'a répondu: «Oh, vraiment!» J'ai continué: «Oui, tu liras ça demain dans la presse.» Ma sœur était enchantée, elle pensait que Pinochet était un monstre.

Jean Pateras frissonnait encore, vingt ans après, en parlant de cette soirée. «C'était si excitant, je ne sais pas comment dire!» Cette nuit-là, elle ne pouvait pas savoir encore que ce n'était pas la dernière fois qu'elle côtoierait Augusto Pinochet.

«J'ai tout un tas de papiers relatifs à l'extradition que vous aimeriez peut-être avoir?» Ce n'était pas une offre que l'on refuse. Nous nous sommes dit au revoir, et je suis parti en emportant plusieurs grandes boîtes en plastique remplies de documents, des centaines de pages sur l'affaire Pinochet. Elles comprenaient la demande de Garzón, avec les détails déchirants et atroces des crimes qui avaient conduit à l'arrestation de Pinochet, dont ceux relatifs à Carmelo Soria et à Alfonso Chantreau.

Tandis que je me dirigeai vers la porte, Jean mentionna l'appel téléphonique qu'elle avait passé le lendemain à sa mère, qui se trouvait dans le Dorset, en Angleterre:

> «Devine ce que j'ai fait hier soir, maman!» Quelle a été sa réponse? Ayant deviné, elle a dit: «Je pense que c'est absolument honteux, cet homme est une vraie merveille, le Chili était formidable sous son régime.» Alors j'ai repris: «Maman, tu ne te rends pas compte de ce que cet homme a fait? – C'est complètement absurde, ma chérie, complètement absurde.»

Nuits au Chili

18

L'annonce de l'arrestation d'Augusto Pinochet provoqua un séisme au Chili, pour ses partisans et ses opposants, ainsi que dans les cercles littéraires. Roberto Bolaño accueillit la nouvelle en se réjouissant, évoquant l'impact de Pinochet sur la vie culturelle au Chili et sur les « médiocrités de droite et de gauche[78] » qui « s'ébattaient autour du dictateur[79] ».

Au moment de l'arrestation de Pinochet, Bolaño était occupé à rassembler des idées pour son prochain roman. *Nocturno de Chile (Nocturne du Chili)* sera publié durant le séjour forcé de Pinochet à Londres. Le personnage principal du livre est le père Sebastián Urrutia Lacroix, un prêtre jésuite âgé qui déroule ses souvenirs des années Pinochet, sous le pseudonyme de H. Ibacache.

Le roman, qui suscita un grand intérêt et fit beaucoup pour la renommée de l'auteur, met en scène toute une série de personnages qui rencontrent le prêtre. Parmi eux se détache « un homme entre deux âges, de taille moyenne, ni maigre ni mince, avec une expression indéfinissable sur le visage ». Bolaño l'appelle Monsieur Raef*. L'homme

---

* Raef (*« Fear »* si on lit de droite à gauche) est le nom du personnage dans la traduction anglaise du livre qui a repris le jeu d'inversion employé par Bolaño en espagnol : l'homme s'appelle Odeim (soit *« Miedo »*/« peur » écrit à l'envers) et

était vêtu « d'un costume clair et portait un chapeau des plus élégants », il dirigeait une conserverie de poisson qui mettait des moules dans des petites boîtes en métal pour les expédier en Allemagne et en France. « Nous nous consacrons à l'import-export, explique Raef, mais nous nous intéressons aussi à d'autres domaines[80]. »

Un jour, M. Raef approche le père Urrutia Lacroix. Le patron de la conserverie souhaite l'entretenir en privé d'une affaire sensible qui exige « une discrétion extraordinairement absolue et le secret le plus complet ». Le prêtre s'y engage et Raef lui explique en quoi consiste la mission confidentielle : serait-il prêt à dispenser des cours sur le marxisme à Augusto Pinochet et aux autres membres de la junte, y compris le général Mendoza, chef de la police ?

Ayant accepté la mission, le prêtre commence à donner ses cours. Pinochet se montre un étudiant sérieux, assidu et désireux d'étudier et d'apprendre, un homme passionné de lecture et d'écriture. Le prêtre observe que c'est la volonté de connaître le marxisme, « de comprendre les ennemis du Chili, leur manière de penser, et de sentir jusqu'où ils sont prêts à aller[81] » qui est au cœur de la soif d'apprendre de Pinochet.

Le personnage de fiction du directeur d'usine de conserves de fruits de mer, M. Raef, était inspiré par Walther Rauff, un nazi et officier SS de haut rang qui avait réussi à fuir l'Europe pour échouer dans l'extrême sud du Chili, où il dirigeait une conserverie exportatrice de chair de crabe royal vers l'Europe. En 1963, les journaux chiliens publièrent une photographie de lui en costume clair, assis à l'arrière d'une voiture. L'image dut faire impression sur Bolaño, qui garda aussi le chapeau en mémoire. D'autres furent également frappés par cette photographie, comme je l'apprendrai plus tard.

---

son acolyte, Oido (*« Odio »*/« haine », si inversé) ; ce qui donne Etniarc (« crainte », lu de droite à gauche), accompagné de Eniah (« haine »), dans la traduction en français. Nous avons néanmoins choisi de conserver ici « Raef » en raison de sa proximité évidente avec le nom du personnage réel de Rauff, tout en renvoyant aux pages de la traduction française dans les notes finales *(NdT)*.

Arrestation de Rauff, Santiago, 7 décembre 1962.

Walther Rauff avait déjà inspiré à Bolaño un personnage dans un précédent roman, paru peu avant l'arrestation de Pinochet à Londres, *La literatura nazi en América (La Littérature nazie en Amérique)*. C'est une œuvre satirique qui brosse une riche galerie de personnages, et comprend un chapitre sur « Deux Allemands à la fin du monde » qui introduit les lecteurs dans un endroit baptisé par l'auteur « Colonia Renacer ». Cette « Colonie Renaître » est un domaine situé dans le centre du Chili dont tous les résidents sont allemands, selon l'auteur, « sans exception ».

La « Colonia Renacer » s'inspirait directement de la Colonia Dignidad, communauté religieuse et agricole établie en 1963 par des immigrés allemands, à quelque trois cent quarante kilomètres au sud de Santiago. Dans le monde réel, cet endroit que j'appellerai la Colonie abritait des pratiques de pédophilie en série et d'autres crimes sexuels, tandis que ses dirigeants collaboraient de près avec la DINA et Pinochet. En outre, la Colonie était également réputée entretenir des liens avec les nazis en fuite tels qu'Adolf Eichmann, Martin Bormann et Josef Mengele – et Walther Rauff. L'année qui suivit le coup d'État, en 1974, Pinochet sera filmé lors d'une visite qu'il rendit à la Colonia Dignidad.

Dans le roman de Bolaño, la Colonie est un lieu « d'orgies païennes, d'esclavage sexuel et d'exécutions secrètes ». On y hisse des drapeaux rouges « avec une croix gammée noire inscrite dans un cercle blanc ». Selon le récit de l'auteur, « le seul criminel de guerre qui ait séjourné dans la Colonie (durant de nombreuses années entièrement consacrées à l'horticulture) fut Walther Rauss». Mais Bolaño ajoute que le bruit courra par la suite que Rauss «avait participé à certaines séances de torture pendant les premières années du régime de Pinochet».

Dans ce récit romancé, Herr Rauss meurt d'une crise cardiaque en regardant à la télévision un match de football opposant «l'Allemagne de l'Est et celle de l'Ouest lors de la Coupe du monde de 1974 qui se déroulait en République fédérale[82]». Comme c'est souvent le cas dans les œuvres de fiction, le récit de Bolaño n'est pas complètement coupé de la réalité : c'est bien en Allemagne de l'Ouest que la Coupe du monde a eu lieu cette année-là, et il y a bien eu un match entre les deux Allemagnes. La RDA l'emporta 1-0, résultat amer pour le Chili, car il éjectait le pays hors de la compétition.

Quant au reste du roman de Bolaño, il semblait, à première vue, le produit de l'imagination et de certains mythes. On n'a aucune certitude que le véritable Walther Rauff s'intéressait au football, ni qu'il avait rendu visite à la Colonie ou qu'il était un tortionnaire, en dépit des rumeurs et des histoires infondées qui allaient dans ce sens. Et il n'est pas mort en 1974. Cette année-là, et durant plusieurs années encore, le véritable Rauff restait bien le patron d'une conserverie de Punta Arenas où l'on tassait la chair des crabes royaux dans des petites boîtes métalliques destinées à être exportées jusqu'aux tables des gourmets européens affamés.

Mais revenons à *Nocturne du Chili*. Parmi les autres personnages figure un couple marié dont le père Urrutia Lacroix a fait la connaissance. La femme, jolie, est une jeune écrivaine, avec des cheveux bruns et de grands yeux. Bolaño la nomme María Canales. Elle est mariée à «un Nord-Américain du nom de James Thompson». Ils occupent une vaste maison où Canales accueille dans un cadre privilégié «des rencontres littéraires, des réceptions, des soirées ou des fêtes». Le père Urrutia Lacroix – le curé Ibacache – est parfois présent et goûte les récits et la compagnie d'autres écrivains. «Tous se récrient maintenant», dit le prêtre en se rappelant ceux qui prétendent qu'ils ne participaient pas à ces rencontres encouragées par Pinochet.

Le père Urrutia Lacroix rapporte qu'un jour un invité s'était égaré jusqu'au sous-sol et avait découvert un corps attaché sur un sommier métallique, « abandonné mais toujours vivant », récupérant de quelque supplice insoupçonné. Lorsque le temps de la démocratie était revenu, après le départ de Pinochet, des histoires effrayantes concernant la maison avaient commencé à circuler. L'une avait trait au mari de l'écrivaine, « James Thompson », qui était en réalité un agent de la DINA dont la maison servait de centre d'interrogatoire et de torture, et où des gens étaient tués. On disait que Thompson s'était rendu à Washington pour abattre l'un des ex-ministres d'Allende, et avait organisé des assassinats en Argentine et en Europe. Arrêté aux États-Unis, il avait confessé ses crimes et mis en cause certains généraux chiliens, avant d'être placé sous le statut de protection des témoins. On ne l'avait plus jamais revu.

Quant à María Canales, d'après le récit du prêtre, elle resta complètement démunie. Elle était au courant de ce que son mari avait fait, exprima des regrets et se retrouva terrorisée et à peine capable de respirer. Bolaño lui fait dire : « Les Juifs se préparent à démolir la maison », pour qu'il ne reste aucune trace. « Ils raseront la maison. Ils démoliront la cave. C'est là que l'un des hommes de Jimmy a tué le fonctionnaire espagnol de l'UNESCO[83]. »

Le récit était une fiction mais, comme pour la Colonie, pas entièrement. La maison qui avait enflammé l'imagination de Bolaño existait vraiment. « C'est une histoire vraie, dira-t-il. Je le répète : ceci n'est pas une fiction, c'est la réalité, cela s'est passé durant la dictature de Pinochet, et tous savaient plus ou moins[84]. » Bolaño a découvert l'histoire dans un texte de Pedro Lemebel publié en 1994[85], qui était consacré à une maison où se tenaient des salons littéraires à Santiago, au numéro 4925 de la via Naranja. C'était le domicile du vrai James Thompson / Michael Townley, l'agent de la DINA qui avait organisé le meurtre de Carlos Prats et d'Orlando Letelier. Townley était marié à la véritable María Canales / Mariana Callejas, qui tenait des causeries littéraires dans la maison et écrivait des nouvelles. L'une de celles-ci – *Conoció usted a Bobby Ackermann? (Connaissiez-vous Bobby Ackermann ?)* – remporta un prix littéraire offert par *El Mercurio*[86].

Dans la demeure de Townley et Callejas, des personnes réelles ont vraiment été détenues et torturées avant de disparaître. Carmelo Soria, diplomate de l'ONU, était ce « fonctionnaire espagnol de l'UNESCO » évoqué par Bolaño. Carmen Soria m'a rapporté que c'est dans cette maison que le cou de son père fut brisé sur une marche de l'escalier. C'est là, au sous-sol, que la DINA a conçu le projet Andrea, pour lequel le chimiste Eugenio Berríos a produit du gaz sarin en vue d'éliminer des opposants de Pinochet[87]. Une rumeur disait que du gaz avait été projeté sur Soria, en présence d'un immigré cubain qui sera impliqué, à peine deux mois plus tard, dans l'assassinat de Letelier à Washington[88].

Et c'est dans cette même maison que Mariana Callejas écrivit *La larga noche (La Longue Nuit)*, recueil de nouvelles présenté sous une couverture noire sinistre avec, dans un coin, un gros œil dardant à travers les barreaux d'une cellule. J'ai acheté un exemplaire du livre publié en 1980 dans une vieille boutique d'occasions située dans le centre de Santiago, avec un envoi de l'auteure à ses nouveaux amis Enrique et Max.

J'ai lu « Un parque pequeño y alegre » (« Un joyeux petit parc »), récit d'attentats à la bombe et de torture, le genre d'activités dans lesquelles excellait son époux américain[89].

J'ai aussi lu « Heil, Peter », qui présente un personnage allemand arrivé en Amérique du Sud et vivant dans le souvenir de l'amitié de son père avec Hitler.

19

La lecture de Bolaño et la découverte du personnage de María Canales m'ont encouragé à chercher à en savoir plus sur la vraie Mariana Callejas et à lire ses nouvelles. La fiction déboucha sur la réalité et m'entraîna jusqu'à l'endroit où Carmelo Soria avait perdu la vie, sur une marche d'escalier.

À Santiago, par une journée d'été de décembre 2021, je me suis rendu dans le quartier de Lo Curro avec Monserrat, mon assistante chilienne, et un de ses amis de Santiago. Nous sommes passés devant le palais construit par Pinochet et meublé avec un luxe criard par son épouse Lucía. Aujourd'hui, il abrite le Club Militar de Chile qui peut être loué pour des mariages et d'autres événements privés[90].

L'accès à la via Naranja était protégé par une barrière et un garde de sécurité somnolent vêtu d'un semblant d'uniforme qui nous a demandé ce que nous venions faire. « Visite privée », avons-nous répondu d'une seule voix, Monserrat et moi. Il leva la barrière et nous laissa pénétrer dans une rue tout en courbes, bordée de maisons cachées derrière des clôtures, avec des jardins et des piscines impeccables, une végétation verdoyante et luxuriante et des vues sublimes sur la ville. Nous avons atteint l'emplacement où aurait dû se trouver le numéro 4925, mais le bâtiment avait disparu depuis longtemps, ainsi que l'avait prédit le personnage fictif de María Canales, remplacé par deux nouvelles maisons numérotées 4241A et 4241B. Nous nous attardions, sans bouger, sur un site de torture et de meurtres en série, dans un paradis résidentiel où rien ne laissait deviner les horreurs qui s'y étaient déroulées.

De l'autre côté de la route, un jardinier tondait une vaste et riche pelouse. Il vint vers nous quand nous lui fîmes signe. Il s'appelait José et travaillait là depuis quarante ans. Oui, il se souvenait de la maison d'avant et connaissait sa réputation et les horreurs qui se passaient au sous-sol. Les familles et les voisins d'ici ne voulaient pas en parler, et nul n'entendait y voir installer un quelconque monument commémoratif.

Est-ce qu'ils avaient lu Bolaño ?

« Ils habitent ici depuis des dizaines d'années, dit le jardinier. Ils savaient forcément. »

Et ils ont vu ?

José acquiesça et sourit. Son ami Omar, qui s'était occupé du jardin jouxtant le numéro 4925 durant un demi-siècle, en savait beaucoup plus.

« Il était là en 1976. Il a vu et entendu beaucoup de choses. »

Par exemple ?

« Quand on amenait les gens, les hurlements qui provenaient du sous-sol, les sacs qui repartaient, les voitures et les camionnettes. »

Des sacs ?

« Des sacs mortuaires. »

José le jardinier désigna de l'autre côté de la route l'emplacement où se trouvait autrefois un sous-sol. « C'est sous la piscine maintenant. Quand ils ont construit la nouvelle maison, ils ont tout enterré là, dans le coin, puis élevé une petite butte par-dessus. »

Omar lui avait parlé des allées et venues. « Il s'approchait et se tenait à l'angle de la propriété, pour regarder. »

Et il a continué à travailler juste à côté d'un site d'assassinats ?

José haussa les épaules. « Il faut bien travailler. » Omar avait emporté avec lui dans la tombe tout ce qu'il avait observé.

« J'ai aperçu Townley trois fois », dit José. Il avait vu Mariana Callejas également, plus souvent. « Ils venaient avec d'autres personnes, peut-être pour faire visiter la maison afin de la vendre. Ils étaient séparés, et à la télé ils s'étaient accusés mutuellement pour ce qui s'était passé. »

Tandis que nous discutions, un voisin, un homme assez âgé, est sorti de sa maison et s'est avancé dans son jardin ; restant à bonne distance, il regarda en direction du jardinier, puis dirigea une caméra vers nous. « Si quelqu'un vous interroge, dites que vous recherchez une propriété à vendre, nous dit José, ne parlez pas de ce que vous faites vraiment. » Il remarqua que les caméras de surveillance fixées au sommet des lampadaires avaient pivoté dans notre direction.

« Nous ne voulons pas vous causer d'ennuis, devons-nous partir ? demandai-je.

– Vous ne faites rien de mal. Et ce sont eux qui ont eu des problèmes, pas moi. De toute façon, je m'en moque. Ces gens ne peuvent rien contre moi. Je voudrais bien qu'ils me virent, comme ça j'aurais des indemnités. »

Comme nous nous attardions, un homme grand et bronzé en uniforme s'arrêta à notre hauteur sur une moto rugissante. « Qu'est-ce que vous faites ici ? nous demanda ce policier. Vous êtes en infraction, dit-il, vous devez partir. On nous a avertis que vous alliez d'une maison à l'autre en sonnant aux portes. » Pas du tout, avons-nous répondu, nous étions seulement à la recherche du numéro 4925, mais il a disparu.

Il nous demanda nos noms et nos papiers d'identité, et nous avons refusé d'obtempérer. « Vous ne pouvez pas contrôler nos identités comme cela», s'indigna mon accompagnatrice chilienne. Il appela ses chefs par radio et leur dit que nous étions de simples promeneurs. «Ici, à Lo Curro, se promener est considéré comme suspect.» Puis il s'excusa. «On m'a seulement envoyé ici pour voir.»

Nous avons parlé au policier du numéro 4925, de ce qu'il s'était passé à cet endroit. Il nous a écoutés, puis a déclaré qu'il n'était pas surpris, ni étonné qu'il n'y ait aucune plaque ou monument commémoratif.

«Est-ce que vous êtes communistes?» demanda-t-il soudain. Son visage était très sérieux et il attendait visiblement une réponse sans détour de notre part. Nous avons ri.

«Est-ce qu'on ressemble à des communistes?

– Non», admit-il avec un sourire cordial. C'était simplement que nous étions là, dans un quartier privilégié, ce qui pouvait nous faire prendre pour des communistes. Lui-même habitait à La Victoria, un village classé à gauche, et il appartenait à un syndicat. «Je ne voterai pas pour José Antonio Kast», dit-il, faisant allusion au candidat d'extrême droite en lice pour l'élection présidentielle, admirateur de Pinochet, dont le père allemand avait été membre du parti nazi.

Nous avons promis de ne pas nous attarder plus longtemps. Le policier nous salua, remonta sur son engin et repartit. Nous nous tenions dans la rue, pensant à Townley/Thompson et à Callejas/Canales, saisis par la minceur de la ligne de séparation entre la réalité et la fiction.

«Que dire des personnages de Bolaño? se demanda Monserrat, mon assistante. Raef et Rauss étaient-ils tirés d'un personnage réel?»

Santiago, 1963

20

En effet, les personnages campés par Roberto Bolaño s'inspiraient d'une personne bien réelle. Je suis tombé pour la première fois sur le nom de Walther Rauff dans le livre de Bruce Chatwin, *In Patagonia (En Patagonie)*, que j'ai lu lorsque j'étais étudiant. Ces pages m'ont laissé une forte impression sur la région – Bolaño considérait que l'ouvrage en avait célébré le « réalisme magique[91] » – mais je n'avais pas conservé le souvenir de Rauff. Ce n'est que dernièrement, quand un ami de Santiago m'a rappelé ce passage, que je suis revenu au chapitre 96 où Chatwin évoque de manière surprenante un homme qui rêvait et fredonnait des lieder à Punta Arenas, dans des lignes qui saisissent l'imagination :

> Il se rend en voiture dans une usine qui sent la mer. Tout autour de lui des crabes écarlates rampent, puis sont ébouillantés. Il entend les carapaces qui craquent et les pinces qui se brisent, voit la douce chair blanche qu'on tasse dans des boîtes métalliques. C'est un homme efficace, bénéficiant de quelque expérience dans le domaine de la production à la chaîne. Se souvient-il de cette autre odeur, cette odeur de brûlé ? Et de cet autre bruit, celui de voix basses qui chantaient ? Et des tas de cheveux, jetés comme les pinces des crabes… C'est à Walther Rauff que l'on prête l'invention et l'administration des camions de gazage mobile[92].

Le passage, écrit sur un ton posé, produit un effet « glaçant », pensait l'écrivaine et journaliste Sybille Bedford, fine observatrice des affaires judiciaires[93]. Un autre critique fut saisi par « la sinistre lueur nostalgique » de ces mots, dans le rapport qu'ils établissaient entre la réalité du voyage et la violence[94].

Le nom de Rauff est revenu sous mes yeux, inopinément, dans les papiers personnels d'Otto Wächter, lors de mes recherches pour mon livre précédent consacré à la filière d'exfiltration des criminels nazis *(La Filière*).* L'ex-dignitaire SS et gouverneur nazi de la région de Galicie basé à Cracovie était en fuite quand Rauff lui adressa depuis Damas, en mai 1949, trois pages dactylographiées. Ce dernier lui conseillait de quitter l'Europe et de chercher à rejoindre l'Amérique du Sud en empruntant la filière. Il devait accepter la situation et « reprendre son ascension[95] ». « Ne perds pas ton temps à ressasser les jours glorieux du nazisme. Évite le monde arabe et rejoins plutôt l'Amérique du Sud. Avec mes meilleurs sentiments, bien à toi, Walther Rauff. » Wächter est mort mystérieusement à Rome deux mois plus tard, mais Rauff suivit son propre conseil et se retrouva finalement au Chili.

« Walther Rauff ? » m'a dit Laura González-Vera, la veuve de Carmelo Soria. « Oui, c'est sûr, tout le monde connaît ce nom, on sait qu'il a conçu des camps sur le modèle nazi au Chili et qu'il a conseillé Pinochet. » L'armée chilienne était très pro-allemande, m'assura-t-elle, et « Rauff organisait des empoisonnements par la DINA ». Elle tenait cela pour une évidence.

Je découvris que Rauff apparaissait dans la littérature – au-delà de Chatwin et de Bolaño – et dans bon nombre d'articles de presse. Vers le milieu des années 1980, il jouissait d'un statut quasi mythique ; il habitait à Santiago dans le quartier de Las Condes, près de chez Laura González-Vera. Il avait deux fils et plusieurs petits-enfants, fréquentait de vieux compatriotes allemands, buvait du whisky, écoutait la radio ouest-allemande, célébrait le jour anniversaire du Führer, et fredonnait des chants nazis.

---

* *La Filière*, traduit par Astrid von Busekist, Paris, Albin Michel, 2020. Édition originale parue en anglais sous le titre : *The Ratline : Love, Lies and Justice on the Trail of a Nazi Fugitive*, Londres, Weidenfeld & Nicholson, 2020 *(NdT).*

Il écrivait aussi des lettres. Il assurait à sa sœur en Allemagne qu'il était en sécurité dans ce beau pays chilien. Il avait des amis qui pouvaient accéder facilement à « la Maison de Pinochet ». Il était protégé par « de nombreux officiers de haut rang ». Il y avait bien parfois des velléités d'extradition, mais elles finissaient systématiquement dans la corbeille à papier[96].

Pinochet, quant à lui, restait prudent au sujet de cette relation. « Je ne connais pas Rauff », déclara-t-il à un journaliste du magazine *Newsweek*, en mars 1984. C'était un mensonge, comme il le savait fort bien.

21

J'ai rassemblé de la documentation sur Rauff. Une biographie académique, des centaines d'articles, des photographies et des films d'actualités aux images granuleuses. Il y avait des archives au Chili, en Allemagne et aux États-Unis. À la Bodleian Library d'Oxford, le nom de Rauff m'apparut dans un carnet de notes fatigué en moleskine qui avait appartenu à Chatwin. L'écrivain avait noté « Commandant Rauff » de « P.A. » [Punta Arenas], un homme associé aux « camions à gaz allemands[97] ».

Page de carnet de notes de Bruce Chatwin, 1975.

Aux archives de Washington se trouvaient des douzaines de documents provenant de la CIA. L'un était un interrogatoire militaire de Rauff, mené en mai 1945, qui offrait un récit de sa vie.

Je suis né le 19 juin 1906 dans la petite ville de Köthen, dans une famille protestante, avait-il déclaré à un officier britannique. Il ne précisa pas qu'il avait été baptisé à la cathédrale Sainte-Hedwige à

Berlin, ce qu'il dira à une journaliste bien connue plusieurs décennies plus tard[98], ni que c'est à Köthen que Jean-Sébastien Bach a composé le premier livre du *Clavier bien tempéré* (BWV 846 à 869), ainsi que ses *Suites anglaises* (BWV 806 à 811) et *françaises* (BWV 812 à 817) pour le clavecin.

Son père Otto travaillait dans une banque, sa mère Louise s'occupait du foyer et de ses enfants, au nombre de trois avec lui et ses aînés Ernst-August et Ilse. À l'issue de sa scolarité à Magdebourg, près de Berlin, il entre à dix-huit ans dans les cadets de la marine allemande[99]. Pour sa première affectation, il navigue jusqu'en Amérique du Sud dans le cadre d'une tournée diplomatique[100]. À la fin de 1925, le croiseur SMS *Berlin* aborde le port chilien de Valparaíso, entouré de nombreuses collines. En se rendant à l'Académie navale, Rauff dut passer à côté du Colegio Seminario San Rafael où Augusto Pinochet, âgé de dix ans, était alors scolarisé.

Le *Berlin* parcourut trois mille kilomètres vers le sud jusqu'à Punta Arenas en Patagonie chilienne, dépassant l'île Dawson et la Terre de Feu *via* le détroit de Magellan qui porte le nom de l'explorateur à la tête de la première expédition qui emprunta le passage en 1520 (avec Juan Sebastián Elcano, lequel est un ancêtre de ma belle-mère espagnole, Leina Schiffrin, comme elle m'en a convaincu). La prospérité de Punta Arenas, ville fondée par les colonisateurs européens, est née de sa situation géographique unique entre les océans Atlantique et Pacifique. L'importante communauté allemande de la ville se mobilisa pour faire visiter le cimetière à l'équipage du navire, le jour de Noël. À cette occasion furent ajoutées quatre douilles d'obus autour du monument élevé pour honorer la mémoire de l'amiral Graf von Spee et des marins qui avaient péri lorsque la marine britannique avait coulé quatre croiseurs allemands près des îles Falklands (Malouines), dix ans auparavant.

Rauff aima la ville, avec sa Plaza de Armas animée où trônait au centre une statue de Magellan dominant un guerrier selk'nam à ses pieds, en écho à l'histoire coloniale. Il entra dans les boutiques tenues par des Allemands, comme celle de la compagnie Sara Braun, et admira la résidence de Rodolfo Stubenrauch, le consul allemand natif de Prusse. Rauff se sentait bienvenu dans ces lieux.

De retour en Allemagne, au cours des dix années suivantes, il fit son chemin dans la marine en gravissant les échelons. Vers le moment où Hitler devint chancelier, en 1933, il épousa Charlotte Borbe, la fille d'un brasseur de bière. En 1937, il entra au parti nazi, avec le numéro d'adhérent 5216415, et se vit confier le commandement d'une flottille navale. Cette même année il rencontra Edith Richter, déjà mariée deux fois, de huit ans son aînée et ayant un fils de seize ans. Leur liaison se conclut sur son divorce avec Charlotte et l'ouverture d'une procédure devant le Tribunal militaire qui le déclara coupable d'adultère. Il quitta alors la marine de son propre chef et fut disculpé de toutes accusations, selon ses dires[101].

Rauff avait besoin d'un travail. Une de ses connaissances au sein du *Sicherheitsdienst*, ou SD, le service de renseignement de la SS et de la Gestapo, le présenta à Werner Best, avocat de profession et officier SS de renseignement qui était proche de Heinrich Himmler. Son dossier nazi indique que « Rauff est une personnalité saine et déterminée, dotée des qualités requises pour un cadre SS, idéologiquement comme par son attitude intérieure[102] ».

Il entra dans la SS un an après, en 1938, enregistré sous le numéro 290947, et se déclara *gottglaübig*, attaché à Adolf Hitler plutôt qu'à l'Église protestante[103]. Ayant épousé Edith, il s'installa avec elle à Charlottenburg, Mommsenstrasse 47. Dans les couloirs du quartier général de la SD à Berlin où il travaillait, Rauff pouvait croiser Himmler, Otto Wächter et Adolf Eichmann. Il devint un protégé du chef de la SD, Reinhard Heydrich, que Rauff avait rencontré pour la première fois en 1928 lors d'une conférence devant des officiers de marine[104]. Heydrich appréciait les qualités d'organisateur de Rauff, un homme qui ne posait pas de questions et faisait bien les choses.

En octobre 1938, il eut avec Edith un fils, Alf, puis un second en 1940, Walther junior. Promu au grade de SS Hauptsturmführer (capitaine), Rauff travaillait maintenant au sein de la division « technique », section *Amt IID*, du *Reichssicherheitshauptamt* (RSHA), l'Office central de la sûreté du Reich. En juin 1941, quand l'Allemagne rompit le pacte Molotov-Ribbentrop conclu avec les Soviétiques et lança ses armées vers l'Est, Heydrich recruta Rauff pour un projet des plus secrets, déclenché par l'occupation allemande de vastes territoires, situés aujourd'hui en Biélorussie et en Ukraine : Rauff allait contribuer à l'effort d'anéantissement de la population juive. Himmler avait été traumatisé par le spectacle d'une tuerie de masse à laquelle il avait assisté à Minsk ; ayant décidé que l'exécution par balles était trop stressante pour les braves hommes ordinaires des SS, il avait ordonné à Heydrich de trouver des moyens d'élimination plus efficaces. En évoquant bien plus tard l'homme qui l'avait choisi pour devenir un meurtrier de masse, Rauff dira : « Heydrich était un perfectionniste, pas un fanatique comme Himmler ou Hitler. Il considérait les choses froidement, d'un point de vue technique[105]. »

Dans l'équipe de Rauff qui était affectée au nouveau projet figurait le Dr August Becker, un chimiste qui avait aiguisé ses savoir-faire dans l'*Aktion T4*, le programme d'euthanasie des nazis qui recourait au gaz de monoxyde de carbone pour éliminer les patients « incurables ». Rauff conçut un prototype de camion à gaz qui fut testé sur des prisonniers soviétiques au camp de concentration de Sachsenhausen, au nord de Berlin. Les prisonniers enfermés à l'arrière du camion furent tués en moins de huit minutes par les gaz d'échappement injectés à l'intérieur, puis leurs cadavres furent incinérés[106]. Le procédé fut jugé pleinement satisfaisant, et Rauff put recruter Friedrich Pradel pour constituer une flotte de véhicules avec la collaboration d'un technicien, Willy Just[107]. Rauff n'éprouvait aucun scrupule : le procédé allait alléger la charge émotionnelle de ceux qui tuaient au service de l'intérêt général[108].

Un autre membre de l'équipe technique du RSHA a expliqué le fonctionnement du dispositif de gazage : « Il y avait un tuyau d'échappement amovible qu'on pouvait raccorder depuis l'extérieur à travers le plancher du camion. Quand on faisait démarrer le moteur, une fois le tuyau raccordé, les gaz d'échappement montaient dans le flexible puis se répandaient par le tube installé à l'arrière du camion[109]. » Rauff se souciait des moindres détails, s'assurant par exemple que « le chargement » ne puisse pas atteindre le point d'entrée du conduit dans le caisson étanche. La conception des camions sera constamment améliorée sous sa direction.

Il passa commande de cinq prototypes, des engins de trois tonnes de métal avec lesquels on pouvait gazer cinquante personnes d'un seul coup, en quelques minutes seulement. Depuis Berlin, deux camions furent envoyés au nord jusqu'à Riga, en Lettonie; l'un partit vers le sud pour Simferopol, en Crimée; les deux derniers furent mis en service au camp d'extermination de Chełmno situé en Pologne, à proximité de la ville de Łódź[110]. Au cours de l'année suivante, Rauff supervisa la construction de plusieurs dizaines de camions à gaz. Il s'occupait de la conception, de la fabrication et du fonctionnement, ainsi que de la livraison des pièces détachées par la firme Gaubschat, à Berlin-Neukölln (rachetée en 1975 par la compagnie de transport Wartburgmobil dont la devise est: « Nous relions les gens »)[111].

Rauff ne se départit jamais d'un état d'esprit calme, positif et professionnel. Il était simplement chargé d'une mission, au titre de la lutte contre les Soviétiques et les Juifs, qu'il fallait accomplir avec soin, ardeur et maîtrise. Et si la livraison d'un « véhicule spécial » au camp de Mauthausen, en Autriche, était retardée, il se faisait fort d'organiser l'envoi de bonbonnes de gaz de monoxyde de carbone à utiliser en attendant l'arrivée du camion[112].

Rauff recevait des rapports réguliers[113]. Il était informé quand les équipes avaient réglé le sort des êtres humains poussés dans les « camions de la mort » camouflés, pour certains, sous l'apparence d'ambulances[114]. On lui rendait compte depuis Kiev des efforts visant à optimiser la production des fumées toxiques afin que le gazage se fasse « correctement » : certains chauffeurs étaient enclins à pousser « plein gaz » sur la pédale, pensant ainsi en finir plus vite, mais ils provoquaient surtout une « suffocation » douloureuse au lieu d'un assoupissement en douceur. Avec Becker, le chimiste, Rauff perfectionna la technique afin que les occupants des camions puissent

Camion à gaz marqué d'une croix rouge (s.d.)

« s'éteindre paisiblement ». De plus, une telle mise à mort entraînait la réduction des distorsions faciales et excrétions de toute sorte, ce qui permettait de passer « moins de temps pour le nettoyage[115] ».

En juin 1942, Rauff reçut un télégramme de Riga. « Chaque semaine un nouveau transport de Juifs arrive pour traitement spécial », mais trois camions à gaz (deux modèles Diamond, un Saurer) ne suffisaient pas pour faire face aux grands nombres. Riga réclamait un camion supplémentaire (la version plus grande, de cinq tonnes) et des tuyaux. Rauff se renseigna pour savoir « quand on pouvait compter sur la fourniture d'un autre camion ». Et quand des tuyaux d'échappement de remplacement seraient-ils enfin disponibles ? Rauff était avant tout un homme soucieux d'efficacité.

Le 5 juin 1942, Willy Just, l'inspecteur technique, adressa à Rauff une note détaillée sur les opérations en cours à Chełmno. Ce document sur lequel figurait son nom allait revenir hanter Rauff. Au cours des six derniers mois, écrivait Just, « 97 000 unités ont été traitées avec les trois véhicules en service, sans incidents marquants[116] ». Il soumettait des « modifications techniques » à l'approbation de Rauff : « plus grande capacité de chargement », réduction de la durée de fonctionnement, amélioration de la stabilité (pour prévenir les effets des déplacements du « chargement »). L'éclairage intérieur devait être maintenu après la fermeture des portes arrière afin d'éviter que « le chargement » ne panique, hurle et se bouscule au moment où la lumière s'éteint. Pour faciliter le nettoyage, on pratiquerait au milieu du plancher une ouverture pour un siphon étanche « pourvu d'un couvercle incliné permettant l'écoulement des liquides fluides en cours de fonctionnement ». Willy Just sollicitait « une décision » de l'Obersturmbannführer SS Rauff, qui ne tarda sans doute pas à venir.

« Je ne peux pas dire si j'avais alors des objections à l'encontre de l'emploi de camions à gaz[117] », reconnut Rauff bien des années plus tard. « Le plus important pour moi, c'était que les fusillades constituaient une épreuve terrible pour les hommes qui devaient les faire, et le recours aux camions à gaz a permis de régler ce problème. » Il ne s'embarrassait pas d'autres détails.

On dispose d'un témoignage de première main sur le gazage des Juifs en provenance du ghetto de la ville voisine de Łódź (rebaptisée

Litzmannstadt par les Allemands), avec la déposition de l'un des chauffeurs des camions :

> [...] On leur a expliqué qu'ils devaient prendre un bain et que leurs vêtements devaient être désinfectés, mais qu'auparavant ils pouvaient déposer leurs objets de valeur qui seraient enregistrés. [...] Dès qu'ils s'étaient déshabillés, on leur demandait de descendre dans les caves du château, ils empruntaient un couloir pour arriver à la rampe, d'où ils montaient dans les camions de gazage. Dans le château, on avait apposé des panneaux portant l'inscription « vers les salles de bains ». Quant aux véhicules de gazage, il s'agissait de gros camions présentant un fourgon de 4 à 5 mètres de long sur 2,20 mètres de large et haut de 2 mètres. Les parois intérieures étaient doublées de tôles métalliques, des claies de bois étaient fixées sur le plancher. [...] Dès que le camion était plein, on fermait les portes de derrière et on reliait le pot d'échappement à l'intérieur du fourgon[118].

Il se trouve que ce récit m'a personnellement touché. En faisant des recherches pour mon livre *East West Street (Retour à Lemberg)**, j'avais découvert qu'en juillet 1939 ma mère, qui était alors âgée d'un an, avait été amenée à la gare Westbahnhof de Vienne pour être confiée à Miss Elsie Tilney, une missionnaire évangélique de Norwich qui devait l'accompagner jusqu'à Paris pour la mettre en sûreté. Elle était venue à la gare avec sa cousine, Herta, âgée de onze ans, qui devait faire le voyage avec elle. Cependant, au dernier moment, la fillette n'avait pas supporté d'être séparée de sa mère Laura, la sœur de mon grand-père.

Herta Gruber, Vienne, 1938.

* *East West Street: On the Origins of "Genocide" and "Crimes Against Humanity"*, Londres, Weidenfeld & Nicholson, 2016. *Retour à Lemberg*, traduit par Astrid von Busekist, Paris, Albin Michel, 2017 *(NdT)*.

La mère et la fille étaient restées ensemble à Vienne. Deux ans plus tard, en octobre 1941, elles furent transportées au ghetto de Litzmannstadt, où elles disparurent dans les mois qui suivirent. D'après le calendrier et les détails du rapport de Willy Just, j'ai compris que Herta et Laura ont probablement fait partie des 97 000 personnes dont la vie s'est arrêtée dans l'un des camions gris foncé de Walther Rauff[119].

Tandis que cette opération se poursuivait, les partisans tchèques prirent pour cible le protecteur de Rauff, Reinhard Heydrich ; ils tendirent une embuscade à sa voiture et réussirent à le tuer. On était maintenant en juin 1942. L'attentat coïncidait avec la décision de Berlin d'abandonner les camions de gazage pour poursuivre l'extermination sur une échelle beaucoup plus vaste. Au moment où entraient en service les camps de Belzec, Sobibor et Treblinka, Rauff dut se trouver un nouvel emploi.

22

En décembre 1942, Rauff fut affecté en Tunisie, occupée par l'Allemagne depuis peu, avec la mission de débarrasser le pays des Juifs[120]. Comme il ne parlait pas le français, il engagea un réfugié juif autrichien pour lui servir d'interprète.

« C'était un petit homme », se rappelait Maximilien Trenner ; un peu comme Hitler, Rauff avait des accès de fureur, devenant « rouge de colère » lorsqu'il s'agitait[121]. Il était « excessivement dangereux » et « complètement engagé dans l'extermination des Juifs »[122].

Dès le premier jour, Rauff convoqua les responsables de la communauté juive à son quartier général, situé au 168, avenue de Paris, à Tunis[123]. Il exigea la mise à disposition, sous vingt-quatre heures, d'une main-d'œuvre de deux mille jeunes hommes, faute de quoi il en prendrait dix mille[124]. Quand la communauté ne parvint à fournir qu'une centaine de travailleurs, il se mit en fureur. « J'ai déjà tué des Juifs en Pologne et en Russie, et je veux que vous sachiez à quoi vous attendre[125] », déclara Rauff. Ils allaient être fusillés, dit-il, comme des « traîtres, lâches, chiens de Juifs, porcs[126] ».

Rauff était de petite taille, rasé de près, glacial, de tempérament bilieux, et « imbu d'un air de prétendue supériorité raciale », se rappelait un autre observateur. Quand il était calme, sa voix était rauque et gutturale, ses paroles cassantes et précises. L'excitation produisait chez lui « une avalanche de sons inarticulés, durs, syncopés et brusques ». Lorsqu'il se mettait en colère, il tapait des pieds frénétiquement et brandissait une petite badine[127].

Rauff était mû par l'antisémitisme et l'anticommunisme. C'étaient les Juifs qui avaient déclenché la guerre, alors leurs frères de Tunisie devaient « assumer leurs responsabilités[128] ». Il obligea les travailleurs réquisitionnés à porter de grandes étoiles jaunes sur le devant et sur le dos, « ainsi on peut vous voir de loin et vous abattre si vous tentez de vous échapper ».

Ce furent des semaines de prises d'otages, d'exécutions, de torture et d'amendes massives imposées à la communauté juive[129]. Rauff pillait, confisquant notamment pas moins d'une douzaine de machines à écrire. « Pour pouvoir préparer des listes[130] », déclara-t-il. « Un véritable sauvage », dira un jeune avocat qui vit Rauff soumettre son père à un simulacre d'exécution. « Il était obsédé par la mission dont on l'avait chargé[131]. »

Le séjour de Rauff à Tunis prit fin brusquement. En mai, quelques mois à peine après son arrivée, la Wehrmacht fut mise en déroute par la 7e division blindée britannique qui s'empara de la ville. Rauff s'enfuit, laissant derrière lui une communauté traumatisée et nombre de morts ; aujourd'hui encore, les descendants des familles touchées répètent son nom avec horreur. Sa propre mémoire en revanche était très différente. Des mesures contre les Juifs ? Il n'y en a eu aucune. « Beaucoup ont travaillé volontairement pour nous sans qu'il leur soit jamais rien arrivé[132]. »

De retour à Berlin, Rauff fut récompensé pour son travail à Tunis. Le général Karl Wolff, adjoint de Himmler, le décora d'une Croix allemande en argent[133]. Au début de juillet 1943, Rauff fut envoyé en Corse en tant qu'officier de renseignement en civil muni de faux papiers visés par la police de Paris, chargé de créer une cellule de collaborateurs français en prévision d'une invasion de l'île par les Alliés. Il resta deux mois sur place avant de s'enfuir lorsque Hitler ordonna aux troupes allemandes d'évacuer l'île, le 12 septembre[134].

Il partit aussitôt pour l'Italie, après avoir été nommé Kommandant de l'Oberitalien-West Gruppe, chef des SS et de la Gestapo à Milan, sous le commandement du général Karl Wolff. Rauff installa son quartier général à l'hôtel Regina, à proximité de la Scala – et juste à temps pour l'ouverture de la saison d'opéra, largement consacrée à Wagner, Mozart et Beethoven[135]. Le Regina devint rapidement un lieu redouté de détention, de torture et de meurtre où disparurent de nombreux Italiens.

Au début de décembre, Rauff se signalait par son implication dans la première déportation de Juifs italiens à Auschwitz[136], et par l'application de mesures draconiennes contre les partisans. Durant l'été de 1944, il dirigea en personne les opérations dans la vallée d'Aoste, près de Cuorgnè ; dans le val de Suse, près de Fenestrelle ; et dans la province de Cuneo. Il n'est pas difficile de trouver des exemples des horreurs déclenchées sous ses ordres. Le 21 juillet, dans le village de Robecco sul Naviglio, à la suite de la mort d'un policier militaire allemand abattu par les partisans, Rauff ordonna personnellement en représailles l'exécution de cinq hommes, la déportation de cinquante-huit autres en Allemagne, et la destruction de nombreuses maisons[137]. Il avertit le préfet de Milan : « Si cela se reproduit, les mesures seront plus dures et toucheront encore plus de personnes innocentes[138]. »

Pendant un an, Rauff supervisa une politique brutale de représailles contre la population civile, en violation flagrante des règles de droit internationales. Sous son autorité directe, cinquante civils seront exécutés à Cumiana ; vingt-sept à Turin après la mort d'un soldat de la Wehrmacht abattu par les partisans ; et vingt-six encore au col de Lys où furent exposés leurs cadavres mutilés[139]. (Huit décennies plus tard, ces atrocités et d'autres perpétrées en Italie par le Reich allemand firent l'objet de poursuites devant la Cour internationale de justice ; l'Allemagne plaidera – avec succès – que l'Italie, en ayant autorisé ses tribunaux à déposer des plaintes civiles, avait violé ses engagements de garantir l'immunité de l'Allemagne au regard du droit international[140].) Pour son action en Italie, Rauff se vit remettre par le général Wolff une nouvelle Croix allemande, en or cette fois[141].

Le cours de la guerre commença à s'inverser à partir du débarquement des Alliés dans le sud de l'Italie, durant l'été de l'année 1943.

Rauff rejoignit le général Wolff pour négocier avec les Américains un accord secret connu sous l'appellation d'opération Sunrise. Tous deux espéraient échapper aux poursuites en échange de leurs efforts en faveur de la paix. En février 1945, Rauff se rendit en Suisse afin de négocier avec Allen Dulles, chef de la branche locale de l'Office of Strategic Services, précurseur de la CIA. Karl Wolff apprécia la contribution de son camarade. « Vous avez joué un rôle déterminant lors des deux derniers mois de la guerre », dira-t-il[142].

Le 24 avril 1945, Rauff rencontra Mussolini[143]. Cinq jours après fut conclu un cessez-le-feu entre les forces allemandes en Italie et les Alliés. Le lendemain matin, 30 avril, le colonel John Davis de l'US Army fendait la foule enragée qui s'était rassemblée devant l'hôtel Regina, où il pénétrait pour arrêter Rauff et ses collaborateurs, y compris sa secrétaire, Emilie Lukasch (qui avait travaillé auparavant pour Eichmann et avait été affectée à Litzmannstadt)[144]. Rauff fut escorté dehors avec sa casquette marquée de la tête de mort et son long manteau SS de cuir noir. « Les Italiens nous acclamaient ! » se rappellera Rauff plus tard. « Ils croyaient que nous étions américains[145]. »

Arrestation de Walther Rauff, Milan, 30 avril 1945.

À Florence, il fut incarcéré avec Wolff et interrogé par un officier de l'armée britannique (« un vrai Anglais, pas un Juif », dira Rauff[146]). Le major Michael Wedekind relèvera que Rauff s'était montré hostile et non coopératif, un parfait SS plein de « mépris et de méchanceté profonde » pour les Alliés, et fier de ses actes criminels. Il était cynique et arrogant, « plus rusé et retors qu'intelligent », et représentait une menace telle qu'on devrait l'exécuter. Si cela n'était pas possible, il recommandait d'emprisonner Rauff jusqu'à la fin de ses jours[147].

23

Au cours des mois suivants, Rauff fut déplacé à travers l'Italie, de Rimini à Naples, puis à Ancône[148]. Sa deuxième femme Edith et leurs deux enfants, Alf et Walther junior, étaient rentrés en Allemagne. En octobre 1945, mis en cause par des documents attestant son rôle dans l'utilisation des camions à gaz, Rauff signa un *affidavit* qui confirmait l'authenticité de sa signature et des documents.

Il s'efforça de minimiser son rôle. « Je ne connais pas le nombre de camions de la mort qui furent mis en service et ne peux pas donner d'estimation[149], déclara-t-il. Pour autant que je sache, ces camions n'ont servi qu'en Russie. » Il savait que c'était un mensonge, que Chełmno et Litzmannstadt étaient en Pologne. « Je n'étais jamais présent quand les camions à gaz étaient en fonctionnement et faisaient mourir les personnes à l'intérieur », assura-t-il. Son rôle était purement « technique ».

Les documents furent versés au dossier des débats de la salle d'audience 600 du tribunal de Nuremberg. Le 20 décembre 1945, au vingt-deuxième jour d'audience, le colonel Robert Storey, procureur des États-Unis, prononça le nom de Rauff, qui était enregistré dans le dossier, et lut des extraits des documents relatifs aux camions à gaz ainsi que son *affidavit*[150]. Pourtant, le jugement prononcé à Nuremberg un an plus tard ne fit aucune mention de Rauff ou des camions. Il se trouvait alors dans un camp de prisonniers à Ancône, détenu en compagnie de membres de la division Waffen SS Galicie d'Otto Wächter, et des officiers SS Karl Hass et Erich Priebke. Dans les années 1990, le rôle de ces deux derniers dans l'assassinat, pendant la guerre, de trois cent trente-cinq civils italiens à Rome, dans les Fosses ardéatines, fut reconnu ; Priebke fut extradé d'Argentine et la justice italienne condamna les deux hommes pour crimes contre l'humanité[151].

Rauff s'en était bien tiré, mais il était désormais parfaitement conscient des risques que lui faisaient courir les documents relatifs aux camions à gaz mentionnant son nom. « Certaines responsabilités qui pèsent sur moi pourraient me coûter la tête », écrivit-il à son neveu[152]. Il lui fallait prendre garde.

On le transféra à Rimini puis à Naples, d'où il parvint à s'échapper en se servant de cisailles pour ouvrir une brèche dans une clôture. Tandis qu'un rideau de fer s'abattait sur l'Europe, il se fraya un chemin jusqu'à Rome[153], pourchassé par le Corps de contre-espionnage de l'US Army. Le jeune Henry Kissinger figurait parmi les agents de cette unité, chargé d'une mission d'instructeur sur la dénazification, le communisme et la menace soviétique[154]. Les deux hommes se trouvaient dans des camps opposés et rien n'indique que leurs chemins se soient croisés en Italie, mais ils seront du même côté trente ans plus tard, comme soutiens de Pinochet et de son coup de force au Chili.

À Rome, Rauff trouva refuge dans un appartement de l'avenue Giulio Cesare, qui était le domicile d'un professeur d'université italien, de son épouse et de leurs deux fils. « Un appartement modeste, un lieu charmant, se souviendra-t-il. Je m'occupais des enfants. » Pour le professeur Dupré et « Hedi » (Hedwig), son épouse prussienne, Rauff était un hôte honorable et digne de confiance[155]. Il fréquentait les prêtres allemands du Collegio Teutonico à Santa Maria dell'Anima, où l'évêque Hudal « nous aidait beaucoup[156] ».

Puis Hedi Dupré trouva une chambre pour Rauff au monastère de la Vigna Pia, où il travailla comme jardinier et gardien des vaches. En 1948, Edith et les deux garçons le rejoignirent, et Hudal lui procura un passeport de la Croix rouge internationale. Recherché par les Alliés, les Soviétiques et les Juifs, il s'enfuit au Caire – « où nous avons été reçus très chaleureusement » – puis en Syrie[157].

À son arrivée à Damas en novembre 1948, Rauff fut d'abord recruté par l'armée syrienne, puis travailla pour la police, s'occupant de réorganiser le service de renseignement du pays. En mars 1949, à la suite d'un coup d'État militaire, il devint conseiller à la sécurité du nouveau chef de l'État, le colonel Housni al-Zaïm. La CIA, créée deux ans auparavant, gardait un œil sur lui. « Le sujet et sa femme sont en Syrie », rapporta l'organisation, il travaillait comme « conseiller de la Sûreté syrienne ». Un de ses anciens camarades nazis, devenu une source pour les Américains, affirma que Rauff s'occupait de réorganiser le renseignement syrien « en suivant les méthodes de la Gestapo[158] ».

Rauff était proche « du colonel al-Zaïm, lequel adorait, comme Hermann Göring, accrocher quantité de médailles sur ses uniformes.

« Rauff, comment me trouvez-vous ? s'inquiétait al-Zaïm. – Magnifique[159] ! » Rauff recruta des Allemands, dont d'anciens responsables SS ou des officiers de la Wehrmacht arrivant d'Italie. Selon la CIA, il était impliqué dans des actes de torture et n'était pas aimé des Syriens ni des Allemands. Un collègue le qualifia d'« égoïste froid », un homme dépourvu de principes et exclusivement motivé par son seul intérêt propre[160].

En mai 1949, il écrivit à Otto Wächter, son collègue SS en Italie, réfugié dans ce même monastère où Rauff s'était caché. C'est la lettre que j'ai découverte dans les archives de la famille Wächter. Trois mois plus tard, après l'assassinat du président al-Zaïm, Rauff fut expulsé de Syrie, accusé de terrorisme[161].

Il s'installa avec sa famille à Beyrouth (« une oasis, c'était merveilleux »), où un prêtre allemand convertit Rauff au catholicisme. Plus tard, ils s'embarquèrent sur un vapeur grec pour retourner en Italie (« le jour de l'anniversaire du Führer ! ») ; là, Edith suggéra qu'ils se rendent à Marseille, mais Rauff s'y opposa (« on ne m'aime guère en France », depuis son passage à Tunis[162]) ; ils retournèrent donc à Rome auprès de la famille Dupré. C'est là que Rauff fit la connaissance de Shalhevet Freier, officier de renseignement israélien né en Allemagne qui menait des opérations secrètes en Europe. Freier, qui ignorait apparemment tout du passé de Rauff, le recruta en tant qu'informateur sur les affaires syriennes[163]. Ils demeurèrent en contact pendant deux ans.

Poursuivi, Rauff décida de suivre le conseil qu'il avait lui-même donné à Otto Wächter, et dirigea son regard vers l'Amérique du Sud. Il visait plutôt le Brésil ou l'Argentine, mais il n'hésita pas quand l'ambassade de l'Équateur à Rome lui proposa des visas. Le fils qu'Edith avait eu de son premier mariage – Hans Karste Richter – était établi dans ce pays et avait dit à Rauff qu'il pourrait trouver du travail à Quito[164].

24

Le 5 décembre 1949, les Rauff s'embarquèrent à Gênes sur le *Conte Grande*. « Je jouais au skat avec un chef d'orchestre juif qui travaillait à l'opéra de Berlin et avait une fille en Équateur », se souviendra-t-il. La famille débarqua à Guayaquil et passa une nuit à l'hôtel Majestic

(« propriétaire juif, je suis entré l'air de rien, ai dit que je m'appelais Walther Rauff, les Juifs étaient excessivement cordiaux, particulièrement affectueux avec les enfants »), avant de partir pour Quito.

« Le colonel SS Walther Rauff est arrivé à Quito, en Équateur », rapporta la CIA. L'agence, qui gardait un œil sur sa correspondance (interceptée par les services de renseignement italiens), releva, sans ironie, que Rauff trouva un premier emploi de mécanicien chez le concessionnaire Mercedes Benz de Quito[165]. Il apprit des rudiments d'espagnol et, engagé par une entreprise équatorienne, il devint représentant des produits du laboratoire pharmaceutique américain Parke-Davis. Il parcourut le pays, vendant ses spécialités médicales à « des Indiens très surpris ». Plus tard il représentera Opel, la marque automobile allemande – dont la première voiture vendue en Équateur fut livrée au nonce du pape, plaque CD-1 –, avant d'occuper un emploi de responsable commercial chez Gustavo Möller Martinez, une société germano-équatorienne représentant diverses entreprises d'Allemagne de l'Ouest. Durant toute cette période il fit profil bas, tout en usant de plusieurs déclinaisons de son nom, dont celui de Raliff.

Edith et lui correspondaient avec la famille restée en Allemagne de l'Ouest. La vie n'est pas sans risques, écrivait-il, et même si son statut d'immigré était bien en règle, la communauté juive locale posait certains problèmes. Finalement, il se sentit suffisamment en sécurité pour reprendre son vrai nom et obtint un passeport délivré par l'ambassade allemande. Mais sa demande de pension de la marine lui fut refusée en raison de ses états de service SS. Dans une lettre à sa sœur, il se demandait si les Juifs n'étaient pas derrière cette décision, se plaignant de la renaissance des « Juifs de Bonn » dont il se sentait la victime. Son goût pour le *Horst Wessel Lied*, *« Die Fahne hoch »*, et les célébrations de l'anniversaire du Führer généreusement arrosées de whisky ne faiblissait pas[166].

La vie en Équateur n'enthousiasmait guère ses fils. À seize ans, Alf, l'aîné des garçons, entra à l'Académie navale du Chili à Valparaíso, que son père avait visitée trente ans plus tôt. L'année suivante, Walther junior entra à l'École des officiers du Chili. Les garçons avaient été admis grâce au soutien des nouveaux amis des Rauff, un groupe d'officiers de l'armée chilienne en poste en Équateur. Il y avait parmi eux un major de quarante et un ans, un certain Augusto Pinochet, qui fournit les références requises, avec son ami Carlos Prats[167].

Pinochet était arrivé en Équateur en 1956, avec son épouse Lucía Hiriart Rodríguez – fille d'un riche sénateur et ministre du gouvernement chilien – et leurs trois enfants. Dans sa carrière, ce séjour venait après son temps de formation à l'École militaire de Santiago, diverses affectations à travers le Chili, et une brève période d'enseignement à l'Académie de la guerre à Santiago[168]. À Quito, où il enseignait à l'Académie équatorienne de la guerre, les activités officieuses de Pinochet comportèrent une liaison supposée avec une pianiste locale, Piedad Noé, et un cursus de droit à l'Université centrale de Quito. Il ne faisait jamais allusion à cette expérience, mais j'ai retrouvé dans les archives de l'université la confirmation de son échec académique. Il ressort des documents qu'il abandonna au bout d'une année, échoua aux examens de la plupart des cours et ne fut jamais diplômé, tout en ayant recours à plusieurs noms différents : inscrit sous le nom d'Augusto Pinochet Ugarte, après divers changements, il finira par abandonner ses études sous le nom de Pablo Pinochet[169].

Pinochet et Rauff, avec leurs épouses, se rapprochèrent, partageant un anticommunisme virulent, le respect de l'Allemagne et un intérêt mutuel pour le nazisme. Le major et Mme Pinochet sont venus « plusieurs fois chez moi », racontera plus tard Rauff[170], décrivant le militaire chilien comme un ami et un protecteur durant son séjour en Équateur. Il dira à un journaliste que c'est Pinochet qui l'avait encouragé à s'installer au Chili : « M. Rauff, c'est très agréable chez nous au Chili, vous devriez y venir[171]. »

Les Rauff se rendirent au Chili pour voir leurs fils et le pays leur plut. En 1958, encouragés et soutenus par Pinochet, ils émigrèrent. Le petit-fils de Rauff, Walther III, m'a confirmé le rôle joué par Pinochet et par Carlos Prats, l'ami dont Pinochet ordonnera l'élimination bien des années plus tard[172].

À Santiago, Rauff eut d'abord un peu de mal à trouver du travail. Puis un Allemand bienveillant le recommanda auprès de Goldmann, Janssen y Cía, une société actionnaire de la Sociedad Comercial Sara Braun, propriétaire du grand magasin de quincaillerie et autres fournitures de Punta Arenas. C'était un endroit idéal, se rappelait Rauff, où les Allemands étaient bienvenus[173]. En novembre 1958, Edith et lui-même prirent la direction de la Patagonie et de la province chilienne méridionale de Magallanes.

Rauff aimait son travail au magasin Sara Braun, sur la calle Bories, au centre de la ville, où il vendait des machines à écrire et d'autres articles de ce genre. Il grimpa rapidement les échelons dans l'entreprise et, moins d'une année plus tard, le président Alessandri avait accordé à la famille un permis de résidence permanente au Chili[174]. Désormais chargé des importations en provenance d'Europe, Rauff voyageait dans tout le Chili et rencontrait des Allemands et d'autres partenaires d'affaires.

La vie suivait tranquillement son cours quand arriva, en 1959, une lettre de Wilhelm Beisner, un collègue SS de Berlin, Tunis et Damas. Beisner voulait présenter Rauff au *Bundesnachrichtendienst* (BND), le service fédéral de renseignement d'Allemagne de l'Ouest[175]. Rauff transmit un *curriculum vitae* centré sur sa carrière dans la marine mais expurgé de ses activités au bureau de la sécurité du Reich (RSHA) et de ses années dans les rangs SS. Le BND jugea qu'il était « dur, de caractère et d'apparence assez franchement agressifs, rempli de sang-froid et maître de ses émotions ». En conclusion, on estimait qu'il était « bien adapté » aux besoins de l'organisation, avec un passé qui reflétait « une vision particulièrement bien arrêtée de la vie[176] ».

Au début de l'année 1960, les services de renseignement ouest-allemands offrirent à Rauff un contrat assorti d'une rémunération mensuelle de plusieurs centaines de marks, mais sans droits de retraite. Il devint l'agent 7410 du BND, sous le nom de code « Enrico Gómez », en poste à Punta Arenas sous la couverture de son emploi ordinaire, chargé de transmettre des informations sur les communistes au Chili, en Équateur et au Pérou[177].

Le BND lui permit de voyager et lui apporta d'autres avantages. En avril 1960, le couple Rauff eut la joie de pouvoir retourner en Allemagne, pour la première fois depuis quinze ans. Rauff voyageait dans la peau d'un homme d'affaires qui accompagnait le recteur de l'Université de Concepción, David Stichkin, membre éminent de la communauté juive locale, sous le prétexte de l'assister dans la recherche d'équipements de laboratoire[178]. Cependant, le but véritable du voyage de Rauff était un stage de trois jours dans un site du BND près de Munich, pour une formation aux techniques de surveillance anticommuniste[179].

Il se trouve que le voyage coïncida avec l'enlèvement d'Adolf Eichmann à Buenos Aires, extradé clandestinement en Israël pour être jugé à Jérusalem. Au moment où Rauff et sa femme atterrissaient, le magazine *Der Spiegel* publia un reportage sur Eichmann qui mentionnait l'œuvre de Rauff à Milan[180], ce qui ne manqua pas d'inquiéter Edith. Rauff lui assura qu'il était protégé par le BND. Le séjour en Allemagne se déroula sans incident mais, en rentrant à Punta Arenas, ils apprirent que Beisner avait été gravement blessé lors d'une tentative d'assassinat. Si ce dernier était une cible, Rauff en était également une.

C'est vers cette époque que l'on diagnostiqua un cancer à Edith. Les frais de son traitement médical furent couverts par un nouvel emploi de Rauff dans une entreprise d'Allemagne de l'Ouest, Leinau, et par le BND, qui lui versait désormais une confortable allocation mensuelle de trois mille marks[181]. Rauff se déplaçait en Équateur, au Pérou, au Vénézuéla et tout autour du Chili, et recrutait des agents secondaires, dont son fils Alf et son beau-fils Hans Karste. Au printemps de 1961, alors qu'Edith était maintenant gravement malade, le BND reporta un second voyage de Rauff en Allemagne de l'Ouest, prétextant « la situation non résolue autour du procès Eichmann[182] ».

Edith mourut en septembre et fut enterrée au cimetière central de Santiago. Au retour de Rauff à Punta Arenas, le BND lui fit des reproches au sujet de la qualité de son travail. On regrettait qu'il ne se soit pas rendu à Cuba et qu'il soit passé à côté de l'ascension de Fidel Castro. Son allocation fut réduite de moitié et on lui signifia qu'il manquait encore de formation[183].

En février 1962, Rauff retourna en Allemagne, voyageant sous son vrai nom mais avec une adresse déclarée à Quito. À Hanovre, il descendit à l'hôtel Central (aujourd'hui le Kaiserhof) – à quelques centaines de mètres à peine des bureaux où les procureurs fédéraux s'occupaient de préparer un mandat d'arrestation à son encontre, pour les camions à gaz et les meurtres de masse. Il rendit visite à son neveu, Hans-Jochen Emsmann, jeune officier de marine, et prit part à une réunion avec des camarades de sa classe, la promotion 1924. En Bavière, sur le site du BND, il reçut une formation en microfilmage et codage secrets, ainsi qu'un sérieux avertissement : on n'admettrait plus que la qualité de ses rapports continue à décliner[184].

En mars 1962, il était de retour à Punta Arenas, occupant un appartement situé sur la calle Bories, au-dessus du cinéma Gran Palace. Il travaillait tout près de là, à l'angle de Magallanes et Waldo Seguel, à côté de la Plaza de Armas, et apprenait à vivre seul, veuf, avec un fils résidant dans une autre partie du pays et l'autre en Allemagne de l'Ouest. Il était maintenant parfaitement intégré au milieu des affaires de la ville, grâce à ses relations chiliennes et allemandes, et il appartenait au prestigieux Club de la Unión. Nul n'avait connaissance de son passé, ni de son travail pour le BND.

Le monde de l'espionnage se montrant désormais moins attirant que l'univers des affaires, Rauff trouva un nouveau partenaire ouest-allemand, Herr Reinhard, qui disposait de capitaux provenant d'une société de Düsseldorf, Habag. Bientôt, Rauff prit la direction d'une conserverie, la Pesquera Bonacic, installée à Porvenir, en Terre de Feu, sur l'autre rive du détroit de Magellan, à deux heures de traversée en ferry de Punta Arenas. Il appréciait cette navette qui lui offrait une agréable traversée à partir de Tres Puentes, avec ses entrepôts maritimes et ses toits de couleur bleu ciel. La vue était sublime, animée par un ballet d'oiseaux de mer et l'océan qui s'imposait dans sa sombre profondeur. On pouvait distinguer l'île Dawson à quelque distance et, dans le lointain, les hauts sommets enneigés de Patagonie.

La Pesquera Bonacic avait été fondée à Porvenir par un immigrant allemand du nom de Dietrich Angerstein, associé avec Karl Kreusel, un homme d'affaires qui pouvait passer aussi bien pour un agent immobilier de Hambourg que pour un agent de la Stasi d'Allemagne de l'Est[185]. La pêcherie récoltait la *centolla*, la chair des crabes royaux géants, pour la mettre en conserve et vendre ses petites boîtes d'aluminium au Chili, en Amérique du Sud et au-delà, jusqu'en Europe, sous la marque « Pesquera Pirata ».

Dietrich Angerstein a récemment évoqué les débuts de cette aventure dans *Cóndor*, un hebdomadaire germano-chilien fondé à Santiago avant la guerre. L'article ne mentionne pas Rauff, mais il est illustré d'une photo du principal bateau de pêche de la compagnie, baptisé le *Walter*. Plus tard, j'apprendrai que Rauff avait navigué sur ce bateau[186].

Dessin d'Emil Sands représentant le *Walter*.

J'ai contacté Angerstein pour solliciter l'autorisation de reproduire la photographie. Il était tout disposé à parler du *Walter* et de la Pesquera de Porvenir, qu'il avait dirigée jusqu'en 1962. Rauff était bien dans les parages ; il se souvenait d'un homme peu sociable, entretenant des relations réduites au minimum avec la communauté allemande, et qu'il s'était gardé de recruter, suivant en cela le conseil de l'ambassade d'Allemagne. Angerstein me dit qu'il ne voulait pas que la photo du *Walter* apparaisse dans un livre sur Rauff, et ne tenait visiblement pas à parler de lui.

Là, tout au bout du monde, Rauff pouvait se croire à l'abri.

Mais il avait tort.

25

À l'approche de la fin de l'année 1962, les journées de travail de Rauff étaient consacrées à mettre en boîtes métalliques de la chair de crabe royal. « La saison durait du premier jour de juillet à la fin du mois de janvier, et le reste de l'année nous faisions des conserves d'autres produits de la mer[187].» Le soir, il rédigeait pour le BND des rapports sur l'activité communiste locale.

Ainsi se déroulait sa vie quand, le lundi 3 décembre à onze heures du soir, alors que la pleine saison touchait à sa fin et qu'il se trouvait chez lui, dans son appartement de Punta Arenas situé au-dessus du cinéma Gran Palace, on frappa à la porte[188]. C'était la police qui lui signifia qu'il était arrêté pour meurtre, sur réquisition d'un tribunal de Hanovre réclamant qu'il soit extradé en Allemagne. Son crime? On lui reprochait d'avoir entassé des êtres humains dans des camions à gaz pour les faire mourir.

Escorté dehors, il passa à côté des affiches annonçant les films au programme cette semaine-là, *La Reine des pirates* et *Un pyjama pour deux*, avec Rock Hudson et Doris Day en couleurs éclatantes. Il fut amené au commissariat de police local puis embarqué à l'aéroport sur un vol pour Santiago. Aux journalistes qui attendaient il déclara que oui, il avait bien été jadis un nazi, travaillant dans les services du renseignement, mais qu'il était maintenant «une victime supplémentaire de la guerre».

La Prensa Austral, le journal local de Punta Arenas, publia un récit qui révélait des détails sur son passé: «Arrestation dans notre ville du codirecteur du Bureau d'Eichmann[189].» L'article décrivait son rôle dans le développement des camions à gaz qui avaient exterminé plus de 90 000 Juifs, mais il taisait le nom de la compagnie locale «importante» qui l'employait.

«Je suis innocent. J'ignore complètement de quoi je suis accusé», déclara Rauff. Je n'étais qu'un «colonel de bureau». Je «signais des papiers». Je «n'ai jamais ordonné ni assisté au meurtre d'aucun Juif»[190].

26

L'arrestation de Rauff préfigura ce qui arrivera également beaucoup plus tard à Augusto Pinochet: deux hommes interpellés à vingt-trois heures, inculpés de meurtres de masse, avec une demande d'extradition émanant d'un pays tiers.

Comme pour Pinochet, la succession d'événements conduisant à une arrestation s'était mise en marche bien avant. Dans le cas de

Rauff, c'est en 1957 que son nom est apparu, dans le cadre de l'enquête menée par les procureurs d'État de Hanovre sur certains de ses collègues de l'*Amt IID* à Berlin au motif de leur lien avec les camions à gaz qui avaient été en service au camp de Semlin (Sajmište), près de Belgrade, en Yougoslavie[191].

Un détail conduisant à un autre, les procureurs tombèrent sur l'attestation signée par Rauff en 1945, confirmant l'authenticité de divers rapports. Mais, pour des raisons non élucidées, l'accusation n'entreprit pas alors de pousser plus loin les investigations au sujet de Rauff[192].

Un an plus tard cependant, en décembre 1958, une nouvelle institution nationale fut créée pour instruire les crimes nazis. Le Service central d'enquêtes sur les crimes nationaux-socialistes, dénommé *Zentralle Stelle*, ou Commission Z, avait son siège à Ludwigsburg. Les procureurs se réintéressèrent alors aux camions à gaz, en se concentrant d'abord sur le Dr August Becker, le chimiste, qui fut arrêté. Puis ils découvrirent dans des archives américaines le rapport de Willi Just de juin 1942 adressé à Rauff et décrivant les opérations menées à Chełmno contre 97 000 Juifs. Les procureurs se mirent alors à sa recherche en se tournant en premier lieu vers l'Équateur. À Santiago, l'ambassade d'Allemagne au Chili n'était guère encline à coopérer.

Les investigations conduites par la Commission Z coïncidaient avec le procès Eichmann à Jérusalem, où le rapport de Just fut produit parmi les éléments à charge. L'avocat d'Eichmann interrogea son client sur les camions à gaz. Eichmann déclara aux juges qu'il ne travaillait pas sur ce projet, qui était du seul ressort de Rauff. Il admit que le projet avait bien été conçu et préparé dans le même immeuble de Berlin, mais précisa que Rauff travaillait dans « une partie éloignée » des locaux[193].

Le rapport de Just et les réponses d'Eichmann décidèrent les procureurs de la Commission Z à s'intéresser à Rauff. Ils établirent qu'il était lourdement impliqué dans le projet des camions à gaz, qu'il avait une connaissance complète de leur usage et des instructions établies pour les *Einsatzgruppen* opérant en Europe orientale. Les procureurs accusèrent Rauff de complicité de meurtre[194], et demandèrent au tribunal du district de Hanovre d'émettre un ordre d'arrestation et d'extradition. La Commission Z agit vite pour devancer le délai de prescription, et laissa fuiter l'information dans la presse ouest-allemande.

Il semble que Rauff n'était pas au courant de ces développements. Il savait que Becker et d'autres collègues avaient été mis en cause pour leur travail sur les camions à gaz, mais ignorait qu'un mandat d'arrestation le visant nommément avait été délivré dès le mois d'avril 1961[195]. Comme Pinochet quelque trente-cinq années plus tard, Rauff pensait qu'il bénéficiait d'une sorte d'immunité ou de protection, assurée dans son cas par son activité d'agent du BND.

Il pouvait présumer aussi qu'il était protégé par l'ambassade d'Allemagne de l'Ouest à Santiago, en la personne de l'ambassadeur lui-même, qui était un compagnon de route. Hans Strack, entré au parti nazi en 1936, était en poste en Hongrie, en qualité de consul général, lorsque plusieurs centaines de milliers de Juifs furent déportés à Auschwitz. Quand il reçut la demande d'extradition de Rauff, l'ambassadeur Strack omit de la transmettre aux autorités chiliennes. En outre, il prit sur lui de demander une confirmation juridique de la validité de la requête selon le droit chilien.

Strack consulta Miguel Schweitzer Speisky, professeur à l'Université du Chili et autorité reconnue en matière de droit chilien de l'extradition, qui se trouvait être juif[196]. Environ dix ans plus tard, en tant que ministre de la Justice de Pinochet, c'est lui qui interviendra pour autoriser Laura González-Vera, amie d'enfance de son fils Miguel, à assister à l'autopsie de son mari Carmelo Soria. Le monde est petit.

Le professeur Schweitzer Speisky informa l'ambassadeur Strack que la demande de la Commission Z serait rejetée par les tribunaux du Chili, pour deux raisons. La première était que les crimes dont Rauff était accusé – l'utilisation de camions à gaz pour tuer des dizaines de milliers de Juifs – avaient été commis en 1942, vingt et un ans auparavant; les poursuites au Chili étaient donc frappées de prescription du fait du délai de quinze ans en vigueur dans le pays. La seconde raison était que le mandat d'arrestation accusait Rauff de meurtre, or ce n'était pas la qualification qui convenait: les actes reprochés relevaient du génocide, crime pour lequel les tribunaux chiliens n'étaient pas compétents. En effet, ce n'est qu'à partir de 1953 que le génocide fut reconnu comme un crime passible de poursuites suivant la loi chilienne, soit l'année où le pays ratifia la Convention des Nations unies de 1948 pour la prévention et la répression du crime de génocide[197].

Strack fit passer en Allemagne l'avis de Schweitzer Speisky. Le ministère des Affaires étrangères à Bonn corrigea la requête d'extradition afin d'inclure une nouvelle accusation de génocide et la renvoya à Santiago. Strack sollicita encore un avis juridique en s'adressant cette fois à Eduardo Novoa, qui n'émit pas d'autre objection. Le vendredi 30 novembre 1962, dix-huit mois après la première rédaction de la demande d'extradition, celle-ci fut finalement transmise aux autorités chiliennes par l'ambassade de la République fédérale d'Allemagne. Rauff fut arrêté le lundi suivant dans la soirée.

Le 6 décembre 1962, Rauff fut présenté devant le juge Rafael Fontecilla, président de la Cour suprême, à Santiago. Rauff rejeta les accusations et dit qu'il s'opposerait à la demande d'extradition. Il était installé au Chili en toute légalité et jouissait d'un droit de résidence dans ce pays. Certes il connaissait l'existence des camions à gaz et de leur emploi pour des assassinats de masse, mais il n'avait jamais fait qu'obéir aux ordres, conformément au principe allemand de *Befehlsnotstand* qui commandait le respect absolu des ordres venus d'en haut. S'il avait refusé d'exécuter ces ordres, il aurait risqué la peine de mort[198].

27

Après sa première comparution, Rauff rendit publique une courte déclaration. « Les accusations sont fausses, je suis innocent, je n'ai rien à voir avec un assassinat de Juifs[199]. » Les journaux chiliens publièrent une photographie de Rauff assis à l'arrière d'une voiture de police, portant un chapeau. C'est cette image qui stimula l'imagination de Roberto Bolaño, et dont beaucoup d'autres se sont souvenus également.

Rauff assura à ses fils qu'il ne serait pas enlevé, comme Eichmann, ni assassiné[200]. Il avait de bonnes relations dans les couches supérieures de la société chilienne, notamment avec les militaires qui comprenaient bien l'organisation militaire allemande. Il serait toujours en sécurité.

À Walther junior qui demandait : « Qui serait le meilleur avocat pour mon père ? » on répondit : « Miguel Schweitzer. » Rauff confiera plus tard à un ami : « Ils étaient un peu dingues, alors ils se sont adressés à Schweitzer, un excellent avocat – mais juif ! » « Cette affaire m'intéresse, répondit Schweitzer, mais je ne peux pas la prendre parce que j'aurais tout le monde contre moi[201]. » Il rédigea un avis, mais refusa d'endosser le rôle d'avocat de la défense. Ils firent alors appel aux services d'Enrique Schepeler, un avocat chilien, et de l'Allemand Robert Servatius, avocat d'Eichmann à Jérusalem (un antinazi, selon le *New York Times*, mais qui ne rechignait pas à défendre des anciens nazis ou d'autres « prisonniers de l'histoire »)[202].

« Ils m'ont très bien traité, tout en douceur », se rappelait Rauff. On lui donnait des cigarettes et des livres (dont les *Mémoires de guerre* de Charles de Gaulle), la porte de sa cellule n'était jamais verrouillée, et il pouvait recevoir des visites. Parmi ses visiteurs figuraient des officiers supérieurs de l'armée chilienne, le ministre de la Justice, des diplomates de l'ambassade d'Allemagne[203], et une dame du nom d'Armida Zúñiga, appelée Nena, qui revenait régulièrement. « Rauff est un homme correct », déclara Ernst Schäfer, le consul d'Allemagne de l'Ouest à Punta Arenas[204]. L'avocat général du Chili intervint pour prendre position contre l'extradition, et un soutien considérable s'exprimait publiquement.

Les audiences à Santiago durèrent plusieurs jours et furent largement commentées à travers le monde[205]. Une actualité filmée, muette, par le journal d'actualité British Movietone, montre Rauff sortant d'un fourgon de police, escorté par des policiers à l'intérieur du tribunal, et entouré de journalistes[206]. Élégant dans un costume clair, la main gauche dans la poche, il porte une cravate et une pochette blanche dans la poche de poitrine, et arbore un léger sourire et un air assuré.

Le 21 février 1963, le juge Fontecilla de la Cour suprême rendit son jugement. Si la responsabilité directe de Rauff dans la construction et le développement des camions à gaz était bien établie[207], il ne pouvait cependant pas être extradé au titre d'accusations de génocide, comme l'avait prédit le professeur Schweitzer, puisque ce crime n'existait pas dans le Code pénal du Chili en 1941, quand les crimes avaient eu lieu. En revanche, il pouvait être extradé pour l'assassinat de 97 000 Juifs, car la requête n'était pas prescrite : le délai de prescription relevait de la loi de la République fédérale d'Allemagne, et non de la loi chilienne, ce qui rendait le délai de quinze ans inopérant. Pour arriver à cette conclusion, Fontecilla se fondait sur « les opinions de divers juristes internationaux ».

C'est un Rauff en pleurs qui déclara aux journalistes qu'il ne s'attendait pas à cette décision et qui prétendit en « être brisé ». « J'ai obéi à des ordres qui ont peut-être pu me conduire à tuer, mais un bon soldat exécute les ordres sans songer à les contester[208]. » Au Chili, nombreux étaient ceux qui pouvaient admettre cet argument : l'armée du pays était profondément influencée par les colons venus d'Allemagne au XIXe siècle et par les traditions militaires prussiennes incarnées notamment par le défilé au pas de l'oie, les marches militaires et les casques allemands, ainsi que par l'obligation d'obéir aux ordres sans poser de question.

Depuis la ville d'Antofagasta, au nord du pays, le consul d'Allemagne de l'Ouest rapporta les opinions de deux officiers supérieurs de l'armée qui avaient connu Rauff en Équateur. L'ayant fréquenté en personne, ils pouvaient attester que c'était un homme cultivé et discret, et tous deux étaient sérieusement perturbés par le jugement du tribunal. Comme à Nuremberg, c'était une erreur de criminaliser des actions résultant de l'application des ordres reçus de la hiérarchie militaire : une telle approche finirait par miner la discipline dans l'armée chilienne en encourageant les soldats à désobéir. Le consul ne dévoilait pas le nom des officiers, mais il était clair que l'un des deux n'était autre que le lieutenant-colonel Augusto Pinochet, qui avait bien connu Rauff en Équateur et était maintenant affecté à Antofagasta, à la tête du régiment d'infanterie nº 7 Esmeralda[209].

Rauff fit appel de la décision devant la Cour suprême siégeant en formation plénière. Les audiences se déroulèrent en mars et en avril 1963, et la question du délai de prescription s'imposa comme le sujet principal des débats. Eduardo Novoa, plaidant pour la République fédérale d'Allemagne, fit valoir que, pour les crimes internationaux les plus lourds, il ne saurait y avoir de prescription empêchant d'engager des poursuites. Si Rauff n'était pas extradé, alors régnerait l'impunité pour les plus graves des crimes[210].

Au moment où se déroulait le procès, Rauff apprit que le BND l'avait lâché. L'organisation savait depuis quelque temps que les procureurs s'intéressaient à lui mais, craignant maintenant que sa relation avec Rauff ne soit rendue publique, elle mit fin à leur collaboration. La décision fut antidatée de six mois, en octobre 1962, avant l'arrestation de Rauff; ainsi on ne pourrait pas dire que les procureurs du ministère public d'Allemagne fédérale demandaient l'extradition d'un agent du BND en activité[211]. Rauff contestera plus tard cette rupture unilatérale, sans succès. En attendant, il recommanda à son fils de détruire tous les documents éventuels du BND le concernant[212]. Au cours des années ultérieures, il ne reviendra jamais publiquement sur son rôle d'agent du Service de renseignement d'Allemagne fédérale[213].

Le 26 avril 1963, les juges de la Cour suprême se prononcèrent: par six voix contre une, ils donnèrent raison à Rauff, décidant qu'il ne pouvait pas être extradé puisque la période de prescription de quinze ans en vigueur privait le Chili de toute compétence pour juger des actes commis en 1942. Les juges déclarèrent que « l'extermination en masse d'êtres humains pour des raisons raciales constitue un crime révoltant, incompatible avec le sens de la justice du monde civilisé ». Pourtant, c'était le délai de prescription du Chili qui devait s'appliquer à ce cas, sans qu'il y ait incompatibilité avec le droit international[214]. La majorité des juges avait épousé l'analyse du professeur Schweitzer Speisky.

Walther Rauff, Porvenir, 1966.

Rauff fut relâché après cent vingt-trois jours de détention. « *¡Viva Chile!* » s'exclama-t-il en sortant de la prison. Walther junior organisa une réception chez lui, à laquelle se montrèrent plusieurs officiers de haut rang. Si Augusto Pinochet s'y rendit également, nul ne s'en fit l'écho.

Les journaux de gauche réagirent au jugement avec indignation. « Un paradis pour les nazis », proclama *El Siglo*. À l'autre extrémité, la presse de droite le mentionna à peine[215]. De retour à Punta Arenas, Rauff accorda une rare interview au réseau télévisé américain NBC News. Un cliché ultérieur le montre assis devant une grosse machine à écrire démodée, offrant un portrait en monochromie – chemise sombre, visage blanc, cheveux noirs, grosses lunettes à monture noire avec des verres épais.

Il s'exprimait mécaniquement, en anglais, d'une voix rauque, en détachant les mots avec un accent allemand prononcé. « Mon affaire a été traitée au Chili. Le gouvernement chilien m'a autorisé à vivre et à travailler ici, par conséquent je suis sous sa protection, comme n'importe quel citoyen chilien, et il n'y a aucune raison d'avoir peur[216] », dit-il au journaliste Tom Streithorst. Certes, il pouvait peut-être craindre d'être assassiné ou enlevé, mais il était innocent, il s'était toujours contenté d'obéir aux ordres.

Une semaine plus tard, NBC interviewa Miss Elsie Fleischer, une infirmière de New York qui lui avait rendu visite dernièrement. « C'est une personnalité si humaine et si chaleureuse », déclara-t-elle au journaliste, et en Tunisie il avait « annulé l'ordre » de mettre à mort trente mille Juifs[217]. L'avez-vous déjà entendu exprimer des regrets ? « Il n'est pas du genre sentimental », répliqua Miss Fleischer. Ce qu'il s'est passé en Allemagne était « terrible », mais c'est mal aussi de vouloir toujours « faire remonter ces choses et hanter les gens avec ».

À la suite du jugement, l'Université de Santiago organisa une conférence sur l'affaire. La plupart des intervenants, aussi bien des enseignants que des étudiants, étaient en désaccord avec l'arrêt de la Cour suprême. À l'exception notable du professeur Schweitzer Speisky, dont l'avis donné à l'ambassadeur d'Allemagne s'était révélé correct. Il ne voyait pas la nécessité de modifier les lois d'extradition du Chili, car l'extradition devait toujours demeurer exceptionnelle selon lui[218].

Les étudiants en droit qui étaient présents dans l'assistance suivaient avec attention les échanges animés, portant sur l'extradition et l'impunité, sur le génocide et sur d'autres crimes internationaux nouvellement reconnus. Âgé alors de vingt-deux ans, le fils du professeur Schweitzer Speisky, également prénommé Miguel, était présent ce jour-là. Encore étudiant à l'époque, confiera-t-il plus tard, il avait aidé son père à rédiger l'avis qui avait contribué à la remise en liberté de Rauff.

Miguel Schweitzer fils ne pouvait pas imaginer que, bien des années plus tard, il recevrait un appel téléphonique relatif à un autre cas d'extradition. Une affaire qui, elle aussi, soulevait des questions inédites, et allait transformer sa vie.

II.

JUSTICE

Ce fut comme un tremblement de terre à tous les niveaux, je crois que les choses ne redeviendront plus jamais comme elles étaient avant.

Roberto Bolaño, 1998.

Londres, novembre 1998

28

« J'ai été appelé le vendredi, immédiatement après l'arrestation du général Pinochet, par un de ses amis proches. » C'était le soir du 16 octobre 1988 à Santiago, dit Miguel Schweitzer ; trente-cinq années avaient passé depuis que, alors étudiant en droit, il avait travaillé avec son père sur un avis juridique qui interrompit l'extradition de Rauff vers l'Allemagne de l'Ouest. Dans l'intervalle, l'ami d'enfance de Laura González-Vera – épouse de Carmelo Soria – avait été reçu au barreau, avait ouvert son cabinet juridique et s'était engagé en politique[1].

Au cours des années 1970, il défendit Agustín Edwards, propriétaire du journal *El Mercurio*, opposant d'Allende et partisan de Pinochet et de Nixon[2]. Miguel Schweitzer avait soutenu Pinochet et le coup d'État et était devenu l'avocat de Pinochet après l'assassinat de Letelier en septembre 1976 ; à ce titre, il avait négocié l'accord ayant conduit à la remise de Michael Townley aux Américains et permis de préserver Manuel Contreras et Pinochet d'enquêtes plus poussées de la part des États-Unis. Dans les années 1980, il avait été l'ambassadeur de Pinochet à Londres, avant de devenir son ministre des Affaires étrangères.

Si Miguel Schweitzer reçut l'appel téléphonique, c'est parce qu'il était une personne de toute confiance. Cet homme de cinquante-huit ans, au visage poupin et souriant, bien mis, charmant et intelligent, était un fidèle de Pinochet.

« Ils voulaient une évaluation juridique de la situation. J'avais été ambassadeur à Londres, j'avais un bon réseau, et j'étais intervenu avec succès quand Amnesty International avait tenté de faire arrêter Pinochet lors d'un précédent voyage. » L'appel n'était pas arrivé par hasard. « Certains prétendaient qu'il n'y avait aucun risque, en raison de son immunité, d'autres s'inquiétaient de ce nouveau gouvernement travailliste et de ce ministre des Affaires étrangères, Robin Cook. » Pinochet décida de faire le voyage sous le couvert d'une mission officielle d'achat de matériel militaire. On lui avait dit qu'il bénéficiait d'une immunité totale, et « qu'il n'y avait donc aucun risque », se rappelait Schweitzer. Pinochet avait des amis haut placés, à commencer par Margaret Thatcher, et il avait soutenu la Grande-Bretagne quand l'Argentine avait envahi les îles Falklands/Malouines en avril 1982. Il se croyait intouchable.

« Ils avaient besoin d'une personne de confiance pour s'occuper des questions juridiques, alors ils m'ont demandé de me rendre à Londres immédiatement. J'ai dit que c'était ridicule, que Pinochet serait déjà libre quand j'arriverais, et que tout serait terminé en un ou deux jours. » Schweitzer sourit au souvenir de ce moment. C'est Mme Pinochet qui réussit à le persuader. « Elle était seule, elle ne parlait pas anglais et avait besoin de quelqu'un pour la guider. »

Schweitzer suggéra le nom d'Hernán Felipe Errázuriz. En plus d'être avocat, Errázuriz avait été l'ambassadeur de Pinochet aux États-Unis et son dernier ministre des Affaires étrangères. « Hernán Felipe était très apprécié de Pinochet, vraiment, il était beaucoup plus proche de lui que moi, le général l'adorait, me confia Schweitzer. Ils étaient si intimes que quand Hernán Felipe a quitté sa femme, il n'en a parlé qu'à Pinochet. Imaginez ! Pinochet l'aimait comme le fils qu'il aurait souhaité avoir. »

Finalement c'est l'ami de Pinochet – et dirigeant de la Fondation Pinochet –, Carlos Cáceres, qui convainquit les deux hommes de faire le voyage. Schweitzer et Errázuriz décollèrent de Santiago le dimanche 18 octobre au soir, sans avoir pris contact avec le gouvernement chilien. « Le président Frei était contre Pinochet, dit Schweitzer.

On est arrivés lundi matin avec un petit sac de voyage, pas même une valise. On est allés au Connaught Hotel, puis au cabinet Kingsley Napley, pour signer un contrat avec les avocats qui allaient défendre le général au cours de la procédure d'extradition. »

Schweitzer avait choisi ce cabinet parce qu'il avait déjà fait appel à ces avocats des années auparavant, lors d'une précédente tentative d'arrestation de Pinochet. « Je m'étais alors adressé à Cecil Parkinson, un ancien ministre proche de Margaret Thatcher, qui m'avait recommandé le cabinet juridique Kingsley Napley. »

29

Suivant la suggestion de Schweitzer, l'ambassade du Chili à Londres avait contacté le cabinet et parlé avec l'un des associés, Michael Caplan.

« C'était un samedi matin, pendant que j'étais à la synagogue, on a reçu un message téléphonique au sujet d'une nouvelle affaire d'extradition, un gros morceau, cela concernait le général Pinochet. L'arrestation d'un ancien chef d'État, une chose sans précédent ! »

Caplan poursuivit, l'air songeur. « J'avais vaguement entendu parler de Pinochet, et du Chili, mais je ne savais pas tout à fait situer ce pays ! » Il maîtrisait le droit applicable en matière d'extraditions mais ne connaissait rien aux immunités. « J'ai dû potasser le sujet au cours des quarante-huit heures suivantes. Un ancien chef d'État bénéficie-t-il d'une immunité ? Je connaissais le procès d'Eichmann, le principe de la compétence universelle et Nuremberg, et j'avais étudié le droit international, mais pas beaucoup. » Il était conscient de la nouveauté de la situation, et de sa portée. « Il n'y avait pas de manuel de droit international traitant de l'immunité d'un ancien chef d'État, ces questions demeuraient ouvertes. »

Il n'hésita pas à accepter l'affaire. « En tant qu'avocats, nous nous chargeons de ce genre de travail, ce n'est pas à nous de juger de la popularité d'un client ou de son impopularité. » Caplan se rendit au bureau le dimanche, puis à la London Clinic pour rencontrer Pinochet ; des manifestants s'étaient déjà rassemblés devant la clinique.

Un diplomate chilien vint à sa rencontre. « Un modèle de courtoisie absolue », se rappelait Caplan.

La chambre 801 était gardée par un officier de police, et le diplomate servit d'interprète car Pinochet ne parlait pas anglais. « Il semblait comprendre ce que je disais et ne montrait pas la moindre agressivité. » On tendit à Caplan une copie du mandat d'arrestation. « Je l'ai regardé rapidement, sans rien détecter d'anormal. » Il le relut chez lui le dimanche soir et nota l'accusation de meurtre. « Cela semblait un peu bizarre, mais je ne peux pas dire que j'aie particulièrement relevé ce point. » Il ignorait que Baltasar Garzón avait spécifié que les crimes justifiant l'extradition étaient le génocide et la torture.

Le lundi matin Caplan rencontra « Lady Pinochet » et, dans l'après-midi, Schweitzer et Errázuriz vinrent à son bureau. « Nous nous sommes très bien entendus, ils parlaient un anglais parfait, tout particulièrement Miguel. Ils ont écouté ce que j'avais à dire, ont compris que ça prendrait du temps et ont été extrêmement patients. » Il marqua un temps d'arrêt. « Des personnalités très différentes mais très marquantes, chacun à sa façon. Miguel était séduisant, Felipe plus posé et parfois plus clairvoyant. Tous deux étaient dévoués au général, ils comprenaient ce qui était en train de se jouer et leur aide était précieuse. »

Caplan leur donna une copie de l'ordre d'arrestation signé par Nicholas Evans. Schweitzer dit immédiatement : « Il aurait dû rejeter la demande, refuser de l'endosser. Dès que j'en ai pris connaissance, relevant les erreurs et les vices de forme, j'ai pensé que ce serait réglé rapidement. » Il avait aussitôt fait le lien avec le cas de Rauff, sur lequel il avait travaillé avec son père, en 1963, et qui soulevait les mêmes questions, sur la qualification précise du crime : meurtre ou génocide ? « Le vice de forme était suffisant pour invalider le document. »

En outre, Schweitzer expliqua à Caplan que Pinochet bénéficiait d'une immunité totale. « J'ai dit à Michael qu'il devait réclamer au tribunal un ordre d'*habeas corpus* » – afin que Pinochet soit relâché immédiatement puisque sa détention était manifestement illégale et constituait une violation flagrante des règles d'immunité. « Michael a rétorqué qu'il n'y avait pas de précédent qui permettrait de contester l'ordre d'arrestation émis et signé par un magistrat. Hernán Felipe et moi avons insisté et avons fini par convaincre Michael et les autres avocats du cabinet. »

Schweitzer était persuadé, tout comme Pinochet lui-même, que l'arrestation était motivée par des raisons d'ordre politique, télécommandée par des communistes espagnols – emmenés par Juan Garcés – frustrés d'avoir échoué à prendre au piège le général Franco. Les avocats chiliens n'appréciaient guère les juges espagnols. « Les communistes se sont tournés vers Garzón parce qu'ils savaient que l'autre juge, García-Castellón, ne bougerait pas. Ensuite Garzón a trouvé un lien entre ses cas argentins et le cas Pinochet, à travers l'opération Condor. »

Schweitzer était également certain que d'autres forces entraient en jeu. « C'était politique. Robin Cook était un militant durant la période d'Allende au Chili, et ensuite il s'opposa totalement à Pinochet. » Il se trompait, mais Hernán Felipe Errázuriz partageait cette conviction. « Je ne connaissais pas les détails, me dit-il, mais je n'ai aucun doute quant à l'implication de Robin Cook depuis le début. » Comme Cook est mort en 2005, j'ai dû me contenter de vérifier auprès de plusieurs de ses conseillers de l'époque. Tous m'ont assuré que, tout en approuvant l'arrestation, Cook n'y avait eu aucune part[3].

Schweitzer et Errázuriz espéraient que Pinochet serait de retour chez lui pour la fin de la semaine. « Tout le monde craignait une tentative d'assassinat contre lui, précisa Errázuriz. Il y avait déjà eu au moins une tentative bien planifiée en 1986, qui avait failli réussir, tuant cinq membres de son détachement de protection et blessant onze autres, tandis que sa voiture avait été touchée par plusieurs balles. » L'attentat avait été bien préparé, « principalement par des membres du Parti communiste dont certains couraient toujours, et la police britannique savait qu'au moins un ou deux des participants vivaient en Europe ». Lorsque nous avons évoqué cela, plusieurs décennies après, Errázuriz maintint que la crainte était bien justifiée. « Un des organisateurs vit toujours en Suisse », m'assura-t-il.

Les deux Chiliens pressèrent Kingsley Napley de faire appel aux meilleurs avocats pour les plaidoiries à venir. « Michael Caplan choisit Clive Nicholls, avocat réputé en matière d'extradition, qui se fit accompagner de Clare Montgomery et de Julian Knowles. » Les avocats confirmèrent immédiatement que le mandat d'arrestation et l'accusation de meurtre posaient un problème. « C'est Clare qui le souligna à sa manière si brillante et si directe » : le meurtre n'était pas un crime international susceptible de relever de la compétence des tribunaux anglais, si son auteur ou sa victime n'était pas de nationalité britannique. Montgomery me confiera plus tard, au passage, que si on l'avait engagée le samedi après-midi, plutôt que le lundi, Pinochet aurait pu être de retour chez lui avant même l'arrivée de Schweitzer à Londres.

« Quand nous avons découvert l'erreur, nous avions du mal à le croire, car elle était grave et ne pouvait pas être corrigée », dit Caplan. Ils craignaient que Garzón ne la détecte également et n'émette un nouvel ordre d'arrestation qui spécifierait bien, cette fois, un crime international relevant de la compétence des tribunaux anglais. Il leur fallait agir sans tarder.

Caplan fut chargé de saisir immédiatement les tribunaux. « Après avoir lu le mandat d'arrestation, je ne voyais pas comment nous pouvions perdre », dit Schweitzer. Le lundi après-midi, Caplan demanda au Home Office de révoquer le mandat, au motif qu'il ne présentait aucun crime justifiant une mesure d'extradition. « J'ai écrit au greffier en chef du tribunal de Bow Street, en employant des termes assez fermes. » Il demandait à être informé si l'Espagne émettait une seconde requête d'arrestation.

Schweitzer et Errázuriz rendirent visite à Pinochet dans sa chambre 801 à la London Clinic. Inquiets des risques d'assassinat, ils purent apprécier les mesures de sécurité et la présence policière. « Il était sédaté, pas vraiment présent, il était difficile de voir s'il comprenait bien ce qu'il se passait, raconta Schweitzer. Sa femme Lucía était là, assez choquée. Nous avons dit que nous allions nous charger de toutes les démarches juridiques, et c'est ce que nous avons fait, Hernán Felipe et moi-même. »

Le mardi, Caplan réitéra la demande de retrait du mandat. Il n'y eut aucune réaction. Le mercredi, il rédigea une troisième lettre, menaçant d'engager des procédures judiciaires. Toujours pas de réaction. Les délais de mise en demeure s'écoulaient, sans résultat. « Nous leur avons donné jusqu'à seize heures le mercredi. Toujours sans réponse, j'ai réécrit pour fixer le délai à dix-sept heures trente.

Une dame du Home Office a téléphoné pour dire qu'elle ne pourrait pas tenir ce délai. Puis, de nouveau, le silence. Mercredi soir, il était trop tard pour saisir un juge, qui aurait de toute façon renvoyé l'affaire au lendemain matin. »

Jeudi matin, c'était toujours le silence. Caplan rédigea une quatrième lettre qui fixait un nouveau délai à la mi-journée. « Nous ne voulions vraiment pas aller en justice, craignant de nous retrouver en moins bonne situation si nous perdions. » Mais Schweitzer finit par demander à Caplan d'engager l'action judiciaire. Ce dernier appela la Metropolitan Police pour annoncer qu'il allait déposer une assignation en *habeas corpus*. Le policier lui demanda : « Vous écrivez ça comment ? »

Le jeudi, 22 octobre, l'heure de midi arriva et s'écoula sans rien de nouveau. Dix minutes avant treize heures, Caplan produisit son assignation. Une audience fut fixée pour l'après-midi même, tandis que l'équipe continuait de craindre l'arrivée d'un second mandat d'arrestation. Bien des années après, Caplan s'interrogeait encore : « Est-ce que nous aurions dû saisir la justice dès le lundi ? Peut-être que le juge aurait donné droit à notre requête en *habeas corpus* et ordonné que le général soit relâché. » Toutefois, Pinochet n'aurait pas pu quitter le pays pour autant. « L'Espagne pouvait faire appel et produire une ordonnance judiciaire pour l'obliger à rester à Londres. »

Avec le recul, Schweitzer revenait lui aussi sur ces événements lointains. « Pouvions-nous agir différemment ? Cette question nous a toujours tourmentés, Hernán Felipe et moi. Qu'est-ce que nous aurions pu faire pour éviter ce qui est arrivé ensuite ? »

30

Ce qui s'est produit ensuite était la conséquence du fait que Baltasar Garzón s'était effectivement rendu compte de l'erreur qu'avait commise Nicholas Evans en choisissant le « meurtre » comme chef d'accusation.

À Madrid, le soir de l'arrestation, Garzón reçut toute une succession d'informations sur la progression des événements à Londres, grâce à des appels téléphoniques de John Dew. Le diplomate britannique confirma qu'un magistrat avait signé le mandat d'arrestation. « Je l'ai remercié, j'étais surpris car je pensais que le juge ne signerait pas ou que quelqu'un avertirait Pinochet pour lui permettre de s'enfuir. Je n'en revenais pas, mais j'ai commencé à réfléchir aux étapes suivantes. »

Garzón était reconnaissant à l'égard de John Dew. « Son intervention a été absolument déterminante. Si nous n'avions pas eu ce déjeuner ensemble, et une première conversation, sans cette entrée en relation, Pinochet n'aurait pas été arrêté. Il fallait vraiment qu'on ait les bonnes personnes présentes à la bonne place au bon moment. »

« J'ai agi de ma propre initiative, pas sur des instructions venues de Londres, me raconta Dew. Quelqu'un à l'ambassade s'est peut-être inquiété que Garzón puisse se sentir repoussé, c'était une personnalité importante et je ne voulais pas perdre le contact. » Il marqua une pause. « Mais si en définitive cela a eu un effet bénéfique, tant mieux, n'est-ce pas ? Pour moi, à titre personnel, c'était une question majeure, sur la responsabilité, l'obligation de faire rendre des comptes à un dictateur. »

Le vendredi soir après minuit, Dew appela encore une fois, pendant que Garzón dînait avec des amis, après la corrida, en Andalousie. « Il me dit que Pinochet avait été arrêté dans sa chambre d'hôpital. J'ai pensé alors : *¡Enhorabuena ! ¡Felicidades !* (Félicitations !) »

Et la réaction de Dew ?

« Il était content, c'était ce qu'il avait voulu. Il aurait pu tout interrompre, il pouvait étouffer la chose dans l'œuf, me dit Garzón. Je savais que cette arrestation allait tout faire péter. Je devais avertir Clemente Auger, le président de mon tribunal, la Audiencia Nacional. »

Auger avait déjà eu vent de l'affaire et du rôle de Garzón. « Magnifique, impressionnant, incroyable, le félicita-t-il. Comment avez-vous fait ?

– En partant de l'opération Condor, ai-je répondu, et Auger m'a soutenu sans réserve. »

La nouvelle s'est répandue rapidement au sein de l'élite politique espagnole jusqu'au Premier ministre José María Aznar, en route pour un sommet de chefs d'État à Porto. Il ne fut pas enchanté. Entretemps, au fur et à mesure que Dew lui communiquait des précisions sur ce qu'il s'était passé à Londres, Garzón apprit qu'Evans avait inculpé Pinochet de meurtre, et non de génocide, de torture, ou d'un autre crime international qui aurait pu relever de la compétence des tribunaux anglais.

« Dès que j'ai su que l'accusation portait sur le meurtre, j'ai compris que nous avions un problème », me dit Garzón, puisque le meurtre n'était pas reconnu au Chili comme un crime international. « Je suis rentré aussitôt à Madrid pour préparer une nouvelle requête d'arrestation contre Pinochet, portant sur des crimes internationaux pour lesquels la compétence des tribunaux anglais ne ferait pas de doute. »

Garzón passa une grande partie du week-end dans ses locaux de la Audiencia Nacional à Madrid. « J'ai fait venir les employés, les juristes, et j'ai demandé à tout le monde de s'atteler à la rédaction d'une seconde demande d'extradition. Quand nous avons terminé, le dimanche soir, le document comptait cent dix-huit pages. » Le nouveau mandat contenait plus de précisions sur les crimes internationaux et sur les victimes. « J'ai introduit d'autres noms dans l'affaire, ceux de nombreux Chiliens qui m'avaient été indiqués par Juan Garcés. » Le cas de Carmelo Soria y figurait de nouveau. L'équipe de Garzón traduisit le texte pendant la nuit afin de pouvoir présenter un document en anglais dès le lundi matin.

Le procureur Carlos Castresana se souvenait de l'irritation du juge García-Castellón quand il apprit l'arrestation de Pinochet, dans un dossier qui était de son ressort. « Le vendredi, j'avais dit à Garzón que j'allais y réfléchir durant le week-end, mais quand je suis revenu au bureau, l'affaire était déjà lancée. García-Castellón était indigné, il disait que Garzón lui avait volé son affaire. »

García-Castellón finira par accepter que les affaires d'Argentine et du Chili soient traitées par Garzón, et les tribunaux espagnols confirmeront la compétence de ce dernier sur tous les aspects du dossier chilien, y compris l'opération Condor, l'affaire de la « Caravane de la mort » et d'autres crimes[4]. « En définitive, ma compétence était reconnue sur le dossier complet, donc tout allait pour le mieux », me dira Garzón.

Lundi matin, le nouvel ordre d'arrestation était prêt à partir. « À neuf heures, nous l'avons envoyé à Interpol avec toute l'information requise et les pièces annexées. On avait ajouté le génocide, le terrorisme et la torture, autant de crimes internationaux relevant tous de la compétence universelle. » La nouvelle de l'arrestation de Pinochet s'était maintenant répandue à travers le monde entier, suscitant des réactions aussi fortes que contrastées.

En Espagne, l'avocat général Eduardo Fungairiño était furieux. Il introduisit un recours judiciaire affirmant que Garzón n'avait aucune compétence pour exiger l'extradition de Pinochet[5]. Le Premier ministre Aznar l'approuvait, tout en exprimant en public le souhait que la procédure judiciaire suive son cours en toute indépendance et diligence[6].

À Madrid, la veuve de Carmelo Soria, Laura González-Vera, était enthousiaste. « J'étais heureuse. » Elle ne rencontrera Garzón que beaucoup plus tard. « Je l'ai admiré, lui et sa persévérance. »

À Santiago, sa fille, Carmen Soria, était plus circonspecte. « La nouvelle de l'arrestation m'a encouragée, mais je m'inquiétais de la réaction des partis politiques de la *Concertación*, et de ce qu'allait faire le ministre des Affaires étrangères, Insulza. » Dans les premières vingt-quatre heures qui suivirent l'arrestation, elle reçut des menaces de mort, les premières d'une longue série. « J'ai dû quitter le pays de nouveau, trois jours après, et rentrer en Espagne. »

Erika Hennings était aussi à Santiago quand elle apprit la nouvelle. « Ce fut un jour de joie immense qui a éclaté dans les rues. Avec une amie, nous avons décidé d'introduire une plainte semblable en France. » Une semaine plus tard, avec l'aide de l'avocat William Bourdon, une plainte contre Pinochet, fondée sur le principe de la compétence universelle, fut déposée devant la justice française. D'autres affaires similaires furent ouvertes en Belgique et en Suisse, qui se rejoignirent pour demander l'extradition de Pinochet. Cependant, c'était l'Espagne qui s'imposait en priorité.

Au Chili, le gouvernement adressa une protestation officielle au gouvernement britannique, mais se retrouvait dans une situation embarrassante. Le ministre des Affaires étrangères, José Miguel Insulza, qui avait travaillé avec Allende et avait passé quinze ans en exil après le coup d'État, était en chemin pour un studio de télévision quand il apprit la nouvelle de l'arrestation. Insulza se montra incrédule. « En êtes-vous certain ? » demanda-t-il à l'ambassadeur du Chili à Londres. « La première chose que j'ai faite fut d'appeler le président Frei », qui était à Porto en compagnie d'Aznar et d'autres dirigeants. « Nous avons beaucoup parlé cette nuit-là. » Frei était « calme et détendu ». Ils convinrent qu'ils devaient défendre non pas les droits de Pinochet, mais ceux du Chili, qui comprenaient le droit d'un ancien chef de l'État à voyager librement, protégé par son immunité contre tout risque d'arrestation.

Pour eux, il était clair que c'était au Chili que revenait la responsabilité de juger les crimes de Pinochet, certainement pas aux juges espagnols ni aux tribunaux britanniques. Telle était la ligne officielle, mais, en privé, Insulza ne pouvait que se réjouir de l'arrestation. « Sur le plan humain, bien sûr, mais je savais que le gouvernement était confronté à un problème et que c'était à moi de le traiter. J'étais conscient que les victimes obtiendraient plus facilement justice en Espagne, mais nous étions sous pression, obligés de faire quelque chose. »

Il appela Robin Cook à Londres. Le secrétaire britannique aux Affaires étrangères dit que cela regardait la justice, et qu'il ne pouvait rien faire. « Ne pourriez-vous pas simplement l'expulser ? » demanda Insulza. « Cook m'a répondu qu'il adorerait pouvoir faire cela ! » Le propre Parti socialiste d'Insulza était divisé : certains étaient pour un procès en Espagne, d'autres pensaient que Pinochet devait être autorisé à rentrer au Chili immédiatement avec les excuses des Britanniques.

Insulza se concerta avec le général Ricardo Izurieta qui avait succédé à Pinochet quelques mois auparavant au poste de commandant en chef de l'armée[7]. « Le gouvernement défendra les droits et prérogatives du Chili », lui dit-il. Réaffirmée devant le Parti socialiste, cette posture devint le fondement de la politique suivie par le pays. Ce n'est pas Pinochet que nous défendons, mais le Chili.

Entre-temps, la nouvelle demande de Garzón était parvenue à Ronald Bartle, haut magistrat du tribunal de Bow Street, au centre de Londres. Le jeudi 22 octobre 1988 au matin, alors que Michael Caplan s'apprêtait à se rendre au tribunal pour contester le premier ordre d'arrestation, Bartle visait le second. Celui-ci comprenait les accusations de torture, prises d'otages et conspiration pour accomplir ces actes[8].

La signature de Bartle eut des conséquences immédiates. Les conseils de Pinochet arrivèrent au tribunal d'instance pour défendre la mise en œuvre d'un *habeas corpus* contre le premier mandat d'arrestation, et s'attendaient à être opposés au Crown Prosecution Service (CPS), chargé des poursuites judiciaires et agissant au nom de l'Espagne et de Garzón. L'équipe du CPS était menée par Alun Jones QC*, appartenant au même cabinet d'avocats que Clive Nicholls et Clare Montgomery. Le moment était dramatique. « Comme nous entrions au tribunal, vers deux heures de l'après-midi, se rappelait Caplan, Alun Jones fit irruption et dit : "Nous avons le second mandat." »

Caplan comprit immédiatement que la demande d'*habeas corpus* était vouée à l'échec. « On ne pouvait rien faire puisque le second mandat présentait des crimes passibles d'extradition, les Espagnols avaient fait ce qu'il fallait, donc la demande d'*habeas corpus* n'avait plus lieu d'être. » L'affaire prenait une tout autre orientation. « Notre affaire devint une demande de révision judiciaire de la décision d'émettre le nouvel ordre d'arrestation, étant donné l'immunité totale dont Pinochet, en tant qu'ancien chef d'État, bénéficiait au regard des tribunaux anglais. »

Le tribunal fixa une audience en urgence pour le lundi suivant, 26 octobre, au matin.

31

L'audience était sans précédent : jamais encore un ancien chef d'État n'avait été arrêté dans un autre pays que le sien pour répondre de l'accusation de crimes internationaux.

L'arrestation d'un chef d'État porte atteinte au pays concerné, c'est pourquoi il existe des règles en droit international pour empêcher de telles actions, en garantissant à tout chef d'État ou de gouvernement une immunité contre les procédures judiciaires. Ce qui signi-

---

* QC ou KC : abréviation du titre honorifique de *« Queen's* ou *King's Counsel »*, « conseiller de la reine ou du roi », décerné, au Royaume-Uni, à certains avocats ayant atteint un niveau d'expertise particulièrement élevé *(NdT)*.

fie que les tribunaux d'un pays ne peuvent exercer leur compétence à l'encontre du dirigeant d'un autre pays souverain. Des exceptions sont possibles lorsqu'il est question d'un crime international, en particulier si un tribunal international est saisi. L'arrestation d'Augusto Pinochet soulevait un problème différent : la règle d'immunité applicable à un *ancien* chef d'État pouvait-elle connaître une exception en cas de crime international, et cette exception était-elle susceptible de s'appliquer à une affaire jugée devant un tribunal national, plutôt que devant une juridiction internationale ?

Le principe d'immunité obéit à deux raisons principales. La première est une nécessité pratique : un dirigeant appelé à représenter son pays dans le monde ne saurait courir le risque d'être arrêté par un autre pays. En second lieu, l'immunité témoigne du respect qui est dû au statut et à la dignité de l'État : proférer une accusation contre un chef d'État, ou peut-être même aussi un ancien chef d'État, constitue un affront à l'État lui-même. Telle était la position que le ministre chilien José Miguel Insulza avait tenue auprès du président Frei.

Les origines des règles d'immunité sont quelque peu brumeuses, bien qu'on en trouve les principes dans des écrits juridiques remontant au XVIe siècle[9]. C'est dans ce contexte que le juriste et philosophe français Jean Bodin évoque le mal de l'« impunité », quand son homologue italien du XVIIIe siècle, Cesare Beccaria, exprimera l'espoir que « nulle part sur la terre » il ne sera permis de laisser impunis les crimes les plus graves[10]. Immunité et impunité marchent souvent du même pas.

Au XIXe siècle, les juridictions nationales se trouvèrent face à de grandes difficultés dès qu'il s'agissait de juger la conduite d'un autre État, de ses dirigeants ou de ses diplomates[11]. En 1812, dans l'affaire de la goélette *Exchange*, le Chief Justice John Marshall qui présidait la Cour suprême des États-Unis expliqua ainsi le bien-fondé du principe d'immunité : « la personne représentant l'autorité souveraine doit être exemptée de toute arrestation ou détention dans un territoire étranger » afin de sauvegarder « sa dignité et la dignité de sa nation »[12]. Au cours des décennies suivantes, les tribunaux nationaux décidèrent que l'impunité d'un chef d'État en exercice devait être absolue. Il ne saurait être contraint à se présenter devant les magistrats d'un autre pays.

C'est en 1919 qu'apparut le premier signe que l'immunité n'était pas absolue : le traité de Versailles, signé après la Première Guerre mondiale, stipulait dans son article 227 que le ci-devant empereur d'Allemagne, le Kaiser Guillaume II, pouvait être poursuivi pour bellicisme, un « crime contre la moralité internationale et l'inviolabilité des traités[13] ». Le traité introduisait ainsi implicitement une limite à son immunité, puisqu'un crime international avait été commis. L'ex-Kaiser s'enfuit aux Pays-Bas, lesquels n'engageront jamais de poursuites à son encontre.

Trente ans après, l'accord instaurant le Tribunal militaire international à Nuremberg écarta explicitement le principe d'immunité. La charte de Nuremberg de 1945 déclara que la responsabilité de tout individu pour ses actes ne saurait être atténuée par sa position en tant que haut dirigeant, ou même chef d'État[14]. Le Tribunal de Tokyo, mis en place en 1946, s'était fixé la même règle. C'est pour cela que Karl Dönitz, successeur de Hitler à la tête de l'État allemand, put être inculpé à Nuremberg. Tout comme Hans Frank, l'ex-gouverneur général de la Pologne occupée par l'Allemagne nazie.

Nuremberg a ouvert une porte, du moins devant une juridiction internationale. En 1948, les rédacteurs de la Convention sur le génocide firent un pas supplémentaire, disposant que toutes les personnes coupables de génocide « devront être punies, qu'elles soient des dirigeants constitutionnellement investis, des agents publics ou des personnes privées[15] ». Cette formulation excluait toute immunité devant des tribunaux internationaux et nationaux. La Convention abolissait le droit de s'abriter derrière l'immunité parce que le crime était considéré comme l'abomination même.

L'idée progressa encore dans les années 1990 quand le Conseil de sécurité de l'ONU créa les premiers tribunaux internationaux depuis Nuremberg et Tokyo, afin de juger les crimes commis dans l'ex-Yougoslavie et au Rwanda. Le Conseil de sécurité décida que, face à ces tribunaux, nul chef d'État – ou ancien chef d'État – ne pourrait jouir de l'immunité en cas de génocide, crimes contre l'humanité ou crimes de guerre[16]. En juillet 1998, les États participant à la rédaction du statut de la Cour pénale internationale (CPI) adoptèrent la même approche. C'est à cette période que le président de Serbie, Slobodan

Milošević, est inculpé pour crimes contre l'humanité et génocide devant le Tribunal pénal international pour l'ex-Yougoslavie.

Il y avait donc du changement dans l'air. Au moment où Jean Pateras, l'interprète, annonçait à un Pinochet en pyjama qu'il était en état d'arrestation, il était désormais largement admis qu'un ancien chef d'État accusé d'un crime international ne pouvait pas faire valoir son immunité devant une Cour internationale. Au regard des tribunaux nationaux, l'appréciation de ce point était différente. Peu de temps avant l'arrestation de Pinochet, Sir Arthur Watts, ancien conseiller juridique du Foreign Office à Londres, avait donné à La Haye une série de conférences qui abordaient le problème. Il déclara pour conclure qu'« on ne pouvait plus douter » que, dans le cadre du droit international, un chef d'État « pourra être personnellement tenu à rendre des comptes » pour des crimes internationaux. Toutefois, cette conclusion ne concernait pas la question de l'immunité devant les tribunaux nationaux[17]. Quand Pinochet fut arrêté, ce problème se posait encore ouvertement. C'est pourquoi les procédures engagées à Londres étaient si nouvelles et si remarquables.

32

Quelques jours après l'arrestation, Alun Jones, agissant pour le Crown Prosecution Service (CPS), s'envolait pour Madrid afin de rencontrer le juge Garzón. Le sujet prioritaire était désormais l'immunité de Pinochet.

Jean Pateras accompagnait Jones. « J'adorais travailler avec Alun ! Il était charmant, nerveux, excité par toute cette affaire », se souvenait-elle. Garzón était « très charmeur, flamboyant, il nous a emmenés déjeuner dans un bon restaurant, derrière la Plaza Mayor, enveloppé dans son manteau comme dans une cape de matador ; c'était le grand seigneur, la reine de la ruche, accueilli comme un prince dès son entrée ». L'expérience ne fut pas parfaite néanmoins. « Garzón se régalait des plats les plus répugnants ! Des abats, des œufs brouillés à la cervelle, des choses de ce genre, et beaucoup de vin. »

Est-ce qu'elle l'avait apprécié ?

« Un peu trop arrogant et imbu de sa personne. » Elle s'interrompit, puis se reprit. « Ensuite, il y a eu toutes ces choses affreuses qui lui sont arrivées, n'est-ce pas ? » Visiblement, elle avait gardé de l'affection pour lui. Quant à Garzón, il jugea Jean « assez impressionnante ». La conversation roula sur la revendication d'immunité de Pinochet, à laquelle Garzón ne s'était pas préparé.

Pendant ce temps, les journalistes commençaient à poser des questions sur l'immunité et cherchaient à recueillir les avis des spécialistes universitaires. Le dimanche soir précédant l'ouverture de l'audience devant le tribunal divisionnaire de la High Court*, j'ai donné une interview au BBC World Service sur les problèmes juridiques soulevés par l'arrestation de Pinochet.

« Peut-il bénéficier de l'immunité, comme le prétendent ses avocats ? » me demanda la journaliste, Zeinab Badawi.

Je répondis que je n'en savais rien. C'était une situation nouvelle, pratiquement sans exemple, et les publications académiques étaient très peu nombreuses sur le sujet.

Est-ce qu'on devait lui accorder l'immunité ?

Je ne savais pas.

« Mais que devrait-on faire, insista-t-elle, quelle serait la bonne issue ? » Elle me pressait, sentant que j'hésitais.

Bien des années ont passé, il ne reste apparemment pas d'enregistrement, et je suis incapable de retrouver les mots précis que j'ai employés alors. Cependant, j'avais exprimé sans ambages ma conviction : après Nuremberg, la Yougoslavie et le Rwanda, il aurait été étrange pour le moins qu'un ancien chef d'État pût opposer son immunité aux accusations de crimes internationaux, même devant un tribunal national.

Mon appréciation personnelle était influencée par l'histoire de mon grand-père, qui a perdu la majeure partie de sa famille dans la Shoah ; cette histoire est au cœur de mon livre *Retour à Lemberg*. En

* La Haute Cour de justice (His Majesty's High Court of Justice), compétente pour l'Angleterre et le Pays de Galles, est une des juridictions supérieures dans l'organisation judiciaire du Royaume-Uni. C'est une cour de première instance qui comprend plusieurs divisions (Divisional Courts) *(NdT)*.

juillet 1998, peu de temps après sa mort, et quelques mois à peine avant l'arrestation de Pinochet, j'ai joué un rôle marginal dans les négociations qui se déroulaient à Rome autour de la rédaction du statut de la future Cour pénale internationale. Cette nouvelle instance excluait toutes les allégations d'immunité dans les procédures instruites par elle. J'ai contribué à l'écriture du préambule du statut, rédigeant avec mon ami Andrew Clapham la phrase qui proclamait « le devoir de chaque État d'exercer pleinement sa compétence pénale à l'endroit de tous les responsables de crimes internationaux ». Ces mots, si peu compatibles avec le principe d'immunité, affirmaient une nouvelle forme d'obligation qui n'avait pas encore été énoncée dans le droit international. Andrew et moi nous attendions à ce qu'ils soient retirés, mais ils ne l'ont jamais été.

33

L'affaire Pinochet s'est ouverte à Londres devant la Divisional Court, au palais des Royal Courts of Justice, au matin du lundi 26 octobre 1998. L'audience soulevait beaucoup d'intérêt, et la salle était remplie d'observateurs et de journalistes. À l'extérieur, des manifestants brandissaient des pancartes et s'affrontaient dans le bruit et la fureur. *« ¡Asesino ! »* (assassin) criait-on d'un côté. *« ¡Comunistas ! »* (communistes) répondaient de l'autre les partisans du dictateur.

Les avocats de la défense de Pinochet se regroupèrent d'un côté, face à ceux de l'Espagne et du CPS. La défense de Pinochet demanda à la Cour de ne pas tenir compte du premier mandat d'arrestation, puisque les tribunaux anglais n'étaient pas compétents pour juger un crime de meurtre commis à l'extérieur de la Grande-Bretagne, et d'invalider le second en se fondant sur le fait qu'un ancien chef d'État bénéficiait d'une immunité totale. Aussi le prévenu devait-il être immédiatement relâché et autorisé à rentrer dans son pays. Les avocats de l'Espagne se concentrèrent quant à eux sur le second mandat d'arrestation et sur la contestation de l'immunité.

« De l'avis général, cette audience était vraiment inhabituelle, se rappelait Michael Caplan. C'était une situation unique et tout allait très vite. » Amnesty International et d'autres organisations de défense des droits humains n'eurent pas le temps d'intervenir, et le gouvernement du Chili n'arrivait pas à décider s'il voulait être formellement impliqué ou non. Le secrétaire d'État anglais à l'Intérieur (Home Secretary) Jack Straw était représenté en qualité d'observateur, car il aurait un rôle à jouer au titre de la loi sur l'extradition de 1989, si les juges se prononçaient contre l'immunité de Pinochet. Son conseil était Jonathan Sumption, l'un des avocats les plus éminents du pays.

« Une certaine incrédulité flottait dans l'air », selon les mots de Caplan. « Comment pouvait-il être question d'extrader Pinochet vers l'Espagne ? Il n'était pas espagnol, il n'y avait pas eu de crime commis en Espagne, et aucune des victimes n'était de nationalité espagnole. » Je soulignai que ce dernier point n'était pas exact. Car il y avait Carmelo Soria, et d'autres Espagnols. « Je ne l'ai su que plus tard, se justifia Caplan, après avoir saisi la justice. »

L'audience se déroula sur deux journées, devant trois juges, sous la présidence du Lord Chief Justice (Lord juge en chef) Tom Bingham, qui sera salué unanimement en Grande-Bretagne, à sa mort, comme « le plus grand juge de notre temps[18] ».

Miguel Schweitzer était pessimiste. « Je savais que nous devions gagner, en droit, mais je n'en étais pas certain, à cause des médias et de la pression politique, et parce que Jack Straw et Robin Cook n'étaient pas vraiment neutres et semblaient plutôt acquis à la cause des défenseurs des droits humains. » Lui-même n'avait aucun contact avec le gouvernement britannique, car c'était l'ambassade qui assurait la liaison avec le Chili, *via* le bureau d'Amérique latine du Foreign Office.

Pinochet n'assista pas aux audiences. « En espagnol, je pourrais qualifier son état d'esprit d'*estoico* », dit Schweitzer. Stoïque. « Il ne parlait jamais beaucoup. Il se contentait de dire : "Bon, si cela est nécessaire, il faut le faire", ou "Si c'est ainsi, il faut l'accepter". Il ne donnait jamais d'ordre, alors que certains dans son entourage avaient des opinions tranchées sur ce que nous devions faire. Il y en avait même un qui voulait enlever le général pour le ramener au Chili ! » Ils continuaient à redouter son assassinat.

Schweitzer sourit à ce souvenir. « Oui, vraiment. Hernán Felipe et moi avions fort à faire pour éviter qu'ils ne fassent des choses stupides. » Il se lança dans l'énumération de ces choses, comme ce partisan de Pinochet qui fit venir des gens du Chili pour qu'ils manifestent à l'extérieur du tribunal. « Celui qui a organisé ça croyait que c'était utile, mais je pensais que c'était contre-productif. J'étais contre, par ma formation et mon expérience. C'est dans les salles d'audience que je me bats, pas dans la rue. »

34

Le mercredi 28 octobre, les juges de la Divisional Court rendirent leur décision[19]. Selon ce jugement, prononcé à l'unanimité, Pinochet se voyait reconnaître un droit absolu d'immunité.

Dans ses attendus, Bingham écrivait que c'était une affaire d'extradition, procédure internationale destinée à empêcher une personne accusée d'un crime d'échapper à son procès et au châtiment encouru. L'Espagne, pays requérant, avait demandé au Royaume-Uni, pays requis, d'envoyer Pinochet à Madrid pour y répondre de charges criminelles dans le cadre d'un procès pénal.

Le magistrat rappelait brièvement le contexte. Pinochet, citoyen chilien, et non espagnol, avait occupé la charge de Président de la junte à partir du 11 septembre 1973, puis celle de l'État. Ayant quitté la présidence le 11 mars 1990, il fut nommé sénateur à vie, bénéficiant à ce titre d'une immunité parlementaire complète au Chili. Bingham ne s'attardait pas sur les crimes, au-delà des éléments cités dans le second mandat, sur la torture, les enlèvements et les disparitions.

Le premier mandat qu'avait signé Nicholas Evans était « clairement erroné en droit ». L'assassinat d'Espagnols au Chili – notamment celui de Carmelo Soria – n'était pas un crime passible d'extradition en Angleterre, car les tribunaux de ce pays n'étaient pas compétents pour juger un meurtre – voire des meurtres en grand nombre – commis à l'étranger par une personne non britannique. Bingham prit soin de souligner qu'il n'était pas question de blâmer Evans, qui avait dû agir « dans un délai très court, dans une situation de grande urgence et avec un temps de réflexion très réduit ». (Evans prit les choses avec flegme : « Je me suis retrouvé dans le pétrin », m'a-t-il dit en prenant un air penaud mais avec un large sourire, et, « au cours du week-end, j'ai compris que je m'étais complètement fourvoyé, alors j'étais très content que quelqu'un d'autre se charge de la suite ! »)

En revanche, le second mandat d'arrestation, signé par Ronald Bartle, exposait des crimes internationaux qui relevaient bien d'une possible extradition. Les accusations réunies par le juge Garzón comprenaient des allégations d'ordres donnés par Pinochet à l'intention de la DINA afin d'« éliminer, de torturer et d'enlever des personnes, et d'en faire disparaître d'autres », dans le cadre de l'opération Condor. « Il importe de souligner », écrivait Bingham, que la Cour n'a exprimé « aucune opinion sur la vérité ou la fausseté des accusations »[20].

Bingham résuma les règles du droit anglais. Elles étaient très explicites dans le *State Immunity Act* de 1978, qui accordait l'immunité à tout ancien chef d'État « pour des infractions pénales intervenues dans le cadre de son exercice de fonctions publiques ». Pinochet soutenait que ses actes avaient été accomplis à ce titre, qu'ils n'étaient « pas privés ni issus de sa conduite personnelle ». Autrement dit, il « exerçait l'autorité souveraine en tant que chef d'État de la république du Chili » ; il n'était donc pas chargé « personnellement de torturer, d'assassiner ou de faire disparaître les victimes, mais il était habilité à utiliser à cette fin le pouvoir de l'État dont il était le chef ».

Bingham expliqua que la loi de 1978 ne prévoyait aucune exception au régime général de l'immunité, fût-ce en cas de torture, de disparitions ou d'autres crimes internationaux. « Si l'ancienne autorité souveraine jouit de l'immunité au regard de certains crimes, où doit-on tracer les limites de cette protection ? » Ce n'était pas à lui de fixer la frontière entre un acte souverain et un acte personnel, même s'il s'agissait d'un crime contre l'humanité ou de génocide.

Bingham reconnaissait que certaines règles du droit international – il mentionna la Convention de 1948 sur le génocide – exigeaient que quiconque s'étant livré au génocide soit puni. Mais la Convention de 1948 ne pouvait pas être invoquée devant les tribunaux anglais : le Royaume-Uni avait signé le traité mais ne l'avait pas incorporé dans sa législation. (Ce n'est pas inhabituel : certains traités sont incorporés dans le droit national, d'autres ne le sont pas et, dans tous les cas, le pays est lié par le traité considéré comme un instrument du droit international – mais le point clé ici est qu'un juge anglais ne peut appliquer un traité international que s'il a été explicitement intégré dans la législation anglaise.)

Par conséquent, la levée de l'immunité découlant du crime de génocide ne pouvait pas être appliquée à l'encontre de Pinochet, et il n'existait aucune autre loi anglaise susceptible d'annuler son immunité pour tout autre crime. Par exemple, le *Criminal Justice Act* de 1988 introduisait bien certains aspects de la Convention de 1984 contre la torture dans le droit anglais, mais ni la loi ni la Convention ne prévoyait explicitement la levée de l'immunité. Contrairement à la Convention sur le génocide, la Convention contre la torture était muette à ce sujet.

Bingham dit qu'on ne pouvait s'appuyer sur aucune jurisprudence internationale. Certes, le Statut de Nuremberg et les tribunaux créés dans la décennie 1990 pour l'ex-Yougoslavie et le Rwanda excluaient bien toute forme d'immunité. Mais il s'agissait de juridictions de droit international qui différaient complètement d'une Cour nationale.

De même, la jurisprudence de pays tiers n'offrait aucune aide possible. Bingham n'avait pas pu trouver un seul cas dans lequel un ancien chef d'État accusé de crime international n'avait pu faire valoir son immunité devant un tribunal national.

Telle était la logique du droit. Devant une juridiction nationale, Bingham conclut que l'immunité de Pinochet était entière pour tout acte accompli dans l'exercice de ses fonctions de chef d'État, y compris des faits de torture et de disparition de personnes. Dès lors que les actes revêtaient un caractère officiel, l'immunité s'appliquait. Bingham rejeta l'allégation de l'Espagne soutenant que la torture, les disparitions et d'autres crimes internationalement reconnus ne pouvaient en aucun cas être traités comme des actes officiels. Dans un avis séparé, le juge Andrew Collins ajouta que l'histoire montrait malheureusement que les actions des États s'étendaient parfois à l'extermination ou à l'oppression de groupes particuliers et qu'elles étaient bien assimilées à des actes officiels.

La conclusion qui s'ensuivait était que Pinochet bénéficiait sans restriction de l'immunité devant les tribunaux anglais. Les juges n'avaient pas d'autre choix que de rejeter la seconde ordonnance d'arrestation provisoire de Garzón. Bingham convenait qu'un « vif débat public » ne manquerait pas de s'élever, dès lors qu'un dirigeant responsable de torture ou d'autres crimes contre l'humanité pouvait échapper à tout jugement et châtiment, mais telle était la loi, qui liait les mains des juges. Leur devoir était d'interpréter et d'appliquer cette loi, sans s'arrêter à l'éventualité d'un effet déplorable de leur décision.

Considérant l'importance et la nouveauté du cas, Bingham décida de permettre à l'Espagne, si elle le désirait, de faire appel de la décision directement auprès de la Chambre des Lords, la plus haute juridiction du pays. Il avait consulté au préalable le juge qui présidait l'institution, Lord Browne-Wilkinson, convaincu lui aussi de l'importance exceptionnelle du cas. L'appel devait être déposé dans les cinq jours, le lundi 2 novembre au plus tard, et se limiter à une question unique : En tant qu'ancien chef de l'État, Pinochet jouissait-il d'une immunité devant les tribunaux anglais pour des actes commis pendant qu'il était en fonction ?

En attendant, Pinochet restait placé en détention. Il lui était interdit de quitter le pays et il ne pouvait pas faire un pas en dehors de sa chambre.

35

Schweitzer était « très satisfait » du jugement mais également « frustré, car on ne pouvait pas ramener le général chez lui ». D'après lui, c'était la première fois qu'une demande gagnante d'*habeas corpus* ne menait pas à une libération immédiate.

La réaction du général ?

« Stoïque, comme toujours, souffla Schweitzer. Nous lui avons fait un compte rendu, et expliqué que l'appel aux Lords rendait impossible un règlement immédiat. Il nous a fait confiance, comme toujours. "Si vous dites que cela doit être ainsi, que cela soit ainsi." »

Et Mme Pinochet ?

« Elle était contente du résultat, convaincue que nous faisions ce qu'il fallait. Nous l'avons tenue informée, en douceur, elle ne s'est jamais interposée. »

Au Chili, la réaction fut contrastée. Les partisans du général étaient ravis, ses opposants consternés. En Grande-Bretagne, nombreux furent ceux qui virent dans le jugement une escarmouche préliminaire. Le *Times* titra en une : « Première bataille autour de l'extradition[21] ». Un ministre chilien loua le système juridique britannique et ajouta que le gouvernement entendait poursuivre Pinochet, mais uniquement au Chili. La Fondation médicale pour les victimes de torture déclara que le jugement « faisait de l'Angleterre un havre pour les dictateurs et les anciens dictateurs[22] ».

Les juristes qui suivaient l'affaire voyaient les choses sous des angles divers. Mon ami James Cameron, avocat international comme moi, affirma dans une tribune d'opinion qu'il était largement admis que « les États et leurs représentants jouissent d'une immunité qui leur évite d'être poursuivis par d'autres pays ». Au contraire, écrivit un autre juriste, universitaire : certains actes étaient « si attentatoires à l'humanité en général » que les États ne pouvaient invoquer l'immunité « pour des individus y ayant pris part »[23]. L'avocat d'Amnesty, Geoffrey Bindman, qui avait assisté à l'audience, s'indignait que le Crown Prosecution Service ne se soit pas « concentré sur les droits humains ou les aspects du droit international[24] ».

Michael Caplan était satisfait. « En écoutant l'énoncé du jugement, j'attendais le "mais" qui indiquerait que nous allions perdre, mais il ne vint pas. » Il avait le sentiment que « le vent avait tourné contre l'immunité et la possibilité de se mettre à l'abri, mais que le droit n'avait pas encore complètement évolué dans cette direction et ne s'était donc pas traduit dans la lettre de la loi ». « Nous y sommes presque », purent se dire les membres de l'équipe de Pinochet.

Caplan reçut un appel téléphonique du greffier du comité judiciaire de la Chambre des Lords. L'audience était fixée au 4 novembre, une semaine plus tard, ce qui laissait peu de temps pour se préparer, mais suffisamment pour permettre aux groupes activistes de défense des droits humains de tenter d'intervenir. Caplan s'inquiétait du calendrier. « Quand on précipite les choses, les problèmes surviennent. » L'équipe se rendit compte également qu'il lui manquait un avocat international, car « la question de l'immunité [allait] prendre de l'ampleur ».

Quelques jours plus tard, l'interprète Jean Pateras rendit visite à Pinochet avec la police à la London Clinic, pour dire au général qu'on allait le déplacer. Jean était accompagnée de Peter Dean, médecin-conseil de Scotland Yard. « La police redoutait qu'il puisse décéder durant sa détention en Grande-Bretagne », me dira Dean, bien des années plus tard, lors d'un déjeuner avec Jean. « Ce qui aurait constitué un désastre. »

Dean avait été contacté quelques jours après l'arrestation. « Bonjour doc, nous avons arrêté un certain général Pinochet, pourriez-vous venir le voir », se souvenait-il. « La première fois que je l'ai vu, il n'était pas précisément d'humeur joyeuse. Je lui ai demandé : "Est-ce que vous comprenez vraiment pourquoi vous êtes ici ?" Alors il a quitté subitement son attitude maussade et hargneuse. "J'ai été Président pendant dix-sept ans, commandant de l'armée pendant vingt-cinq ans, et on me traite comme un vulgaire criminel, je ne suis pas un vulgaire criminel." »

« Il était comme un renard, intervint Jean, sur ses gardes, mais charmant. »

« Oui, quelqu'un qui ne montrait jamais le moindre remords, ajouta Dean. Il m'a dit qu'il était un soldat, que son pays était en guerre. »

« Il voyait le communisme partout ! » renchérit Pateras. Elle s'interrompit. « Il tenait à vous faire savoir qu'il maîtrisait tout, qu'il était le *Commandante*, qu'il savait tout. » Un jour, il lui avait dit : « Jean, je sais que vous êtes mariée, où vous habitez, que vous avez deux filles. » Elle avait trouvé cela vaguement menaçant.

« Avec les Chiliens, il restait toujours le patron, reprit Dean ; un homme fier qui refusait toujours d'utiliser un fauteuil roulant. »

Pateras informa Pinochet qu'on l'emmenait au Grovelands Priory Hospital à Southgate, au nord de Londres. Le groupe sortit de la London Clinic au milieu d'un dispositif de sécurité renforcé. « La famille était tendue mais très polie », dit Jean, à qui la police avait recommandé de surveiller ses paroles. « Ne le traitez pas de foutu salopard, car certains pourraient lire sur vos lèvres et les caméras pourraient vous enregistrer ! »

La police était présente en force et la crainte d'un attentat était palpable. Pinochet monta à bord d'une ambulance avec les membres de sa famille, tandis que Jean suivait dans une voiture de police.

Le soir même, l'*Evening Standard* publia en « une » une photo du convoi avec une femme portant une longue écharpe blanche. La légende de l'image indiquait « la fille du général, Veronica, devant la London Clinic aujourd'hui ». « En voyant la photo, j'ai pensé que ça me ressemblait, dit Pateras. Mais oui, c'était bien moi ! » Un journaliste lui suggéra d'attaquer le journal pour le préjudice subi en étant identifiée à tort comme la fille de Pinochet. Ce qu'elle fit. « J'ai obtenu cinq mille livres, pas mal, non ? »

Jean Pateras, Londres, novembre 1998.

36

Je me trouvais à Paris, travaillant sur une affaire qui opposait la Hongrie et la Slovaquie, au sujet de l'impact de deux barrages datant de l'ère soviétique sur l'environnement du Danube, quand j'appris le jugement de Bingham. En ces temps qui précédaient l'arrivée d'Internet, c'est par un journal que j'en pris connaissance. À la une de *Libération*, on pouvait lire ceci : « Première victoire pour Pinochet à Londres. Le général Pinochet a gagné, le dictateur chilien échappera à la justice[25]. » L'article relevait que la plupart des juristes s'attendaient à ce que Pinochet puisse rentrer bientôt au Chili.

J'étais encore à Paris le lendemain, vendredi 30 octobre, retenu par une cérémonie au cimetière de Pantin, pour l'installation d'une stèle sur la tombe de mon grand-père, Leon Buchholz, décédé une année auparavant. Selon la tradition juive, cet acte devait marquer la fin de la période de deuil. En quittant mon hôtel, j'ai reçu un appel urgent en provenance de mon cabinet d'avocats à Londres. « La défense du général Pinochet voudrait vous engager pour plaider contre l'appel devant les Lords. »

Je répondis que je rappellerais plus tard, après la cérémonie. Sur le moment, je n'acceptais pas, mais n'étais pas non plus décidé à m'affranchir des règles.

Comme je l'ai déjà mentionné, ma femme Natalia m'attendait à l'entrée du cimetière. Enfant d'une mère exilée après la guerre civile d'Espagne, elle m'exprima avec force que je ne devais en aucun cas accepter cette affaire. Aucun de nous n'était informé alors du lien de la famille avec Carmelo Soria, dont la torture et l'assassinat étaient à l'origine de tout cela.

Selon Natalia, défendre Pinochet revenait à agir en faveur de Franco. Quand nous sommes sortis du cimetière, j'avais pris la décision de refuser l'affaire. Les règles du barreau prévoyaient une exception au principe de la « station de taxis », celle de l'« incompatibilité déontologique » : durant l'interview pour la BBC avec Zeinab Badawi, quelques jours plus tôt, j'avais exprimé ma conviction que Pinochet ne saurait bénéficier d'une immunité pour des crimes internationaux. Je pouvais donc ignorer les règles et ne m'en privai pas. Vingt-sept ans plus tard, je suis toujours marié avec Natalia, et très heureux de l'être.

Nous sommes rentrés à Londres où j'ai assisté le lendemain matin, un samedi, à une conférence universitaire. Le sujet en était la toute nouvelle Cour pénale internationale, mais il était beaucoup question de Pinochet. Une avocate de Human Rights Watch me dit que l'organisation songeait à intervenir dans l'affaire portée devant la Chambre des Lords. Est-ce que je serais disponible ? « Aucun problème », répondis-je. « Je me souviens de votre enthousiasme encourageant », me rappela-t-elle bien des années plus tard. Décidément, l'harmonie de la famille était sauve !

J'ai suggéré à Human Rights Watch de prendre pour avocat-conseil Richard Stein, un confrère irrévérencieux et audacieux d'un petit cabinet juridique londonien, et j'ai embarqué à mes côtés Jonathan Marks comme junior et Ed Fitzgerald en tant qu'avocat principal. Le soir même, l'équipe juridique de l'organisation s'est réunie pour rédiger une demande en intervention. Le document présentait les qualifications de l'ONG, relevait les erreurs de raisonnement du tribunal, et présentait les éléments matériels relatifs aux règles internationales et à la pratique des tribunaux nationaux que nous voulions présenter aux juges suprêmes, les Law Lords*.

Pendant que nous attendions de connaître la suite donnée à notre demande, James Cameron accepta de se charger du dossier de Pinochet que j'avais refusé. « J'étais obligé, se justifiera-t-il, c'était la première demande, donc j'ai dû décliner celles du Procureur général et d'Amnesty », qui l'avaient approché plus tard. Les meilleurs amis se retrouvaient ainsi dans les camps opposés. « Il s'agit des affaires qui regardent le Chili et sa propre histoire politique, pensait James. C'est une question de fierté, une volonté de régler les différends politiques chez eux et à leur manière, sans l'intervention malvenue d'un magistrat espagnol qui outrepasserait son champ de compétence. »

Son argumentation paraissait raisonnable si l'on considère la faillite complète de l'Espagne à dénoncer les crimes de Francisco Franco, ou la brutalité de sa colonisation de la province du Chili, telle que la relate le poème épique du XVIe siècle *La Araucana*. Les actions de l'Espagne reflétaient une nouvelle forme d'interventionnisme, et les actes du juge Garzón avaient provoqué une irritation et une colère énormes au sein de l'équipe juridique de Pinochet.

« On le trouvait vaniteux, frimeur, cherchant à se mettre en avant et surtout soucieux de sa seule gloire », me dit James. L'ironie douloureuse contenue dans l'échec de l'Espagne à faire face à son passé était très prégnante. « En Espagne, rien n'était résolu, politiquement ou culturellement parlant, et c'est peut-être pour cela que le pouvoir politique rechignait à appuyer l'initiative de Garzón, ajouta James. J'ai trouvé que cela facilitait grandement ma tâche. »

* Jusqu'en octobre 2009, la plus haute juridiction du Royaume-Uni était le Appellate Committee de la Chambre des Lords, composé de « Lords of appeal in ordinary » ou « Law Lords » (« Lords judiciaires »). La réforme votée en 2005 par le Parlement britannique a créé une Cour suprême (« Supreme Court of the United Kingdom ») indépendante de la Chambre des Lords, où siègent douze juges (« Justices of the Supreme Court ») nommés par le roi. Onze des Law Lords en place en 2009 ont rejoint la Cour suprême pour son ouverture *(NdT)*.

37

Le lendemain de la décision de Bingham et de la Cour de première instance en faveur de l'immunité de Pinochet, une audience se tint à la Audiencia Nacional, à Madrid. L'affaire examinée était portée par le procureur principal Eduardo Fungairiño, qui espérait clore les affaires instruites par Garzón et García-Castellón, afin de stopper la demande d'extradition. Fungairiño demanda à la Cour de dire que les juges et les tribunaux espagnols n'étaient pas compétents pour les crimes commis en Argentine et au Chili, même s'ils étaient liés à des crimes internationaux.

Les deux affaires furent examinées successivement par un jury constitué de onze juges. La salle d'audience de Madrid était pleine à craquer et l'émotion était intense. Les victimes de Pinochet côtoyaient des mères argentines de disparus qui brandissaient des mouchoirs blancs et des photos de leurs proches[26]. Juan Garcés s'adressa à la Cour, mais pour beaucoup l'orateur le plus remarquable était Carlos Slepoy, légendaire avocat argentin exilé en Espagne.

« Piégeons les génocidaires, libérons l'humanité de cette plaie, afin que le monde respire un peu mieux, lança-t-il aux juges. Pourquoi avez-vous voulu devenir juges ? Pour rendre la justice, n'est-ce pas ? À présent vous avez l'occasion de le faire, comme jamais[27]. Nous vous prions de prononcer un verdict unanime, souligna-t-il, afin d'envoyer un message clair. »

C'est ce qu'ils firent. Le lendemain, les onze juges décrétèrent que les tribunaux espagnols étaient compétents en matière de crimes internationaux. *El País* titra : « L'Espagne peut juger Pinochet pour génocide ». Paradoxalement, l'acte de Fungairiño, qui entendait venir en aide à l'armée chilienne, produisit l'effet exactement inverse en permettant de faire reconnaître dans la loi espagnole la définition du génocide selon Castresana. Les juges confirmèrent que les assassinats et les disparitions au Chili rentraient bien dans la définition espagnole du génocide, au même titre que la torture et toutes les actions menées par Pinochet pour éliminer les groupes politiques de gauche. Avec plus de cinquante citoyens espagnols identifiés parmi les victimes du dictateur, dont Carmelo Soria, l'Espagne était désormais libre de se saisir du cas de Pinochet[28].

Garzón et Castresana étaient comblés. Garzón détailla les crimes, les lieux, les techniques, et les noms de milliers de victimes dont la dernière, un garçon âgé de dix-sept ans, Marcos Quesada Yáñez, détenu en juin 1989, puis torturé et exécuté. Garzón réserva une place de premier plan au centre de détention de Londres 38, en décrivant la disparition d'Alfonso Chanfreau et de quatre-vingt-dix-sept autres détenus.

Il mit en avant le témoignage que Manuel Contreras avait livré trois ans auparavant ; le directeur de la DINA avait déclaré : « Je rendais compte quotidiennement à Pinochet, dans une totale subordination » et « j'obéissais strictement... à tout ce qui m'était ordonné ». Pinochet était informé de « l'exécution de tous les ordres reçus » et lui seul « prévoyait et ordonnait les missions à mener »[29]. Il était responsable de chaque acte de torture commis à Londres 38, de chaque disparition et de chaque exécution.

Le cas de Carmelo Soria retint aussi l'attention de Garzón. Il s'agissait d'un diplomate jouissant de tous les privilèges et de toutes les protections attachés à son statut, qui fut enlevé au volant d'une voiture portant une plaque d'immatriculation officielle de l'ONU. Garzón livra une description explicite des sévices qu'il eut à subir dans la maison de la via Naranja, livré à une unité de la DINA « reportant directement à Augusto Pinochet *via* Manuel Contreras ». Le juge citait le témoignage de Laura González-Vera, soulignant que nul n'avait jamais eu à répondre de l'assassinat de Carmelo Soria[30]. Ce n'est qu'aujourd'hui, bien des années après l'affaire, que j'ai pris conscience du lien avec la famille de ma femme.

Garzón envoya les documents à Londres. Ils furent reprographiés et disposés dans des classeurs à anneaux, puis enregistrés dans le dossier destiné aux Law Lords. Jean Pateras reçut un jeu complet, afin qu'elle puisse jouer son rôle d'interprète pour la police. Les documents de Garzón étaient dans les boîtes qu'elle m'a remises lorsque nous nous sommes rencontrés. « Je n'ai jamais oublié ce qu'il y avait dans ces pages », m'a-t-elle confié.

38

Le lundi 1er novembre, confortés par le jugement prononcé en Espagne, les avocats du Crown Prosecution Service déposèrent le recours de l'Espagne devant la Chambre des Lords, plaidant que « la Divisional Court avait tort de reconnaître une immunité au sénateur Pinochet[31] ».

Au contraire, les défenseurs de Pinochet répondirent que l'interprétation faite par la Cour et par le juge Bingham était parfaitement correcte. Le *State Immunity Act* de 1978 conférait une « immunité absolue » à l'ancien chef d'État, et nulle règle de droit anglaise ou internationale n'avait encore surpassé cette loi[32].

L'avocat général, représenté par David Lloyd-Jones, fut entendu en tant qu'*amicus curiae*, ami neutre de la Cour. Il reconnut « quelque justification » à la remise en question de l'immunité dans les cas de torture, tout en soulignant que cette position « ne constituait pas pour autant une règle de droit public international »[33].

Human Rights Watch et plusieurs autres organisations non gouvernementales sollicitèrent la permission d'intervenir dans l'affaire. Amnesty International jouait un rôle moteur au sein d'un groupement où figuraient Redress, la Fondation médicale pour les victimes de torture, et deux victimes britanniques, Sheila Cassidy et William Beausire. « La Chambre des Lords nous a consultés à propos d'Amnesty et des autres demandeurs, se rappelait Caplan. Nous avons considéré que cela regardait les Lords, mais pas nous. » Il marqua un temps d'arrêt puis reprit en souriant : « Certains diront que la meilleure décision que j'ai prise dans l'affaire fut de ne pas m'opposer à l'intervention d'Amnesty. »

Un panel de trois juges de la Chambre des Lords trancha rapidement au sujet des demandes en intervention. Ils autorisèrent le groupement d'Amnesty à intervenir par écrit et à s'adresser aussi aux juges oralement. En revanche, Human Rights Watch n'était autorisé à intervenir que par écrit, pour des raisons non expliquées.

39

Les débats s'ouvrirent le mercredi 4 novembre 1998 au matin. Craignant que les Law Lords ne prennent rapidement une décision qui permettrait à Pinochet de rentrer au Chili, l'ONG Human Rights Watch saisit par précaution la Cour européenne des droits de l'homme. Elle lui demandait de prendre en urgence une ordonnance afin que Pinochet ne soit pas autorisé à quitter la Grande-Bretagne, même dans le cas où les juges suprêmes confirmeraient la décision initiale. Cette démarche était faite au nom des victimes de Pinochet, notamment Alfonso Chanfreau, Erika Hennings et leur fille Natalia. Les magistrats européens allaient rejeter la demande, mais c'est à partir de ce moment que je me suis trouvé impliqué dans l'affaire Chanfreau[34].

L'audience se tenait dans la Committee Room 4, située dans les étages supérieurs du palais de Westminster, à l'ombre de Big Ben. Ce n'était pas une salle d'audience à proprement parler. « Triste », selon mon voisin Reed Brody de Human Rights Watch, mais je n'éprouvais pas la même chose pour ma part, en découvrant les décors de pierre sculptée et le mobilier de style gothique. On pouvait penser à Harry Potter ou au réfectoire d'un collège anglais de second rang – une pièce rectangulaire éclairée par quatre fenêtres donnant sur une cour intérieure, quatre portes, des rangées de sièges, une moquette d'un bleu vif, des portraits de messieurs décédés dans des cadres dorés, et une débauche de couleur rouge : sièges, bureaux, murs.

Nous avons passé les portes gothiques et fait notre entrée dans la salle remplie de monde. Les cinq Law Lords allaient siéger face à l'assistance dans des fauteuils capitonnés de cuir, derrière une table de bois en forme de croissant garnie de cuir rouge bordeaux. Chaque juge disposait d'une petite étagère en bois pour poser ses dossiers. Au premier rang il y avait une estrade en bois avec une petite table de part et d'autre, puis trois ou quatre fauteuils à demi rembourrés pour les avocats seniors, Conseillers de la Reine (QC). Face aux juges, les défenseurs de Pinochet étaient assis sur le côté droit, emmenés par Clive Nicholls et Clare Montgomery, tandis que les avocats de la partie espagnole étaient assis sur le côté gauche, derrière Alun Jones.

Michael Caplan et l'avocat représentant le procureur général étaient assis au deuxième rang. Le rang suivant était occupé par Amnesty et les autres groupes de défense des droits humains, sur des sièges moyennement rembourrés. Derrière, sur quatre-vingt-quatre simples chaises distribuées sur sept rangées se pressaient le public et la presse, avec des partisans et des opposants de Pinochet. Une rumeur courait sur la présence d'un représentant d'Henry Kissinger, ainsi que sur celle de María Isabel Allende, fille de l'ancien Président chilien, et celle du fils d'Orlando Letelier, Juan Pablo.

J'étais assis au troisième rang, sur un siège à demi rembourré, entre Reed Brody et un homme d'âge moyen, parfumé et élégant, avec un visage rond et agréable, la tête couronnée de cheveux blancs bien coiffés. En me serrant la main, il s'était présenté pour la première fois ce matin-là, d'une voix suave et chaleureuse, dans un anglais fortement teinté d'accent. « Miguel Schweitzer, de Santiago. »

Par la suite, nous allions nous côtoyer maintes journées durant, mais en ce premier jour je ne savais rien de son passé, sinon qu'il était l'avocat de confiance de Pinochet, et il se chuchotait même qu'il l'avait conseillé en matière de droits de l'homme. « C'est vrai, reconnaîtra-t-il plus tard, dans les années 1980, j'ai suggéré que le Chili signe certains traités sur les droits humains, sur la torture et d'autres choses. »

En ces temps qui précédaient l'arrivée d'Internet, il n'y avait pas moyen de connaître ses autres rôles passés, en tant qu'ambassadeur et ministre des Affaires étrangères. Et je ne savais rien non plus des déplacements qu'il avait faits à Washington pour négocier au sujet de Michael Townley et d'Orlando Letelier, pas plus que je ne savais qui était son père, ni qu'il avait travaillé sur le cas de Rauff (dont je n'avais encore jamais entendu parler), ou qu'il connaissait la veuve de Carmelo Soria (qui m'était également inconnu). Nous ne savions rien de son réseau relationnel, à Punta Arenas et ailleurs, ni de son travail.

La vérité est que je l'appréciais, et c'était également le cas de James Cameron, qui travaillait à ses côtés. « Miguel était comme un bon vin chilien, raffiné et doux, aimable, un bel homme à l'allure soignée. Il était de ces personnes qui sentent bon, parlent admirablement, qui sont à l'aise en société, cultivées, très agréables, et efficaces en toutes choses. »

Les jours qui nous attendaient allaient nous lier l'un à l'autre, dans une sorte de syndrome de Stockholm juridique. Les divergences entre nous étaient grandes mais qu'importe : tous les acteurs présents étaient reliés entre eux par leur participation à la procédure pénale internationale la plus marquante depuis le procès de Nuremberg. Miguel Schweitzer me tolérait, comme je le tolérais moi-même. Nous en sommes venus à nous apprécier, et nous ignorions, en ce premier jour, que nous serions toujours en contact deux décennies plus tard.

Il parlait volontiers, mais ne s'est vraiment confié qu'une fois que tout fut terminé. « Pour moi, l'affaire a été comme un retour à la maison », me confiera-t-il plus tard. Scolarisé à Santiago dans une école britannique – The Grange, dont le directeur, George Lowe, avait accompagné Sir Edmund Hillary dans l'ascension de l'Everest –, il adorait Londres, où il fut l'ambassadeur du Chili, convié à Buckingham Palace et au banquet du Lord Maire. Il avait une telle admiration pour la Grande-Bretagne qu'il avait envoyé ses garçons se former au rugby à Cheltenham College, et fut mortifié quand Pinochet le rappela au Chili. « "Vous êtes en train de devenir l'ambassadeur de Mme Thatcher, et cessez d'être le mien !" m'a dit le général. » Cependant, l'affaire devant les Law Lords constitua « un sommet » pour lui, dont il savoura chaque minute. « Très marquant », me dira-t-il.

À dix heures et demie précisément, ce mercredi 4 novembre 1998, les cinq Lords judiciaires firent leur entrée. Choisis parmi onze juges disponibles, ces cinq hommes (la première femme, Brenda Hale, ne sera nommée que cinq ans plus tard) étaient tous blancs et tous d'âge mûr. On ne savait pas comment ils avaient été sélectionnés, ni pourquoi le président était Gordon Slynn. Ancien avocat général auprès de la Cour de justice européenne à Luxembourg, il maîtrisait les questions de droit international. Je le connaissais bien, c'était une personne délicieuse, avec une lueur malicieuse dans le regard et une abondante chevelure grise impeccablement peignée.

À peine quelques semaines plus tôt, nous avions participé ensemble à un séminaire sur « la démocratie et l'économie mondiale » à New York University, et avions bavardé tandis que le président Bill Clinton et le Premier ministre Tony Blair débattaient de ce qu'il était convenu d'appeler alors la « troisième voie ». Blair prophétisait un

« vaste changement » dans la politique mondiale, bien que nul parmi les participants au séminaire ne pût mesurer à l'avance quelle serait l'amplitude de ce changement – le 11-Septembre, l'Irak, le Brexit, Trump, Poutine étaient encore à venir.

Ce jour se trouva également être celui de la diffusion télévisée des quatre heures d'audition de Clinton par le procureur Kenneth Starr sur sa relation avec Monica Lewinsky. Slynn se montra fortement impressionné par le sang-froid et l'acuité intellectuelle de Clinton, comme le fut le *Financial Times*, qui salua une « performance exceptionnelle de Bill » et souligna « son aisance, son éloquence, son humour, sur un fond de confiance imperturbable »[35]. Lors d'une réception ce soir-là, Clinton expliqua à un petit groupe d'entre nous pourquoi il avait décidé de ne pas signer le statut de la Cour pénale internationale.

Quelques semaines plus tard, Slynn présidait l'examen d'une affaire où allait se jouer l'avenir de Pinochet. Il siégeait en compagnie de Tony Lloyd, Donald Nicholls, Johan Steyn et Leonard Hoffmann, les deux derniers originaires d'Afrique du Sud, tous sortis des Universités d'Oxford ou de Cambridge. Ils étaient vêtus de complets ordinaires, sans toges ni perruques, contrairement aux avocats présents. Ils étaient assistés par James Vallance White, auquel revenait, en sa qualité de « Fourth Clerk at the Table », greffier principal, la charge de diriger l'administration judiciaire de la Chambre des Lords. « Pour moi, ce n'était qu'une affaire de plus, à l'approche de Noël », me dira ce dernier plus tard. « Tout le monde savait que c'était important, mais en me reposant sur mon expérience je supposais que le jugement allait confirmer la décision du tribunal de la High Court. » Cette opinion était largement partagée.

David Hope, qui fut le juge le plus ancien d'Écosse avant de devenir Law Lord, ne siégea pas dans cette affaire. « J'ai manqué le *cut* d'un point », écrivit-il dans le *Journal* en cinq volumes qu'il fit paraître après avoir pris sa retraite[36]. (Vallance White m'a raconté qu'un Lord était absent et que cinq autres étaient requis par une autre affaire, ce qui veut dire que les cinq juges présents s'étaient en réalité auto-sélectionnés.)

Le *Journal* de Lord Hope a brisé un tabou qui veut que les juges ne révèlent pas ce qu'il a pu se passer en coulisses. Tout en taisant ce qui relevait du registre « privé » ou des choses « à oublier », il en disait plus que ce que l'on pouvait attendre. Il évoque ainsi la « confusion » causée par l'irruption soudaine de l'affaire, les tensions entre les juges et les réactions exprimées sur plusieurs points. « Bon sang, j'aurais préféré que ce soit *toi* qui sièges avec nous », glissa Slynn à Hope en sortant du bureau d'Hoffmann, juste avant l'audience, sans livrer la raison de son exaspération[37]. Il semble que Slynn avait tenté de persuader Hoffmann de ne pas siéger, mais Hope pensait que son collègue était « décidé » à « contribuer personnellement à poursuivre le général Pinochet ». Le journal de Hope révèle également que Bingham était convaincu qu'Hoffmann et Steyn allaient se prononcer contre Pinochet et sa propre décision.

Les avocats et les journalistes présents dans la Committee Room 4 étaient dans la plus parfaite ignorance de ce qui se jouait en coulisses. Au moment où les juges firent leur entrée, nous observions et attendions, avec une certaine fébrilité.

40

L'exercice de plaidoyer dans le pur style anglais qui s'est alors déployé a introduit un caractère théâtral dans les débats. La Committee Room 4 devint une scène sur laquelle se déroulait une représentation à huis clos. Les débats n'étaient pas retransmis, mais les journalistes présents allaient se charger d'en rendre compte.

Bruissements de papiers remués, toussotements, fermeture des portes et protestations étouffées… Le président Slynn prononça quelques paroles d'introduction. « Je suis sûr que Gordon a lancé un regard à Lennie (Hoffmann), présumant qu'il voudrait adresser quelques mots aux parties, mais celui-ci ne l'a pas fait », se rappelait Vallance White.

Alun Jones se leva pour s'adresser aux juges au nom des requérants, le Crown Prosecution Service et l'Espagne. « La Haute Cour de justice s'est trompée en jugeant que le défendeur jouit de l'immunité pour les poursuites engagées contre lui[38] », déclara-t-il, avant de dérouler ses arguments, avec une passion contenue. Pinochet avait commis « des crimes sauvages et barbares » au Chili et ailleurs, qui ne rentraient pas dans ses fonctions officielles. La convention de Vienne de 1961 et la loi anglaise la plus pertinente en la matière, celle de 1978, n'accordaient aucune immunité à un ancien chef d'État pour de tels crimes internationaux.

Cette conclusion, poursuivit-il, était cohérente avec les accords internationaux sur la compétence universelle, laquelle demandait aux pays signataires de poursuivre et d'extrader tout criminel international posant le pied sur leur sol. Les anciennes règles relatives à l'immunité appartenaient à un passé révolu : la Charte des Nations unies, Nuremberg et les conventions sur le génocide, la prise d'otages et la torture confirmaient que les crimes de Pinochet ne sauraient être considérés comme des actes officiels. Lui reconnaître une immunité reviendrait à déchaîner l'impunité.

Jones était assisté par le professeur Christopher Greenwood, théoricien du droit et avocat remarquable, de tendance plutôt conservatrice, qui avait jadis été mon professeur et celui de James Cameron. Longtemps après, ce dernier se rappelait : « Nous avons dû convenir que notre position nous situait tous les deux sur une interprétation opposée de la loi ! » Greenwood revint sur l'article 39 de la convention de Vienne de 1961 sur les relations diplomatiques, traitant des immunités des anciens diplomates. Pour Greenwood, l'immunité de Pinochet ne s'appliquait que pour « les actes accomplis dans l'exercice de ses fonctions, au titre de sa mission ». L'article 39 précisait bien que l'immunité d'un diplomate cesse au moment où il quitte le pays, mais subsiste en ce qui concerne les « actes accomplis… dans l'exercice de ses fonctions ».

Si un ancien diplomate n'avait pas d'immunité pour ses actes non officiels, pourquoi Pinochet devrait-il faire exception ? Greenwood montra que cette règle relevait de la coutume, et qu'elle privait Pinochet d'immunité pour les crimes contre l'humanité et le génocide qui n'étaient pas des actes officiels. Amnesty International et Human Rights Watch se rangèrent à ce raisonnement[39].

Les avocats de Pinochet adoptèrent une approche différente. Si Clive Nicholls posa les fondations de la plaidoirie, c'est Clare Montgomery qui se chargea d'introduire toutes les précisions. Elle s'imposa d'emblée comme l'avocat le plus en vue dans l'affaire, que les juges écoutèrent comme des écoliers alignés devant une maîtresse redoutée. Elle soutint que l'immunité était fermement installée dans le droit international, et qu'aucun traité ni jurisprudence n'y avaient rien changé. Certes, l'immunité pouvait être annulée par un Tribunal international, comme à Nuremberg, mais la Chambre des Lords était une instance nationale. L'Espagne avait été incapable de produire ne fût-ce qu'un seul traité permettant à un tribunal national de lever l'immunité, et il n'existait pas de « principe cristallisé » dans le droit international coutumier qui pourrait se substituer à l'immunité selon la loi anglaise. Le raisonnement de Montgomery était simple et redoutablement efficace. Une voix féminine s'imposait dans la salle d'audience comme cela ne s'était jamais produit à Nuremberg.

Ainsi se développèrent les plaidoiries devant une assistance nombreuse, excitée et anxieuse. C'était un va-et-vient constant au fur et à mesure que les textes juridiques étaient analysés, décortiqués, étirés et triturés en tout sens. La magie opérait sur les termes d'un traité ou d'une loi ouverts à de multiples interprétations. Le droit n'est jamais un acquis définitif. Il y avait des pour et des contre, tandis que d'obscurs instruments juridiques anglais se mêlaient à des traités extraits des recoins les plus reculés de l'histoire.

Les audiences se prolongèrent durant cinq jours avant que Slynn ne tire le rideau en prononçant une élégante allocution finale. Les juges allaient se retirer pour délibérer, le prononcé du jugement suivrait. En quittant la Committee Room 4 en ce cinquième jour, nous n'avions aucune idée de ce que serait la décision à venir. Nombreux étaient ceux qui partageaient ce sentiment, y compris David Hope, qui releva « une divergence d'opinions » entre les juges[40].

Miguel Schweitzer me demanda : « Vous qui étiez présent, observant chaque juge, faisiez-vous comme moi, supputant : est-il pour nous ou contre nous ? Pourquoi ont-ils posé cette question ? Qu'est-ce que cela veut dire ? » Il était impressionné par le déroulement des débats : le formalisme, la courtoisie, la préparation, l'impartialité, les communications, les réponses au pied levé des avocats aux questions formulées. « Très impressionnant, répétait-il. Au Chili, il est très rare qu'un juge vous interrompe ou vous pose une question. »

Comment Schweitzer voyait-il la suite ? Il percevait le conservatisme inné de Slynn, son scepticisme à l'égard de toute nouveauté trop marquée. Mais il avait aussi relevé les questions incisives d'Hoffmann et son antipathie envers Pinochet. « Il était évidemment contre nous », dira-t-il plus tard. C'était difficile de le contredire sur ce point.

Deux semaines passèrent et la vie continuait. À Santiago, lors d'un dîner entre amis, le poète chilien Nicanor Parra disserta sur l'ancien temps et les amis disparus, les chats et les accidents de voiture, le destin de Shakespeare, et Pinochet retenu à Londres. Il prédisait que les Lords se prononceraient contre l'immunité. « Prophétique », songea Roberto Bolaño, l'un des convives[41].

Le Bureau judiciaire annonça que le jugement serait prononcé dans l'après-midi du 25 novembre. Chacun des juges exprimerait alors sa décision lors d'une audience publique dans la salle principale de la Chambre des Lords.

41

Quand nous sommes entrés dans le palais de Westminster, traversant la foule des supporters et des opposants à Pinochet, l'attente et l'anxiété étaient perceptibles. Pinochet n'était pas présent. Tous les avocats en robe et perruque se tenaient ensemble, dans une stalle en bois : Jones et Greenwood, Montgomery et Nicholls, et mon ami James Cameron, juste derrière moi, visage impassible et mains serrées, le regard tourné vers les banquettes de cuir rouge occupées par un groupe clairsemé de pairs âgés, assis juste en face de moi. Était-ce bien là Lady Thatcher ? Était-ce Norman Lamont, le plus actif soutien local de Pinochet ? Le public et les journalistes se pressaient dans la galerie supérieure, sous le plafond à caissons, et regardaient vers la salle en dessous. À l'extrémité de la Chambre, sur un banc à proximité du Woolsack*, les juges Hoffmann et Lloyd semblaient s'entretenir amicalement.

Michael Caplan était présent à côté de Miguel Schweitzer. Ce dernier se rappelait : « Cela pouvait pencher d'un côté comme de l'autre,

---

* Woolsack (littéralement : « sac de laine ») est le nom donné, depuis le XIVe siècle, au banc du Lord Chancelier à la Chambre des Lords *(NdT)*.

Banc des avocats, Chambre des Lords, Londres, 25 novembre 1998.

et l'on savait que cela ferait une sacrée différence. C'était l'anniversaire du général, l'avion était prêt, les moteurs tournaient. Si nous l'emportions, il était prêt à partir en voiture, avec tous ses bagages, directement pour l'aéroport. »

James Vallance White se leva, annonça l'affaire, salua, puis se rassit. Gordon Slynn se dressa alors, un dossier rouge à la main. « My Lords, j'ai l'honneur de vous présenter le rapport de l'Appellate Committee. » Le rapport constituait le jugement. « Pour les raisons exposées dans la déclaration que j'ai préparée, je considérerai que le défendeur doit être protégé contre l'arrestation en sa qualité d'ancien chef d'État. Je rejetterai donc l'appel. » Puis il retourna à sa place devant le Woolsack.

Un à zéro pour Pinochet.

Lloyd se leva à son tour. Le Chili était fondé à réclamer l'immunité pour le général au titre du *State Immunity Act* de 1978 ainsi que de la *Common law**. « Je rejetterai donc l'appel. »

Deux à zéro.

---

* La *Common law* désigne le système juridique en vigueur dans la majorité des pays anglo-saxons ; il est fondé sur la jurisprudence du droit coutumier, par opposition au droit codifié de la tradition française, par exemple *(NdT)*.

Nicholls se leva. « Je reviendrai sur la décision de la Divisional Court, validerai cet appel, et considérerai que le défendeur, le sénateur Pinochet, ne bénéficie d'aucune immunité face aux procédures pénales de ce pays. »

Deux à un.

« J'autoriserai l'appel », dit Steyn avec un léger accent sud-africain dans la voix. « Une interprétation juridique correcte conduit à constater que le général Pinochet ne peut bénéficier d'aucune sorte d'immunité. »

Égalité : deux pour Pinochet, deux pour l'Espagne.

Il ne restait qu'Hoffmann. J'ai posé ma main droite sur l'épaule gauche de Reed Brody et j'ai chuchoté : « Nous avons gagné. » « Je sais », a-t-il soufflé, incrédule. Miguel Schweitzer avait compris également. « Arrivés à deux partout, juste avant le juge Hoffmann, je savais que nous allions devoir retourner près du général pour lui dire que nous avions perdu. »

Hoffmann se leva. Sa chemise rayée et sa cravate à motifs juraient affreusement, et son visage affichait un semblant d'air de défi. Il était au centre de l'attention, à travers le monde entier, incarnant à lui seul un jugement diffusé en direct sur les ondes. « My Lords, j'ai eu le privilège de lire les projets de déclaration de mes nobles et savants amis, Lord Nicholls of Birkenhead et Lord Steyn. » Puis, après un long silence : « Je suis d'accord avec eux pour dire que le sénateur Pinochet n'a pas d'immunité contre les poursuites, et j'autoriserai donc également l'appel. »

Perdue dans l'assistance, une voix inconnue fit entendre bruyamment un seul mot, inintelligible. Surprise ? Joie ? Horreur ? Un souffle parcourut la Chambre, tandis que l'assistance reprenait sa respiration en réalisant la portée de la décision annoncée. Dans de tels moments, le cerveau humain fonctionne au ralenti. Les exclamations qui éclatèrent à l'extérieur nous parvinrent à travers les murs du Palais[42].

Trois voix pour l'Espagne contre deux. C'était historique, révolutionnaire même. Comme si, d'un seul coup, l'ordre juridique mondial avait basculé sur son axe, passant du souverain à l'individu, de l'agresseur à la victime. En un instant, l'impunité associée aux crimes du souverain s'était envolée.

Slynn se leva pour apporter une clarification. Une majorité s'était dégagée pour confirmer l'annulation du mandat d'arrestation signé par M. Evans, et restaurer celui de M. Bartle. Le jugement du tribunal de première instance était rejeté. Puis le président se rassit sur son siège.

La Chambre se vida dans un bourdonnement de paroles chuchotées. À la sortie, une pile de copies du jugement attendait, cinquante-six pages imprimées sur un papier vert pâle. J'ai conservé mon exemplaire, taché de thé. Il ne s'agit pas d'un jugement unique, mais bien de cinq appréciations séparées, ce qui était inhabituel. Et ce n'est qu'en lisant chacune de ces opinions que se révèle le centre de gravité de la décision.

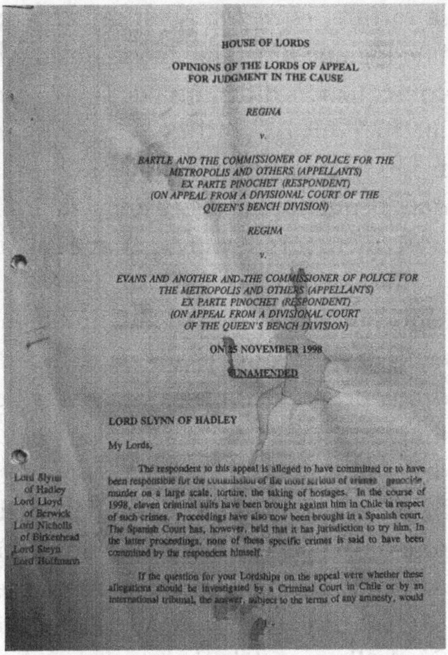
HOUSE OF LORDS

OPINIONS OF THE LORDS OF APPEAL
FOR JUDGMENT IN THE CAUSE

REGINA

v.

BARTLE AND THE COMMISSIONER OF POLICE FOR THE METROPOLIS AND OTHERS (APPELLANTS)
EX PARTE PINOCHET (RESPONDENT)
(ON APPEAL FROM A DIVISIONAL COURT OF THE QUEEN'S BENCH DIVISION)

REGINA

v.

EVANS AND ANOTHER AND THE COMMISSIONER OF POLICE FOR THE METROPOLIS AND OTHERS (APPELLANTS)
EX PARTE PINOCHET (RESPONDENT)
(ON APPEAL FROM A DIVISIONAL COURT OF THE QUEEN'S BENCH DIVISION)

ON 25 NOVEMBER 1998

UNAMENDED

Lord Slynn of Hadley
Lord Lloyd of Berwick
Lord Nicholls of Birkenhead
Lord Steyn
Lord Hoffmann

LORD SLYNN OF HADLEY

My Lords,

The respondent to this appeal is alleged to have committed or to have been responsible for the commission of the most serious of crimes genocide, murder on a large scale, torture, the taking of hostages. In the course of 1998, eleven criminal suits have been brought against him in Chile in respect of such crimes. Proceedings have also now been brought in a Spanish court. The Spanish Court has, however, held that it has jurisdiction to try him. In the latter proceedings, none of these specific crimes is said to have been committed by the respondent himself.

If the question for your Lordships on the appeal were whether these allegations should be investigated by a Criminal Court in Chile or by an international tribunal, the answer, subject to the terms of any amnesty, would

Chambre des Lords, Jugement de Pinochet, 25 novembre 1998.

Les juges s'étaient retrouvés sur certains points. Les cinq Law Lords s'étaient accordés sur le fait que Pinochet aurait pu revendiquer son immunité s'il avait été encore chef d'État. En revanche, en tant qu'*ancien* chef d'État, la majorité avait décidé que ce n'était plus possible. Le raisonnement était complexe et faisait entrer en jeu les lois anglaises et le droit international. Le principal point de divergence entre les juges tournait autour de l'interprétation de la loi de 1978 et de l'article 39 de la Convention de 1961, avec une question unique : les actions de Pinochet en relation avec des assassinats, de la torture et des disparitions devaient-elles être traitées comme un comportement officiel ?

Deux juges considérèrent que tel était bien le cas, ce qui lui garantissait l'immunité. Les trois autres magistrats pensaient le contraire. Chacun des juges rédigea ses conclusions avec son style propre, car le droit ne suit pas un processus mécanique. L'interprétation – de la loi de 1978, de la Convention de 1961, des traités sur le génocide et la torture, *et caetera* – est un acte personnel. Le droit n'obéit pas à une logique univoque ; c'est ainsi que chacun des juges a pu tirer des conséquences différentes de l'existence et de la pratique des tribunaux internationaux, ainsi que des opinions des juristes et des gouvernements. « Dans un appel où pas moins de seize avocats étaient impliqués pendant plus de six jours, la prolifération des questions soulevées n'est guère surprenante », avait écrit Steyn.

Le jugement rédigé par Slynn était le plus long, il couvrait à lui seul vingt-cinq pages trahissant une lutte angoissée entre sa conscience et le droit. Profondément convaincu de la nécessité de protéger les droits des individus face aux excès de l'État, il conclut que la « règle foncière » de l'immunité n'était pas déplacée. Les juges nationaux devaient « avancer prudemment », car l'immunité n'était pas « mise à bas » par la loi de 1978 ou la Convention de 1961. La levée de l'immunité de Pinochet aurait nécessité, selon lui, que la loi s'exprimât « en termes clairs » sur ce point, ce qu'elle n'avait pas fait. L'article 39 de la Convention de 1961 s'en approchait, sans prévoir explicitement la fin de l'immunité. En outre, concluait Slynn, un président pouvait torturer et tuer dans l'exercice de ses fonctions, si bien que « la nature effroyable » des crimes reprochés à Pinochet n'en faisait pas pour autant des actes non officiels.

Lloyd était d'accord. Pinochet avait agi « dans l'exercice de son pouvoir souverain », ses ordres de torturer et de faire disparaître des gens étaient des actes officiels, accomplis par la DINA, protégés par l'immunité garantie par les lois internationales et anglaises. Il n'existait nul traité ni texte de loi qui permette d'en finir avec l'immunité. Le caractère horrible des crimes, ou le fait que Pinochet pourrait être privé d'immunité devant un tribunal international n'y changeait rien. Lloyd ajoutait, en mode défensif, que l'immunité ne signifiait pas l'impunité. Pinochet pouvait être jugé au Chili, ou dans un autre pays (si le Chili levait son immunité), ou devant la Cour pénale internationale (une fois qu'elle serait devenue opérationnelle). Il y avait donc des raisons d'être optimiste.

Les trois juges majoritaires avaient rédigé des avis beaucoup plus brefs. Chacun avait emprunté son propre chemin, mais le résultat était le même.

Lord Nicholls conclut que l'article 39 de la Convention de 1961 restreignait l'immunité aux actes officiels, ce que ne sauraient être la torture et les disparitions. Le droit international mettait hors la loi un tel comportement, même s'il était le fait d'un chef d'État, et accorder l'immunité à Pinochet reviendrait à tourner ces règles « en dérision ». Depuis Nuremberg, ceux qui perpétraient des crimes internationaux ne pouvaient plus « s'abriter derrière leur position officielle pour échapper au châtiment ». Ses mots faisaient écho à ceux qui furent écrits pour le procureur britannique Hartley Shawcross à Nuremberg, cinquante ans auparavant, par Hersch Lauterpacht, l'homme qui fit entrer les « crimes contre l'humanité » dans le droit international.

Steyn écrivit que la déchéance de l'immunité était « le seul aboutissement sensé de l'intention du législateur » de la loi de 1978 et de la Convention de 1961. Si les actes de Pinochet étaient de nature officielle, il serait à jamais impossible de tracer la frontière entre ce qu'un chef d'État pouvait faire ou ne pas faire en dehors de ses fonctions, et c'est ainsi que même la « Solution finale » de Hitler en viendrait à être regardée comme une entreprise officielle. Les avocats de Pinochet avaient concédé qu'un chef d'État ayant tué son jardinier dans un accès de fureur, ou ordonné qu'on torture une personne pour son bon plaisir, n'avait pas agi dans le cadre de sa fonction officielle. Ils reconnaissaient bien ainsi la réalité d'une frontière séparant le domaine de l'officiel et celui du non-officiel. Par conséquent, depuis Nuremberg, les assassinats et les disparitions organisés secrètement par la DINA, sur ordre de Pinochet, ne relevaient pas du registre des actions officielles. Steyn fut le seul à citer les faits exposés par Baltasar Garzón, montrant la réalité d'une « campagne systématique de répression » ayant abouti à « la mort ou la disparition pure et simple » de quatre mille personnes par la DINA. Pour lui, Pinochet ne pouvait prétendre à « aucune sorte » d'immunité.

Le dernier juge était Lord Hoffmann. Il s'était borné à trente-trois mots au total et n'avait pas développé d'argumentation personnelle. « J'ai eu le privilège de lire le projet de déclaration de mon noble et savant ami Lord Nicholls of Birkenhead et pour les mêmes raisons que lui j'accepterai également cet appel. »

42

Pinochet n'était pas présent à la Chambre des Lords pour assister au prononcé du jugement. En ce jour de son quatre-vingt-troisième anniversaire, qu'il passa donc à Grovelands Priory, il suivit la séance à la télévision, en compagnie de son épouse Lucía et de leurs enfants, de quelques sympathisants, d'officiers de police et de Jean Pateras.

« Tout ce petit monde était joyeux et mangeait du gâteau en attendant de regarder la retransmission de l'audience », se rappelait Jean. « Une *tarta chilena*, confiture de lait et pâte feuilletée, un délice ! » Un avion attendait à l'aéroport de Northolt tout proche. « Nous regardions la télévision. J'étais dans une pièce avec la police et le personnel médical, il était dans une autre pièce avec sa famille, au milieu de sacs Burberry et Harrods, valises bouclées et prêtes pour le départ. » La perspective du retour au Chili avait déclenché « une frénésie de shopping ».

Ses sentiments étaient mélangés. « Je commençais seulement à réaliser quel horrible fils de pute il était… » Sa voix baissa d'un ton. Il ne méritait pas de rentrer chez lui et, secrètement, elle espérait que la décision ne lui serait pas favorable, sans trop y croire. « Je pensais que tout le monde voulait être débarrassé de lui, d'autant plus qu'il coûtait une fortune aux contribuables. Cela ne regarde pas l'Angleterre, se disait-on. J'étais persuadée qu'il allait partir. Et tout le monde était de cet avis. »

Quand Hoffmann s'est levé pour prendre la parole, à deux voix partout, Jean réalisa à son tour ce qu'il était en train de se produire. « Oh, mon Dieu, qu'est-ce que nous allons faire ? » se dit-elle. Après le vote d'Hoffmann, un officier de police lui demanda de préparer Pinochet aux conséquences pratiques de la décision. « Allez-y et dites-lui. » Ce qu'elle fit. « Je lui ai dit : "Désolée que les choses aient tourné contre vous, nous allons vous emmener à une autre adresse où vous resterez en état d'arrestation." »

Comment a-t-il réagi ?

« Il a versé une larme. Tous les autres pleuraient autour de lui. L'instant d'avant ils étaient si contents, dégustant le gâteau d'anniversaire, et maintenant ils étaient en pleurs. »

Une seule larme ?

« Il a craqué et pleuré devant moi, oui. Après il a juste grommelé un "Hum." » Jean se tut. « Alors je lui ai dit : "Veuillez vous tenir prêt, s'il vous plaît, car nous allons partir très bientôt", et puis je suis sortie. »

43

Pinochet resta encore une semaine au Grovelands Priory Hospital, qu'il quitta le 2 décembre 1998, au soulagement du personnel. Son départ se déroula avec une sécurité maximale, dans une ambulance escortée par la police, avec moult bagages et un groupe de manifestants dans son sillage[43]. Sa nouvelle adresse était désormais 28 Lindale Close, à Wentworth, quartier cossu au sud-ouest de Londres, proche du parcours de golf réputé de Virginia Water.

« Une petite maison sans intérêt et pas particulièrement agréable », se dit Jean, avec de la moquette couleur crème et des fauteuils en cuir. Sur les quatre pièces, des officiers de Scotland Yard en occupaient deux, ainsi qu'un réduit à côté de la cuisine, encombré d'écrans de retransmission des images des caméras de surveillance extérieure. Pinochet avait à sa disposition un espace suffisant pour accueillir un vélo d'appartement et bon nombre de photographies de lui-même, de sa famille et de Margaret Thatcher[44]. La salle à manger était équipée de « dispositifs de contrôle », caméras et micros, et Jean gardait le souvenir d'une présence policière renforcée.

Selon Hernán Felipe Errázuriz, « on craignait toujours un possible assassinat, c'est pourquoi il y avait autant de protection, avec des policiers présents sur place et beaucoup de caméras de surveillance ». En arrivant, Pinochet voulut aller reconnaître le jardin. Jean fut chargée de lui signifier qu'il lui fallait une autorisation préalable. « Je lui ai dit : "(a) Vous ne pouvez pas sortir seul, (b) vous ne pouvez aller nulle part sans être accompagné d'un officier de police, et (c) vous devez toujours demander l'autorisation." » Plus tard, quand un jeu de modèles réduits de voitures télécommandées fut apporté dans le jardin, il aimait les faire tourner autour de la pelouse avec ses petits-enfants, mais il lui fallait toujours demander une permission préalable.

Pinochet n'était pas enchanté. Il s'est mis « en fureur », se rappelait Jean Pateras. « Alors je lui ai dit : "Asseyez-vous là, ils vous diront quand vous pouvez sortir dans le jardin." » La plupart du temps, il se comportait bien. Il a agi de façon inappropriée une seule fois, rapporta-t-elle, pendant qu'on attendait la décision des juges :

> Il était dans une pièce avec ses acolytes, je ne me souviens plus qui. Miguel [Schweitzer] était présent. Comme je quittais la pièce, il a dit quelque chose qui les a fait rire. À cette époque, j'avais vingt-cinq ans, j'étais plutôt séduisante, avec un beau physique et tout ça. Je me suis arrêtée. « Qu'avez-vous dit ? Qu'avez-vous dit ? Vous avez sûrement dit quelque chose, puisque vous riez tous. »
>
> Miguel a répondu : « Non, non, *es una tontería*, une bêtise, ne vous en faites pas. » C'est la seule fois que Pinochet m'a dit quelque chose de légèrement désobligeant.

« Pateras m'a déplu tout de suite », m'a avoué Hernán Errázuriz quand j'ai mentionné cette scène. « Elle était hypocrite, prétendait apprécier le général mais je savais bien que ce n'était pas vrai. »

Pour Miguel Schweitzer, le moment du jugement constitua « l'expérience la plus marquante » de toute sa vie. Elle fut « indescriptible » et dévastatrice, mais il restait pourtant optimiste. Quand Schweitzer fut de retour à Grovelands Priory, Pinochet avait recouvré son calme. « De nouveau, le stoïcisme, avec cette simple interrogation : "Hum, et maintenant qu'est-ce qu'on fait ?" »

Nous allons nous battre, lui répondit Miguel Schweitzer. Nous allons continuer à nous opposer à l'extradition et faire tout ce qu'il faut pour échapper aux conséquences du jugement des Law Lords. Lui, Schweitzer, allait se dévouer complètement à cette tâche.

Et une nouvelle ligne d'attaque s'offrait maintenant à lui.

Punta Arenas

44

Après que la Cour suprême du Chili se fut prononcée contre son extradition vers la République fédérale d'Allemagne, Walther Rauff retourna en Patagonie. Il était libre, mais tristement célèbre désormais ; son nom, associé aux camions à gaz et aux meurtres de masse, était prononcé en même temps que ceux d'Eichmann, de Mengele et de Klaus Barbie. Le nouvel ambassadeur de la République fédérale d'Allemagne demanda, lors de sa venue à Punta Arenas, que Rauff soit tenu à l'écart, et son adhésion au club allemand local fut révoquée[45]. Rauff avait maintenant besoin de trouver un travail.

« Mon nom va s'effacer de l'actualité, assura Rauff à son fils Alf, et la presse va se lasser[46]. » Ayant besoin d'argent, il fit l'acquisition d'une camionnette réfrigérée d'occasion et se mit à parcourir le pays, avec Alf, en vendant du poisson et de la chair de crabe royal. Un accident mit un terme au projet (« la camionnette remplie de poisson fut complètement détruite, ce qui mit fin à l'entreprise »)[47].

Rauff retourna à Porvenir et à la Pesquera Bonacic. On était alors au mois de mai 1964.

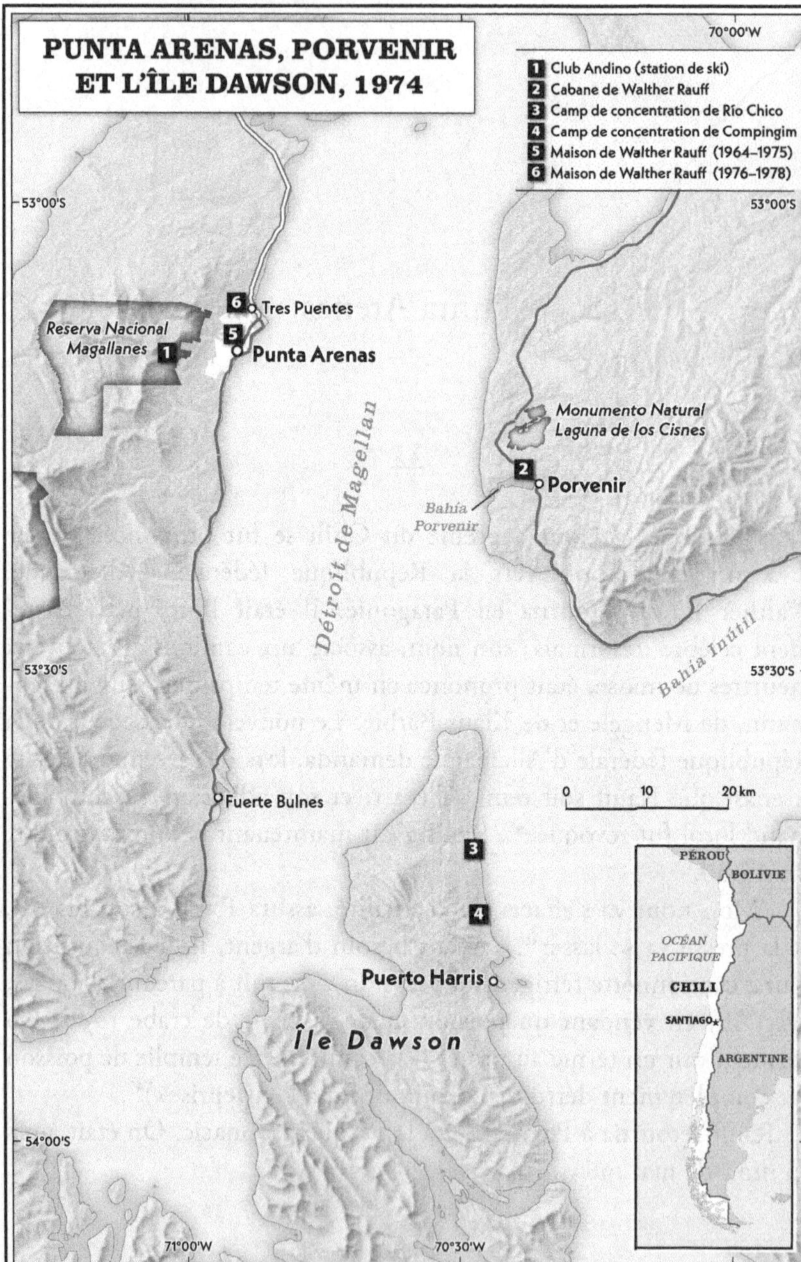
PUNTA ARENAS, PORVENIR
ET L'ÎLE DAWSON, 1974
70°00'W
1 Club Andino (station de ski)
2 Cabane de Walther Rauff
3 Camp de concentration de Río Chico
4 Camp de concentration de Compingim
5 Maison de Walther Rauff (1964–1975)
6 Maison de Walther Rauff (1976–1978)
53°00'S
53°00'S
Tres Puentes
Reserva Nacional
Magallanes
Punta Arenas
Détroit de Magellan
Monumento Natural
Laguna de los Cisnes
Porvenir
Bahía
Porvenir
Bahía Inútil
53°30'S
53°30'S
0
10
20 km
Fuerte Bulnes
PÉROU
BOLIVIE
OCÉAN
PACIFIQUE
CHILI
SANTIAGO
ARGENTINE
Puerto Harris
Île Dawson
54°00'S
71°00'W
70°30'W

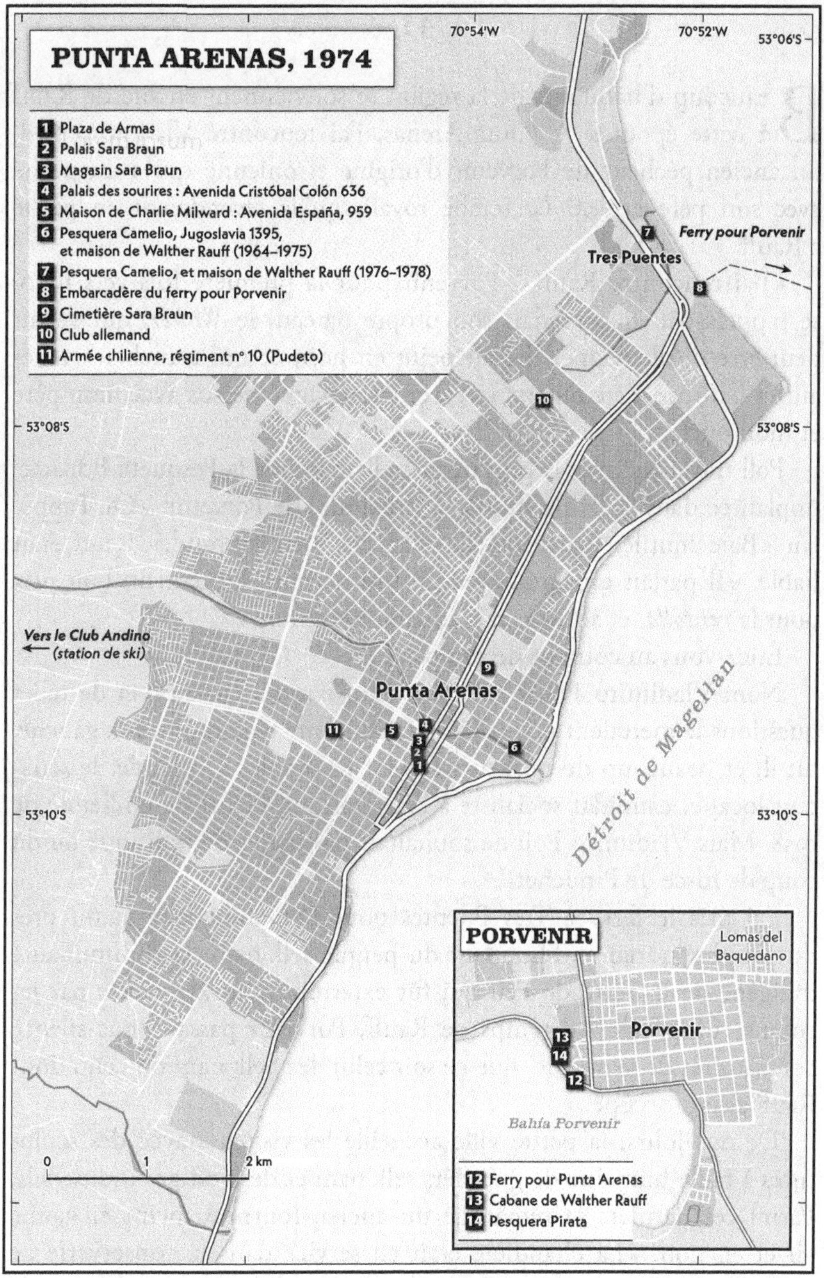
PUNTA ARENAS, 1974
1 Plaza de Armas
2 Palais Sara Braun
3 Magasin Sara Braun
4 Palais des sourires : Avenida Cristóbal Colón 636
5 Maison de Charlie Milward : Avenida España, 959
6 Pesquera Camelio, Jugoslavia 1395, et maison de Walther Rauff (1964–1975)
7 Pesquera Camelio, et maison de Walther Rauff (1976–1978)
8 Embarcadère du ferry pour Porvenir
9 Cimetière Sara Braun
10 Club allemand
11 Armée chilienne, régiment n° 10 (Pudeto)
70°54'W
70°52'W
53°06'S
53°08'S
53°10'S
Ferry pour Porvenir
Tres Puentes
Vers le Club Andino (station de ski)
Punta Arenas
Détroit de Magellan
0
1
2 km
PORVENIR
Lomas del Baquedano
Porvenir
Bahía Porvenir
12 Ferry pour Punta Arenas
13 Cabane de Walther Rauff
14 Pesquera Pirata

45

Beaucoup d'habitants de la région se souviennent encore de Rauff à cette époque. À Punta Arenas, j'ai rencontré Vladimiro Poll, un ancien pêcheur de Porvenir d'origine estonienne qui avait pêché avec son père la *centolla* (crabe royal), qu'ils revendaient en partie à Rauff.

« J'ai rencontré Rauff à Porvenir pour la première fois vers 1960, se rappela-t-il. Il possédait son propre bateau, le *Walter*, qui venait peut-être d'Allemagne. Il était peint en noir, ce qui tranchait sur les autres bateaux, de couleurs vives, et j'ai navigué dessus avec mon père et mon oncle. »

Poll travaillait avec le propriétaire allemand de la Pesquera Bonacic, implantée dans la Bahia Inutile, à proximité de Porvenir. « On l'appelait « Baie inutile » parce qu'elle avait très peu de fond. » Rauff était fiable. « Il parlait espagnol avec un fort accent, donnait un bon prix pour la *centolla*, et se montrait aimable avec moi. »

Étiez-vous au courant de son passé ?

Non. Vladimiro Poll n'était pas d'un naturel curieux, et de telles questions le mettaient mal à l'aise. C'était une région plutôt à gauche, dit-il, et beaucoup de pêcheurs étaient favorables à Allende, le sénateur local et candidat socialiste à l'élection présidentielle chilienne de 1958. Mais Vladimiro Poll ne souhaitait pas parler de politique ou du coup de force de Pinochet.

J'ai pris le ferry à Tres Puentes pour Porvenir, débarquant près du parc mémorial en l'honneur du peuple selk'nam, la communauté indigène de la Terre de Feu qui fut exterminée au XIXe siècle par les colons européens. Au temps de Rauff, Porvenir passait sous silence ces histoires de génocide, que ce soit celui des Selk'nam ou celui dont Rauff s'était occupé.

De nos jours, la petite ville accueille les visiteurs avec des sculptures à taille humaine de guerriers selk'nam et des vestiges industriels. Parmi ces derniers se remarque un ancien fourneau peint en jaune vif et en noir. « La chaudière était en service dans la conserverie de crabe de Rauff ! » me précisa le guide en souriant. Les constructions de la petite ville étaient également peintes de couleurs bariolées, et l'on distinguait au loin une ferme d'élevage de saumons, des bateaux se balançant sur l'eau dans la baie, le restaurant Anclamar.

J'étais venu à la recherche de personnes qui avaient connu Rauff, dans l'espoir de recueillir des témoignages de première main sur l'homme et son caractère. Je n'ai pas été déçu : chaque habitant avec qui j'ai pu m'entretenir connaissait son nom, certains se souvenaient de l'avoir vu, et quelques-uns – pour l'essentiel d'affables vieilles dames septuagénaires ou octogénaires – avaient rencontré personnellement le vieux nazi. Et leurs souvenirs se recoupaient tous de façon frappante.

« J'ai travaillé pour lui à la Pesquera Bonacic », me raconta Emma Barrientos, confortablement installée dans le salon de sa maison en bardage, rempli de bobines et rouleaux de fils à coudre de toutes les couleurs. « Je décortiquais les crabes pour extraire la chair des pattes. » Rauff était un « bon chef » qui ne comptait pas ses heures, un patron calme qui ne vous harcelait pas et ne s'emportait pas. « Son espagnol était si mauvais que personne ne comprenait ce qu'il disait, en dehors de "*Buenos Dias!*". »

« C'était un étranger qui s'était bien fait accepter, poursuivit Emma. Il vivait seul avec son chien, un berger allemand, dans une petite cabane située sur la colline derrière la pêcherie. » La bicoque était toujours là, toute proche. « À la conserverie, tout le monde connaissait les histoires sur son passé, les plus vieux disaient que c'était un nazi qui avait fait des choses terribles. » Mais personne ne donnait plus de détails. « J'étais jeune, je ne croyais pas à ces histoires. »

Emma Barrientos à Porvenir dans les années 1960.

Il y avait au mur une photo d'Emma assise derrière une caisse, souriante, avec une coiffure en ruche, à la mode d'alors. « Je travaillais au supermarché où il faisait ses courses. Il venait toujours seul, vêtu d'un pull vert et d'un manteau long. Il achetait du whisky et deux paquets de cigarettes Lucky Strike. » Elle prononça « Lucky Strike ! » dans un roulement guttural de *r*. « Strrrrrrike ! », ajoutant affectueusement : « C'était *mi jefe*, mon boss. »

Nous avons déjeuné au restaurant Anclamar d'un gros plateau de *centolla*, avant de rencontrer Adelia Andrade et María Vivat. « J'avais seize ans quand je suis entrée à la Pesquera en 1962, raconta Adelia. Nous étions cinquante ou soixante dans un bâtiment tout en longueur, un entrepôt d'un seul étage. Le patron, c'était José Bonacic, un Croate. Rauff est arrivé en 1964, comme directeur. »

« Il était calme, pas bavard, réservé, il avait l'air d'une bonne personne, dit María. On racontait qu'il s'était enfui de quelque part, qu'il avait tué autrefois un grand nombre de gens. » Les dames n'étaient pas curieuses. « Nous étions jeunes, c'étaient de vieilles histoires et ça s'était passé loin d'ici. Tout ce qui nous importait, c'était de trouver un mari et de mettre du crabe en boîtes. »

Parfois, elles s'étaient amusées à le taquiner sur son passé. « On disait en plaisantant qu'il allait nous jeter dans la grande chaudière, dit Adelia. Alors il nous regardait en silence, il écoutait, souriait, sans rien dire. Il ne s'énervait pas. »

« Il s'était fait mordre une oreille », dit María.

« Peut-être par son chien ? » avança Adelia.

Je leur montrai une photographie de Rauff à Porvenir en 1966. « Oui, c'est lui. Il était parfois en costume, mais le plus souvent il avait une veste et des pantalons de différentes couleurs. »

Elles se souvenaient de sa cabane sur la colline, derrière la conserverie. « De là il avait une vue imprenable sur l'océan, il pouvait voir de loin qui arrivait, pour se protéger. » Les deux femmes n'étaient jamais entrées à l'intérieur, mais elles le voyaient souvent dans la rue. « Toujours avec un chien, mais jamais une femme. » Silence. « Il y avait alors un bordel en ville, il y allait peut-être ? »

Après les dames, j'ai rendu visite à Juan Torres Toro, un instituteur à la retraite. Lui n'avait pas été employé à la conserverie, contrairement à son père. « Tout le monde connaissait les rumeurs et les histoires sur son passé, me confia Juan. Je l'ai souvent vu dans la rue, avec un berger allemand appelé Bobby, comme un chien policier mais plus gentil et fidèle[48]. » Mais il ne se rappelait pas si c'était l'oreille de Bobby ou celle de Rauff qui avait été mordue.

« Mon père nous avait raconté à quel point son boss aimait boire. Un jour, Rauff avait réuni tous les employés de la conserverie, et évoqué sa consommation de whisky. "Je bois pour oublier et cela me permet de dormir la nuit", avait-il expliqué. Je ne l'ai jamais oublié. »

Juan proposa que nous marchions en suivant la baie, la côte de la Terre de Feu, jusqu'à l'usine. C'était une construction sur un seul niveau, aux parois de tôle ondulée peintes en bleu ciel. C'est là qu'Emma, Adelia et María avaient fait bouillir et décortiqué les crabes, gratté les carapaces puis tassé la chair dans des boîtes en aluminium qui étaient ensuite serties et étiquetées. C'était le lieu de travail de Rauff, un refuge à proximité des pingouins et des flamants de la Baie Inutile.

La cabane était juste derrière, sur une petite éminence qui surplombait la conserverie. Une construction en bois de plain-pied avec deux chambres, une petite cuisine, une vaste fenêtre ouvrant sur le détroit en direction de Punta Arenas, et meublée simplement. « Mon seul contact avec le monde extérieur vient de la radio et des livres », déclara Rauff à un journaliste, ajoutant qu'il espérait acquérir « une vision plus universelle des êtres humains et des événements ». Il avait des amis et des ennemis, comme tout un chacun, mais ne craignait pas l'avenir et envisageait de rédiger des Mémoires. Sur la couverture du magazine qui publiait l'article, il était photographié accroupi près de la radio et de la bouteille de whisky, une cigarette Lucky Strike à la main. « Un homme tranquille, confirma le maire. Cultivé et courtois, il ne causait de problèmes à personne. »

L'écrivain, poète et collectionneur Eugenio Gligo Viel se rappelait aussi la cabane. Sa maison de Porvenir ressemble à un musée privé. Il m'accueillit en short et chaussé d'énormes pantoufles fourrées, représentant deux gros chiens bruns avec une petite langue rouge. Eugenio Gligo était avec son ami Offel Busto, un homme charmant, petit et tout en rondeur, qui avait ses propres souvenirs.

« Il y a à Punta Arenas un homme qui possédait une photo de lui-même en compagnie de Walther Rauff, dit Offel Busto.

– J'ai rencontré Rauff dans les années 1960, dit Eugenio Gligo. Il nous a affirmé qu'on l'avait forcé à devenir nazi. » Il connaissait la cabane et

Cabane de Walther Rauff à Porvenir, 5 novembre 2022.

les histoires qui couraient sur le passé de Rauff, et sa passion pour les machines à écrire. C'était en 1971 qu'il l'avait vu à Porvenir pour la dernière fois. « En fait, je l'ai encore revu une toute dernière fois, ajouta-t-il avec vivacité, mais il était mort, c'était à Santiago, dans un cercueil ouvert. »

Je me montrai surpris.

« Il y avait tant de légendes et de mythes, vous savez, je suis allé aux obsèques pour voir le corps, vérifier que c'était lui, et oui c'était bien lui. »

46

À Porvenir, au milieu des années 1960, Rauff n'arrivait pas à se dépêtrer de l'histoire des camions à gaz.

Pablo Neruda écrivit à son sujet et sur les tribunaux chiliens qui avaient échoué à extrader un criminel de guerre vivant tranquillement en Patagonie. « Je ne peux pas nier que cet homme s'y connaît en camions, releva le poète. Et je ne peux pas non plus nier que le système judiciaire de mon pays a une conception bien précise de la réalité : il protège ceux qui organisent efficacement le meurtre de masse et l'utilisation des camions[49]. »

Un juge ouest-allemand écrivit à Rauff pour lui demander s'il accepterait de témoigner dans une affaire instruite en Allemagne au sujet des camions à gaz. Fort de la certitude qu'il ne pouvait pas être extradé, Rauff y consentit. Il témoigna sur la construction des camions, mais nia avoir eu connaissance de leur utilisation. Il estimait le juge mais son sentiment n'était pas partagé. Le juge dira que Rauff était dur, froid, impudent et arrogant[50].

Lorsque le procès s'ouvrit en Allemagne, un accusé était décédé, Becker, le chimiste, était trop affaibli pour être présent, et les preuves contre Willi Just furent jugées insuffisantes. Par son témoignage, Rauff contribua à la condamnation de Friedrich Pradel et d'Harry Weintritt pour aide et complicité dans le meurtre de 3832 êtres humains[51].

L'affaire avait fait remonter le nom de Rauff à la surface. Aussi refusa-t-il de témoigner au procès de Werner Best, l'ancien adjoint de Heydrich, qui l'avait fait entrer dans la SS. Il prétendit que sa mémoire s'était évanouie[52]. Le temps était venu de fuir la publicité, les traces écrites et les photographies, et tout ce qui pourrait entraîner des difficultés.

Il consacra toute son énergie à la Pesquera Bonacic, récoltant les crabes, s'assurant du parfait conditionnement des boîtes, et dirigeant les employés. Parmi ces derniers, nombreux étaient partisans de Salvador Allende. « Mes meilleurs employés sont ceux qui ne savent ni lire ni écrire », proclamera Rauff. Et le meilleur encore était celui qui était sourd. « Ceux-là ne peuvent même pas écouter la radio[53] ! »

Un jour, un homme du nom d'Humberto Camelio arriva de Punta Arenas, décidé à racheter la conserverie. Rauff l'appréciait, lui et ses racines italiennes, et sa famille qui possédait déjà un supermarché sur place et la concession Ford de Punta Arenas. L'usine est « vétuste, une vraie cochonnerie », dit Rauff à Camelio, mais il serait enchanté de travailler avec lui[54]. La famille Camelio acquit la Pesquera Bonacic qui fut bientôt rebaptisée Pesquera Camelio, et dont Rauff fut nommé directeur.

Les Camelio connaissaient son passé et étaient, comme lui, violemment anticommunistes. On lui attribua un bureau à Punta Arenas, Jugoslavia 1395 (aujourd'hui rue Croacia). Ses ouvriers, parmi lesquels il y avait beaucoup de communistes et de socialistes, n'étaient pas grassement payés mais ils étaient bien traités. Leur discipline était « extraordinaire ».

Il garda la cabane à Porvenir, mais les Camelio le logèrent bientôt dans une nouvelle maison, un préfabriqué installé à côté de son bureau. « Elle a été livrée sur une remorque », juste une chambre, mais « je n'avais besoin de rien de plus, en tant que vieil homme célibataire »[55]. Il habitera là durant dix ans, jusqu'au transfert de la conserverie à Tres Puentes, à côté du port militaire, dans les faubourgs de Punta Arenas.

Rauff menait une existence solitaire. « Il y a une vie sociale à Punta Arenas, mais je me suis complètement tenu à l'écart[56]. » Il gardait la tête rentrée dans les épaules, éloigné des excès de Punta Arenas, une ville de tournage de « films pornos » et où les Yougoslaves du cru « buvaient comme des porcs et jouaient avec acharnement ».

Bientôt il fut rejoint par Armida (Nena) Zúñiga, la femme qui était venue lui rendre visite dans sa prison à Santiago. « J'ai fait venir Nena, et nous nous sommes mis ensemble[57]. » Il l'appelait sa « soignante », pas sa femme ni sa maîtresse, car il se voyait toujours célibataire. Néanmoins il admirait ses idées politiques – « elle dévorerait les communistes[58] » – et goûtait la sensation de sécurité qu'elle lui apportait. « Nul ne pourra jamais m'avoir[59] », disait-il. Cependant, Rauff était si craintif que, chaque fois qu'il sortait, toujours accompagné de son chien, il lui laissait un mot précisant l'heure à laquelle il prévoyait de rentrer[60].

Conserverie Camelio, 1976.

47

Les ouvriers de la Pesquera Camelio se rappelaient bien le « style militaire » de Rauff et son attachement marqué pour une vieille machine à écrire Olympia[61], et ils avaient gardé le souvenir de divers incidents. L'homme d'affaires juif qui menaça de le tuer. Les rumeurs autour d'un commando israélien[62]. Les conflits avec les travailleurs locaux. « L'homme qui avait inventé la chambre à gaz gardait une arme à feu dans son bureau et un chien, un grand berger allemand », se rappellera un pêcheur[63].

Les Camelio recrutèrent pour lui une secrétaire, Margarita Alegria Romero, un petit bout de femme très chaleureuse et pleine d'humour et d'énergie. Elle était caissière au supermarché Listo des Camelio, jusqu'au moment où José Camelio et ses fils, Humbert et José junior, firent l'acquisition de la conserverie. « En 1964 je suis entrée à la Pesquera Camelio qui produisait des boîtes de *centolla* destinées à être exportées en Europe, et j'ai occupé toutes sortes de postes imaginables ! » dit-elle en partant d'un grand rire. « J'ai été au pesage de la chair de crabe, au remplissage des boîtes, au collage des étiquettes, tout ce qu'il y avait à faire, je l'ai fait ! » Le « Señor Rauff », arrivé à la fin de 1964, contribua grandement à faire prospérer l'entreprise (au cours des années Pinochet, elle fut récompensée du titre d'« Exportateur chilien de l'année »[64]).

Chaque matin, Margarita voyait arriver son patron qui disparaissait dans son bureau après lui avoir fait un petit signe de la main. Il était discret, solitaire, méticuleux. « Ce qui comptait le plus pour lui, c'était que chaque boîte de crabe soit parfaitement remplie, dit-elle. Il vérifiait que les pattes de *centolla* étaient bien tassées, sans dépasser. » De ses mains agiles, elle montra comment il faisait, les doigts serrés, attrapant des pattes imaginaires pour les remettre dans la boîte, puis appuyant fortement pour tasser. « Macabre », dit-elle d'un air entendu. Elle n'ignorait pas quelles avaient été ses activités précédentes.

« Nous l'appelions *El Viejo Nazi* », le Vieux Nazi, ce qui n'était pas précisément flatteur. « Tout le monde était au courant pour les camions à gaz, et les ouvriers les plus anciens étaient méfiants. “Pourquoi ce criminel bosse-t-il ici ?” demandaient-ils. »

Margarita travailla à ses côtés jusqu'en 1968. « Au départ je suis venue pour prendre les messages et les appels téléphoniques en espagnol, qu'il comprenait. » Mais il prenait lui-même ses appels professionnels et personnels. « Il avait un téléphone séparé dans son bureau, avec un autre numéro, et il était si obsédé par le secret et le contrôle qu'il m'a demandé de cesser de répondre, même quand les appels provenaient de la famille Camelio. »

Toutefois, songeuse, elle reconnut qu'il la traitait bien. Margarita me montra une lettre de recommandation qu'il avait écrite quand elle était partie. « Je confirme que la Señora Margarita Alegria Romero a toujours travaillé pour notre entière satisfaction, accomplissant ponctuellement ses tâches et ne s'absentant qu'en de rares circonstances, toujours justifiées. » Je vis la même signature que sur la lettre de Rauff à Otto Wächter datant de mai 1949.

C'était un homme seul. « Aucune visite d'amis ni de ses fils ; mais il y avait une femme qui lui préparait ses repas, et il avait deux voisins yougoslaves, mais qui l'ignoraient, connaissant sa haine des communistes, qui les concernait aussi directement. »

Était-il colérique ?

« Je ne l'ai jamais vu s'emporter mais j'imagine que oui quand je repense à sa façon de donner ses ordres, si pointilleux sur le moindre détail. » Elle s'interrompit puis ajouta : « En fait, la vérité c'est que nous ne pouvions pas le sentir. »

Elle se tourna vers son fils Juan Carlos, dessinateur caricaturiste : Se souvenait-il de Rauff ? « Oui, et de son chien aussi ! J'avais huit ans, il y avait une légende qui courait, qui faisait de lui un Jarpa nazi. » (C'était une allusion à Sergio Onofre Jarpa, politicien d'extrême droite violemment anticommuniste, qui sera plus tard ministre d'un gouvernement Pinochet[65].) Juan Carlos reprit : « J'ai découvert les nazis dans les bandes dessinées chiliennes, où les méchants étaient toujours des nazis, dit-il avec un ricanement. C'est peut-être parce que je l'ai connu que je suis devenu illustrateur ! »

La mère et son fils se rappelèrent certains « incidents ». « Des agents envoyés par Wiesenthal » – je n'avais même pas mentionné le nom du célèbre chasseur de nazis – « l'ont coincé dans la quincaillerie Braun, à côté du cinéma Gran Palace, et ont tenté de le descendre. » L'affaire avait fait les gros titres, mais Rauff n'avait pas porté plainte, pour éviter la publicité, et avait disparu pendant quelques jours[66]. Ensuite, les portes de l'usine furent toujours maintenues fermées et des gardiens supplémentaires furent recrutés. « J'ai vu à quel point il avait peur », dit Margarita.

Avec ce qu'elle savait, aurait-elle été étonnée d'apprendre qu'il avait apporté son soutien à Pinochet après le coup d'État ?

« Sûrement pas, à cause de son passé et de son caractère. »

Aurait-il pu s'engager aux côtés de la DINA ?

« Je crois que oui. Ce qu'il avait fait avant, il pouvait le refaire. »

Nous nous sommes dit au revoir sur cette dernière remarque.

Une année plus tard, son fils m'a envoyé une illustration portant la légende suivante : « Ma mère et son vieux patron. »

Dessin de Juan Carlos Muñoz Alegria,
Punta Arenas, juin 2024.

48

En novembre 1970, c'est Salvador Allende, élu de la région, qui remporte l'élection et devient président du Chili, à la grande consternation de Rauff et des Camelio. Il l'emporte ainsi à sa quatrième tentative, sur un programme de gauche qui appelle à la défense des droits des travailleurs et à la nationalisation des ressources du pays.

« Je connais Allende, confie alors Rauff à sa sœur, il a visité plusieurs fois ma conserverie. » Allende cherchait à investir. « Nous avons toujours échangé des salutations chaleureuses – à la mode chilienne –, mais je ne l'aime pas. C'est un type plein aux as avec un appétit de pouvoir et une ambition politique féroces. » Mais il allait être « écrasé » par les communistes. « La situation est pire qu'à Cuba, ajoute-t-il, et je songe sérieusement à émigrer en Argentine[67]. »

Craignant de nouvelles tentatives d'extradition, Rauff prit encore plus de précautions. « La politesse et la prudence me commandent de ne rien dire sur la situation actuelle au Chili !!! » écrivit-il à son neveu, tout en relevant plusieurs signes rassurants. J'ai été élu au conseil d'administration de l'association de sauvetage en mer et j'entretiens des relations toujours plus proches avec la marine. « L'amiral, le chef d'état-major et l'officier en charge des relations publiques pour la 3e zone navale connaissent mon passé sombre, mais ils m'ont invité à donner une conférence sur la marine allemande devant les officiers[68]. » Il comptait parmi ses « bons amis » « plusieurs généraux » et le chef de la police secrète chilienne, avait-il écrit à sa sœur Ilse, et il avait d'excellents rapports avec les chefs de la marine, jusqu'à l'amiral Pablo Weber qui lui avait donné l'accolade en public[69].

Deux ans après son accession à la présidence, Allende prononça un discours pour condamner le racisme et l'antisémitisme. Rauff se persuada que ce discours avait poussé le chasseur de nazis Simon Wiesenthal à redoubler d'efforts pour obtenir son expulsion vers l'Allemagne, au moment de l'entrée en vigueur d'un nouveau traité des Nations unies visant à lever toutes les périodes de prescription pour les crimes internationalement reconnus[70].

En août 1972, Wiesenthal écrivit à Allende : « Le droit international doit prévaloir sur le droit national » ; il était temps de mettre un terme à l'impunité de Rauff[71]. Rauff eut vent de cette nouvelle tentative. « M. Wiesenthal a écrit une lettre où il dit que je n'ai pas seulement tué des Juifs mais également tout un tas de socialistes, communistes et je ne sais quoi encore[72]. »

Allende rejeta poliment la demande de Wiesenthal. Les nazis avaient certes commis des « crimes graves », mais il était tenu de respecter le jugement prononcé par la Cour suprême. Wiesenthal se tourna alors vers les procureurs d'Allemagne de l'Ouest, lesquels, sur la foi des conseils juridiques qu'ils sollicitèrent, conclurent à l'impossibilité d'obtenir le renvoi du Chili de Rauff[73].

Les efforts de Wiesenthal contribuèrent à replacer le nom de Rauff en pleine lumière. En juillet 1972, à Santiago, eut lieu la première d'une nouvelle pièce de théâtre sur l'impunité – *La gran prescripción* – dont le personnage principal (Walther Kock) était directement inspiré de Rauff. Mal reçue par la critique, la pièce ne resta pas longtemps à l'affiche. « Tout ce qui doit être dit sur le génocide a déjà été dit », déplora un critique, et la production ne fut pas sauvée par l'interprétation du personnage de Rauff par un acteur chilien réputé, Roberto Parada[74].

Au moment de la création de la pièce, le Chili était traversé par une instabilité politique et économique grandissante, et l'opposition à Allende se renforçait. La rumeur d'un coup de force des militaires était alimentée par les grèves et les conflits sociaux, les nationalisations, l'inflation et les pénuries alimentaires. À Punta Arenas, les affaires s'étaient fortement ralenties, comme le racontait Rauff à son neveu : « Mon usine est la seule qui reste en activité », il avait pris des dispositions pour éviter les grèves (« mes employés ne grognent pas, ils s'en arrangent »), tout en appelant une intervention militaire de ses vœux. « Je pourrais donner de bons conseils au général de la 5e division de l'armée, ajoutait-il. Avec une seule division SS, je pourrais parfaitement contrôler le pays tout entier, mais on ne me laissera pas faire[75]. »

Le 23 août 1973, le général Carlos Prats démissionna du commandement en chef de l'armée. Allende nomma Augusto Pinochet pour lui succéder. Deux semaines plus tard, le 9 septembre, un groupe d'officiers supérieurs se réunit chez l'amiral Pablo Weber, l'ami de Rauff, pour arrêter les détails d'un coup de force[76].

L'assaut contre le palais de la Moneda commença aux premières heures du 11 septembre 1973, avec l'appui d'Augusto Pinochet. À la fin de la journée, le coup d'État avait réussi, Salvador Allende était mort, et le vieil ami du séjour de Rauff en Équateur était devenu le nouveau maître du Chili.

49

Augusto Pinochet était à la tête d'une junte militaire de quatre officiers supérieurs. Sa mission officielle était de « restaurer le mode de vie, la justice et l'ordre institutionnel du Chili », et d'étouffer « les principes du marxisme-léninisme » qui avaient infecté le pays[77].

Sous la férule de Pinochet, des centaines de décrets et de lois prononcèrent la dissolution du Congrès et des cours de justice, mirent les partis politiques hors la loi, suspendirent les élections et démirent les maires. La junte proclama l'état d'urgence dans tout le pays, bâillonna les syndicats et les universités, abolit le droit de grève, et créa une série de nouvelles institutions opaques et menaçantes. Rauff applaudit à toutes ces mesures.

La DINA devint un service tout-puissant de renseignement et de police. Elle était composée en grande partie d'officiers du régiment Tejas Verdes de San Antonio, sur la côte Pacifique, à l'ouest de Santiago. Elle agissait sur les instructions directes de la junte, recueillant des renseignements pour « protéger la sécurité nationale[78] ». La DINA était dirigée par Manuel Contreras, un homme

Manuel Contreras photographié à Santiago, le 23 décembre 1947.

brutal entré dans l'armée en 1944, photographié ici en uniforme de cadet par le célèbre photographe Miguel Rubio Feliz.

Contreras était le secrétaire de l'état-major de l'armée sous Allende, avant de prendre la direction de l'École d'ingénieurs de la caserne de Tejas Verdes à San Antonio. À partir du 11 septembre 1973, directement rattaché à Pinochet à qui il faisait un rapport quotidien, il disposa de pouvoirs illimités pour détenir, torturer, exécuter et faire disparaître des opposants. Son adjoint était le colonel Pedro Espinoza.

Nul ne songe à contester la réalité des événements qui suivirent le coup d'État. Plusieurs dizaines de milliers de personnes furent placées en détention, des milliers furent torturées et tuées, et un grand nombre disparurent. Le premier livre sur les disparus fut publié au Chili en juillet 1990, trois mois après le départ de Pinochet. *Tras la huella de los desaparecidos (Sur les traces des disparus)* recensait les noms de 682 hommes et femmes[79], dont 51 ont été vus pour la dernière fois au numéro 38 de la rue de Londres.

L'auteur du livre était León Gómez. Détenu à Londres 38 en 1974, il était arrivé en compagnie de six camarades. Il était l'unique survivant du groupe.

50

Jusqu'au 11 septembre 1973, l'immeuble situé au numéro 38 de la rue de Londres abritait le siège du Parti socialiste du Chili. Il fut rapidement réquisitionné et attribué à la DINA, qui en fit un centre secret d'interrogatoire et de torture. Il fonctionnait en même temps que maints autres sites présents à Santiago et dans tout le pays, utilisés pour traquer les gauchistes : membres du MIR (le Mouvement de la gauche révolutionnaire), communistes, socialistes et autres indésirables. La plupart des victimes étaient âgées de vingt et un ans à trente ans, avec une majorité d'ouvriers, les autres se partageant surtout entre universitaires, professions libérales et étudiants. Au moins 3 216 personnes furent exécutées ou disparurent, et 31 856 furent torturées[80].

La terreur régnait sur tout le territoire national. À Punta Arenas et à Porvenir, les forces armées installèrent des lieux de répression visibles de tous[81]. Rauff savait exactement ce qu'il se passait. Pendant le séjour de Bruce Chatwin, peu de temps après le coup d'État, une vieille dame avait raconté à l'écrivain : « Il y a bien eu quelques coups de feu le matin, mais dans le courant de l'après-midi ils avaient rassemblé tous les marxistes. Ça a été magnifiquement fait[82]. »

Les employeurs de Rauff, la famille Camelio, soutenaient le coup d'État et la répression qui suivit ; un membre de la famille, Salvador Camelio, était le secrétaire du Tribunal militaire (également appelé Conseil de guerre) à Punta Arenas, sous le commandement de la 3e zone navale[83], où Rauff entretenait des relations. Cette instance menait des procès secrets et pouvait appliquer la peine de mort.

L'ancien hôpital naval situé sur l'Avenida Cristóbal Colón, au cœur de Punta Arenas, devint un centre de détention redouté. Plus d'un millier de personnes seront emprisonnées, interrogées et torturées dans cet endroit, qui sera appelé par dérision Palacio de las Sonrisas (« Palais des sourires »). Beaucoup de ceux qui y entrèrent disparurent à jamais[84].

Dans la rue José Ignacio Zenteno, à côté de la Pesquera Camelio, plusieurs centaines de personnes furent incarcérées dans la caserne du 10e régiment d'infanterie motorisée, le régiment Pudeto[85].

Le stade de football de Punta Arenas servit également de lieu de détention pour des douzaines de prisonniers. « Nous étions frappés et soumis à diverses sortes de tortures, a raconté un détenu. Depuis leur fenêtre, les gens habitant à côté du stade pouvaient voir exactement ce qu'il s'y passait[86]. »

Les prisonniers politiques arrivant de Santiago par avion étaient amenés aux docks ASMAR *(Astilleros y Maestranzas de la Armada)*, le chantier naval de Tres Puentes qui construisait et entretenait les navires de la marine nationale – et avec lequel Rauff était en affaires –, pour être transportés par barge jusqu'à l'île Dawson, sur l'autre rive du détroit de Magellan[87]. Là, un camp spécial avait été construit avec de la main-d'œuvre et des matériaux venus de Punta Arenas, pour enfermer les ministres et les conseillers d'Allende, notamment Orlando Letelier, Sergio Bitar, le ministre des Mines, et Miguel Lawner, un architecte. Tous trois survécurent à leur détention et ont écrit sur leurs expériences dans ces lieux.

Dans les premières semaines qui suivirent le coup d'État, plus d'un millier de personnes furent torturées à Punta Arenas[88]. La répression se déployait sur une échelle d'une telle ampleur que chacun connaissait autour de lui une personne qui avait été enlevée ou avait disparu.

Le lendemain du coup d'État, Silvio Bettancourt, vingt-trois ans, comparaît devant les autorités militaires de la ville. Cet ingénieur pétrochimiste, célibataire, militant dans une organisation de gauche, s'enfuit de chez lui et disparaît sans laisser de traces après avoir été aperçu une dernière fois dans les environs de Punta Arenas.

Le 29 septembre 1973, José Álvarez, ouvrier âgé de vingt-huit ans, sorti de chez lui pour faire ses courses, est abattu en pleine rue par l'armée alors qu'il résistait à son arrestation.

Le 27 octobre, Juan Vera Oyarzún, cinquante-trois ans, cadre du Parti communiste et ancien conseiller municipal, est arrêté près de la frontière argentine. On ne l'a jamais revu.

Le 1er novembre, Carlos Mascareña Diaz, âgé de vingt et un ans, étudiant et militant du MIR, est arrêté et transféré à Puerto Montt, où il est torturé, abusé sexuellement et tué.

Le 7 novembre, Juan Carlos Ruiz Mancilla, vingt et un ans, étudiant ingénieur, est arrêté au domicile de ses parents, transporté en avion à Temuco, où il est exécuté dans la caserne du régiment Tucapel.

L'avocat José Tohá, âgé de quarante-sept ans, ministre du gouvernement Allende qui avait aussi travaillé avec Pinochet, est torturé sur l'île Dawson. Il meurt en mars 1974 à l'Hôpital militaire de Santiago.

Au cimetière Sara Braun se trouve un mémorial qui rappelle les noms de nombreuses victimes. La dernière est Susanna Estrella Obando, tuée le 26 juillet 1988, à l'âge de vingt-trois ans[89].

51

Porvenir ne fut pas épargnée par la vague criminelle. L'instituteur retraité Juan Torres Toro m'a parlé d'un cas précis. L'armée avait arrêté trois hommes, me dit-il, « c'est moi qui ai pris la dernière photo d'eux encore en vie ». Après la découverte de leurs corps, en dehors de la ville, les militaires lui avaient confisqué les clichés et les négatifs. Juan Torres secoua la tête et détourna le regard en direction de la fenêtre. « Porvenir ? Petite ville et véritable enfer[90]. »

Rauff vit son existence transformée par le Coup. « Je suis protégé comme un monument culturel », écrivit-il à son neveu[91]. Il approuvait tout ce que Pinochet faisait. « Il fait de l'excellent travail[92]. » Les accusations contre le gouvernement étaient sans fondement, il n'y avait pas « de cadavres gisant dans les rues », et les récits courant en Allemagne sur « la soif de sang » et les atrocités de Pinochet étaient « absurdes ». Il connaissait personnellement Pinochet, assura-t-il à sa sœur Ilse, il l'avait reçu chez lui à Quito[93]. Enthousiaste, il écrivit : « Je ne mourrai pas dans un pays gouverné par le communisme », et « cela compte plus que tout »[94].

Néanmoins, l'expérience du passé lui imposait de rester discret. Après le coup d'État, il redoubla de précaution en parlant ou en écrivant à propos de ses contacts. Un mot imprudent ou une signature sur un document pouvaient entraîner toutes sortes de difficultés. Surtout ne rien dire, ne rien écrire.

Cependant, il lui arrivait parfois de ne pas pouvoir se retenir. À la suite du putsch, Pinochet nomma son ami l'amiral Weber Intendiente (gouverneur) de la province de Magallanes. Quelques semaines plus tard, en février 1974, le général César Mendoza, l'un des quatre membres de la junte, commandant des *carabineros* – qui avait gagné une médaille d'argent en équitation aux Jeux olympiques d'Helsinki de 1952 –, vint à Punta Arenas. Lui et Weber acceptèrent de visiter la Pesquera Camelio, pour la plus grande joie de Rauff.

La Prensa Austral couvrit l'événement. Les deux hommes chaussèrent des bottes en caoutchouc, et le général Mendoza loua « l'expertise des ouvriers » qui préparaient « les crabes royaux si appréciés du détroit de Magellan ». Rauff raconta à Ilse que la visite s'était déroulée sans l'ombre d'un accroc[95]. Mendoza était « très compétent, pas du tout prétentieux, très direct ». Quant à « notre amiral » – son ami Pablo Weber –, il avait salué Rauff avec affection et familiarité. « Comment vas-tu, Walther ? » Ils parlèrent en espagnol, non en allemand, et Rauff veilla à ne pas être pris en photo. « Je me tiens toujours, toujours à l'écart des objectifs[96] », indiqua-t-il à Ilse.

La raison de la venue du général Mendoza n'était pas très claire, et Rauff ne s'étendit pas dessus. Mais la visite de la Pesquera Camelio illustrait bien l'entente qui régnait entre la junte, la famille Camelio et le directeur de leur établissement. Mendoza siégera au sein de la junte durant onze années encore, avant d'être contraint à démissionner en 1985 à la suite de l'assassinat par sa police d'un certain nombre d'opposants politiques (dont José Manuel Parada, fils de l'acteur qui avait interprété le rôle de Rauff dans la pièce jouée en 1972)[97]. Quant à l'amiral Weber, il fut muté le mois suivant à Santiago pour entrer au cabinet de Pinochet[98]. Après cette visite de la conserverie, Rauff avait vraiment des contacts au plus haut sommet du pouvoir.

Toutefois, il en parlait peu dans les lettres qu'il envoyait régulièrement en Allemagne à sa sœur et au fils de celle-ci, même s'il avoua un jour fièrement à son neveu : « Je peux me vanter d'avoir reçu dans ma conserverie toute la crème depuis le président Pinochet et de nombreux officiers de haut rang, des industriels, jusqu'au menu fretin. » Pourquoi de telles visites ? « Pour rendre hommage à mes accomplissements en faveur de cette industrie[99]. » Il ne manqua pas de s'inquiéter, toutefois, quand une équipe de télévision ouest-allemande venue tourner un reportage perça à jour sa véritable identité en dépit de ses efforts pour la dissimuler. « Ravi de vous rencontrer, Herr Rauff », lui dit le journaliste[100].

Il réaffirma son soutien au nouveau régime. « Il faut poursuivre » la propagande en faveur de Pinochet, insista-t-il auprès de sa sœur, tout en restant discret[101]. Il dit sa reconnaissance de ne pas se voir obligé de « serrer les dents » sous un régime communiste[102]. Et déplorait la mauvaise presse qui se déchaînait sur le Chili à travers le monde, et la « merde » déversée par les journaux allemands. Il se plaignait aussi des « putains d'exilés » payés en roubles russes et en pesos cubains pour attaquer le Chili, et des idioties des gouvernements « démocratiques » du monde entier.

Il fulminait contre « Heinrich Kissinger », le secrétaire d'État américain, cet « Indien abruti aux pieds plats » (épithète antisémite fréquemment employée par les nazis endurcis)[103]. « J'en ai vraiment ras-le-bol de l'entendre et de le voir sans cesse à la radio et à la télévision. » Mais au moins, si l'on prenait les choses du bon côté, « le Señor Heinrich » pouvait se rendre compte qu'il n'y avait pas « des montagnes de cadavres dans les rues » de Santiago[104].

Lui-même en savait quelque chose puisqu'il se rendait aussi à Santiago, dans les bureaux de la Pesquera Camelio, et restait parfois plusieurs semaines absent de Punta Arenas[105]. Le neveu de Nena, Raúl Donoso, étudiant à l'Université de Punta Arenas, m'a appris que Rauff et elle voyageaient à bord d'avions militaires (« Rauff était de petite taille, il portait un manteau avec un col de fourrure ; il était distant, parlait peu et sa démarche avait quelque chose de militaire », se rappelait Donoso, tout en se montrant très discret : il n'habitait pas chez sa tante, qui lui avait fait comprendre qu'elle et Walther « préféraient rester entre eux[106] »). À Santiago, Rauff séjournait chez Walther junior, dont il était plus proche que de son autre fils, Alf. Il lui arriva en une occasion d'établir des certificats allemands censés prouver les racines aryennes de la famille[107].

Il se plaignait souvent des Camelio. Le patriarche Humberto, à qui il devait son emploi, était « atrocement emmerdant ! » ; quant à son fils José et à son petit-fils José junior, ils ne valaient guère mieux[108]. Ils bavardaient sans fin, ne connaissaient rien au travail de la Pesquera, donnaient des conseils ineptes et payaient un salaire de misère. Et, ajoutait-il, ils étaient dépourvus d'« humanité », même s'ils prenaient garde de le ménager, lui qui trimait « dix-huit heures par jour »[109].

Les lettres étaient muettes sur les autres sujets, pour lesquels j'ai eu recours à des sources différentes.

Rauff ne disait rien des conflits avec les employés de la Pesquera Camelio et des cas qui aboutirent au tribunal, notamment un pour lequel son témoignage, sur une allégation de vol commis par deux employés, ne fut pas retenu par le juge[110].

Il ne mentionnait pas ses contacts assidus avec la marine[111] ni avec ASMAR, le chantier naval situé à Tres Puentes dont le ponton était utilisé par la barge qui transportait les prisonniers jusqu'à l'île Dawson toute proche.

Pas plus de mention de la DINA, en dépit des bruits qui circulaient à l'étranger sur ses relations avec la police secrète de Pinochet et avec Manuel Contreras, et nulle allusion aux dispositions prises par le BND pour évaluer la véracité des rumeurs le concernant.

Toutefois, il s'inquiétait que sa correspondance puisse tomber dans de mauvaises mains, et pria son neveu de tenir secrètes les lettres qu'il lui adressait. « Pas de publication dans *Stern* ou *Das Bild* », recommanda-t-il. « Cette lettre est réservée à la famille, et ne doit surtout pas atterrir dans *Die Welt*[112]. » Il ne s'étendait pas sur ses sujets d'inquiétude, mais quelques allusions à Simon Wiesenthal apparaissant dans certaines lettres fournissent un indice. Il découpait des articles de journaux sur le chasseur de nazis autrichien pour les envoyer à la famille, allant même jusqu'à signer – sur une carte de Noël jointe – « un criminel de guerre certifié[113] ».

Dans ses envois figuraient aussi des photographies, ce qui semble indiquer qu'il se sentait suffisamment en sûreté pour voyager et être pris en photo dans des lieux publics bien connus. En mars 1976, il fête son soixante-dixième anniversaire, avec Nena et sa fille, au Club Bote Salvavidas, restaurant réputé du port de Valparaíso.

Rauff avec Nena et sa fille au restaurant Club Bote Salvavidas, à Valparaíso, 1976.

52

Une jeune ingénieure mécanicienne nommée Proserpina Fierro travaillait aux chantiers navals *Astilleros y Maestranzas de la Armada*, ou ASMAR, à Tres Puentes, aux abords de Punta Arenas. Elle avait obtenu son doctorat et se préparait à prendre un emploi au Brésil, quand Pinochet en personne lui ordonna de rester au Chili. Elle obtempéra et choisit d'entrer chez ASMAR. Peu après ses débuts, en 1974, ses collègues l'incitèrent à se rendre dans les bureaux voisins de la Pesquera Camelio, pour demander des coquilles Saint-Jacques qui devaient servir à la décoration d'une fête de l'entreprise :

> Je me rendis à la Pesquera Camelio, empruntant une entrée située sur le côté d'un grand bâtiment comportant très peu de fenêtres. On me dirigea vers un escalier et je montai à l'étage, débouchant sur un vaste espace sombre. Au bout de la pièce je distinguai un bureau sur lequel était posée une grosse machine à écrire d'un modèle ancien. Il y avait un gros chien de race rottweiler de chaque côté du bureau et un garde se tenait en faction près de chacun des deux chiens. Un homme était assis derrière le bureau. Ce fut ma première rencontre avec le Señor Rauff.

Rauff se détendit, abandonnant sa froideur initiale, quand il fut rassuré sur les intentions de la jeune femme. Les gardes sortirent, mais les chiens restèrent. Après avoir parlé un moment avec elle, il accepta de lui donner les coquilles. Après ce premier contact, ils apprirent à se connaître au fil du temps. « Il montrait de la curiosité pour mon travail et semblait apprécier mon attitude, me dira-t-elle plus tard. Je m'intéressais au fonctionnement de l'usine, et il m'a fait voir les bateaux, des petits cotres qui relevaient les filets de pêche. »

Elle put constater qu'il entretenait des rapports étroits avec la base navale :

> Mes collègues d'ASMAR s'occupaient de l'entretien des bateaux *Camelio* et je les aidais parfois. Nous partagions un intérêt pour les choses de la navigation, il avait des connaissances appréciables, j'étais au courant de son passé dans la marine allemande. Il m'aidait aussi. Parfois on recevait des pièces pour nos bateaux, avec des instructions techniques

en allemand, et je lui demandais de traduire. Une fois il s'est tourné vers moi parce qu'il était à la recherche d'une pièce spéciale, qu'ASMAR pouvait fabriquer, pour réparer des engrenages sur l'une de ses embarcations.

Bien des années plus tard, elle prétendra qu'elle ignorait tout de son passé, de son autre vie. « J'étais jeune et ne me préoccupais pas de choses de ce genre. Je voyais qu'il était complètement intégré à cette société magellane locale. Je n'avais nulle raison d'enquêter ou de questionner. » Sa relation avec Humberto Camelio paraissait « cordiale », comme ses rapports avec son fils [José] Porotin Camelio [Rial], qu'elle connaissait mieux. « Il n'y avait pas de lien hiérarchique, il n'était pas évident de voir qui était le patron. »

Au cours des années Pinochet, ils évitaient de parler politique. « En 1975, la situation était difficile, dira Proserpina Fierro. Les Camelio étaient très marqués à droite, favorables à Pinochet, comme l'était la majorité de la communauté des affaires à Punta Arenas. » Le milieu militaire, auquel elle appartenait par son travail sur les navires de la flotte, soutenait Pinochet avec ferveur. « Quarante pour cent de la population de Punta Arenas avaient des liens avec l'un ou l'autre secteur de l'armée », expliqua-t-elle, et il y avait un conflit avec l'Argentine autour du canal de Beagle. « Le monde dont je faisais partie était pour Pinochet. Les Camelio appartenaient à ce monde, et Rauff également. »

Proserpina Fierro maintiendra qu'elle ne savait rien de son passé. Et qu'elle ignorait aussi bien les rumeurs qui commençaient à circuler à l'époque où elle fit la connaissance de Walther Rauff. Qu'il avait des liens avec Pinochet, et qu'il était associé avec la DINA.

53

Le premier reportage sur Rauff parut dans *Le Monde* en juillet 1974[114]. Au moment où Pinochet s'attachait à remplacer les principaux responsables publics chiliens – ministres, ambassadeurs, maires –, une nouvelle nomination attira l'attention. Celle d'« un certain Walther Rauff, que la junte venait de placer à la tête de la DINA, c'est-à-dire les services de renseignement », rapportait le quotidien français.

L'article soulignait que son passé nazi le désignait « tout particulièrement pour cette tâche » : ancien « responsable des chambres à gaz mobiles », puis chargé de la police en Tunisie qui avait émis un « avis de recherche » à son encontre. Le journal reprenait l'image peu flatteuse d'un homme « aux dents noircies par le tabac, avec des yeux bleu-vert foncé, et des sourcils presque inexistants ».

Le colonel Pedro Erwing, secrétaire général du gouvernement du général Pinochet, opposa un démenti catégorique à ces informations, disant qu'elles étaient inspirées par le « marxisme international », qu'elles étaient « totalement fausses » et visaient à faire passer le gouvernement pour « fasciste »[115]. L'article fit également lever des sourcils à Washington, où le président Nixon et Henry Kissinger affichaient un soutien sans réserve à Pinochet. Trente ans auparavant, Kissinger avait travaillé au service du Corps de contre-espionnage des États-Unis qui pourchassait Rauff.

Après enquête, la CIA conclut que Rauff « n'avait jamais eu le moindre lien avec aucun gouvernement chilien, y compris la junte ». « Pure invention », décréta la CIA depuis Santiago, à propos des allégations « dénuées de tout fondement »[116]. *France-Soir* reprit également le démenti du gouvernement chilien[117]. Pourtant, le rapport de la CIA, aujourd'hui accessible dans un fonds d'archives, contenait des erreurs grossières – Rauff ne vivait pas à Porvenir, et il n'était pas exploitant agricole.

L'idée que Pinochet pourrait être conseillé par un ancien nazi et officier SS n'était pas moins problématique pour le gouvernement ouest-allemand, qui approuvait la posture anticommuniste du dictateur. Ainsi, un diplomate allemand doutait fort que le gouvernement chilien prendrait le risque de « s'incriminer lui-même » en s'associant à un homme si connu que son personnage venait d'être porté à la scène dans une pièce de théâtre représentée à Santiago[118]. Néanmoins, soucieux de vérifier l'information, le BND se rapprocha de Rauff. « R. en personne déclare qu'il n'a reçu aucune proposition de travail pour la DINA[119]. » Comme dans le cas du démenti catégorique du colonel Erwing, les mots étaient soigneusement pesés mais restaient ouverts à l'interprétation. Aussi ne firent-ils pas cesser les rumeurs.

À Rome, un nouveau tribunal Russell – sur le modèle du tribunal d'opinion initialement fondé en 1966 par les philosophes Bertrand

Russell et Jean-Paul Sartre sur la guerre au Vietnam –, qui examinait les régimes répressifs d'Amérique latine, fut informé que Rauff travaillait pour les militaires chiliens. Mais aucune preuve ne fut apportée à l'appui de cette accusation[120].

Depuis Moscou, le journal quotidien de référence de l'Union soviétique, les *Izvestia*, rapporta que Rauff disposait d'un bureau au « 38, rue de Londres », à Santiago, où des prisonniers étaient torturés avant d'être emmenés à Tejas Verdes, près de San Antonio[121].

À Paris, la Ligue internationale contre le racisme et l'antisémitisme (LICRA) déclara que Rauff était engagé dans de « nouvelles missions » pour le gouvernement de Pinochet[122], sans fournir de preuves.

Les rumeurs fleurissaient sans s'embarrasser de détails. Lorsqu'une source était citée, elle émanait souvent d'un « auteur anonyme ». Simon Wiesenthal déclara que l'information devait être considérée crédible même en l'absence de preuve[123]. On doit présumer que Rauff est bien un « conseiller » de la DINA[124].

Cette présomption n'était pas partagée par tout le monde. En février 1974, l'écrivaine et activiste Rose Styron se rendit au Chili pour Amnesty International. Ayant relevé le nom de Rauff dans certains rapports sur l'« influence nazie » dans les méthodes de la DINA, contenant notamment des allégations sur sa participation à la construction d'un camp de prisonniers sur l'île Dawson, elle conclut que ces « rumeurs » étaient infondées[125].

En mai 1975, le *New York Times* publia en une un article sur Rauff, réfutant qu'il fût un conseiller de la DINA. « La communauté juive, des juristes spécialistes des droits de l'homme et des hommes d'Église… ont catégoriquement écarté ces accusations », rapportait le journal[126].

Toutefois, lorsqu'une histoire a pris son envol, il est pratiquement impossible de revenir à la réalité. Au cours des mois et des années qui suivirent fleurirent des informations sur les prétendus services rendus par Rauff au gouvernement de Pinochet. Avec de légères variantes sur les détails et des erreurs manifestes. Un an après le coup d'État, le *Harvard Crimson*, un journal étudiant, affirma tranquillement que Rauff était le « conseiller principal » des dirigeants de la DINA, dont il attribuait à tort le commandement à Hector Sepúlveda plutôt qu'à

Manuel Contreras. Cette publication ne produisait aucune preuve à l'appui de son assertion audacieuse[127].

En Allemagne de l'Est, le magazine *Panorama DDR* présentait Rauff comme « le plus important conseiller » de la DINA, organisation calquée sur la Gestapo[128].

Au Mexique, lors d'une conférence internationale, le juriste qui avait conseillé l'Allemagne de l'Ouest pour sa demande d'extradition de Rauff, remontant à 1963, « confirma l'implication de Rauff dans la DINA[129] ».

Toutes ces bribes d'information distillées goutte à goutte finirent par produire leur effet. En avril 1976, au moment où Henry Kissinger s'apprêtait à se rendre à Santiago, la CIA révisait sa position. Un rapport – établi sur « une source généralement bien informée » – concluait que Rauff « travaillait au sein du ministère de l'Intérieur du gouvernement militaire chilien ». Wiesenthal demanda à Kissinger d'aborder le sujet de Rauff avec Pinochet, mais le secrétaire d'État américain s'y refusa[130].

À la suite de la visite de Kissinger à Santiago, et de l'assassinat d'Orlando Letelier au mois de septembre suivant, une source de la CIA suggéra que Rauff était toujours en relation avec le BND allemand et « continuerait apparemment » à conseiller la DINA[131]. Une autre source, proche du gouvernement de Pinochet, affirmait que Rauff « n'était pas employé par le gouvernement chilien pour quelque mission que ce soit ». Pourtant, de nombreux exilés chiliens persistaient à voir en lui un « conseiller principal » de la DINA et disaient que son fils, Walther junior, était également « impliqué dans les activités de renseignement ».

Vers la fin de l'année 1976, la CIA conclut à la possibilité que Rauff « ait une sorte de relation suivie avec la DINA », peut-être en qualité de « conseiller officieux ». L'agence traitait les dénégations des Chiliens avec prudence : selon elle, Pinochet et son gouvernement ne souhaiteraient sûrement pas « attirer l'attention du monde en admettant avoir recruté comme conseiller un criminel de guerre nazi[132] ».

Londres, décembre 1998

54

Un quart de siècle plus tard, le 25 novembre 1998, la Chambre des Lords rejeta la demande d'immunité de Pinochet, juste au moment où le général fêtait son quatre-vingt-troisième anniversaire. Le jugement fut « acclamé presque partout dans le monde », nota David Hope dans son Journal, et de nombreuses lettres de félicitation et de gratitude parvinrent aux juges Hoffmann et Steyn. Le calme revint à l'étage des Law Lords, après des semaines d'agitation, d'interpellations belliqueuses dans les journaux, et d'énormes quantités de papier déversées par les télécopieurs[133].

Pour María Isabel Allende, la décision des Lords judiciaires fut « une véritable grande satisfaction[134] ». L'architecte Miguel Lawner, ancien détenu de l'île Dawson, regarda la retransmission du jugement en compagnie de l'historien britannique Eric Hobsbawm, qui se trouvait à Santiago. « Nous avons interrompu sa conférence pour suivre le vote à la télévision, et quand le quatrième juge s'est prononcé, j'ai su que nous avions gagné et je me suis mis à pleurer. » Lawner et Hobsbawm marquèrent l'occasion par une visite à Isla Negra, la maison de Pablo Neruda sur la côte Pacifique, en compagnie de la veuve d'Allende, Hortensia.

D'autres réactions furent loin d'être aussi positives. « C'est un cadeau d'anniversaire sadique et cruel », déplora le fils de Pinochet,

Augusto junior[135], pour qui la décision venait saper les droits de son père et ceux de l'humanité tout entière.

Si le gouvernement de Tony Blair demeura coi, Margaret Thatcher exprima son horreur. En Europe, la plupart des dirigeants politiques accueillirent favorablement le jugement, tandis que les réactions furent discrètes aux États-Unis[136].

« Un arrêt historique », titra le *Financial Times*[137]. « Une décision particulièrement inflexible », selon un éditorialiste écrivant dans le *Guardian*, « audacieuse et argumentée, qui adopte, vis-à-vis de la mondialisation des droits humains fondamentaux, une position qui sera vue comme un véritable tournant »[138]. Maints articles distinguaient la figure de Lord Hoffmann, « le plus intelligent des Law Lords », dont les questions avaient coupé court au verbiage et aux « atermoiements des avocats »[139].

Le soir du jugement, Natalia, mon épouse, et moi-même avons invité l'équipe de Human Rights Watch à la maison pour le dîner. Ensemble nous avons regardé un débat sur *Newsnight*, l'émission d'information de la BBC, dont l'un des invités, Evelyn Matthei, un sénateur partisan de Pinochet, intervenait en direct depuis le Chili. Gillian, la femme d'Hoffmann, « a travaillé pendant longtemps à Amnesty International », dénonça Matthei. « Qu'est-ce que cela fait ? » rétorqua l'animateur, d'un air sarcastique. « Si c'est vrai, alors le jugement n'était pas impartial », reprit le sénateur, puisque Amnesty International était une partie engagée dans l'affaire[140].

Les paroles du sénateur Matthei firent forte impression sur nous. Nous n'avions pas connaissance d'un lien entre Hoffmann et Amnesty International, mais cela soulevait un vrai problème s'il était avéré. D'autres que nous relevèrent également ce nouvel élément. « Je me suis demandé si ce point allait être repris », m'a dit James Vallance White, greffier des Law Lords. « Jamais je n'aurais imaginé que cela pourrait aller si loin. »

L'intervention retint aussi l'attention de Miguel Schweitzer. « Nous avons appris qu'il y avait un lien entre Hoffmann et Amnesty International, alors Hernán Felipe et moi avons décidé de vérifier si c'était vrai, pour faire quelque chose le cas échéant. »

Schweitzer souleva la question auprès de Michael Caplan, qui n'avait pas vu l'émission, mais qui se fit « un devoir d'enquêter ». Il hésitait cependant, car on n'avait encore jamais entendu parler d'une contestation d'un Law Lord ou d'un jugement prononcé par la plus haute Cour du pays. Il s'entretint avec l'équipe de Pinochet, puis écrivit au Home Secretary, Jack Straw, suggérant que le jugement avait pu être faussé en raison de la relation existant entre Lady Hoffmann et Amnesty, partie impliquée dans l'affaire. Pour sa part, Amnesty confirma que Lady Hoffmann travaillait bien avec le secrétariat de l'organisation, tout en minimisant son rôle, lequel n'avait jamais rien eu à voir avec Pinochet.

Le 7 décembre, Caplan reçut un appel téléphonique anonyme. « Ma secrétaire est entrée dans mon bureau et a dit : "Il y a quelqu'un en ligne qui dit avoir des informations sur Lord Hoffmann et Amnesty." » Sans donner son nom, le correspondant déclara qu'Hoffmann occupait un siège de directeur d'une institution caritative d'Amnesty International. Caplan vérifia sur le Registre des sociétés. L'information était exacte.

Le lendemain, le *Times* publiait un article qui reprenait ces mêmes éléments. Amnesty écrivit à Caplan pour confirmer qu'Hoffmann était effectivement l'un des deux directeurs d'Amnesty International Charity Limited (AICL), entité levant des fonds pour les activités caritatives d'Amnesty International Limited (AIL) – l'autre directeur était un avocat engagé dans la défense d'Amnesty à la Chambre des Lords. Cependant, Amnesty assurait qu'Hoffmann n'était ni employé ni rétribué par la branche caritative d'AIL, qu'il ne jouait aucun rôle dans le dossier Pinochet, et n'était pas membre d'Amnesty International.

« C'était une question délicate, selon Schweitzer. En examinant la situation, nous avons conclu qu'Hoffmann avait pu être influencé par sa position dans l'organisation. » Il chargea Caplan d'écrire au cabinet Bindmans, avocats-conseils d'Amnesty International. « Nous avons reçu en réponse une lettre plutôt agressive », se rappelait Caplan avec une pointe d'ironie. « Comment pourriez-vous un seul instant envisager de mettre en cause un Lord judiciaire ou son épouse ? » Néanmoins, afin de défendre les droits de Pinochet, Caplan était prêt à prendre « toutes les mesures nécessaires sans s'arrêter à leur nouveauté, leur impopularité ou leur difficulté ».

L'avocat principal de Pinochet, Clive Nicholls, se montra sceptique. « Vous avez perdu la tête, dit-il à Schweitzer. La Chambre des Lords existe depuis des siècles et jamais encore l'impartialité d'un juge n'a fait l'objet d'une procédure de contestation judiciaire. » Schweitzer ne cilla pas. Au Chili, un juge placé dans cette situation ne serait pas reconnu impartial, pourquoi devrait-il en être autrement en Grande-Bretagne ? Hoffmann aurait dû révéler l'information lors de l'audience ou se récuser lui-même, comme cela se pratique habituellement. Schweitzer demanda donc aux avocats à revenir vers les Lords pour exiger que les juges annulent leur propre arrêt.

James Cameron, l'avocat international au sein de l'équipe de défense de Pinochet, n'a pas oublié les réticences initiales de Nicholls. Les points de vue s'étaient durcis devant le constat que nul n'avait su révéler la position du juge au sein de la direction d'Amnesty. Autant Nicholls pouvait être sceptique, autant Clare Montgomery était lucide quant à la réalité du problème. « Dès lors qu'on s'en tient aux principes essentiels – équité, justice, régularité de la procédure –, je me sens à l'aise pour introduire la plainte », déclara Cameron. L'interrogation principale portait sur la marche à suivre : comment contester un jugement de la Chambre des Lords, devant laquelle aucune procédure d'appel n'est prévue ?

« Nicholls a été très honnête, m'a dit Schweitzer. Il m'a demandé : "Pouvez-vous imaginer un instant ce qu'il va me tomber dessus, en tant qu'avocat, si j'affirme qu'un Law Lord n'a pas été impartial ?" » Finalement Nicholls s'est laissé convaincre, mais il mit une condition. « Il m'a dit : "Je ne peux pas prendre la décision tout seul, c'est l'équipe au complet qui doit décider, et il nous faut une instruction directe du général Pinochet. S'il me demande de contester le jugement, je le ferai." »

Schweitzer organisa une réunion avec Pinochet afin d'obtenir ce feu vert. Avant de commencer, je lui ai dit : « Vous devez donner formellement votre instruction. »

« Une fois tous entassés et calés tant bien que mal dans la voiture de Clare Montgomery, nous sommes partis pour Wentworth et sommes arrivés dans la maison après avoir passé les contrôles de sécurité, se rappelait Cameron. C'est Schweitzer, jouant le rôle d'intermédiaire et d'interprète, qui nous a accueillis à notre arrivée. »

« J'avais préparé le général à l'avance, en lui remettant une note, afin de lui expliquer ce que nous allions faire, me raconta Schweitzer. J'ai introduit la réunion au nom de l'équipe. Pinochet parlait très peu, comme à son habitude. Il disait : "Oui. Non. Faites-le. Ne le faites pas", cette sorte de choses. Il se lançait rarement dans de plus longs commentaires. » Les avocats étaient tendus, comme Schweitzer, qui était bien conscient qu'il faudrait trouver le ton juste pour obtenir le résultat attendu. « La tension était palpable », selon Cameron.

Schweitzer traduisait les paroles de Clive Nicholls qui exposait les termes du débat, pour et contre une contestation du jugement. Caplan était clairement favorable au lancement d'une action. « Une des rares occasions où j'étais plus déterminé que les autres. » Schweitzer me dit : « Pinochet a écouté puis a déclaré d'un ton très formel : "Oui, je suis entièrement d'accord avec cela, et j'assume toute la responsabilité." »

L'entretien fut bref. « À un certain moment, nous avons vu que Pinochet s'éloignait de nous, plus vraiment concerné », me raconta Cameron. Vers la fin de la réunion, le vieil homme en cardigan de couleur crème prononça quelques mots en espagnol que Schweitzer traduisit. « Si vous pensez que c'est ce qu'il faut faire, alors faites-le. Je vous ai chargés d'une mission pour me ramener chez moi. C'est votre mission et c'est à vous de voir comment faire pour la mener à bien. »

Une fois confirmés les desiderata du général, on prit une photo du groupe. Sur le cliché, Pinochet affiche un sourire bienveillant, il est entouré par les membres de l'équipe, dont certains semblent plus à l'aise que d'autres. Miguel Schweitzer est tout sourire à l'extrême gauche. « Incroyable mais vrai, me confiera-t-il, c'est la seule photo que j'ai de l'équipe avec le général ! »

« Pinochet voulait une photo de lui avec moi », dit Caplan, qu'on devine ici caché derrière le général. « Alors on en a pris une de nous séparément, je dois encore l'avoir quelque part. »

« C'est l'unique fois que je l'ai rencontré, m'apprit Cameron, qui domine la scène de sa haute taille, au second plan, golfeur amusé de se retrouver tout près de son club de Wentworth (« terrain bien connu, très bourgeois ») et très conscient de la petite taille de Pinochet. « Un vieil homme en cardigan, au pouvoir déclinant, vaguement ennuyé

L'équipe juridique de Pinochet, Londres, décembre 1998.

par la discussion juridique, jusqu'au moment de prononcer les mots de conclusion. "Je vous ai chargés d'une mission", c'étaient ses propres paroles, assez convenues. » Des paroles qu'il aurait pu adresser aussi bien à Manuel Contreras dans les années 1970 pour en finir avec Prats, Soria et Letelier.

« Nous sommes sortis de la maison et avons rejoint les voitures, pris de fous rires nerveux, se rappelait Cameron. Alors j'ai dit : "Croyez-vous qu'il aurait parlé comme cela avant ?" Bien sûr, je connaissais la réponse. Mais maintenant que nous avions nos instructions, il nous restait à monter toute l'affaire. »

55

En attendant le déclenchement de toute procédure de contestation, l'arrêt de la Chambre des Lords demeurait en vigueur. Aux termes de l'*Extradition Act*, puisque le problème de l'immunité était résolu, c'était au secrétaire d'État à l'Intérieur Jack Straw qu'il revenait de gérer les étapes suivantes, en décidant d'exercer ou non son pouvoir discrétionnaire de signature d'une Décision de poursuivre *(Authority to Proceed)*. Cet acte devait permettre à un magistrat de décider si les conditions d'une extradition étaient bien remplies. Si Straw choisissait de ne pas signer, l'affaire s'interrompait là et Pinochet pouvait reprendre un avion pour le Chili.

Tandis que Pinochet confirmait leur mission aux membres de son équipe de défense, Straw décida d'émettre l'autorisation de poursuivre. Ce qui allait permettre de faire progresser la demande déposée par l'Espagne, en attendant celles en provenance de Belgique, de Suisse et de France, pays dont Alfonso Chantreau était un ressortissant.

Straw expliqua les raisons de sa décision, bien qu'il n'y fût pas tenu. Il jugeait nécessaire de répondre aux arguments de Pinochet, de l'Espagne et du Chili, ainsi qu'à ceux des parties intervenantes et de divers départements ministériels britanniques. Exposer ses raisons pourrait permettre de se prémunir contre des difficultés politiques et juridiques à venir.

Le Home Secretary fit valoir la nécessité de conférer « un certain poids » aux obligations qui revenaient à la Grande-Bretagne au titre de la Convention européenne d'extradition. Par conséquent, il autorisait l'extradition de Pinochet pour « six crimes passibles d'extradition » que les Lords avaient exclus de toute immunité, relatifs au meurtre, à la torture et à la prise d'otages, et incluant le crime de conspiration, commis entre 1973 et 1990. Le champ ainsi circonscrit ne comprenait pas les accusations de génocide formulées par Baltasar Garzón, ni d'autres crimes non susceptibles de permettre une extradition selon la loi anglaise.

Straw rejeta toutes les raisons avancées pour autoriser Pinochet à rentrer dans son pays. Le général n'avait pas d'immunité et les faits dont il était accusé n'étaient pas d'ordre « politique ». Les accusations n'étaient pas effacées par le passage du temps, en raison de la gravité des faits. Il ne serait pas injuste ni abusif d'expulser Pinochet vers l'Espagne. Et nul indice ne permettait de conclure qu'il n'était pas en état d'affronter un procès.

Straw rejeta également la demande du Chili que Pinochet puisse rentrer à Santiago pour y être jugé, en l'absence de requête d'extradition formulée par ce pays. L'éventualité d'un procès à venir au Chili ne pouvait pas l'emporter sur les obligations de la Grande-Bretagne à l'égard de l'Espagne, au titre de la Convention d'extradition, et cette dernière était fondée à juger Pinochet. Les observations relatives aux effets sur la stabilité politique du Chili, ou sur les intérêts nationaux de la Grande-Bretagne, étaient également écartées.

La décision de Straw suscita beaucoup d'attention et d'analyses, et des réactions mitigées. À Madrid, Garzón, Castresana et Garcés furent soulagés. À Santiago, Carmen Soria était enthousiaste. À Londres, Schweitzer et Errázuriz furent déçus mais non surpris. « J'incline à croire que Straw a agi de manière impartiale et normale », me confiera Schweitzer.

Pinochet devait maintenant comparaître devant un magistrat, afin de confirmer son identité et d'être informé sur les étapes à venir. L'audience, fixée au vendredi 11 décembre, permettrait de vérifier si les conditions d'une extradition étaient bien réunies, et de fixer les règles du séjour de Pinochet à Wentworth, en précisant les conditions de visite et les activités permises.

L'audience se tint au tribunal de haute sécurité de la prison de Belmarsh, dans le sud-est de Londres, devant le juge Graham Parkinson. C'était la première apparition publique de Pinochet, qui fut conduit de Wentworth dans un convoi de voitures de police. « Un moment extraordinaire », se rappelait Caplan, car la police redoutait par-dessus tout un attentat. Pinochet, « parfaitement conscient de ce qu'il se passait et tout à fait détendu », était dans une voiture tandis que Caplan, Schweitzer et Errázuriz, portant des gilets pare-balles, suivaient dans un van de police. Le niveau de sécurité était maximal. « Il était dans une voiture spéciale, un hélicoptère survolait le convoi, les rues étaient fermées », dit Errázuriz. Le risque d'attentat était pris très au sérieux.

Jean Pateras était présente également, à la demande de Pinochet lui-même.

« On m'a demandé de traduire ses paroles. Ils m'ont tendu un papier sur lequel étaient écrites une ou deux lignes, quelque chose qui évoquait "mon pays". »

Comment était son humeur alors ?

« Comme d'habitude, toujours arrogant, avec une extrême politesse. » Jean se rappelait qu'elle avait savouré cette sortie plutôt extraordinaire d'un ex-chef d'État appelé à comparaître devant la justice d'un pays tiers pour répondre de l'accusation de crimes à portée internationale. « Franchement, j'étais sacrément heureuse de le voir traîné devant un juge. Je pense qu'il devait se sentir un peu gêné, mais il se gardait bien de laisser voir la moindre émotion, sinon une colère froide. »

À l'arrivée du cortège à la prison de Belmarsh, Pateras sentit que l'atmosphère s'assombrissait nettement. « C'est devenu très tendu et pesant », se rappelait-elle. Caplan conseilla à Pinochet de parler le moins possible pendant l'audience, craignant que les médias ne se saisissent de ses moindres mots. « Mais il tenait à dire quelque chose, alors nous avons passé un grand moment avec l'interprète à mettre cela au point. »

Schweitzer ne quittait pas Pinochet, s'inquiétant du fait que son client soit obligé de se tenir debout devant le banc des accusés, offrant ainsi l'image d'un criminel.

« Nous avons réalisé que nous pouvions éviter cela s'il arrivait en fauteuil roulant dans la salle d'audience. »

Parce qu'il aurait pu marcher sans aide ?

« Oui, bien sûr, mais on a imaginé ce moyen, et c'était important pour deux raisons. Un, il était impossible de filmer le fauteuil roulant là où il serait, en dessous de la galerie où se tenait la presse. Et deux, il serait placé juste à côté du juge. »

Ainsi, il n'y aurait ni photographie ni film de Pinochet debout au banc des accusés. Un dessin d'audience n'aurait pas la force d'une image réelle d'un colosse abattu. « Nous l'avons préparé, en lui disant les mots qu'il devait prononcer », expliqua Schweitzer :

> Je tenais à être absolument sûr qu'il dirait ce qu'il fallait, alors j'ai rédigé une note pour lui à la hâte, en grosses lettres capitales, pour le moment où le juge allait lui demander s'il voulait ajouter quelque chose. Cela disait : « Je suis le général Pinochet et je rejette les accusations. » C'était tout ce que j'avais écrit. Une seule ligne, en espagnol.

Pinochet lut la note avec attention. « Je l'ai observé quand il répétait ce qu'il allait dire, m'a confié Jean Pateras. “Si je reste sur mon fauteuil roulant, je n'ai pas à me lever pour reconnaître la Cour", m'a-t-il dit. »

Le magistrat expédia les formalités, établit l'identité de Pinochet et expliqua la procédure. Lorsqu'on lui demanda s'il voulait dire quelque chose, l'ancien Président repoussa le bout de papier de Schweitzer sur le côté. « Il s'en fichait complètement ! » selon Schweitzer :

> Il s'est contenté de dire ce qu'il voulait dire. Qu'il était le général Pinochet. Qu'il était sénateur. Qu'il ne reconnaissait aucune Cour autre que les tribunaux chiliens, et certainement pas les tribunaux espagnols. Il a complètement ignoré mes mots !

Plus tard, Schweitzer donnera le papier à l'une des filles d'Errázuriz, en guise de cadeau d'anniversaire. « Je crois qu'elle l'a oublié, donc je ne sais pas où il a pu atterrir ! »

Le magistrat conclut la séance après une comparution qui avait duré vingt-sept minutes. Il ordonna que Pinochet reste placé en détention dans la maison de Wentworth et annonça la tenue d'une audience préliminaire complète au début de la nouvelle année. Selon Caplan, « Pinochet a saisi la situation dans l'ensemble, et est resté stoïque ».

Tout le groupe était de retour à Wentworth à l'heure du thé. « Le général m'a demandé de m'asseoir à côté de lui », dit Jean Pateras ; pendant ce temps, le médecin attaché à Scotland Yard, le Dr Peter Dean, l'examinait « pour s'assurer qu'il allait bien, et c'était le cas, comme toujours ».

« Quand nous sommes rentrés, nous avons pris le thé, des petits sandwichs au concombre et aux œufs, ou au jambon et au fromage. C'était très agréable, mais je me sentais un peu gênée d'être là, se rappelait Pateras. Pinochet était obsédé par une chose : « Vous avez entendu le bruit, tous ces gens qui criaient dans ma direction ? *¡Asesino ! ¡Asesino ! ¡Asesino !* » disait-il, tout en grignotant une tranche de concombre. « Un de ses sbires lui a répondu : "Oh, ne vous en faites pas, c'est un ramassis hétéroclite, une bande de provocateurs, rien de grave." Je suis restée silencieuse, tout cela était assez embarrassant. »

De son côté, Schweitzer conservait un souvenir bien particulier de ce jour-là :

Le général avait une canne. En entrant dans la salle, je lui ai dit : « Comme vous savez, je n'ai pas demandé d'honoraires pour votre défense, mais je collectionne les cannes, dont je possède un bel ensemble. Pour toute cette affaire, je vous demanderai de me payer avec votre canne. » Alors il m'a regardé et m'a dit : « D'accord, quand on sera de retour au Chili, cette canne sera à vous. »

56

Alors qu'il se préparait pour l'audition à la prison de Belmarsh, Caplan contacta James Vallance White, le greffier principal de la Chambre des Lords, qui a partagé ce souvenir avec moi : « Je crois qu'il est venu me voir, après son appel téléphonique. C'est moi qui lui ai suggéré que, s'il tenait vraiment à soulever le problème posé par Hoffmann, il devait déposer une requête, mais je dois reconnaître que je ne pensais pas, alors, qu'elle pourrait aboutir. Car cela ne s'était encore jamais fait jusque-là. »

Vallance White alerta Lord Browne-Wilkinson, doyen des Law Lords, qui se trouvait alors aux côtés de Lord Irvine, Lord Chancelier, à la tête du ministère de la Justice (que la nouvelle aurait laissé « impassible »). Lord Slynn qui avait, pour sa part, détecté un problème avec Hoffmann « dès le commencement » et pensait qu'il aurait dû se montrer plus ferme devint « blanc comme un linge » quand il apprit que Caplan avait téléphoné[141].

Dès le 10 décembre, Caplan introduisit une requête en contestation du jugement, fondée sur les liens avérés d'Hoffmann avec Amnesty International, par son épouse et par sa propre position au sein de la direction de la branche caritative. « La requête fut enregistrée, présentée à la Chambre puis confiée au Comité d'appel », indiqua Vallance White. Amnesty demanda à la High Court d'interdire à Pinochet de quitter le pays, mais fut aussitôt déboutée. Les magistrats jugèrent la demande prématurée et sans équivalent. Vous pourrez émettre une contestation si Straw décide de le laisser partir[142].

Quelques jours plus tard, cinq Law Lords qui n'avaient pas pris part à la première délibération se réunirent pour conférer sur la manière de traiter une démarche sans nul précédent. La discussion était dirigée par Nico Browne-Wilkinson. Pour David Hope, « il était grand temps[143] ». « Nico présidait, c'était la chose la plus douloureuse qui fût, il ne s'en est jamais remis, c'était vraiment très douloureux », se rappelait Vallance White, soulignant le désarroi de Browne-Wilkinson, contraint de gérer les retombées de la négligence d'Hoffmann, qui avait omis de révéler ses liens avec Amnesty. « Lennie [Hoffmann] était en voyage à Hong Kong, je lui ai parlé au téléphone, il était dans tous ses états. »

Étant donné le caractère urgent de la requête, les Law Lords décidèrent que les audiences débuteraient dès le lendemain matin. En premier lieu, ils rejetèrent la demande d'intervention d'Amnesty, considérant que les défenseurs de Pinochet étaient « parfaitement capables » de gérer les questions posées. Devant la réaction négative d'Amnesty, Browne-Wilkinson changea son fusil d'épaule et décida d'admettre l'ONG. C'était plus équitable ainsi, selon lui, puisque Amnesty était partie prenante lors de l'audience initiale et était directement concernée par l'arrêt contesté[144]. De son côté, Human Rights Watch ne chercha pas à intervenir. Reed Brody m'a confié que l'implication d'Amnesty l'avait « mis en colère ».

Les débats s'étendirent sur deux journées, encore une fois dans la Committee Room 4. Browne-Wilkinson présidait, entouré de Lord Goff, tiré de sa retraite, et des Lords Nolan, Hutton et Hope. C'était, cette fois encore, une brochette de juges tous masculins, blancs, et issus d'Oxford ou de Cambridge. Dans son Journal, Hope écrit que « parmi l'assistance présente dans la salle, bon nombre des personnes appartenaient aux pays prioritairement concernés – l'Espagne et le Chili –, à en juger par les cheveux noirs, les peaux cuivrées et la forme des visages[145] ».

La défense de Pinochet était menée par Clare Montgomery. « Vous pouvez annuler le jugement, suggéra-t-elle, et vous devez le faire pour préserver l'intégrité de la Cour, puisque la révélation des liens entre le juge Hoffmann et Amnesty International a fait naître un sérieux risque de partialité. » Son argumentation était « habile, courtoise, précise », pensa Hope, « et très intelligente ». Le plaidoyer était sobre et ferme, et les faits se révélaient « assez choquants[146] ».

L'inquiétude et l'appréhension étaient palpables dans la salle. Assis derrière Montgomery, Michael Caplan releva cette question du juge

Goff: « Comment tout cela apparaîtrait-il, selon vous, aux yeux de quelqu'un qui serait assis au fond de cette salle ? » Silence. « À partir de ce moment, nous savions que les juges avaient compris que notre plainte était fondée », se rappela Caplan, même si « on ne peut jamais être sûr ». Alun Jones, pour l'Espagne, admit que le jugement précédent pouvait être annulé, mais plaida sans conviction excessive qu'il ne devait pas l'être. À la clôture des débats, dans l'après-midi du mercredi 16 décembre, Caplan pressentit une décision favorable à Pinochet. Il n'était pas le seul.

Les juges délibérèrent le lendemain matin et ne mirent pas longtemps à se mettre d'accord. Dans l'après-midi fut prononcé le verdict unanime et absolument inédit qui annulait le jugement du cas Pinochet nº 1. L'exposé par écrit des motifs de la décision, dont le principal avait été rédigé par le président Browne-Wilkinson, fut publié un mois après[147]. Le cas était « exceptionnel », l'intérêt soulevé sans précédent, et la conduite de Pinochet « hautement litigieuse et source des plus grandes émotions ». Ceux qui étaient convaincus de sa culpabilité voulaient qu'il soit jugé, tandis que ses partisans le voyaient comme le sauveur du Chili. D'autres encore pensaient que seul le Chili était légitime pour traiter la question de sa criminalité, et non pas l'Espagne, la Grande-Bretagne ou tout autre pays.

Browne-Wilkinson poursuivait son analyse par l'examen des faits. Le travail d'Amnesty s'appuyait sur deux entités distinctes. Amnesty International Limited (AIL), et Amnesty International Charity Limited (AICL), organisation à but non lucratif destinée à lever des fonds pour AIL. Ses deux codirecteurs, bénévoles, étaient Hoffmann et l'avocat Peter Duffy, conseil d'Amnesty dans le cas Pinochet nº 1. Ce n'est qu'après le jugement que les avocats de Pinochet apprirent le rôle d'Hoffmann, même si des rumeurs circulaient déjà autour des liens de sa femme avec Amnesty.

Browne-Wilkinson rappelait ensuite les principes qui devaient être observés : un jugement pouvait être dénoncé si l'une des parties était victime d'une « procédure inéquitable », comportant notamment un risque de partialité, en suivant le principe qu'« un homme ne saurait juger sa propre cause ». S'il était avéré qu'Hoffmann avait un intérêt personnel dans cette affaire, il ne pouvait pas siéger parmi les juges, sauf à avoir révélé cet intérêt et que cela n'ait pas suscité d'objection de la part de l'une des parties en cause. En l'espèce, comme il n'avait rien révélé de tel, nul n'avait eu la possibilité de s'opposer.

Les attendus de la décision étaient fondés sur une affaire du XIXe siècle, *Dimes v. Proprietors of Grand Junction Canal*, dans laquelle le juge avait omis de révéler qu'il possédait des parts dans la compagnie poursuivie, ce qui lui conférait d'évidents intérêts financiers dans l'issue du jugement. L'intérêt d'Amnesty n'était pas d'ordre financier, mais dans le fait d'obtenir une décision privant Pinochet d'immunité. Parce que Amnesty et AICL étaient liés et avaient les mêmes objectifs, on pouvait légitimement considérer qu'Hoffmann, en tant que dirigeant d'AICL, était directement intéressé par l'issue de l'affaire. Puisqu'il avait omis de faire état de ce fait, il se voyait automatiquement disqualifié. S'il n'y avait pas de parti pris avéré, en revanche son éventualité était bien perceptible. Ce point étant établi, il n'était même pas nécessaire de se pencher sur l'emploi de sa femme au sein d'Amnesty.

Les juges ne jetèrent pas la pierre à Hoffmann, mais ne le disculpèrent pas entièrement pour autant. Dans son propre avis, David Hope écrivit que Pinochet « avait le droit d'être jugé par un tribunal impartial et indépendant », et que les juges savaient qu'ils devaient s'abstenir de siéger s'ils avaient « le moindre intérêt personnel » dans une affaire passant en jugement. Ce point était particulièrement important dans ce cas où Amnesty faisait campagne depuis longtemps contre Pinochet. Le Journal de Hope est plus riche en commentaires et en éclairages sur le contexte. « Nous n'avions plus aucun doute sur la conclusion une fois que nous avions pris connaissance des faits », écrit-il, et dès la fin de la matinée du premier jour, les défenseurs de Pinochet n'eurent plus qu'à « enfoncer la porte ouverte »[148]. Hope prétend que Slynn avait conseillé à Hoffmann de ne pas siéger, et écrit que celui-ci était « fou » de ne pas avoir suivi son avis. Il pense que la position d'Hoffmann sur le travail de sa femme pour Amnesty – qui n'était pas en cause – était raisonnable, mais qu'avoir passé sous silence sa propre responsabilité de dirigeant ne l'était pas[149]. Pour James Vallance White, qui partageait le point de vue de Hope, il était clair que le premier jugement devait être écarté.

Le Journal de Hope relève que la décision « ne souleva pas vraiment de protestations ». Devant le palais de Westminster, les opposants à Pinochet s'attardèrent un peu avant de se disperser. La sentence initiale sur l'immunité n'était plus, l'affaire était revenue à la case départ. La future audience se déroulerait devant des Lords judiciaires différents des précédents.

Michael Caplan et toute l'équipe de Pinochet étaient ravis. « Nous voici revenus en arrière dans cette affaire, mais vers quoi allons-nous nous diriger maintenant ? » Le gouvernement britannique était plongé dans l'embarras. « Cette situation est on ne peut plus regrettable », déclara Lord Irvine à un journaliste, assurant qu'il « ferait tout le nécessaire pour que cela ne se reproduise plus »[150].

À Madrid, Castresana pensa que l'arrêt était raisonnable, mais Garzón fut horrifié (« Je croyais que les avocats de Pinochet étaient au courant pour Hoffmann »). Garzón était en rage, car il voyait bien qu'avec Jones ils allaient devoir tout recommencer et que leur victoire historique avait été balayée. L'avocat d'Amnesty pensait que les Law Lords « étaient allés trop loin » et que la contestation était soutenue par « une argumentation extrêmement exagérée, éloignée et irréaliste »[151]. À Santiago, le désespoir des opposants à Pinochet le disputait à l'enthousiasme de ses partisans. « J'ai compris que le chemin allait être long », se dit Carmen Soria. Quant au gouvernement chilien, il devait maintenant décider s'il devait intervenir ou non dans la nouvelle affaire qui s'ouvrait.

Quelques voix en appelèrent à la démission d'Hoffmann mais demeurèrent isolées[152]. Selon Hope, « Lennie avait jeté le discrédit sur notre système », mais on ne pouvait pas le forcer à partir. Il avait commis une erreur, c'était à lui de décider quoi faire[153]. Hoffmann devait savoir, ajouta Hope, que « s'il ne siégeait pas, les chances que la balance penche en faveur de Pinochet seraient plus grandes », et cette issue était maintenant « la plus probable ». Vallance White pensait lui aussi que les prochains juges « en reviendraient à la décision initiale de Bingham ».

57

Lord Hoffmann ne démissionna pas, et le Lord Chancelier l'approuva[154]. Un quart de siècle plus tard, je suis entré en contact avec Hoffmann. Il se trouve que mon père a été son dentiste pendant longtemps, et que nous étions presque voisins. J'ai déposé un mot dans sa boîte à lettres, en face de la maison où vécut jadis le poète John Keats.

Quelques semaines plus tard, j'ai reçu une réponse sous la forme d'une lettre manuscrite. « Je suis tout à fait prêt à vous parler de Pinochet, mais je pense néanmoins que vous devez déjà avoir plus ou moins toutes les informations que je peux donner… » Le printemps puis l'été passèrent. À l'arrivée de l'automne, nous avons décidé de faire une promenade à pied dans le parc d'Hampstead Heath. « Je passerai prendre un peu de marmelade à Kenwood House », dit-il, alors que nous nous trouvions à côté de la maison où avait commencé la saga judiciaire, là où Nicholas Evans avait signé le premier mandat d'arrestation. Nous avons marché en longeant les bassins de natation du parc et leurs cygnes, et nous nous sommes enfoncés dans les bois.

Il n'avait jamais souhaité parler de cette affaire. Un chercheur universitaire l'avait approché autrefois, mais il avait décliné. « Je ne le connaissais pas.

– Avez-vous lu les Journaux de Hope ?

– Non. Est-ce qu'il parle de moi ?

– Oui, balbutiai-je en m'efforçant de me rappeler les détails. Lennie était décidé [à siéger], dis-je en paraphrasant les mots que j'avais lus[155].

– Je n'ai rien fait pour cela, mais c'est sûr que je n'étais pas mécontent de siéger, reconnut Hoffmann.

– Alors que s'est-il passé ?

– C'était une bourde.

– Une bourde ?

– Oui, une bourde. J'en ai parlé avec Gordon, ma relation passée avec Amnesty ne l'inquiétait pas. » Hoffmann avait informé Slynn qu'il avait conseillé Amnesty quelques années auparavant, à propos du statut de non-lucrativité de l'organisation :

> Gordon se souciait plus de Gillian qui travaillait comme secrétaire pour Amnesty. Il pensait que je ne devais pas siéger, mais je ne voyais pas en quoi l'activité de ma femme pouvait constituer un problème. Pourquoi devais-je être disqualifié à cause du travail de mon épouse pour Amnesty International ? Cela semblait absurde sur le principe même. Gordon n'était pas d'accord. Il aurait préféré que je décide de me récuser.

Le soleil perçait à travers les nuages.

> Je lui ai dit que j'avais un autre lien avec Amnesty, en tant que président d'une entité non lucrative distincte qui s'occupait de l'essaimage de ses activités éducatives et de collecte de fonds. Je crois que le cabinet d'avocats de Pinochet, Kingsley Napley, était de nos donateurs, aussi je ne pensais pas que mon engagement était un secret. Gordon m'a dit que cela ne l'inquiétait pas. C'était une activité séparée, non lucrative. Au bout du compte, il ne s'est pas opposé.

« Avez-vous mentionné ces points à l'un ou l'autre des autres juges ?

– Non.

– Avez-vous envisagé de révéler cette situation aux parties ?

– Cela ne nous est jamais venu à l'esprit. C'est bien pourquoi c'était une bourde. Avec le recul, je sais que nous aurions dû. Et si nous l'avions fait, je doute que les parties se seraient opposées.

– Oui, c'est ce que certains des avocats de Pinochet m'ont confié », ai-je dit.

Il ne mentionna pas l'inquiétude manifestée par une autre personne. J'ai appris plus tard que James Vallance White avait été dépêché auprès de lui à propos de l'emploi de Lady Hoffmann chez Amnesty. « Il m'a envoyé promener, se souvenait Vallance White. Et quand Gordon Slynn est allé le voir, il a eu droit au même traitement. Gordon m'a confié qu'il aurait dû se montrer plus ferme. »

Tout en marchant, Hoffmann et moi nous sommes rappelé le moment où fut prononcée la décision, comme dans une séance de tirs au but où il était le tireur du penalty décisif.

« Pourquoi n'avez-vous pas rédigé votre avis propre ? lui ai-je demandé.

– Je trouvais que le jugement de Nicholls disait plus ou moins ce que j'aurais dit, à quelques détails près. »

Plus tard, un haut magistrat m'a confié qu'Hoffmann, qu'il avait vu le soir du jugement, avait trouvé préférable de ne pas rédiger d'avis, « en raison du lien avec son épouse, Gillian ».

Nous sommes arrivés à Kenwood House, une grande, blanche et magnifique demeure qui resplendissait dans la lumière du soir. À la boutique, un vendeur nous dit qu'ils étaient en rupture de stock de marmelade.

J'ai demandé à Hoffmann : « Qu'avez-vous pensé de la décision d'annuler votre jugement ?

– Je ne pensais pas que c'était inévitable, ou même la bonne chose à faire, mais je n'ai pas émis d'objection. C'était une approche raisonnable.

– Qui a affecté votre amitié avec Nico Browne-Wilkinson ? »

Silence. J'hésitai à pousser plus loin.

« Le problème n'était pas sur le fond, mais plutôt sur la forme. Pas un mot pour souligner que notre approche était raisonnable, pas même les formules de courtoisie d'usage quand un juge commet une erreur. Ils n'ont pas dit un mot, et j'ai trouvé que c'était injuste. »

Et Nico Browne-Wilkinson est tombé en dépression après ces événements ?

Silence de nouveau.

Je demandai à Hoffmann s'il souhaitait relire le compte rendu que j'allais rédiger de notre entretien.

« Vous pouvez me le montrer si vous voulez, mais ce n'est pas nécessaire. »

Le soleil était couché et les grilles autour de Kenwood étaient maintenant fermées.

« Nous allons devoir grimper par-dessus la clôture », me dit-il. Ce que nous fîmes, escaladant sur deux mètres la grille hérissée de pointes. Je lui ai fait la courte échelle pour qu'il puisse passer, avant de le suivre. Pas mal pour un juge retraité octogénaire. Pour ma part, j'ai déchiré mon pantalon.

58

Quelques mois plus tard, j'ai découvert une interview qu'Hoffmann avait donnée en 2011 dans le cadre d'un projet d'histoire orale de la British Library. J'en ignorais l'existence quand je l'ai rencontré, il ne l'avait pas mentionnée, et elle ne fut diffusée sur Internet qu'après notre conversation[156].

Ce récit antérieur était cohérent avec nos échanges, avec quelques détails supplémentaires. Hoffmann évoquait la perturbation causée par les médias, sa décision de refuser les interviews, mais aussi ce réfugié chilien qui l'avait salué dans un restaurant et avait demandé à lui serrer la main. Il considérait que le jugement d'annulation était « un acte plutôt froid et hostile ».

Toutefois, les bonnes relations d'Hoffmann avec la plupart des autres juges ne furent pas affectées. Il avait de l'affection pour Slynn, qui s'était toujours « parfaitement bien comporté » avec lui, même si c'était peut-être surtout de la « politesse ». Quant à Steyn et Lloyd, ils se montrèrent compatissants et l'invitèrent à déjeuner.

« Je leur en ai toujours été très reconnaissant. »

Et les autres ?

« Je n'avais jamais entretenu de relations suivies avec eux, et cela a continué comme avant. »

C'était la première et unique fois qu'un jugement de la Chambre des Lords avait été annulé, poursuivit-il, songeur. « Une chose énorme, un événement constitutionnel majeur. » Pourtant, il avait conservé des doutes. Le principe sur lequel on s'était fondé n'avait jamais été appliqué qu'à une affaire impliquant un intérêt financier, sans autres circonstances. « Je n'avais pas le moindre intérêt financier et pas de lien avec l'organisation Amnesty elle-même, représentée par les responsables de campagnes qui se présentaient devant notre tribunal, aucune relation avec ces gens-là. » La décision d'annulation avait interprété la loi pour pouvoir l'ajuster à son cas particulier. « Un sacré ajustement, en fait. »

Qu'éprouvez-vous lorsque vous regardez en arrière ?

« C'est le genre de peau de banane qui peut effectivement vous faire déraper. »

J'ai rencontré James Vallance White, mais seulement après mon entretien avec Hoffmann – thé et petits gâteaux partagés avec son épouse dans leur confortable intérieur du quartier de Pimlico. Il confirma ce que je savais déjà : Hoffmann lui avait dit qu'il ne pouvait pas se voir incriminé pour les activités de sa femme. « Mon épouse et moi menons nos propres vies, je ne peux pas être tenu responsable pour elle », avait-il déclaré.

Vallance White partagea un souvenir avec moi. « À l'ouverture de l'audience, il me semble avoir remarqué un coup d'œil de Slynn en direction d'Hoffmann, comme s'il attendait quelque chose, mais il ne dit rien. » S'il avait fait une déclaration, personne n'aurait émis d'objection, hasardai-je. « Certainement, répondit Vallance White, et je parie qu'il le regrette. »

Qu'a-t-il pensé de la suggestion de Hope prétendant qu'Hoffmann était vraiment décidé à siéger dans cette affaire ?

« Je n'en suis pas si sûr », répondit Vallance White.

Sa femme intervint alors : « Je crois qu'il en mourait d'envie. »

Elle ajouta en se tournant vers moi : « Votre femme ne voulait pas que vous défendiez Pinochet, et Hoffmann, lui, voulait absolument siéger. »

III.

IMMUNITÉ

Il est un homme à Punta Arenas qui… entend les carapaces qui craquent et les pinces qui se brisent, voit la douce chair blanche qu'on tasse dans des boîtes métalliques.

Bruce Chatwin, *En Patagonie*, 1977.

Nuits en Patagonie

59

Walther Rauff se construisit une nouvelle vie à Punta Arenas, « la ville la plus australe du monde », selon Esteban Lucas Bridges, explorateur et auteur de *Uttermost Part of the Earth (Aux confins de la Terre)*, paru en 1948. Écrit par un Anglais né et élevé en Terre de Feu, ce récit remarquable et sensible fut l'une des lectures favorites du jeune Bruce Chatwin et une source d'inspiration pour l'écriture de son livre *En Patagonie*[1]. Il me fallait mettre mes pas dans ceux de Bridges, de Rauff et de Chatwin, en compagnie de ces livres.

Comme Roberto Bolaño, j'ai fini par comprendre que la vérité et la fiction ne sont jamais clairement séparées dans les pages de Chatwin. Allende et Pinochet ne sont pas des personnages centraux de son livre, car le coup d'État s'était produit depuis peu lorsqu'il est venu à Punta Arenas. Et l'apparition fugace de Rauff – rêvant de forêts de pins et fredonnant des *lieder* – à l'avant-dernière page est plutôt inattendue. L'écrivain avait entendu parler de cet homme efficace qui avait inventé les camions à gaz et dirigeait maintenant une conserverie de crabe royal, mais rien dans les carnets de notes en moleskine de Chatwin ne permet de déduire qu'ils se sont rencontrés. Je me prenais à les imaginer passant dans une rue ou se tenant sur la Plaza de Armas lors de l'inauguration du buste en bronze de José Menéndez.

Punta Arenas est « parfaitement à mon goût », écrit Chatwin, avec « des airs » d'Edgbaston, la ville d'origine de son père, située près de Birmingham. La ville patagonienne, construite à partir du XIXe siècle, était au départ un comptoir colonial fait de cabanes en rondins, de palissades en bois, et peuplé de bagnards. Un siècle plus tard, ce fut, durant toute la période où le détroit de Magellan offrait un passage direct entre l'Atlantique et le Pacifique, jusqu'à l'ouverture du canal de Panama en 1914, un centre prospère de négoce et de commerce. Par la suite, la ville est retournée dans l'ombre, habitée par une population très mélangée, comprenant des Croates, des Anglais, et les Allemands qui feront bon accueil à Rauff. Au moment de sa première visite, en 1925, la quasi-totalité de la population indigène avait déjà été exterminée.

J'y suis venu à plusieurs reprises et y ai rencontré bon nombre de personnages intéressants, notamment ces dames qui avaient mis en boîtes de la chair de crabes royaux, sous l'étroite supervision de Rauff. Tous les dimanches, sur la Plaza de Armas, la ville honore à tour de rôle un groupement local. Un jour où j'étais là, c'était le tour de la Bomba Alemana, les pompiers allemands, ce qui m'a permis de discuter avec une femme souriante, joues roses et rouge à lèvres rouge vif. Elle était habillée d'une tunique ornée de plusieurs médailles et portait un *Stahlhelm* (casque d'acier) qui aurait rempli d'aise le cœur de Rauff.

Bomba Alemana, Punta Arenas, 6 novembre 2022.

Les traces de l'influence allemande étaient nombreuses. L'église luthérienne ; une vieille carte postale montrant l'école allemande, avec un portrait de Hitler à l'arrière-plan ; des souvenirs nazis et des écussons brodés de svastikas présentés dans une boutique. Au café-boutique Vieja Patagonia, le propriétaire s'est proposé de chercher pour moi d'anciennes machines à écrire ou une paire de chaussures ayant appartenu à Rauff. Le musée de Punta Arenas conserve une belle collection d'objets autrichiens et allemands, à côté d'une ancienne automobile de José Menéndez et de bidons d'huile Shell-Mex rouillés décorés de svastikas inversés.

Punta Arenas est un lieu qui laisse songeur, avec ses constructions coloniales décaties qui se dressent encore le long de rues tracées au cordeau ; une ville grise, basse et venteuse, et si loin de tout. J'ai séjourné dans un hôtel aménagé dans une aile de l'ancien palais Sara Braun, doté d'un bar lambrissé portant le nom d'Ernest Schackleton. Lorsqu'il préparait sa traversée de l'Antarctique, l'explorateur avait logé là avec l'ancêtre de Chatwin. C'est dans ce lieu que j'ai rencontré pour la première fois certains des hommes qui avaient été emprisonnés sur l'île Dawson.

« J'ai vu Rauff une seule fois, dans la rue Hermann Eberhard », me dit Alejandro Ferrer. Cette rue avait été baptisée du nom de l'explorateur allemand qui avait découvert, dans une grotte près de Puerto Natale, le morceau de peau d'un paresseux géant disparu qui fut à l'origine du voyage de Chatwin et de son livre.

« Rauff était évidemment un tortionnaire, nous étions tous au courant de cela, comme de son travail à la Pesquera Camelio », déclara Baldovino Gómez, un ancien inspecteur scolaire. « Les Camelio étaient une famille de réactionnaires, ajouta Ferrer, fervents soutiens de Pinochet et du Club Andino, la petite station de ski locale qu'ils avaient créée. Les enfants Camelio allaient skier en Europe, ce que nul autre ici ne pouvait se permettre. » Peu de temps avant le coup d'État, *La Prensa Austral* avait publié un article avec une photo de José Camelio, arborant moustache et lunettes de soleil, sur le point de s'envoler pour l'Europe avec ses fils Eduardo, José et Jorge, afin de s'initier au style de ski français, jugé plus moderne que la technique autrichienne[2].

Ferrer fut arrêté peu après le putsch et emmené à la caserne du régiment Pudeto, puis sur l'île Dawson. Son crime : il était socialiste. « J'étais là-bas à Noël, avec Orlando Letelier qui chantait de vieilles ballades mexicaines en s'accompagnant à la guitare. » Ferrer se mit à chanter lui aussi, quelques couplets de *Grítenme Piedras del Campo* de Cuco Sánchez, « *Soy como el pájaro en jaula* », « je suis comme l'oiseau en cage ». Ferrer et Gómez s'esclaffèrent tous deux à cette évocation.

L'université locale m'invita à venir parler de Rauff. L'assistance n'était pas très jeune, mais une de mes anciennes étudiantes, Andrea Pivcevic, vint vers moi et me rappela une réception que j'avais donnée un soir d'été à Londres, et où j'avais désigné du doigt, par-delà la clôture du jardin, la pièce où Nicholas Evans avait signé le premier mandat d'arrestation de Pinochet. Aujourd'hui Andrea dirige une petite compagnie aérienne qui propose des vols vers l'Antarctique à bord d'avions dont les ailes arborent des peintures de pingouins. « La seule compagnie d'aviation qui vole vers l'Antarctique ! » me précisa-t-elle avec fierté.

Une autre personne présente me dit : « J'étais ami avec l'un des fils de Rauff. »

« Comment est-il mort ? » s'enquit quelqu'un d'autre.

« Allez-vous venir à Porvenir ? » demanda un homme qui se présenta comme un ancien détenu de l'île Dawson.

L'ombre de Rauff était palpable, subtile mais persistante.

« Allez-y doucement, avec doigté », dit quelqu'un.

« Pourquoi venir ici sur les traces d'un nazi allemand, alors que vous pourriez écrire sur les crimes commis par les Chiliens ? » critiqua une autre personne dans l'assistance. C'était une interrogation très légitime. Je dus expliquer mon intérêt pour les enchaînements historiques et les liens entre l'Europe des années 1940 et le Chili des années 1970, entre l'accueil réservé à Rauff dans la région et ce que j'avais entendu dire au sujet de l'extermination des Selk'nam.

Ce soir-là, nous avons dîné au restaurant de l'hôtel Savoy, transportés dans une autre époque. Nous avons dégusté de la *centolla*, ce crabe royal de Patagonie qui fut au cœur de la dernière partie de l'existence de Rauff. René, le serveur, un homme doté de sourcils remarquables, portait une veste blanche brodée à son nom, avec un col cassé et une cravate noire, *corbata de cordón*, lacée autour du cou, qui ont ajouté une touche historique à cette soirée.

J'ai visité le grand cimetière, avec ses pierres tombales allemandes, anglaises et croates. Il y avait une plaque rouge destinée à honorer la colonie allemande de la cité, et un mémorial noir dédié aux marins allemands, entouré des douilles d'obus disposées à ses quatre coins par Rauff et ses camarades. « Monument élevé par le croiseur *Berlin*, Punta Arenas, 25.12.1925. »

L'immeuble où Rauff a été arrêté est toujours là, calle Bories, mais le cinéma Gran Palace a disparu depuis longtemps[3]. C'est aussi à cet endroit qu'il a été agressé par un Juif, m'avait dit Margarita Alegria. J'ai flâné le long de la calle Croacia (anciennement Jugoslavia) jusqu'au numéro 1395, autrefois occupé par les bureaux de la Pesquera Camelio et la maison préfabriquée de Rauff, où s'ouvre aujourd'hui un espace vide.

À Tres Puentes, à côté des installations de la base navale et du chantier ASMAR, j'ai glissé un œil à l'intérieur de la maison où Rauff emménagea en 1975. « Beaucoup mieux que le cagibi pour une personne » de la calle Jugoslavia, dira-t-il[4]. J'ai mangé de la *centolla* chez Sotito, son restaurant favori. Et j'ai admiré les lambris à l'intérieur de l'ancien club de la Unión où il dînait.

Au musée de Punta Arenas, le directeur, cheveux noués en catogan, évoqua les efforts qui étaient faits pour réunir des témoignages au sujet de l'île Dawson. « Personne ne veut parler de cet endroit, me dit-il. C'est un sujet tabou parce que les tortionnaires sont encore bien présents à tous les coins de rue de notre ville. » Punta Arenas était « une communauté silencieuse, un lieu d'impunité totale avec une histoire sombre qui demeurait bien cachée ». Il y avait peu de monuments commémoratifs visibles pour dénoncer les crimes des années Pinochet. La plaque qui avait été posée sur le mur du stade de football a disparu lors d'une manifestation. Il n'y avait rien à la caserne Pudeto. Quant à l'ancien hôpital naval (le « Palais des sourires »), il avait été détruit dans un incendie avant qu'on ait eu le temps d'en faire un musée dédié aux droits humains.

Et Rauff?

« C'était l'un des nôtres, objet d'innombrables rumeurs, répondit le directeur du musée, un homme avec un passé terrible qui vivait ouvertement et librement dans notre ville. Le sentiment d'impunité remonte à plusieurs générations », ajouta-t-il. Pour illustrer son propos, il me montra une photographie ancienne, prise sur l'île Dawson en 1899. On y voyait des centaines de membres des communautés indigènes Selk'nam et Kawésqar détenus, sous le regard attentif du président du Chili et du consul d'Allemagne à Punta Arenas.

Après quelques années seulement, tous les premiers habitants de ces terres avaient disparu.

60

Pour aller à la rencontre des mythologies, il ne pouvait y avoir de meilleur guide que Chatwin. J'arpentais les rues en tenant à la main mon exemplaire corné et abondamment annoté d'*En Patagonie*, en partant du palais Sara Braun, à l'angle de la Plaza de Armas. Je comptais voir le buste en bronze de José Menéndez, « chauve comme une bombe », comme l'avait relevé Chatwin, mais le monument n'était plus à sa place ; il avait été jeté à bas lors d'une manifestation récente ; on l'avait badigeonné de vert et de mauve puis déposé aux pieds de la statue du guerrier selk'nam avec une pancarte : « *Menéndez Braun, Asesinos*[5] ».

Surnommé « le roi de Patagonie », José Menéndez, né en Espagne, était arrivé au Chili en venant d'Argentine. Il joua un rôle clé dans l'extermination des Selk'nam, avec l'aide de son homme de confiance Alexander McLennan, surnommé « le Cochon roux », que Chatwin évoque dans son livre et qui apparaît également dans un film récent, *Los Colonos (Les Colons)*, sorti en 2023.

J'ai traversé la Plaza en direction du sud pour retrouver le palais Braun-Menéndez, construit avec des pierres importées de France. C'est là, dans une salle à manger décorée de draperies de velours et de tissu blanc damassé, que Chatwin admira les oies amoureuses peintes par José Ruiz y Blasco, père de Pablo Picasso, qui aurait lui-même peint les pattes des oiseaux[6]. Un Anglais qui avait étudié l'histoire à Oxford affirma à Chatwin que toute cette affaire de massacres d'Indiens avait été « quelque peu exagérée », que les Indiens de la Terre de

Feu étaient d'« une classe très inférieure », qu'ils n'étaient pas comme les Aztèques ou les Incas. « Aucune civilisation, rien », conclut le gentleman anglais.

Arrivé dans l'Avenida Colón, je me suis arrêté devant le « Palais des sourires ». Là, j'ai lu le récit que Sergio Reyes a fait du traitement qu'il y a subi – battu, plongé dans des excréments, électrocuté. Après quoi il fut envoyé à la caserne Pudeto, puis sur l'île Dawson. Ayant réussi à survivre, il espère encore que justice sera rendue[7]. Détruite par l'incendie, la façade verte décrépite de l'ancien hôpital naval se dresse tel un monument illustrant l'impunité et le néant. De l'autre côté de l'avenue s'élevaient les tristes stèles de béton portant les noms des fils et des filles de Punta Arenas qui furent exécutés en ces lieux.

J'ai remonté l'Avenida España, jusqu'au numéro 959. Le portail métallique qui était toujours peint en vert, comme lors de la venue de Chatwin, marquait l'entrée vers « la solide tristesse anglicane » d'une maison à pignons, au toit à double pente, et flanquée de deux tours, une carrée et une octogonale. C'était là que vivait Charles Milward, le « cousin Charley[8] », qui avait envoyé à la grand-mère de Chatwin le morceau de peau de paresseux qui avait stimulé l'imagination d'un petit garçon. Milward passait des heures dans la tour octogonale, armé d'une longue-vue qu'il braquait en direction des entrepôts de Tres Puentes et de l'île située sur la rive opposée du détroit, là où les ministres d'Allende seront parqués bien des années plus tard.

À Punta Arenas, le cousin Charlie Milward se montra d'une grande générosité. Il légua un terrain situé derrière sa maison à l'école britannique et à l'église anglicane de Saint-James. C'est là que Chatwin se rendit un dimanche matin de février 1975 et qu'il assista au service dirigé par un pasteur baptiste américain. « Il nous demanda de prier pour Pinochet, écrit Chatwin, sans que l'on sache très bien dans quel esprit ces prières devaient être adressées[9]. »

Plus loin sur l'avenue, en descendant, je suis entré dans les bureaux de *La Prensa Austral* qui conservait dans ses archives des informations sur Rauff. L'article qui lui avait été consacré le 6 décembre 1962 annonçait l'arrestation du « codirecteur du Bureau d'Eichmann ». Rauff avait déclaré travailler pour une entreprise locale « importante », sans la nommer. « Je suis innocent et ne sais rien des accusations qu'on porte contre moi.» Oui, il avait bien été nazi, il le reconnaissait, oui, il avait servi dans une unité de renseignement, mais il n'était rien d'autre «qu'une victime de plus de la guerre».

Les archives révélaient que le journal local avait couvert toutes les étapes de la procédure d'extradition, depuis l'arrestation jusqu'à la relaxe. Quand Rauff était revenu à Punta Arenas, tout le monde avait entendu parler de son travail avec les camions à gaz. Et le journal rapporta que son comportement était désormais «encore plus réservé et silencieux que d'habitude[10]».

Avec le temps, l'intérêt pour Rauff s'atténua. En mars 1974, dix ans après son retour, le journal rendit compte de la visite du général Mendoza à la Pesquera Camelio. L'article ne mentionne même pas que le collègue de Pinochet a été accueilli par le directeur général de la conserverie, un ancien nazi responsable de la disparition de dizaines de milliers de personnes.

La visite de Mendoza se déroula peu de temps avant le séjour de Chatwin à Punta Arenas. J'ai appris cela dans une lettre que l'écrivain a envoyée de l'hôtel Cabo de Hornos, situé sur la Plaza de Armas, en février 1975. Le régime Pinochet était alors en pleine activité, le «Palais des sourires» tournant à plein rendement, et les rumeurs au sujet de Rauff allaient bon train sur place comme dans les pages des journaux étrangers.

En consultant la correspondance de Chatwin, j'appris qu'il était rentré en Europe après son séjour à Punta Arenas, et qu'il avait loué une petite maison dans un village du sud de la France[11]. C'est là qu'il rédigea *En Patagonie*. «Notre terrasse marquée sur l'image avec une flèche peu lisible», griffonne-t-il sur une carte postale destinée à son père, en décembre 1975, avec une adresse: 12 rue Droite, Bonnieux[12].

J'ai lu cette carte à Bonnieux, où je passe une partie de chaque année à écrire. Je suis sorti de notre maison, j'ai grimpé la colline jusqu'à la rue Droite et me suis assis sur les marches devant le numéro 12, méditant sur le pouvoir des coïncidences. Francis, un maçon local que je connais, est passé à ce moment.

«Sais-tu à qui appartient cette maison? lui ai-je demandé.

– À Mme Maillet, dit-il, c'est la propriétaire de notre librairie d'Apt, la charmante librairie Fontaine.»

Je lui ai téléphoné. Elle ne soupçonnait pas du tout que *En Patagonie* avait été écrit dans sa maison de famille, dans notre village. Elle était tout excitée, et moi aussi. Nous avons dîné dans la pièce où Chatwin avait écrit sur Rauff, et plus tard elle convia les habitants du village à venir chez elle pour rendre hommage à un écrivain qui n'avait pas hésité à faire soixante kilomètres à pied pour aller du village de Bonnieux jusqu'à l'Oustau de Baumanière, le restaurant réputé des Baux-de-Provence. (« Un déjeuner solitaire et énorme, écrit-il à un ami, *Paté d'anguilles aux pistaches, Noisettes de chevreuil*, etc. », expliquant qu'il avait « conçu un plan pour se rendre en marchant dans tous les meilleurs restaurants de France. »)

61

Très loin de Bonnieux, à Punta Arenas et dans d'autres régions du Chili, j'espérais réussir à rencontrer des descendants des familles impliquées dans cette histoire.

Les Camelio étaient toujours une famille en vue dans la ville, mais ils ne semblaient guère enclins à entrer en contact avec moi. Un ami de Santiago parvint à joindre Silvana Camelio, fille de José, l'employeur de Rauff. « Il était comme un deuxième grand-père pour nous, se souvint-elle. Il faisait tourner l'usine comme une horloge suisse. Il contrôlait le personnel et connaissait tout sur les marées et la logistique, c'était à peu près tout ce que j'entendais au cours des repas. Dans ma famille, il fallait être un garçon pour être plus informé. »

Elle suggéra un entretien avec son frère, Eduardo, mais il n'en avait guère envie. La fille de ce dernier, Mariana, institutrice et poète, se montra en revanche plus ouverte. « Mon père était encore un enfant quand Rauff travaillait pour la pêcherie », écrivit-elle à mon ami Rodrigo Roja, également poète. Elle se rappelait une anecdote familiale qui s'était produite au milieu des années 1970, quand le chien de Rauff avait été tué. Les Camelio lui offrirent un chiot de berger allemand qu'il appela Rex. Son père, tout jeune encore, n'avait pas oublié la réaction de Rauff : « C'était la première fois que le petit garçon avait vu pleurer un homme adulte. »

Je me suis procuré un exemplaire du livre récemment paru de Mariana Camelio. Un poème, « Laguna Grande », sur « une grand-mère que je n'ai pas connue », a particulièrement résonné en moi, en lien avec les mots de Chatwin et le travail de Rauff. Elle accepta qu'une traduction en anglais soit lue lors d'une conférence que je donnais à Liverpool en l'honneur du poète irlandais Seamus Heaney :

> Un jour nous avons trouvé des squelettes de crabes royaux
> Depuis la grande maison nous avons vu
> Des taches rouges sur la tourbe

Nous avons échangé des messages, puis participé ensemble à un événement organisé par la Bodleian Library à Oxford sur le livre *En Patagonie* et les archives de Chatwin. La présence de Mariana, par vidéo depuis la Patagonie, a enrichi les débats et établi une relation directe avec les lieux et l'écrivain.

La veille de l'événement, elle m'a envoyé une photographie de Rauff, en compagnie de son grand-père et de son arrière-grand-père José, prise à la fin des années 1970 à Punta Arenas. Peut-être à l'occasion de son pot de départ. C'était la première fois que je voyais Rauff en couleurs. Il était entre le père et le fils, l'air un peu gauche, une main dans la poche, l'autre tenant une cigarette Lucky Strike. Il était habillé d'un costume pied-de-poule de couleur claire, la cravate glissée sous le gilet, une pochette pliée dans la poche de poitrine, et ses lunettes habituelles. Sa posture semblait empruntée et son visage affichait un air troublé. Il paraissait mal à l'aise en présence d'un objectif d'appareil photographique.

Quelques mois plus tard, j'ai rencontré Mariana en Allemagne où elle était en voyage avec son ami. Elle dessina un arbre généalogique, évoqua les origines italiennes et les silences de la famille. « Ce n'est que dernièrement que je me suis mise à m'intéresser à Rauff, confia-t-elle, et j'ai commencé à parler avec mon père, qui avait des souvenirs de lui dans les années 1970. » Elle me proposa de me faire découvrir Punta Arenas et ses environs, ce qu'elle fera effectivement quelques mois plus tard.

J'ai vu alors l'école où elle enseignait et la maison de bois qu'elle partageait avec son compagnon et plusieurs chats, entourée d'un jardin où mûrissaient des framboises juteuses. Nous avons rendu visite à la galerie d'art de sa mère, à la maison de Rauff à Tres Puentes, et au musée d'histoire naturelle, dirigé par des amis à elle, qui présente des œuvres d'art et des squelettes de baleines et de pingouins.

« Je vais vous emmener voir la maison de Rauff du 1395 Jugoslavia.

– Mais elle a disparu, dis-je.

– Non, elle est ailleurs », répliqua-t-elle. Nous avons roulé jusqu'au Club Andino, le petit domaine skiable créé par sa famille, à quelques minutes en voiture. « On a déplacé la maison là-bas, on l'utilise pour ranger les chaussures de ski et d'autres choses. » Nous avons dépassé le club house et marché jusqu'en haut de la colline, traversé une piste de ski, puis atteint un bouquet d'arbres aux troncs recouverts d'une fine mousse. C'était là que se trouvait désormais la petite maison dans laquelle Rauff avait vécu avec Nena.

Mariana réussit à persuader son père de se joindre à nous pour le dîner, ce soir-là. « Il ne dira pas grand-chose », me prévint-elle. Il nous rejoignit dans un petit restaurant où nous avons mangé du *ceviche*, pour changer de la *centolla*, mais la conversation ne s'engagea pas sans

Ancienne habitation de Rauff à Punta Arenas, 15 janvier 2024.

mal. Eduardo Camelio ne tenait vraiment pas à évoquer Rauff, mais il finit par se confier un petit peu.

« Quand j'étais enfant, vers l'âge de six ou sept ans, il me faisait peur », avoua-t-il.

Oui, la famille connaissait son passé quand elle l'embaucha. « Mon père était au courant des détails. » Eduardo tenait visiblement à minimiser le rôle de Rauff. « Dans l'Allemagne nazie, c'était un personnage mineur, rien à voir avec Himmler ou Hitler. Il nous a dit qu'il n'avait fait que signer des documents concernant les camions à gaz, pour que son jeune subordonné le laisse tranquille. À la pêcherie, il n'était qu'un employé, c'était mon père qui contrôlait tout. »

Rauff était viscéralement anticommuniste, comme l'était la famille. « Il disait que le fascisme valait mieux que le communisme. »

Rauff refusait les interviews, il méprisait les journalistes. « "Les journalistes et le cancer sont les plaies du XXe siècle", répétait-il. »

« Il ne parlait jamais de lui-même, ajouta Eduardo, sauf peut-être après avoir bu un whisky ou deux. »

Eduardo se rappelait la venue du général Mendoza. « Il ne s'était pas déplacé pour voir Rauff », souligna-t-il. Comment pouvait-il en être sûr ? Ce n'était pas clair. « Pinochet aussi est venu, en 1976, ou peut-être en 1978. »

Eduardo évoqua le chien que son père avait offert à Rauff. « "Cette petite créature me redonne goût à la vie", a dit Rauff, qui s'est mis à pleurer. Rex dormait avec lui et Nena. »

Eduardo se souvenait aussi de Miguel Schweitzer. « Il y avait une société holding, Distribudora Graham ou quelque chose comme ça. Mon père et la famille Camelio avaient des parts en commun avec Miguel Schweitzer.

– Tout est relié », observa Mariana.

J'ai demandé à Eduardo : « Voulez-vous en savoir plus sur les rumeurs autour des rapports de Rauff avec la DINA ?

– C'est une question intéressante », admit-il, mais il ne souhaitait visiblement pas l'aborder. Mon intervention avait alourdi l'ambiance et introduit une part de malaise. Notre dîner s'acheva rapidement.

62

Eduardo Camelio avait suggéré que nous rencontrions Marcelo Brossard, qui nous invita à venir le voir dans son coquet bungalow situé juste en dehors de Punta Arenas.

« Je suis entré à la Pesquera Camelio en août 1973, juste avant le coup d'État, raconta-t-il. J'étais le secrétaire de Rauff. Il était strict, méticuleux et ponctuel, et me traitait comme son lieutenant. » Au début il était logé calle Jugoslavia, puis il s'est installé à Tres Puentes environ un an après. Il supervisait la production, et s'occupait des chiffres et des bateaux de pêche. « Rauff avait des carnets, il notait absolument tout. »

Presque immédiatement, Brossard déclara de lui-même que Rauff ne quittait jamais Punta Arenas. « Il n'a fait qu'un seul voyage, en 1973, deux ou trois jours à Santiago », affirma-t-il, sûr de son fait. Mariana et moi-même eûmes l'impression qu'il cherchait à prévenir toute suggestion que Rauff ait pu passer du temps ailleurs au cours des premières années de l'ère Pinochet.

En réponse, je lui montrai la photo de Rauff et de Nena attablés dans un restaurant de Valparaíso, en mars 1976. Brossard la regarda et dit : « Ils habitaient ensemble, mais je n'ai jamais su si elle était sa femme ou une domestique. » L'existence même de cette image – et sa date – le surprenait. Il ne trouvait pas d'explication. « Rauff se tenait à l'écart, dans l'ombre, il ne voulait pas qu'on le remarque, et n'acceptait jamais d'être photographié. »

Brossard n'avait conservé aucun souvenir de la visite du général Mendoza à la Pesquera Camelio, en mars 1974. Je lui montrai la photo parue dans *La Prensa Austral.* Il reconnut les dames. Puis je mentionnai la visite de Pinochet évoquée par Eduardo Camelio.

« Non, rétorqua-t-il, Pinochet n'a pas visité l'usine, son cortège est passé à toute allure sans s'arrêter, tandis que nous attendions dehors. » Rauff l'a suivi des yeux en tournant la tête de gauche à droite, très vite. « Il était déçu que Pinochet ne s'arrête pas pour le saluer. »

Jusqu'à ce que je lui dise, Brossard prétendit ne pas savoir que Pinochet et Rauff se connaissaient depuis l'Équateur. « Quelquefois il évoquait le passé, la marine allemande, Rommel en Afrique du Nord, l'Italie, le voyage vers l'Amérique du Sud. Il n'a jamais mentionné Quito ou l'Équateur. Je savais qu'il avait été colonel dans la Gestapo, et il nous a raconté qu'après la guerre les responsables nazis avaient mis au point un programme d'expatriation et qu'il s'était vu proposer Punta Arenas. »

Mon sourire n'échappa pas à Brossard. Les multiples mensonges de Walther Rauff.

« Il était très anticommuniste, et extrêmement antisémite. Un jour le grand-père Camelio est arrivé à l'usine accompagné de deux ou trois hommes d'affaires qui étaient juifs. Quand Don Walther les a aperçus, il a disparu, il s'est éclipsé de son bureau pour aller se cacher. »

Pour quelle raison ?

« Un mélange de peur et de colère. Il ne voulait voir aucun Juif. »

Comme Eduardo Camelio, Marcelo Brossard ne voulait rien entendre au sujet des rumeurs qui couraient sur les activités de Rauff après le coup d'État. Il déclara qu'il ne savait rien des liens supposés de Rauff au sein d'ASMAR ou de la marine, et qu'il ne cherchait pas à en savoir plus.

Rauff a-t-il pu avoir une existence cachée dont vous n'auriez rien su ?

« Je ne crois pas, répondit-il en balayant ma question. Il était bien trop pris par son travail. »

Brossard ne souhaitait pas parler de Pinochet ou de la DINA. Mais il était content d'évoquer le whisky et les cigarettes Lucky Strike, la « belle Ford Transit grise » de Rauff, et Miguel Schweitzer. Ce dernier avait lui aussi visité la Pesquera Camelio. « C'était un ami d'Humberto et de José Camelio. »

63

Miguel Schweitzer a un fils qui porte le même nom que lui, et il se trouve qu'il habite à Punta Arenas. Quelques années plus tôt, en 2016, le président Piñera l'avait nommé gouverneur de la région de Magallanes, au poste occupé en 1974 par l'amiral Weber, ami de Rauff.

Il accepta avec plaisir de me rencontrer. Au cours du dîner, il me parla des relations de son père avec la famille Camelio, qui allaient bien au-delà d'une simple amitié. « Mon père a fait tout un travail juridique pour la Pesquera Camelio, m'expliqua-t-il. L'entrée en relation s'est faite par l'intermédiaire de ma mère, la première femme de mon père, qui était la cousine d'Ema Camelio, l'épouse d'Humberto. »

Plus tard, la seconde femme de Miguel Schweitzer, que j'ai connue à Londres, Paula Polanco, m'a confirmé le lien. « Oui, mon mari a bien travaillé pour les Camelio dans les années 1980. C'est lui qui a réglé les formalités de faillite de l'entreprise, bien que cela ne l'enchantât vraiment pas. »

Un jour, j'avais posé des questions sur Rauff à Miguel Schweitzer, au moment où il défendait Pinochet à Londres, avant que des tiers m'aient appris qu'il connaissait les Camelio et avait travaillé pour eux. « Bien entendu, je connais le nom de Walther Rauff », m'avait-il répondu.

Seulement son nom ?

« Je le connaissais bien, poursuivit-il. J'ai eu des rapports de plusieurs sortes avec Walther Rauff. D'abord avec Rauff lui-même, puis avec son fils. Parce que Walther Rauff était visé par une requête d'extradition du gouvernement ouest-allemand, lequel souhaitait que mon père – c'était en 1962 – soit son avocat dans cette procédure. »

Miguel Schweitzer junior, dont le père deviendra plus tard le ministre de la Justice de Pinochet, était encore étudiant à l'époque. « J'ai participé à la rédaction des conclusions juridiques de mon père pour le gouvernement allemand. Nous avions compris que l'extradition de Rauff ne pourrait pas aboutir en raison du délai de prescription. Les questions liées aux droits humains n'avaient pas encore la même importance qu'aujourd'hui. Nous avons délivré notre avis, mais également refusé de représenter Rauff, qui sera défendu en définitive par Enrique Schepeler, avocat pénaliste très réputé. »

« La demande d'extradition de Walther Rauff a été rejetée, poursuivit-il. Et, dans le même temps, une de mes proches relations personnelles et politiques qui possédait une belle affaire de pêche à Punta Arenas, Camelio, engageait Walther Rauff junior, qui a travaillé pour lui jusqu'à sa mort. »

Miguel Schweitzer, qui était assis à côté de moi pendant les audiences de l'affaire Pinochet, semblait être relié à tout et avoir la capacité d'apparaître partout, tel Zelig, le personnage de Woody Allen. Dans les années 1950, il était ami de Laura González-Vera. Dans les années 1960, il avait travaillé avec son père sur la demande d'extradition visant Walther Rauff. Dans les années 1970, c'est lui qui avait négocié avec les Américains pour sortir de la crise de l'affaire Letelier. Dans les années 1980, il avait été l'ambassadeur de Pinochet à Londres, puis son ministre des Affaires étrangères, avant de s'occuper des suites de la faillite de l'entreprise des Camelio, ses amis et presque parents. Dans les années 1990 enfin, il fut l'avocat de Pinochet à Londres.

« J'en sais beaucoup sur les Rauff », reprit Schweitzer.

Pensez-vous qu'il a travaillé pour Pinochet ? lui demandai-je, reprenant les rumeurs que j'avais entendues. « Je peux vous donner toutes les précisions. Il faut que je retourne en arrière pour fouiller dans mes souvenirs », dit-il, avant de se raviser brusquement. Hernán Felipe Errázuriz, qui travaillait alors au ministère des Affaires étrangères, pensait qu'on devait extrader Rauff quand les Allemands de l'Ouest ont refait une demande, en 1984. « Il voyait cela sous un angle politique, je lui ai dit qu'il avait tort. »

Puis il revint sur le sujet de Rauff et Pinochet, deux hommes qu'il avait bien connus.

« Oui, on peut vous aider. Vous prétendez qu'il y a des preuves solides et importantes de l'implication de Rauff ? Mais vous ne les trouverez pas, parce qu'il n'y en a aucune. Nul besoin de retenir ou de cacher quoi que ce soit. Il n'y avait rien. »

Ce n'était pas tout à fait clair pour moi : Schweitzer prétendait-il seulement que je ne trouverais aucune preuve de l'engagement de Rauff aux côtés de Pinochet ou de la DINA, ou voulait-il dire que Rauff n'avait jamais travaillé pour eux et n'était donc pas impliqué dans les crimes commis ?

64

« Le nom de Rauff n'était pas facile à porter au Chili, quand j'ai grandi », me dit Walther Rauff III, petit-fils de Walther Rauff, le nazi. « Ce nom est source de problèmes, de discrimination même, j'ai déjà perdu un emploi à cause de lui, alors j'ai opté pour une vie discrète. »

Nous avons fait connaissance au Roggendorf, un café allemand dans un faubourg de Santiago qui sert un véritable strudel aux pommes, puis nous sommes restés en contact. Il répondait à mes questions avec générosité. Walther III, né à Santiago en 1967, approchait la soixantaine. Barbu et solidement bâti, affable et doux, il était habillé d'une chemise de sport rose et d'un short beige. Il ne présentait pas de ressemblance immédiate avec son grand-père. Comme Mariana Camelio, il me confia qu'on ne parlait pas beaucoup du passé dans sa famille.

Son père était arrivé au Chili à la fin des années 1950. D'abord inscrit dans une école militaire, il la quitta rapidement pour entrer dans le privé. « Il a plutôt bien réussi », dit son fils. Walther II a suivi les traces de son père, quittant l'école navale au bout d'un an puis travaillant pour diverses entreprises, dont une société fondée par un homme d'origine allemande réputé avoir des sympathies nazies[13].

Le petit-fils parlait tranquillement de son grand-père, dont il se souvenait avec affection. « Nous savions que Pinochet s'était pris d'amitié pour lui à Quito et qu'il avait suggéré que ses fils aillent au Chili pour entrer dans une école militaire. » Carlos Prats, ami et future victime de Pinochet, avait apporté son aide en parrainant la candidature des garçons.

Lorsque son grand-père habitait à Punta Arenas, Walther III le voyait rarement, mais il se souvenait de leurs échanges avec chaleur. « Je m'entendais mieux avec lui qu'avec mon père », un homme bruyant et assez m'as-tu-vu. « Mon grand-père était plus calme et me traitait presque en adulte. »

Il lui rendit visite une fois à Punta Arenas, mais n'était jamais allé à la Pesquera Camelio, ou à Porvenir, et n'avait aucune envie de s'y rendre maintenant. « Je préférerais aller à Berlin avec vous et ma fille, me glissa-t-il, pour découvrir la vie de mon grand-père là-bas. »

Ses souvenirs étaient encore vifs. « Mon grand-père n'était pas un tendre, il était plutôt sarcastique, avec un sens de l'humour noir que j'appréciais. Quand il venait à Santiago, il apportait souvent des boîtes de crabe, à cause de son travail à la conserverie Camelio. » Au milieu des années 1970, avec son fils, ils fumaient des cigarettes et jouaient aux cartes pendant des heures.

« Ma famille a soutenu le coup d'État », pour en finir avec l'agitation politique et les pénuries. Par la suite, l'enfant vit son grand-père plus régulièrement. « Il venait très souvent à Santiago, chez nous, il dormait dans ma chambre. Il était bien habillé, portait toujours une cravate. Il était chauve, se rasait tous les matins, avait souvent un livre dans les mains ; il fumait beaucoup et possédait un joli briquet en or. » Un autre détail l'avait marqué : « Mon grand-père portait d'horribles lunettes, avec des verres épais. »

Que faisait-il durant toute la journée ?

« Il quittait la maison chaque matin, toujours habillé d'un costume. Il disait qu'il allait chercher du travail. »

Chercher du travail ?

« Je ne comprenais pas ce que cela voulait dire, j'étais encore un enfant. »

Après son départ de la Pesquera Camelio, en juin 1978, Rauff a déménagé à Santiago avec sa compagne, Nena Zúñiga. Installé près de son fils dans une petite maison du quartier de Las Condes, il passait beaucoup de temps avec son petit-fils. « Nena était gentille, elle s'occupait de lui et le traitait comme un dieu. » Rien de suspect sur la maison dans les souvenirs de Walther III. Les visiteurs étaient des militaires, des amis de son père, il y avait des soirées et des parties de cartes. « Et non, pas de svastikas dans la maison de mon grand-père ! » ajouta-t-il en pouffant.

« Il y a plusieurs années, je suis allé visiter l'Imperial War Museum à Londres, et j'ai vu un document mentionnant mon grand-père et les camions à gaz. Je suis au courant des accusations contre lui, mais je l'aimais en tant que son petit-fils. » Il admettait que son grand-père avait été un nazi actif qui avait commis des crimes durant la guerre.

« J'aime à penser qu'il ne voulait pas faire ce qu'il a fait, que, s'il avait pu, il aurait été objecteur de conscience. » Dans la famille, la période nazie était un sujet délicat, de ceux qu'il fallait éviter d'aborder. « Mon grand-père était un simple exécutant qui a rempli les missions qu'on lui ordonnait d'accomplir. Il n'était pas un décideur.» S'il arrivait parfois que le petit-fils se mette à poser des questions sur cette époque, le grand-père esquivait. D'un seul mot : oui. Non. Peut-être.

Une autre fois, Walther III m'a demandé s'il pouvait me poser une question. «Je ne sais pas si mon grand-père admirait vraiment Hitler, je crois qu'il était très élitiste, qu'en pensez-vous ?

– Votre grand-père était un vrai croyant, ai-je répondu. Jusqu'à la fin de sa vie il a fêté chaque année le jour anniversaire de Hitler. Jusqu'à la fin, il est resté un antisémite endurci.»

Le petit-fils ne répondit pas. Lorsque j'ai mentionné les documents de la CIA, et les rumeurs d'un lien avec la DINA, Walther III me regarda, l'air absent. «Quand j'étais enfant, nous vivions dans un foyer ordinaire et ennuyeux, je n'ai rien remarqué d'étrange. Je n'ai jamais flairé quoi que ce soit.»

Il se rappelait que son grand-père aimait écrire et qu'à sa mort ses «carnets» avaient été récupérés par son fils, Walther junior. Walther III pensait qu'ils avaient fini entre les mains de la seconde épouse de son père, Beatriz Vázquez, désormais veuve. «Je doute fort qu'il ait écrit sur le passé», confia-t-il. Étant en mauvais termes avec sa belle-mère, Walther III ignorait si elle avait toujours ces carnets, et si elle accepterait de les communiquer.

Cependant, sa curiosité était éveillée. «Je me fiche de savoir si mon grand-père était un démon, mais je voudrais seulement apprendre ce qu'il a fait, s'il a fait quelque chose, au cours des années Pinochet.»

Le petit-fils ne niait pas l'évidence quant à la responsabilité de son grand-père concernant les camions à gaz, mais il était déstabilisé par les rumeurs sur son rôle présumé durant les années d'activité de la DINA. «Je ne crois pas que mon grand-père a travaillé pour la DINA ou pour Pinochet.» Il martela cela clairement et à plusieurs reprises.

Je lui ai remis des copies des lettres de son grand-père, celles mentionnant la venue du général Mendoza à la Pesquera Camelio, l'amitié avec l'amiral Weber, les remarques sur «Heinrich Kissinger», et à quel point il se sentait en sécurité sous Pinochet, comme «un monument protégé».

«Je ne sais rien de tout cela», reprit le petit-fils de Walther Rauff, et, «au fond de moi, je ne tiens pas à ouvrir cette porte».

Santiago, 1979

65

En juillet 1978, Rauff quitta Punta Arenas pour Santiago, en compagnie de Nena. Il revenait avec fierté sur les années passées au service des Camelio. « J'ai créé l'usine la plus moderne à Punta Arenas et même, pour un temps, dans tout le Chili, déclara-t-il à un ami. Tout le monde exprime du respect pour l'industrie que j'ai créée[14]. »

Rauff avait soixante-douze ans, sa santé se ressentait de nombreuses décennies à fumer des cigarettes Lucky Strike et à boire du whisky, et il dut subir une opération de l'estomac[15]. Faute d'avoir pu lui permettre d'obtenir une pension de retraite, les Camelio allaient continuer à lui verser un salaire modique ; ce petit revenu était complété par une pension de la marine allemande (mais « seulement à partir de 1924 jusqu'à la période nazie, se plaignit-il, tout juste suffisant pour payer la nourriture du chien »). Et pas question de retraite chilienne sans certificat de naissance dans le pays ; Rauff imputait la responsabilité de cette situation au conseiller juridique du bureau de l'état civil de Punta Arenas, qu'il soupçonnait d'être juif[16].

Il fit l'acquisition d'un pavillon à Santiago, au 7243 Los Pozos, dans le quartier de Las Condes, à proximité de son fils Walther junior et de ses petits-enfants[17]. Il investit dans une société de courtage maritime montée par son fils – South Pacific Corretaje Marítimo Ltda –, choisissant pour le pavillon de la compagnie un design proche de

Pavillon de la South Pacific Corretaje Marítimo Limitada, Santiago.

celui de son ancien équivalent nazi, mais avec un fond violet et non plus rouge.

Il faisait parfois des traductions rémunérées, et lisait des livres sur la période nazie. Celui de Werner Brockdorff, *Flucht vor Nürnberg (L'Évasion des dirigeants nazis)*, dans lequel il figurait, était « un tissu d'absurdités où tout est inventé[18] ». Ses petits-enfants pouvaient l'observer en train de griffonner continuellement dans ses carnets, et il rédigea même les sept premières pages de Mémoires dont le titre provisoire était « De Adolf Hitler à Sara Braun[19] ».

Il écoutait la radio allemande Deutsche Welle et se plongeait dans la lecture des journaux ouest-allemands que lui faisait parvenir sa sœur Ilse. Les sujets d'irritation ne manquaient pas. L'enfermement de Rudolf Hess à la prison de Spandau était un scandale. Le refus du gouvernement d'accorder des funérailles militaires à Karl Dönitz, successeur désigné par Hitler, était impardonnable. Les poursuites pénales à l'encontre des anciens nazis : un cauchemar. La série télévisée américaine *Holocaust*, « une très bonne affaire pour les Juifs » : une honte. « Pauvres Allemands, condamnés à regarder une telle merde », se lamentait-il, tout en espérant que la série ne serait pas diffusée dans le Chili de Pinochet. Mais elle le fut[20].

Dans ses lettres au vitriol, il donnait libre cours à son anticommunisme et à sa haine raciste et antisémite, avec des récits de célébrations de l'anniversaire de Hitler et des jérémiades incessantes dirigées contre Kissinger et les Juifs. La décision d'extradition prise en 1963 par le juge Fontecilla n'était toujours pas passée, d'ailleurs la femme du juge était juive ! Dans une autre lettre, il exprimait l'espoir que la fille d'un ami n'allait pas s'amouracher d'« un nègre[21] ».

Rauff voulait se rendre en Allemagne, mais en était empêché par la faute de Simon Wiesenthal. Un diplomate ouest-allemand en poste à Santiago – « sympathique, son père est du même bord que moi » – l'avertit amicalement que le risque d'une arrestation était trop grand[22].

Rauff était obsédé par Wiesenthal. « Vouloir régler les comptes du passé » est une « absurdité », déclara-t-il à des amis.

Rauff ne vérifiait pas toujours la fiabilité de ses correspondants. Un journaliste américain né en Allemagne, Ernie Z., fit passer directement à Wiesenthal les lettres reçues de Rauff, confirmant qu'il était toujours en vie et bien portant, installé à Santiago, « sous la protection de la dictature », et qu'il n'était pas étouffé par le remords. « Je ne suis pas fanatique, mais je ne regrette rien de ce que j'ai fait dans ma vie, et je ne changerais rien si c'était à refaire[23]. »

Par ailleurs, des informations sur Rauff continuaient à sortir dans la presse. Dans *Le Monde*, un article sur la résurgence du nazisme écrit par une sociologue française de renom, ancienne résistante et déportée au camp de concentration de Ravensbrück, mentionna son « placement à la DINA[24] » parmi les nominations attribuées à Pinochet. L'attaché culturel du Chili à Paris, le Dr Julio Retamal, protesta avec vigueur : son pays n'avait aucun rapport avec « l'idéologie néfaste » du nazisme, et l'allégation concernant Rauff était une « invention » et une « calomnie sans fondement »[25].

De tels articles avaient de quoi faire craindre à Rauff qu'il pourrait subir le même sort qu'Eichmann, voire pire.

66

Dans la soirée du 25 juin 1979, le fils de Rauff, Walther junior, reçut un appel téléphonique inattendu. Le général Karl Wolff était en voyage en Amérique du Sud, accompagné d'un rédacteur chargé de l'aider à écrire ses Mémoires. Tous deux étaient à Santiago, expliqua Wolff. Il avait trouvé le numéro de téléphone de Walther junior dans l'annuaire et espérait pouvoir rencontrer son père.

L'ex-SS-Obergruppenführer, qui fut pendant un temps le chef d'état-major de Himmler avait été le camarade et le supérieur de Rauff en Italie. À la fin de la guerre, assisté de Rauff, Wolff avait conclu un accord avec les Américains – sous le nom de code d'opération Sunrise – et était ainsi parvenu à échapper aux procès de Nuremberg. Par la suite, il sera condamné par la justice ouest-allemande et passera cinq années en prison, puis sept années supplémentaires pour aide et complicité dans l'assassinat de trois cent mille Juifs à Treblinka. Mais il fut libéré par anticipation en août 1969, pour raisons de santé[26].

Rauff se montra enchanté de revoir son ancien chef, trente-cinq ans plus tard. « J'ai espéré toutes sortes de choses dans mon existence, mais je n'avais pas imaginé cela ! » dit-il à Wolff tandis qu'ils comparaient leurs souvenirs de l'opération Sunrise et d'un passage en prison à Florence avec Frau Himmler et sa fille[27]. Mais Rauff ne put se résoudre à céder à la proposition de tutoiement de Wolff. « Je vous en prie, mon général, ou devrais-je dire Obergruppenführer, ma formation militaire m'interdit vraiment de m'adresser à vous en disant *tu*. »

Quatre jours durant, l'accompagnateur de Wolff enregistra les conversations et prit des photos. Ce n'est qu'après un certain temps que tout ce matériel devint accessible, quand les transcriptions et les bandes enregistrées furent versées dans les archives de l'Université Stanford en Californie. Ces enregistrements témoignaient de la chaleureuse camaraderie entre deux vieux nazis. « Je suis contre la presse, mais pas contre les écrivains », déclara Rauff au compagnon de Wolff, tout en lui montrant les sept premières pages de ses Mémoires. Peut-être pourrait-il l'aider quand il en aurait fini avec Wolff[28] ?

Rauff était vêtu d'un complet pied-de-poule gris clair et portait une cravate à damiers. L'écrivain releva sa « corpulence », ses cheveux « soigneusement peignés en arrière » et ses yeux qui clignaient derrière des lunettes à « épaisse monture de corne ». Il enregistra la disposition de la petite maison de Rauff (trois chambres, cuisine, salle de bains, une petite cour), « bien meublée, dans le style chilien traditionnel ». Wolff jugea que c'était net et ordonné comme un parfait intérieur allemand, et bien pourvu en flacons de whisky provenant du monde entier[29]. Rex, le berger allemand offert par les Camelio, aboya furieusement au moment

Étiquette des vignobles Viña Linderos au nom de Walther Rauff.

où Rauff servit des verres de vin blanc d'une bouteille provenant des vignobles Viña Linderos, étiquetée au nom de Don Walther Rauff.

Le rédacteur trouva que Nena semblait être une « merveilleuse compagne ». Elle expliqua que, tous les ans, Walther fêtait l'anniversaire du Führer.

« Bien, bien, bien, approuva Wolff.

– C'est une ennemie du communisme et des Juifs.

– Bon, bon, bon », répéta Wolff.

Le rédacteur releva les furieux aboiements du chien Rex à l'approche d'un livreur. « C'est la livraison de gaz, expliqua Rauff. Au Chili il est vendu en bonbonnes[30]. »

Rauff évoquait ses années de service dans la marine, son affection pour Hitler (« qui aurait bien fait de s'inspirer de Napoléon ») et son goût pour le whisky et les cigarettes. Il parla de sa *« Berliner Schnauze »*, sa « grande gueule de Berlinois », qui le poussait à s'exprimer franchement, et des titres du journal du jour. Wolff lui demanda s'il avait vu que le Brésil avait refusé d'extrader Gustav Wagner, l'ancien adjoint du commandant du camp d'extermination de Sobibor.

« Wagner était avec moi à Damas, un homme formidable », répondit Rauff[31].

Puis il poursuivit en parlant de l'« affaire des camions à gaz ». On a beaucoup « exagéré » au sujet de ce projet, qui avait commencé avant son entrée dans la SS. Il prétendit que son implication était due au fait qu'il avait signé un document pour se débarrasser du chimiste, le Dr Becker, qui le « harcelait » ; et « maintenant on m'a définitivement collé les tueries sur le dos ». Si seulement les documents avaient disparu, et si Wiesenthal n'existait pas. Si seulement Heydrich ne l'avait pas chargé de ça, « pour que j'organise les choses et que je fasse ce qu'il faut ». Il ignorait combien de camions à gaz avaient été produits, et il n'en avait jamais vu un seul en action. Il n'avait même pas regardé à l'intérieur quand trois d'entre eux étaient garés dans la cour de la Gestapo sur la Prinz-Albrecht-Straße[32].

Il se vantait, fanfaronnait ou se plaignait tour à tour. Ces mensonges des Juifs de Tunis. La maladie de sa femme qu'il fallait traiter. Ses liens avec les services de renseignement de l'Allemagne nazie, puis le BND de l'Allemagne de l'Ouest, et maintenant au Chili. Ses relations, excellentes selon ses dires, avec l'ambassade d'Allemagne à Santiago, comme avec les généraux chiliens et avec Pinochet[33].

« Au Chili, je suis un monument », lança-t-il à Wolff et à son scribe. « Le général Pinochet est venu plusieurs fois chez moi en Équateur », et « tous les généraux sont mes amis ». « Je vis au Chili depuis vingt et un ans maintenant et les gens du renseignement sont devenus de bons camarades[34]. »

Curieusement, Rauff resta muet sur son travail de renseignement au cours de tous les épisodes successifs de son existence. Tout aussi frappant est le fait que Wolff et son biographe aient omis de lui poser la moindre question sur sa collaboration avec les divers services secrets. Comme s'il était interdit d'aborder ce sujet. Aucune mention de la DINA. Pourtant, l'écrivain était au courant du travail de Rauff avec le BND et avait pu voir dans les dossiers les éléments corroborant les rumeurs de collaboration de Rauff avec la DINA.

Mon instinct me disait que ce silence n'avait rien de fortuit.

Le dernier jour, Wolff invita Rauff et Nena à déjeuner au restaurant Munich, à Santiago, avec force bière et cigarettes. Au moment de se quitter, Wolff offrit à Rauff un livre consacré à Rudolf Hess. Il rédigea la dédicace suivante : « À mon cher et loyal ami, le colonel retraité Walther Rauff, en sincère solidarité et souvenir du temps passé ensemble en Italie, 1943-1945. »

Walther Rauff et Karl Wolff, restaurant Munich, Santiago, juin 1979.

Wolff et son compagnon s'en furent, reprenant leur tour d'Amérique du Sud. Ils s'envolèrent pour la Bolivie afin de rencontrer Klaus Barbie. Puis ils se mirent en quête de Martin Bormann et de Josef Mengele, sans succès.

Rauff fut électrisé par cette visite. Pourtant il ne savait rien de son objet véritable.

Celui que j'ai découvert par hasard.

67

Alors que je cherchais des informations sur les camions à gaz, je suis tombé sur le nom de Rauff dans un fonds d'archives à Jérusalem, où figure un rapport écrit par Yossi Chen, un ancien agent du Mossad, l'agence israélienne de renseignement[35]. Ce rapport a été rédigé en hébreu en 2007, et il n'en existe qu'un seul exemplaire. Il consacre cinquante pages à Rauff, qui ne portent pas sur ses activités du temps de la guerre mais sur les événements intervenus en 1979 et 1980.

Ayant pu obtenir une traduction en anglais, j'ai appris que le voyage de Wolff en Amérique du Sud avait en réalité un objectif bien différent : il s'agissait d'une mission de reconnaissance menée pour le compte du Mossad sous l'appellation « opération Acier inoxydable », consistant à rassembler des informations sur Rauff en vue de l'enlever pour qu'il soit jugé en Israël ou, sinon, de l'exécuter.

Dès sa création en 1949, le Mossad avait ciblé Rauff pour son rôle dans les opérations des camions à gaz[36]. Le document citait comme références le rapport technique de Willi Just sur le meurtre de 97 000 Juifs, l'*affidavit* de Rauff de 1945, et le témoignage d'Eichmann. Il comprenait une photographie présentée comme celle d'un « camion à gaz inventé par Rauff et camouflé en ambulance[37] ».

En étudiant les dossiers, j'appris également que le Mossad avait suivi le déroulement des procédures d'extradition de Rauff en 1963, et que ce dernier, craignant un enlèvement comme celui d'Eichmann, avait réclamé plus de protection[38]. On trouvait dans les documents la description du recrutement de Rauff à Rome par l'agent du Mossad Shalhevet Freier, qui ne comprit qui il avait recruté que lors de l'arrestation de Rauff en décembre 1962. « Walther Rauff, criminel de guerre et meurtrier des Juifs, fut une source de renseignements pour les dirigeants de l'État d'Israël avant la création de celui-ci, rapporte un agent du Mossad. Walther Rauff a rencontré des représentants israéliens, leur a fourni des informations et a reçu de l'argent en contrepartie – ceci est un fait[39]. »

En 1977, le Premier ministre Menahem Begin demanda au Mossad de se concentrer sur Rauff et d'autres criminels de guerre nazis. Son gouvernement décida de capturer Rauff pour le traduire en jugement en Israël ou, si ce n'était pas possible, de le tuer[40]. On créa pour cela au sein du Mossad un nouveau département – qui reçut le nom de « Message » (מסר en hébreu). En mars 1978, le nom de code « Broyeur d'ossements » fut attribué à Rauff, et le Mossad chargea Freier, qui était alors physicien attaché de recherche au Weizmann Institute en Israël, de se rendre au Chili pour le débusquer. Un agent local du Mossad en Amérique du Sud trouva le nom du fils de Rauff dans l'annuaire téléphonique de Santiago.

Le Mossad croyait que Rauff était le propriétaire de la Pesquera Camelio. Un homme d'affaires de Punta Arenas signala qu'il habitait près de la pêcherie et qu'il aimait promener son berger allemand dans les parages. Quand un article d'*El Mercurio* révéla que Rauff avait sans doute déménagé à Santiago, le voyage de Freier fut repoussé, car sa nouvelle adresse restait incertaine. En novembre 1978, la Señora Peñaloza, une dame chilienne qui enseignait l'anglais dans une école juive de Santiago, informa l'ambassade d'Israël que Rauff habitait au 2960 de la rue Alonso de Ercilla. L'information était fausse et le déplacement de Freier dut être de nouveau reporté.

En décembre 1978, le Mossad conçut le projet de se servir d'un journaliste sympathisant pour accéder à Rauff. L'agence de renseignement israélienne trouva la bonne recrue en la personne de G., reporter expérimenté travaillant pour un hebdomadaire allemand, qui voyageait en Amérique du Sud pour les besoins d'un reportage[41]. Il fut jugé « excellent et fiable », et désireux d'apporter son aide à la traque des nazis. J'ai compris que G. était cet « écrivain » qui avait accompagné Wolff lors de sa tournée sud-américaine, alors qu'il était en réalité l'un de ces journalistes que Rauff détestait tellement.

En janvier 1979, un agent haut placé du Mossad rencontra G. en République fédérale d'Allemagne, et il fut convenu qu'il accompagnerait Karl Wolff, lequel se chargerait d'« ouvrir les portes » dans les pays latino-américains. Wolff « ignorait tout des activités secrètes de G. et de ses missions pour le Mossad », ou que G. avait déjà collaboré avec le service israélien pour collecter des renseignements sur les nazis.

En juin 1979, G. et Wolff s'envolèrent pour une tournée de deux mois qui débuta à Santiago. Le 26 juin, ils rendaient visite à Rauff chez lui, 7243 Los Pozos. G. transmit fidèlement au Mossad tous les détails possibles – Rauff « mesurait environ 1,68 mètre, il avait les yeux bleus, des cheveux bruns avec des mèches gris foncé, portait des lunettes, et était de corpulence plutôt rebondie ». Il paraissait raisonnablement aisé et partageait sa vie avec une femme chilienne et un chien de race berger allemand très remuant qui « n'arrêtait pas d'aboyer ». G. donnait des précisions sur la maison, qui s'élevait au milieu d'un jardin entouré d'une haie et clos par un mur de briques, avec un grand portail métallique. Il signalait qu'on pouvait aisément apercevoir les passants depuis la salle de séjour, et que la maison était bien éclairée pendant la nuit. Rauff sortait rarement de chez lui et, n'ayant pas de voiture, marchait jusqu'à l'Avenida Colón pour acheter quelques provisions dans son épicerie habituelle, ou pour héler un taxi.

En novembre 1979, lors d'une réunion à Hambourg, G. remit au Mossad deux rapports, l'un sur Rauff et l'autre sur Klaus Barbie. Il fournissait une description détaillée de l'environnement de Rauff, des photographies de la maison, et des indications qui permettraient au Mossad de dresser un plan avec des mesures précises. Il apportait aussi des détails sur Rex, le berger allemand particulièrement nerveux.

Repérage de la maison de Rauff à Santiago (Mossad).

Selon G., Rauff avait un air « malhonnête ». Il espérait sincèrement que ses renseignements allaient permettre au Mossad de « faire mal » au vieux nazi.

G. « n'a aucun doute sur nos intentions », concluait le Mossad, auquel il revenait maintenant de décider comment agir.

Le général Karl Wolff, ancien aide de camp d'Heinrich Himmler, et Klaus Barbie (*alias* Altmann) à l'hôtel Sheraton de La Paz, 1979.

68

L'opération « Acier inoxydable » visait en même temps Klaus Barbie et Walther Rauff. Le Mossad décida d'agir rapidement, avant que l'un ou l'autre ne risque d'être alerté par un article que G. pourrait écrire dans son magazine *Stern*. Arrêtée tout d'abord au 17 décembre, l'opération fut retardée, et il fut décidé de commencer par l'exécution de Rauff.

En février 1980 commença une mission de surveillance de son domicile qui s'étendait aussi aux itinéraires d'évasion possibles. Durant plusieurs jours on observa Rauff qui regardait la télévision chez lui, toutes portes et fenêtres ouvertes par les chaudes soirées d'été. L'allée menant à la maison était calme, mais le chien aboyait furieusement, très agressif, dès que quelqu'un approchait.

La date de l'exécution fut fixée au jeudi 17 mars 1980. Les neuf agents désignés pour cette opération comprenaient un tireur et un autre en appui, des guetteurs assurant la sécurité et d'autres agents chargés de louer des voitures. Plusieurs douzaines de personnes étaient également impliquées en coulisses. L'option retenue consistait à abattre Rauff au moment où il sortirait de chez lui ou quand il rentrerait. Un plan de secours était prévu, qui consistait à l'attirer devant la maison pour l'exécuter là ou à l'intérieur. Nena Zúñiga ne serait tuée que « si elle représentait un risque opérationnel ».

L'équipe du Mossad atterrit à Santiago quelques jours en avance. On laisserait sur place un document rappelant le nom de Rauff, son numéro d'immatriculation dans la SS et ses crimes, le refus du Chili de l'extrader, et une photographie en noir et blanc de l'époque nazie. Le document était signé par « Ceux qui n'oublieront jamais » et un espace était laissé en blanc pour inscrire la date de l'exécution.

Le soir prévu, les véhicules de location étaient prêts, les lignes de communication testées, et les itinéraires de repli vérifiés. À neuf heures, l'équipe se tenait prête dans un espace de stationnement proche de la maison de Rauff. S'il ne se décidait pas à sortir pour faire un tour, le commando devait revenir se poster chaque soir jusqu'à l'accomplissement de l'opération.

Tandis que les deux exécuteurs attendaient, stationnés à proximité, Rauff ne se montra pas. Quand ils revinrent le lendemain, il ne sortit pas plus, ce qui les incita à s'approcher. Soudain Nena surgit de la maison, alertée par le chien Rex, et se plaça derrière le portail pour leur barrer le passage. Lui adressant la parole en espagnol, ils firent semblant d'être à la recherche d'une personne quelconque. « La femme a répondu grossièrement en prenant un ton agressif: "Qu'est-ce que vous voulez ?" Elle a commencé à crier, avec colère, en espagnol : "Vous n'avez rien à faire ici !" »

C'est alors que le chien est entré en fureur, aboyant fort et sans s'arrêter, bondissant de tous côtés. Les assassins craignaient d'alerter les voisins, et n'étaient pas sûrs de la présence de Rauff à l'intérieur. Le chien aboyait de plus belle, et Nena criait toujours plus fort. Ils songèrent un instant à entrer pour aller « éliminer » Rauff, mais préférèrent renoncer. S'ils forçaient le passage, les cris de la femme risquaient d'attirer les voisins ou des passants, et elle semblait même capable de les attaquer. Ayant décidé de ne pas la tuer, ils se trouvèrent à court de solution et battirent en retraite. Une fois partis, ils décidèrent de ne pas revenir dans l'immédiat. Rauff était maintenant averti que quelque chose se préparait contre lui. Pour des raisons jamais élucidées, l'opération contre Rauff fut abandonnée.

Pendant plusieurs années, le Mossad nourrira une profonde frustration autour de cet échec. Le nom de Rauff demeurait en bonne place sur la liste des cibles à abattre. En mars 1983, G. revint au Chili et informa le Mossad que Rauff habitait toujours à la même adresse.

J'ai retrouvé l'auteur du rapport, l'ancien agent du Mossad nommé Yossi Chen. « Je ne savais pas vraiment qui était Walther Rauff », m'avoua-t-il, ce qui explique que cette histoire n'ait eu droit qu'à un modeste chapitre. Il n'a pas été impliqué en personne dans l'opération, mais son échec fut pour lui « personnellement douloureux ».

Il me dit avoir rédigé ce chapitre dans les années 1990 et que ses souvenirs étaient donc loin d'être complets. Il était maintenant retraité, et la plupart de ceux avec qui il avait travaillé et qui avaient été impliqués étaient morts. L'opération dirigée contre Rauff était classée « top secret », ce qui expliquait que les noms de G. et d'autres soient restés masqués.

« Qui était G. ? » ai-je demandé.

Yossi Chen émit un petit rire.

« Je sais qui est G., mais je ne peux pas vous le dire.

– Je crois savoir qui il est, répondis-je.

– C'était un menteur », lâcha Chen. Il rit.

« Il est toujours vivant, à quatre-vingt-dix ans passés.

– Vraiment ? En réalité, c'était un escroc, dit Yossi Chen. C'est lui qui a monté la supercherie sur les prétendues Mémoires de Hitler. »

C'était la confirmation que j'attendais.

« Les Journaux de Hitler, dis-je. G. est Gerd Heidemann, pas vrai ? »

Yossi Chen s'est esclaffé. « Oui. Un menteur et un escroc. »

L'écrivain qui accompagnait Wolff était un journaliste connu et reconnu qui travaillait pour le magazine *Stern*. Quatre ans après la visite à Rauff, il vendra les droits de son enquête sur les Journaux retrouvés d'Adolf Hitler pour dix millions de deutschemarks. Quand les Journaux se révélèrent être des faux, au grand embarras de beaucoup de personnes – dont Hugh Trevor-Roper, éminent professeur regius d'histoire moderne à l'Université d'Oxford –, Heidemann fut renvoyé par son journal. Il sera poursuivi, jugé, reconnu coupable et condamné à quatre ans et demi de prison.

Il a décliné ma proposition de rencontre.

Rauff ne connut jamais la véritable raison de la visite de Wolff et d'Heidemann*.

69

Après la visite qui faillit lui coûter la vie, l'existence de Rauff continua comme avant. Petits-enfants, radio et journaux allemands, correspondance, promenades à pied, *Horst Wessel Lied*, Simon Wiesenthal, whisky, anniversaire de Hitler.

Un an après la tentative d'assassinat ratée, en 1981, c'est un journaliste et réalisateur australien qui découvrit le nom du fils de Rauff dans l'annuaire téléphonique. William Bemister filma la maison de Walther junior – « une rue endormie, à plusieurs kilomètres du centre de la ville » – au moment où deux fillettes tournaient autour sur leurs vélos. L'une était la petite-fille de Rauff, et l'autre dit qu'elle savait où il habitait. Elles menèrent le journaliste jusqu'à la petite maison de Los Pozos 7243, devant le portail métallique, exactement semblable à la description faite par Heidemann. Le berger allemand Rex était à son poste dans la cour, toujours agité et aboyant furieusement.

Une femme vieillissante se montra à la porte d'entrée. Elle était vêtue d'une robe d'été de couleurs vives, jaune, rouge et bleu, et parlait en espagnol sur un ton haut perché. C'était Nena, toujours protectrice et prompte à s'emporter. Non, elle ne connaissait personne du nom de Rauff, dit-elle, avant de déverser sa rogne sur les fillettes. « Une hostilité inexplicable », notera Bemister. Elle hurla aux filles : « Laquelle de vous a amené les gringos jusqu'ici pour faire des histoires ? »

Bemister aura ce mot : « Walther Rauff vendu pour un paquet de bonbons. » Nena referma la porte en la claquant avec une telle fureur que Bemister ne douta plus un instant que Rauff habitait bien là.

---

* Gerd Heidemann est décédé le 9 décembre 2024, à l'âge de 93 ans *(NdT)*.

Pendant toute une semaine, il continua à épier les alentours avec son équipe. Un jour, un homme âgé, de petite taille, avec une chemise bleue à pois blancs, approcha de la maison du fils de Rauff. Crâne chauve, lunettes à verres épais, il marchait tranquillement, puis il tourna son regard vers la caméra et s'arrêta devant l'entrée. Bemister s'approcha.

« Vous vivez ici à Santiago, n'est-ce pas ? lui demanda-t-il.

– Oui », répondit Walther Rauff. Son anglais était correct, teinté d'un accent allemand rauque, semblable à celui qu'il faisait entendre dans le supermarché de Porvenir, lorsqu'il achetait ses paquets de cigarettes Lucky Strike.

« Vous restez ici aujourd'hui, c'est cela ? »

Rauff répliqua sur un ton irrité : « Je dois téléphoner à mon conseiller juridique.

– Un avocat ? Vous êtes encore en train de vous défendre ?

– Nooon ! s'exclama Rauff, tranquille et sûr de lui. C'est fini, complètement fini ! Je ne suis pas coupable. Je veux seulement dire la vérité.

– Rien que l'entière vérité ?

– Rien de plus.

– Me rediriez-vous ça au cours d'une interview ? »

Rauff rétorqua brusquement : « Non », puis reprit : « Vous n'êtes pas venu seulement pour moi, il y a autre chose ?

– Vous dites qu'on vous tient responsable de toutes ces choses qui sont arrivées, pourquoi ne pas dire seulement que ce n'est pas vrai ? »

Rauff réfléchit un instant en plissant les yeux.

« Vous savez, nous avons maintenant tous autour de soixante-treize ans, nous allons mourir et cela fera autant de clients en moins pour M. Wiesenthal.

– Que pensez-vous de M. Wiesenthal ? »

Rauff ricana nerveusement. « Non, en fait il est moins vieux que moi.

– Alors c'est l'histoire du chasseur et du chassé* ? »

Sur un nouveau ricanement, Rauff entra dans la maison de son fils.

---

* *The Hunter and the Hunted (Le chasseur et sa proie)* est un film documentaire anglo-australien réalisé par William Bemister (1948-2008) consacré à la traque des criminels de guerre nazis. Sorti en 1981, il fut récompensé d'un Emmy Award *(NdT)*.

70

En 1982, le Chili connut une crise financière qui contraignit la Pesquera Camelio à déposer le bilan. Les Camelio engagèrent Miguel Schweitzer, le fils du ministre de la Justice de Pinochet, pour régler les questions juridiques. « Il l'a fait pour la famille », me confiera sa seconde femme, Paula Polanco, « mais sans aucun plaisir ». Par la suite, les dispositions qui furent prises permirent de sauvegarder les avoirs de la famille Camelio, mais les mensualités versées à Rauff cessèrent.

Un an après, alors qu'elle se trouvait dans un supermarché, Nena Zúñiga décéda d'une crise cardiaque foudroyante. Son neveu me dira que Rauff ne participa pas aux rites funéraires et ne se montra pas aux obsèques.

C'est à cette époque que Klaus Barbie, le « Boucher de Lyon », fut arrêté à La Paz et extradé de Bolivie en France. Accusé de crimes contre l'humanité, il sera jugé coupable et condamné en 1987 à la prison à perpétuité*.

Cette arrestation incita Wiesenthal à écrire à Pinochet pour demander que Rauff soit renvoyé en Allemagne de l'Ouest[42].

Ce qui poussa Beate et Serge Klarsfeld, les chasseurs de nazis français, à s'intéresser à leur tour à Rauff. En janvier 1984, Beate Klarsfeld se rendit à Santiago pour manifester devant sa maison puis devant le bureau de Pinochet au palais de la Moneda. Elle fut arrêtée, mais ses actions décidèrent Israël à réclamer l'extradition de Rauff vers Jérusalem.

Un mois plus tard, Wiesenthal demanda au président Reagan de faire pression sur Pinochet pour que Rauff soit extradé vers la République fédérale d'Allemagne. Son initiative était appuyée par une campagne mondiale d'envoi de cartes postales exigeant cette extradition[43].

Reagan encouragea le gouvernement ouest-allemand à demander que Rauff soit expulsé du Chili[44]. À Strasbourg, le Parlement européen en appela au renvoi de Rauff en Europe. La Première ministre britannique Margaret Thatcher pria personnellement Pinochet d'expulser Rauff. Il est « déplorable qu'il puisse continuer à vivre tranquillement

* Klaus Barbie est mort en détention en 1991 à Lyon, à l'age de 77 ans *(NdT)*.

au Chili en homme libre», déclara-t-elle à la Chambre des Lords[45]. Le Président français François Mitterrand et le Chancelier allemand Helmut Kohl lui emboîtèrent bientôt le pas[46].

Le 1er mars 1984, l'ambassade d'Allemagne à Santiago demanda formellement à Pinochet d'expulser Rauff vers la République fédérale.

Pinochet était désormais soumis à une pression intense, et l'appel de Thatcher était ce qui le tourmentait le plus. «Ton père me cause beaucoup de problèmes avec le gouvernement britannique, pour cette histoire d'extradition», dira-t-il à Walther Rauff junior[47]. Pourtant, il persistait à résister aux pressions. Rauff n'avait commis aucun crime au Chili et la Cour suprême s'était prononcée contre son extradition. Son ministre des Affaires étrangères déclarera que douze millions de cartes postales ne feraient pas changer d'avis le président Pinochet[48].

Le 5 mars, Pinochet donna une interview au magazine *Newsweek* au palais de la Moneda, assis sous une tapisserie illustrée de la fière devise nationale (*Por la razón o la fuerza*, «Par la raison ou par la force»). En relevant le charme suranné des lieux et en insistant sur le catholicisme et l'acharnement antimarxiste du régime, le journaliste posa des questions qui irritèrent le général.

La corruption au Chili?

«Calomnies», assena-t-il avec hauteur[49].

Le retour de la démocratie en Argentine et les poursuites pénales contre les militaires de haut rang?

Il se sentait complètement «serein» à cet égard.

La torture et les disparitions au Chili?

«Toute victime de torture a le droit de s'adresser à un tribunal pour demander justice contre les auteurs de mauvais traitements, rétorqua Pinochet. Vous pouvez vous rendre dans les tribunaux si vous voulez vérifier les cas de torture. Vous n'en trouverez aucun.»

Walther Rauff, le «criminel tristement célèbre»?

Le journaliste ignorait que Rauff venait d'être admis à la Clinique allemande de Santiago, souffrant d'insuffisance respiratoire. «Je ne le renverrai pas en Allemagne, affirma Pinochet. Les règles de droit doivent être respectées, et le cas de Rauff a été tranché en 1963 par la Cour suprême.»

Mais le journaliste insista.

« Je n'ai aucune raison de me préoccuper de Rauff à titre personnel. Je ne le connais pas du tout », dit Pinochet, ce qui était un mensonge, mais le journaliste n'en savait rien. « Je regrette qu'il ait commis tant de crimes, mais c'était il y a longtemps. » La justice s'est prononcée, je ne peux rien faire. « Bien sûr, si des preuves entièrement nouvelles, différentes des éléments à charge présentés à la Cour suprême en 1963, étaient apportées, la situation devrait être réexaminée. » Mais il n'y avait pas de telles preuves.

Ne pouvait-il pas expulser Rauff comme « indésirable » ?

« Non, je ne l'expulserai pas, répondit Pinochet. On l'utilise comme prétexte pour m'attaquer, moi et mon gouvernement, en prétendant que "nous abritons des criminels de guerre nazis". » Pinochet savait bien faire la différence entre extradition et expulsion : en 1977, il avait expulsé Michael Townley aux États-Unis, plutôt que de l'extrader, attentif à ne pas créer de précédent susceptible d'être utilisé contre Contreras et Espinoza, voire contre lui-même.

« L'extradition diffère complètement de l'expulsion, qui est une affaire interne, précisa-t-il au journaliste. Rauff n'a rien fait qui pourrait le rendre indésirable au Chili. Il n'a enfreint aucune loi. Il est vieux. Il vit au Chili, seul, dans une prison privée : celle de sa conscience. »

Rauff était à l'abri, et Pinochet connaissait bien ses lois d'extradition.

71

À sa sortie de la Clinique allemande de Santiago, Rauff s'installa chez son fils. Il mourut le 14 mai 1984. Mort de causes naturelles, rapporta le *New York Times*, dont l'article nécrologique présentait l'ex-« adjoint » de Himmler comme l'un des « trois criminels de guerre les plus recherchés » au monde, sans mentionner un quelconque lien avec Pinochet[50].

« Le dossier Rauff est refermé », déclara Simon Wiesenthal à Vienne.

« Le problème Rauff est réglé », dit Beate Klarsfeld à Paris.

« Rauff est mort », titra en une *La Prensa Austral* à Punta Arenas[51], qui rapporta diverses réactions locales.

« Généreux, ayant bon cœur, réservé, bien élevé et cultivé, inséparable de son chien, un berger allemand », se souvint un ami.

« Un homme très versé dans l'organisation et la discipline », indiqua une connaissance.

« Un bon gestionnaire, dit un pêcheur, et un homme soupçonneux, qui se sentait persécuté. » Il se rappelait aussi son timbre de voix particulier. « Nous savions ce qu'il avait fait pendant la guerre et nous n'osions pas poser de questions, mais nous lui lancions parfois des blagues qui le faisaient rire. »

« Une belle personne », déclara quelqu'un qui avait vendu des machines à écrire avec Rauff, au magasin Sara Braun, dans les années 1950.

« Un homme craintif et qui parlait peu », pour son ancien jardinier.

« Un Allemand typique », selon un autre homme, greffier au tribunal. « C'étaient ses bottes militaires noires qui me fascinaient le plus. »

Un homme qui se vantait de son antisémitisme et de ses « exploits », sans l'ombre d'un remords ni regret, affirma quelqu'un qui avait travaillé pour lui.

« L'un des meilleurs administrateurs de la Pesquera Camelio », déclara un homme interrogé à Porvenir[52]. Il ne cherchait pas à s'intégrer dans la communauté locale, et sortait rarement de chez lui, « sauf pour aller voir les flamants roses sur le lagon ».

***

Le corps de Rauff fut transporté à la *Erlöserkirche* (église du Rédempteur), temple évangélique luthérien de langue allemande de Santiago. Devant une nombreuse assistance, le service funéraire fut conduit par l'évêque Ricardo Wagner. Dans son éloge funèbre, il se concentra sur « l'amour de la mer » de Rauff et sa première venue au Chili en 1925, mais il ne souffla mot de son passé. « Nul ne peut savoir avec une absolue certitude ce qu'une autre personne a fait ou n'a pas fait[53] », déclara le pasteur Wagner, sans déclencher rien de plus qu'un léger murmure.

Le cercueil de Rauff fut transporté au cimetière central de Santiago, accompagné d'un cortège conduit par son fils Walther junior, composé d'amis, de connaissances et de sympathisants. Son petit-fils, Walther III, ne fut pas autorisé à revêtir son uniforme. « L'école navale ne souhaitait pas se voir associée à mon grand-père. »

Le pasteur prononça quelques mots, puis le cercueil fut descendu en terre, à côté de celui de la seconde femme de Rauff, Edith. C'est alors qu'un homme grand à cheveux gris, portant un long manteau de cuir noir dans le style SS, s'approcha de la tombe. C'était le neveu du grand poète Vincente Huidobro, Miguel Serrano, ancien diplomate chilien et figure locale du néo-nazisme qui vouait un culte à Hitler ; il invita ses camarades à lever le bras droit pour faire le salut nazi : *« Heil Walther Rauff », « Heil Hitler »*, crièrent-ils en chœur.

« Ces funérailles m'ont mis hors de moi », me dira Miguel Lawner, l'architecte d'Allende, ancien prisonnier sur l'île Dawson récemment rentré d'exil. « Comment pouvais-je admettre qu'il ait été enterré ainsi, accompagné par des nazis entraînés par Miguel Serrano ? »

72

Quarante ans après, j'ai rencontré le pasteur Wagner chez lui dans un immeuble résidentiel pimpant du centre de Santiago. Il était chauve, portait des lunettes ; il m'offrit du thé. Son épouse était assise à côté de lui, serrant son bras d'une main et tenant un masque anti-Covid de l'autre.

« Je ne savais rien du passé de cet homme quand on m'a contacté, se rappelait-il. Je l'ai appris seulement en préparant la cérémonie, quand son fils m'en a parlé. Un collègue m'a demandé : “Comment as-tu pu accepter de célébrer les obsèques d'un tel criminel ?” J'aurais aussi bien officié pour celles d'Allende », avait répondu le pasteur Wagner. Le rapprochement était révélateur. « Ce n'est pas le mort qui compte, la seule chose qui importe, c'est la famille. »

Le fils prétendit que les histoires qui couraient sur le passé nazi de son père étaient fausses. « Il niait absolument tout, ce n'était pas à moi d'établir la réalité des faits. »

« N'aviez-vous jamais entendu parler de Walther Rauff ? » demandai-je doucement au pasteur. Fais attention, lui disaient les yeux de son épouse. « J'avais peut-être vu son nom dans la presse, ou peut-être entendu quelque chose au sujet de la demande d'extradition. » Il se tourna vers sa femme. « Il méritait un enterrement normal. »

Aviez-vous eu vent des rumeurs d'un lien entre Rauff et Pinochet, ou de celles qui évoquaient sa collaboration avec le régime ?

Le pasteur Wagner éluda ma question. « Je suis né en Transylvanie en 1939 ; quand les Russes sont arrivés, nous sommes partis pour nous réfugier en Autriche. Mon père combattait sur le front russe, les SS ont voulu le recruter mais il n'a pas accepté, préférant se porter volontaire dans l'armée hongroise. Pourquoi ne juge-t-on pas tous les coupables, comme ceux qui violent les femmes ? » Il faisait là clairement allusion aux crimes de l'Armée rouge.

J'ai réitéré ma question. Non, il ne connaissait pas les rumeurs. Mme Wagner intervint alors : « Nous savions que c'était un nazi, et je me demande maintenant s'ils ont voulu que ce soit mon mari qui officie, ou si les autres avaient refusé. » En buvant son thé, le pasteur décrivit une église remplie à craquer, avec beaucoup de monde à l'extérieur, des gens qu'il ne connaissait pas. Il se souvenait de l'incident nazi, une fois Rauff mis en terre. « Un groupe d'hommes en vêtements civils qui ont fait le salut nazi en criant *"Heil Hitler"*. »

« Je n'ai pas aimé cela », dit le pasteur en se rappelant toutes ces « vilaines choses » avant l'inhumation. « Quand nous avons quitté l'église, il y avait des hurlements et des huées qui venaient de groupes de Juifs et de journalistes, des gauchistes et des communistes. » Ils exigeaient de faire une déclaration, avant le début de la cérémonie, mais le pasteur Wagner avait refusé, les invitant à respecter le recueillement. « Je n'ai pas aimé cela », répéta-t-il.

« Il a été bouleversé de voir que la foule harcelait les fils du défunt au moment où ils étaient dans la peine », ajouta la femme du pasteur.

Après les obsèques, certains journaux se sont demandé comment le pasteur Wagner avait pu officier. Et cela a continué durant plusieurs années. « Je n'aurais pas changé d'avis, même si j'avais su tous les détails. » Il avait entendu parler des gens qu'on avait gazés dans des camions, mais devant lui gisait la dépouille d'un père et son devoir était de donner toute son attention au fils.

Êtes-vous certain d'avoir enseveli Walther Rauff ?

Le pasteur eut l'air stupéfait. Un bruit a laissé entendre qu'on avait enterré le corps d'un autre. Hernán Felipe Errázuriz m'a raconté que les Israéliens avaient demandé au ministère des Affaires étrangères l'autorisation de vérifier que c'était bien le corps de Rauff qui avait été mis en terre.

« J'ignorais cela, dit le pasteur Wagner. Son fils devait en être certain, car il était visiblement anéanti. »

Mais le pasteur avait-il vu le cadavre ?

« Non. C'était, comme d'habitude, un cercueil fermé. » Il marqua un temps d'arrêt. « Peut-être que les Israéliens sont venus à l'église, mais je ne me souviens plus, ou bien… », nouvelle pause, « peut-être que c'est arrivé au cimetière, c'est plus probable ».

Des images télévisées montraient le cercueil sortant de la maison de Rauff, porté par deux hommes qui le glissaient sans effort dans le corbillard. Plus tard, quand le cercueil fut extrait du véhicule devant l'église du pasteur Wagner, il était porté par quatre hommes qui semblaient peiner.

« Qu'est-ce que cela signifie ? » demanda le pasteur.

Que le corps n'avait peut-être pas quitté la maison ?

« Je me demande si le gouvernement a pu tuer Rauff », s'interrogea Wagner, en pensant apparemment à Pinochet.

Il n'avait jamais revu les Rauff depuis, mais il pensait parfois au fils. « Il était convaincu que son père était un homme bon. Aujourd'hui le problème se pose plutôt pour le petit-fils, sachant ce que son grand-père a fait. C'est un dilemme pour tant d'Allemands, actuellement. » Pas seulement pour les Allemands, ai-je pensé, tout en gardant cette réflexion pour moi.

Le pasteur tourna alors ses pensées vers d'autres horreurs. « Au XXe siècle, nous avons connu deux expériences épouvantables, le nazisme et le marxisme, avec le même objectif dans les deux cas, une société sans classes, où les opposants étaient tués ou enfermés dans des hôpitaux psychiatriques. »

Nos regards se sont croisés brièvement.

« Le problème avec les nazis, poursuivit-il, ce n'est pas qu'ils étaient forcément mauvais, mais c'est qu'ils avaient une compréhension différente de l'homme, fondée sur une approche spécifique de "l'autre". Ceux qui signaient les ordres – pensait-il à Rauff ? – voulaient l'avènement d'une société aryenne. Les brutes bestiales, c'étaient ces hommes qui torturaient et frappaient dans les camps de concentration, mais pas ceux qui signaient les ordres. Ceux-ci étaient de bonne volonté et avaient bon cœur, les démons, c'étaient les autres. »

Je ne voyais pas bien ce qu'il voulait dire, et je ne tenais pas à creuser davantage.

Le pasteur et Mme Wagner n'avaient pas apprécié ce qui était arrivé à Pinochet à Londres. Ils n'avaient pas entendu parler de Rauff, ni de l'immeuble du 38, rue de Londres. Le nom de la villa Grimaldi leur disait vaguement quelque chose. « Il s'est passé de vilaines choses là-bas, mais n'était-ce pas le cas dans tous les régimes totalitaires ? » remarqua le pasteur.

Le régime Pinochet était-il totalitaire ?

« Oui, mais il y a eu un référendum démocratique à la fin. Pinochet croyait l'emporter, mais il a perdu, et il s'est retiré. Quel autre tyran aurait agi ainsi ? Sûrement pas le Cubain. »

73

La mort de Walther Rauff ne mit pas fin aux rumeurs qui couraient au sujet de la DINA. Le Département d'État des États-Unis, ayant réexaminé ses dossiers, conclut à « l'absence d'information de nature à établir avec certitude » l'existence d'un lien entre Rauff et le gouvernement de Pinochet. On ne pouvait exclure néanmoins qu'il « ait collaboré à des activités indéterminées, à titre officieux[54] ».

« Des Chiliens ont observé régulièrement Rauff qui se rendait, mallette à la main, à l'adresse de Londres 38, où était son bureau », relata un journal d'Allemagne de l'Ouest un mois après sa mort. L'article décrivait Rauff comme un *Schreibtischtäter* – un « criminel de bureau » –, selon la formule attribuée à Hannah Arendt pour désigner ceux qui organisèrent l'assassinat de masse sans jamais avoir tué personnellement[55]. À Londres 38, le rôle de Rauff était de démasquer les communistes, sur mandat exprès de Pinochet.

« Les premiers interrogatoires des prisonniers se passaient habituellement dans le bureau de Rauff », puis ils étaient emmenés dans un centre de détention situé près de San Antonio. « Des témoins indirects ont rapporté que Rauff faisait torturer les prisonniers politiques avec des liquides émetteurs de gaz qui provoquaient d'atroces douleurs pulmonaires et abdominales[56]. » Mais, là encore, pas de témoignage direct ni de preuves documentaires irréfutables.

Quelques mois plus tard, le magazine chilien *Análisis* publia un article intitulé « Dawson, le dernier camp de concentration de Walther Rauff[57] ». Ce papier prétendait que Rauff était un « conseiller secret » de la DINA et qu'il envoyait des prisonniers à la Colonia Dignidad, où des agents de la DINA les torturaient et les faisaient disparaître.

Le flux des allégations n'a jamais cessé. Dix ans après, l'auteur Ingo Kletten décrivait les relations de travail de Rauff avec la DINA et le gouvernement Pinochet, ses visites à la Colonia Dignidad, et son lien avec Manuel Contreras. Il prétendait que le rapport avec la DINA était « prouvé par les documents existants », mais seule était mentionnée une déposition faite sous serment en janvier 1991 par un homme du nom de León Gómez, qui présenta le nazi allemand Walther Rauff comme l'un de ses tortionnaires au centre de Londres 38[58].

En 2013, le professeur Martin Cüppers a fait paraître une biographie extrêmement fouillée de Rauff, dans laquelle il mentionne l'*affidavit* « marquant » de Gómez (« J'ai vu devant moi l'un de mes tortionnaires, que je pouvais distinguer [des autres] à son accent étranger, et j'ai pu déterminer à coup sûr que c'était le nazi allemand Walther Rauff »). Il relève aussi son affirmation de l'existence d'un lien entre Contreras et Rauff. D'un autre côté, Cüppers fut frappé par l'absence de preuves tangibles et l'incapacité de toutes les enquêtes chiliennes à incriminer Rauff. Comme la CIA, Cüppers laisse la porte ouverte : le rôle de Rauff était peut-être informel, le conduisant seulement à répondre à des demandes de « conseils de la part de certains officiers de l'armée qu'il connaissait personnellement ». Pour le professeur Cüppers, cela n'en ferait pas un collaborateur dûment employé comme « conseiller officiel[59] ».

Quatre années plus tard, un journaliste chilien, Carlos Basso, affirmait que Rauff avait trempé dans les crimes commis à la Colonia Dignidad[60].

Deux ans après cette publication, en 2019, un chercheur allemand, Marcus Klein, décidé à creuser plus en profondeur, décrivit un effet en cascade déclenché par une affirmation non vérifiée pour en avancer une autre, et ainsi de suite. Mais dès que vous remontez à la source, ce n'est plus que rideau de fumée et poudre aux yeux. Klein ne trouva rien sur la déposition de Gómez, et ce dernier n'a jamais mentionné Rauff dans ses livres. Pour Klein, « les rumeurs peuvent se révéler vraies ou fausses », mais il ne découvrit aucun élément prouvant que Rauff avait eu « une quelconque activité pour la junte et son appareil répressif ».

Klein s'est intéressé à l'origine des rumeurs et à leur raison d'être. Elles ont servi souvent à entretenir les affirmations sur un prétendu « lien direct » entre Pinochet et Hitler, ce qui faisait du Chili de Pinochet « l'épitomé de l'arbitraire fasciste ». Les allégations sur Rauff pouvaient-elles servir à réveiller l'intérêt pour le Chili dans le monde et – supposition des plus délicates – « à en appeler spécifiquement aux milieux juifs » ? Mais pourquoi le régime voudrait-il se voir associé à quelqu'un qui ne lui poserait que des problèmes[61] ? En réalité, Klein était sceptique, pour le moins, quant au lien entre Rauff et Pinochet.

Toutefois, il était également frappant de constater tout ce que ces auteurs n'avaient pas abordé. Rauff et Pinochet se connaissaient, depuis les années 1950. Rauff lui-même a fait allusion à cette relation – « Je suis un monument » – pour bien signifier qu'il était protégé par le régime. Nul n'a relevé la venue du général Mendoza à la Pesquera Camelio peu de temps après le coup d'État. Nul n'a mentionné l'amitié avec l'amiral Weber. Quand je me suis rendu au Chili, dès que le nom de Rauff était prononcé, il était invariablement associé au régime. Journalistes, diplomates, avocats, universitaires, écrivains – même les chauffeurs de taxi –, tous faisaient le rapprochement.

Je fis l'inventaire de tout ce que j'avais pu apprendre ou lire. Un grand nombre de noms et de lieux avaient été évoqués, mais trois endroits se détachaient.

L'île Dawson, en Patagonie.

La Colonia Dignidad, près de Concepción.

Le centre de torture de Londres 38, à Santiago.

Je décidai alors de me concentrer sur ces endroits, d'approfondir mes recherches, et de m'entretenir avec des interlocuteurs qui pourraient m'en parler.

Londres, mars 1999

74

À la fin de 1998, Pinochet était détenu à Londres depuis trois mois déjà, sans aucun espoir d'un retour rapide chez lui au Chili. Quinze années avaient passé depuis qu'il avait refusé d'extrader ou d'expulser Walther Rauff.

L'ouverture du troisième procès devant la Chambre des Lords était fixée au lundi 18 janvier 1999. La Cour était présidée par Nico Browne-Wilkinson, entouré de six autres juges, dont David Hope. « Il ne restera plus rien du conflit d'intérêts ni des préférences qui ont marqué le procès précédent », notera Hope pour lui-même, non sans une pointe d'inquiétude. « Depuis que j'ai commencé à siéger dans cette Cour, je n'ai pas le souvenir d'avoir jamais éprouvé un tel malaise en abordant une affaire[62]. »

Le gouvernement chilien décida d'intervenir dans la procédure et y fut autorisé par les Law Lords. Ceux-ci reconnurent que l'immunité qui était mise en avant appartenait en réalité au Chili, en tant qu'État souverain. Amnesty et les autres organisations qui avaient participé au premier procès furent admises de nouveau. Ce fut également le cas pour Human Rights Watch, mais notre participation devait se cantonner à produire des observations par écrit. « C'est une bonne chose », releva Hope fielleusement, jugeant que l'un d'entre nous s'exprimait de manière « interminable » en « faisant des phrases »[63].

Une fois de plus, nous nous sommes serrés sur les banquettes de cuir rouge de la Committee Room 4, et j'allais passer les douze jours suivants assis à côté de Miguel Schweitzer. Il s'exclama : « Pinochet, troisième acte ? Avec sept juges cette fois et pas seulement cinq ! Surréaliste, non ? » Plus affable et parfumé que jamais, il paraissait vraiment guilleret, tout en se défendant contre tout optimisme. « Tout a déjà été décidé la première fois, donc je ne vois pas comment nous pourrions gagner », dit-il.

D'un autre côté, pourquoi pas ?

« C'est un nouveau procès qui commence, et nous avons reçu un peu de soutien de la part du gouvernement chilien, avec son formidable avocat », reprit-il en faisant allusion à Lawrence Collins, qui ne se montrait pourtant pas aussi enthousiaste dans ses plaidoiries que Schweitzer l'eût souhaité. « Collins défendait des questions de principe, qu'un ancien chef d'État ne saurait être frappé d'extradition, mais il n'a pas une seule fois fait référence au général. » Nous savions tous pourquoi. « Ce gouvernement chilien ne pouvait pas se permettre d'apparaître comme étant pro-Pinochet. »

Le jour de l'ouverture des débats, la tête à la chevelure argentée de Baltasar Garzón s'invita dans la salle ; il était venu de Madrid pour la journée, dans l'espoir d'ajouter Pinochet à la liste de criminels patentés qu'il avait déjà réussi à mettre derrière les barreaux, selon le *Times*[64]. Jean Pateras l'accompagnait. « J'ai dû tout traduire, c'était vraiment épuisant, se souvenait-elle, et la journaliste d'*El País* a trouvé qu'on avait l'air d'un couple d'amoureux. » Ils s'étaient certes retrouvés pour boire un verre dans son pub préféré, The Antelope, près de Sloane Square, mais rien de plus, m'assura-t-elle.

De retour à Madrid, Garzón attendait des comptes rendus quotidiens. « J'assistais à l'audience, dit Jean, en m'efforçant de comprendre ce qui se passait, et je revenais vers lui. "*Gracias*, Jean, rappelle-moi demain." »

Le premier jour put faire penser au film *Groundhog Day (Un jour sans fin)*, dans lequel un journaliste de télévision se réveille chaque matin pour revivre la répétition exacte des événements de la veille. Pourtant, dès le départ, il était évident que les sept nouveaux juges allaient adopter une approche différente : si les faits restaient les mêmes, les questions juridiques et les débats se présentaient autrement. Le droit coutumier, la Convention de 1961 et la loi de 1978 étaient à peine mentionnés. En revanche, les juges se concentrèrent sur la torture et sur l'impact de la Convention de 1984 contre la torture.

L'idée généralement admise que le droit s'applique mécaniquement aux faits volait en éclats sous l'effet de l'expérience que nous étions en train de vivre : celle du jugement d'une même affaire par la même cour, mais avec des juges différents des précédents. Changez de juges, et tout change. Tel est l'effet du facteur humain.

75

La Convention contre la torture est entrée en vigueur en Grande-Bretagne, au Chili et en Espagne le 10 décembre 1988. Depuis ce jour, ces pays et les autres parties ont l'obligation de prévenir les actes de torture et de punir leurs auteurs. La Convention définit la torture comme « tout acte par lequel une douleur ou des souffrances aiguës, physiques ou mentales, sont intentionnellement infligées », aux fins d'obtenir des renseignements, de punir ou de contraindre une personne. La Convention vise les actes commis par des agents publics agissant à titre officiel, et précise que l'ordre d'une autorité supérieure ne peut être invoqué en défense.

La Grande-Bretagne, le Chili et l'Espagne étaient tenus de s'assurer que les actes de torture et la complicité dans ces actes sont traités comme des délits criminels, et d'introduire dans leurs systèmes judiciaires le principe de la compétence universelle – qui leur permet de demander des comptes à tout tortionnaire présent sur leur territoire, quels que soient sa nationalité et les lieux où ont été commis les actes de torture. Cependant, contrairement à la Convention sur le génocide, sur laquelle Garzón s'était beaucoup appuyé, la Convention sur la torture était muette sur le sujet de l'immunité. Pour Human Rights Watch, nous nous sommes fixé l'objectif d'explorer, avec l'aide d'étudiants de la Yale Law School, l'histoire de la négociation du traité qui a duré quatre ans. Les rédacteurs du projet avaient-ils dit quelque chose sur l'immunité ? La réponse était négative. Les négociateurs de la Convention sont restés muets au sujet de l'immunité d'un chef d'État, qu'il soit toujours en activité ou non.

En droit anglais, comme je l'ai déjà mentionné, un traité international doit être formellement enregistré avant de pouvoir être intégré dans la législation nationale. Pour la Convention sur la torture, cela fut fait au titre de la section 134 du *Criminal Justice Act* de 1988, entré en vigueur le 29 septembre 1988. Les juges pouvaient donc interpréter et appliquer la Convention. En décembre de cette année-là, elle avait force de loi en Grande-Bretagne, au Chili et en Espagne.

Garzón avançait que Pinochet avait planifié le recours à la torture avant sa prise du pouvoir, et qu'il l'avait autorisée dès le premier jour du coup d'État, le 11 septembre 1973, et durant toute la durée de son maintien au pouvoir. Dans le droit anglais, toute entente entre deux personnes ou plus pour recourir ultérieurement à la torture – comme ce fut le cas dans le plan de Pinochet – est considérée comme un acte de conspiration. Alun Jones m'a confié que l'accusation de conspiration ne figurait pas vraiment dans le premier cas porté devant la Chambre des Lords parce que son équipe n'avait pas eu le temps de la développer. « Ce n'est que dans la nouvelle procédure que nous avons pu formuler les accusations de conspiration en vue de commettre des actes de torture. Nous l'avons fait afin de couvrir les agissements criminels qui s'étaient poursuivis durant une longue période », m'a-t-il expliqué. Nous avons choisi cette approche parce que les juristes du CPS redoutaient que les Law Lords ne décident que leur compétence ne pouvait s'exercer qu'à partir d'une date ultérieure, par exemple au moment de l'entrée en vigueur de la Convention sur la torture, en octobre 1988.

« C'était une décision tactique, m'a dit Jones, afin de pouvoir défendre en totalité le cas présenté par Garzón, qui présumait que Pinochet s'était entendu avec d'autres avant le coup d'État pour recourir à la torture et avait continué ensuite durant de nombreuses années. » Ainsi l'accusation de conspiration devait-elle permettre aux magistrats de prendre en considération les actes de torture commis entre 1973 et 1990. Jones ajouta : « J'aime à penser que c'est là que fut ma vraie contribution au procès. »

76

De nouveau, c'est l'Espagne qui s'exprima en premier. Le requérant concentra sa démonstration sur deux points clés : *primo*, les crimes poursuivis répondaient-ils bien à la règle de double criminalité, autrement dit étaient-ils bien des crimes susceptibles d'être jugés autant par les tribunaux anglais que par la justice espagnole ? ; *secundo*, Pinochet pouvait-il se prévaloir d'une immunité pour ces crimes ?

Au cours des journées qui suivirent, les débats se concentrèrent sur le crime de torture et sur les conditions posées par la Convention de 1984. « Le bourreau est l'ennemi universel de la société civile et des droits humains », affirma Alun Jones ; c'est pourquoi l'immunité accordée à un ancien chef d'État[65] était clairement incompatible avec la Convention[66]. Il fut soutenu par le professeur Christopher Greenwood qui démontra que, au-delà de la Convention, c'était le droit international coutumier tout entier qui interdisait à Pinochet de prétendre à l'immunité. Le président du tribunal, le juge Browne-Wilkinson, était perplexe. À partir de quand une règle fait-elle partie du droit international coutumier ? Lorsqu'il était étudiant en droit, il n'avait jamais su réellement comment trancher cette question. « L'examen de cette affaire risque de tourner de plus en plus autour de ce point », renchérit-il, ce qui n'était pas de bon augure pour l'Espagne – puisque la majorité des juges, lors de la première décision, avait conclu que Pinochet ne pouvait pas prétendre à l'immunité selon le droit coutumier. En entendant la question, Miguel Schweitzer croisa les bras, se tourna vers moi et sourit[67]. Je n'ai jamais oublié ce moment, qu'il m'a souvent rappelé, même maintes années après.

« Le droit international coutumier s'enrichit à travers les pratiques des États », déclara Greenwood, tentant de venir à la rescousse. La pratique doit se doubler de la croyance qu'elle relève d'une obligation juridique et non d'une simple convenance. C'est ce qu'on nomme *opinio juris*, pour ceux que le jargon latin intéresse.

Browne-Wilkinson ne cachait pas son embarras. « Donc, si nous disons que cela fait partie du droit international, ça en fait partie, et si nous disons que non, ça n'en fait pas partie ? »

Cela paraissait pertinent. Browne-Wilkinson se montrait sceptique envers l'approche qu'avaient adoptée Hoffmann et la majorité lors du jugement précédent. Il semblait indiquer que c'était vraiment trop vague. Il voulait quelque chose de plus clair, une règle écrite, incluse dans un traité que les États auraient rédigé, signé et explicitement entériné.

Greenwood reprit : « My Lord, vous touchez ici, si je puis me permettre, la responsabilité considérable qui se dresse face à votre Chambre dans cette affaire. » Du point de vue de l'Espagne, la Convention contre la torture ne faisait rien de plus que codifier une prohibition préexistante de la torture dans le droit coutumier, en lui ajoutant quelques fioritures. Le droit ordinaire ne permettait pas à Pinochet de réclamer l'immunité, pas plus que ne le permettait la Convention.

Les choses ont alors pris un tour plus sérieux encore, lorsque Clare Montgomery a pris la parole : « D'accord, examinons soigneusement la Convention contre la torture, et voyons ce qu'elle implique vraiment. » En Grande-Bretagne, au Chili et en Espagne, la Convention n'est entrée en vigueur qu'à la fin de 1988, donc en toute logique elle ne pouvait s'appliquer à coup sûr qu'aux cas de torture intervenus après cette date, une fois incorporée dans la législation de ces trois pays. Elle ne pouvait pas s'appliquer aux cas de torture s'étant produits avant octobre 1988, présuma-t-elle, ni bien sûr dans le Chili des années 1970, bien avant sa rédaction.

Lord Millett intervint à ce moment-là. Le tribunal de Nuremberg n'avait-il pas rejeté l'argument suivant lequel la définition des crimes dans le Statut de Nuremberg ne pouvait pas convenir pour les crimes commis avant la rédaction du Statut, en août 1945 ? Les juges de Nuremberg n'avaient-ils pas décidé que la notion de « crimes contre l'humanité », tout juste introduite dans le droit international, pourrait s'appliquer aux actes intervenus même avant août 1945 ?

« Peut-être, rétorqua vivement Montgomery, mais Nuremberg était un tribunal international et vous, Chambre des Lords, n'êtes qu'une cour nationale[68]. » Devant cette Cour, poursuivit-elle, il ne saurait y avoir de rétroactivité : l'immunité persistait donc si elle n'avait pas été abolie par la Convention contre la torture. L'immunité du général Pinochet persistait. Elle était absolue, étanche, totale.

Mais Millett n'en resta pas là. « N'avez-vous pas dit hier que l'immunité s'applique sur toute la chaîne, même jusqu'au responsable local de police ?

– Oui, répondit Montgomery.

– Donc, un simple responsable local de police peut être jugé par un tribunal international devant lequel il n'y a plus d'immunité, mais ne peut pas comparaître devant une Cour nationale où l'immunité persiste ?

– Effectivement, rétorqua-t-elle. Ou bien, il pourrait être jugé par son propre pays. » Elle expliqua que l'immunité était attachée à l'État du Chili et devait couvrir tous ses représentants officiels, qu'ils soient en haut ou en bas de l'échelle. Le triomphe de Montgomery tenait à ce que, lorsque vous donnez l'impression de croire vraiment à votre démonstration, vous avez une bonne chance que les juges y adhèrent.

Millett paraissait perplexe, de même que Browne-Wilkinson. « Si l'ancien chef de la police ne peut être jugé que par un tribunal international ou la justice de son pays, pourquoi donc la Convention contre la torture demande-t-elle aux autres pays de le poursuivre ? »

C'était là une question clé : comment l'immunité absolue pouvait-elle être compatible avec la Convention sur la torture obligeant ses parties à poursuivre ou à extrader tout tortionnaire, sans s'arrêter à son identité ni au lieu où il commit ses actes ?

Le droit repose sur une forme de logique qui cherche toujours à démêler des fils qui partent dans toutes les directions. Browne-Wilkinson laissa entendre que la proposition de Montgomery de garantir une immunité absolue devant les tribunaux nationaux allait sans doute trop loin pour lui. Peut-être changerait-il d'avis dans la demi-heure suivante mais, pour l'heure, il lui semblait que, dans la mesure où la Convention de 1984 enjoignait aux parties de poursuivre toute personne ayant commis des actes de torture, cela offrait une « exception défendable » à la règle d'immunité.

C'était un exercice de plaidoyer dans la pure tradition anglaise, une joute oratoire visant à démêler les problèmes exposés. Le défenseur proposait, le juge examinait et supputait, dans un mouvement de balancier, suivant les avancées et les progrès de l'argumentation, dans une lutte verbale acharnée, dans un affrontement de raisonnements contradictoires. Cela se poursuivit pendant plusieurs jours. Plaidoirie, réponse, contre-plaidoirie, propositions malaxées, étirées et triturées, jusqu'à faire émerger une chose encore informe, destinée à s'exprimer dans un texte écrit qu'on appellera un « Jugement ».

77

Chaque jour après l'audience, à seize heures, les sept juges se retrouvaient pour prendre le thé, et « entretenir le fil de leurs idées », se rappelait Hope. Un bon nombre d'années plus tard, il m'a guidé à travers le palais de Westminster, jusqu'à l'aile où travaillaient les Law Lords. La pièce dans laquelle ils se retiraient pour délibérer était petite et banale, à rebours des affaires d'intérêt vital qui y étaient discutées. Les juges « travaillaient très bien ensemble », selon Hope, sous la direction aimable mais ferme de Browne-Wilkinson. « Nico ne cherchait jamais à s'imposer », mais il avait « plusieurs longueurs d'avance » sur les autres, « même s'il se montrait parfois incertain quant à ses propres préférences »[69].

Chambre des Lords, bureau de délibération des Law Lords, 21 février 2024.

Après quelques jours de débats, Browne-Wilkinson formula d'autres questions pertinentes. Un traité pouvait-il abolir la reconnaissance d'un droit général à l'immunité ? Et si tel était le cas, le traité devait-il le faire explicitement, ou pouvait-on s'en tenir à une évidence implicite ? La lecture de nos observations, écrites pour le compte de Human Rights Watch, avait appris à Browne-Wilkinson que les rédacteurs de la Convention ne s'étaient jamais penchés sur ces questions.

Pour Clare Montgomery, l'implicite n'était pas suffisant, on avait besoin de plus que cela. Un traité devait être explicite pour mettre fin à une immunité, comme dans l'exemple de la Convention sur le génocide. « C'est le point crucial, selon moi », dit Browne-Wilkinson, qui demeurait apparemment indécis.

Le professeur Brownlie de l'Université d'Oxford, lunettes sur le nez, tel un hibou à l'air sévère, intervint alors pour le compte d'Amnesty. Si Miss Montgomery avait raison, Pinochet pouvait alors se mettre à l'abri derrière « un mur d'impunité ». Mais pourquoi les auteurs de la Convention contre la torture auraient-ils voulu offrir le privilège de l'immunité à un dictateur tel que Pinochet après qu'il eut quitté le pouvoir[70]?

Lord Millett intervint de nouveau. Il ne faisait aucun doute pour lui qu'une évidence implicite suffisait. Il ressortait bien de la logique du droit que l'immunité était évincée par un traité exigeant qu'un tortionnaire soit poursuivi ou extradé là où il serait mis en jugement.

Que pensaient les autres juges de ce point clé ? L'expression de leurs visages ne livrait aucun indice.

Chaque prise de parole d'un défenseur du gouvernement chilien faisait penser à un exercice de funambule, évitant soigneusement d'apparaître trop positif au sujet de Pinochet. « La torture est prohibée par le droit international », déclara Lawrence Collins, et le Chili reconnaissait déjà cela dans les années 1970.

« C'était déjà vrai en 1973 ? demanda Lord Hope.

– Oui, absolument », répondit Collins. Toutefois, le fait que le Chili reconnaissait déjà cela à l'époque du coup d'État ne signifiait pas que la torture « était déjà alors considérée comme un crime international ». En outre, la perte de l'immunité n'était effective que si elle était « expressément prévue » par un traité, ce qui reprenait exactement la démonstration de Miss Montgomery. Et puisque la Convention contre la torture ne contenait aucune clause explicite à ce sujet, l'immunité de Pinochet – et le droit du Chili de la faire prévaloir – conservait toute sa force. Elle était « intacte ».

Au bout de douze jours de débats serrés, les audiences se terminèrent le jeudi 4 février. « Beaucoup plus complètes » que la précédente session, releva Hope[71]. L'équipe de Human Rights Watch les jugea quant à elle aussi parfaitement équilibrées qu'imprévisibles. L'attitude des juges et les questions soulevées laissaient entrevoir une issue très différente.

La période qui s'écoula entre la clôture des débats et l'annonce du jugement fut riche en péripéties.

Lord Irvine, le Lord Chancelier du royaume, coupa court aux spéculations sur le sort de Lord Hoffmann. « C'est un juge de la plus parfaite intégrité », proclama-t-il ; il n'avait commis qu'une simple erreur d'appréciation. Il sera donc maintenu à son poste[72].

Le Vatican pressa le gouvernement britannique de permettre à Pinochet de rentrer au Chili, dans l'intérêt du processus de réconciliation nationale[73].

Le président de la Cour suprême du Chili, Roberto Dávila Díaz, s'était exprimé à l'occasion de la rentrée judiciaire. Il était favorable à l'immunité et au retour immédiat du général[74].

Au bout de sept semaines, le jugement des Law Lords fut annoncé pour le mercredi 24 mars. Deux jours avant l'audience, le *Times* annonça que le verdict attendu allait « donner de l'élan » à la « remise en liberté » de Pinochet : le journal prédisait que les juges allaient reconnaître l'immunité de Pinochet pour les actes commis jusqu'en 1988, mais la lui refuseraient pour tous les crimes commis après cette date, pour lesquels il pourrait être extradé vers l'Espagne. Toutefois, le journal poursuivait en expliquant que l'extradition serait forcément « réduite à néant » puisque la plupart des actes mis en avant par Garzón s'étaient produits en 1973 et en 1974[75]. « Une journée très déplaisante », m'a dit James Vallance White, commentant la fuite qui était visiblement à l'origine de l'article. Amnesty et d'autres portèrent plainte. Une enquête fut diligentée mais n'aboutira à rien[76].

78

En cet après-midi du 24 mars, nous nous sommes pressés une fois de plus dans la salle d'audience de la Chambre des Lords. Pinochet était dans son cinquième mois de détention, et je n'avais pas parlé à James Cameron depuis plusieurs semaines. Plus de contact entre nous jusqu'à la fin du procès, avions-nous décidé d'un commun accord, aussitôt après l'affaire Hoffmann.

À quatorze heures, Browne-Wilkinson se leva[77]. « Pour les raisons données, déclara-t-il, je suis conduit à affirmer que le sénateur Pinochet ne possède pas d'immunité, en tant qu'ancien chef d'État, pour les crimes passibles d'extradition. » Il marqua un temps d'arrêt. « J'accepterai donc en partie ces recours. »

« En partie. » Qu'est-ce que cela signifiait ? Nous restions en suspens.

Lord Goff parla à son tour. Pour lui, l'immunité de Pinochet était complète.

Puis vint le tour de Lord Hope. Pinochet avait bien perdu son immunité, mais seulement à partir du jour de l'entrée en vigueur de la Convention contre la torture en Grande-Bretagne, au Chili et en Espagne, le 10 décembre 1988. L'article du *Times* avait dit vrai, et il se confirmait que l'information avait fuité avant le prononcé du jugement. Des crimes avaient-ils été commis après cette date, entre décembre 1988 et mars 1990, quand Pinochet avait quitté le pouvoir ? Très peu.

Lord Hutton déclara que Pinochet avait perdu son immunité le 29 septembre 1988, quand était entré en vigueur l'article 134 du *Criminal Justice Act*. Quatre juges avaient pris la parole et exprimé chacun un avis différent.

Lord Saville se rangea à l'avis de Lord Browne-Wilkinson.

Le sixième juge qui prit la parole, Lord Millett, affirma que Pinochet n'avait pas la moindre immunité et qu'il pouvait être extradé vers l'Espagne pour répondre de chacune des accusations émises par Garzón.

Enfin arriva le tour du dernier juge, Lord Phillips. Lui acceptait l'appel au regard de la conduite de Pinochet, constitutive de crimes justifiant son extradition. Mais il ne précisa pas ce qu'était cette conduite.

En entendant les juges, une foule de juristes présents à la Chambre des Lords et des millions de personnes de par le monde qui suivaient la séance en direct sur la BBC et CNN s'efforçaient de comprendre ce qui avait été décidé. Sept magistrats, six opinions différentes, et le résultat semblait être que Pinochet n'avait pas d'immunité pour les actes de torture perpétrés à partir de décembre 1988. Il pouvait donc être extradé pour ces actes, mais pas pour des faits plus anciens. La Cour n'avait pas suivi Bingham et la Divisional Court, ni les cinq Law Lords qui avaient prononcé le premier jugement.

Browne-Wilkinson se leva de nouveau. Il expliqua que, selon le principe de la double criminalité, Pinochet ne pouvait être extradé que pour une conduite tenue pour criminelle à la fois par la loi espagnole et par la loi anglaise. De plus, les actes de torture et de conspiration en vue de torturer commis à l'extérieur du Royaume-Uni ne furent criminalisés en droit anglais qu'à partir du 29 septembre 1988 – lors de l'entrée en vigueur de l'article 134 du *Criminal Justice Act*. Pinochet ne pouvait donc être extradé que pour les actes de torture reconnus après cette date.

« Par conséquent, poursuivit-il, la majorité des charges soulevées à l'encontre du sénateur Pinochet sont levées. » En effet, tout ce qui subsistait était une accusation de torture perpétrée après le 29 septembre 1988, et deux accusations de conspiration en vue de torturer amorcée avant et poursuivie après cette date. Pinochet pouvait être extradé vers l'Espagne également pour des accusations de conspiration en vue de commettre des meurtres mais, le meurtre ordinaire n'étant pas qualifié de crime international dans le droit espagnol, il bénéficiait d'une immunité pour cela.

Browne-Wilkinson aborda alors la question suivante : Pinochet avait-il une immunité pour l'accusation de torture et les deux accusations de conspiration, actes commis après le mois de septembre 1988 ? La réponse était non, car l'immunité avait été abolie par l'application de la Convention de 1984. Mais comme ces accusations étaient « très réduites », il reviendrait au Home Secretary de décider d'autoriser ou non la poursuite de la procédure d'extradition.

Le président de la Cour adressait un signal très clair à Jack Straw : réfléchissez bien avant d'émettre une nouvelle autorisation de poursuivre *(Authority to Proceed)*, en considérant que les accusations sont « considérablement diminuées ».

Nous avons digéré les paroles de Browne-Wilkinson et les conclusions des sept juges. Six d'entre eux avaient voté contre l'immunité pour les accusations subsistantes, tandis que Goff était seul favorable à une immunité totale. Ce résultat à six contre un reflétait exactement la décision de la Cour suprême du Chili au sujet de Rauff, en 1963.

Il est impossible de rendre compte en détail des approches différenciées des magistrats. Mais leur raisonnement était traversé par un même fil conducteur : la Convention contre la torture exige que les tortionnaires soient poursuivis ou extradés, obligation qui est incompatible avec l'immunité. L'évidence était que, du fait de l'existence même de la Convention, Pinochet avait perdu son immunité à partir de décembre 1988, quand la Convention était entrée en vigueur dans les trois pays.

Hope nota dans son Journal que « le résumé du jugement fut écouté dans le plus grand silence ». Quand Browne-Wilkinson se fut rassis, l'assistance quitta la salle et ce fut « la course dans les couloirs » pour répandre l'information[78].

Je me sentais déprimé, tandis que Miguel Schweitzer avait l'air ravi. Pourtant, nos sentiments étaient mitigés car aucun des deux camps n'avait vraiment gagné ni vraiment perdu.

« Le jugement a été applaudi par les deux côtés », écrit Hope. En attendant, les Law Lords avaient refilé le bébé à Jack Straw, à qui revenait maintenant la charge de prendre une décision.

79

En sortant de la Chambre des Lords, nous avons pris des copies des jugements écrits[79]. Sur quelque cent vingt-deux pages de couleur verte, tout un spectre d'opinions diverses, encadrées par les raisonnements opposés de Millett et de Goff. Pour le premier, le droit international était « une branche du droit vivante et en pleine expansion », et Nuremberg incarnait la fin de l'immunité[80]. Pour le second, l'immunité ne pouvait être annulée que par un accord explicite entre pays, et cet accord n'existait pas.

Entre ces deux visions se trouvait la position intermédiaire incarnée principalement par Browne-Wilkinson. Celui-ci ne pouvait ignorer « les actes de barbarie effroyables » commis au Chili et ailleurs, « la torture, le meurtre et la disparition inexpliquée de personnes » sur une large échelle. Garzón avait exposé toutes ces horreurs sur trois cents pages, que l'équipe espagnole avait condensées autour de trente-deux chefs d'accusation de torture, meurtres et autres crimes, commis entre janvier 1972 – quand Pinochet conspirait pour prendre le pouvoir – et janvier 1990, date de son départ. Hélas, le double coup dur de la « règle de la double criminalité » et de la Convention de 1984 avait réduit tout le dossier à seulement trois chefs d'inculpation passibles d'extradition.

Hope mesurait bien l'effet « profond » du passage à ces trois seules accusations. On faisait ainsi disparaître les crimes perpétrés par le régime de Pinochet contre quatre mille victimes entre 1973 et 1977. Sur les cent trente délits identifiés par Garzón, seuls trois avaient été commis postérieurement à décembre 1988 : un acte de torture – sur Marcos Quesada Yáñez[81] – et deux accusations de conspiration en prévision d'actes de torture.

Hope se demanda si les auteurs de la Convention de 1984 avaient l'intention de priver Pinochet d'immunité pour un acte isolé de torture. Certainement pas, écrit-il dans son Journal[82]. Car ce qu'ils visaient était la torture pratiquée sur une échelle telle qu'elle en devenait un crime d'ampleur internationale, en étant « généralisée ou systématique ». Il fallait plus qu'un acte isolé de torture, et c'est pourquoi la conspiration comptait tellement : l'implication de Pinochet avait commencé en 1973, avant le coup d'État, et s'était poursuivie dans des proportions si importantes qu'elle avait franchi la ligne pour se muer en « crime international ».

Hope s'était laissé persuader de la solidité de la démonstration sur la conspiration en prenant connaissance des trois cent douze pages de la requête d'extradition de Garzón : Pinochet avait pris part à une entente visant à développer « une campagne de torture », laquelle avait été engagée avant le coup de force et poursuivie durant dix-huit ans, jusqu'à ce qu'il quitte le pouvoir. L'entente et la campagne elle-même avaient pour but de faire naître la peur et de soumettre la population, et cette conspiration couvrit tous les actes de torture commis après le coup d'État de septembre 1973. J'ai lu ce dossier afin d'inclure dans ces pages la torture de Gómez et de Chanfreau à Londres 38, et celle de Carmelo Soria dans la maison de la via Naranja.

Chacun des autres juges, sauf Goff, a accepté la démonstration établissant que la conspiration était un crime passible d'extradition pour lequel Pinochet n'avait aucune immunité.

Néanmoins, Hope et les autres magistrats durent reconnaître que leur jugement avait abouti à une diminution significative des chefs d'accusation permettant d'extrader un Pinochet privé d'immunité.

Jack Straw se voyait donc de nouveau en situation de devoir émettre ou non une autorisation de poursuivre. S'il se prononçait favorablement, un magistrat devrait alors étudier « avec la plus grande attention » les preuves à l'appui des accusations restantes, afin de décider dans quelle mesure une conspiration de longue date, couplée à un unique acte de torture, pourrait suffire à justifier l'extradition.

Hope paraissait douter de l'aboutissement de la procédure d'extradition. Il était préoccupé par l'« énorme dépense » consentie pour garder Pinochet en détention « sur des charges aussi peu nombreuses », et par les « répercussions diplomatiques ». « Il est possible que le bénéfice de l'extradition n'en couvre pas les inconvénients », écrit-il[83]. La « balance va sûrement pencher maintenant en faveur de ceux qui disent qu'on devrait le renvoyer au Chili », conclut-il pour lui-même, constatant que le coût de plusieurs années de procès serait ridicule[84]. Il écrit dans son Journal, mais pas dans son jugement, que Browne-Wilkinson et Goff partageaient cette conclusion. Désormais, « les chances étaient clairement en faveur » d'une décision de renvoi de Pinochet chez lui.

James Vallance White était d'avis, lui aussi, que l'affaire s'arrêterait après la décision des juges.

Avait-il pensé que la diminution radicale du nombre de chefs d'accusation était destinée à mettre fin à la procédure ?

« Oui, c'était exactement mon impression. Ils espéraient se débarrasser de Pinochet, alors ils ont été ravis que David Hope suggère un moyen terme lui permettant de rentrer au Chili. »

Tout en préservant l'institution ?

« Exactement, ils étaient contents de se retrouver sur cette ligne médiane, très soulagés d'avoir trouvé une manière d'en finir qui était satisfaisante intellectuellement et politiquement. »

***

Le jugement fut prononcé le jour même où la Grande-Bretagne et les États-Unis déclenchaient des frappes aériennes sur la Serbie, à la suite des événements du Kosovo, le 24 mars 1999. « Nous voulons juguler la capacité de Milošević à déclencher une guerre contre une population civile innocente, déclara Tony Blair, pour un monde qui doit savoir qu'on ne saurait laisser la barbarie vaincre la justice[85]. »

Le bombardement de Belgrade supplanta l'affaire Pinochet à la une des journaux[86], mais la décision judiciaire était toujours largement commentée. La conclusion la plus partagée était que Pinochet n'avait pas complètement gagné et qu'il restait sous le coup d'une réelle menace d'extradition. Un éditorial parut dans le *New York Times* sous un titre annonçant « la pire journée jamais connue pour la souveraineté[87] ». Une décision bienvenue pour le *Guardian* qui précisait que, bien que Pinochet allait échapper aux poursuites en Espagne pour « la majeure partie de ses crimes », la déception était « tempérée par les avancées permises par ce cas en matière de droit humanitaire ». En revanche, le *Daily Telegraph* jugea que l'arrêt de la Cour était déplorable, rejoint en cela par l'avocat d'Amnesty. « Complètement erroné », pour Geoffrey Bindman, qui préférait le jugement précédent, « lequel reconnaissait que des crimes tels que la torture devaient rester imprescriptibles à jamais, au moins à partir de Nuremberg, et qu'ils relevaient de la juridiction universelle »[88].

Miguel Schweitzer était convaincu que les Law Lords étaient décidés à en finir avec cette affaire. « Une extradition pour un unique acte de torture ? Ce serait absolument ridicule, alors que les violations des droits humains au Chili avaient cessé en 1988. » Il était « absolument certain » que l'intervention de l'État chilien avait été déterminante.

Michael Caplan était moins optimiste que Schweitzer, et pas aussi sûr de comprendre ce que les magistrats voulaient vraiment. Il appréciait la prudence du jugement, et le fait que Browne-Wilkinson suggère à Straw de bien peser sa décision. « C'était très bien de sa part de dire cela, mais je n'ai jamais cru un seul instant que les Lords pouvaient clore l'affaire définitivement. Je crois que ce qu'il voulait dire était : "Voilà où nous en sommes, pensez-vous vraiment qu'il est raisonnable de poursuivre l'affaire sur cette base ?" » Mais Caplan était d'accord avec Schweitzer pour reconnaître que l'action du Chili avait été décisive.

Les équipes s'étaient-elles coordonnées ?

« Je ne suis pas sûr », dit Caplan, un peu évasif. « Pour notre part, nous étions toujours heureux de discuter avec eux, s'ils le souhaitaient et quand ils le souhaitaient. »

James Cameron et moi ne nous étions pas parlé depuis plus de trois mois, mais nous pouvions reprendre nos relations habituelles maintenant que l'affaire était jugée. Le soir même de la décision, nous nous sommes envolés ensemble pour Washington, afin d'assister à une conférence de droit international où le dernier jugement fut au centre des débats. Étions-nous face à une avancée pour les droits humains, ou était-ce un revers ? Les avis étaient partagés. Dans une salle comble, nous avons été rejoints par une consœur et amie venue de Barcelone, Adriana Fabra, qui a défendu devant nous un point de vue juridique espagnol, avec une émotion mal contenue et même quelques larmes. Décidément, cette affaire avait tout pour dresser des barrières entre les amis.

80

Il revenait maintenant à Jack Straw de trancher, entre l'émission d'une nouvelle autorisation de poursuivre, ou le classement d'une affaire qui se limitait dorénavant à une seule inculpation pour torture et deux pour conspiration.

En sortant de la Chambre des Lords, l'équipe de Pinochet était résolue à obtenir de la Haute Cour une ordonnance qui empêcherait Straw de statuer immédiatement. « J'ai réussi à faire siéger la High Court en urgence l'après-midi même, et j'ai pu remettre les papiers nécessaires au CPS directement sur place », se rappelait Caplan. Mais le juge rejeta la demande, et Caplan craignit alors que Straw ne signe sans délai une *Authority to Proceed*.

Il fallait maintenant explorer toutes les options ; quelque chose se préparait peut-être déjà. Caplan y fit allusion bien des années plus tard, quand nous avons reparlé ensemble de ces journées. « Il y avait une possibilité sous-jacente, dit-il un peu mystérieusement. Ce n'était rien de plus que ça, l'éventualité d'un problème d'ordre médical. »

Tandis que Straw soupesait les choix possibles, le Crown Prosecution Service et Garzón recherchaient des cas de torture qui s'étaient produits au cours de la période tronquée qui pouvait seule être retenue. Le CPS avait dit à Garzón : « Nous avons besoin d'éléments précis sur tous les exemples de torture recensés après le 29 septembre 1988, de toute urgence. » Les cas doivent être authentiques, avec toutes les précisions sur les victimes et les méthodes de torture employées, et la preuve que la torture était la conséquence d'une « politique de répression systématique, largement appliquée et continue ».

Garzón était épaulé par Juan Garcés, qui découvrit rapidement quarante-quatre cas supplémentaires de torture qui s'étaient produits après 1988 et étaient directement liés au régime Pinochet. Les informations réunies parvinrent à Londres dans les deux jours qui suivirent le jugement du 24 mars, au moment où Thatcher rendait visite à Pinochet à Wentworth, pour lui exprimer sa solidarité[89].

Garzón était décidé à montrer que le « plan systématique » de torture de Pinochet avait débuté en 1973 et s'était poursuivi jusqu'à son départ en 1990, et qu'il faisait partie d'une politique spécifique et inchangée durant deux décennies[90].

Augusto et Lucía Pinochet avec Margaret Thatcher, Londres, 26 mars 1999.

À Madrid, les juristes trouvèrent un autre moyen pour renforcer le dossier d'extradition. Juan Garcés et Carlos Castresana remirent au juge Garzón une liste de 1198 noms de personnes ayant disparu et dont le sort était inconnu à la date du 8 décembre 1988. Leur initiative se fondait sur un jugement de la Cour interaméricaine des droits de l'homme, laquelle avait statué que les disparitions constituaient un acte permanent de torture psychologique pour les familles, tant que le sort de leurs proches n'avait pas pu être établi[91].

Autrement dit, l'impossibilité d'apporter des informations sur le sort d'Alfonso Chanfreau, disparu en juillet 1974, constituait une torture ininterrompue pour sa femme Erika Hennings et leur fille. La position de la Cour interaméricaine des droits de l'homme fut confirmée lors de l'examen de divers cas à la lumière de la Convention de 1984 contre la torture et d'autres traités internationaux[92], et par plusieurs jugements prononcés par la Cour européenne des droits de l'homme[93].

En l'espace de quelques semaines, quarante-quatre cas de torture supplémentaires et 1198 cas de disparition étaient venus compléter l'unique cas de torture et les deux chefs d'accusation pour conspiration. Toute la documentation fut envoyée à Jack Straw: «Je vis arriver dans mon bureau un chariot où s'entassaient douze classeurs à levier.» Pendant que Pinochet et le Chili faisaient des démarches afin de mettre un terme à l'affaire, Garzón, l'Espagne, les organisations de défense des droits de l'homme et les victimes pressaient le Home Secretary d'extrader Pinochet vers l'Espagne. Venaient s'ajouter à tout cela les réflexions émanant du Foreign Office et des services de renseignement britanniques, restées confidentielles.

«J'étais comme un moine trappiste, il m'était interdit de dire un mot à âme qui vive, à l'exception des responsables directement concernés, nous raconta Straw. Je savais bien ce que me dictait mon instinct, mais je me sentis obligé de me pencher sur toute cette masse de documents.» Bien des années plus tard, James Cameron et moi étions assis en face de Jack Straw dans son jardin près d'Oxford, par une matinée de printemps venteuse et ensoleillée.

Straw évoqua sa jeunesse, la période où il était un étudiant politiquement engagé, à Leeds, et le voyage qu'il fit en 1966 au Chili, financé en partie par le Fund for International Student Cooperation, organisme qui servait de couverture au MI6, le service de renseignement britannique, comme il l'apprendra par la suite. Il avait rencontré Salvador Allende – «il est possible que je lui aie serré la main, mais je ne m'en souviens plus» – et avait applaudi son élection à la présidence quatre ans après. «Un scrutin remporté à la régulière», pensait-il.

En 1973, Straw était un jeune avocat qui s'occupait d'affaires de contentieux pour la police des transports («un travail pas trop fatigant»). Il suivait les événements du Chili, sans s'impliquer dans les manifestations de protestation («ma vie était trop remplie par d'autres choses»). Il rencontrait parfois des réfugiés chiliens et se fit une opinion bien arrêtée sur Pinochet. « Un fasciste de la pire espèce, qui n'hésitait pas à tuer des gens en très grand nombre, et qui était soutenu par les Américains. Je le haïssais. Par chance, je ne l'ai jamais exprimé publiquement ! »

Au vu du passé de Straw, les fidèles de Pinochet eurent tôt fait de soupçonner une conspiration, dans laquelle ils l'associaient à Robin Cook. « Comme si c'était le cas ! » s'écria Straw. C'est par accident, en lisant un article du *Guardian* à bord d'un avion pour Marseille, quelques heures avant l'arrestation, qu'il avait appris la présence de Pinochet à Londres et les interventions de Garzón. Il fut furieux d'apprendre que le Foreign Office et la Metropolitan Police avaient eu vent de quelque chose dès la veille mais ne l'en avaient pas informé. Il pensait cependant que Cook s'était tenu « du bon côté » dans l'affaire Pinochet, contrairement au 10, Downing Street. Blair et son équipe s'étaient montrés « extrêmement inefficaces », selon lui.

Straw comprit immédiatement que la loi d'extradition le contraignait, en tant que secrétaire à l'Intérieur, à endosser un rôle quasi judiciaire dans toute procédure d'extradition, ce qui l'obligeait à conserver ses distances.

Qu'avez-vous ressenti au sujet de l'arrestation ?

« J'étais fier et ravi, mais j'ai gardé mes sentiments pour moi. »

La décision de la Divisional Court ?

« Une déception. »

Le premier jugement de la Chambre des Lords ?

« Mémorable, j'étais incroyablement heureux. »

L'affaire Hoffmann ?

Straw réfléchit avant de répondre. « J'étais furieux, absolument enragé. »

La crise autour d'Hoffmann a éclaté au moment même où Straw devait décider de prononcer ou non l'autorisation de poursuivre. « Je devais traiter toute l'affaire avec la plus extrême rigueur, sans en parler avec quiconque. » Il n'en discuta pas avec Robin Cook (« il connaissait mon sentiment profond et je connaissais le sien »), ni avec Tony Blair (« déchiré, remonté comme tout un chacun contre les meurtriers et les dictateurs brutaux, mais à tu et à toi avec Aznar »). Le Premier ministre espagnol, marqué à droite, n'était pas hostile à Pinochet et craignait que son arrestation ne constitue un précédent qui dissuaderait les dictateurs d'opter pour la voie de la démocratie[94].

Straw nous expliqua qu'il n'existait pas de coordination formelle entre les différentes parties du gouvernement britannique, mais le Home Secretary arrivait à capter des bribes d'information de-ci, de-là. Il eut vent de la « correspondance étonnante » de Margaret Thatcher avec Blair – « dites à votre Home Secretary de relâcher Pinochet », plaidait-elle, s'attirant un refus du Premier ministre. « C'est à Straw de décider, pas à moi. » Blair essaya plusieurs fois de l'entreprendre à la fin d'une réunion du gouvernement. « Il me faisait entrer et disait : "Pouvons-nous parler pour savoir où vous en êtes ?" » Mais Straw déclinait l'invitation. Jonathan Powell, le chef de cabinet de Blair, l'avait parfois retenu par son revers. « Où en était-on ? »

Straw nous dit qu'il avait toujours refusé de s'exprimer. Il devait décider de viser ou non une nouvelle *Authority to Proceed*, et une telle décision exigeait d'être prise en parfaite indépendance.

81

Avril était arrivé, quatre mois après la signature par Straw de la première autorisation de poursuivre, en décembre 1998. « La première *Authority to Proceed* comprenait trente-trois chefs d'accusation, nous rappela Straw, et on n'en comptait désormais plus que trois. »

Straw était assisté par Jonathan Sumption, avocat de grande réputation. La Divisional Court confirma qu'il pouvait annuler la première autorisation et décider d'en produire une nouvelle. On lui apporta le grand chariot avec son chargement de classeurs à levier. « Je les ai tous parcourus » ; cette histoire soulevait vraiment beaucoup d'intérêt. L'ambassadeur de Grande-Bretagne au Chili se montrait de plus en plus « crispé » par l'affaire, et le MI6 désirait que Straw « se débarrasse de Pinochet ». Margaret Thatcher était indignée par tout l'épisode.

Plusieurs jours durant, Straw prit le temps de lire et de réfléchir. Il tenait à examiner toute l'affaire « d'un œil entièrement neuf », en tenant compte de la recommandation de Browne-Wilkinson qui l'invitait à mesurer la « diminution considérable » des accusations.

« J'ai relu toutes les observations, celles qui émanaient des opposants comme celles des partisans, dans un état d'esprit complètement ouvert. » Le nombre subsistant des chefs d'accusation pour torture et conspiration était réduit, mais ils mettaient en évidence des crimes « graves » qui devaient être portés devant la justice. Straw comprit l'importance des accusations de conspiration, qui lui permettaient de retenir les cas de torture en remontant jusqu'en 1973. Les cas de disparition, comme celui d'Alfonso Chanfreau, entrèrent aussi en ligne de compte.

Bien des années plus tard, assis dans un jardin où soufflait le vent, Straw restait serein. « Je savais qu'il me fallait produire des arguments solides à l'appui de ce que j'allais décider. Pas question de dire "ce type est un salaud, on doit l'extrader". »

Et le petit nombre de charges ?

« J'avais la conviction que trois chefs d'accusation suffisaient. Pinochet était un homme vraiment très malfaisant. Je l'ai fait remarquer plusieurs fois à Tony [Blair] : ce n'était pas normal d'avoir signé ces traités internationaux et de nous en féliciter, si on ne faisait rien dès qu'un cas se présentait. »

« Vous n'avez jamais hésité ? demanda James Cameron.

– Non. J'avais le pouvoir de décider de poursuivre. Une fois arrivé là, je devais prendre la décision. » Il nous regarda, cligna des yeux, fit une pause puis reprit : « J'étais encore furieux à cause de Lennie Hoffmann. »

Dans la soirée du 14 avril 1999, ayant balayé tous ses doutes, Straw signa la seconde autorisation de poursuivre. L'ambassadeur britannique au Chili, le MI6 et Margaret Thatcher seraient déçus, comme Augusto Pinochet. Les documents allaient être remis à un magistrat, chargé de décider de la suite de la procédure, conformément à l'*Extradition Act*, en ordonnant ou non d'extrader Pinochet vers l'Espagne. Le séjour à Londres du général n'était pas près de s'achever.

IV.

ÉVASION

Tout le monde sait que les dés sont pipés.

Leonard Cohen, « Everybody knows », 1988.

Nuits au musée

82

Un matin de l'automne de 2022, à Londres, j'ai reçu un courriel de mon assistante à Santiago, Monserrat. Elle m'écrivait : « J'ai trouvé un livre qui pourrait être intéressant, par Galo Ghigliotto, un auteur chilien ; l'un des protagonistes est Rauff. » Le livre, qu'elle n'avait pas encore lu, portait un titre intriguant, *El Museo de la Bruma (Le Musée du brouillard)*.

Quelques jours plus tard, j'ai reçu ce livre en espagnol, relié sous une belle couverture rouge et noire. Il racontait l'histoire d'un musée installé à Punta Arenas, qui présentait, dans trois salles, une collection d'objets, de photographies et autres documents.

En le parcourant, j'ai découvert la reproduction d'une photo d'Augusto Pinochet inaugurant la rue José Menéndez, probablement à Punta Arenas, en 1975 ; Rauff était présent dans le public, debout entre deux femmes qui agitaient des drapeaux[1]. Sur une autre page, j'ai retrouvé le commentaire de l'article paru dans le numéro de mars 1984 de *Newsweek* où Pinochet parle de Rauff et dit qu'il ne le connaît pas.

Je poursuivis ma lecture.

Une première salle du musée était consacrée à Julio Popper, un aventurier roumain du XIXe siècle venu en Terre de Feu pour chercher de l'or, et qui tua un grand nombre de membres du peuple selk'nam, le groupe indigène rassemblé par les Salésiens sur l'île Dawson. Popper était un génocidaire[2].

La deuxième salle présentait Alain-Paul Mallard, voyageur et collectionneur mexicain, et le Britanique Bruce Chatwin, explorateur, écrivain et mythographe moderne.

Enfin, la troisième salle était réservée à Walther Rauff et aux années que l'ancien officier SS avait passées à Punta Arenas et à Porvenir. Le musée exposait des objets se rattachant à Rauff et à son temps.

Il n'était plus possible de visiter ce musée, car un incendie avait détruit, quelques années auparavant, le bâtiment et tous les objets qu'il contenait. « La puissance des vents de la Terre de Feu avait permis aux flammes de faire place nette. » L'auteur avait passé des années à chercher des objets de remplacement dans des bibliothèques, des librairies, des musées, chez des particuliers et dans des boutiques d'antiquités, puis avait fini par comprendre que la tâche était irréalisable. Il dut donc se résigner à se servir des seuls mots pour maintenir en vie l'esprit de tout ce qui était parti en fumée.

Le musée célébrait la Patagonie, région bien particulière, très éloignée, isolée et fragmentée. Par sa « géographie sinistre », elle semblait vouée à devenir le siège d'une « impunité extrême », empreinte d'une « pulsion génocidaire ».

Je continuai à lire.

La collection du musée comprenait maints documents familiers concernant Rauff.

Une copie de la tristement célèbre lettre sur les camions à gaz, présentée parmi les preuves accumulées à Nuremberg, qui avait été adressée de Kiev en mai 1942 par le Dr Becker, le chimiste, au SS Obersturmbannführer Rauff. Le musée en exposait une traduction en espagnol.

Un mémorandum de la CIA datant de mars 1960 sur les liens entre Rauff et les services secrets d'Israël.

Une citation de Francisco Coloane – un romancier chilien bien connu –, habitant à Porvenir, dont le voisin occupait une cabane en tôle ondulée brute. « Ici habite Walther Rauff, le génie qui a trouvé comment relier les tuyaux d'échappement à l'intérieur des véhicules de transport de prisonniers. »

Une déclaration d'Héctor Rivera Antipán, ancien élève de l'école Las Mercedes à Punta Arenas, rappelant une visite de Rauff dans l'établissement, pour louer son soutien en le présentant comme un saint homme. Antipán ne découvrira que bien plus tard que l'homme de Porvenir avait assassiné 97 000 êtres humains.

Un témoignage de Juan Carlos Colihuinca, un petit voleur qui avait partagé la cellule de Rauff à Santiago en 1963, lors de sa détention durant la procédure judiciaire d'examen de son extradition. D'après ses dires, Rauff jouissait d'un traitement de faveur, rideau de séparation, bureau, et était autorisé à recevoir une dame. Rauff aurait dit à Colihuinca qu'il avait conçu certains dispositifs, sans jamais les avoir utilisés lui-même.

Un témoignage de G. R., membre de la brigade Phoenix, sur une tentative d'assassinat contre Rauff à Punta Arenas en 1964, ce qui avait décidé l'Allemand à venir s'installer à Porvenir.

Un article de journal signé par Pablo Neruda en juillet 1965, intitulé *« Los Libertadores »* (les Combattants de la liberté). Le poète y attaquait le système judiciaire qui permettait à Rauff, un criminel de guerre, de vivre librement au Chili. « Nul ne saurait nier que cet homme s'y connaît en camions. Comme je ne saurais nier moi-même que la justice de mon pays, sa Cour suprême, entretient une conception bien rodée de la réalité : elle protège des gens qui organisent efficacement le meurtre et le transport collectifs par camions. »

Une lettre de Salvador Allende à Simon Wiesenthal, datant d'août 1972. C'était au tribunal qu'il revenait de statuer sur l'extradition de Rauff, pas au Président. Allende n'en condamnait pas moins les crimes horribles des nazis.

Un mémorandum de la CIA du 8 juillet 1977, traduit en espagnol, sur l'assassinat d'Orlando Letelier en septembre 1976 et l'activité présumée de Rauff en qualité de conseiller principal de la DINA.

Une lettre de Klaus Barbie datée du 12 octobre 1983, écrite de Lyon lorsqu'il crut apprendre la mort de Rauff, alors que ce dernier était toujours vivant (il mourra en mai 1984).

Une déclaration de Blanca Madones, une voisine de Porvenir. « Nous étions vraiment effrayés par M. Walther Rauff, disait-elle. Il nous regardait comme des chiens ou des chevaux qui passent, comme si nous n'existions pas. » Elle n'apprit que plus tard que Rauff était vraiment un nazi, mais nul ne voulait en parler à Porvenir.

Un témoignage de 2014 d'Eugenio Giglio, poète vivant à Porvenir, rappelant que nombreux étaient les habitants qui considéraient Rauff comme « un brave homme âgé » qui ne se « sentait » pas du tout nazi.

Le musée conservait aussi des objets.

La place d'honneur était occupée par une presse à bras Minerva, un modèle Heidelberg T fabriqué en 1940. C'était, paraît-il, sur cette machine qu'avait été imprimé le passeport avec lequel Rauff était parti pour l'Équateur.

Une dent en or que Rauff avait prélevée à Milan dans un sac d'objets provenant d'un camp d'extermination, et qu'il gardait comme talisman.

Une bombe aérosol de peinture utilisée par Beate Klarsfeld pour taguer les mots « Rauff SS » sur la porte d'entrée de sa maison à Santiago, rue Los Pozos, en février 1984.

Un tableau peint par Rauff, intitulé *Couchers de soleil*, représentant la vue sur la baie de Porvenir depuis sa cabane.

Un extrait d'une formule de préparation de gaz sarin, qui aurait été donnée à Rauff par Eugenio Berríos, le biochimiste qui travaillait au sous-sol de la maison de Townley à Santiago, via Naranja, là où Carmelo Soria avait été tué.

Enfin, le musée possédait aussi des photographies.

Josef Mengele posant en 1957 à Santiago avec un homme qui semblait bien être Rauff, à côté d'une statue de Pedro de Valdivia, colonisateur espagnol et fondateur de Santiago.

Walther Rauff en visite à la Colonia Dignidad en 1974, photographié en kimono blanc de karatéka. Il était en position de *zenkutsu dachi*, le bras droit tendu vers l'abdomen d'un élève identifié comme étant Franz Bäar.

Et ainsi de suite.

83

« Quelle mine fabuleuse de matériaux », écrivis-je à Monserrat. Toutefois, je fus pris d'un doute qui se renforça quand je vis le kimono. « Tout cela est-il bien véridique ? »

Ravie d'avoir piqué mon intérêt, elle me répondit. « Les objets sont authentiques, mais ils ont tous été détruits par l'incendie, expliqua-t-elle, donc le livre est parti des archives du musée pour le reconstituer. Quant aux documents, ils existent, bien sûr, indépendamment du livre. »

Je suis revenu au livre. C'était presque trop beau pour être vrai, comme les histoires de Bruce Chatwin qui se révélaient inventées en partie, ou les Journaux de Hitler, ou les écrits de Roberto Bolaño, qui réussit à nous accrocher en mélangeant réalité et fiction, avec Mariana Callejas et Michael Townley, et le prêtre engagé par « Herr Raef » pour donner à Pinochet des cours de théorie marxiste.

J'ai poursuivi ma lecture. Au fur et à mesure, avec une attention aiguisée, je me suis demandé si ce n'était pas là le produit remarquablement documenté de l'imagination poétique.

Nous avons bien ri, Monserrat et moi, quand nous avons réalisé que c'était bien une œuvre de fiction très adroitement construite. Nous avons ri plus encore, quelques mois plus tard, lorsque nous avons rencontré Juan Torres Toro, l'instituteur retraité de Porvenir qui avait photographié trois des victimes de Pinochet juste avant leur exécution.

« Oui », dit-il, il connaissait certains des personnages du *Musée du brouillard*.

Francisco Coloane ?

« Bien sûr, il a existé, mais cela m'étonnerait qu'il ait passé plus de quinze jours à Porvenir dans toute son existence ! »

L'écolière Blanca Mardones ?

« Oh oui, elle a bien existé, mais si ce qu'elle a raconté est vrai, elle devait être vraiment une enfant. »

Le poète Eugenio Giglio ?

« Oui, il vit bien ici, et il est poète, mais pas très bon. » Torres s'interrompit, puis nous apprit que son véritable patronyme était Gligo et il ajouta : « C'était le mouton noir d'une famille remarquable, il a été prêtre, puis maître d'école, mais il a été renvoyé à la suite de divers soupçons de comportement inconvenant. » Mais bien sûr, ai-je réalisé, je connaissais cet homme, je l'avais rencontré ! L'homme aux grosses pantoufles en forme de chiens.

Rauff et *Le Musée du brouillard*. Pourquoi étais-je si remué par ces pages ? Parce qu'elles paraissaient crédibles, et qu'elles évoquaient quelque chose de plus, les rapports mythiques de Pinochet et de la DINA avec Walther Rauff, le vieux nazi. Ces pages racontaient une histoire plus importante, comment naît une rumeur, comment elle prend de l'ampleur puis finit par franchir une limite pour être traitée comme une réalité, une vérité. Le livre du musée qui n'a jamais existé n'a fait que renforcer encore mon envie d'en savoir plus sur Walther Rauff.

J'allais commencer par l'île Dawson, où Orlando Letelier et d'autres ministres d'Allende furent retenus prisonniers. Là, sur le détroit de Magellan, il se disait que Pinochet avait construit un camp de concentration, avec l'aide de Rauff.

Chatwin appelle l'île Dawson la « butte noire », visible au loin, de l'autre côté du détroit de Magellan. Il rapporte la visite qu'il voulut y faire, en 1975, en se faisant prendre à bord d'un avion piloté par un Yougoslave qui transportait du fret depuis Punta Arenas.

« Je voulais voir le camp de concentration où étaient détenus les ministres d'Allende. » Il ne vit pas grand-chose, raconte-t-il au lecteur de son livre *En Patagonie*, car les soldats postés sur la piste d'atterrissage ne lui permirent pas de descendre du petit appareil[3].

Le *Lord Lonsdale*, épave du navire photographiée
à Punta Arenas par Bruce Chatwin, 1975.

L'île Dawson

84

Dans les jours qui suivirent le coup d'État, Augusto Pinochet ordonna l'incarcération immédiate de trois douzaines d'hommes. Tous furent arrêtés, mis dans un avion pour Punta Arenas, puis amenés à l'embarcadère de l'ASMAR, à côté de la Pesquera Camelio. Ils furent entassés sur une barge qui les emporta, en plusieurs heures de navigation, jusqu'à une île désolée dans le détroit de Magellan.

Le groupe comprenait Orlando Letelier, ancien ambassadeur puis ministre d'Allende, et Sergio Bitar, ministre des Mines, arrivé avec un exemplaire en français du livre de Dostoïevski, *Crime et châtiment*. Cinq décennies plus tard, l'île avait conservé sa triste réputation et restait le plus souvent inaccessible. Comme celle de Chatwin avant la mienne, ma demande de visite sera refusée. « Exercices militaires », me sera-t-il répondu.

« Nous sommes arrivés sur l'île Dawson, mais nous n'avons su que plus tard où nous étions », se souvient Bitar dans son livre[4]. Le camp appelé *Compingim*, situé près de la base militaire de Puerto Harris, avait été préparé dès avant le Coup[5]. Il allait recevoir plusieurs centaines de détenus qui seraient contraints de travailler de leurs mains. Pour briser l'ennui, les collègues d'Allende se mirent à apprendre l'allemand et organisèrent des séminaires. Sergio Vuskovic, maire de Valparaíso, proposa une causerie sur le langage. Jorge Tapia, ministre de la Justice, fit des exposés sur le droit constitutionnel. Orlando Letelier traita du système financier international. José Tohá, ministre de la Défense, disserta sur le bon usage de la langue espagnole moderne[6].

Quelques semaines plus tard, ils apprirent qu'un nouveau camp était en construction à proximité. « Quand je l'ai vu pour la première fois, j'ai été saisi d'un désespoir total, écrit Bitar. Cela donnait une impression de camp de concentration. » Caché dans un creux au bord de la mer, le camp était entouré de miradors et de deux rangées de clôtures de fils de fer barbelés, recourbées en haut, « comme à Auschwitz ». D'autres détenus, envoyés là depuis Punta Arenas, décrivirent des séances de tabassage et de torture, à l'électricité, des enfermements dans un conteneur de transport hermétiquement clos, et des immersions dans les eaux glaciales du détroit[7].

Au bout de trois mois, Sergio Bitar et ses camarades furent déplacés dans les nouveaux baraquements – Río Chico, huit blocs comptant chacun quarante couchages superposés. « Sombre et lugubre », avec des soldats armés de mitraillettes et équipés de jumelles. Chaque détenu reçut un numéro matricule. Bitar était *Isla-10*, ou I-10[8]. Il y avait parfois des visites organisées pour la Croix-Rouge, ou des équipes de journalistes de NBC ou de la BBC qui étaient autorisées à filmer mais sans pouvoir parler aux prisonniers.

85

Bitar resta sur l'île Dawson jusqu'en mai 1974, puis il put retourner sur le continent et partir en exil aux États-Unis. Il reviendra au Chili onze ans plus tard et participera aux gouvernements de Ricardo Lagos et de Michelle Bachelet, une fois la démocratie rétablie. Il a publié en 1987 un livre de Mémoires sur le temps passé sur l'île Dawson. Dans un passage, il raconte une rencontre avec des ouvriers électriciens. « Nous n'étions pas censés leur parler, mais on a pu s'approcher suffisamment pour échanger quelques mots, écrit-il. Ils nous ont dit qu'un Allemand avait aidé à concevoir le camp. La rumeur courait que c'était Walther Rauff qui avait servi de conseiller pour la construction[9]. »

À partir du livre de Bitar sera tourné le film *Dawson Isla 10*, réalisé par Miguel Littin, lequel était aussi le personnage d'un ouvrage de Gabriel García Márquez, *L'Aventure de Miguel Littin, clandestin au Chili* (García Márquez a pu dire qu'il était décidé à suspendre toute production littéraire jusqu'à la chute de Pinochet). Dans le film, un officier sévère explique pourquoi la junte a besoin de Dawson. « Le nouveau camp est tout sauf improvisé, assure-t-il à un collègue. Ses plans sont ceux de Walther Rauff, qui supervise personnellement le camp. Tu sais qui c'est, bien sûr[10] ? »

D'autres films ont mentionné le rôle supposé de Rauff. *Le « Plan Z » de Pinochet*, documentaire sur le complot prétendument fomenté par les marxistes pour déclencher la guerre civile au Chili, donne la parole à Rodolfo Mansilla, un sculpteur qui fut détenu à Dawson. Il y décrit le camp comme « une copie miniature d'Auschwitz, qui avait été conçue par les militaires avant le coup d'État, et par Walther Rauff », un nazi qui était installé dans la région, à Punta Arenas[11].

Certains sites sur Internet présentent Rauff comme un « criminel et complice » de la construction de Dawson. Le directeur de la Pesquera Camelio aurait été le « concepteur » du camp[12]. Un poète a évoqué son rôle et sa relation avec Pinochet :

> Le général qui a pris le pouvoir
> Lui a confié son nouveau plan
> Un camp de travail forcé
> Dans un archipel perdu[13].

Les prisonniers de Dawson ont parlé de Rauff. L'avocat Luis Vega a affirmé que les baraquements avaient été construits sous sa direction, qu'il jouait un rôle de conseiller pour les interrogatoires et d'autres « affaires spéciales », et qu'il était protégé par l'armée[14]. D'après Vega, le patron du service de renseignement militaire de l'armée, Augusto Lutz, est venu à Punta Arenas et sur l'île Dawson en janvier 1974. « Il rendit visite à Walther Rauff », que l'on soupçonnait d'avoir prêté la main à l'élaboration des plans pour Dawson[15]. (Lutz n'était pas en mesure de commenter cela car il mourut, comme tant d'autres, dans des circonstances mystérieuses un an après sa visite et sa dénonciation à Pinochet des excès de la DINA[16].)

Gonzalo González, un philosophe, a passé du temps à l'infirmerie de Dawson avec Letelier. Lors d'une visite sur l'île quarante ans plus tard, il a rapproché son sort de celui de son beau-père, détenu par les nazis dans le Danemark occupé. Il déclara : « Mon cas était semblable sur Dawson, où le *capo* était l'ex-colonel SS Walther Rauff[17]. »

Il y avait pléthore de légendes, et pourtant je ne pus trouver le moindre document mentionnant Rauff, ni quiconque qui l'aurait vu en personne. « Quand la légende dépasse la réalité, on publie la légende », dit un personnage du western de John Ford, *L'homme qui tua Liberty Valance*.

Les allégations continuaient à tarauder les esprits. Lors de mes voyages à Santiago et à Punta Arenas, le nom de Rauff était souvent prononcé en relation avec Dawson. J'ai interrogé Sergio Bitar sur les rumeurs qui couraient. Dans son pavillon coquet, à Santiago, je me suis trouvé en face d'un homme souriant, portant des lunettes, une chemise blanche à manches courtes, et chaussé de souliers noirs qui brillaient. « Je ne me rappelle pas avoir écrit ça », gloussa-t-il, quand j'ai mentionné ses mots sur Rauff.

En revanche, il se souvenait d'autres choses. Plusieurs années plus tard, alors qu'il était ministre de l'Éducation dans le gouvernement Lagos, il se rendit sur les sites de détention et de torture dans tout le Chili, dans le cadre d'un projet de création d'un réseau de lieux de mémoire. « C'est important que les gens n'oublient pas. » Londres 38, la villa Grimaldi, Tejas Verdes, Cuatro Álamos, la maison de la via Naranja : tous ces lieux avaient aussi été auparavant des bureaux, des maisons particulières ou des prisons, ou des sites touristiques ou sportifs. Seul faisait exception le camp de l'île Dawson, conçu dès l'origine pour servir à la répression.

Le ministère de Bitar sélectionna les sites à retenir. « En 2003, j'ai choisi Londres 38, ainsi que la villa Grimaldi et le Stade national. » Il tenait à conserver les sièges rouges d'origine de l'enceinte sportive. « Ils ne devront jamais être remplacés. »

Redevenu ministre, il retourna à Dawson en compagnie d'autres anciens détenus. « C'était un endroit où l'on a essayé de nous arracher nos âmes, dit-il, le seul camp au Chili dont les plans étaient inspirés d'un camp de concentration nazi, je n'ai jamais rien vu d'approchant. » On éprouvait une sensation d'horreur. « J'ai pratiquement oublié comment est née la rumeur sur Rauff. » Cette réflexion lui rappela un dossier sur Dawson qu'il avait vu quand il était ministre des Travaux publics du gouvernement Bachelet. Il avait alors ordonné que les documents soient déposés aux archives du Museo de la Memoria.

Bitar en revint alors à Rauff. « Je suis sûr à quatre-vingts pour cent qu'il était en cheville avec Pinochet. » En tant que ministre, Bitar savait parfaitement comment les choses se passaient au Chili, tout particulièrement quand certaines décisions impliquaient des dépenses lourdes. « Il fallait toujours obtenir une signature du sommet, et cela a dû s'appliquer à Dawson. »

Il me suggéra de « me rendre aux archives pour retrouver ces documents », et de « parler avec Miguel Lawner, l'architecte qui était détenu avec nous. Il vous racontera comment était le camp et ce qu'il a vu. »

86

Miguel Lawner était entré dans sa quatre-vingt-quatorzième année quand je l'ai rencontré à Santiago. Il était grand, élégant, moustachu, et son regard pétillait ; sa mémoire était intacte et son sens de l'humour solide. Il ne mâcha pas ses mots. « Le camp me faisait penser à Auschwitz, et j'ai décidé de le dessiner. Je voulais qu'on sache que le Chili construisait son propre camp de concentration, sur le modèle allemand. »

Lawner, qui était alors directeur du logement social du gouvernement d'Allende, fut arrêté le jour du coup d'État et expédié à Dawson. « Je m'attendais à être détenu », comme en 1947, quand les communistes et les militants gauchistes avaient été enfermés dans un camp à Pisagua, au nord de Santiago. « Et devinez qui était le commandant de ce camp ? lança-t-il gaiement. Un jeune capitaine de l'armée, Augusto Pinochet ! » Il me renvoya à un passage de l'autobiographie de Pinochet, où celui-ci écrit : « J'étais très soucieux de voir que de telles idées pernicieuses et contagieuses pourraient continuer d'être enseignées au Chili. » Le camp de Pisagua était comme « une véritable université marxiste-léniniste formant des agitateurs » ; c'est pourquoi il avait refusé de laisser entrer les membres d'une commission parlementaire à laquelle appartenait Salvador Allende[18].

Lawner se rappelait des détails du quotidien à Dawson, de l'humiliation du travail forcé, et des contacts avec les détenus locaux. « Dans un premier temps, ils ont été torturés, puis on leur a fait construire Río Chico, le nouveau camp, dit-il. C'était un endroit inhumain, avec des fils de fer barbelés, des tôles, des fenêtres minuscules. » C'était choquant. « On va tous mourir ici », lui avait confié un prisonnier.

Pourtant, il était parvenu à conserver une part d'optimisme. « Je ne m'étais encore jamais trouvé dans un endroit aussi exposé à la puissance de la nature, avec des pluies violentes suivies du plus merveilleux soleil, puis des nuages incroyables. » La vie sauvage était omniprésente. Dans ses souvenirs, « le silence n'était jamais complet ». « Sur l'île Dawson, il y a un oiseau, le *bandurria*, qui a un chant magnifique et vibrant. Cet oiseau m'a aidé à survivre. »

Sa passion pour le dessin contribua aussi à sa survie. Chaque matin, pendant que les prisonniers étaient contraints de marcher tout autour du camp en chantant l'hymne national, Lawner peaufinait un projet secret. « Tout en marchant et en chantant, je mesurais précisément la distance en comptant mes pas. *Uno. Dos. Tres. Cuatro. Cinco. Seis.* Et je dessinais dans ma tête un plan précis. » Au bout de quelques semaines, lorsque le papier et les crayons furent autorisés, il se mit à dessiner vraiment. Il croqua ainsi ses camarades de détention et les gardes, les baraquements et les miradors, et dressa un plan détaillé du site tout entier. « Toutes les baraques étaient identiques, mesurant trente mètres sur six, et avaient reçu un nom de lettre grecque : *Alpha, Bêta, Gamma, Delta*, et ainsi de suite. »

Lorsqu'il revint sur le site, trente ans après, il se dit d'abord que rien n'avait subsisté. « Puis soudain, en examinant l'herbe, j'ai distingué un semblant de lignes, une différence infime, et je réussis à suivre les contours presque entièrement effacés de chacune des baraques. J'ai retrouvé la première, *Alpha*, proche du chemin et du bord de la mer, puis *Bêta*, ensuite *Gamma*. Alors, chacun d'entre nous s'est placé là où il avait vécu ; nous formions des petits groupes debout dans un silence parfait. »

Comme Bitar, Lawner n'avait rien oublié de sa première impression face au nouveau camp. « Nous étions occupés à planter de grands poteaux de bois, tous les cinquante mètres, dans cette terre noire et privée d'arbres. Alors que nous progressions, il est apparu à nos regards. Un vrai camp de concentration, copié sur un modèle nazi.»

Ils remarquèrent des ouvriers qui s'affairaient tout autour; certains purent les approcher et parler avec eux durant la pause du déjeuner. «Ils nous ont dit qu'un homme qui ne parlait pas bien l'espagnol, un étranger, venait et donnait des instructions sur ce qu'il fallait faire.»

Connaissait-on le nom de cet homme?

«Nos camarades de la région disaient qu'ils savaient que Walther Rauff vivait dans les environs, pas à Punta Arenas mais à Porvenir, dans une maison éloignée et isolée, racontait Lawner. Ils présumaient que l'homme qui venait donner ses instructions était Walther Rauff.»

Ils présumaient ou ils savaient?

«Ils présumaient.»

Lawner connaissait l'existence de Rauff, comme tout le monde, depuis que la Cour suprême du Chili avait refusé d'extrader ce nazi de sinistre réputation. Lawner savait qu'Allende avait rejeté la demande de Wiesenthal de renvoyer Rauff. «Je savais tout à son sujet, dit-il. Je suis juif, ma mère vivait en Ukraine et a survécu à l'occupation nazie. Ma tante également, qui est restée là-bas jusqu'à la fin de sa vie.» En revanche, l'un de ses oncles avait été gazé dans un camp nazi, avec sa femme et ses deux enfants.

Dans un camion à gaz ou dans un camp?

Il n'en savait rien mais saisit bien le sens de ma question. «Nous étions en colère quand Allende a refusé d'extrader Rauff.»

Lawner s'exprimait avec circonspection. En réalité, il doutait que Rauff ait tenu un rôle dans la construction du camp de Dawson. Un autre détenu, Carlos González, maire de Punta Arenas avant le Coup, puis de nouveau après le départ de Pinochet, avait évoqué Rauff. «Il disait qu'il vivait à l'écart avec une femme, dans une maison à côté de Porvenir, et qu'il était ivre le plus clair du temps. Lui non plus n'était pas convaincu de l'implication de Rauff.» Lawner sourit tristement. «Donc, si je m'en remets à Carlos González, qui est digne de foi, j'ai des doutes sur le fait que Rauff ait pu jouer ce rôle[19].»

Et vous avez des doutes sur vos doutes?

« De quoi est-ce que je me souviens avec certitude ? Qu'est-ce que la mémoire ? » Les yeux de Miguel Lawner étaient vifs et perçants. « D'après les travailleurs affectés à la construction du camp qui ont parlé avec nos camarades, une personne étrangère était venue et avait donné des instructions en leur présence. Ne serait-il pas surprenant qu'un autre étranger, différent de Walther Rauff, soit venu à Dawson pour donner ces ordres ? »

Les travailleurs avaient-ils vu l'étranger ?

« Je ne suis pas sûr. Ils ont parlé avec d'autres ouvriers qui leur ont raconté cette histoire d'étranger débarquant avec ses instructions. »

Il prit son téléphone et appela un ami. Il s'agissait de Baldovino Gómez, que je rencontrerai ensuite à Punta Arenas, au bar Shackleton. Tous deux riaient en se parlant. « Baldovino ne sait rien de plus à ce sujet, me dit Lawner. Lui aussi se souvient des ouvriers à Dawson qui avaient dit quelque chose à propos d'ordres donnés par une personne étrangère, mais il ne sait rien d'autre. »

Puis Miguel Lawner changea d'approche.

« Ce n'était pas seulement les rumeurs, c'était aussi la conception du camp. » Il prit dans sa bibliothèque un volume grand format, recueil des dessins qu'il avait faits après sa libération, durant son exil au Danemark[20]. D'un doigt léger il me montra le plan des baraquements, les lieux où se déroulaient les sévices, les miradors, la clôture de fils de fer barbelés.

« La double enceinte de barbelés était ce qui frappait le plus. C'est ce qui m'a fait penser que Rauff pouvait être impliqué. Je suis architecte. Je n'avais jamais vu cela au Chili avant, ni par la suite. » Son doigt suivait le tracé de la clôture jusqu'à l'entrée du camp. « Je n'arrive pas à exclure la possibilité d'une implication de Rauff. Cette idée m'a accompagné durant toute ma vie. C'est peut-être à cause du plan du camp de concentration que je n'ai jamais vraiment exclu son rôle. »

« Croyez-vous dans la justice ? » me demanda-t-il soudain. D'une certaine façon, répondis-je, expliquant que j'en étais venu à comprendre que la justice pouvait être inconstante, et que j'avais appris à modérer mes attentes à son endroit.

« J'ai témoigné dans l'enceinte des Nations unies à Genève, reprit-il. J'avais apporté la feuille de papier avec le dessin que j'avais fait au

Danemark. C'était en 1975, dans une grande salle, avec de nombreux sièges, il faisait sombre. Les magistrats étaient devant moi, avec les gens de la Croix-Rouge. J'étais la seule personne invitée à témoigner. Je leur ai dit : "Nous étions enfermés dans un véritable camp de concentration." » Le président de la Commission des droits de l'homme s'est montré surpris :

> C'était un véritable camp de concentration, lui ai-je répété, je l'ai dessiné… Il s'est approché, a pris la feuille de papier et l'a observée. Ensuite il a dit : « C'est la première fois depuis la Seconde Guerre mondiale que nous rencontrons un camp spécialement construit pour cet usage, conçu sur le modèle d'un camp de concentration nazi[21]. »

Cela comptait-il vraiment pour lui que Rauff ait pu être impliqué ? « Oui », me répondit Lawner. Pour le Chili, ce camp était une complète nouveauté, c'était « inconcevable ». Et le rôle joué par Rauff pourrait confirmer le rapport entre Pinochet et les nazis, tous animés par la rage de s'opposer au communisme.

Croyez-vous à la justice ? lui ai-je demandé à mon tour.

Il ne répondit pas.

Dans votre cas, vous a-t-on rendu justice ?

« Jamais. »

Avez-vous reçu une indemnisation ?

« Non. Beaucoup ont été indemnisés, mais pas moi. »

L'État vous a-t-il jamais présenté des excuses ?

« Non. Il n'y a jamais eu la moindre reconnaissance du mal qui m'a été fait. »

Donc, impunité complète ?

« Oui. Mais… » Miguel Lawner hésitait. « Pas tout à fait. Dawson a été reconnu comme un site de la mémoire nationale, un monument protégé, et cela signifie beaucoup. » Néanmoins, le site était interdit d'accès le plus souvent, et seules de rares visites étaient autorisées.

D'autre part, il aimait aussi rappeler qu'il y avait eu des moments de grande humanité au milieu des horreurs de la captivité. Un jour, au cours d'une marche forcée, les prisonniers étaient arrivés en vue d'une église en bois abandonnée qui avait été construite par les Salésiens à la fin du XIXe siècle. Lawner obtint l'autorisation de la restaurer, en travaillant de concert avec un militaire bienveillant, un sergent. Un autre jour, les deux hommes découvrirent, au milieu d'un buisson épineux de calafate*, une statue abandonnée de Mgr José Fagnano, fondateur de la mission salésienne de San Rafael à Dawson. Elle fut nettoyée et rapportée dans l'église pour sa re-consécration, le jour de la fête de l'Immaculée Conception, en décembre 1974.

« Longtemps après ce jour, au même endroit, je suis tombé sur deux pots de verre, ajouta Lawner. C'étaient des confitures préparées par la femme du sergent. Vous imaginez ça ? De la confiture maison déposée au milieu des calafates, quel magnifique acte d'humanité ! »

87

L'histoire de la statue et de l'église rappelait que Lawner et ses compagnons n'étaient pas les premiers à avoir été détenus sur l'île Dawson dans des conditions dégradantes, ni les premiers à avoir fait face à l'impunité totale. À la fin du XIXe siècle, Mgr Fagnano, le prêtre de la statue oubliée, avait installé une mission sur l'île pour « protéger » les âmes aborigènes de l'extermination perpétrée par les colons européens[22]. Les cibles étaient les peuples indigènes Kawésqar et Selk'nam (également appelés Alacalufes et Onas) qui vivaient dans la région à l'arrivée des Européens, avec leur culture et leurs idées propres. Les Espagnols, les Allemands et les Britanniques commencèrent par raser les forêts pour créer des pâturages pour leurs moutons. Plus tard, c'est aux autochtones qu'ils s'attaquèrent pour ouvrir un espace vital aux colons européens. « Ce cas peut être caractérisé comme un génocide », a conclu récemment une commission nationale chilienne[23].

Le directeur d'un musée de Punta Arenas m'a montré une photographie des Selk'nam et des Kawésqar rassemblés sur le terrain du Colegio de Minas sur l'île Dawson. Des hommes élégants en habit et chapeautés se tiennent debout à l'arrière-plan et les observent. Rodolfo Stubenrauch, le consul d'Allemagne à Punta Arenas, est présent à côté de Federico Errázuriz Echaurren, président du Chili et aïeul d'Hernán Felipe Errázuriz, l'un des avocats de Pinochet présents à Londres[24].

* Les calafates sont des arbustes épineux qui poussent en abondance en Patagonie et portent des fruits très appréciés qui ressemblent aux myrtilles *(NdT)*.

Île Dawson, février 1899.

L'auteur et explorateur anglo-argentin Esteban Lucas Bridges s'est rendu à Dawson vers l'époque où fut prise cette photographie. Il rencontra des femmes selk'nam qui tissaient des couvertures et des hommes qui abattaient des arbres et sciaient du bois. « Des spécimens magnifiques », nota-t-il. Il avait appris la langue yaghan et composé un dictionnaire que l'on peut consulter aujourd'hui à la British Library.

Il s'était pris d'amitié pour Hektliohlh, un homme qui exprimait avec une « terrible tristesse » les effets de la captivité. « *Shouwe t-maten ya* », dit-il à Bridges – « la nostalgie est en train de me tuer » –, et il ne survécut pas longtemps. Et Bridges de conclure : « La liberté est précieuse aux hommes blancs. Pour les vagabonds indomptés de la nature, elle est une absolue nécessité[25]. »

Les Selk'nam furent pourchassés par les colons appâtés par une prime d'une livre sterling par paire d'oreilles rapportée. Alexander McLennan, le contremaître de José Menéndez, se distinguait par sa brutalité. Le buste de Menéndez avait été installé sur un piédestal sur la Plaza de Armas de Punta Arenas, en présence de Bruce Chatwin ; il fut jeté à terre peu de temps avant ma première visite.

Surnommé « le Cochon roux », McLennan avait servi dans l'armée britannique à Khartoum et se délectait dans les tueries. Celles-ci pouvaient être prises comme un acte d'humanité, tant la captivité était cruelle. « Plus vite on les exterminerait, mieux ce serait[26] », professait-il, et l'extermination fut bientôt presque complète. Cette histoire est le sujet d'un excellent film récent, *Los Colonos (Les Colons)*.

En reconnaissance de ses services, José Menéndez offrit à McLennan – « mon excellent collaborateur » – une montre en or et une épingle à cravate[27]. Le bijou comprenait un éclat de verre poli travaillé à partir de la pointe de la flèche d'un guerrier selk'nam qui avait percé la peau du Cochon roux. À Londres, le British Museum possède une pointe de flèche en verre semblable, également façonnée par un Selk'nam[28].

Nous avons peut-être oublié ce qu'il s'est passé, mais ce n'est pas le cas des descendants d'Hektliohlh. « Nous ne sommes pas morts et me voici », a déclaré récemment Arpón de Fuego, un chef selk'nam, devant une convention constitutionnelle réunie au Chili. Sa voix était teintée d'une émotion particulièrement marquée.

Ce n'est qu'en août 2023 que le Chili a fini par reconnaître les Selk'nam comme une communauté indigène à part entière[29]. Le Chili a reconnu également que le meurtre des Selk'nam était un acte de génocide, mais les gouvernements de l'Allemagne, de l'Espagne et du Royaume-Uni n'ont pas franchi ce pas[30]. Pas plus que les entreprises ou leurs actionnaires qui ont largement bénéficié du génocide auquel ils ont contribué.

Archers selk'nam.

88

Les crimes qui seront commis bien plus tard sous l'ère Pinochet sont documentés par le Museo de la Memoria installé au centre de Santiago. C'est là que j'ai découvert les documents dont avait parlé Sergio Bitar, dans un dossier intitulé « Archives de l'île Dawson ». Le ministre des Travaux publics avait écrit sur la couverture : « Veuillez recevoir ces papiers qui appartiennent à l'histoire de notre Chili, documents relatifs à un projet que certains de nos collègues ont été obligés de réaliser, dans la tristesse et l'impuissance. »

Le dossier contenait soixante-dix-neuf pages de documents manuscrits, dactylographiés ou dessinés. Il y avait des lettres et des brouillons, des projets et des esquisses, des reçus et des listes, tout un ensemble témoignant des questions les plus prosaïques liées à la création du camp de concentration. Les documents confirmaient que la planification devait avoir commencé avant le Coup, en même temps que naissait la conspiration de torture : au début d'octobre 1973, l'entreprise locale Juan Pedro Martinez & C° de Punta Arenas était payée pour des travaux *déjà achevés*, et le régime de Pinochet demandait des devis pour le camp situé sur l'île Dawson. Une semaine plus tard, des matériaux de construction provenant de Punta Arenas avaient déjà été livrés et facturés par des entreprises locales connues de Walther Rauff.

Au cours du mois suivant, des fournisseurs furent trouvés afin de répondre aux besoins essentiels pour terminer l'aménagement et faire fonctionner un camp de concentration. General Motors fournit un groupe électrogène, et Mercedes Benz Argentina en livra deux autres. Endesa, l'entreprise de service public du Chili, fournit les installations électriques, et la Coditec se chargea du forage d'un puits d'eau potable et de l'installation d'une pompe. « De fabrication allemande », confirma la compagnie.

En décembre, les comptes étaient réglés pour le bois, les tuyaux, les cuisines et leur équipement, et pour une chaudière. Le projet était géré par le bureau des travaux publics à Punta Arenas, sous la direction de Nicolás Izquierdo Vergara. « Qu'il reste maudit à jamais », me répondra un ex-détenu de Dawson quand je lui demanderai s'il connaissait ce nom.

Le ministère des Travaux publics et des Transports à Santiago autorisa les paiements dus pour ces travaux « urgents ». La Corporación de Magallanes transféra les fonds à la Dirección de Arquitectura à Punta Arenas, en accord avec le Secrétariat national en charge des détenus à Santiago. Les documents détaillaient les montants réglés aux entreprises locales pour un total de 146 millions d'escudos, soit environ 250 000 dollars américains au taux de change en vigueur alors. En décembre 1973, le camp de Río Chico était prêt à recevoir ses prisonniers.

Le dossier contenait diverses pièces particulièrement intéressantes. Un manifeste de passagers donnait les noms de ceux qui étaient arrivés sur Dawson le 7 novembre 1973 par un vol spécial, notamment celui d'Izquierdo Vergara. Trois semaines plus tard, l'Inspection des impôts se livrait à un contrôle. Les noms des ouvriers employés à la construction étaient listés, ainsi que les paiements approuvés par le Señor Izquierdo Vergara. Ces hommes étaient-ils ceux qui avaient parlé de Rauff, ou mentionné un Allemand qui donnait des instructions sur le chantier ?

Il n'y avait dans les documents nulle mention de son nom, ni d'aucune autre personne étrangère. Si Rauff était bien impliqué, ces documents n'en apportaient pas la moindre preuve, et toute trace d'un lien était infime et ne pouvait qu'être déduite de certains croquis. Il y avait un dessin d'une petite cabane en bois entourée d'une clôture de bois et de fils de fer. Un autre montrait des couchettes superposées en bois. Ces esquisses m'ont rappelé des choses que j'avais déjà vues à Auschwitz, bien des années auparavant.

Il est certain que les images étaient choquantes, comme elles l'avaient été pour Lawner et Bitar. Mais le choc et la peur ne constituent pas des preuves. Il y avait beaucoup de rumeurs sur Rauff autour de l'île Dawson, mais pas la moindre preuve.

Il vivait dans les parages, et avait été impliqué dans un projet semblable, à une époque et dans une région lointaines, mais cela ne suffisait pas. J'allais devoir rechercher ailleurs des traces de la participation de Walther Rauff aux crimes de Pinochet.

Londres, avril 1999

89

Jack Straw signa la seconde autorisation de poursuivre dans la soirée du 14 avril 1999. C'était « inévitable », selon David Hope, qui souligne dans son Journal la coïncidence avec la décision de Blair d'« entrer en guerre contre Milošević, coupable de crimes contre l'humanité et de génocide ». Toute autre décision n'aurait pas manqué de déclencher des accusations de pratiquer « deux poids deux mesures ». Straw fit valoir à Blair que la Grande-Bretagne pouvait difficilement se flatter de ses actions menées à l'étranger si elle renonçait à appliquer les mêmes principes chez elle. Beaucoup pensèrent alors qu'allaient s'ouvrir des années de contentieux autour de Pinochet[31].

Le juge Baltasar Garzón adressa à Londres une nouvelle requête d'extradition fondée uniquement sur les actes de torture et de conspiration commis par le régime de Pinochet après le mois de décembre 1988. Elle parvint au tribunal de Bow Street où un magistrat émit un nouvel ordre d'arrestation. « Entre le 9 décembre 1988 et le 11 mars 1990 », spécifiait-il, Pinochet « s'est entendu avec d'autres pour commettre le crime de torture relevant du ressort de la justice espagnole ».

Dans la matinée du 16 avril, l'inspecteur Hewett se rendit à Wentworth, accompagné de Jean Pateras, pour signifier à Pinochet son arrestation, en exécution du nouveau mandat. Ils furent accueillis par Caplan, Schweitzer et Errázuriz, et par un attaché militaire chilien qui remercia la police pour ses soins apportés à la protection de Pinochet[32]. Les Chiliens redoutaient vraiment les risques d'assassinat.

Pinochet reçut les visiteurs au salon, confortablement assis dans un fauteuil. « Élégant dans une veste bleue avec un col fermé et une cravate », il tenait « bien droit » sa canne qui touchait le sol, releva Hewett. « Il m'a regardé quand je suis entré et a hoché la tête, mais n'a rien dit », poursuivit-il. Jean Pateras était « penchée vers lui à sa droite », Hewett se tenait debout en face de Pinochet et de Caplan qui était assis sur un canapé à gauche du général.

« Bonjour, sénateur », commença Hewett. Il présenta une carte d'identité que Pinochet regarda sans la toucher. « J'ai apporté ici avec moi un nouveau mandat d'arrestation à votre encontre », expliqua Hewett, avec « une accusation supplémentaire de torture ». Il lut les charges à voix haute, indiqua à Pinochet qu'il était en état d'arrestation, l'informa de ses droits et des règles de cautionnement, et l'avertit que tout ce qu'il dirait pourrait être retenu contre lui. Pinochet n'était pas autorisé à quitter la maison, sauf pour se rendre aux audiences judiciaires ou pour des soins médicaux et dentaires. Il pouvait se promener dans le jardin à condition d'en avoir demandé l'autorisation. Il était tenu de se présenter devant le tribunal des magistrats *(Magistrates Court)* de Bow Street à une date qui restait à fixer et, s'il manquait à cette injonction, il s'exposait à « une amende ou une incarcération, ou aux deux ».

Hewett remit au général une copie de l'ordre d'arrestation. Avez-vous bien compris, et avez-vous des questions à poser ?

« Oui », répondit Pinochet. Il s'exprima avec clarté, parlant sans notes :

> Tout d'abord, je n'accepte pas cela. Parce que… je réfute complètement toutes ces accusations, parce que je n'ai absolument rien à voir avec aucune de ces charges. Je suis humilié. Je suis un général avec soixante-quatre années d'états de service. Je suis un gentleman qui sait ce que c'est que l'honneur. Je rejette complètement tout ceci.

Nonobstant cette déclaration, il termina en disant qu'il se plierait à ce qu'on lui imposait : « Ne vous inquiétez pas. Merci. »

L'entrevue avait duré douze minutes en tout. Hewett s'attarda ensuite dans l'allée avant de redémarrer, afin de comparer ses notes avec celles de Caplan et de Jean Pateras. Il importait d'être précis, car les mots de Pinochet seraient repris devant le tribunal. Sur la route du retour vers le commissariat de police d'Heathrow, Hewett s'arrêta au Golf Club pour se rafraîchir et rédiger son rapport.

90

Les avocats de Pinochet se rendirent aussitôt à la High Court pour contester la seconde autorisation de poursuivre qu'avait signée Straw. Une courte audience eut lieu le 27 mai devant le juge Ognall, fils d'un auteur de romans policiers. Le juge écouta poliment puis refusa d'accéder à la demande d'annulation. La contestation était « prématurée » et risquait de « perturber sans nécessité » la procédure d'extradition. Pinochet pourrait faire valoir ses arguments en temps utile, « d'une manière parfaitement informée »[33].

Comme l'exigeait la loi d'extradition, une date fut arrêtée pour l'audience initiale, en juin, devant le tribunal des magistrats de Bow Street. C'était une formalité requise pour que le magistrat étudie la demande de Garzón et puisse s'assurer que les crimes allégués étaient bien passibles d'extradition selon la loi anglaise. À la demande de la défense de Pinochet, la date de l'audience fut repoussée jusqu'à la fin du mois de septembre.

L'été s'engagea. Sous la surveillance attentive de la police, Pinochet fut autorisé à parcourir le jardin du 28 Lindale Close, et à jouer aux voitures électriques avec ses petits-enfants. Il regardait les films de la série *Star Wars* et lisait des livres sur Napoléon.

Il recevait des visiteurs, prenait le thé. Il accorda une interview à la journaliste Christina Lamb, qui remarqua sa voix (« un murmure haut perché ») et ses doigts « épatés et boudinés » (« comme ceux d'un boucher »), les images pieuses catholiques et les vidéos de Jean-Claude Van Damme. Elle l'écouta se plaindre d'une procédure judiciaire grotesque (avec une succession incessante de jugements et d'appels, « comme s'il était attaché sur une roue »)[34].

Michael Caplan se rendit au Chili. « J'ai rencontré les partisans du général, le speaker du Parlement, le ministre des Affaires étrangères, des représentants des communautés anglaise et espagnole, et de la communauté juive. »

La communauté juive ?

« Beaucoup soutenaient Pinochet », expliqua Caplan, et bien sûr Miguel [Schweitzer] lui-même était juif. »

Garzón employait ce temps pour déterrer d'autres actes de torture, avec l'aide de Garcés et, en coulisses, celle de Castresana. Durant l'été, il fit parvenir à Londres quatre lots supplémentaires de cas de torture[35]. Avec ces charges venues s'ajouter aux précédentes, Pinochet devait maintenant faire face à trente-cinq accusations supplémentaires de torture.

Miguel Schweitzer fulminait contre ces nouveaux cas. « Imaginez, la requête d'extradition corrigée avec effet rétroactif, *ex post facto* ! Chez moi on ne permettrait jamais cela. » Mais c'est pourtant exactement ce qu'il s'est passé voilà vingt-cinq ans, lui ai-je rappelé, dans le cas de Rauff devant la Cour suprême du Chili. Quand le père de Schweitzer suggéra que l'accusation contre Rauff concernait le génocide et non le meurtre, les procureurs allemands avaient corrigé leur requête d'extradition, exactement comme Garzón l'avait fait.

« Et la demande allemande a échoué », dit Schweitzer, avec un sourire narquois. C'était exact, mais la raison était différente : le Chili avait un délai de prescription de quinze ans qui s'appliquait même aux crimes internationaux, tandis qu'il n'y avait rien de tel en Espagne et en Grande-Bretagne. Dans ces pays, on pouvait être extradé en 1999 pour une conspiration visant à torturer qui avait débuté en 1973.

En juillet 1999, Pete Sampras remporte la finale de tennis de Wimbledon en battant Andre Agassi. Cette même année, après une longue interruption, George Lucas présente le quatrième film de la saga *Star Wars, Episode I – The Phantom Menace (La Menace fantôme)*. On ne sait pas si Pinochet l'a vu.

En août, Slobodan Milošević et quatre autres criminels serbes sont inculpés par le Tribunal pénal international pour l'ex-Yougoslavie. Les chefs d'accusation comprennent des crimes contre l'humanité perpétrés au Kosovo.

Au Chili, la campagne électorale s'engage pour le premier tour de l'élection présidentielle programmé en décembre.

En septembre, tandis que Margaret Thatcher rend visite à Pinochet à Wentworth, un nouvel ambassadeur du Chili est nommé à Londres, et Ronald Bartle, le magistrat qui avait signé le second mandat d'arrestation, est choisi pour siéger lors de l'étape suivante de la procédure d'extradition.

91

L'arrivée de l'automne à Londres marqua le premier anniversaire de l'arrestation de Pinochet. Au tribunal des magistrats de Bow Street, l'audience s'ouvrit le matin du 27 septembre. « La police nous a embarqués dans un fourgon », m'a raconté Caplan, revenant sur ce souvenir pénible. « L'atmosphère était tendue à l'extérieur du tribunal, un de mes collaborateurs a été agressé. » La salle d'audience et la galerie du public étaient remplies à craquer, et il y avait une retransmission vidéo dans une salle annexe. Pinochet était dispensé de paraître devant le tribunal, pour des raisons de santé.

Ronald Bartle prit place sur son siège de la Cour n° 1, et le greffier entama la lecture des accusations. Une « interminable et morne énumération », selon le *New York Times*[36], une description crue de coups et de brûlures, de détenus attachés et suspendus, de cages, de privation de nourriture, d'actes de sodomie. Pinochet avait couvert le viol, l'utilisation de chiens, de drogues hallucinogènes, de l'électricité, et de tout ce qui pouvait permettre de faire parler un prisonnier et de lui faire livrer des noms. Miguel Schweitzer écoutait avec attention. « Ce sont là certaines des plus graves accusations de crimes qui aient jamais été portées devant des cours pénales anglaises », déclara Alun Jones à M. Bartle qui était assis en face de lui, le visage impassible.

L'inspecteur de police Hewett lut à l'audience la déclaration qu'avait faite Pinochet devant lui quelques mois auparavant. « Je ne suis pas d'accord avec ceci. Je réfute toutes les accusations – je suis un gentleman humilié après soixante-quatre années de service public honorable. »

À l'extérieur du tribunal, les partisans de Pinochet étaient plus nombreux que ses opposants, parmi lesquels se trouvait Juan Garcés, l'avocat espagnol. « Le plus important », déclara-t-il à un journaliste, était que pour la première fois dans l'histoire un ancien chef d'État était soumis à une procédure d'extradition pour de tels crimes. Pour Reed Brody de Human Rights Watch, « une forme de justice » se faisait jour à travers la procédure et le simple énoncé des accusations, avec la lecture des noms des victimes de torture, de ceux qui avaient été tués et de ceux qui avaient disparu.

La défense de Pinochet réfuta toutes les charges, qui étaient, pour elle, du ressort du seul Chili. Trop facile, objecta Alun Jones, puisque les tribunaux espagnols comme les Law Lords avaient bien confirmé la compétence de l'Espagne sur les crimes, et l'absence d'immunité. « Le crime persistant de conspiration » s'appliquait bien au sort de tous les disparus, expliqua-t-il, et contribuait à torturer les familles en leur infligeant « une grave douleur mentale, une souffrance et une démoralisation continuelles ». L'un des avocats juniors de Pinochet, Julian Knowles, réfuta sa démonstration avec force. « Il s'est opposé violemment à Alun Jones sur ce sujet », se rappelait Caplan. La situation se tendait de plus en plus.

Les débats se poursuivirent durant quatre jours. Une semaine plus tard, Ronald Bartle convoqua les parties pour assister au prononcé de son jugement. Pinochet était dispensé de paraître pour avoir subi deux attaques légères et souffrir d'autres affections dont le diabète, des problèmes d'insuffisance rénale et d'incontinence[37]. En réduisant les besoins de sécurité, son absence était un soulagement pour la police.

Le jugement de Bartle fut concis. Il prévint que sa décision se fondait exclusivement sur le droit, sans aucune influence de ses opinions personnelles ou politiques. Le droit international moderne reflétait une « tendance grandissante » à bannir les crimes qui font horreur à une société civilisée. Ce qui laissait présager l'avènement du « jour où, en matière d'extradition, une loi unique s'imposera au monde entier ».

Pinochet ne pouvait pas ignorer tout ce qu'on lui prêtait, et le comportement qui lui était reproché pouvait être dénoncé comme criminel tant en Grande-Bretagne qu'en Espagne. Bartle ne s'arrêtait pas sur la matérialité des faits, ni sur la défense de Pinochet, « tous éléments destinés au procès » à venir en Espagne. Il s'en tenait à l'information qu'on lui avait transmise, y compris les nouveaux cas de torture exposés par le juge Garzón, et les précisions sur les disparus. Les ombres d'Alfonso Chanfreau et d'un millier d'autres victimes planaient au-dessus de la salle d'audience.

La règle de « double criminalité » était-elle remplie ?

Elle l'était. Torture et conspiration constituaient bien des crimes passibles d'extradition, en Grande-Bretagne aussi bien qu'en Espagne. La Convention contre la torture prévoyait expressément le principe de compétence universelle qui était intégré dans le droit anglais et également dans le droit espagnol, comme l'avait confirmé la Audiencia Nacional.

Bartle était-il tenu de vérifier, comme la défense de Pinochet l'assurait, de même que Lord Hope, que la torture alléguée était « généralisée et systématique » ?

Il ne l'était pas. « Un seul acte de torture » suffisait pour permettre l'extradition, jugea-t-il, et « je serais arrivé à cette conclusion, même sans l'éclairage de la plus haute cour du pays ».

Pinochet pouvait-il se réclamer de l'immunité ?

Non, pas pour les actes de torture commis après le 8 décembre 1988. Quant à la conspiration, il s'agissait d'un « crime persistant », qui autorisait Bartle à prendre en compte tout acte commis dans ce cadre, même s'il avait été commis longtemps avant le mois de décembre 1988.

Qu'en était-il des disparitions ?

D'une manière très significative, Bartle décida que « l'effet produit sur les familles des disparus peut être considéré comme de la torture mentale ». Pinochet avait-il délibérément commandité les actions ayant abouti à la disparition de 1 198 personnes ? Cette question regardait le tribunal qui le jugerait en Espagne, et ce n'était pas à lui qu'il appartenait de trancher.

Puisque les conditions étaient réunies pour permettre l'extradition de Pinochet, la décision de Bartle permettait de poursuivre la procédure engagée contre le général. La décision de l'extrader ou non revenait maintenant au Home Secretary.

« Un progrès fondamental », déclara Amnesty International. Le jugement autorisait l'extradition pour la totalité des trente-cinq cas de torture et les 1198 cas de disparition. Cette décision envoyait un message puissant aux procureurs et aux tribunaux à travers le monde entier.

Une décision « historique », pour le haut-commissaire des Nations unies pour les droits de l'homme. « Tous ceux qui commettent, ordonnent ou tolèrent la torture ne sont plus assurés désormais de pouvoir jouir d'une retraite paisible[38]. »

Dans les rues, les supporters de Pinochet brûlèrent des drapeaux britanniques et espagnols et hurlèrent contre les communistes. Ses opposants débouchèrent des bouteilles de champagne.

Le gouvernement espagnol, espérant toujours éviter la tenue d'un procès à Madrid, avança une autre « solution ». Le ministre des Affaires étrangères Abel Matutes suggéra que l'affaire soit transmise à la Cour internationale de justice à La Haye, ou soumise à un arbitrage, afin de déterminer si l'Espagne avait vraiment toute compétence pour juger Pinochet. Mais cette idée rencontra peu de soutien.

Pinochet était « frustré, déçu et stoïque, me confia Michael Caplan, mais conscient qu'il y aurait encore d'autres audiences ». Sa déclaration fut lue à l'extérieur du tribunal : les autorités espagnoles n'avaient produit aucune preuve à son encontre, il allait maintenant réfléchir aux suites à donner. « En tant qu'ancien président de la République du Chili, et sénateur, je déclare que je ne suis pas coupable des crimes dont on m'accuse[39]. »

Le filet se resserrait. Au regard de l'*Extradition Act*, l'affaire touchait à son acte final. C'était maintenant à Jack Straw, en tant que secrétaire à l'Intérieur, de décider d'autoriser la mise en œuvre de l'extradition. Sous réserve, bien entendu, que les défenseurs de Pinochet ne trouvent pas un autre moyen de retarder les choses.

León

92

Faute de preuve tangible d'une implication de Walther Rauff sur l'île Dawson, je me suis intéressé à la Colonia Dignidad. C'était l'endroit où la DINA avait torturé et fait disparaître des prisonniers, et où Rauff était censé être venu.

La Colonia Dignidad était une implantation allemande située au sud de Santiago. Elle avait été fondée au début des années 1960 par Paul Schäfer, auxiliaire médical dans la Wehrmacht pendant la guerre, qui avait ensuite dirigé un foyer d'accueil d'enfants en Allemagne de l'Ouest. Accusé de sévices sexuels sur de jeunes garçons, Schäfer avait fui en Afrique du Nord. De nouvelles accusations le firent s'enfuir à nouveau, vers le Chili cette fois, où il arriva en 1961, peu de temps avant la demande d'extradition de Walther Rauff par la République fédérale d'Allemagne.

Tandis que Rauff faisait face à la justice, Schäfer fit l'acquisition d'un vaste domaine près de Parral, une ville située à environ trois cents kilomètres au sud de Santiago et qui avait vu naître Pablo Neruda. Il y créa une colonie agricole et religieuse inspirée par les idées de William Branham[40] et d'Oral Roberts, deux prédicateurs violemment anticommunistes dont il avait fait la connaissance. *Arbeit ist Gottesdienst*, « le travail est un service divin », était la devise choisie par Schäfer pour la Colonie[41].

La Colonie possédait sa propre école, son hôpital, une chapelle et une boulangerie, ainsi qu'un hôtel d'inspiration allemande avec un restaurant proposant des saucisses et d'autres spécialités d'origine germanique. Au début des années 1970, la communauté comptait plusieurs centaines de résidents, immigrants allemands et enfants nés au Chili, adoptés puis germanisés. Opposée à Salvador Allende, la Colonie entretenait des liens étroits avec les groupes d'extrême droite, notamment Patria y Libertad, et avec des personnalités haut placées de l'armée chilienne. En septembre 1973, Schäfer salua le coup d'État et l'accession au pouvoir de Pinochet, et tissa d'étroites relations de travail avec la junte et la DINA. Pinochet visita la Colonie en août 1974, et Manuel Contreras y vint souvent, notamment pour chasser avec Schäfer. Aux rumeurs déjà nombreuses de pédophilie et d'autres sévices sexuels vinrent s'ajouter des soupçons de torture et d'autres crimes.

En 1976, les Nations unies rapportèrent que des opposants de Pinochet étaient envoyés à la Colonie pour être torturés, tués, ou qu'ils y disparaissaient[42]. Un an après, Amnesty International publia les récits de première main de deux évadés, Erick Zott et Luis Peebles[43]. Peebles, un psychiatre, déclarait avoir été enfermé dans une cave en sous-sol et torturé à l'électricité par un homme d'âge mûr, en qui il reconnaîtra plus tard Schäfer[44].

Après que Pinochet eut quitté le pouvoir en 1990, d'autres révélations émergèrent sur la proximité entre la Colonie et le régime de Pinochet, avec des récits glaçants de violence systématique sur des enfants. La Colonie fut rebaptisée « Villa Baviera », mais Schäfer s'enfuit en 1997 après de nouvelles accusations de crimes sexuels. La police confirma les violences sexuelles systématiques, les crimes de la DINA et les liens avec certains disparus, dont plusieurs avaient été vus pour la dernière fois à Londres 38. On évoqua la présence d'une fosse commune et de corps exhumés pour être brûlés. On prétendit que la DINA s'était tournée vers la Colonie en raison du savoir-faire supposé des Allemands en matière de torture[45].

Un journaliste découvrit que Schäfer se cachait en Argentine, près de Buenos Aires. Il fut extradé au Chili, jugé et reconnu coupable en 2004 d'abus sexuels sur des douzaines de jeunes garçons. Condamné à vingt ans de prison, il mourut en 2010 et sa mort mit fin à l'enquête sur les crimes qu'il commit avec la DINA.

L'histoire sordide de la Colonie a mobilisé beaucoup d'attention. Des films et des podcasts ont été produits, ainsi qu'une série Netflix *(Voyage au bout de l'emprise : Colonia Dignidad)*. Des livres et des articles de presse ont avancé que Rauff fut présent à la Colonie[46], mais aucune preuve solide n'est venue étayer ces bruits, comme pour l'île Dawson.

Deux livres sortent du lot ; ils sont l'œuvre de Carlos Basso, journaliste et chargé de cours à l'Université de Concepción. La tonalité comme le contenu de *Chile Top Secret*, paru en 2017, et de *La Secta Perfecta*, publié cinq ans après, sont crédibles, la recherche est sérieuse, et les conclusions en sont mesurées. L'auteur voit dans la Colonie « un camp de concentration et un lieu de torture où des habitants de Santiago et de Concepción étaient amenés avant de disparaître », et il croit à la réalité d'un lien avec Rauff.

93

Je suis entré en relation avec Carlos Basso. Il était fasciné par le profil de mercenaire de Rauff, par son intelligence et son pragmatisme, comme par son parcours dans les services de renseignement nazi et de la SS. « Autant de caractéristiques qui auraient été utiles à Pinochet, m'expliqua-t-il. Je suis à peu près certain qu'il avait un lien avec la DINA et la Colonie » ; mais il ne pouvait pas produire de preuves et se fiait à son instinct et à des années de travail dans les services du procureur à Concepción. « Si vous vous intéressez à Rauff, me dit Basso, vous devez aller à la Colonia Dignidad, sans aucun doute l'endroit le plus exotique du Chili ! »

Il me communiquera par la suite plusieurs documents, dont deux retinrent mon attention. L'un concernait Franz Bäar, déjà cité, résident de longue date de la Colonie, et l'autre portait sur une session de formation d'agents de la DINA qui eut lieu à la Colonie en novembre 1974. En 2005, la police avait fait une descente sur place et découvert des milliers de pages de documents et de dossiers du personnel. Pas un seul ne mentionnait Rauff, mais nous savons maintenant qu'il fuyait les photographies et toutes les traces écrites.

Les éléments pour la formation comprenaient un document dactylographié de vingt-quatre pages présentant des exposés sur le recueil de renseignements, apparemment organisés par un homme du nom de Lindes. Basso pensait que ce support de cours pouvait avoir été préparé par Gerd Seewald, bras droit de Schäfer et spécialiste du renseignement. Condamné pour pédophilie, Seewald mourut en 2014.

Basso avait pu rencontrer Bäar ; enfant, celui-ci avait été enlevé à ses parents chiliens. Adopté par Seewald, il reçut un nom allemand et une nouvelle vie dans le cadre de la Colonie. Mais Schäfer le sélectionna pour lui appliquer un régime spécial, réservé aux éléments perturbateurs : il fut séquestré dans l'hôpital de la Colonie durant trente et un ans et soumis à un « traitement » à base de médicaments et d'électricité[47].

Quand Basso rencontra Bäar et sa femme Ingrid Szurgelies, en 2015, ils avaient quitté la Colonie. « J'ai découvert un homme charmant, âgé de soixante-cinq ans, avec une mentalité allemande, comprenant difficilement l'espagnol, et qui avait conservé la fraîcheur d'un enfant. » Bäar avait témoigné devant la justice chilienne à propos des crimes sexuels de Schäfer, et il avait été reconnu crédible et fiable. Il parla à Basso des cours donnés aux agents de la DINA.

« Je suis au courant pour cette formation, elle était gérée par Walther Rauff, dit-il à Basso. C'était une personne agréable avec deux enfants qui passaient du temps à la Colonie. » Spontanément, Bäar avait prononcé le nom plusieurs fois, et ne s'était pas trompé à propos des deux garçons. « Chaque fois il m'a répété la même histoire, et je n'ai aucune raison de croire qu'il mentait, me rapporta Basso. Il mentionnait Rauff tout naturellement et spontanément, sans rien laisser entendre quant à son importance supposée. »

Je me suis entretenu avec Bäar, par Zoom. Il m'a répété ce qu'il avait déjà dit à Basso.

Je lui ai demandé s'il avait vu Rauff prononcer ces exposés.

« Non, mais je l'ai vu à la Colonie. Je l'ai reconnu parce que j'ai vu un certain film. » Il ne livra pas plus de détails.

Rauff apparaissait-il bien dans le film ? ai-je insisté.

Le visage expressif et aimable de Bäar, avec une dent unique qui pointait, s'éclaira d'un grand sourire. « Oui. » Il opina vigoureusement du chef. « Il m'a fallu du temps pour découvrir qui était cette personne », expliqua-t-il, ignorant tout du passé de Rauff et des camions à gaz. Quand je lui proposai de regarder quelques photos, il accepta, tout en me prévenant : « C'est très difficile de faire revenir les souvenirs de ces temps-là. »

J'ai alors affiché sur l'écran une photographie de Rauff prise au milieu des années 1960, sans mentionner son nom. Bäar la fixa pendant une minute. « Je regarde les yeux et le nez. » Finalement, il dit : « Non, je ne reconnais pas cet homme. »

La photo suivante représentait le même homme, dix ans plus tard, en 1976, avec des lunettes cette fois. « Est-ce la même personne ? » demanda Franz Bäar, hésitant.

Oui.

« Non, je ne reconnais pas cet homme », répétait-il.

J'affichai alors une troisième image, celle d'un autre homme. Bäar parla sans hésitation : « Oui, c'est l'homme qu'on appelait Lindes, c'est bien Walther Rauff. »

Sauf que ce n'était pas lui, lui répondis-je, le plus doucement que je pus. La photo était celle de Cornelius Krieg, dont la police avait trouvé le dossier dans les archives de la Colonie. Né à Mainz, en Allemagne, Krieg avait servi dans la Wehrmacht comme ingénieur, et était venu s'installer plus tard à Concepción, au Chili. Son dossier précisait qu'il avait été employé par la marine chilienne comme instructeur de combat au corps à corps, puis avait occupé un poste au sein d'ASMAR, l'entreprise publique de construction et de réparation navale.

Bäar sourit. « Ah, ok. »

Photos de Rauff (1966, 1976) et Lindes (non datée).

Je retournai vers Basso pour lui rendre compte de mon entretien. Il argua que Krieg n'avait aucune expérience du renseignement, et ne pouvait donc pas avoir présenté les exposés ni conçu la formation. En revanche, Rauff, ancien officier de renseignement SS, pouvait fort bien avoir été cet intervenant en 1974. Basso pensait avoir décelé trois indices dans les documents. « Un, l'intervenant évoque une proximité avec la marine. Deux, l'exposé traite de la collecte du renseignement. Trois, Rauff possédait une expérience confirmée dans les techniques de renseignement, y compris la torture. » Il me dit qu'il allait me faire parvenir le document.

Le lendemain, je reçus les vingt-quatre pages. Elles étaient rédigées en allemand, avec des images d'instruments de torture, mais ne mentionnaient pas de noms d'intervenants ni de participants. Le document abordait des questions relatives à la surveillance, à l'arrestation, à l'interrogatoire, et aux techniques physiques et psychologiques. Il comprenait des conseils en matière de balistique, de bombes et de missiles, des ruses à employer pour réussir des enlèvements de personnes, décrites comme des emprunts aux méthodes de la Gestapo[48]. Les cibles étaient les membres du MIR et les communistes. Ces sujets pouvaient être retournés, avertissait le document, mais « un agent retourné ne deviendra jamais un agent véritable[49] ».

Ces pages avaient un air d'amateurisme, même à mes yeux non exercés, et ne confirmaient en rien l'intervention possible de Rauff. Toutefois, il était assez troublant que les exposés soient donnés en allemand et se réfèrent aux nazis, à la SS et à la Gestapo, ainsi qu'à Quito, là où Rauff avait vécu jadis. L'hypothèse que Rauff puisse avoir un rapport avec tout cela n'était donc pas complètement absurde.

J'ai envoyé le document au Dr Kerstin Hoge, chercheuse à l'Université d'Oxford, spécialiste de linguistique et phonétique allemandes.

« Absolument fascinant », me répondit-elle. Elle connaissait la Colonie, où s'étaient donné libre cours « des individus, des idéologies et des événements odieux », mais elle pensait qu'il serait malaisé de découvrir « une empreinte digitale linguistique ». Elle allait cependant s'y efforcer.

94

Son évaluation fouillée me parvint quelques jours plus tard. Elle m'expliquait que le document comportait cinq sections offrant un mélange de transcriptions et de notes diverses qui émanaient presque certainement de plusieurs auteurs. Les fautes de langue, nombreuses, indiquaient que les intervenants n'avaient pas « une pleine maîtrise maternelle » de l'allemand. D'autres indices confirmaient que Rauff ne pouvait pas être l'unique auteur, ou qu'il n'avait peut-être même aucun rapport avec le document.

Le Dr Hoge était à peu près certaine de l'intervention d'un conférencier ou rédacteur hispanophone. Le terme *Kinderschule*, par exemple, n'était pas un mot allemand mais une traduction littérale de *escuela infantil*, qui désigne en espagnol le jardin d'enfants, ou la crèche. De même, les formats de date utilisés – jour, mois, puis année – suivaient la règle en usage en Amérique du Sud, et non la forme allemande.

Les pronoms utilisés montraient que les formateurs étaient des hommes, présentant vraisemblablement tous un profil militaire. Ils semblaient issus des rangs subalternes de la Wehrmacht, plutôt que du niveau supérieur auquel appartenait Rauff. L'expression *Strammer Kerl* par exemple, désignant « un gars coriace », exprimait une forme de virilité informelle qui suggérait un niveau inférieur d'éducation ou d'autorité.

Quant au mot composé *Busschofför*, employé pour désigner un chauffeur de bus, il est utilisé exclusivement dans la sphère du dialecte alémanique (Suisse allemande, Bade-Wurtemberg et Souabe en Allemagne, ou Vorarlberg autrichien) ; son emploi montrait que l'un des intervenants était originaire d'une de ces régions. À ma connaissance, Rauff n'avait aucun rapport avec elles.

Un des formateurs avait combattu sur le front de l'Est pendant la Seconde Guerre mondiale, contre des unités ukrainiennes de l'Armée rouge. Ce n'était pas le cas de Rauff. Un autre connaissait l'histoire de Peter Simon, enseignant à l'école allemande de Concepción qui avait fui le Chili en octobre 1973[50]. Mais Rauff n'avait aucun lien avec cette ville. Un intervenant « qui avait sans doute servi dans la marine» – comme Rauff – avait reçu un coup de pied d'une karatéka officier de marine. Rauff n'avait aucun rapport avec le karaté, à ma connaissance. Un autre évoquait une rencontre avec Salvador Allende à Quito, mais c'est Pinochet que Rauff avait connu dans cette ville, et non Allende.

En résumé, pour le Dr Kerstin Hoge, les «conférences» furent probablement données par plusieurs formateurs; certains parlaient l'allemand couramment, d'autres étaient de langue maternelle espagnole. Dans tous les cas, elle doutait fort que Rauff ait fait partie de ces intervenants.

J'ai rapporté cela à Carlos Basso qui ne se démonta pas. «La prochaine fois que vous serez au Chili, venez me voir à Concepción, proposa-t-il. Allez à la Colonia Dignidad, puis venez me rencontrer. J'aurai d'autres choses à vous dire, confidentiellement.»

95

J'ai suivi son conseil. Pour préparer ma venue à la Colonie, j'ai lu des livres et regardé la série de Netflix[51], une production germano-chilienne dans laquelle Pinochet fait une apparition fugace, lors de sa visite en août 1974. Les enfants chantent, Pinochet essuie une larme avant de s'attarder un moment avec Schäfer. Mais aucune trace de Rauff.

Je suis venu avec Monserrat, depuis Concepción, à deux heures de voiture à travers des terres pauvres d'aspect, des étendues plates et sans âme. À l'approche du domaine se dressait une sorte de stèle funéraire en pierre, protégée par des fils de fer barbelés, qui portait l'inscription du nouveau nom: «Villa Baviera».

Un grand plan en couleurs, à l'entrée, orientait le visiteur vers le complexe touristique et ses différents bâtiments et équipements: hôtel, jardins et piscine, boulangerie, ateliers de mécanique, fromagerie, hôpital. Bien sûr, nulle mention de torture et de disparitions, de crimes sexuels, d'Erick Zott et de Luis Peebles, ou de la DINA. L'endroit se présentait comme un complexe récréatif, pas comme un lieu de souffrance.

Nous étions accompagnés par un fabricant de glaces autrichien qui s'était manifesté après avoir lu *La Filière* et avait compris que je m'intéressais à Rauff (« certains de mes plus vieux amis au Chili ont connu Rauff et connaissent assez bien son fils, ils pourraient vous aider si nécessaire[52] »). L'écriture d'un livre peut conduire à rencontrer des personnages peu ordinaires. Les résidents de la Colonie qui allaient et venaient étaient habillés de vêtements allemands traditionnels, tels des enfants déjà parvenus à l'âge de la retraite, descendants de ceux qui assistèrent, complices, aux horreurs du passé. Ils continuaient à jouer dans le spectacle avec moult drapeaux allemands et d'anciens modèles Mercedes, ainsi qu'une boutique Delicatessen proposant du jambon et des saucisses de Westphalie produits sur place. Le cœur de la Colonie battait au sein de la Freihaus, l'ancienne habitation de Paul Schäfer, où est présentée une riche collection de photos de visiteurs célèbres, dont Pinochet, en grand uniforme. Il s'y trouve également la chambre à coucher du maître des lieux dont les fenêtres sont grêlées de centaines d'impacts de balles.

Les mots sont impuissants à décrire l'horreur de ce que fut la villa Baviera.

Nous nous sommes promenés dans les jardins et autour des bâtiments, et avons dégusté un menu allemand dans le restaurant même où se retrouvaient jadis les agents de la DINA, un lieu tristounet qui accueillait une poignée de touristes. Nous avons rencontré Harald et Horst, qui avaient toujours vécu là, et partagé autour de la table de leur cuisine un Kougelhopf, le gâteau que préparait pour moi ma grand-mère autrichienne, tout juste sorti du four.

Tous deux nous parlèrent de Schäfer, de rencontres avec Manuel Contreras (« plus calme et mieux élevé que les autres, qui étaient brutaux », dit Harald), des agents de la DINA. Un jour, Contreras tua accidentellement d'un coup de fusil un garçon de neuf ans, Hartmut Münch, en chassant avec Schäfer. L'accident fut étouffé, mais la tombe de l'enfant était toujours visible.

Ces deux hommes vieillissants n'éprouvaient aucune affection pour Schäfer. « Il nous a dit qu'il était contre le national-socialisme, mais il a construit un système semblable pour son usage », remarqua Horst. Si vous ne respectiez pas les règles, vous étiez bon pour un séjour à l'hôpital, avec des drogues et des électrochocs. « Nous étions des Allemands, éduqués dans l'obéissance aux ordres, et très effrayés par les Russes et le communisme », ajouta Harald.

Ils nous parlèrent des sévices sexuels. « Schäfer nous a dit que le sexe était bon pour notre éducation, dit Harald. C'était pour notre bien-être, pour montrer que c'était lui qui était responsable de tout, plutôt que les parents. »

Puis ils évoquèrent 1990, et leur tristesse quand Pinochet se retira. « Il était bon pour nous, par comparaison avec Allende, dont la victoire avait été vue comme la fin du monde à la Colonie », souligna Harald.

Ils parlèrent de la fuite soudaine de Schäfer en 1997. Ils avaient grandi dans la crainte des dangers qui les guettaient s'ils quittaient l'enclave, et ils furent choqués de voir la police cisailler les clôtures et faire irruption. « On vient vous sauver », disaient les policiers. « Mais nous ne voulons pas être sauvés », rétorquaient les résidents.

Ils abordèrent les crimes de Pinochet. « C'était difficile de croire que de telles choses étaient bien arrivées », souligna Harald en se rappelant la première fois où ils entendirent les accusations. « Je n'arrivais pas à y croire, même si certaines de ces choses s'étaient produites ici même, dans la Colonie. »

L'arrestation de Pinochet à Londres, en 1998, leur avait causé un choc terrible. « Nous croyions vraiment qu'il était notre sauveur, expliqua Horst. Maintenant je vois bien que ce qu'il a fait était criminel. »

Puis ils évoquèrent leur besoin d'aide matérielle, et comment l'Allemagne avait proposé de l'argent aux résidents à titre de compensation après avoir échoué à intervenir durant tant d'années. Ils se virent offrir un versement unique de 11 000 dollars pour une vie entière d'horreur[53]. Sûrement pas assez pour entamer une nouvelle vie, ou mettre fin proprement à tant d'années d'impunité, pensait Harald. La Colonie a été reprise par un nouvel organisme de bienfaisance, mais les descendants des coupables sont restés aux commandes. « Nous voulons une terre à nous, mais ils ne nous permettront pas de l'avoir. »

Ils abordèrent aussi la question de la thérapie. Harald déclara : « On a reçu la visite du Dr Niels Biederman, un psychiatre envoyé par l'ambassade allemande. Je l'ai vu trois fois, mais j'ai compris que ce n'était pas la solution. »

Pour finir, je leur montrai une photographie de Rauff, qui ne provoqua aucune réaction chez eux. Au cours de mes deux journées sur place, j'ai montré des photos à plusieurs résidents, mais pas un ne reconnut Rauff ou crut le reconnaître, ni n'exprima la moindre curiosité. Dans ce genre d'endroit où il est préférable de faire « profil bas », nul ne connaissait ce nom.

J'ai passé la nuit dans une chambre d'hôtel proche du restaurant, aménagée dans une partie du dortoir où les enfants avaient été agressés. En proie à une angoisse profonde, j'ai barricadé ma porte avec des chaises.

96

Le deuxième jour, j'ai rencontré Jürgen. Moyennant une petite rétribution, il nous a fait visiter les lieux que nous avions découverts grâce à la série de Netflix. « La reconstitution est fidèle », dit-il. Né en 1964, il avait passé la plus grande partie de sa vie à la Colonie. Il nous a amenés sur le site d'un futur musée, où une pancarte proclame : « Un peuple sans mémoire est incapable de grandir. » Nous avons scruté les photos des membres fondateurs de la secte. Ce n'est qu'après le départ de Schäfer que Jürgen a pleinement mesuré l'ampleur de ses méfaits. Il souligna le rôle de ses parents, Walther et Mathilde. De vrais adeptes, expliqua-t-il, des *Russlanddeutsche*, des Allemands originaires de Russie, traumatisés par la Seconde Guerre mondiale, violemment et définitivement anticommunistes.

« J'avais cinq ans quand j'ai connu ma première expérience sexuelle avec Paul Schäfer, raconta Jürgen. Cela s'est passé dans sa salle de bains, très joliment décorée. » Il nous fit un récit atrocement explicite, comment Schäfer avait d'abord remarqué ce petit garçon, qui avait des dispositions pour la course. « J'ai fait ce qu'il m'ordonnait. Je me suis déshabillé. Il évoquait Dieu et la Bible, et me disait que j'irais en enfer si je parlais à qui que ce soit. » Il s'interrompit. « Quand Schäfer a quitté la Colonie, en 1997, il a dit au revoir et a promis de revenir si nous nous tenions bien. Nous l'avons cru. »

« Nous étions aussi convaincus que Pinochet était notre sauveur », que ses années au pouvoir avaient constitué une période « dorée ». Le coup d'État était un événement si extraordinaire qu'on a « pu écouter la radio, ce qui était interdit normalement ». Les militaires nous rendaient visite, notamment Contreras (« je lui ai même chanté "bon anniversaire" »). Schäfer se déplaçait à Santiago, et des gens importants venaient ici. « J'avais dix ans quand Pinochet est venu ! Il est allé au restaurant, il a vu les lieux de torture. Il était contre le communisme, ce qui le rendait extrêmement populaire ici. Nous l'appelions *Opa*, Grand-papa Pinochet. Schäfer était *Tío*, Oncle Paul. »

Jürgen se souvenait bien de certains personnages qui gravitaient autour de la Colonie. « Il y avait un homme du nom de Lindes, un nazi. Il était souvent avec Schäfer ; ils chassaient ensemble. Un autre colon était un ancien SS, ainsi qu'un des visiteurs réguliers. » Je lui ai tendu une photo de Rauff. « Non, pas lui », mais il se reprit, ajoutant : « De même que je ne peux pas affirmer que Mengele n'ait pas séjourné ici, de même il est possible que cet homme soit également venu. »

Il nous conduisit jusqu'au magasin de stockage des pommes de terre, utilisé jadis comme lieu de torture, passant près d'une trappe qui ouvrait sur le sous-sol. « C'était la cave où étaient cachées les voitures anciennes, et où les gens ont été torturés et tués. Pendant les années Pinochet, il y avait une centaine de soldats stationnés à la Colonie, ils mangeaient au restaurant, après avoir déposé leurs armes à l'extérieur. »

Le magasin des pommes de terre était une vaste grange. Sur une petite plaque accrochée au mur, on pouvait lire les lignes suivantes : *Sitio de Memoria Ex Colonia Dignidad « Bodega de Papas » Testimonio de violaciones a los Derechos Humanos* (« Site mémoriel de l'ex-Colonia Dignidad, "Magasin des pommes de terre", en témoignage des violations des droits de l'homme »). « C'est ici qu'on torturait, dans cet espace que Schäfer avait donné à la DINA, expliqua Jürgen. Manuel Contreras s'est tenu là, dans cette pièce. Après le départ de Pinochet, la police est venue et a tout enlevé. »

La villa Baviera était un endroit ubuesque que je fus soulagé de quitter.

J'étais toujours à la recherche de preuves tangibles d'un lien avec Rauff, et l'unique piste restante semblait bien être l'*affidavit* de León Gómez.

97

Plus tard, en rédigeant mes notes et en écoutant l'enregistrement, j'ai remarqué que Jürgen avait le même patronyme que la femme de Franz Bäar, Szurgelies. Ce nom apparaissait aussi dans un reportage journalistique au Chili – à l'âge de vingt-quatre ans, Jürgen s'était enfui mais avait été repris et renvoyé à la Colonie – et dans l'analyse d'un cas de droit international.

« Ramené de force », avait titré un journal local, Jürgen avait été « bouclé derrière la clôture barbelée de la Colonia Dignidad et personne n'avait plus entendu parler de lui[54] ».

Au cours de sa brève escapade en liberté, Jürgen avait rencontré un pasteur évangélique, qui sera ensuite contacté par un diplomate ouest-allemand, lequel souhaitait savoir pourquoi le jeune Jürgen avait fui. Le pasteur n'avait rien dit mais, dès qu'ils apprirent cette démarche, les parents de Jürgen, qui possédaient la double nationalité chilienne et allemande, déposèrent plainte devant le tribunal de première instance à Chillán. En menant une enquête, soutenaient-ils, le diplomate avait violé leurs droits à la vie privée et familiale garantis par la Constitution du Chili.

Nullement, rétorqua l'ambassade de la République fédérale d'Allemagne, ce diplomate était à l'abri des poursuites judiciaires, au titre de l'article 39 de la convention de Vienne sur les relations diplomatiques, et il ne faisait qu'accomplir sa mission. Les parents Szurgelies objectèrent qu'il s'était immiscé dans leur vie et avait outrepassé les fonctions normales d'un diplomate. Ces arguments étaient les mêmes que ceux qui furent soulevés dans l'affaire Pinochet à Londres devant la Chambre des Lords.

Le tribunal jugea que l'homme avait bien agi dans le respect de ses fonctions et que son immunité était acquise. Mais la Cour suprême révoqua ensuite le jugement. La distinction entre les actes officiels et les actes privés « est depuis longtemps un objet de controverse pour les juridictions étrangères », relevaient les magistrats, mais les règles de l'immunité ne sauraient être placées au-dessus des droits humains des parents garantis par la Constitution, laquelle est la « loi suprême » qui prévaut sur toutes les dispositions du droit international. La Cour renvoya l'affaire vers la Cour d'appel de Chillán, qui décida qu'elle n'avait pas lieu de statuer.

Ce cas fut publié dans les *International Law Reports*, ce qui immortalisa tout à la fois Jürgen Szurgelies et l'idée que l'immunité n'était pas un droit absolu[55]. Francisco Orrego Vicuña, ambassadeur de Pinochet à Londres au cours des années 1980 – et qui le conseillera plus tard après son arrestation –, accueillit favorablement l'arrêt. « Aucun État ne peut se dresser au-dessus des exigences de protection de droits aussi fondamentaux », écrit-il en 1991 dans un article juridique, sept ans avant l'arrestation de Pinochet. La revendication de l'immunité ne pouvait pas « faire obstacle à la protection des droits humains », laquelle doit toujours « l'emporter en cas de conflit avec les règles d'immunité »[56].

Sept ans plus tard, alors qu'il se trouvait à Londres pour soutenir la revendication d'immunité de Pinochet, Orrego Vicuña adopta la position inverse, allant jusqu'à fustiger ceux qui défendaient le point de vue qu'il avait adopté en 1991. « Qu'avez-vous fait, qu'avez-vous donc fait ? » dit-il en interpellant le professeur Christopher Greenwood, l'un des juristes qui avait pris position contre l'immunité de Pinochet[57]. « Comment pouvez-vous plaider en défaveur de l'immunité », me demanda Orrego Vicuña, au cours d'un dîner partagé à son club, l'Athenaeum, avant de me critiquer pour mon travail avec Human Rights Watch. À l'époque, je n'avais pas encore connaissance de l'article sur le cas Szurgelies qu'il avait écrit sept années auparavant.

98

Tandis que la Cour suprême du Chili évaluait le rapport entre les droits humains et l'immunité dans le cas Szurgelies, León Gómez écrivait sur les crimes de Pinochet et signait un *affidavit* dans lequel il affirmait sous serment qu'il avait été interrogé par Walther Rauff en personne.

J'ai découvert l'existence de ce document dans la biographie de Rauff écrite par Martin Cüppers. Il y était fait référence à un article d'Ingo Kletten, déjà cité, lequel se référait au livre d'un certain Friedrich Paul Heller. Toutes ces sources laissaient entendre que l'*affidavit* de Gómez était conservé dans les archives de l'Institut de recherche sociale de Hambourg et de l'Institut Fritz Bauer à Francfort (qui porte le nom du juge et procureur célèbre pour sa poursuite des nazis)[58]. Pourtant, aucune des deux institutions n'en possédait une copie, pas plus que le professeur Cüppers.

Je me suis donc mis en quête de León Gómez. Son nom apparaissait dans plusieurs articles de presse, à propos du livre qu'il avait écrit sur les disparus. J'ai pu retrouver le manuscrit original de ce livre, dans lequel il affirmait que les disparitions à partir de Londres 38 avaient « débuté sous la supervision du criminel nazi Walther Rauff[59] ». Paru en 1990, peu après que Pinochet eut quitté le pouvoir, son livre *Tra la huella de los desaparecidos (Sur les traces des disparus)* donnait les noms de plusieurs centaines d'hommes et de femmes disparus, dont celui d'Alfonso Chanfreau.

Bizarrement, le livre publié ne mentionnait plus Rauff, contrairement au projet initial de publication.

Gómez avait fait paraître son ouvrage précédent – *Que el pueblo juzgue. Historia del golpe de Estado (Que le peuple soit juge. Histoire du coup d'État)* – en 1988. Dans ce livre étaient cités les noms de nombreux auteurs de crimes – Pinochet, Contreras et Espinoza y figuraient en bonne place – mais pas celui de Rauff.

Comment retrouver León Gómez ? Mon enquêtrice au Chili ne parvint pas à le localiser mais pensait qu'il devait être en rapport avec l'organisation Londres 38. J'ai contacté Erika Hennings, sa fondatrice. « J'ai connu León Gómez », m'écrivit-elle, en m'indiquant qu'elle était vaguement au courant d'un *affidavit* signé par lui, mais qu'elle ne l'avait pas vu et ne pouvait pas garantir qu'il existait bien. Elle me communiqua une adresse électronique. Ma collaboratrice écrivit à Gómez, qui répondit en donnant un numéro de téléphone. Elle tenta de l'appeler à maintes reprises, mais Gómez ne décrochait jamais.

Plusieurs mois passèrent. « Il ne répond ni au téléphone ni aux courriels », m'informa-t-elle[60].

Toute une année s'écoula. En octobre 2019, je me suis rendu à Santiago pour intervenir dans le cadre d'une série de conférences en hommage à Roberto Bolaño. J'ai visité le musée de la Mémoire et des droits humains, où étaient exposées plusieurs pièces en rapport avec ma recherche : la lettre d'une mère au ministre de la Justice de Pinochet, Miguel Schweitzer Speisky, implorant son aide pour retrouver son fils disparu, et un certificat du consulat espagnol à Santiago certifiant la mort de Carmelo Soria, due à un traumatisme cervico-thoracique.

Le jour de la conférence, je suis sorti de bon matin pour faire un tour. En quittant l'hôtel de la Plaza San Francisco, j'ai pris à droite et me suis retrouvé dans une rue pavée, éclairée par des lampadaires anciens. C'était justement la rue de Londres, que tant de fourgons frigorifiques avaient empruntée autrefois. Je marchai jusqu'au numéro 38, occupé par un immeuble gris en pierre, de faible hauteur, avec une grande porte d'entrée en bois. Elle était ouverte, alors je suis entré, marchant sur les dalles noires et blanches. Je ne savais pas encore, à ce moment, que les *Izvestia* avaient appelé cet endroit le « bureau » de Rauff[61], ni que quatre-vingt-dix-huit hommes et femmes avaient disparu après leur passage dans ces lieux. J'ai parcouru les pièces en silence, en m'efforçant d'imaginer l'atmosphère qui pouvait y régner en 1974.

Rentré à Londres après ma conférence, je n'avais toujours aucun signe de vie de León Gómez. Et je ne trouvais nulle trace d'Ingo Kletten, dont l'article avait introduit la première mention de la déclaration sous serment de Gómez. Une personne de ma connaissance à Nuremberg m'apprit qu'Ingo Kletten n'existait pas, que ce nom était un pseudonyme inventé par un certain Dieter Maier[62]. Maier, lui, existait bien, c'était un ancien collaborateur d'Amnesty International qui s'était consacré à dénoncer les crimes de Pinochet. On m'expliqua que Kletten était l'un des nombreux pseudonymes utilisés par Maier, qui craignait pour sa vie. Parmi ces faux noms, il y avait aussi celui de Friedrich Paul Heller.

Heller ? L'article de Kletten qui mentionnait l'*affidavit* de Gómez donnait en référence un livre de Heller[63]. L'information a fait tilt en moi : chaque référence à la déclaration renvoyait à Dieter Maier, qui se citait donc lui-même. La leçon était limpide : il faut toujours être prudent dans la recherche des preuves, car rien n'est jamais exactement conforme à ce qu'il semble à première vue. J'avais appris cela en travaillant sur des affaires judiciaires internationales. À La Haye, les juges avaient déclaré un jour que « des informations largement partagées sur un fait peuvent s'avérer à l'examen provenir d'une seule et même source ». Des mentions nombreuses d'un « fait » devraient ainsi être abordées comme « n'ayant jamais plus grande valeur de preuve que la source originale »[64].

Tout à ma quête de la source originale, je me suis mis à la recherche de Dieter Maier, que j'ai trouvé en Allemagne. Il s'est montré affable et ouvert, mais il ne possédait plus l'*affidavit* de Gómez, qu'il avait donné à l'Institut Fritz Bauer de Francfort. Il ne s'y trouve pas, lui ai-je dit. « Essayez donc le Museo de la Memoria y los Derechos Humanos à Santiago[65] », suggéra-t-il. J'ai répondu qu'il n'y était pas non plus. Je commençais à douter sérieusement de l'existence d'un tel document.

Et pourtant, Maier insistait : Gómez l'avait bien rédigé, « en réponse à ma demande insistante », dit-il ; ce n'était donc pas une pièce d'un dossier officiel. Lorsqu'ils s'étaient rencontrés, dans les années 1980, Gómez lui avait déclaré qu'il avait reconnu Rauff « dans l'équipe qui l'avait torturé ». Son récit était crédible, aussi fut-il transcrit sur le papier et signé par Gómez. « La déclaration comptait une ou deux pages, pas plus. Et la phrase clé précisait que, quand son bandeau s'était desserré, il avait pu constater que Rauff était présent pendant qu'on le torturait[66]. »

« C'est moi et personne d'autre qui possède les droits sur cet *affidavit*, m'apprit Maier. Gómez voulait qu'il puisse servir de confirmation supplémentaire[67]. » En pleine réflexion, je fus pris d'un doute. Une personne qu'on torture peut-elle vraiment arriver à identifier son bourreau avec un bandeau sur les yeux ?

Maier me dit que Gómez avait témoigné en 1990 au sujet de la disparition d'Alfonso Chanfreau, et que la justice avait jugé son témoignage digne de foi. J'ai retrouvé sa déposition, dans laquelle il donne un récit détaillé de sa propre arrestation, en juillet 1974, de sa détention à Londres 38, et déclare y avoir vu Chanfreau. « J'ai toujours su qu'Alfonso Chanfreau avait été torturé plus que les autres parce qu'ils pensaient qu'il était l'un des principaux dirigeants du MIR, déclara Gómez au juge. Il est arrivé dans un état épouvantable après sa torture, il avait perdu beaucoup de poids, il était affreusement amaigri et malade, c'était la dernière fois que je le voyais[68]. » Mais il ne fit aucune mention de Rauff dans ce témoignage.

Dans le même dossier j'ai pu lire une déclaration faite par Erika Hennings, la femme d'Alfonso Chanfreau. Oui, confirma-t-elle, un certain nombre de prisonniers ont mentionné que l'un des tortionnaires parlait avec un fort accent allemand. « Ce qui paraissait désigner Walther Rauff », aurait-elle ajouté[69].

Tandis que je digérais tous ces éléments, León Gómez fit soudainement son apparition.

99

Gómez contacta mon assistante Monserrat en mai 2021, deux ans après que nous nous étions lancés à sa recherche. « Un homme charmant, et qui a l'air si jeune », me dit-elle. Il habitait à Santiago et se disait heureux de nous rencontrer[70].

Lorsque le moment est venu pour moi de retourner à Santiago, je lui ai rendu visite dans sa maison modeste et bien tenue, à Renca, dans la banlieue nord de la capitale. Il habitait là avec sa seconde femme, entouré de livres d'histoire et de politique, et de portraits de Salvador Allende. La radio diffusait de la musique classique, il fumait cigarette sur cigarette ; nous avons parlé pendant des heures et je suis revenu plusieurs fois.

León était de petite taille et très mince. Il portait une chemise à carreaux rouge vif qui contrastait avec son air de profonde lassitude. Ses cheveux étaient bruns, sa barbe longue et grise. Des lunettes cerclées d'une monture en métal argenté étaient perchées sur le bout de son nez. Son regard était perçant et triste, mais également fort et combatif.

Il était né sur l'île de Chiloé, dans le sud du pays, dans une famille politisée. Allende, qu'il appelait *El Chicho*, était proche de son grand-

León Gómez, Santiago, 2 décembre 2021.

père, un dirigeant du Parti socialiste. León voyait souvent Allende, avant et après qu'il devienne Président. « Je connais ce garçon depuis qu'il était tout petit », avait dit un jour Allende en parlant du jeune León ; celui-ci connaissait certains secrets, tels que la liaison de longue date du Président avec sa secrétaire, Mira Contreras, surnommée la Payita. « Sa fille est venue me voir dans cette maison. Pour me remercier d'avoir contribué à retrouver le corps de son frère après sa disparition. »

Au moment du coup d'État, León Gómez était étudiant en histoire à l'Université technique de Santiago. « J'ai toujours aimé l'histoire, et je dis toujours la vérité », souffla-t-il. En juillet 1974, âgé de vingt et un ans, il se retrouva en détention. « J'ai été arrêté parce que j'étais dans la résistance, membre de la Jeunesse socialiste», chargé de repérer les agents de la DINA. «J'ai été trahi par une jeune femme du nom de Luz Arce.» C'était une amie, socialiste, très intelligente et dotée d'une mémoire photographique, qui deviendra ensuite informatrice pour la DINA[71]. Il l'avait invitée dans un restaurant où il fut arrêté par deux agents de la DINA. (Arce prétendra ensuite avoir été dénoncée par León, ce qu'il démentit devant moi avec vigueur, mais sans acrimonie.)

Gómez fut emmené dans un poste de police, puis au centre de détention de Tres Álamos, où il fut interrogé et torturé. «Avec une matraque électrique», précisa-t-il calmement et fermement, sûr de lui. «J'étais enfermé dans la cellule 25.»

Son interrogateur était Osvaldo *Guatón* («le Gros») Romo. «Je le connaissais par la Jeunesse socialiste, et lui me connaissait aussi, donc c'est lui qui m'a interrogé, c'était comme ça.» Romo était tristement célèbre et se vantait d'utiliser l'électricité et de faire disparaître des gens en les jetant dans l'océan; il fut extradé au Chili en 1992, puis sera jugé et reconnu coupable de nombreux crimes, notamment de la torture et de la disparition d'Alfonso Chanfreau[72]. À ce moment-là, la Cour suprême avait décidé que la loi d'amnistie ne s'appliquait pas aux violations graves des droits humains[73], ce qui autorisait les tribunaux à exercer leur compétence sur ces crimes. Condamné à quatre-vingt-douze ans de prison, Romo est mort en 2007[74].

Gómez fut transféré à Londres 38. «J'ai reconnu l'endroit parce que je connaissais le dallage du sol de l'entrée, noir et blanc, comme un échiquier.» Il resta là pendant environ sept jours, interrogé et torturé.

Qui vous interrogeait?

«Osvaldo Romo et d'autres.»

Personne d'autre?

Il marqua un temps d'arrêt. «Walther Rauff.»

Je n'avais pas mentionné ce nom. Oui, reprit-il, il avait rédigé une déclaration sous serment à ce sujet, bien des années auparavant.

Vous n'aviez encore jamais mentionné Rauff à personne?

«J'avais peut-être évoqué Rauff devant des amis, mais ce n'est que dans les années 1980 que j'ai vraiment pensé à lui, quand quelqu'un a dit qu'il était un conseiller de la DINA.»

Pourquoi n'avez-vous pas mentionné Rauff dans vos livres ?

« Parce que ce n'était pas un Chilien. » León Gómez émit un gloussement rauque. « Si vous n'êtes pas chilien, vous ne pouvez pas être mis en jugement. » Sa femme Juana, qui était assise avec nous, nous assura qu'on pouvait se fier à sa mémoire, même s'il parlait rarement de cette période, et jamais de Rauff. « Parce que personne ne lui demandait », dit-elle.

Quand avez-vous vu Rauff à Londres 38 ?

« Il était là tous les jours. Pour analyser les renseignements recueillis. » Plus tard, Gómez ajouta : « Rauff étudiait les déclarations et interprétait les réponses aux interrogatoires. C'était un bon observateur. Il savait comment vous faire réagir. » Gómez parlait sans hésitation ni le moindre doute.

Comment avez-vous reconnu Rauff ?

« J'avais vu sa photo dans un journal plusieurs années avant. Je m'intéressais aux questions juives, ma famille pensait avoir des origines juives. C'est pour cela qu'on m'a appelé León, comme mon parrain. Je m'intéressais au génocide, aux nazis. J'ai vu des photos de Rauff dans les journaux, c'est pour ça que je l'ai reconnu à Londres 38. »

Étiez-vous au courant de la tentative d'extradition de Rauff ?

« Oui. Je savais que c'était un ex-officier nazi et qu'il vivait dans le Sud. Certains de mes camarades du parti à Punta Arenas le connaissaient, on savait qu'il travaillait pour des entreprises de pêche. » Il avait donné ces détails spontanément, sans que j'aie rien mentionné à ce sujet.

Rauff avait-il un lien avec Manuel Contreras ?

León Gómez gloussa et tira une longue bouffée sur sa cigarette. « Tout le monde le savait. »

Comment cela ?

« *Compañeros*. Au Parti socialiste, on se connaissait tous et on partageait les informations entre camarades. »

Savez-vous quelque chose au sujet des fils de Rauff ?

« Rien du tout. »

Rauff vous a-t-il touché lui-même ?

« Non. » Cette fois encore, sa réponse fut ferme et instantanée. « Il était plus comme une sorte de psychologue, celui qui m'observait attentivement. J'avais l'impression que son rôle était de décider si je disais la vérité ou si je mentais. »

Était-il assez près de vous pour que vous puissiez voir son visage ?

« Oui, il s'approchait et disait : "Augmentez le courant, ils ne font que répéter des réponses préparées à l'avance." »

Avez-vous vu ses yeux ?

« J'avais les yeux bandés, mais j'arrivais à voir par une fente au-dessus. »

Et que pouviez-vous distinguer ?

« De la méchanceté, de la haine. »

Quelle langue parlait-il ?

« L'espagnol avec un accent allemand, bien qu'il fût au Chili depuis longtemps. Comme un Allemand qui parle espagnol. »

Comment était-il habillé ?

« Il portait un costume gris foncé et une cravate, je crois. Pas d'uniforme. Il était un peu dandy, élégant. »

Est-ce qu'il portait des lunettes ?

« Je ne suis pas sûr, je ne m'en souviens pas. »

Vous rappelez-vous d'autres détails de son visage ?

« Je me rappelle qu'il était extrêmement pâle. J'ai reconnu son visage parce que j'avais vu des photos de lui, à l'arrière d'une voiture de police, quand il avait été arrêté en 1962. »

Autre chose ?

« Il avait l'air très soigné, et bien portant. »

Parfumé ?

« Il sentait bon, il était rasé de près, impeccable. »

Quoi d'autre ?

« Il entrait dans la pièce et en sortait comme s'il était chez lui. »

Vos compagnons ont-ils reconnu Rauff ?

« On ne parlait pas beaucoup de ça. On cherchait plutôt à savoir quels autres camarades étaient là, parce qu'ils ne nous appelaient pas par nos noms, mais par des numéros. Moi, j'étais le numéro 81. »

Le prisonnier numéro 81 a alors décrit ce qu'on lui avait infligé. « Ils se sont servis de l'électricité, m'ont donné des coups répétés à l'abdomen, introduit des objets dans le rectum. Je savais que je serais torturé. Ils voulaient des noms. »

Leur avez-vous donné des noms ?

« Uniquement ceux de camarades morts ou disparus. »

Et tout cela se passait en présence de Rauff ?

« Oui. Il n'était pas là à chaque séance, mais il écoutait et donnait des instructions quand il était présent. Je sentais qu'il s'y connaissait en techniques d'interrogatoire et qu'il était à son aise. »

J'ai montré à Gómez une photographie de Rauff, prise en 1976. Vous le reconnaissez ?

« Non. Il ressemble à Rauff. Mais ils se ressemblaient tous. »

Alors, comment pouvez-vous être si sûr que c'était bien Walther Rauff ?

« Grâce à sa voix, à cause de son accent. »

100

Au bout d'une semaine, Gómez fut emmené à Cuatro Álamos, dans le sud de Santiago.

« On nous a transférés dans un petit fourgon frigorifique blanc. Il faisait froid là-dedans. » Les véhicules réservés au transport des prisonniers étaient garés devant Londres 38. « J'ai été transporté dans plusieurs endroits, toujours dans un fourgon frigorifique. Sans inscription ni marque commerciale. On disait qu'ils appartenaient à une compagnie de pêche, la Pesquera Arauco. » C'était la première fois que j'en entendais parler.

Il échouera pour finir dans les cellules de la police ordinaire de Tres Álamos, d'où il sera libéré ensuite. Ses sept camarades de détention n'étaient plus là. « Je suis le seul survivant, eux ont disparu, définitivement. » Il ignore pourquoi lui-même a survécu.

Contraint de pointer chaque jour au commissariat de police, et constamment surveillé, il rejoignit une organisation religieuse et se mit à rédiger des notes secrètement. Il collectait les noms des disparus qu'il publiera dans un livre, après le départ de Pinochet. Plus tard, quand les enquêtes judiciaires débutèrent, il sera cité comme témoin.

« J'ai témoigné maintes fois, durant de nombreuses années. » J'ai lu la transcription de son témoignage de 1990. Il avait été arrêté, traîné vers « un van Chevrolet C-10 avec une bâche grise » ; à côté se tenait Romo le Gros, avec deux autres hommes. Il certifia avoir vu Alfonso Chanfreau à Londres 38 – « il sortait toujours quasi mort de ses tortures, et c'est la dernière fois que je l'ai vu » –, puis déclara qu'on l'avait emmené plus tard à Puerto Montt. « J'ai appris alors que *Puerto Montt* était le nom de code utilisé par la DINA pour signifier l'exécution d'une personne et son ensevelissement sur place[75]. »

J'ai questionné León au sujet de Kletten, Maier, et son *affidavit*. « Je m'en souviens, dit-il, mais je n'ai pas de copie. » Et il ne se rappelait pas quand il avait rédigé cette déclaration. « Il y a eu tellement de procès. » Il marqua un temps d'arrêt. « Je ne m'en suis pas trop mal tiré. » Ses yeux devinrent humides, puis il se mit à pleurer doucement, silencieusement, tandis que la radio diffusait un prélude de Chopin. Peut-être que Mario Carroza, juge à la Cour suprême et cousin de sa première femme, saurait dire où se trouvait son *affidavit*[76].

Êtes-vous retourné à Londres 38 ?

« Oui. » Il évoqua la séance d'identification qui s'y était déroulée. « Nous pouvons y aller ensemble », proposa-t-il.

La conversation dériva vers d'autres sujets. Nous avons parlé de ses livres, puis évoqué la Colonia Dignidad. Il tira une longue bouffée d'une nouvelle cigarette, essuya ses yeux, parla des disparus.

« À la Colonia Dignidad ? ou dans l'océan ? Qui sait ?

J'ai été enchanté d'apprendre que Pinochet avait été arrêté à Londres. Je travaillais pour une compagnie minière dans le Nord quand c'est arrivé. Nous avons fêté ça en buvant de la bière Pilsen ! On était vraiment très heureux. »

Londres, octobre 1999

101

En juillet 1974, un fourgon frigorifique avait transporté León Gómez à travers Santiago et d'autres prisonniers vers des lieux d'où ils allaient disparaître. Vingt-cinq ans après, à Londres, un magistrat nommé Ronald Bartle jugea que chacune de ces disparitions pouvait être assimilée à un acte de torture, constitutif d'un crime contre l'humanité pour lequel Augusto Pinochet ne bénéficiait de nulle immunité et pouvait donc être extradé vers l'Espagne.

Pour Pinochet, le risque d'une extradition était bien réel. Pour ne rien laisser au hasard, « nous avons choisi de lancer une nouvelle demande d'*habeas corpus* », me dit Michael Caplan. La Haute Cour décida que les observations écrites seraient enregistrées en janvier 2000 et que le jugement serait rendu en mars.

La nouvelle action engagée à l'encontre de l'arrêt du juge Bartle avait également pour but de gagner du temps, car Pinochet ne pouvait pas être extradé tant que des procédures judiciaires étaient en cours. En revanche, Straw conservait le pouvoir de refuser de procéder à l'extradition de Pinochet.

Un autre facteur venait conforter ce besoin de temps supplémentaire. Au moment du lancement de la nouvelle initiative des défenseurs du général, l'ambassade du Chili écrivit à Straw pour l'informer de la détérioration de la santé de Pinochet, et produisit un rapport médical à l'appui de ses dires. Pinochet devait être autorisé à rentrer à Santiago de toute urgence, plaidait l'ambassade.

« L'idée de soulever un problème de santé est venue de l'ambassade du Chili », se rappelait Straw, deux décennies après, lors de notre entretien dans son jardin secoué par des bourrasques de vent. « Encore aujourd'hui, je ne sais toujours pas dans quelle mesure l'idée de mettre en avant des éléments médicaux a été soutenue par des membres du gouvernement britannique. » Après avoir entendu ses paroles soigneusement pesées, j'ai décidé de revenir aux informations diffusées à l'époque dans la presse.

Le premier écho public d'un problème médical remonte à juillet 1999, trois mois avant l'arrêt Bartle. Le Dr Helmuth Schweizer, médecin militaire dans l'armée chilienne, déclara que la santé de Pinochet était précaire et qu'il était « en danger de mort[77] ». En septembre, Pinochet subit des examens médicaux à St Peter's Hospital, à Runnymede, tout près de l'endroit où fut scellée la Grande Charte en juin 1215[78].

Les débats sur l'état de santé de Pinochet sont apparus au moment où se déroulaient au Chili les primaires destinées à choisir les candidats à l'élection présidentielle, dont le second tour devait avoir lieu en janvier 2000. « Le gouvernement tenait à ce que l'affaire Pinochet soit réglée avant le second tour, pour améliorer ses perspectives électorales, m'expliqua Miguel Schweitzer. Cela pesait lourd dans la balance. » L'état de santé du général pouvait offrir une issue, avança-t-il, tout en niant avoir été impliqué dans ce débat.

En septembre 1999, le président Frei avait nommé un nouvel ambassadeur à Londres. Pedro Cabrera, précédemment sous-secrétaire à la Marine, produisit un rapport médical rédigé par deux experts en diabète et affections respiratoires du King's College de Londres[79]. Le Dr Schweizer, celui qui s'était publiquement exprimé en juillet, fit le voyage jusqu'à Londres, accompagné de trois autres médecins chiliens, experts en cardiologie et en psychiatrie – dont l'un s'était déjà occupé de Pinochet après la tentative d'assassinat contre lui en 1986[80].

Au même moment, le chef d'état-major de l'armée, le général Ricardo Izurieta, commençait à s'engager activement dans l'affaire. « J'ai rencontré Izurieta tout le temps de son séjour, me confiera Hernán Errázuriz. Il est venu à Londres, a rencontré le général, et le général Urbina faisait le lien entre eux. » Izurieta a envoyé des collègues de l'armée auprès de Pinochet, afin de le convaincre que son état de santé lui offrait une issue « humanitaire » pour rentrer au Chili. Drapé dans sa fierté, Pinochet était réticent, jugeant inacceptable une mesure de clémence pour raisons de santé qui ne le disculperait pas des accusations de crimes portées contre lui[81].

Les dernières expertises médicales soulevèrent de sérieuses inquiétudes. L'ambassadeur Cabrera les commenta en détail avec le ministre des Affaires étrangères Juan Gabriel Valdés et un diplomate de carrière, Alberto van Klaveren. En septembre 1999, à l'occasion d'une réunion en Nouvelle-Zélande, Valdés aborda la question avec Robin Cook en mentionnant, semble-t-il, le rôle utile joué par Jonathan Sumption, l'avocat-conseil de Straw. Sumption m'a confirmé qu'il avait été consulté au sujet de l'*Extradition Act* ; le silence de la loi sur les questions médicales n'empêchait pas Straw de mettre fin à l'extradition en se fondant sur l'incapacité présumée de Pinochet à faire face à un procès en Espagne.

À la fin de septembre, un nouvel examen médical indiqua que Pinochet avait probablement subi une petite attaque cérébrale. Après des échanges avec Tony Blair, les journaux rapportèrent que le président Frei avait envoyé à Londres un émissaire spécial, Cristián Toloza, « plume » du Président et directeur au ministère de la Culture et de la Communication. Les articles disaient qu'il avait rencontré le chef de cabinet de Blair, Jonathan Powell, pour lui remettre le dernier compte rendu médical en date ainsi qu'un message personnel de Frei : « Laissez Pinochet revenir pour permettre son jugement par la justice du Chili. » Powell « a témoigné beaucoup d'intérêt pour le rapport médical », rapporta Toloza à Frei[82]. Un journal souligna que le gouvernement du Chili s'employait avec énergie à obtenir le retour de Pinochet chez lui.

C'est vers cette même période que le ministre Valdés rencontra à nouveau Robin Cook et Abel Matutes, le ministre espagnol des Affaires étrangères, à New York. Les problèmes de santé de Pinochet sont « le seul moyen pour en sortir », leur dit Valdés, qui aurait été appuyé dans ce sens par le ministre français Hubert Védrine.

À Madrid, Straw rencontra Jaime Mayor Oreja, son homologue espagnol[83]. « Je me suis très bien entendu avec lui, un homme vraiment charmant, se rappelait-il. Il me demandait sans cesse, "Quid de Pinochet ?" Je répondais que je ne pouvais pas en parler, que c'était l'affaire des tribunaux. » Cette fois, cependant, Straw fit une suggestion. « J'ai dit, bon, produisez un *sicky** indiquant qu'il ne peut pas supporter un procès. Cela arrive tout le temps, d'habitude je les refuse. »

Les échanges ministériels encouragèrent les débats autour du mauvais état de santé de Pinochet. Le 25 septembre, le *Sunday Times* révélait qu'il avait été victime d'une petite attaque, ce qui lui avait permis d'échapper à l'audience devant le juge Ronald Bartle. Deux semaines plus tard, il avait également manqué le prononcé du jugement[84].

Tandis que ces débats prenaient forme, d'autres développements se poursuivaient au Chili. Dix-huit mois auparavant, le procureur Juan Guzmán avait ouvert une enquête sur le rôle de Pinochet dans l'affaire dite de la « Caravane de la mort ». En septembre 1999, il établit une liste de soixante-quinze questions qui s'adressaient au général. Au début d'octobre, un représentant officiel du Chili à Londres présenta les questions à Pinochet. Celui-ci refusa d'y répondre, invoquant sa séquestration à Londres et sa fragilité[85].

C'est dans ce contexte que l'ambassadeur Cabrera écrivit à Straw le 14 octobre. Il lui adressait les rapports d'un neurologue réputé de St Mary's Hospital, ainsi que d'autres pièces émanant des experts chiliens. Les conclusions des spécialistes étaient sans appel : la santé de Pinochet s'était dégradée, il n'était pas en état de supporter un procès en Espagne et devait être autorisé à rentrer au Chili[86].

102

Vingt-cinq ans après, Straw conservait un souvenir très vif de la lettre de Cabrera et de son impact. « Ils sont revenus à la charge avec cette brochette d'experts, me dit-il. Mon instinct à ce sujet me poussait à m'interroger : ce gars-là est-il en état de voyager en Espagne ? Mais c'est aux Espagnols de décider s'il est apte à passer en jugement, parce que ce n'est pas nous qui le jugeons. » Straw marqua une hésitation

---

* Un *sicky* est un certificat médical *(sick note)*.

avant de poursuivre. « Je ne voulais pas avoir à décider s'il était en état de subir un procès », mais ses conseillers lui firent observer que les règles d'extradition laissaient au Home Secretary une « très grande latitude ».

D'après certains articles de presse, l'émissaire du président Frei, Cristián Toloza, revint à Londres afin de presser Jonathan Powell d'agir en prenant en considération la lettre de l'ambassadeur Cabrera. Powell se serait enquis de la position du Parti socialiste chilien. Toloza lui aurait répondu que les avis étaient partagés. Certains voulaient voir Pinochet envoyé en Espagne, tandis que d'autres préféraient qu'il soit renvoyé et poursuivi au Chili[87].

Powell demanda ce qu'en disait [María] Isabel Allende, la fille de l'ancien Président.

« Isabel a soutenu le processus engagé en Espagne, mais je pense qu'elle comprend maintenant que les choses ont beaucoup changé et qu'il pourrait être jugé au Chili[88], répondit Toloza.

– Intéressant, dit Powell.

– Je crois que Blair souhaite trouver une porte de sortie », rapporta Toloza à Frei et à Valdés à son retour, mais il pensait aussi que toute solution devrait « respecter le temps de la procédure » et être compatible avec les lois anglaises. Selon l'*Extradition Act*, c'était à Jack Straw qu'il revenait de décider de stopper l'extradition.

Straw réfléchissait en se fondant sur la lettre de l'ambassadeur Cabrera. Il consulta des juristes et le professeur Liam Donaldson, le *Chief Medical Officer* du royaume. « Un type bien, ami de mon épouse », me dit Straw. Il savait que le président Frei avait écrit directement à Tony Blair, et que celui-ci voulait désormais régler toute cette affaire au plus vite. Mais Straw était bien conscient que la loi d'extradition lui conférait un pouvoir discrétionnaire, y compris sur les aspects médicaux[89].

Toutefois, s'il devait tenir compte du mauvais état de santé de Pinochet, il avait besoin d'un avis médical indépendant et incontestable. Le 4 novembre, le Home Office demanda à Pinochet s'il consentait à subir un examen indépendant, en l'assurant que le compte rendu en serait gardé « entièrement confidentiel[90] ».

***

C'est à ce moment-là que Michael Caplan eut connaissance de l'enjeu médical soulevé pour Pinochet. Miguel Schweitzer m'avait assuré que c'était la venue des experts médicaux appelés auprès de Pinochet qui avait poussé le Home Office à agir, mais Caplan n'était pas d'accord. « Je suis à peu près sûr que c'est le Home Office qui nous a approchés, m'expliquera-t-il. Je ne crois pas leur avoir jamais transmis la moindre expertise médicale. Peut-être qu'un compte rendu leur est parvenu *via* les autorités chiliennes », mais pour sa part il n'en savait rien.

Pour Pinochet, il était humiliant de voir son état de santé ainsi mis en avant, car cela sapait son bien-être personnel comme son désir de continuer à projeter une impression de puissance et d'autorité. Toutefois, dans la mesure où cette tactique laissait entrevoir la possibilité d'un prochain retour au Chili, il confirma son accord pour se soumettre à un examen médical indépendant.

Le consentement de Pinochet fut accompagné néanmoins de certaines conditions. Tout d'abord, il n'était pas question de retirer la demande en cours d'*habeas corpus*. « Une date butoir nous avait été signifiée pour présenter nos arguments en janvier, il aurait été désastreux de ne pas aller au bout », me confiera Caplan. Par ailleurs, le compte rendu médical ne devait être remis qu'à Pinochet lui-même et au Home Office, mais pas à l'Espagne, ni au Crown Prosecution Service, ni à aucun de leurs avocats. D'abord réticent, Straw finit par accepter, mais exigea que le rapport soit transmis au *Director of Public Prosecutions* et au *Solicitor General*. C'était nécessaire en effet pour satisfaire aux obligations de la Grande-Bretagne au titre de la Convention de 1984 contre la torture (qui stipulait que les autorités devaient décider de poursuivre ou non Pinochet en Angleterre s'il n'était pas extradé en Espagne)[91].

À la demande du secrétariat à l'Intérieur fut constituée une équipe médicale indépendante dirigée par Sir John Grimley Evans ; professeur à Oxford, celui-ci était considéré comme « la personnalité la plus respectée de la gériatrie britannique ». Il était assisté par le Dr Michael Denham, ancien président de la Société britannique de gériatrie, le professeur Andrew Lees, du National Hospital for Neurology and Neurosurgery, et par le Dr Maria Wyke, une neuropsychiatre originaire du Mexique. « Quatre médecins ayant une grande expérience en matière médico-légale », assura-t-on à Straw. « On m'a dit que c'étaient des vrais durs, excellents pour débusquer tous ceux qui étaient aptes à passer en jugement. »

Pendant que tout cela se préparait, et que les rumeurs enflaient autour de la santé de Pinochet, Miguel Schweitzer fut victime d'une crise cardiaque. Après un temps de récupération à Londres, il rentra au Chili. « Entre le 26 décembre et mon retour à Londres à la mi-janvier, je n'étais plus présent pour assurer les négociations sur les questions médicales. » Les Chiliens avaient alors déjà voté pour le premier tour des élections présidentielles. Le candidat de centre gauche, Ricardo Lagos, soutenu par le gouvernement Frei, avait une courte avance sur son adversaire de droite mais n'atteignait pas les 50 % des voix nécessaires pour l'emporter dès le premier tour. Le scrutin du second tour devait se dérouler le 16 janvier. Frei et Lagos espéraient que Straw allait déclarer avant cette date que la prochaine destination de Pinochet serait Santiago, et non Madrid.

Le 3 janvier, Frei fit une déclaration publique. « Nous travaillons pour trouver une solution afin de ramener Pinochet au Chili », dit-il, en révélant qu'une évaluation médicale était attendue sous peu. « Certains font toutes sortes de difficultés pour empêcher qu'il passe des examens médicaux », ajouta-t-il, bien conscient que le maintien en détention de Pinochet pourrait favoriser le candidat de droite[92]. Ce même jour, alors qu'il repartait pour Londres, Hernán Errázuriz fut interrogé par un journaliste à l'aéroport de Santiago. L'examen médical n'était-il pas retardé pour aider la droite à remporter l'élection ?

« Comment pouvez-vous imaginer une chose pareille ! » s'indigna-t-il *(¡ Cómo se le ocurre !)*[93].

Le mercredi 5 janvier au matin, le Dr Peter Dean, médecin-conseil de la Metropolitan Police, confirma que Pinochet était apte à faire le trajet jusqu'au Northwick Park Hospital pour son évaluation médicale indépendante. Une fois de plus, la sécurité était maximale, même si Dean, qui accompagnait Pinochet, constata avec surprise que les vitres de la voiture n'étaient pas teintées. « N'importe qui pouvait regarder à l'intérieur et le reconnaître, assis à l'arrière[94] ! »

Une fois admis à l'hôpital, Pinochet eut droit à un repas léger. Puis, dans l'après-midi, se succédèrent scanner, prise de sang et contrôle de son pacemaker. Les praticiens mandatés par le Home Office pratiquèrent ensuite un examen clinique approfondi, puis le Dr Wyke procéda à une évaluation neuropsychologique du patient.

Les médecins de Pinochet étaient présents[95], mais pas le docteur Dean, ni aucun des avocats britanniques du général. Dean ne fut pas le seul à être tenu à l'écart. John Dew, qui avait quitté son poste à l'ambassade britannique à Madrid, était maintenant à la tête de la Division Amérique latine au Foreign Office. « J'ignorais tout de la question médicale, on m'a dit que c'était le secrétaire à l'Intérieur qui s'en occupait. Tout était traité oralement, sans traces écrites, rien. C'était plutôt inhabituel pour nous. »

« Je n'étais pas présent à Northwick Park, me dira Michael Caplan. C'est le Home Office qui a tout organisé. »

Pensait-il qu'il y avait vraiment un problème médical ?

« C'est une question à laquelle je ne peux pas répondre, je devais me fier aux rapports commandés par le Home Office. »

Hernán Errázuriz, quant à lui, était bien là. « Ils pensent que je suis fou ! lui confia Pinochet à un certain moment. Ils se trompent. »

Jean Pateras, qui n'était pas présente, était sceptique. Durant toute l'année, ou un peu plus, où elle servit d'interprète à Pinochet, elle n'avait observé aucune dégradation réelle de son état. Elle se souvenait d'un médecin chilien de Northwick Park qui avait pu voir les résultats du scanner du cerveau de Pinochet. « Un scan parfaitement normal pour un homme de quatre-vingts et quelques années, rien d'inquiétant », lui avait confié ce praticien[96].

L'évaluation de Pinochet fut achevée au bout de quelques heures, et il fallut moins d'une journée aux quatre médecins experts pour analyser les résultats et rédiger leur rapport : Pinochet n'était pas apte à supporter un procès en Espagne, et toute simulation de sa part était exclue[97]. Straw demanda au professeur Donaldson d'analyser le document. Donaldson estima que l'évaluation était complète et fiable, et qu'il n'y avait pas lieu de mettre en doute la conclusion de l'équipe. Plus tard, Jonathan Sumption me confiera qu'il n'avait aucune raison de ne pas se fier à l'expertise médicale et à ses conclusions. « L'évaluation était indépendante, rigoureuse et authentique », me dira-t-il avec une évidente conviction.

« Avez-vous rencontré les quatre médecins ? ai-je demandé à Straw.

— J'ai seulement lu leurs conclusions, disant qu'il n'était pas apte. Face à cela, comme les choses se présentaient, que pouvais-je faire, bon sang ? Je ne savais pas quoi dire, j'aurais préféré ne pas voir ça. J'aurais dû dire… »

Sa voix s'éteignit, se perdant dans le vide.

103

Le 9 janvier 2000, Straw fit une déclaration publique : les rapports des médecins étaient « sans équivoque et unanimes » pour conclure que la santé de Pinochet s'était dégradée, et qu'il n'était donc plus « à présent en mesure de participer valablement à un procès ». Aucune amélioration de son état n'était à attendre[98]. Les « critères décisifs » étaient sa mémoire limitée et une incapacité à enregistrer des informations verbales, ce qui l'empêcherait de suivre les débats, de comprendre les questions, de s'exprimer lui-même ou de donner des instructions à ses avocats. Conformément à l'accord conclu entre le Home Office et la défense de Pinochet, l'Espagne ne recevrait pas de copie de l'expertise, et il en serait de même pour la Belgique, la France et la Suisse, qui avaient également formulé une demande d'extradition.

Deux jours plus tard, dans un timing parfait avant le second tour de l'élection présidentielle chilienne, le Home Office informa l'Espagne que Straw était « porté à conclure » que Pinochet ne devait pas être extradé vers Madrid. Il invita les représentants de l'Espagne et d'Amnesty International à venir le rencontrer. À titre personnel, Straw voulait révéler les conclusions des rapports médicaux à l'Espagne et aux trois autres pays – « sous condition de stricte confidentialité » –, mais Pinochet refusa d'y consentir. Et Straw rejeta la demande d'Amnesty de recevoir une copie des rapports.

Le 12 janvier, Straw fit une déclaration officielle devant le Parlement[99], et les journaux chiliens annoncèrent le prochain retour de Pinochet à Santiago. Le gouvernement belge demanda alors officiellement qu'on lui remette une copie du rapport des médecins. « Nous voulons interroger les auteurs, et nous voulons qu'une équipe médicale indépendante examine Pinochet. »

Alors que les conjectures autour des expertises se multipliaient, l'ambassadeur Cabrera expliqua à la BBC que Pinochet pourrait perdre son immunité parlementaire quand il serait de retour au Chili[100].

La défense de Pinochet s'opposa à toute idée de publication du rapport. « C'est un rapport médical, rappela Caplan, nous refusons qu'il soit divulgué. » Il se souvenait que Jonathan Sumption avait pressé les avocats de Pinochet d'autoriser que le rapport soit rendu public. Notre réponse a été : non. « Une dame du secrétariat à l'Intérieur m'a téléphoné à l'heure du déjeuner, m'a raconté Caplan, juste quand je commençais à mordre dans un sandwich. Je l'ai terminé à cinq heures de l'après-midi, quand la discussion avec le Home Office s'est achevée ! » La réponse du camp Pinochet était toujours négative. « On ne divulgue pas des documents médicaux à moins d'y être obligés, et nous ne l'étions pas. »

Le 16 janvier, en sachant que le retour de Pinochet était assuré, les Chiliens votèrent pour le second tour de l'élection présidentielle. Le candidat du parti socialiste, Ricardo Lagos, l'emporta de justesse. Il devint ainsi le premier Président socialiste depuis Allende. Le lendemain, en dépit de la pression exercée par le juge Garzón, le gouvernement espagnol informa Straw qu'il ne s'opposerait pas à une décision d'autoriser Pinochet à rentrer au Chili.

En revanche, le gouvernement belge adopta une position radicalement différente. Le temps était venu selon lui de lancer sa propre contestation juridique, dans le respect de la Convention contre la torture. Il se tourna donc vers des avocats à Londres.

Concepción

104

Après ma rencontre avec León Gómez et ma visite de la Colonia Dignidad, je me mis en route pour aller voir Carlos Basso à Concepción, à environ cinq cents kilomètres au sud de Santiago. Cette ville située sur la côte du Chili a nourri des liens étroits avec l'ère Pinochet et ses crimes ; un étudiant en médecine à l'université de la ville, Miguel Enríquez, était l'un des fondateurs du MIR, le Mouvement de la gauche révolutionnaire, ce qui a fait de lui l'une des premières cibles de la DINA[101].

C'était là également que, peu après le coup d'État, Roberto Bolaño avait été arrêté et détenu durant huit jours, suspecté de terrorisme. « Je suis sorti de ce trou grâce à deux détectives avec lesquels j'étais allé au lycée[102] », écrit-il. Les amis chez qui il se réfugia au Mexique exprimeront des doutes sur certains aspects de son récit.

Bolaño « a créé son propre mythe », jugera une de ses anciennes compagnes. « Il adorait jouer des tours et inventer des énigmes », selon Jorge Herralde, son éditeur à Barcelone. Un critique littéraire a écrit que « savoir si les histoires de Bolaño étaient réelles ou inventées » n'avait aucune importance, et que « la seule chose qui comptait était leur valeur littéraire »[103].

La même appréciation pourrait s'appliquer aux écrits de Bruce Chatwin sur la Patagonie, où la ligne de partage entre expérience vécue et imagination n'est pas toujours facile à distinguer.

Là réside l'une des différences entre la littérature et le droit, entre les pages d'un livre et une salle d'audience, ou entre un lecteur et un juge.

105

Carlos Basso m'a accueilli à l'entrée de l'université, située sur un agréable campus fondé au premier quart du siècle dernier et dominé par un gracieux campanile. C'est un homme de forte taille et de tempérament généreux, avec un début de calvitie, des lunettes, et un air avenant.

Sur le chemin de son bureau, nous avons longé une fresque colorée qui représente les morts et les disparus. Sous un bandeau proclamant les idéaux de « Justice et Vérité », les visages graves de jeunes hommes et d'une femme interpellent le passant.

¿Me olvidaste? (M'as-tu oublié ?) demande José Carrasco, du MIR.

¿Donde están? (Où sont-ils ?) interroge Ricardo Salinas, du Parti socialiste, disparu près de San Antonio[104].

Carlos Basso m'avait assuré qu'il pourrait m'en dire plus de vive voix, mais j'ignorais ce qu'il était prêt à partager avec moi. J'avais fait le voyage en suivant une intuition fondée sur la conviction de Basso que Rauff jouait bien un rôle au sein de la Colonia Dignidad, même s'il n'y avait pas de preuve irréfutable à ce sujet[105]. Nous avons pris un café et reparlé de Franz Bäar, de notre conversation par Zoom, et de la femme de Bäar, Ingrid. « Cet homme était Walther Rauff », avait-elle déclaré à Basso avec assurance et une absolue certitude, en dépit de la photographie.

En était-elle vraiment sûre ?

« Oui, bien sûr, avait coupé Bäar. Dans la colonie, on connaissait tous Rauff. Il venait toujours avec deux chiens bergers allemands, puis un jour il a cessé de venir mais les bergers allemands sont restés. »

J'expliquai à Basso que j'étais à la recherche de preuves de liens entre Rauff et Pinochet. Au fur et à mesure que je creusais plus profondément dans les crimes de Pinochet, et notamment les disparitions, devenues cruciales dans les débats engagés à Londres, j'avais l'impression que Rauff était bien mouillé, mais, en l'absence de preuves tangibles, j'étais aussi en proie à des doutes grandissants. Il n'y avait pas de documents – Manuel Contreras les avait détruits en 1977, au moment de la dissolution de la DINA – ni de témoignages directs, à part celui de León Gómez.

Basso m'écouta avec attention pendant que je lui faisais part de mes découvertes au cours de ce long voyage. Il me parla d'un livre sur un trafiquant d'armes du nom de Gerhard Mertins, ancien SS relié à Schäfer, à la Colonie et à Pinochet. Il me dit que l'adresse de Rauff figurait dans les dossiers d'un des associés de Mertins[106]. « C'est un peu tiré par les cheveux », remarquai-je. Il mentionna alors María Soledad – « une excellente enquêtrice » –, qui avait écrit sur l'implication de Rauff dans des trafics d'armes pour Pinochet[107].

« Je voudrais trouver quelqu'un qui a vu Rauff en compagnie de Contreras », lui dis-je. Notre conversation nous a conduits à travers tout le Chili, depuis la Colonie jusqu'à l'île Dawson, puis à León Gómez et aux interrogatoires sur le site de Londres 38. Basso ne savait rien sur l'*affidavit* de León, mais cette évocation lui fit penser soudain à quelque chose.

« Sur le trottoir de la rue devant Londres 38, on a scellé des plaques gravées aux noms de ceux qui ont été exécutés ou ont disparu là. L'un des noms est celui de Álvaro Modesto Vallejos Villagrán. C'était un étudiant en médecine, engagé au MIR. Son nom de plume était Loro Matías (Matías le perroquet). »

Comme ce nom m'était inconnu, Basso me raconta son histoire. Détenu à Londres 38, Loro Matías avait été convoyé jusqu'à la Colonia Dignidad par un jeune conscrit, affecté à la DINA. « Je le connais, il m'a décrit le trajet effectué jusqu'à la Colonie, et expliqué comment le prisonnier avait été remis entre les mains de Schäfer. »

Je l'écoutai, suspendu à ses lèvres.

Basso suggéra : « Pourquoi ne parleriez-vous pas avec cet ancien appelé de l'armée ? Nous pouvons lui téléphoner immédiatement, son nom est Samuel Fuenzalida. » Cela ne me disait rien. Basso prit son téléphone mobile et composa un numéro.

« Surtout ne mentionnez pas le nom de Rauff », demandai-je.

Lors de cet appel vidéo, Basso et Fuenzalida se parlèrent durant quelques minutes, en espagnol. J'arrivais à saisir le sens général de leur échange. « Peut-être pourriez-vous lui montrer les photos que j'ai présentées à Franz Bäar», chuchotai-je. Basso fit part de ma suggestion à Fuenzalida, qui accepta.

J'ai chargé les images sur mon téléphone et approché l'écran de l'appareil de Basso, avec la première photo.

Fuenzalida la regarda et dit : « Je ne connais pas cet homme. »

Puis il scruta la deuxième photo. « Non. »

Enfin, je montrai la troisième photo. Immédiatement, sans hésitation, Fuenzalida afficha un sourire entendu.

« Oui, celui-ci, je le connais. Je l'ai vu au quartier général principal de la DINA, dans la rue Marcoleta, à quelques blocs de Londres 38. » Il regarda attentivement l'image en noir et blanc.

« Je l'ai même vu plus d'une fois », ajouta-t-il.

La troisième photographie était la seule de Walther Rauff, prise en 1976. Son nom n'avait toujours pas été prononcé jusqu'ici.

« Je l'ai vu en 1974, en janvier, en février et en mars. »

Couvrant son téléphone d'une main, Basso me souffla : « Vous pourriez peut-être voir Fuenzalida demain quand vous serez de retour à Santiago ?

– Mais je ne veux pas qu'il apprenne le nom de cette personne, répondis-je, je veux simplement qu'il regarde son visage.

– Quelqu'un m'a dit que ce type travaillait pour une entreprise de pêche », reprit alors Samuel Fuenzalida. J'ai pensé en moi-même qu'il faisait allusion à la Pesquera Camelio, à Punta Arenas, mais ce n'était pas cela. « Nous savions que la DINA possédait une pseudo-compagnie de pêche, nommée Arauco, dont elle se servait pour ses opérations, à San Antonio. La pêcherie avait une flotte de petits fourgons, des vans frigorifiques, que la DINA utilisait pour transporter les détenus d'un endroit à l'autre. »

Ce n'était pas la première fois que j'entendais parler de la Pesquera Arauco, me dis-je, mais sans arriver à comprendre pourquoi cette information déclenchait un signal d'alarme en moi. Ce n'est que plus tard que j'ai saisi, en parcourant les notes de ma conversation avec León Gómez. Il avait raconté qu'on l'avait transporté dans un fourgon frigorifique, et que plusieurs de ces camionnettes étaient stationnées dans la rue devant l'entrée de Londres 38. Gómez avait aussi mentionné le nom de l'entreprise propriétaire des fourgons.

Quand l'entretien téléphonique avec Fuenzalida prit fin, aucun nom n'avait été prononcé.

Nous étions convenus de nous retrouver dès le lendemain matin à Santiago.

106

J'ai rencontré Samuel Fuenzalida dans la cour de mon hôtel, Avenida Italia. Il se tenait droit, solide et fier, vêtu d'une chemise bleu foncé, et portait une casquette. Son visage était buriné et fatigué, avec des yeux chaleureux. C'était un homme à la forte personnalité, mais également empreint de douceur. Et il avait une histoire à raconter.

Né dans une famille de gauche, il avait été incorporé dans l'armée en 1973, à l'âge de dix-huit ans. Après le coup d'État, il fut affecté à la DINA, à San Antonio et à l'École des ingénieurs militaires. Manuel Contreras en personne avait supervisé l'accueil de son unité à l'arrivée au camp de Tejas Verdes.

En janvier 1974, il avait été transféré à Santiago, à la *Brigada de Inteligencia Metropolitana* de la DINA, la « BIM », qui était basée à la villa Grimaldi. Puis on l'affecta au centre de Londres 38, où il passera plusieurs mois, directement impliqué dans le système de torture et dans certaines des quatre-vingt-dix-huit disparitions[108]. Ce fut durant les mois de juillet et d'août 1974 que l'activité atteignit son pic, quand un prisonnier disparaissait en moyenne toutes les seize heures. L'un de ces prisonniers était Alfonso Chanfreau.

En 1975, Samuel prit la fuite. Il partit d'abord en Argentine, puis en Allemagne de l'Ouest, où il obtint l'asile politique. « J'ai pensé que j'étais en danger quand ils ont commencé à tuer des conscrits. » En 1977, il prit contact avec Amnesty International, qui publia son témoignage. Il fournit aux Nations unies des preuves des tortures et des disparitions[109]. Rentré au Chili après trente ans d'exil, il témoigna au procès de plusieurs collaborateurs de haut rang de la DINA. La justice reconnut que son témoignage était crédible et précis. De nombreux agents de la DINA furent condamnés sur la base de ses dires[110].

Samuel Fuenzalida, Santiago, décembre 2021.

Le retour au Chili ne fut pas facile pour Fuenzalida. Inculpé pour son travail au sein de la DINA, il fut jugé, reconnu coupable et condamné à 541 jours d'emprisonnement pour un meurtre commis en 1975[111]. Lors de notre première rencontre, il lui était encore interdit de quitter le pays. « J'ai été condamné pour des crimes que je n'ai pas commis, souligna-t-il. Quarante personnes ont témoigné de mon innocence, et j'ai quand même été reconnu coupable. » En 2023, il a été condamné à 541 jours de prison supplémentaires pour son rôle dans l'enlèvement et la disparition d'un photographe, en août 1974[112]. Dans les deux cas cependant, sa peine fut assortie d'un sursis.

Il a travaillé à Londres 38 entre janvier et avril 1974, avant d'être réaffecté à la villa Grimaldi. Sur les deux sites, son chef était Marcelo Moren Brito, commandant opérationnel de la DINA, qui sera par la suite convaincu de crimes contre l'humanité par des tribunaux chiliens et français[113]. Cinquante ans après le coup d'État, Samuel Fuenzalida témoignait encore devant les tribunaux chiliens. La semaine de notre rencontre, il devait se présenter pour témoigner contre Cesar Manríquez Bravo, ancien commandant en poste sur le site de Londres 38, déjà condamné à la prison à perpétuité.

Fuenzalida et moi avons parlé ensemble durant plusieurs heures. Dès ma première évocation de la Colonia Dignidad, il me dit : « J'ai été là-bas. » Si le ton de sa voix était neutre, le contenu de son récit était glaçant. « Alors que j'étais en poste à la villa Grimaldi, j'ai reçu l'ordre d'accompagner un officier supérieur, Fernando Gómez Segovia, pour aller dans le Sud, chez les Allemands. C'est comme ça qu'ils appelaient la Colonia Dignidad. On avait besoin de moi pour convoyer un colis. »

Un colis ?

« Quelqu'un. Un détenu. Surnommé Loro Matías ; je le connaissais, son vrai nom était Álvaro Modesto Vallejos Villagrán. Il était étudiant en médecine, dirigeant de la section politique du MIR, et fils d'un sous-officier d'active qui avait été affecté au ministère de la Défense après le putsch. »

Fuenzalida ignorait pourquoi on l'avait choisi pour ce convoiement. C'était en 1974, à la fin de juillet. « J'ai pris en charge le "colis" à Cuatro Álamos », là où León Gómez était également détenu. « Je connaissais Loro Matías depuis Londres 38, où il était déjà prisonnier. Quand ils ont dit qu'il n'avait pas besoin d'emporter ses affaires, j'ai compris qu'il allait mourir. Il avait des menottes aux poignets, il avait été torturé et était complètement brisé. On lui avait fait subir trop de choses pour qu'il puisse être relâché. »

À la villa Grimaldi, Fuenzalida put voir les dossiers des détenus. « Le dossier de Loro Matías était tamponné avec les mots "Puerto Montt", ce qui signifiait son élimination "à terre". » (L'autre cachet était "Moneda" qui désignait une élimination par la mer.)

Fuenzalida me parla du trajet jusqu'à la Colonie. « Fernando Gómez Segovia et moi avons roulé vers le Sud dans un camion C-10. On s'est arrêtés en route pour récupérer un laissez-passer. C'était indispensable à cause du couvre-feu. » Arrivés à Parral, près de la

Colonie, un autre camion se joignit à eux, avec plusieurs agents de la DINA à son bord.

« On est arrivés à la Colonia Dignidad vers une heure et demie du matin. Il y avait des hommes armés. J'ai cru que nous étions dans un site militaire parce que tous étaient en uniforme et tenaient à la main des mitraillettes de l'armée. Par la suite, j'ai appris l'identité de deux des hommes qui nous attendaient : Gerhard Mücke et Paul Schäfer. » (Mücke témoignera plus tard qu'au moins trente opposants à Pinochet avaient été assassinés à la Colonia Dignidad, et fut condamné pour sa participation ; il est mort en 2022[114].)

Fuenzalida poursuivit : « Schäfer, surnommé "le Professeur", était borgne, il était habillé en vert olive, dans le style militaire. Il a accueilli le capitaine Gómez Segovia en allemand. Je ne connaissais ni l'allemand ni l'anglais. À mes yeux, ils étaient tous des gringos, mais il était évident qu'ils se connaissaient[115]. » Puis il ajouta :

> Le capitaine Gómez Segovia est descendu du camion. Il m'a laissé seul quelques minutes avec le prisonnier. Loro Matías m'a demandé de prier pour lui, parce qu'il savait qu'il allait être tué. Ils sont revenus et l'ont tiré hors du camion. Ils l'ont mis à l'arrière d'une Mercedes de couleur bleu pâle et ont roulé en direction de la grande maison. Nous suivions avec notre véhicule. Ils parlaient en allemand, alors je ne pouvais pas comprendre. J'ai saisi quelques bribes en espagnol, par exemple qu'ils attendaient la visite de Pinochet le mois suivant. On était en juillet 1974, le général est venu en août.
>
> Arrivés à la maison principale, on s'est séparés. Je suis allé manger, de la nourriture allemande. J'étais bouleversé. Je connaissais le prisonnier, j'avais de la sympathie pour lui. Plus tard, le Professeur est revenu, avec un chien noir – un berger allemand. Il s'est arrêté au bout de la table. Sans prononcer un mot, il a fait avec sa main le geste de se trancher le cou. Puis il a dit : *« Fertig ! »* Fini. Là j'ai bien compris.

Bien des années plus tard, Fuenzalida témoigna de ces faits devant un tribunal. Paul Schäfer « était probablement celui qui a assassiné Álvaro Modesto Vallejos Villagrán[116] », déclara-t-il au juge chilien. Pedro Espinoza, Miguel Krassnoff et Gerhard Mücke, entre autres, seront reconnus coupables du meurtre de Loro Matías et condamnés à quinze ans de prison chacun, peine réduite ensuite à dix ans[117].

107

Tandis que je digérais le récit de Fuenzalida, nous sommes revenus sur les photographies du jour précédent. J'avais maintenant des copies imprimées avec moi. Il les étudia avec attention. « Le seul homme que je reconnais est celui de la troisième photo », me dit-il. Je lui montrai alors une autre photographie du même homme, prise dix ans après. Il répondit encore fermement, sans aucune hésitation.

« Oui. Je connais cet homme. Il appartenait à la Pesquera Arauco. À l'époque de la DINA, il y avait une compagnie de pêche. Je peux essayer de retrouver le nom de cet homme. »

Je lui fis part de ce que León Gómez m'avait dit, qu'on l'avait emmené au centre de détention de Cuatro Álamos dans un fourgon frigorifique. Était-ce un fourgon de la Pesquera Arauco ?

Fuenzalida sourit. Oui, les prisonniers étaient amenés à Londres 38 ou en repartaient dans des camionnettes frigorifiques de la Pesquera Arauco. « Cet homme, Gómez, a eu de la chance. Normalement le transport quittait Londres 38 pour aller vers la côte, jusqu'à la ville de San Antonio, qui était la base principale de la Pesquera. »

Fuenzalida connaissait l'existence de Gómez, pour avoir rencontré Luz Arce, celle qui, selon Gómez, l'avait dénoncé. Fuenzalida avait eu un autre son de cloche. « Elle m'a dit que c'est lui qui l'avait trahie, et non l'inverse. » J'étais surpris, car Arce avait bien été reconnue comme ayant été une informatrice de la DINA, tandis qu'il n'y avait aucune rumeur de ce genre sur Gómez. Quand je lui ai rapporté cette accusation, il l'a réfutée énergiquement.

Fuenzalida doutait que l'homme de la photographie ait pu être impliqué dans la torture de Gómez. « Le seul étranger était un docteur italien, attaché à Londres 38. Je ne crois pas que cet homme était présent. »

Nous sommes revenus à la photographie de cet homme que Fuenzalida reconnaissait, sans savoir qu'il s'agissait de Rauff.

« Vous l'avez vu à San Antonio ou à Santiago ?

– À Santiago. Je ne connais pas son nom, mais il faisait partie de la DINA, il était responsable de la Pesquera.

– Responsable ? »

Fuenzalida approuva.

« Où l'avez-vous vu précisément ?

– Je l'ai vu dans les locaux du siège initial de la DINA, rue Marcoleta, près d'ici, pas loin de Londres 38. C'était avant le transfert du quartier général à la villa Grimaldi. Je l'ai vu là, très souvent. Je suis en contact avec d'autres anciens appelés, ils s'en souviendront aussi. Nous sommes comme une famille, nous nous connaissons tous, on est restés en relation.

– Avez-vous entendu parler l'homme de la photo ?

– Non, mais je l'ai vu à Marcoleta.

– Combien de fois ?

– Trois fois, au moins. Un jour je suis venu de la villa Grimaldi avec mon commandant pour déposer des documents. C'était en 1974, après mon transfert de Londres 38. Cet homme était dans le hall, dans la pièce principale, où il y avait une table, et beaucoup de monde tout autour, des gens qui entraient et sortaient. Je ne l'ai pas vu entrer dans le bureau. Normalement vous remarquez ce genre de personnes parce qu'elles se distinguent des autres. Par sa manière d'être, je sentais que cet homme était important. » Il évoqua sa démarche assurée et son arrogance, le comportement d'un homme puissant et protégé. Ce qui me rappela la lettre de Rauff à son neveu, envoyée en Allemagne à cette époque. « Je suis, en quelque sorte, protégé comme un monument culturel. »

Samuel Fuenzalida poursuivit. « Je trouvais que l'homme ressemblait à Henry Kissinger, à cause des lunettes à verres épais, *poto de botella*, comme des culs de bouteilles.

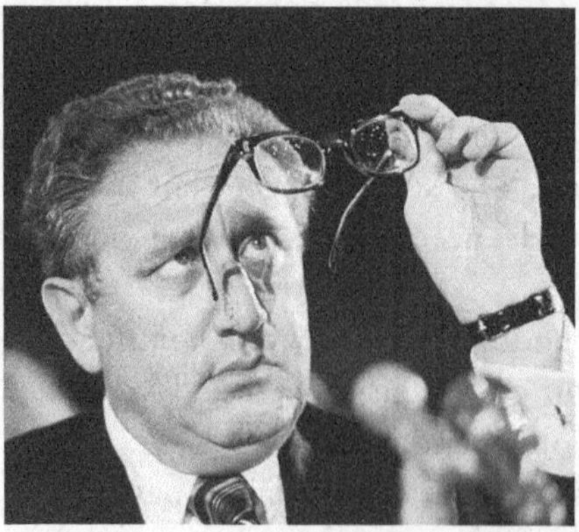

Henry Kissinger et ses lunettes.

– Comment était-il habillé ?

– Il portait des vêtements civils, costume et cravate, comme les autres. Il était élégant, bien mis, soigné. »

Nous avons regardé une autre photo du même homme, Rauff, en 1976, attablé dans un restaurant au bord de la mer avec sa compagne, Nena Zúñiga ; elle était penchée vers lui, et l'on distinguait des petits bateaux au mouillage derrière eux. L'image était nette et bien cadrée : nappe blanche impeccable, verres de vin, bouteille de vin blanc, deux grosses pommes de terre dans l'assiette de l'homme, qui tenait une cigarette dans sa main gauche et arborait une pochette blanche sur sa veste. Fuenzalida examina la photo de plus près. Il se demanda si elle n'avait pas été prise à San Antonio.

« Avez-vous jamais vu cet homme à San Antonio ?

– Non. Je me demande seulement où cette photo a pu être prise. Je peux essayer de rechercher. » (J'ai établi par la suite avec certitude qu'elle avait été prise à Valparaíso en mars 1976, lors d'un repas au Club Bote Salvavidas pour le soixante-dixième anniversaire de Rauff.)

Fuenzalida poursuivit son récit, sans aucune intervention de ma part :

> Les autres conscrits enrôlés dans la DINA m'ont raconté qu'ils accompagnaient des prisonniers dans un fourgon qui allait de Londres 38 à San Antonio, que le fourgon s'arrêtait au deuxième pont, avant d'arriver au centre-ville. Les conscrits descendaient et le chauffeur continuait avec les prisonniers. Les conscrits ignoraient où il allait. En parlant avec eux, bien des années après, j'ai appris qu'en 1974 on considérait que ça coûtait trop cher de conduire les prisonniers jusqu'à la Colonia Dignidad, c'est pourquoi on préférait les emmener à San Antonio, où ils seraient transformés en farine de poisson.

« De la farine de poisson ?

– Oui, c'est cela, de la farine pour nourrir les animaux de la ferme, la volaille. »

Je ne saisissais pas bien ce que Fuenzalida était en train de dire. Je ne l'ai ni analysé ni assimilé, et n'ai pas demandé de détails. Nous avons simplement poursuivi notre échange.

L'homme sur cette photo a-t-il pu se trouver à Londres 38 ?

« Oui, je le crois, c'est très possible. »

Certains des interrogateurs étaient-ils habillés en civil ?

« Oui, tout le monde était en civil. »

J'ai pris une gorgée de café, puis je lui ai posé directement la question : « Connaissez-vous le nom de cet homme ?

– Non », répondit Fuenzalida. Il me regarda droit dans les yeux. Il était clair qu'il n'avait aucune idée de qui pouvait être cet homme, ni de son nom.

Finalement il me demanda : « Savez-vous qui il est ? »

J'acquiesçai.

« Vous connaissez son nom ? » Fuenzalida était surpris et impatient.

« Vous voulez vraiment connaître son nom ? lui demandai-je.

– Oui. Bien sûr, je voudrais le savoir », répondit-il.

J'ai marqué un temps d'arrêt, puis l'ai regardé, tandis qu'il me regardait lui-même, en attente. « Cet homme s'appelle Walther Rauff. Connaissez-vous ce nom ? »

Après un court silence, Fuenzalida sourit, largement. « Bien sûr, évidemment je connais ce nom. Tout le monde connaît ce nom. Mais je ne savais pas que c'était lui, pas jusqu'à maintenant, jusqu'à ce moment même. »

Nous sommes restés silencieux durant un moment. Puis je lui ai demandé s'il pensait que Rauff avait pu avoir un rapport avec l'une ou l'autre des activités qu'il venait d'évoquer ?

« Oui, certainement », me dit-il.

Je lui ai alors parlé de l'autre vie de Rauff, de son rôle dans la création des camions à gaz, de son amitié avec Pinochet dans les années 1950, de son poste de directeur de la Pesquera Camelio à Punta Arenas. J'ai décrit les liens, et raconté comment je m'étais retrouvé assis à côté de Miguel Schweitzer pendant les audiences judicaires consacrées à Pinochet à Londres, comment son père Miguel Schweitzer Speisky avait été consulté au sujet de l'extradition de Rauff vers l'Allemagne, avant de devenir le ministre de la Justice de Pinochet ; j'ai terminé en précisant que Schweitzer avait travaillé pour la Pesquera Camelio et qu'il connaissait Rauff personnellement.

« C'est complètement fou », articula Fuenzalida, en assimilant ces informations, les détails et leurs recoupements.

Y aurait-il une photo des fourgons ou des embarcations de la Pesquera Arauco ?

« Non, mais je pourrais peut-être en trouver une. »

Pensait-il que certains de ses anciens collègues de la DINA reconnaîtraient l'homme qu'il savait maintenant n'être autre que Walther Rauff? « Oui, sûrement. » Il s'interrompit et dit : « Mais je ne pense pas qu'ils accepteront de vous parler, par crainte des répercussions possibles. »

Serait-il possible de découvrir des documents provenant de la Pesquera ou de la DINA qui mentionneraient le nom de Rauff?

« Non », confirma-t-il aussitôt. Car Manuel Contreras avait détruit les documents en 1977, quand la DINA avait été dissoute, à la suite de l'assassinat d'Orlando Letelier et de l'intervention des Américains.

108

Un an après, j'ai revu Samuel Fuenzalida, dans la cour du même hôtel de Santiago. Il avait des informations nouvelles et des anecdotes à partager, qui émanaient d'autres anciens appelés qui avaient été affectés comme lui à la DINA. Ils avaient reconnu l'homme sur la photographie prise au restaurant, en bord de mer, avec la femme aux longs cheveux.

Je l'ai vu au camp de détention de Chacabuco, situé à l'emplacement de l'ancienne mine de salpêtre, dans le désert de l'Atacama, avait écrit un ancien collègue de Samuel. « Il venait toujours avec des chiens, des chiens dressés. »

Un autre avait réagi à la photographie en affirmant l'avoir vu. Il était surnommé *El Chacal*.

Je le reconnais, écrivit un troisième, qui avait rencontré une fois un proche de Rauff, un jeune homme qui était venu au domicile de Manuel Contreras à Santiago pour apporter des fruits de mer. « Crevettes, gambas et crabe royal, surgelés ou en boîtes. La chair des crabes était entière, les meilleurs morceaux uniquement, les pattes et les pinces. »

Fuenzalida me montra un message sur WhatsApp, qu'il avait reçu de Jorgelino Vergara, lequel avait été employé par Manuel Contreras à partir de 1974. « Des représentants de tous les pays du cône sud-américain » sont venus à Santiago « pour organiser l'"opération Condor", écrivait-il. Je les ai servis, j'étais là, et j'ai entendu beaucoup de choses sur ce qu'il était en train de se passer. » Rauff était présent.

« Je peux vous assurer que *El Chacal* était déjà actif auprès du haut commandement de la DINA. »

En somme, Fuenzalida n'avait aucun doute sur le fait que Rauff travaillait avec la DINA ?

« Oui, c'est cela, mais il était en relation avec les plus hauts responsables de la DINA, pas avec des détenus comme Gómez, insista-t-il.

– Croyez-vous toujours, comme vous me l'avez dit l'an passé, que Rauff s'occupait de la Pesquera Arauco ?

– Oui ! Oui ! Je crois mes anciens collègues qui m'ont assuré l'avoir vu. » Fuenzalida marqua un temps d'arrêt. « Et bien sûr, je l'ai vu au siège de la DINA, je l'ai bien vu moi-même. »

La rue Marcoleta où étaient situés les anciens bureaux de la DINA n'était pas très éloignée.

« Allons-y », proposa Fuenzalida.

Nous sommes partis à bord d'un petit taxi noir et jaune.

109

C'était une course de dix minutes. Assis à l'arrière du taxi, Fuenzalida continuait à parler.

« Je n'ai aucun doute, Rauff était consultant pour la DINA et il était employé par la Pesquera Arauco. »

Je continuais à m'interroger sur les preuves. Ce que je voulais, c'étaient des éléments tangibles, pas des spéculations, des rumeurs ou du mythe.

« Vous aurez des preuves, m'assura Samuel. Peut-être même que Vergara acceptera de vous rencontrer. Il m'a soutenu qu'il avait vu l'homme de la photo et Manuel Contreras ensemble à plusieurs occasions. »

Le chauffeur de taxi nous interrompit alors. « Vous me permettez de dire quelque chose ?

– Bien sûr, avons-nous répondu en chœur.

– Ce n'est pas une rumeur, dit-il. C'est un fait. Rauff travaillait bien pour la DINA. »

Comment le savait-il ?

« Tout le monde le sait. »

D'accord, mais comment l'avait-il appris, vraiment ?

« Tout le monde sait. J'ai soixante-dix ans. J'ai vécu toute cette époque. Nous connaissions tous le nom de Rauff. Nous connaissions toutes les histoires qui couraient. On savait ce qu'il avait fait avec les nazis. Et tout le monde savait qu'il travaillait pour la DINA. »

Le taxi s'arrêta et nous déposa sur l'Avenida Portugal, à l'angle de la rue Marcoleta. Fuenzalida se repéra un instant puis nous mena le long de la rue, qui tournait dans Jaime Eyzaguirre, après le parc San Borja. Nous sommes arrivés devant un immeuble blanc de style moderniste, trois étages donnant sur la rue Pierre de Coubertin, sans inscription particulière ni signe distinctif, à côté d'une école maternelle.

« Nous y sommes, annonça Fuenzalida, c'était le quartier général de la DINA, en 1974. »

Quelle impression ressentait-il en revenant à cet endroit ?

« Cela fait bien des années maintenant. » Il dit cela tranquillement. « Ici, c'était la première entrée… », indiquait-il en désignant des murs couverts de graffitis.

Et à l'intérieur ?

« Seulement des bureaux. »

Où avait-il vu Rauff ?

« De l'autre côté, dans un autre bâtiment, il faut contourner celui-ci pour y arriver. »

Tout en marchant, il a téléphoné à Vergara et lui a annoncé que nous étions dans la rue Marcoleta.

« Je me rappelle avoir parlé de Rauff avec Gerd Heidemann », me dit-il après cet appel. Fuenzalida avait rencontré le journaliste du *Stern* quand il vivait en Allemagne. « Heidemann m'a appris que Rauff avait une responsabilité ici dans la DINA, en tant qu'instructeur. »

Comment savait-il cela ?

« Il disait qu'il l'avait rencontré à Santiago à la fin des années 1970, et qu'ils en avaient discuté ensemble. Heidemann accompagnait Karl Wolff, l'ancien supérieur de Rauff, qui cherchait à rencontrer d'anciens nazis », ajouta Fuenzalida. Pourtant, je savais bien qu'il n'y avait pas un seul mot sur cela dans la transcription dactylographiée par Heidemann, nulle mention de la DINA et aucune interrogation à ce sujet. Si cette question avait été abordée, elle l'avait été à un moment qui n'avait pas été enregistré ou, s'il l'avait été, que Heidemann n'avait pas jugé bon de transcrire.

Nous avons suivi la rue Pierre de Coubertin jusqu'à l'Avenida Vicuña Mackenna, et sommes arrivés devant une grille fermant l'accès à la rue José Carrasco Tapia, qui doit son nom au journaliste tué en 1986 après l'échec de la tentative d'assassinat contre Pinochet. Un résident qui passait par là nous a fait entrer. Nous avons marché jusqu'au bout de la rue, fermé également par une autre série de grilles métalliques. Nous avons regardé à travers, en direction d'un petit immeuble de trois étages.

« C'est à cet endroit précis que j'ai vu Walther Rauff plusieurs fois, au premier étage », me dit Samuel Fuenzalida.

Aujourd'hui, ce bâtiment accueille le Centre pour la recherche avancée en éducation de l'Université du Chili. Il n'y a pas de plaque pour rappeler qu'à cet endroit se trouvait le centre nerveux de la DINA, où se prenaient les décisions de placer en détention, de torturer, de tuer et de faire disparaître.

Fuenzalida s'écarta pour passer un appel téléphonique.

« Jorgelino Vergara, m'annonça-t-il, est d'accord pour vous rencontrer. »

Ancien quartier général de la DINA, Santiago.

Londres, janvier 2000

110

Quelques jours après que Jack Straw eut annoncé son intention d'autoriser Pinochet à rentrer à Santiago, je fus contacté par des collègues de Bruxelles. En réponse au refus de Straw de laisser le gouvernement belge prendre connaissance des rapports médicaux, ils envisageaient d'engager une action en justice[118].

Le ministre des Affaires étrangères de Belgique Louis Michel – « très hostile à Pinochet », selon Miguel Schweitzer – avait identifié deux voies de recours : une plainte contre la Grande-Bretagne devant la Cour internationale de justice (CIJ) de La Haye, pour bloquer le départ de Pinochet, ou une action devant les tribunaux anglais pour obtenir la communication des rapports.

Le 14 janvier 2000, à Bruxelles, le juge d'instruction qui avait demandé l'extradition de Pinochet vers la Belgique amorça les procédures de recours. Il est assez « paradoxal », dit le juge Vandermeersch, que Straw puisse penser que Pinochet se porte trop mal pour supporter un procès en Europe, et qu'il le renvoie au Chili, en espérant qu'il sera poursuivi là-bas. « Comment son état de santé pourrait-il être différent au Chili ? » s'interrogeait le magistrat[119].

Le ministre belge des Affaires étrangères m'a chargé, avec un groupe de collègues belges, de préparer une saisine de la Cour internationale de justice. Le 25 janvier, j'ai adressé un projet au président de la Cour, Stephen Schwebel, et me suis entretenu avec lui de manière informelle d'une affaire sur le point d'être initiée : en refusant d'extrader Pinochet vers l'Espagne, la Grande-Bretagne allait enfreindre la Convention de 1984 contre la torture et la Convention européenne de 1957 sur l'extradition[120].

Quelques jours après, nous avons appris que Tony Blair avait posé cette question au Premier ministre belge : connaissez-vous un seul cas de poursuite devant la CIJ d'un membre de l'Union européenne par un autre ? Les Belges nous ont fait suivre la question. Nous ne connaissions aucun précédent. (Le premier cas de ce type n'a été enregistré qu'en 2001 par le Liechtenstein contre l'Allemagne, en relation avec la confiscation de biens de ressortissants de la principauté pendant la guerre ; puis, en 2008, l'Allemagne a porté plainte à la CIJ contre l'Italie pour défendre son droit à l'immunité, remis en question devant les tribunaux italiens dans plusieurs affaires relatives à des crimes de la Seconde Guerre mondiale[121].) La question de Blair et notre réponse négative ont étouffé dans l'œuf l'appel à la Cour internationale.

La Belgique choisit alors de se tourner vers la justice du Royaume-Uni, afin de faire reconnaître que Straw avait enfreint la loi anglaise par son refus de communiquer une copie des rapports médicaux sur lesquels il avait fondé sa décision. Amnesty International et cinq autres organisations déposèrent des plaintes en suivant cette même ligne. Dans cette affaire dirigée par Nigel Pleming et Rabinder Singh, j'intervenais en tant qu'avocat junior. Au dernier jour du mois de janvier, le juge décida que la cause n'était « pas défendable » : la décision de Straw de refuser la divulgation des documents n'était pas contraire à la loi, ni injuste ou irrationnelle et, enfonçant le clou, le juge dénia à Amnesty et aux autres organisations toute qualité pour intenter une action[122].

La Belgique saisit alors trois juges de la Cour d'appel qui se prononcèrent en procédure accélérée[123]. Au cours de deux journées d'audience qui eurent lieu au début de février, Jonathan Sumption se chargea, pour le Home Office, de contrer les arguments de la Belgique. Mais le 15 février, la Cour d'appel se prononça à l'unanimité en faveur du maintien de l'appel, jugeant que la Belgique était fondée à vouloir accéder aux rapports médicaux sur lesquels Straw s'était appuyé.

« Seize mois s'étaient écoulés depuis l'arrestation de Pinochet », écrivit Lord Simon Brown, dernier en date d'une longue série de juges anglais ayant examiné la situation juridique de Pinochet[124]. « Que devait-il advenir de lui maintenant ? Devait-il être extradé vers l'Espagne pour répondre devant un tribunal des graves crimes dont il était accusé ? Ou devait-il être autorisé à rentrer chez lui au Chili ? » Les avis étaient partagés et il était « grand temps de prendre une décision ». La Belgique avait demandé l'extradition, en tant que partie intéressée, et exigeait de voir le rapport médical.

Il s'agissait de juger en toute impartialité, déclara Simon Brown, qui exposa les interprétations soulevées par ce cas. Le contexte était « exceptionnel » et « sujet à forte controverse », pour ce cas comportant de graves allégations de crimes internationaux. Les tortionnaires sont « les ennemis universels de toute l'humanité », chaque pays est « également intéressé à les arrêter et à les poursuivre en justice »[125]. Si Pinochet n'était pas extradé, il deviendrait « impossible de le juger en n'importe quel endroit du monde ». Du côté des arguments en faveur de la divulgation des informations, la Belgique devait pouvoir commenter les conclusions médicales afin que justice puisse être rendue. Les arguments contre étaient la brièveté du délai et une certaine atteinte au droit de Pinochet à la confidentialité. Tout bien pesé, Simon Brown conclut que l'impartialité et la transparence l'emportaient sur les intérêts propres de Pinochet, et que la Belgique devait voir le rapport. Les deux autres juges étant d'accord, la Cour d'appel ordonna la communication immédiate des pièces à la Belgique, à l'Espagne, à la France et à la Suisse, et accorda aux parties sept jours pour adresser leurs observations à Jack Straw.

« J'avais un exemplaire du dossier dans mon coffre, m'a confié Caplan, une personne du Home Office est venue pour la récupérer. » Des copies furent mises à la disposition de la Belgique et, en attendant de découvrir le document le lendemain, nous nous préparions à travailler avec les experts médicaux belges. Mais, le soir même, les expertises médicales de Pinochet étaient révélées par deux journaux espagnols et diffusées sur la Toile[126].

III

Jusqu'à ce jour on ignore comment ces rapports sont parvenus aux journaux. Qui donc avait intérêt à les rendre publics ? Leur publication allait certes susciter un élan de sympathie pour un vieil homme, mais les conclusions soulevaient aussi de sérieuses interrogations sur la pertinence de l'expertise, selon laquelle l'état de santé de Pinochet ne lui permettait pas de subir un procès.

Tous pouvaient maintenant donner leur avis et ne s'en privèrent pas. Le premier rapport, rédigé par le professeur Grimley Evans et deux confrères, analysait l'état de forme physique de Pinochet et d'autres données médicales. Bien que se fatiguant vite, il se montrait coopératif et alerte, dans un « bon rapport » avec les médecins. Les résultats de son test MMSE *(Mini Mental Status Examination)* étaient bons, il « souriait bien à propos » et conservait le sens de l'humour. Il présentait une légère surdité, sa voix s'était affaiblie, et il avouait une dégradation de sa mémoire, avec une difficulté à se rappeler les gens, les événements, et les senteurs. Il avait déclaré à Grimley Evans qu'il lui était même arrivé une fois de ne pas reconnaître sa propre femme, un incident que Jean Pateras considérait pour sa part avec le plus grand scepticisme.

Il avait été assez déprimé, mais s'était rétabli à l'aide d'un traitement médicamenteux. Au cours des premiers mois de sa réclusion, il lisait et se servait d'un ordinateur, mais désormais il passait surtout son temps à regarder la télévision et n'écrivait plus que quelques lettres, d'une écriture manuscrite devenue moins lisible. Il ressentait le mal du pays, de l'ennui et de la frustration.

Grimley Evans découvrit les traces d'un récent « dysfonctionnement cérébral passager » et de deux accidents cérébraux mineurs. Pinochet présentait des signes d'« atteintes parkinsoniennes » et avait « tendance à tomber en arrière ». Il montrait une certaine « lenteur de compréhension » et une « difficulté à comprendre des instructions complexes ». Un scanner cérébral avait révélé « un progrès récent d'une lésion vasculaire du cerveau ». Combiné avec « la confirmation clinique d'une dégradation généralisée du cerveau », tout cela était « compatible avec une atteinte bilatérale des structures du lobe temporal ».

Les médecins n'avaient pas décelé de problèmes majeurs ; toutefois, la « dégradation du cerveau » qu'ils avaient identifiée signifiait que Pinochet ne serait pas apte à suivre assez bien les débats pour parler avec ses conseils, comprendre les questions et y répondre. Grimley Evans ne détecta rien qui pouvait suggérer que Pinochet exagérait délibérément ses altérations cognitives. Comme des améliorations significatives paraissaient « improbables », l'équipe avait conclu que Pinochet « n'était pas mentalement apte actuellement à participer à son procès en pleine capacité ».

Le second rapport était celui du Dr Maria Wyke, qui avait procédé à une évaluation neuropsychologique, ainsi qu'à des tests visuels et cognitifs. Elle avait trouvé Pinochet agréable et disposé à coopérer, et tout à fait capable de répondre aux questions sur son histoire personnelle et celle du Chili. Sa compréhension et son expression orales étaient bonnes. Il n'éprouvait aucune difficulté à comprendre les questions ou à suivre les consignes du test. Selon moi, tout cela tendait à prouver qu'il était parfaitement apte à supporter un procès.

Pourtant, la neuropsychiatre poursuivait en soulignant que, pour une personne dotée d'une « intelligence supérieure », Pinochet fonctionnait désormais sur « un mode moyen tirant vers le bas », avec « une détérioration modérée à sévère de son activité intellectuelle qui allait au-delà de l'affaiblissement dû à l'âge ». Il présentait un « déficit grave » de la mémoire immédiate et un « ralentissement du processus de mémorisation », et se montrait incapable de retenir une information dans la durée. En l'absence de toute dissimulation avérée, elle concluait qu'il « ne serait pas en mesure de faire face aux complexités juridiques d'un procès ».

Les conclusions des rapports n'étaient pas convaincantes à première vue, comme le confirmèrent d'autres réactions. Dans la communauté médicale, nombreux étaient ceux qui estimaient que ces expertises ne confirmaient pas formellement une incapacité de Pinochet à comparaître en justice. S'il n'y eut pas de réaction du gouvernement espagnol, le juge Garzón commanda quant à lui un nouveau rapport à huit médecins espagnols, qui conclurent que Pinochet était « raisonnablement normal » et pouvait subir un procès[127]. Les experts belges parvinrent à la même conclusion[128].

Jean Pateras haussa les sourcils quand je mentionnai devant elle le sujet des expertises médicales. Pendant une année entière, elle et Peter Dean, le médecin-conseil de la Metropolitan Police, avaient vu Pinochet régulièrement. « Le plus souvent, il était parfaitement en forme et arrogant, et toujours plongé dans les livres. Quand je demandais aux policiers ce qu'il faisait toute la journée, ils répondaient qu'il regardait des films de *Star Wars* et adorait lire des livres sur Napoléon. » Elle flairait une supercherie. Pendant des mois, il était « absolument normal », se rappelait-elle :

> « *Hola ¿qué tal? ¿Cómo está? ¿Cómo está vuestro marido?* Comment allez-vous ? Et comment va votre mari ? » me disait-il. Puis, un jour où je me trouvais là avec Peter Dean, je me suis assise près de lui et il m'a dit : « Vous savez, Jean, ce matin je parlais avec ma femme, et je ne savais plus qui elle était ! » J'ai pensé en moi-même, oh vraiment ? Et il a continué sur le même mode. « Je parlais à quelqu'un, mais j'oublie qui sont les gens à qui je parle, je ne comprends pas ce qu'il se passe. » Alors moi je lui ai dit : « Vraiment ? à d'autres ! »

Jean avait tiré ses propres conclusions :

> J'ai compris qu'il allait jouer au gâteux, simuler une démence Alzheimer ou autre chose du même genre. Au début, je me souviens qu'on lui avait dit, ou alors c'est quelqu'un qui me l'a raconté : « Au nom du Ciel, faites comme si vous étiez fou, vieux et fou. – Non, je ne vais pas faire ça », avait-il répondu. Au bout du compte, il est clair qu'il avait compris que c'était la seule manière de pouvoir rentrer chez lui.

J'ai montré les rapports à un collègue, le professeur Howard Robb, qui enseigne la psychiatrie de la personne âgée à l'University College de Londres. Il s'est montré très critique. Selon lui, ces rapports ne donnaient aucun diagnostic convaincant de déficiences cognitives, l'indication d'une maladie vasculaire cérébrale était « vague », et l'examen physique était surestimé. Il nota que le défaut le plus frappant était l'absence totale d'évaluation psychiatrique. Ce qui reflétait, selon

Robb, l'« aversion » du professeur Grimley Evans pour la discipline de la psychiatrie.

Il était également frappé par la légèreté de la conclusion selon laquelle Pinochet ne simulait pas de symptômes. On n'avait pas du tout cherché à parler avec les personnes qui observaient le comportement de Pinochet au quotidien, telles que les policiers, les avocats qui venaient prendre ses instructions, ou encore Jean Pateras et Peter Dean. Le professeur Robb savait que tous ceux qui passaient du temps auprès de Pinochet pouvaient le voir consultant ses papiers, lisant, annotant les documents puis les signant. « Il ne faisait pas semblant ! » Les rapports ne laissaient paraître nulle « véritable intention » d'évaluer la capacité de Pinochet à comprendre ou à donner des instructions. Les données neuropsychologiques du Dr Wyke le situaient carrément dans une « zone moyenne ». Si l'on adoptait son approche, c'est « la moitié de la population » qui aurait pu échapper à l'extradition vers l'Espagne.

112

Des années plus tard, Jean Pateras m'a présenté à Peter Dean, et nous avons déjeuné ensemble dans un pub d'Hampstead. Il était cordial et ouvert, c'était de toute évidence un homme honnête et fiable. « J'ai accompagné Pinochet à Northwick Park pour son évaluation médicale, se rappela-t-il. Il était un peu vieilli, un peu plus fragile, mais au fond il allait très bien. »

Dean avait examiné Pinochet pour la première fois un ou deux jours après son arrestation, puis régulièrement au cours des mois qui suivirent, y compris le matin de la consultation à Northwick Park. Tout était normal, en particulier sa tension artérielle. « La veille d'une bataille, le vieux soldat reste calme », lui avait dit un jour Pinochet à propos de sa tension parfaite.

En quinze mois, Dean n'avait remarqué aucune dégradation significative de l'état de Pinochet. À Northwick Park, il avait été surpris d'être tenu à l'écart des examens. On lui avait répondu que seuls étaient admis les médecins appelés par le Home Office. Quelques jours après, il entendit des bruits selon lesquels les médecins pourraient conclure à l'incapacité de Pinochet d'assister à son procès, ce qui le troubla. « Je sentais que quelque chose n'allait pas, qu'il avait peut-être réussi à les rouler, me dit-il. Je crois aux valeurs morales, je me trouvais face à un véritable problème et j'éprouvais un urgent besoin d'agir, alors je m'y suis mis. »

Il contacta d'abord le groupe de médecine légale de la Metropolitan Police. « J'ai un problème, là », annonça-t-il. Son message remonta jusqu'à un commissaire de police adjoint. « J'ai reçu cette réponse : "Laissez tomber." »

Dean se tourna alors vers la *Medical Protection Society*, une organisation qui conseille les praticiens de santé sur les questions juridiques et éthiques. « Je pensais qu'ils seraient de bon conseil, mais ils m'ont juste dit que c'était très délicat. »

L'étape suivante fut la *British Medical Association*, le syndicat professionnel des médecins de Grande-Bretagne. Le département éthique refusa de prendre position dans l'immédiat. Leur réponse fut : « Nous devons y réfléchir. »

« Arrivé à ce point, j'étais profondément troublé », me dit Peter Dean.

Il avait fait chou blanc mais, refusant de s'avouer battu, il décida de viser au plus haut niveau en s'adressant au *General Medical Council* (GMC), l'organe de gouvernance éthique de l'ensemble des praticiens de Grande-Bretagne. Le Conseil lui suggéra d'écrire à Jack Straw. « Envoyez-nous une lettre que nous lui transmettrons. »

C'est ainsi que Peter Dean, médecin possédant plusieurs décennies de pratique de la médecine médico-légale, qui avait suivi Pinochet durant quinze mois, s'adressa à Jack Straw. Il indiqua qu'il n'y avait pas de base médicale permettant de conclure que Pinochet ne pouvait pas être extradé vers Madrid. « Je ne doutais nullement qu'il était en état de supporter un procès. »

Ayant envoyé la lettre au GMC, il ne recevra pas la moindre réponse de Straw, qui me dira par la suite n'avoir gardé aucun souvenir de la lettre de Dean. Toutefois, peu de temps après avoir écrit, Dean m'apprit qu'il avait reçu un appel téléphonique de Liam Donaldson, le *Chief Medical Officer*. « Il avait dû avoir mon numéro par la police, et était visiblement à la recherche d'informations supplémentaires. » Il dit à Donaldson ce qu'il pensait, qu'il était convaincu que Pinochet se portait globalement très bien. « Dès le lendemain matin, j'ai été appelé par un officier de police de Scotland Yard qui m'a annoncé que j'étais déchargé de ma mission auprès de Pinochet. »

Straw avait-il vu sa lettre ?

« D'après moi, le seul fait que j'aie reçu cet appel du *Chief Medical Officer* prouve que Straw devait avoir eu connaissance de la lettre. »

113

Baltasar Garzón, le juge belge et plusieurs autres magistrats adressèrent au Home Office des observations sur les rapports médicaux. L'équipe d'experts de Grimley Evans les étudia dès leur arrivée, le 22 février, mais s'en tint à ses conclusions. Sir Liam Donaldson dit à Straw qu'il était convaincu par leur réfutation des objections. C'était « une approche saine et logique, soutenue par les constatations cliniques ». Straw s'en remit à l'opinion de Donaldson fondée sur « la compétence, l'intégrité et l'indépendance » des conclusions de Grimley Evans. Il ne fut pas question de l'intervention de Peter Dean.

Straw prit connaissance des observations reçues, avant de faire une déclaration au Parlement, le vendredi 2 mars[129]. Le cas Pinochet était « sans précédent » et l'obligeait, ainsi que les tribunaux, à « naviguer sur des eaux inconnues ». Il acceptait les conclusions de Grimley Evans et de Wyke et rejetait les objections provenant d'autres sources. Pinochet n'était pas en état de supporter un procès, et toute procédure supplémentaire à son encontre violerait ses droits au titre de l'article 6 de la Convention européenne des droits de l'homme qui garantit le droit à un procès équitable.

S'en remettant à l'avis juridique qu'il avait reçu, Straw rejetait l'idée que ce serait à l'Espagne de décider de l'aptitude de Pinochet à être jugé. D'ailleurs, les autorités espagnoles avaient confirmé qu'elles appliqueraient les mêmes principes que les siens. En l'absence de perspective d'amélioration de l'état de santé de Pinochet, il n'y avait plus de « justification judiciaire » à poursuivre la procédure d'extradition.

Straw nous confiera avoir reçu plus de soixante-dix mille lettres et courriels envoyés du monde entier, dont la plupart le pressaient d'extrader Pinochet. Il assura être attaché au principe de compétence universelle pour les crimes internationaux, et était « très conscient de l'injure » que les victimes de Pinochet et leurs proches pourraient ressentir. « Mais en définitive, conclut-il, la poursuite d'un procès pour les chefs d'accusation pesant contre le sénateur Pinochet, si désirable eût-elle été, n'était tout simplement plus possible ». L'avocat d'Amnesty ne partageait pas cette approche. « C'était un avis juridique incompréhensible et certainement erroné. Pinochet aurait dû être envoyé en Espagne[130]. »

Straw tenait cependant à souligner un aspect positif de la situation. Pinochet avait été détenu pendant dix-sept mois, ce qui envoyait un signal puissant : « Ceux qui commettent des violations des droits humains dans un pays ne peuvent être assurés qu'ils seront à l'abri ailleurs. »

Il devait néanmoins reconnaître que Pinochet ne serait « vraisemblablement jugé nulle part ».

V.

IMPUNITÉ

« Je ne peux pas nier que cet homme s'y connaît en camions. »

Pablo Neruda, 2 juillet 1965.

Le compromis

114

Quand Jack Straw annonça que Pinochet allait rentrer au Chili, des bruits couraient déjà sur la recherche d'un compromis entre la Grande-Bretagne, le Chili et l'Espagne[1]. On évoquait des échanges diplomatiques et des entretiens téléphoniques entre le Premier ministre Blair et le président Frei.

« Notre législation n'exclut pas une exception humanitaire », aurait dit Blair à Frei, offrant ainsi une voie de règlement du problème Pinochet, rapportait un journal. « Cela doit demeurer strictement confidentiel », insistait Blair, car toute publicité ne ferait que « compliquer » les choses et serait « difficile à gérer »[2]. Par la suite, le fils de Frei racontera que son père voulait que Pinochet soit rentré avant la fin du mandat du Président, en mars 2000[3].

Près d'un quart de siècle plus tard, en 2024, la spéculation sur le passage d'un marché était encore fréquente mais, comme pour les rumeurs sur les liens de Rauff avec la DINA et Contreras, on ne trouvait pas de preuve irréfutable à ce sujet.

Lord Hoffmann avait déclaré dans une interview que Pinochet avait « dupé » Straw en lui faisant croire qu'il souffrait d'Alzheimer[4]. Il n'était pas le seul à en être persuadé.

Jean Pateras pensait qu'il s'était passé quelque chose. James Cameron également, même s'il n'avait pas plus de preuves. « En tant qu'avocats participant à la défense de Pinochet, c'était notre interprétation », me confiera-t-il.

Michael Caplan était circonspect. « J'ai entendu les rumeurs qui circulaient, disant que l'enjeu médical avait été abordé entre les autorités. » Cependant, il tenait à souligner que « s'il y a bien eu des discussions, je n'y ai pas pris part et n'en ai jamais rien su ».

Le principal avocat chilien de Pinochet, Miguel Schweitzer, s'est montré plutôt évasif, affichant un air interrogateur et dubitatif. « Nous savons qu'il y a eu des conversations, sans doute assez nombreuses, mais non, ni Hernán Felipe Errázuriz ni moi, qui représentions Pinochet, n'y avons jamais été mêlés. » Comme j'insistai un peu, il finit néanmoins par reconnaître qu'il avait facilité le contact avec un médecin chilien. « Hernán Felipe doit avoir plus de détails, vous devriez lui parler », me suggéra-t-il. Mais Errázuriz, sans se départir de son charme le plus diplomatique, me fit comprendre sans détour qu'il ne souhaitait pas soulever ce sujet.

« Je n'ai pris part à aucune négociation, loin de là », martela Jack Straw, en affirmant qu'on l'aurait volontairement tenu à distance. « On m'a laissé sur la touche, car j'étais suspect, soupçonné de vouloir mettre Pinochet dans un avion pour l'Espagne. » Pourtant, James Cameron et moi avons perçu un hiatus entre les paroles de Straw et l'impression qu'il donnait. Il nous a regardés, a cligné des yeux puis a dit : « Je pense que c'était géré au 10, Downing Street. » Silence. « Jonathan Powell. » Il lâcha subitement ce nom qui n'avait pas encore été mentionné. « Tony trouvait que la situation était embarrassante… »

Alors, s'il y a eu une négociation, qui était à la manœuvre ?

« Le gouvernement chilien, évidemment », affirma Straw. Silence. « Des membres du gouvernement britannique, sans doute. Jonathan Powell. Nous devions nous débarrasser de ce problème, il y avait d'autres intérêts à prendre en compte. » Les services de renseignement britanniques voulaient que Pinochet parte. « Ils ne manquaient jamais de rappeler à quel point le soutien du Chili avait compté lors de la guerre des Malouines. »

Donc il y a eu une négociation ?

« Oui », répondit Straw, sans hésiter, avant d'ajouter un bémol. « C'est difficile à dire. »

Du côté espagnol, tous les acteurs concernés par l'affaire étaient persuadés qu'il y avait eu une transaction. « Bien sûr », affirma Juan Garcés, comment expliquer sinon ce qui est arrivé. Baltasar Garzón abonda dans le même sens. « Le ministre des Affaires étrangères espagnol, Abel Matutes, me l'a confirmé. Matutes m'a dit que la situation diplomatique était tendue et que le Royaume-Uni et le Chili s'étaient mis d'accord. » Le gouvernement d'Aznar ne protesta pas.

Carlos Castresana, le procureur espagnol à l'origine de toute la procédure judiciaire, partageait le même avis. Il me rapporta une conversation qu'il avait eue avec un général chilien lors d'un vol en avion au retour d'un séminaire en Suisse. « J'ai dit au général que j'étais au courant d'un accord politique entre l'Espagne, le Chili et la Grande-Bretagne pour permettre à Pinochet de rentrer. » Il espérait une confirmation, qu'il obtint en effet. « Le général m'a répondu : "Ce n'est pas exact. C'était uniquement entre le Chili et la Grande-Bretagne. Et je le sais très bien, puisque j'en étais." »

115

Carlos Castresana m'a introduit auprès du général Javier Urbina, proche collaborateur du général Ricardo Izurieta, commandant en chef de l'armée chilienne durant toute la période de détention de Pinochet à Londres. Nous nous sommes parlé au téléphone, puis je l'ai rencontré à Santiago. Quand j'ai suggéré qu'il y avait sans doute eu un accord d'échange de bons procédés *(quid pro quo)* – abandon de l'extradition pour raisons de santé, retour, perte d'immunité et engagement de poursuites judiciaires au Chili –, il m'a répondu simplement : « Oui, c'est cela. » Toutefois, il pensait que les problèmes médicaux soulevés n'étaient « pas complètement inventés », comme l'avait aussi relevé Jonathan Sumption, l'avocat-conseil de Straw. « Les rapports des médecins étaient clairs. »

Le général Urbina me résuma le point de vue de l'armée. Pinochet avait ignoré les conseils de prudence et maintenu son voyage à Londres. Quand l'ancien Président fut arrêté, le général Izurieta fut soumis à « une pression intense » pour qu'il soit relâché, et il travailla de près avec Frei dans cette optique ; leurs rapports étaient corrects mais le Président s'inquiétait des possibles réactions de l'armée. Izurieta appartenait au Conseil national de sécurité du Chili qui s'imposa comme le principal forum de débats sur la question[5]. D'après Urbina, c'est là, en juin 1999, que le sujet médical fut lancé comme offrant une possible issue, tandis que Fei assurait à Izurieta qu'il allait « régler cela en recherchant un accord avec les Britanniques ». C'est à cette époque qu'un journal chilien évoqua pour la première fois des craintes pour la santé de Pinochet[6].

« C'est en juin que la question médicale a surgi pour servir de catalyseur dans la recherche d'une solution », se rappelait Urbina. Izurieta se rendit en Europe avec le complet assentiment de Frei. À Londres, assisté du général Juan Carlos Salgado, il rencontra Pinochet et ses conseillers, ainsi qu'une personnalité travaillant vraisemblablement au cœur du gouvernement britannique. *El Mercurio*, le journal pro-Pinochet, rendit compte de son voyage en soulignant les efforts de l'armée pour obtenir un rapatriement, en étroite concertation avec le gouvernement de Frei[7].

Selon Urbina, Izurieta avait de bonnes relations avec les juges chiliens, quand les crimes de l'ère Pinochet commencèrent à être dénoncés devant les tribunaux, où se dressa alors le mur qu'offrait la loi d'amnistie. « Quant à moi, j'étais à l'époque très lié à Miguel Schweitzer », me dit Urbina, contredisant les paroles que Schweitzer avait prononcées devant moi. « Hernán et Miguel savaient exactement ce qu'il était en train de se passer. » Pour Urbina, il était évident que Pinochet était tenu parfaitement informé, avec le général Salgado dans le rôle d'intermédiaire (il avait été en poste à Londres en qualité d'attaché militaire du Chili, et était proche d'Errázuriz). Salgado rencontra aussi les avocats de Pinochet en Espagne[8].

Les forces armées du Chili étaient « souples » sur les conditions d'un accord, quel qu'il soit, m'expliqua Urbina. « Elles ne s'opposaient pas au retrait de l'immunité de Pinochet, s'il rentrait au Chili, et le général Izurieta a pris le temps de parler avec beaucoup de monde, notamment le président de la Cour suprême, pour s'assurer qu'il n'y aurait pas de problèmes. »

« Pas de problèmes. » Est-ce que cela voulait dire « pas d'immunité » ?

Ignorant ma question, Urbina reprit : « C'est ce qu'a fait Frei. »

Mais qu'avait fait Frei ? Avait-il parlé au président de la Cour suprême ?

Urbina acquiesça. Le président de la Cour était alors Roberto Dávila Díaz, lequel avait prononcé, au début de l'année judiciaire, un vibrant plaidoyer en faveur du retour de Pinochet.

José Miguel Insulza, passé en juin 1999 du ministère des Affaires étrangères au Secrétariat général du gouvernement, m'a confirmé le calendrier. « C'est en juin que le président Frei a entrepris une nouvelle approche, en négociant directement avec le cabinet du Premier ministre britannique. »

Insulza n'a pas traité lui-même avec les Britanniques mais, comme il voyait le président Frei tous les jours, il « savait ce qu'il se passait » en coulisses. Tout a été mené par le ministre des Affaires étrangères Juan Gabriel Valdés, travaillant de concert avec Izurieta, et par le ministre de l'Intérieur, Raúl Troncoso. Cristián Toloza était la personne clé.

« Toloza était fiable, c'était le gars qu'on envoyait à Londres, au cabinet de Tony Blair, pour discuter avec Jonathan Powell », me dit Insulza. À Santiago, les réunions concernant Pinochet étaient soumises à un contrôle strict. Elles se tenaient dans un petit bureau proche de celui du Président au palais de la Moneda. Avec un « accès direct » depuis un parking souterrain. Elles étaient tenues secrètes.

Ce sont les Britanniques qui ont mis en avant le prétexte de la santé ?

« Oui, mais la partie chilienne a immédiatement accepté », me répondit Insulza. « Je ne crois pas qu'aucun psychiatre ou autre praticien britannique l'ait examiné. » Cela s'est passé en deux temps : Pinochet s'est adressé d'abord à un médecin de son choix, puis il y a eu une expertise par des docteurs indépendants. « C'est ce qui a été convenu très tôt. »

Et l'Espagne ?

« Je ne pense pas que les Espagnols aient été impliqués en quoi que ce soit. »

La liaison entre les gouvernements britannique et chilien se situait aux niveaux les plus élevés. Elle avait été amorcée par un entretien entre les deux dirigeants. « M. Blair a appelé le président Frei », expliqua Insulza. Pourtant, les Mémoires de Blair ne font aucune mention de cela, ni de Pinochet, ni du Chili[9].

Les contacts de haut niveau avaient commencé au milieu de l'année 1999. « C'est Toloza qui a mené la négociation, il s'est rendu à Londres pour la première fois vers le mois de juillet. En septembre ou en octobre, les choses avaient progressé, mais je n'y étais pas pour grand-chose », se rappelait Insulza. Il pensait qu'un accord favoriserait l'élection d'un candidat de centre gauche pour succéder à Frei (à qui la Constitution ne permettait pas se représenter), il y avait donc « une plus-value politique au retour de Pinochet ».

Pour qu'il puisse répondre aux accusations au Chili ?

Insulza acquiesça.

Y a-t-il eu un *quid pro quo* ?

« Franchement, je l'espère », me répondit Insulza en souriant. « L'hypothèse était que Pinochet allait être jugé, d'une façon ou d'une autre, quand il serait rentré au Chili. » Devant mon insistance, Insulza se défendit mollement, tout en choisissant ses mots avec soin. Il avait discuté du sort de Pinochet avec Frei, et le cabinet du Président avait un contact informel avec Juan Guzmán, le procureur qui enquêtait sur le rôle de Pinochet dans l'affaire de la « Caravane de la mort ». « Nous n'avons jamais eu de relation officielle avec lui », dit Insulza à son propos. « J'avais l'impression que le Président, connaissant sa rigidité, parlait plus volontiers avec quelqu'un de la Cour suprême qu'avec le juge Guzmán. »

Quelqu'un de la Cour suprême ? Son président peut-être ? J'ai cru comprendre qu'Insulza confirmait qu'une conversation avait bien eu lieu entre le Président et le pouvoir judiciaire au sujet de la révocation de l'immunité de Pinochet. « Juan Gabriel [Guzmán] ou quelqu'un d'autre a peut-être parlé aux autres juges de ce qu'il risquait de se produire si Pinochet revenait au Chili. »

La composition de la Cour suprême était-elle susceptible d'être modifiée pour mettre fin à l'immunité sénatoriale de Pinochet ?

« Je ne sais pas, me répondit Insulza. Étant donné le mode de nomination en vigueur à la Cour suprême du Chili, je présume qu'il n'aurait pas été facile de remplacer trois ou quatre juges en même temps. Mais on pouvait s'attendre à certains changements. »

« Voici comment les choses se sont passées selon moi : les juges qui penchaient en faveur d'un procès contre Pinochet n'étaient pas forcément majoritaires, mais on leur a offert la possibilité de rédiger les réquisitions. »

Quand Insulza avait appris la décision de Jack Straw d'autoriser le retour de Pinochet au Chili, disait-on qu'un compromis avait été conclu ?

« Je n'en ai pas le souvenir, mais… » Il réfléchit à ma question puis ajouta : « Je pensais bien qu'il devait y avoir une sorte d'accord. C'était présenté comme une décision du gouvernement britannique, mais j'étais au courant des voyages de Toloza à Londres. »

116

Cristián Toloza n'était pas facile à localiser. Pendant la période de détention de Pinochet, son nom apparaissait rarement dans les comptes rendus des médias, et il n'accordait jamais d'interviews. C'est une connaissance commune qui nous mit en relation, et nous nous sommes vus à Santiago. Lunettes, cheveux gris, cet homme bien habillé, au sourire engageant, était heureux de parler des événements qui s'étaient succédé. « Le temps est venu », me dit-il. Il travaillait désormais au ministère des Affaires étrangères, et ne me cacha nullement son mépris pour Pinochet.

En 1999, Toloza était chargé de rédiger les discours du président Frei, dont il était également un conseiller économique ; il appartenait à l'équipe resserrée qui réfléchissait à la situation créée par l'arrestation de Pinochet et faisait des plans pour le ramener au Chili. « Nous avons constitué un groupe informel, piloté par le ministre de l'Intérieur, Raúl Troncoso, avec le ministre des Affaires étrangères et Insulza, le secrétaire général du gouvernement[10]. » C'était une « véritable crise », comme celle qui s'était produite en 1995, quand la Cour suprême avait envoyé en prison Manuel Contreras et Pedro Espinoza, son adjoint à la tête de la DINA, pour l'assassinat d'Orlando Letelier commis en 1976. Frei redoutait que l'arrestation de Pinochet n'entraîne de la violence et des morts, voire un soulèvement de l'armée. « Le général Izurieta considérait la situation d'un œil lucide, en vrai gentleman, réaliste et posé», me raconta Toloza. Et il me confirma que Javier Urbina était également très impliqué.

Toloza se vit naturellement propulsé en avant, car c'était un homme fiable et qui connaissait la Grande-Bretagne. Il avait étudié la psychologie clinique, puis séjourné à Exeter au cours des années 1990 pour préparer un doctorat en psychologie (sa thèse portait sur la variance des comportements politiques en général, et au Chili en particulier). «J'étais séduit par la finesse de la capacité de pénétration des Britanniques», me dit-il. En Grande-Bretagne, il avait appris à «penser de façon autonome», ce qui l'aidait à comprendre la position de Londres, et lui permettait d'explorer des idées pour progresser et nourrir les réflexions de Santiago.

«Ma formation m'a apporté une compréhension de l'inconscient, et appris la nécessité de prendre en compte tous les aspects d'une situation, sans oublier l'instinct.» Toloza a développé une stratégie en trois étapes pour convaincre le gouvernement britannique. «Nous avons agi en complète indépendance par rapport aux avocats de Pinochet, et je n'ai jamais rencontré Schweitzer ou Errázuriz, ni Blair, Cook ou Straw. Je n'ai traité qu'avec Jonathan Powell, le chef de cabinet de Blair.» Jack Straw m'a confirmé qu'il n'avait jamais rencontré Toloza, et qu'il n'avait même jamais entendu prononcer son nom.

La première étape s'est ouverte après l'arrestation, quand le gouvernement de Blair put retirer un avantage politique de la situation. «Au début nous savions qu'il y aurait comme *un cerdito en el barro,* ce petit cochon de la chanson enfantine qui se roule joyeusement dans la boue, me raconta Toloza, mais que cela changerait quand ils se heurteraient aux premières difficultés.» Il est vrai que la présence obligée de Pinochet à Londres permit aux Britanniques de faire valoir de belles idées sur l'indépendance de la justice et le triomphe du droit, ainsi que sur «la politique étrangère éthique» de Robin Cook.

«Nous savions qu'il fallait attendre le moment où Pinochet commencerait à poser un problème, et ce moment est arrivé avec l'incident Hoffmann, une véritable source d'embarras», poursuivit Toloza. La phase d'attentisme résigné *(«wait and see»)* s'est achevée en avril 1999 avec le troisième jugement de la Chambre des Lords et la seconde autorisation de poursuivre signée par Straw. C'est alors que Blair a soulevé l'option médicale avec Frei.

L'étape suivante fut celle de la « mise sous pression ». « Je suis venu à Londres pour avertir la partie britannique des dangers qui s'annonçaient », me dit Toloza. Il eut une première réunion exploratoire avec Jonathan Powell, qui permit de poser les bases d'une relation de confiance réciproque. Lorsque j'ai moi-même rencontré Powell, bien des années après, sa mémoire de la saga Pinochet était d'abord plutôt floue. « La sensation qui me revient est celle du choc engendré par l'arrestation, et je me souviens de la visite d'un jeune gars », me confia Powell. Le visiteur était Toloza. Plus tard, en s'aidant de ses carnets, Powell retrouva la trace de la première rencontre avec ce « jeune gars », le 2 juin 1999 (il m'expliqua qu'il ne lui était pas difficile de vérifier les événements de cette période, car il était en train d'écrire un livre à propos de l'Irak). « Je n'ai pas de problème avec la conclusion de l'affaire, me dit-il, mais je ne me souviens vraiment pas comment nous y sommes arrivés ! »

« Dans mon carnet, je lis que mon homologue chilien est venu me voir pour nous demander de relâcher Pinochet, m'indiqua Powell. J'ai exposé ce que nous pouvions et ne pouvions pas faire juridiquement, sans doute en m'appuyant sur une note, donc j'avais dû me préparer à cette rencontre. »

« Je l'ai revu » deux jours après, poursuivit Powell. Les détails d'un arrangement commençaient doucement à apparaître. Les Britanniques n'excluaient pas un règlement amiable mais ils étaient contraints par la loi anglaise et une exigence politique : ils devaient avoir l'assurance que, si Pinochet rentrait au Chili, il y serait bien traduit en justice. « Toloza m'a dit qu'ils voulaient engager une procédure judiciaire au Chili, et j'ai exposé ce que nous attendions », me rapporta Powell : la levée de l'immunité de Pinochet, suivie de l'ouverture d'un procès au Chili.

Pour Toloza, ce deuxième rendez-vous avait esquissé « un libretto » permettant de progresser. Le ministre de l'Intérieur chilien, Raúl Troncoso, avait demandé à l'équipe de « faire tout son possible pour convaincre les Britanniques de relâcher Pinochet », car il espérait un engagement sans ambiguïté avant le second tour du scrutin présidentiel chilien. « À ce moment, je me suis rendu au 10, Downing Street avec une stratégie claire : il me fallait instiller la peur dans l'esprit de Jonathan Powell, me raconta Toloza. Je suis arrivé avec un scénario de politique-fiction. »

« Nous redoutons que Pinochet en vienne à mourir en Grande-Bretagne, dit-il à Powell. Il est vieux, c'est un militaire, fier mais vaincu, en exil forcé loin de son pays. » S'il meurt en Grande-Bretagne, prévint-il, « vous en ferez un martyr et un saint. Est-ce cela que vous voulez ? » Avec l'éventualité d'un assassinat qui planait toujours dans l'air, la mort de Pinochet provoquerait une réaction « hystérique » de l'armée chilienne. « Une chose est sûre : s'il meurt à Londres, il y aura d'autres morts, le ministre des Affaires étrangères Valdés et le candidat à la présidence Lagos seront tués. » Il expliqua que la tentative d'assassinat menée contre Pinochet en septembre 1986 avait été suivie d'une éruption de violence et de meurtres. Si Pinochet mourait à Londres, une implosion de la situation politique était à craindre. « Vous risquez de saper une démocratie fragile – est-ce bien ce que vous voulez ? »

Powell écouta avec attention, parla peu et prit des notes. Mais les détails de cette réunion n'étaient pas restés dans sa mémoire. Le président Frei adressa ensuite à Tony Blair une lettre dans laquelle il reprenait les différents points du problème, créant ainsi une trace écrite qui permettait de certifier que son gouvernement avait fait tout ce qu'il pouvait. « Si Tony avait bien parlé avec Frei, il devrait se trouver un mémo dans les archives du Numéro 10 », remarqua Powell. Toutefois, je relevai que Blair n'avait fait aucune allusion à Pinochet, pas le moindre mot, dans ses Mémoires.

C'est dans ce contexte que l'on commença à s'intéresser à l'état de santé de Pinochet. « Je pense que ce sont les Britanniques qui ont soulevé les questions médicales, se rappelait Toloza. Une consultation juridique leur avait indiqué que la procédure d'extradition pouvait être stoppée pour raisons de santé. » Je suggérai que cet avis devait provenir de l'avocat Jonathan Sumption qui conseillait Straw. « Je sais qui est Sumption, répliqua Powell, mais je ne me souviens pas de lui avoir parlé à cette époque, ni de l'avoir jamais rencontré. »

Suivant le schéma qui se précisait, les choses devaient pouvoir s'enchaîner ainsi : un problème de santé allait permettre d'interrompre l'extradition et d'autoriser le retour de Pinochet au Chili ; là, son immunité lui serait retirée pour qu'une enquête et des poursuites puissent être engagées contre lui. Était-ce bien là la teneur du compromis préparé ?

« Tout à fait », fut la réponse de Toloza.

La troisième étape débuta en septembre 1999, quand Toloza rencontra Powell une nouvelle fois au 10, Downing Street. « C'était le 20 septembre, confirma Powell. Il est revenu pour pousser encore plus fort dans le même sens. » Les deux parties escomptaient que cette dernière étape aboutirait à un accord définitif, mais il restait un sérieux obstacle à surmonter : les Britanniques voulaient avoir l'assurance que la justice chilienne mettrait fin à l'immunité de Pinochet. C'est pour cela que Toloza apportait à Londres un papier resté secret et inaccessible jusqu'à ce jour. Raúl Troncoso avait prévenu Toloza : « Ceci est très, très secret. »

« Je me suis envolé pour Londres avec une copie d'un document interne de l'armée chilienne, me dit Toloza ; c'était l'ordre personnel de Pinochet de déclencher l'opération de la "Caravane de la mort", immédiatement après le coup d'État, qui portait sa signature. »

Le document avait, semble-t-il, été transmis par l'armée. « Avec ce papier, nous avons une preuve directe de l'implication de Pinochet, affirma Toloza à Powell, et une base légale pour le traduire devant les tribunaux au Chili. » Toloza confirma que le gouvernement et l'armée du Chili n'entraveraient pas le cours de la justice, et remit une déclaration portant la double signature du président Frei et du général Izurieta. Powell se rappelait vaguement avoir reçu un document. « Il doit être archivé au Public Record Office. S'il s'y trouve bien, je n'ai cependant pas pu mettre la main dessus. »

« C'était une photocopie de l'original, m'a précisé Toloza. Je l'ai remise à Powell pour permettre aux Britanniques de l'étudier. Je n'en ai pas conservé de copie par-devers moi, car Raúl Troncoso me l'avait confiée avec la consigne expresse de la donner à mon interlocuteur britannique. Notre message était qu'il s'agissait d'un élément constitutif de la procédure légale déjà engagée au Chili, une pièce restée secrète qui allait être produite lors du jugement à venir d'une affaire précise : la "Caravane de la mort", sur laquelle enquêtait le procureur Juan Guzmán. »

En tant que « document secret », m'expliqua Toloza, il n'était « probablement accessible que dans les "registres secrets" qui permettaient aux juges de l'ère Pinochet de "gérer" des dossiers sensibles, non communicables aux avocats ou à d'autres parties impliquées dans une affaire ». Par expérience directe, il savait qu'il existait des pièces qui n'étaient pas accessibles publiquement, mais il ignorait ce qu'elles étaient devenues après la période de la dictature.

Toloza assura à Powell que la décision concernant l'immunité serait prise par la justice chilienne, alors que plusieurs procès s'annonçaient déjà contre Pinochet. « Le gouvernement a indiqué aux autorités judiciaires qu'elles avaient toute latitude pour poursuivre Pinochet dans tous les cas, sans restriction », ajouta Toloza ; ainsi, « le gouvernement britannique pouvait-il libérer Pinochet en étant certain qu'il serait jugé au Chili ». Les négociations avaient atteint « leur tournant » : le retrait de l'immunité n'était plus fondé sur « des promesses vagues, mais sur des faits empiriques présentés à l'appui de la requête ».

Je me suis enquis du document.

Toloza me répondit : « Comme il était secret, je l'ai lu une seule fois, en privé, et je l'ai parcouru à nouveau lorsque je l'ai remis à Powell. »

Avait-il conservé le souvenir précis de son contenu ?

« Après l'avoir lu, il était clair pour moi qu'il apportait la preuve irréfutable de l'implication directe de Pinochet dans l'affaire de la "Caravane de la mort", et offrait une base suffisante pour qu'il soit traduit en justice au Chili. » Le document conférait « de la force et de la persuasion » à la prédiction que Pinochet allait perdre son immunité.

« Je me rappelle parfaitement, poursuivit Toloza, qu'il y avait sur sa première page, dans la marge, un commentaire écrit par Pinochet disant quelque chose comme *"aprobado"* (approuvé), suivi de sa signature. Au Chili, il est fréquent d'insérer ainsi *"una mosca"* (une mouche) sur un document officiel, en inscrivant vos initiales. Je l'ai fait remarquer à Powell, qui en a été impressionné. »

« Je ne me souviens pas des détails, mais je n'ai aucune raison de douter que c'est ce qu'il s'est passé, me confirmera Powell. C'est tout à fait crédible. Nous voulions en sortir, tout comme eux, et ils nous ont probablement proposé ce marché. »

Les deux hommes se retrouvèrent le 18 octobre pour une quatrième et dernière rencontre, au moment où l'accord était en passe d'être conclu : Straw avait reçu une lettre de l'ambassadeur du Chili à Londres, Pablo Cabrera, ainsi que l'avis de Jonathan Sumption qui confirmait que l'*Extradition Act* autorisait le renvoi de Pinochet chez lui s'il n'était pas reconnu apte à subir un procès[11]. Straw consulta le professeur Liam Donaldson – « un ami de ma femme » – et confia à ses collaborateurs le soin de recueillir le consentement de Pinochet pour se prêter à un examen médical indépendant.

J'ai interrogé Toloza à propos d'un document qui aurait été préparé en coopération entre le gouvernement chilien et les militaires, pour expliquer à Pinochet comment il devait se conduire pour maximiser ses chances de revenir au Chili.

Toloza me le confirma.

« Une note avait été remise au général Izurieta, détaillant ce que Pinochet devrait faire pour feindre la dépression. » Sur une dizaine de pages se succédaient des suggestions de comportements que Pinochet devrait « jouer » : évoquer des pensées suicidaires, des problèmes de mémoire, et raconter des choses incohérentes ou absurdes.

Nous nous sommes regardés un moment, silencieux. Toloza sourit avec ironie.

Ce document est-il parvenu à Pinochet ?

« Je présume que oui ! Izurieta est venu à Londres et a rencontré le général. »

Londres, mars 2000

117

Aussitôt après avoir décidé qu'il n'était plus possible d'engager contre Pinochet un procès consacré aux accusations pesant sur lui, Jack Straw prit des dispositions pour exclure toute contestation juridique devant les tribunaux anglais. L'unique voie possible passait désormais par le dépôt d'une plainte devant un tribunal international.

Le matin de l'annonce de Straw, le 2 mars 2000, le ministre belge des Affaire étrangères donna une conférence de presse. « Après consultation de nos conseillers juridiques et de nos avocats à Londres, déclara Louis Michel, je confirme que la Belgique ne portera pas l'affaire devant la Cour internationale de justice à La Haye. » Cette décision avait été prise à la suite de l'intervention de Tony Blair.

Tout comme Straw, Michel s'efforça de donner un tour positif à sa déclaration. Il dit qu'il avait été en contact avec le gouvernement chilien, qui avait prié qu'on lui transmette tous les éléments de preuves réunis par la Belgique sur les crimes commis par Pinochet. Le gouvernement chilien lui avait garanti que la justice du pays était indépendante et que tous les Chiliens étaient égaux devant la loi, y compris Pinochet. Relevant que le président de la Cour suprême du Chili avait déclaré, quelques jours auparavant, que « les conditions étaient réunies au Chili pour juger le sénateur

Pinochet », Michel semblait suggérer que des poursuites contre lui allaient bientôt être entamées au Chili. Mais nul ne comprit vraiment le sous-entendu.

Le ministre belge reconnut que Pinochet n'était peut-être pas encore tout proche de répondre de ses crimes atroces, mais un principe autrefois « inconcevable » était maintenant bel et bien admis : « désormais, un dictateur n'était plus hors d'atteinte de la justice[12] ».

Quant au gouvernement espagnol, il resta coi, soulagé d'être débarrassé de toute cette malheureuse affaire.

118

Après les déclarations de Straw et de Michel, le jour du retour de Pinochet au Chili arriva. C'était le 2 mars 2000. 503 jours s'étaient écoulés depuis le moment où l'interprète Jean Pateras avait signifié à Pinochet qu'il était placé en état d'arrestation.

En début de matinée, Jean Pateras retrouva Michael Caplan à la maison de Wentworth, pour accompagner Pinochet jusqu'à l'endroit tenu secret d'où il allait s'envoler pour le Chili.

« Il pleuvait à verse, et le général attendait dans son fauteuil roulant, m'a-t-elle raconté. Il était surexcité et tout sourire. »

« Était-il en pleine possession de ses moyens, *compos mentis* », ai-je demandé à Jean quand nous nous sommes revus.

« Absolument, oui. Je n'avais pas grand-chose à faire, ni à traduire. "Vous devez monter dans cette voiture", lui ai-je dit. »

Le convoi composé de six véhicules de police accompagnés par deux motos se mit en route vers dix heures. Nul dans l'entourage de Pinochet n'avait été informé de sa destination.

« Jusqu'à la dernière minute du séjour du général Pinochet, nous nous sommes inquiétés d'une possible tentative d'assassinat, me confiera Errázuriz. Là, la protection était encore renforcée, les rues étaient fermées à la circulation, un hélicoptère nous survolait, et l'avion qui devait nous ramener au Chili avait été déplacé d'un aérodrome à l'autre. Jusqu'au dernier moment, nous et toute l'équipe ignorions tous vers quel terrain nous nous dirigions. »

Le convoi roulait à vive allure quand le téléphone de Jean Pateras sonna :

J'étais dans un van de police, c'était Garzón, furieux. Il cria : « Où êtes-vous ? – Je ne sais pas, on est en route, il quitte le pays. – Qu'est-ce qui se passe, bordel ? Jean, passez-moi le… » Je lui ai coupé la parole. « Je ne suis que l'interprète, je n'y peux rien, on est en train de le conduire à l'aéroport. – Je n'arrive pas à le croire ! Je veux voir ce salaud dans mon tribunal ! » Il était complètement hors de lui.

L'inspecteur Hewett ordonna à Jean Pateras de mettre fin à l'appel et de couper son téléphone :

Plus tard, quand je suis rentrée à la maison, j'ai trouvé un déluge de messages de Garzón. Je l'ai rappelé et lui ai dit : « Je ne pouvais pas répondre, on m'a obligée à éteindre mon portable. – C'est scandaleux ! » s'indigna-t-il. Durant tout ce temps, quand nous étions en route, il s'est acharné à m'appeler, mais le téléphone était coupé.

Les voitures poursuivirent leur course en zig-zag dans les faubourgs de Londres, avant de prendre la direction du nord. Le plan initial était de se diriger vers Northolt, un aéroport situé à l'ouest de la ville, à dix kilomètres au nord d'Heathrow, mais, à la dernière minute, le convoi fut dérouté vers le nord-est, pour atteindre un aérodrome militaire situé près de Lincoln, à deux cent vingt kilomètres de distance.

« Tout était archiconfidentiel », poursuivit Pateras, l'itinéraire était tenu entièrement secret. Dans le convoi qui fonçait sur l'autoroute A1, l'anxiété était palpable.

« À un certain moment, quelqu'un dans la voiture a dit "Sniper ! Sniper sur une passerelle !". Nous avons tous plongé en avant, la tête vers le plancher. "OK, c'est juste un caméraman !" »

Le convoi arriva sans incident au terrain d'aviation militaire de la Royal Air Force à Waddington, peu avant treize heures. Jean Pateras aperçut sur la piste le Boeing 707 bleu de l'armée de l'air chilienne.

Nous sommes tous descendus. Il est resté dans son fauteuil roulant, prétextant qu'il ne pouvait pas marcher. On m'a intimé l'ordre de rester silencieuse. Il n'y avait aucune caméra visible, mais on nous a dit qu'elles étaient tout autour. On craignait que les médias n'arrivent à lire quelque chose sur nos lèvres. Il a été poussé dans son fauteuil jusqu'à l'avion. Il a dit au revoir. J'ai répondu « Au revoir ! Bonne chance ! »

« Venez avec moi dans la cuisine, me dit-elle, je vais vous montrer une photo. »

L'image en couleur était placée dans un cadre accroché au mur. Pinochet souriant, visage rose, l'air angélique, les jambes recouvertes d'une épaisse couverture, canne à portée de main. « Vous voyez le vieux salopard ? Il était vraiment content de rentrer chez lui, tout sourire, juste avant de monter dans l'avion. Moi, j'étais drôlement coiffée. » Elle se tenait un peu en arrière, la tête enveloppée d'un châle, à côté d'Hernán Felipe Errázuriz, grand, avec des lunettes, l'air attentif et nerveux. « Pinochet tassé dans son fauteuil roulant, mais toujours arrogant », se souvenait encore Jean Pateras.

Ses derniers mots ?

« *Adiós, y muchas gracias.* Au revoir et merci beaucoup. » Puis le fauteuil s'est élevé sur le monte-charge et a été poussé dans l'avion. Son avocat, Michael Caplan, l'a suivi un peu plus tard.

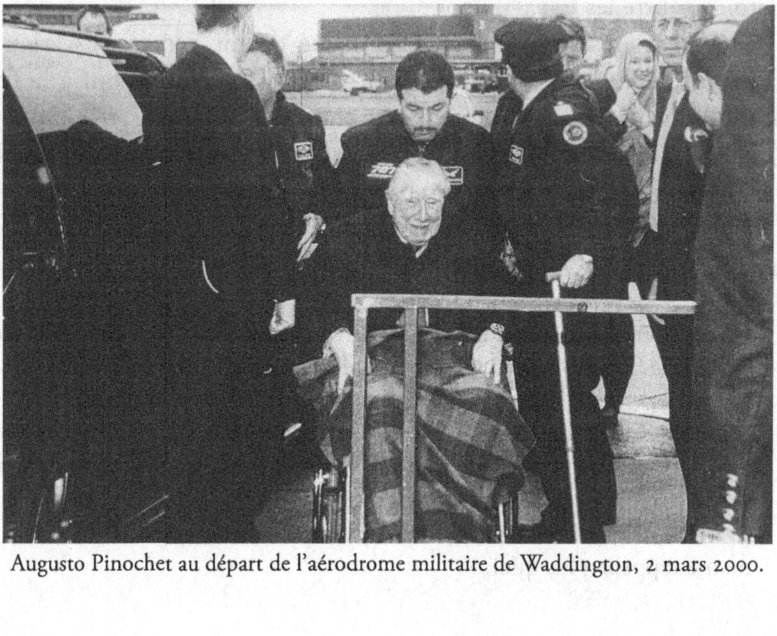

Augusto Pinochet au départ de l'aérodrome militaire de Waddington, 2 mars 2000.

Jean Pateras se remémorait cette matinée avec une certaine gravité, mais elle pouffa en mentionnant le nom de Caplan. Plus tard, ce dernier me fera le récit qui suit. « J'étais extrêmement tendu », craignant une ordonnance judiciaire de dernière minute visant à bloquer le décollage de l'appareil. « À la Haute Cour, un juge était d'astreinte spécialement pour recevoir tout recours légal, et cela me semblait utile d'être auprès du général. J'avais dans ma mallette tous les documents nécessaires pour pouvoir parer à de telles procédures. » Pinochet s'est montré impavide, ne laissant pas filtrer beaucoup d'émotion pendant le trajet, même à l'arrivée.

« Margaret Thatcher m'avait confié un cadeau pour lui, me dit-il, mais vous ne lui remettrez qu'une fois qu'il sera dans l'avion, avait-elle spécifié, juste avant son départ. » Caplan s'était exécuté. « Vous ne dites pas non à une ancienne Première ministre ! » Le présent était encombrant et, de peur de l'oublier, il l'avait ficelé à son attaché-case. « Je suis monté à bord pour le lui remettre, il s'est montré très courtois. »

Mais Caplan n'avait pas fait attention à la fermeture des portes de l'appareil. « Je lui ai tendu le paquet, sans me rendre compte que l'avion commençait à bouger, et je lui ai dit : "De la part de Margaret Thatcher." C'était un plat décoré d'une scène rappelant notre dernière victoire contre les Espagnols. »

« La dernière chose qu'il a faite a été de me remercier », ajouta Caplan, saluant « un modèle de courtoisie absolue du début à la fin. Mme Pinochet était avec lui, et ils étaient maintenant très émus ». Quand la police réalisa que Caplan était resté à bord, elle fit stopper l'avion, les portes se rouvrirent et il put débarquer.

Miguel Schweitzer, qui était aussi dans l'avion, avait assisté à toute la scène, dont il se rappelait en riant :

> Nous attendions, moteurs en marche, mais l'avion ne bougeait pas. Mrs. Thatcher avait envoyé un cadeau, mais Michael était en retard. On a attendu pendant vingt minutes encore, nerveusement, craignant un recours légal de dernière minute. Heureusement, cela ne s'est pas produit, et Michael est arrivé ; il a remis solennellement le cadeau au président Pinochet, qui ne l'a pas ouvert. Plus tard, il nous l'a montré. C'était quelque chose d'important, pas une babiole quelconque, mais je ne me rappelle plus quoi.

Je lui ai dit que c'était un plat décoré, commémorant la défaite de l'Invincible Armada espagnole envoyée pour envahir l'Angleterre en 1588. « En témoignage d'estime personnelle et de regret pour la grande injustice de sa détention », avait dit Thatcher, en précisant qu'un tel acte « n'aurait jamais dû se produire »[13]. « Parfait », songea Schweitzer, les Espagnols l'avaient bien mérité.

À treize heures passées de dix minutes, l'avion quitta le sol britannique, emportant Augusto et Lucía Pinochet, installés dans une cabine séparée. « On avait aménagé pour lui une sorte de chambre avec un lit et une paire de sièges, se rappelait Schweitzer. Il a dormi et s'est reposé durant la plus grande partie du voyage ; nous n'avons jamais pu avoir une vraie conversation avec lui. Je pense qu'il était encore sous le choc et n'avait pas complètement réalisé qu'il était en train de rentrer chez lui. »

Le vol dura plus longtemps que d'habitude, car le Brésil et l'Argentine refusèrent l'autorisation de traverser leurs espaces aériens, contraignant l'appareil à faire escale sur l'île de l'Ascension pour se ravitailler en carburant. « Quand le pilote annonça enfin que nous étions entrés en territoire chilien, il y a eu une explosion de joie, se souvint Schweitzer. Quelqu'un a sorti une bouteille de champagne, qu'on a débouchée. »

Comment s'est passée l'arrivée ?

« Atroce », répliqua aussitôt Schweitzer :

> Hernán Felipe et moi avons parlé deux ou trois fois avec le général, en lui expliquant qu'il devait quitter l'avion sur un fauteuil roulant, mais il tenait à sortir par l'escalier. Nous lui avons dit : « Non, vous ne pouvez pas faire cela. » Il a répondu : « Et pourquoi pas ? » Alors nous lui avons expliqué : « Imaginez que vous, le Président, le général Pinochet, vous tombiez, alors que tout le monde vous attend, et que vous fassiez une chute en direct à la télévision ? Vous êtes entré dans l'avion en fauteuil roulant, alors, s'il vous plaît, quittez-le de la même manière. » Nous avons eu du mal, mais il a fini par comprendre et il a dit : « OK. »

Mais les choses ne se passèrent pas du tout comme cela.

L'avion atterrit à Santiago mardi 3 mars, peu avant onze heures du matin, heure locale. Pinochet s'apprêta à débarquer en fauteuil roulant, comme convenu. Une fanfare militaire joua « Erika », chant de marche allemand de 1938 très populaire dans la Wehrmacht et chez les SS durant la période nazie, puis « Lili Marleen », le morceau préféré de Pinochet[14]. Assis dans son fauteuil roulant, la canne reposant entre ses jambes, il fut dirigé jusqu'à une plate-forme élévatrice et descendu lentement jusqu'au sol. Le fauteuil fut poussé sur le tarmac puis s'arrêta. On aida Pinochet, en costume foncé et cravate violette, à se lever et à faire quelques pas. Il donna une accolade au général Izurieta puis marcha jusqu'au terminal, saluant de la main et souriant. La fanfare jouait, ses partisans l'acclamaient, et Pinochet rayonnait.

Un journaliste français de télévision décrivit ainsi la scène : « Le vieux dictateur qu'on disait incapable de marcher ou de répondre à des questions, et mentalement affaibli, est apparu en pleine forme à son arrivée, bon pied bon œil, canne à la main, saluant ses supporters qui l'attendaient avec impatience[15]. »

« Nous avions oublié de lui dire que, une fois le fauteuil descendu au sol, il ne devait pas se lever et se mettre à marcher », me confiera Schweitzer, qui n'était pas surpris de voir que Pinochet pouvait marcher d'un si bon pas. « Je l'avais observé à Virginia Water, il marchait partout dans la maison et dans le jardin », et les évaluations médicales étaient, suivant les propres termes de Schweitzer, « quelque peu contestées ».

Vingt ans plus tard, l'avocat parlait plus librement. « L'une des personnes qui l'avait examiné affirmait qu'il était comme un violon bien accordé ! », loin d'être mentalement diminué. « Il donnait l'impression d'être un homme âgé, qui n'avait pas du tout perdu la tête, mais j'étais néanmoins convaincu qu'il n'était pas capable de supporter un procès. À cause de sa mémoire, de sa capacité de raisonnement. Selon moi, c'était une certitude qu'il ne pouvait pas faire face à un procès, mais cela ne signifiait pas qu'il était devenu stupide ou qu'il avait perdu l'esprit. Au contraire, il ne perdait jamais la tête. Il était normal. »

Un fait avéré ?

Schweitzer eut un petit sourire entendu.

Cet épisode, qui fut retransmis dans le monde entier, produisit une forte impression sur beaucoup d'autres personnes.

« J'étais vraiment en colère », nous dira Jack Straw.

« Honteux », selon James Vallance White.

« Ça m'a vraiment énervée, m'a dit Jean Pateras. "Allez-vous faire foutre, là-bas, regardez ce que j'ai fait, me voilà de retour !" »

« Écœurant », s'emporta Garzón.

« Effroyable », selon José Miguel Insulza.

« Horrifiant », s'indigna Carmen Soria.

« J'étais consternée et enragée, avec une profonde impression d'impunité », me déclara Erika Hennings.

Pour María Isabel Allende, « sa maladie ressemblait à une plaisanterie, ou peut-être à un arrangement politique[16] ».

« Augusto Pinochet proclame qu'il a gagné la partie », écrivit le procureur Juan Guzmán.

119

Durant deux années, Juan Guzmán avait enquêté sans relâche sur la responsabilité de Pinochet dans l'assassinat et la disparition de Chiliens. L'affaire avait été déclenchée en janvier 1998 par la plainte déposée par Gladys Marín, secrétaire générale du Parti communiste du Chili, qui accusait Pinochet de génocide et d'autres crimes internationaux, en relation avec la disparition de son mari, Jorge Muñoz Poutays. Des enquêtes étaient déjà en cours sur d'autres responsables présumés, mais c'était la première affaire directement instruite contre Pinochet. À l'époque, les chances de voir aboutir cette procédure étaient qualifiées de « minces » par le *New York Times*[17].

L'enquête du juge Guzmán lui apporta la notoriété en même temps que beaucoup d'ennuis, mais elle progressait peu à peu[18]. En outre, un mois avant le départ de Pinochet pour Londres en août 1998, la Cour suprême du Chili avait arrêté que la loi d'amnistie ne couvrait pas forcément tous les cas, en particulier ceux qui soulevaient des présomptions de graves violations des droits humains. Guzmán reconnaîtra que l'arrestation de Pinochet à Londres avait conféré plus de force à sa propre action. Au moment du retour de Pinochet à Santiago, le tabou était brisé, il n'était plus intouchable.

Dans les heures qui suivirent son arrivée, les avocats impliqués dans l'affaire de la « Caravane de la mort » demandèrent à la Cour d'appel de Santiago d'ouvrir des poursuites contre lui. Trois jours plus tard, le 6 mars 2000, Guzmán demandait aux magistrats de ce tribunal de juger que Pinochet n'avait pas d'immunité pour certains actes de « séquestration permanente » : l'enlèvement, la détention et la disparition de dix-neuf personnes.

Au bout de trois mois, la Cour d'appel décida avec une courte majorité – treize juges pour, neuf contre – que Pinochet ne possédait pas d'immunité dans l'affaire de la « Caravane de la mort »[19]. Ce jugement fut reçu comme un choc et eut des conséquences immédiates spectaculaires ; il se fondait sur « des suspicions bien établies » que le général était personnellement impliqué dans les disparitions. L'« arrangement politique » subodoré par María Isabel Allende – entre le gouvernement chilien et la justice du pays, et entre Cristián Toloza et Jonathan Powell – commençait à porter des fruits.

Pinochet interjeta appel. Le 8 août 2000, la Cour suprême confirma qu'il n'avait plus d'immunité au regard de la loi chilienne, avec une majorité franche de quatorze voix contre six. La Cour aggrava même la décision de la juridiction inférieure, en révoquant l'immunité de Pinochet dans cinquante-sept cas de meurtres où les corps avaient pu être localisés et identifiés[20]. La décision se fondait sur la responsabilité prise par Pinochet pour couvrir les crimes commis par d'autres que lui. Ce fut « un moment véritablement très important, se rappelait Insulza. L'inviolabilité de Pinochet avait volé en éclats ».

Le jugement ne faisait nulle mention d'un quelconque marché conclu, ni du document portant la signature de Pinochet et que Toloza avait remis à Powell, qui autorisait l'opération de la « Caravane de la mort ». Le général Arellano Stark, qui l'avait dirigée, déclara aux juges qu'il avait bien vu l'ordre visé par Pinochet, mais que ni lui ni l'armée n'en possédait une copie.

Les magistrats étaient sceptiques. « Il est surprenant et difficilement compréhensible que le général Arellano ne conserve même pas une copie d'un document d'une telle importance pour lui », relevèrent-ils, qui l'autorisait à entreprendre la mission qui lui était confiée. « Par ailleurs, on a du mal à comprendre pourquoi l'armée, comme il le prétend, ne possède pas une copie de ce même document[21]. »

L'ordre de mission portant la signature de Pinochet existe – quelque part. Cristián Toloza l'a vu, de même que Jonathan Powell. Le peuple et les juges chiliens, non.

La décision de la Cour suprême avait ouvert la voie pour passer du stade de l'enquête sur Pinochet à celui des poursuites. Elle eut aussi des effets élargis, comme si une porte s'était ouverte soudain[22]. La plainte déposée contre les assassins des trois hommes de Porvenir qui avaient été photographiés juste avant leur mort par l'instituteur Juan Torres Toro parvint à la Cour suprême. C'est alors que le juge Nibaldo Segura défendit l'approche que la Cour avait adoptée en mars 1963 dans le cas de l'extradition de Rauff, en proposant d'appliquer une date de prescription[23]. Mais il ne parvint pas à convaincre la majorité des magistrats, qui jugèrent que la prescription ne pouvait pas s'appliquer à un crime contre l'humanité. Rauff était mort, et sa jurisprudence avec lui.

Comme l'obstacle de l'immunité de Pinochet n'existait plus, Guzmán s'adressa à Garzón en lui proposant de rapprocher leurs conclusions, jusqu'à ce que la Cour suprême intime au Chilien l'ordre d'éviter tout contact avec son homologue espagnol. « Nous avons contourné l'interdiction, au moins une fois, en passant par un intermédiaire, me confia Garzón. Guzmán est venu en Espagne, et nous avons communiqué *via* Hernán Hormazábal, un réfugié chilien qui enseignait le droit pénal à Gérone. »

À la fin de l'année, Guzmán avait deux affaires ouvertes contre Pinochet : la « Caravane de la mort », et celle de la « calle Conferencia », relative à une opération clandestine menée par la brigade Lautaro de la DINA pour démanteler la direction du Parti communiste chilien. Mais Guzmán craignait que la Cour suprême, qui s'était montrée si complice du régime de Pinochet, n'ordonnât l'abandon des deux procédures.

Pour pouvoir passer de l'instruction à l'inculpation, Guzmán devait obligatoirement interroger Pinochet au sujet des crimes allégués. Il décida d'avancer en considérant que les soixante-quinze questions écrites qu'il avait transmises à Londres une année plus tôt – auxquelles Pinochet avait refusé de répondre – pouvaient constituer l'interrogatoire requis. Le vendredi 1er décembre 2000, Guzmán inculpa Pinochet pour cinquante-huit homicides et dix-huit cas de disparition dans le dossier de la « Caravane de la mort ». C'était une grande première.

Pinochet fit appel. La Cour d'appel suspendit l'inculpation et motiva sa décision par le fait que Guzmán n'avait pas vraiment interrogé Pinochet. Les juges accordèrent un délai de vingt jours à Guzmán pour mener cet interrogatoire dans les règles, et pour certifier l'aptitude du général à supporter un procès. L'interrogatoire fut fixé à la date du 2 janvier 2001, mais Pinochet ne se présenta pas – la presse publia des photos qui le montraient se prélassant dans le cadre cossu de son domicile, ce qui déclencha un tollé.

Aussitôt, Miguel Schweitzer et les autres avocats de Pinochet recommandèrent un changement d'attitude, et un examen médical fut pratiqué quelques jours plus tard, lequel conclut que Pinochet était atteint de « démence sénile moyenne à modérée », mais que son état ne s'opposait pas à la tenue d'un interrogatoire. Celui-ci eut lieu le 24 janvier.

« Pendant près de trente ans, beaucoup de gens au Chili avaient espéré ce moment », rappela Guzmán. Pinochet allait enfin paraître devant lui comme n'importe quel autre quidam mis en examen. « Je suis entré dans le hall où m'attendaient deux des défenseurs du général, Miguel Schweitzer et le colonel Gustavo Collao. » Canapés et fauteuils étaient disposés en demi-cercle, comme à Wentworth quand l'inspecteur Hewett était venu voir Pinochet.

D'après Guzmán, Miguel Schweitzer se montrait particulièrement obséquieux envers le général, « Monsieur le Président par-ci, Monsieur le Président par-là… ». L'ambiance était détendue et familiale, au moins jusqu'au moment où le juge pria Schweitzer et Collao de quitter la pièce.

« L'interrogatoire fut bref, pas plus de trente minutes. J'ai posé une douzaine de questions. J'ai relevé qu'Augusto Pinochet avait bonne mémoire ; en dépit de son âge, il se dégageait de lui une impression de franche vivacité, avec des capacités intellectuelles intactes. Comme on approchait de la fin de la durée fixée pour l'entretien, Schweitzer est revenu et m'a chuchoté quelques mots à l'oreille : "Écoutez, Juan, le général doit être très fatigué, on pourrait s'arrêter là, non ?" »

Guzmán se retira dans une pièce adjacente pour mettre en forme ses notes. La porte était restée ouverte, ce qui lui permit d'observer « une scène surprenante ». « J'ai vu le général se lever de son siège pour aller à l'autre bout de la pièce. Il était un peu voûté, mais il marchait rapidement et sans difficulté. » Quand il croyait qu'on ne l'observait pas, Pinochet paraissait vraiment alerte. « A-t-il été si mal conseillé que cela ? Quelle légèreté, ai-je pensé. Après tant d'avertissements et de bruits sur sa santé fragile, je constatais sa duplicité de mes propres yeux. »

Ils bavardèrent un moment ensuite, en prenant un café servi avec des biscuits. Pinochet déclina poliment l'offre de Guzmán de relire ses notes. « Monsieur le juge, je vous fais confiance, je signerai la déposition sans avoir besoin de la lire. » Guzmán pensa alors que se poursuivait le jeu du chat et de la souris qui avait commencé lors du débarquement théâtral de Pinochet sur le tarmac de l'aéroport.

En se fondant sur les preuves collectées, Guzmán conclut que Pinochet avait bien commis des crimes, et qu'il était en outre apte à se soumettre à un procès. Le 29 janvier, il prononça une nouvelle inculpation et demanda l'assignation à résidence de Pinochet dans sa maison de Los Boldos. Cinq mois plus tard, ignorant les avis contraires de plusieurs experts médicaux chiliens, la Cour d'appel interrompit les poursuites, jugeant que la santé de Pinochet était trop fragile[24]. Au bout d'une année entière, la Cour suprême confirma cette décision.

On était maintenant en 2002 et Guzmán croyait bien qu'il ne pourrait pas aller plus loin. Pinochet paraissait tiré d'affaire définitivement. Déçu, comme d'autres avant lui, Guzmán se réconfortait en se disant que l'immunité totale du général n'existait plus, dans son principe sinon en pratique[25]. Sans immunité, pas d'impunité.

Pinochet croyait lui aussi en avoir fini avec les poursuites pénales à son encontre, aussi démissionna-t-il du Sénat. « Ma conscience est sans tache », écrivit-il dans sa lettre de démission[26].

120

Mais la vie n'est jamais tout à fait conforme à ce qu'elle semble devoir être, et Pinochet et ses conseillers n'avaient pas prêté suffisamment attention aux conséquences que son arrestation à Londres avait eues en d'autres lieux. L'un de ces lieux était Washington, capitale des États-Unis.

Pendant que Pinochet s'éternisait à Londres, la Commission judiciaire du Sénat des États-Unis enquêtait sur le blanchiment d'argent au sein du secteur américain des services financiers. En 2003, une sous-commission s'intéressa à la Riggs Bank où Manuel Contreras avait ouvert des comptes, en lien avec l'assassinat d'Orlando Letelier[27].

Au cours de l'année suivante, la sous-commission découvrit que Pinochet avait lui aussi des comptes dans cette même banque. Il y avait en réalité un très grand nombre de comptes ouverts sous des noms multiples – Augusto P. Ugarte, José Pinochet, José Ugarte, Daniel López, etc. –, pratique qu'il avait inaugurée plusieurs décennies auparavant en Équateur pour son cursus avorté à la faculté de droit de Quito[28]. La sous-commission identifia des dépôts en liquide à son nom qui dépassaient vingt-six millions de dollars, dispersés entre cent vingt-cinq comptes américains, afin de minimiser les risques de contrôle[29].

La sous-commission put également établir qu'un cadre dirigeant de la Riggs Bank avait contribué à permettre à Pinochet d'échapper aux sanctions et aux restrictions, notamment une ordonnance du juge Garzón destinée à geler ses avoirs[30]. L'intermédiaire entre Pinochet et la banque n'était autre que le général Izurieta, qui avait été en poste à Washington avant de succéder à Pinochet dans la fonction de chef d'état-major de l'armée. Tout en s'employant à faire revenir Pinochet de Londres, Izurieta avait rencontré à Santiago le président de la Riggs Bank, Joseph Allbritton.

« Par où commencer mes remerciements ? écrivit Allbritton à Izurieta. Vous avez enchanté notre suite avec le parfum suave de fleurs magnifiques et cet excellent vin chilien. Et vous nous avez consacré du temps à la veille du retour du général[31]. »

La révélation au grand jour des preuves découvertes par le Sénat américain souleva un beau scandale. Des enquêtes visant Pinochet s'ouvrirent au Chili sur des allégations de fausses déclarations fiscales, fraude, détournement de fonds et corruption[32].

Toujours persuadé d'être au-dessus des lois, Pinochet choisit ce moment pour accorder une interview à Canal 22, chaîne d'un réseau de télévision hispanophone de Miami[33]. On était alors en novembre 2003, et l'interview était menée par María Elvira Salazar, Américano-cubaine anticommuniste virulente (actuellement élue républicaine de Floride au Congrès). Elle appréciait fort Pinochet, disait-elle, car il avait évité au Chili de devenir un autre Cuba.

Ce fut une interview longue et agréablement complaisante. Détendu et affable, Pinochet donnait l'impression d'être en parfaite santé, balayant tous les doutes à ce sujet. Il dit à Salazar qu'il n'éprouvait jamais rien de plus qu'un mal de tête passager qu'un comprimé suffisait à éliminer. Il s'étendit fièrement sur sa santé et sur son œuvre politique, assurant qu'il n'était pas un dictateur et que les « excès » commis l'avaient été par des individus qui échappaient à son contrôle, dégageant ainsi toute responsabilité personnelle.

« Je n'ai tué personne, et je n'ai jamais donné l'ordre d'assassiner qui que ce soit. » Il n'éprouvait ni ressentiment ni amertume. « Je suis un ange. »

Le juge Guzmán regarda l'interview avec des sentiments mêlés de surprise, d'horreur et de délice, en réalisant qu'elle lui offrait la possibilité de rouvrir le dossier Pinochet. Tandis que la Commission judiciaire des États-Unis concluait ses travaux sur Pinochet et la Riggs Bank, il lança une nouvelle instruction sur la responsabilité du général dans l'opération Condor.

En août 2004, la Cour suprême du Chili décida que Pinochet n'avait pas d'immunité dans cette affaire – qui désignait les crimes visés par Carlos Castresana et Baltasar Garzón dans le dossier d'accusation qui avait conduit à l'arrestation de Pinochet à Londres. María Elvira Salazar a confessé quel fut son malaise quand elle comprit que son interview avait apporté à Pinochet autant d'ennuis et de souffrance. Voilà qu'il était « empêtré dans de nouvelles complications judiciaires par ma faute[34] ». Bientôt, l'emploi systématique de la torture par le régime Pinochet sera confirmé par le rapport Valech, publié par la Commission chilienne nationale sur l'emprisonnement politique et la torture[35].

De nouveau, il fallait vérifier si Pinochet était apte à faire face à son procès. Cinq années avaient passé depuis que Jack Straw avait décidé que Pinochet ne pourrait pas être jugé en Espagne. Mais, en ce jour, le juge Guzmán se tenait dans le grand hall de la Cour suprême à Santiago pour annoncer la toute dernière décision de la Cour : Pinochet est « mentalement apte à comparaître » et « sera poursuivi pour neuf enlèvements et un homicide »[36]. Guzmán plaça immédiatement Pinochet en état d'arrestation avec assignation à résidence.

L'interview de María Elvira Salazar et l'arrêt de la Cour s'étaient combinés pour créer un effet domino. En juin 2005, la Cour d'appel de Santiago décréta que Pinochet n'avait pas d'immunité pour les délits financiers commis au Chili, tels qu'ils étaient apparus dans les enquêtes sur la Riggs Bank. Un mois après, la justice lui dénia également toute immunité pour sa responsabilité dans un autre dossier, le projet Colombo, lui imputant deux meurtres à ce titre durant le coup d'État. D'autres accusations suivirent : pour des meurtres, tortures et disparitions à la villa Grimaldi[37] ; pour l'assassinat d'Eugenio Berríos, le chimiste qui avait travaillé sur le gaz sarin dans la villa de la via Naranja ; et pour sa responsabilité dans le meurtre de deux des gardes du corps du président Allende.

Erika Hennings perçut un tournant, et demanda que le site de Londres 38 soit déclaré Monument historique national. « Nous nous sommes rassemblés et avons allumé des bougies devant l'immeuble, et le gouvernement de Michelle Bachelet a lancé le processus de reconnaissance du site. » Les efforts d'Hennings ont payé : le bail qui avait été accordé par Pinochet à l'Instituto O'Higginiano fut résilié, et la gestion du lieu fut confiée à une nouvelle organisation, baptisée simplement Londres 38.

Pinochet également sentit que le vent avait tourné ; il se retrouva en grande difficulté. Pour son quatre-vingt-onzième anniversaire, son épouse Lucía lut de sa part une déclaration rédigée dans un esprit de conciliation :

À l'approche de mes derniers jours, je tiens à affirmer que je ne conserve nulle rancœur pour quiconque, que je chéris ma patrie par-dessus tout, et que j'assume l'entière responsabilité pour tout ce qui a été fait.

En même temps, il assura de son soutien tous les « compagnons d'armes » qui étaient « emprisonnés, persécutés et en butte aux vengeances » pour répondre des crimes commis. Il n'était « pas juste » de s'en prendre à ceux qui avaient agi pour combattre la crise que traversait le pays dirigé par Allende[38].

Deux semaines plus tard, le 10 décembre 2005, il fut victime d'une crise cardiaque. C'est un homme sous le coup d'inculpations en série, dépouillé de toute immunité, déclaré apte à comparaître devant un tribunal, et assigné à résidence, qui fut conduit à l'hôpital, où il décéda.

« L'homme qui a vécu toute sa vie sans jamais payer pour un seul de ses crimes avait réussi à s'échapper encore », déclara l'écrivain Ariel Dorfman. « Une fois de plus – la dernière –, tout le monde au Chili a su que Pinochet avait échappé à son jugement[39]. »

Le gouvernement chilien refusa de décréter des funérailles nationales. La dépouille de Pinochet, en uniforme militaire, fut exposée dans un cercueil ouvert, entouré d'une garde d'honneur, à l'Académie militaire de Santiago. Des milliers de fidèles firent la queue pendant des heures pour s'incliner devant le général, tandis que ses opposants célébraient sa disparition[40].

Francisco Cuadrado Prats, le petit-fils de Carlos Prats – l'ancien chef d'état-major de l'armée assassiné sous Pinochet –, était lui aussi dans la file d'attente. « Il s'est approché du cercueil de Pinochet et, délibérément et posément, a craché au visage du dictateur allongé dans sa tenue d'apparat », écrivit Ariel Dorfman. Mal à l'aise, ce dernier se demandait néanmoins qui pouvait se permettre d'adresser des reproches au petit-fils de Prats. « C'était la plus ténue des révoltes, deux ou trois secondes à peine, mais elle s'exprimait pour ses grands-parents assassinés et pour toutes les personnes mutilées et disparues de son pays. »

Quelques jours après, les obsèques de Pinochet furent suivies par plusieurs dizaines de milliers de ses partisans[41]. Son petit-fils, le capitaine Augusto Pinochet Molina, prononça un panégyrique enflammé de son grand-père, dénonçant violemment ceux qui l'avaient persécuté. Son discours causa son renvoi de l'armée. Pinochet fut incinéré et ses cendres furent déposées dans une tombe à Valparaíso.

La Fondation Pinochet rendit public un dernier message du général. « J'ai conservé un souvenir particulier des réflexions que j'ai pu faire lors de ma captivité à Londres », avait écrit Pinochet. Il déclarait qu'il aurait préféré que le coup d'État ne soit pas nécessaire, mais qu'il était justifié, ainsi que toutes les actions qui suivirent. « Il était indispensable de prendre certaines mesures, telles que la détention provisoire, l'exil, et des fusillades par des pelotons d'exécution, à la suite de condamnations prononcées par les tribunaux militaires. » Des morts et des disparitions étaient inévitables, poursuivait-il, et il est « tout à fait possible qu'on ne comprenne jamais parfaitement comment et pourquoi elles se sont produites ».

Comme Walther Rauff, il n'exprimait pas le moindre soupçon de regret ou de repentir quant aux conséquences de ses actes sur les victimes.

Néanmoins, il n'hésita pas à écrire qu'il n'aurait jamais imaginé qu'il ne pourrait plus, à la fin de sa vie, se promener librement dans les rues de Santiago[42]. Ainsi conservait-il une pointe d'apitoiement sur lui-même.

« Mon destin est empreint d'exil et de solitude. »

El Mocito

121

Un mois après la mort de Pinochet, un juge d'instruction ouvrit une enquête pénale contre Jorgelino Vergara, suspecté d'avoir participé à l'assassinat d'un dirigeant communiste, Víctor Díaz López, en 1976. Présenté comme un *mocito*, un tout jeune homme, il avait été l'un des nombreux civils qui furent recrutés par la brigade Lautaro de la DINA.

« Le dirigeant du Parti communiste a-t-il été tué par un jeune garçon mineur ? » s'interrogea le juge. La réponse était négative, pourtant le témoignage de Vergara eut des répercussions dramatiques. L'homme désormais âgé de quarante-quatre ans révéla l'existence d'un site d'assassinats ignoré jusque-là, la caserne Simón Bolívar, utilisée comme lieu de détention, à l'est de Santiago. Il contribua à la condamnation de plusieurs douzaines d'ex-agents de la DINA. En outre, il permit d'identifier l'emplacement de la « destination finale » de quatre personnes disparues[43].

Les récits de Vergara ont retenu l'attention des réalisateurs de films et des écrivains. Samuel Fuenzalida, qui m'avait affirmé avoir vu Walther Rauff au quartier général de la DINA, connaissait Vergara et m'avait conseillé de le rencontrer. « Il aura peut-être des informations sur Rauff et sur l'affaire Pinochet à Londres », avait-il dit. Et il m'avait recommandé un livre – *La danza de los cuervos (La Danse des corbeaux)* de Javier Rebolledo – et un film documentaire, *El Mocito (Le Jeune Valet)*[44].

« Je suis un homme bien », affirme Vergara dans la séquence introductive du documentaire, qui le montre dépouillant de sa peau un lapin piégé dans les bois à côté d'un bâtiment présenté comme étant sa maison, mais qui n'était pas l'endroit où il vivait, m'a-t-on appris ensuite. « J'ai été mêlé sans le vouloir à des enlèvements et à des meurtres, mais je ne faisais qu'observer. » Il rejetait toute responsabilité. « Je n'ai pas tué, mais il est vrai que d'autres ont assassiné beaucoup de gens sans pitié. » Vergara prenait soin d'aborder uniquement ce qu'il avait pu voir avant d'atteindre l'âge de dix-huit ans, en 1978, c'est-à-dire avant qu'il devienne pénalement responsable et susceptible d'être poursuivi.

L'histoire de Vergara sortait de l'ordinaire. Il avait quatorze ans quand il arriva à Santiago, sans un sou ni même une paire de chaussures à lui. Il trouva un emploi au domicile du chef de la DINA, Manuel Contreras, comme « apprenti valet ». Durant les quatre années suivantes, Vergara vit tout et tout le monde, observant et écoutant depuis sa position à l'écart les allées et venues des uns et des autres, il entendit parler des meurtres et des disparitions programmés, et fut parfois directement témoin de certains actes commis.

Après la dissolution de la DINA en 1977, il fut affecté à la brigade Lautaro, basée dans la caserne Simón Bolívar, dans la capitale. Cette unité avait pour mission de protéger Contreras et Pinochet en liquidant des opposants politiques. Là, Vergara put observer des séances de torture et des meurtres, et assister à des disparitions[45]. Il entendit parler de l'utilisation de gaz sarin et de cyanure, croisa Michael Townley, et apprit tous les détails de l'assassinat de Carmelo Soria[46]. Remplissant un rôle de geôlier, Vergara nourrissait les prisonniers et s'occupait d'eux tant qu'ils restaient en vie, puis participait à l'enlèvement des corps après leur mort. « La caserne Simón Bolívar était un centre d'extermination, déclara-t-il sans détour. On ne pouvait en sortir que mort. »

Le documentaire retrace son parcours avec ses propres mots. On suit Vergara en visite à Londres 38 et son échange avec la famille de Daniel Palma, un homme d'affaires disparu. En compagnie du petit-fils de ce dernier, il passe en revue des photos d'identité des agents de la DINA avec qui il avait travaillé. « J'ai vu votre grand-père à Simón Bolívar. Il a été torturé, puis je ne l'ai plus revu. » Sur une feuille de papier, silencieux, il trace les noms de ceux qui ont tué Daniel Palma.

« Merci », lui dit le petit-fils.

La déposition de Vergara conduisit à la condamnation de très nombreux agents de la DINA, y compris le chef de la brigade Lautaro. Elle permit l'aboutissement de la demande d'extradition d'Adriana Rivas qui se cachait en Australie[47]. « Même si j'ai assisté à des assassinats, des enlèvements, et tout cela, déclara Vergara, je n'y ai pas pris part. »

122

Jorgelino Vergara a accepté de me rencontrer pour me parler de ce qu'il avait vu, et me dire qui il avait vu, entre 1973 et 1977. En novembre 2022, je me suis joint à Monserrat, mon assistante, à Samuel Fuenzalida et à un ami de l'ex-homme de la DINA, pour aller en voiture jusqu'à Teno, une petite ville située à environ deux heures de route de Santiago.

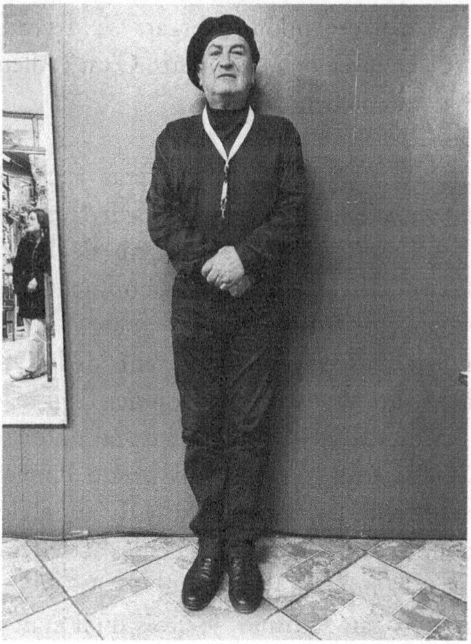

Jorgelino Vergara, Teno, novembre 2022.

Vergara, alias *El Mocito*, nous a accueillis dans la rue principale de Teno, petit centre agricole endormi et sans relief. La moustache visible dans le film avait disparu et la tête était couverte d'un béret de style paramilitaire. Vergara était ouvert et vif, il se mit à bavarder amicalement avec Fuenzalida. Visiblement, ils se connaissaient bien. Tandis que nous déjeunions dans un restaurant du cru d'un banal plat de poulet et de courgettes, Vergara garda constamment un œil sur l'entrée et la porte ouvrant sur la rue.

Je lui montrai quelques photographies.

La première présentait Cornelius Krieg, connu sous le nom de Lindes, l'homme de la Colonia Dignidad. L'image alluma une petite lueur dans ses yeux, sans plus. « Je me souviens de quelqu'un qui ressemblait à cela, qui est venu une fois chez Contreras. »

La deuxième photo, prise dans les années 1970, était celle d'un homme portant des lunettes semblables à celles que portaient Rauff et Kissinger. « Non, dit-il instantanément. Je n'ai jamais vu cet homme. » « C'est Eric Morecambe, dis-je, un acteur anglais de télévision des années 1970, à l'époque de mon enfance. »

En voyant la troisième photo, Vergara se détendit et ses yeux s'éclairèrent. « Oui, celui-là, je le reconnais. C'est l'Allemand. Il était à San Antonio, si je me souviens bien. »

Pas à Santiago ?

« Non, lui ne venait pas chez Contreras à Santiago. D'autres oui, qui lui ressemblaient, plus jeunes, peut-être des membres de sa famille, un frère ou un fils ? Ils venaient de Punta Arenas avec Christoph Willeke et Chico Müller. Ils apportaient des colis de fruits de mer en provenance de la Pesquera. »

Ces noms étaient ceux d'agents importants de la DINA. D'origine allemande, Willeke, un habitué de la Colonia Dignidad qui avait été condamné pour crimes contre l'humanité en raison de sa participation à l'opération Condor, était incarcéré à la prison Punta Peuco à Tiltil. Elissalde « *Chico* » Müller était associé de « DINA Services », société de façade utilisée pour financer le personnel et les activités de la DINA[48].

Connaissez-vous le nom de l'Allemand ?

« Non. Je l'ai vu à San Antonio. Je crois qu'il était responsable de la Pesquera Arauco, depuis 1973, quand Contreras travaillait encore à Tejas Verdes. » Vergara ajouta : « Ils l'appelaient *El Chacal*, mais peut-être que c'était son fils. »

La Pesquera Arauco était une entreprise de pêche installée à San Antonio. « Je ne me rappelle pas son nom, mais je savais qu'il était allemand et qu'un Allemand était à la tête de la Pesquera. »

Je dis alors que l'homme s'appelait Rauff. À l'époque, les gens ignoraient son nom. Vous confirmez avoir vu cet homme à San Antonio ?

« Non, pas à San Antonio même. Je l'ai vu à Santo Domingo, où il y avait un centre de vacances pour les agents de la DINA. » C'était tout à côté de San Antonio, avec des bungalows donnant sur la plage qui avaient été construits par le gouvernement d'Allende pour les familles de travailleurs. En 1973, la DINA s'en est emparé et s'est servi des bungalows pour enfermer, torturer et faire disparaître des prisonniers. Démoli en 2013[49], le centre de détention de Rocas de Santo Domingo est devenu aujourd'hui un site mémoriel national.

Manuel Contreras possédait une maison à cet endroit. « J'ai vu cet homme chez Mamo [Contreras] à Santo Domingo. Deux fois. »

Dans un des bungalows sur la plage ?

« Oui. À Rocas de Santo Domingo. C'était en 1974, la première fois que j'y suis allé avec la famille Contreras. C'était l'été. Je courais sur la plage, pieds nus, et j'impressionnais la fille de Mamo, une athlète, parce que j'étais très rapide. »

Qu'est-ce que Rauff faisait là ?

« Il venait en visite. Je ne sais pas pourquoi, ni de quoi ils parlaient, parce que cet homme parlait mal l'espagnol, tandis que Mamo parlait bien l'allemand. »

Contreras parlait allemand ? Vergara acquiesça.

Vous souvenez-vous de la voix de l'Allemand ?

« Il avait un fort accent, alors j'avais du mal à le comprendre. »

Je lui racontai que trois dames qui avaient travaillé pour lui à la conserverie de poisson de Punta Arenas m'avaient dit la même chose. Vergara éclata de rire. *« Danke Schön, danke schön, gute Nacht ! »*

Il me dit que Contreras et Rauff partageaient parfois un repas, servi par la fille de Mamo. « Je l'ai vu deux fois à la maison, en 1974, pendant la période des vacances. »

Comment savait-il que l'Allemand travaillait à la Pesquera Arauco ?

« Parce qu'il apportait – ou d'autres, envoyés par lui – des produits de la Pesquera à la maison d'été et aussi au domicile de Santiago. »

Quels produits ?

« Des crevettes, de la *centolla*, du saumon. » Soucieux de ne pas l'influencer, je n'avais pas pipé mot du crabe royal.

En conserve ou surgelés ?

« Surgelés. Pour Santo Domingo, toujours. Pour Santiago, les deux. »

Avez-vous entendu parler de la Pesquera Camelio ?

« Non. »

Savez-vous ce que faisait Rauff à la Pesquera Arauco ?

« Voilà ce que j'ai entendu dire : on jetait dans les machines les personnes tuées. Ensuite, plutôt que d'éliminer les restes, ils étaient mélangés à la farine de poisson qui était fabriquée pour nourrir les poulets. Tout ça était mis en sacs avant d'être livré aux élevages de volailles. » Il s'interrompit pour me laisser digérer la teneur effroyable de ses révélations.

« En mangeant des œufs, pouviez-vous imaginer que vous mangiez de la chair humaine ? » Tels furent les mots que nous lança à table, pendant notre déjeuner, Jorgelino Vergara, dit *El Mocito*. Je restai sans voix.

Finalement, je repris le fil de mon questionnement : « Êtes-vous jamais allé à la Pesquera ?

– Non. »

Est-ce qu'ils se débarrassaient aussi des gens dans la mer ?

« Oui, ceux qui venaient de Santiago. Mais par hélicoptère, plutôt que par bateau, pour autant que je sache. »

Rauff avait-il une maison à San Antonio ?

« Je ne sais pas. »

Jorgelino Vergara s'exprimait posément, avec clarté et précision. Quand il ne connaissait pas la réponse à une question, il le disait. « Je n'invente pas de *pamplinas* (fariboles). »

D'après lui, Contreras et l'homme de la troisième photo se connaissaient-ils bien ?

« Oui, c'était une relation d'amitié. Je peux affirmer qu'ils se connaissaient bien. Quand il venait, il était bien servi, chacun s'empressait autour de lui dans la maison d'été. Il était quelqu'un d'important, un vrai membre de la famille. C'était comme s'il rendait visite à sa famille. »

Rauff passait-il du temps avec les filles de la maison ?

« Oui. »

Vous croyez qu'elles se souviendraient de lui ?

« Oui, bien sûr. »

Sont-elles toujours en vie ?

« Deux sont vivantes, Mayte et Alejandra. La troisième, Mariela, est morte. Il y avait un garçon aussi, Manuel, à qui ses sœurs servaient ses repas. »

Avez-vous jamais vu une camionnette frigorifique de la Pesquera ?

« Non. »

Avez-vous entendu parler des camionnettes utilisées pour transporter les prisonniers à l'arrivée et au départ de Londres 38 ?

« Non. » Il s'interrompit pour réfléchir un instant. « Je me rappelle seulement des vans utilisés à la Colonia Dignidad pour transporter des organes. Ils les vendaient en Allemagne, en Suisse ou en Suède. »

Les mêmes pays et réseaux que ceux qui étaient utilisés pour les adoptions illégales ?

« Oui. Les organes étaient achetés pour être revendus. »

La secrétaire de Contreras, Adriana Rivas, saurait-elle quelque chose au sujet de l'homme sur la troisième photo ?

« C'est possible, oui, parce que la Chani, comme on l'appelait, était l'assistante directe de Mamo à la caserne. » Il ajouta qu'elle se trouvait encore en Australie, dans l'attente de son extradition au Chili, obtenue en partie grâce à son témoignage.

On comprenait pourquoi le témoignage de Jorgelino Vergara avait permis de confondre tant d'agents de la DINA. C'était un témoin de première main. Il parlait sobrement, sans grossir les faits. Et ses paroles étaient claires et précises.

123

Vergara est sorti dehors pour fumer. J'ai demandé aux autres s'ils le jugeaient digne de foi.

« Crédible, indépendant, sa parole est libre, il a l'esprit de coopération et une bonne mémoire », dit l'ami de Samuel Fuenzalida, notre chauffeur.

« Je suis d'accord », renchérit Monserrat, mon assistante. « Très clair, il paraît honnête et ce qu'il dit est vraiment intéressant. »

« Et choquant », ai-je ajouté. Mais ne se trompait-il pas sur l'identité de *El Chacal*, en confondant Rauff avec l'un de ses fils ?

« Je crois que Walther Rauff est bien *El Chacal* », déclara Fuenzalida.

Alors pourquoi ne l'a-t-il pas dit ?

« C'est parce qu'ils ne veulent pas qu'il partage toutes les informations qu'il a », reprit Fuenzalida.

Ils, mais qui donc ?

« Des réalisateurs avec lesquels il travaille. »

Des cinéastes ?

« Oui. Ils lui ont recommandé de ne pas dire que Rauff était venu dans la maison de Santiago, mais il me l'a dit à moi. »

Quand Vergara est revenu près de nous, je lui ai montré une autre photographie de Rauff, prise à Porvenir dans sa petite cabane au-dessus de la Pesquera, en 1964, sans lunettes, cigarette à la main gauche, devant le gros poste de radio.

Walther Rauff en couverture du magazine *Ercilla*, Porvenir, 1964.

« Oui, c'est lui, a dit Vergara. Il est venu pour une réunion sur le projet Condor, il ressemblait alors plus à cela. »

Il était venu chez Contreras à Santiago ?

« Oui. Quand ils se sont vus pour l'opération Condor. En 1974. Ou peut-être en 1975. Entre juillet et novembre. »

Rauff a assisté à la première réunion Condor ?

« Oui. »

Était-ce bien *El Chacal* ?

« Oui, cet homme est bien *El Chacal*. Il y en avait d'autres avec des noms allemands, l'un d'eux appartenait à la DINA, on l'appelait *Chacalito*… »

Le nom de Rauff était-il mentionné parfois ?

« Non, ils disaient juste *El Chacal.* »

C'était le père ou le fils ?

« *¡ Correcto !* Le père était *El Chacal.* Le plus jeune, le fils, était surnommé *Chacalito.* »

Avez-vous jamais vu le père et le fils ensemble avec Contreras ?

« Non. »

Quels étaient les autres participants à la réunion Condor ?

Il nous donna des noms de participants d'Uruguay, du Brésil, d'Équateur, du Pérou, de Bolivie, du Chili, d'Argentine, du Paraguay.

Fuenzalida me montra un message qu'il avait reçu de Vergara quelques mois plus tôt. Il écrivait : « Je peux vous assurer que *El Chacal* était déjà actif auprès de cadres de haut niveau de la DINA. » Ils se sont retrouvés au domicile de Contreras, puis sont partis pour la Casa de Piedra, un site de la DINA à environ quarante-cinq kilomètres au sud-est de Santiago. « Rauff était présent. »

Vergara se souvenait d'une autre réunion qui s'était tenue en présence de Rauff, d'après lui, où il fut décidé de tuer une prisonnière et de déposer son cadavre dans le jardin de l'ambassade d'Italie à Santiago. « Ils ont tué Lumi Videla pour envoyer un message », avait dit Vergara à Fuenzalida, parce que l'Italie lui avait promis l'asile politique.

J'ai voulu vérifier cette histoire. Militante du MIR, Lumi Videla est morte le 3 novembre 1974 à la villa Grimaldi. Quatre jours après, son corps était abandonné dans le jardin de l'ambassade d'Italie[50]. *El Mercurio* publia un dessin – titré « Cirque international » – montrant un missile humain tiré par-dessus le mur de clôture d'un jardin. Le dessinateur Renzo Pecchenino, connu sous le nom de Lukas, avait donné à son dessin cette légende : « Le fantastique projectile humain tiré de l'autre côté des murs d'une ambassade ! »

Le régime Pinochet imputa sa mort à des demandeurs d'asile rassemblés dans le jardin de l'ambassade.

Qui a décidé de la tuer ?

« Le groupe Condor », répondit Fuenzalida. (Plus tard, León Gómez me confiera que Lumi Videla était une de ses amies et que, parmi les personnes poursuivies pour son assassinat, figurait le major Mario Jara, placé à la tête des opérations de la Pesquera Arauco après le coup d'État.)

Et Rauff était présent ?

« Dans mon souvenir, oui, opina Vergara. Qui dans le groupe a pris la décision, je l'ignore. Tout ce que je sais, c'est que l'homme de la photo était bien présent à la réunion où cela a été décidé. » Il désignait sur la table la photo en noir et blanc de Rauff.

Jorgelino Vergara avait encore bien d'autres choses à raconter.

Il parla de Carmelo Soria. « Ils l'ont amené à la maison de Lo Curro, celle que Mamo Contreras avait attribuée à Townley et à Berríos, le chimiste. L'écrivaine Mariana Callejas vivait là aussi, avec Townley. La maison a servi de centre de torture, et d'extermination aussi. » Il précisa ce point spontanément.

Vous êtes allé vous-même via Naranja ?

« Non. Ils ont tué Soria en faisant des essais avec du gaz sarin. »

Comment le savez-vous ?

« Ils en parlaient à la caserne Lautaro, parce qu'ils employaient le même gaz pour tuer d'autres gens, des Péruviens[51]. »

Et Townley ?

Il venait au *Cuartel* Lautaro, dit Vergara, pour tester le gaz sarin. « Je l'ai rencontré très souvent, au moins dix fois. »

Mariana Callejas ?

« Non. Je ne l'ai jamais vue. »

Il se rappelait le moment de la dissolution de la DINA, en 1977. « Mamo enrageait à cause des menaces d'extradition aux États-Unis qui pesaient sur lui, même si Pinochet lui avait garanti qu'il ne permettrait pas que cela arrive. Ils ont créé la CNI, c'était la même chose que la DINA, mais Mamo a perdu tout son pouvoir. Il s'est retiré dans son domaine dans le Sud. »

Vergara continua à travailler à la CNI jusqu'en 1985. Dix ans après, Contreras était arrêté et condamné pour le meurtre d'Orlando Letelier. « Ça ne m'a fait ni chaud ni froid », remarqua Vergara. Trois années encore plus tard, c'est Pinochet qui sera arrêté à Londres. « Une bonne chose, au moins on saura peut-être la vérité. » Il ne ressentait pas la moindre sympathie pour ces deux personnages.

« J'ai commencé à servir chez Mamo en 1974, raconta-t-il. J'ai d'abord pu croire que mon heure de gloire était arrivée, mais ensuite j'ai toujours senti que quelque chose ne tournait pas rond. À la caserne Simón Bolívar, j'ai assisté à des exécutions et à d'autres choses. Je me sentais mal, et souvent je n'arrivais plus à dormir. Tout ce qui se passait pendant cette période était terrifiant, un vrai film d'horreur… »

Sa voix s'est étouffée, puis il m'a interrogé sur Rauff.

« C'était un collaborateur de Hitler, non ? » Il se rappelait certaines choses au sujet des camions à gaz. « On les pressait comme des sardines dans une boîte. » Ou comme la *centolla*. « Ils étaient tués par les gaz d'échappement ? »

Il voulait connaître les détails. « Je connaissais Hitler, mais je ne savais rien de cet homme, Rauff, et de son histoire. Quand est-il mort ? »

En 1984.

« Ah oui, je me souviens, la cérémonie avec les hommages. Il y avait Miguel Serrano. »

Nous avons réglé l'addition du déjeuner et sommes sortis dans la rue, retrouvant la douceur de ce jour d'été, mais nous avons échoué dans notre quête d'un café. « Pas d'espresso à Teno », a grondé Vergara. Debout dans la rue, nous nous sommes dit adieu.

« C'est drôle », ajouta-t-il tranquillement, avec une pointe d'ironie, au moment de nous séparer. « J'ai appelé mon ami qui a un élevage de poulets, pour savoir s'il accepterait de vous parler. Il m'a dit qu'il n'avait pas le courage, qu'il n'avait pas besoin de problèmes en plus. » Vergara rajusta son béret. « Un jour il m'a avoué qu'il avait trouvé quelque chose de bizarre dans la farine de poisson. Un ongle de doigt, entier ! Je lui ai dit qu'il devrait le signaler, mais il ne l'a jamais fait. Il disait qu'il ne voulait pas s'attirer d'ennuis. »

Vergara parcourut la rue du regard d'un côté et de l'autre, se tourna vers Samuel Fuenzalida, puis vers moi. « Vous vous rendez compte ? Les Chiliens qui croyaient manger des œufs ! »

Soudain, il lui revint quelque chose au sujet de Rauff, l'Allemand. « Je l'ai vu avec Contreras à un autre endroit près de San Antonio, dit-il. C'était dans un hôtel, La Bahía je crois, au bord de la mer. » Et il ajouta : « Oui, nous pourrions y aller ensemble. »

La Pesquera Arauco

124

Samuel Fuenzalida et Jorgelino Vergara, *alias El Mocito*, avaient fait le rapprochement entre Rauff et la Pesquera Arauco. Le moment était venu de m'intéresser à cette entreprise.

Si Pinochet était un fervent partisan de la privatisation, cela ne s'appliquait visiblement pas à toutes les entreprises, et surtout pas à la Pesquera Arauco. Le jour même du coup d'État, ses équipes s'emparèrent de l'entreprise de pêche de San Antonio, notamment pour mettre la main sur sa vaste flotte de fourgons frigorifiques.

La Pesquera avait été fondée en 1940. En septembre 1973, elle exploitait une flottille de six bateaux spécialisés dans la pêche du merlu. Le poisson était congelé pour être exporté, transformé sur place pour produire jusqu'à trente tonnes de farine de poisson par jour[52]. Peu avant le coup de force des militaires, et bien longtemps après sa rencontre avec le cadet Manuel Contreras, le photographe Miguel Rubio Feliz avait visité la Pesquera Arauco.

Jusqu'à l'intervention de Pinochet et de Contreras, les bateaux de la Pesquera Arauco étaient placés sous la direction d'Anatolio Zárate. Arrêté dès le matin du coup d'État, celui-ci restera détenu durant plusieurs mois[53]. Il m'a assuré que l'un de ses bourreaux était Cristián Labbé, qui accompagnera plus tard Miguel Schweitzer à Washington pour négocier avec les Américains le marché autour de l'affaire Letelier[54].

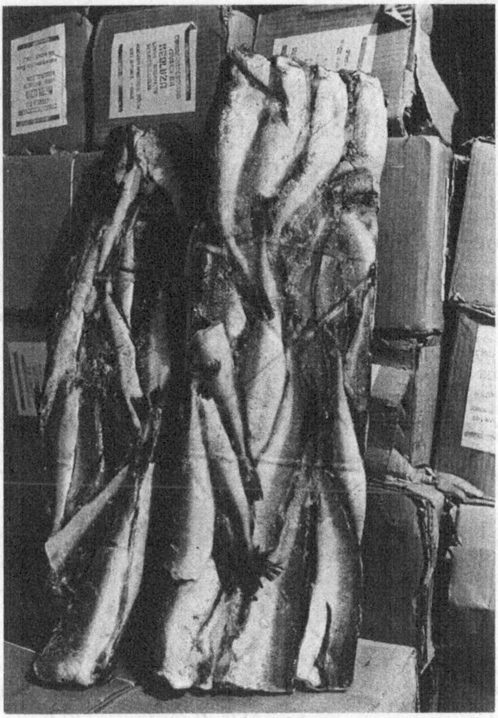

Merlus séchés à la Pesquera Arauco, 1976
(photographie de Miguel Rubio Feliz).

Labbé, élu plus tard maire du quartier de Providencia à Santiago, finira par être condamné pour crimes contre l'humanité, en partie sur la foi du témoignage de Samuel Fuenzalida[55]. Tout est lié.

Contreras devint le président du conseil d'administration de la Pesquera Arauco, flanqué d'un adjoint, son subordonné Espinoza[56]. Il nomma contrôleur financier de la compagnie Hubert Fuchs Asenjo, un homme qui jouera un rôle clé dans les affaires financières de la DINA, et qui sera surnommé après 1990 « le fugitif numéro un », au moment des enquêtes sur le meurtre de Letelier[57]. Durant les dix-huit mois qui suivirent le 11 septembre 1973, les installations de la Pesquera à San Antonio restèrent placées sous la responsabilité de Contreras[58]. Les opérations quotidiennes étaient dirigées par le major Mario Jara, qui travaillait également à la caserne toute proche de Tejas Verdes[59].

Contreras, puis la DINA, disposait maintenant d'une flotte de trois cent dix camionnettes frigorifiques, principalement des fourgons Chevrolet C-10 et C-30, ainsi que quelques vans Chevrolet Apache. Après le coup d'État, il devint habituel de voir les véhicules de la Pesquera Arauco autour des différents lieux de détention, dont celui de Londres 38[60]. Les détails n'apparurent que plusieurs décennies après, quand on comprit que les camionnettes servaient à transporter les prisonniers et les cadavres à travers tout le Chili, au départ ou en direction de San Antonio et d'autres lieux. Les cadavres dans un sens, le poisson, les crustacés et coquillages, et la farine de poisson destinée aux animaux, dans l'autre sens[61].

À l'époque de l'arrestation de Pinochet à Londres, d'anciens détenus témoignèrent avoir été transportés dans un fourgon frigorifique. León Gómez était l'un d'eux, comme il me le confia lors de notre première conversation, sans que je prête immédiatement attention à ce détail. Mais c'est peut-être par cela que l'on pouvait faire un rapprochement entre lui et Rauff.

D'anciens agents de la DINA ont confirmé l'utilisation des camionnettes par Contreras[62]. Le major Jara, son subordonné, témoigna qu'elles « servaient au transport des détenus », et qu'il les conduisait parfois incognito avec Contreras pour « mener des inspections »[63]. D'autres témoignages ont établi que des corps étaient entreposés et éliminés dans les murs de la Pesquera[64], et que l'entreprise finançait certaines activités de la DINA, y compris l'entretien d'une brigade de prostituées[65].

Les éléments de preuve provenaient principalement des dépositions de témoins présentées au cours des procès, mais un petit nombre de documents échappèrent tout de même à la destruction. Peu de temps après le coup d'État, par exemple, le ministre de l'Intérieur autorisa le contrôleur financier de la Pesquera, Fuchs Asenjo, à recruter des gardes armés pour protéger les fourgons Chevrolet. La demande fut approuvée personnellement par Pinochet. D'anciens officiers de police, des hommes qui avaient travaillé sous les ordres du général Mendoza, furent embauchés. C'est autour de cette période que Mendoza avait visité la Pesquera Camelio et rencontré Rauff à Punta Arenas[66].

Le temps passant, il devint de plus en plus évident que des corps avaient été immergés en mer à San Antonio et dans ses alentours[67].

En 2016, Pedro Espinoza, adjoint de Contreras à la tête de la DINA et de la Pesquera, fut condamné pour le meurtre de Marta Ugarte. Cette enseignante et couturière de quarante-deux ans avait été arrêtée en juin 1976, détenue à la villa Grimaldi, puis droguée et étranglée[68] avant que son cadavre ne soit jeté dans l'océan Pacifique[69] depuis un hélicoptère Puma. Mais le sac qui contenait le corps d'Ugarte, attaché à un morceau de rail de chemin de fer, était mal fixé ; il se détacha et finit par s'échouer sur une plage près de Valparaíso, à quatre-vingt-dix kilomètres au nord de San Antonio.

Des récits circulèrent aussi au sujet de corps conservés dans les chambres froides de la Pesquera, ou que l'on chargeait sur le *Kiwi*, un remorqueur de fabrication allemande opérant depuis San Antonio, pour les faire disparaître en mer. Après l'arrestation de Pinochet à Londres, le capitaine du navire et le pilote racontèrent comment une douzaine de « corps emballés » avaient été chargés à bord un jour à minuit, sur un quai de San Antonio ; le directeur du port, nommé par Contreras, était parfaitement au courant. Les trois membres de l'équipage avaient été bouclés dans le compartiment des ancres pendant que les corps étaient jetés dans l'océan. Ce récit déclencha l'ouverture d'une enquête par un juge d'instruction mais nul dossier d'accusation ne fut jamais ouvert.

125

Tandis que fleurissaient les récits, des appels de plus en plus pressants se faisaient entendre pour qu'une enquête criminelle sur la Pesquera Arauco soit ouverte. En 2012, la police chilienne commença à s'intéresser à la pêcherie ainsi qu'à une autre entreprise gérée par la DINA à San Antonio, la Pesquera Chile. (Arauco avait été vendue à la Chile en février 1975, puis les deux avaient fusionné au sein de la Pesquera Nuevo Aurora. Celle-ci avait été à son tour revendue après l'assassinat d'Orlando Letelier en 1976 et la dissolution de la DINA l'année suivante[70].)

En 2014, un juge de la Cour d'appel de Santiago établit le lien entre la Pesquera Arauco et l'opération Colombo de la DINA,

portant sur cent dix-neuf cas de disparition, dont celle d'Alfonso Chanfreau. L'enquête collecta des preuves par ouï-dire sur l'utilisation des ateliers de fabrication de farine de poisson de la Pesquera pour faire disparaître des opposants. Le juge rassembla des photographies de la Pesquera Arauco et de la Pesquera Chile de San Antonio, en plus des témoignages[71].

Anatolio Zárate, l'ancien responsable de la flottille de pêche, était l'un des témoins. Plusieurs années auparavant, il avait déjà parlé aux Nations unies des corps jetés à la mer[72]. Maintenant il transmettait à la police les indications que lui avait données un ex-camarade de détention à Tejas Verdes ; cet homme, qui avait un temps dirigé les opérations d'Arauco après le coup d'État, lui avait confié que « l'une des chambres froides, située dans la partie sud des locaux, avait servi à entreposer des cadavres ». Zárate dessina un plan du site pour indiquer l'endroit précis. Il donna les noms de dix personnes sans doute impliquées[73]. La police ne les interrogea même pas et aucune action ne fut entreprise par la suite.

126

En 2015, un autre juge ouvrit une nouvelle instruction sur la Pesquera Arauco[74]. Il parvint à la conclusion que la compagnie avait été « confisquée » par la DINA et que les ateliers de fabrication de la farine de poisson « avaient pu être utilisés pour faire disparaître des personnes détenues ». Toutefois, comme il ne disposait pas d'« éléments biologiques » – c'est-à-dire des restes humains –, il fut dans l'incapacité de pousser plus loin son enquête.

La Cour d'appel de Santiago fit appel de cette décision, à la suite de quoi le juge Mario Carroza ouvrit deux nouvelles instructions : le cas 201 sur la Pesquera Arauco, et le cas 202 sur les disparus dont le sort pouvait être lié aux activités menées sous le couvert de l'entreprise. Le juge s'entretint notamment avec Samuel Fuenzalida, qui témoigna sur le rôle du major Jara, et put exposer sa conviction que « beaucoup de prisonniers finirent broyés avec la farine de poisson ». Cependant, il s'agissait là d'une rumeur, pour l'essentiel. « Un jour j'ai entendu un officier dire qu'il fallait "réduire les détenus en farine de poisson" à l'usine de San Antonio[75]. »

Plusieurs anciens ouvriers vivant à Tejas Verdes, qui étaient employés pour la plupart d'entre eux à repriser les filets de pêche, furent entendus par le juge d'instruction. Ils décrivirent comment les merlus étaient déchargés des bateaux dans un bassin, avant d'être placés sur un tapis roulant et emportés jusqu'à un très grand four, pour être cuits et transformés ensuite en farine. Tous faisaient le même récit du jour du coup d'État, quand les militaires avaient occupé les lieux et empêché les ouvriers d'accéder à la zone de production de la farine de poisson. Cette situation avait perduré pendant les dix-huit mois suivants.

« C'est un militaire qui a pris la direction », déclara Enrique Duartc, âgé de quatre-vingt-un ans. Il avait bien entendu des histoires « au sujet de gens qu'on jetait à la mer, au large de San Antonio et dans d'autres coins du Chili, mais sans rapport avec la pêcherie ». En revanche, il n'avait pas entendu dire que l'armée ne voulait « voir personne autour du four », ou que les camionnettes « auraient transporté des corps destinés au four ».

José Siguefreido, quatre-vingt-six ans, dit au juge que, trois jours après le coup d'État, les bateaux et l'usine étaient en activité comme avant. « On a continué à fabriquer de la farine », avec le militaire qui était « chargé de la sécurité, avec des chiens ». Le four restait allumé en permanence, pour être maintenu à la température, sous le contrôle direct du major Jara. Siguefreido ne croyait pas à son utilisation pour brûler des corps humains et n'avait pas gardé le souvenir de mouvements suspects de camions, mais il se rappelait « un ingénieur allemand qui était déjà là, selon lui, avant le 11 septembre ».

« Je ne me souviens vraiment pas que l'armée ait expulsé tout le monde de l'unité de farine pour prendre le contrôle du four », déclara au juge Arturo Poblete, soixante-quatorze ans. « Je n'ai jamais vu de détenus, d'actes de torture, ou de cadavres dans l'usine », renchérit Luis Valdebonito, un autre octogénaire. Toutefois, il est vrai que les ouvriers « n'étaient pas autorisés à s'approcher des camionnettes » et que lui-même n'avait « jamais su ce qu'elles transportaient ». Le four était « très grand », donc il était possible d'y introduire « de gros animaux comme des dauphins, des lions de mer et des requins ». « Des corps humains pourraient peut-être aussi y entrer», dit-il, mais il n'avait jamais imaginé que la Pesquera puisse «servir à faire disparaître des corps».

Ces témoignages étaient neutres. Ils n'apportaient aucune preuve que les installations de la Pesquera Arauco servaient à faire disparaître des gens, ni que ce n'était pas le cas. On est frappé néanmoins par l'uniformité de ces déclarations, avec des phrases et des conclusions quasi identiques, comme si elles émanaient d'une seule et même personne: Je n'ai jamais entendu parler de cela, ni vu quoi que ce soit, rien n'était dit, je ne me souviens pas, et ainsi de suite. Les années passant, à force de lire maintes dépositions de témoins, une forme de sixième sens se fait jour qui vous permet de détecter l'intervention dissimulée de celui qui peut avoir intérêt à enrayer le bon déroulement d'une enquête.

Les ravaudeurs de filets de pêche proposaient un témoignage cohérent sur la présence de la DINA, mais n'offraient pas la moindre explication de sa raison d'être. Pourquoi la DINA voulait-elle occuper une entreprise de pêche commerciale? Pourquoi avait-elle besoin de contrôler toute une flotte de fourgons frigorifiques? Ainsi qu'un four de cuisson et de transformation du poisson en farine? Et pourquoi était-elle restée là jusqu'au milieu de l'année 1975, justement quand le rythme des disparitions a commencé à baisser? Aucun des anciens ouvriers ne pouvait expliquer pourquoi l'usine était placée sous les ordres du major Mario Jara, agent de la DINA, ni pourquoi il leur était interdit d'entrer dans l'atelier de production de farine ou de s'approcher des vans frigorifiques.

Les dépositions soulevaient des questions brûlantes mais qui ne furent jamais creusées sérieusement. «Le point de départ de l'enquête était le témoignage par ouï-dire apporté par Fuenzalida», conclut la police, soit une «rumeur» qui n'était «pas étayée par des faits certains». Faute de «preuves tangibles», l'enquête fut donc close.

Puisque les autorités se montraient incapables d'agir, Erika Hennings et l'organisation Londres 38 décidèrent d'intervenir: en octobre 2017, elles engagèrent une procédure pénale contre les directeurs de la Pesquera Arauco sous l'ère Pinochet. Elles accusaient l'entreprise d'avoir financé les activités criminelles de la DINA et d'être impliquée dans la disparition d'Alfonso Chanfreau et de quatre-vingt-dix-sept autres hommes et femmes passés par le centre de Londres 38[76]. Hennings demanda à la justice d'enquêter sur les enlèvements et les inhumations à la sauvette, et de localiser la « destination finale » des disparus[77]. Parmi les magistrats chargés d'instruire cette plainte se trouvait la juge Paola Plaza.

127

En novembre 2022, la juge Plaza a accepté de me recevoir dans ses bureaux bruissant d'activité, dans le centre de Santiago. C'était une femme dynamique, lumineuse et volontaire, qui portait des lunettes cerclées de bleu, et ne cachait pas ce qu'elle pensait. Elle était aussi incroyablement occupée, chargée d'instruire plus de deux cents cas concrets en lien avec des morts et des disparitions de l'ère Pinochet. Lors de notre rencontre, elle s'apprêtait à dévoiler que des analyses pratiquées sur les restes exhumés de Pablo Neruda, mort exactement douze jours après le putsch du 11 septembre 1973, révélaient des traces de *Clostridium botulinum*, une toxine mortelle de fabrication humaine[78].

« Tout a changé après l'arrestation de Pinochet à Londres », me dit-elle. La digue s'est rompue, rendant possible le lancement de nouvelles enquêtes sur les disparus. Son travail consistait à découvrir s'il existait ou non la moindre preuve d'un décès : lorsqu'il y avait un témoin, la preuve de la présence d'un corps, ou de l'ADN, le cas était traité comme un meurtre *(homicidio)* ; en l'absence de tels éléments, il était considéré comme un enlèvement *(secuestro)*. Tel était le cas d'Alfonso Chanfreau, que León Gómez avait vu à Londres 38 le 13 août 1974. Faute de corps ou d'autre preuve tangible, sa disparition était assimilée à un acte de torture persistante à l'encontre de sa famille, voire à une inhumation ou exhumation illégale ; toutefois, ces dernières étaient considérées comme une infraction moins grave au regard de la loi chilienne.

L'absence de preuves documentaires était une conséquence inattendue de l'enquête des États-Unis sur l'assassinat d'Orlando Letelier.

En effet, celle-ci conduisit à la dissolution précipitée de la DINA et à la destruction de ses archives, ce qui rendit les recherches bien plus ardues. Certains cas étaient présentés aux tribunaux, mais il n'y avait toujours aucun plan coordonné pour retrouver la trace des disparus.

Comme les investigations étaient en cours, la parole de la juge Plaza n'était pas entièrement libre. Elle m'expliqua que son bureau enquêtait sur les crimes initiés à Santiago – la Pesquera Arauco disposait d'un bureau dans un marché alimentaire de la capitale – ou à la Colonia Dignidad. Elle pensait que la Colonie était probablement « la destination finale » d'un grand nombre des disparus de Londres 38 que l'on avait transportés dans les camionnettes de la Pesquera Arauco. Les crimes commis à San Antonio et à Rocas de Santo Domingo étaient du ressort des juges et des tribunaux de Valparaíso.

Cinquante ans après le coup d'État, pas une seule personne n'avait été inculpée pour l'utilisation des véhicules ou des installations d'Arauco. Mario Jara fut poursuivi, mais il mourut avant de pouvoir être jugé. « On n'a pas beaucoup progressé », reconnut la juge Plaza, mais c'était tout de même mieux que rien. L'utilisation des fourgons frigorifiques était un « fait avéré », fondé sur des témoignages directs. En revanche, les allégations sur le rôle de la Pesquera dans la disparition de corps en mer, ou leur destruction dans l'usine de production de farine de poisson, n'étaient toujours pas prouvées. Elles restaient des allégations non soutenues par des dépositions de témoins directs. La magistrate me confia qu'elle avait reçu la déposition d'un comptable de la Pesquera « qui avait assuré n'avoir jamais vu d'installations ayant servi à faire disparaître des corps ». Une formulation très proche, curieusement, des mots employés par les anciens réparateurs de filets.

Pour autant, la juge Plaza n'avait aucun doute quant au rapport entre la Pesquera Arauco et les crimes et disparitions de l'ère Pinochet. Elle se concentrait sur les liens de l'entreprise avec la Colonia Dignidad, et les « actions accomplies pour cacher ou faire disparaître les cadavres ». Elle disposait d'éléments prouvant que Paul Schäfer avait ordonné que des corps enterrés à la Colonia Dignidad soient exhumés puis détruits. Elle avait découvert des emplacements d'inhumations, mais pas de restes humains. Le bras droit de Schäfer,

Gerhard Mücke, avait parlé dans sa déposition d'« environ une trentaine » de prisonniers tués et enterrés à la Colonie ; mais les corps avaient été exhumés, emportés et détruits, dans le cadre de l'opération *Retiro de Televisores* (« Rappel des téléviseurs »).

D'après les déclarations de Mücke, celle-ci avait été ordonnée par Pinochet en personne, après le démantèlement de la DINA, pour effacer les traces des crimes. Mücke prétendit que c'est parce que lui et les autres étaient allemands qu'on leur avait ordonné de faire disparaître les corps ; après tout, les Allemands n'étaient-ils pas des gens « qui savaient exécuter à la perfection une tâche donnée ». Reconnu coupable de crimes contre l'humanité, condamné en 2015 pour enlèvements et torture[79], il est mort en 2022.

La juge Plaza disposait de preuves sur la disparition en mer de certains détenus[80], ainsi que sur l'implication de la Pesquera Arauco dans d'autres crimes. Il est bien possible, me dit-elle, qu'il y ait un rapport avec l'utilisation du gaz sarin produit à la via Naranja, et avec les activités des *boinas negras*, les bérets noirs, ce groupe d'élite de l'armée qui assurait la protection de Pinochet et qui était engagé pour les « opérations spéciales ». Il se peut qu'ils aient été impliqués dans les assassinats de Letelier et de Soria, ajouta-t-elle.

Êtes-vous déjà tombée sur le nom de Walther Rauff lors de vos investigations ?

« Non », répondit-elle, mais elle connaissait ce nom.

Je lui indiquai alors que Fuenzalida avait reconnu cet homme sur une photo que je lui avais montrée, de même que *El Mocito*, mais aucun des deux ne connaissait son nom.

Elle me dit qu'elle avait interrogé Fuenzalida, mais c'était avant qu'il ait vu cette photo. Il n'avait pas mentionné l'homme identifié maintenant comme étant Rauff. Cependant, elle n'avait pas encore interrogé Vergara. « Il est possible qu'un lien finisse par apparaître entre Rauff et la Pesquera Arauco, ajouta-t-elle. Je vais sûrement le garder dans mon collimateur maintenant, et vous devriez orienter votre radar vers San Antonio. »

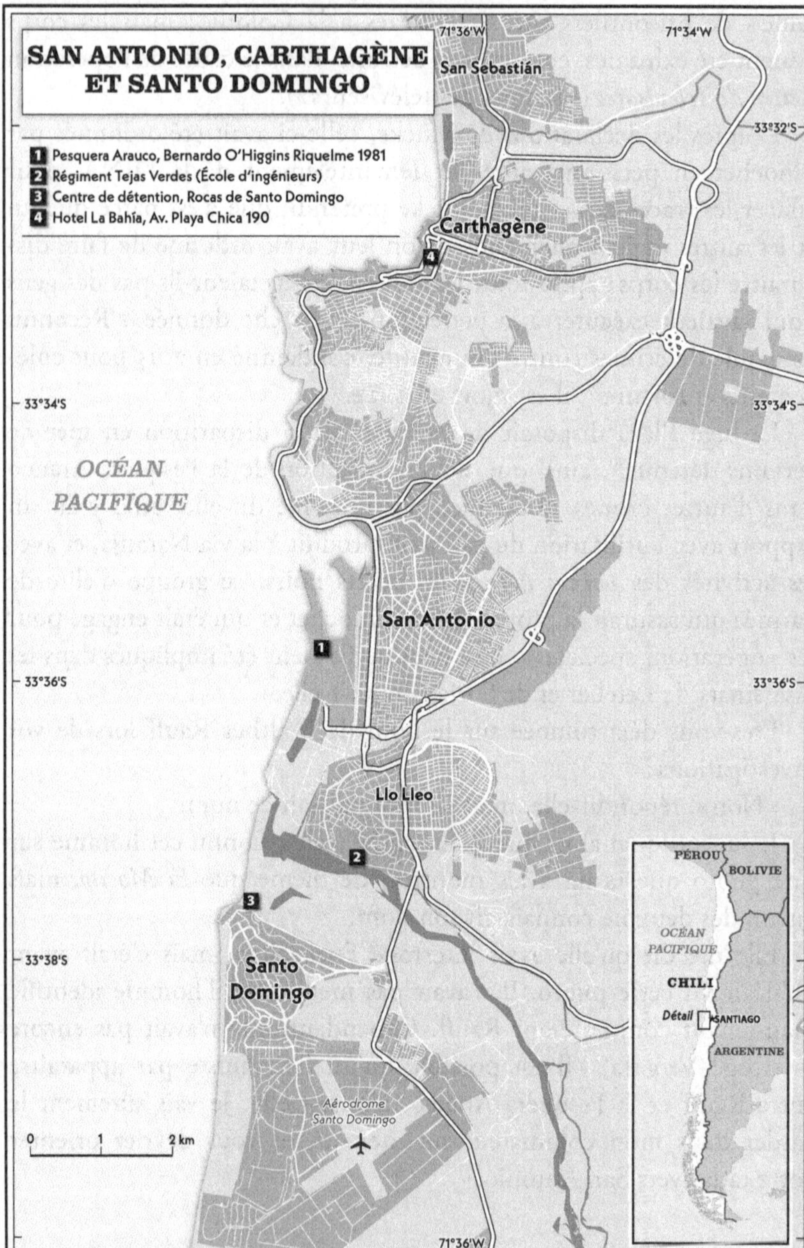
SAN ANTONIO, CARTHAGÈNE
ET SANTO DOMINGO
1 Pesquera Arauco, Bernardo O'Higgins Riquelme 1981
2 Régiment Tejas Verdes (École d'ingénieurs)
3 Centre de détention, Rocas de Santo Domingo
4 Hotel La Bahía, Av. Playa Chica 190
71°36'W
71°34'W
33°32'S
33°34'S
33°36'S
33°38'S
San Sebastián
Carthagène
OCÉAN
PACIFIQUE
San Antonio
Llo Lleo
Santo
Domingo
Aérodrome
Santo Domingo
0
1
2 km
PÉROU
BOLIVIE
OCÉAN
PACIFIQUE
CHILI
Détail
SANTIAGO
ARGENTINE

San Antonio

128

San Antonio est une ville entourée de collines, bordée de dunes sur la côte de l'océan Pacifique, à environ une heure de route à l'ouest de Santiago. Traversée par le fleuve Maipo, la ville est le siège du régiment Tejas Verdes et de l'École d'ingénieurs ; c'est aussi là que Manuel Contreras et la Pesquera Arauco étaient basés. À proximité se trouvent la vieille station balnéaire réputée de Carthagène, au nord, et les Rocas de Santo Domingo, au sud.

En travaillant sur nombre de conflits de droit international, j'ai appris que l'on a toujours beaucoup à gagner à se rendre sur les lieux, que les mots seuls ne suffisent pas à donner une idée complète de la géographie et à s'imprégner de l'histoire. Je voulais aller à San Antonio où, selon Samuel Fuenzalida et Jorgelino Vergara, Walther Rauff se serait lancé dans une seconde carrière fondée sur l'utilisation de véhicules utilitaires. Tous les deux avaient exprimé le désir de m'accompagner au cours d'une journée de l'été chilien, en mars. Mais il me fallait au préalable rencontrer Anatolio Zárate.

Il avait alors quatre-vingt-six ans, et il habite maintenant avec son épouse dans un appartement ensoleillé au dernier étage d'un immeuble situé dans la banlieue de Santiago. La lumière du jour frappait la table de la salle à manger sur laquelle il avait étalé des vieux journaux contenant des interviews de lui, dans lesquelles il avait décrit les tortures qu'il avait subies. Mais l'homme qui m'accueillit chaleureusement avait conservé son intégrité physique et sa vivacité d'esprit, et parlait un anglais parfait.

Ses parents étaient médecins mais il avait quant à lui choisi la voie des études d'ingénieur, et était entré à la Pesquera Arauco en 1970, l'année de l'accession d'Allende à la présidence. « Je dirigeais la flotte de pêche », avec la responsabilité de six grands bateaux, dont deux d'origine cubaine et trois provenant d'Union soviétique. Nous capturions deux cents ou trois cents tonnes de *merluza* (merlu) par jour. La plus grande partie était congelée pour être vendue dans tout le Chili, sauf une certaine quantité exportée vers l'Espagne pour servir notamment à fabriquer des bâtonnets de poisson.

Le poisson qui restait était transformé sur place en huile ou en farine pour les animaux, jusqu'à trente tonnes par jour. « *La boca de la planta* – la gueule du four – mesurait environ un mètre et demi sur deux mètres, et pouvait facilement engloutir un requin ou un lion de mer, ou un corps humain, me dit Zárate. À peu près cette taille », ajouta-t-il en me montrant au mur une tapisserie représentant une vue de Florence au Moyen Âge. Il me parla des rumeurs au sujet de l'utilisation des fours. « Je n'ai rien vu car j'ai été arrêté le jour même du coup d'État, vers sept heures et demie du matin, accusé d'être partie prenante du plan Z. » Il était un partisan déclaré d'Allende.

Pendant un mois, il sera détenu à l'École d'ingénieurs de Tejas Verdes. « C'était un camp de concentration. Ils m'ont brisé la colonne vertébrale, alors je suis allé à l'hôpital, puis à la prison de San Antonio, avant d'être envoyé sur l'île Calbuco, dans le sud, près de Puerto Montt. » Il fut relâché en décembre 1974. Il touche une modeste allocation mensuelle de 220 000 pesos (environ 250 dollars)[81] pour les préjudices qu'il a subis. « J'étais très heureux quand j'ai appris l'arrestation de Pinochet à Londres, dit-il, la justice chilienne a été si lente, je le sais car j'ai témoigné maintes fois. »

Il connaissait l'existence des fourgons frigorifiques. « Des Chevrolet, modèles C-10 et C-30 », croyait-il se rappeler. Je lui montrai une publicité chilienne de 1973 pour les C-30.

« Oui, l'avant ressemblait à cela, mais l'arrière était différent, c'était un compartiment réfrigéré carré, assez grand pour contenir

plusieurs hommes. » Il y avait environ deux cents Chevrolet, peut-être plus, avec deux douzaines d'Apaches. Il pensait que ces fourgons étaient arrivés au moment du coup d'État. « Comme on m'avait arrêté, je ne les ai jamais vus. » L'armée a occupé l'usine de la Pesquera, et la direction de l'entreprise fut alors assurée par Contreras, Espinoza, et plus tard la DINA.

Je suggérai que l'intervention avait dû être planifiée à l'avance, pour une prise de contrôle si rapide de l'usine par les militaires, comme pour la commande des fourgons. « Peut-être, répondit-il, mais je n'ai jamais eu vent d'une commande. »

Mais lui aussi savait que les vans avaient été utilisés pour transporter des prisonniers.

Et des corps ?

« Ah », s'écria-t-il. Il prit sur la table une coupure de journal de *La Nación* de 2004, un article sur le *Kiwi*, un bateau qui chargeait des cadavres à San Antonio puis les faisait disparaître en mer[82]. Je connaissais cet article, qui présentait le témoignage de première main d'un certain capitaine Vincente.

« Le capitaine Vincente, c'était moi ! », m'avoua subitement Zárate. Toute l'histoire lui avait été révélée par « Pituco » Reyes, le capitaine du *Kiwi*, alors qu'ils convoyaient un autre bateau depuis l'Allemagne jusqu'au Chili. Ils furent surpris dans la Manche, au large de la pointe de Douvres, par une tempête si violente que Reyes se vit tout près de mourir. « J'ai quelque chose à te dire, a-t-il déclaré, et il m'a révélé cette histoire. » Zárate prendra un pseudonyme, capitaine Vincente, lorsqu'il rapportera plus tard ce qu'il avait entendu – car sa femme redoutait les conséquences de ses révélations.

« Personne ne veut parler de ces choses, même aujourd'hui », remarqua-t-il.

Toute cette histoire était-elle véridique ?

« Oui, à cent pour cent. »

Ce n'est pas un mythe ?

« Non. »

En parlant de mythe, je lui montrai une photo de Walther Rauff.

« Oui, dit-il, il vivait à Punta Arenas, je suis au courant ; les rumeurs et les légendes autour de lui. » Puis il ajouta autre chose : « Quand j'étais détenu et torturé, il y avait des gens qui parlaient avec des accents étrangers. »

Un accent allemand ?

« Oui, allemand. Je ne pouvais rien voir, mais je percevais les accents. »

Vous pourriez reconnaître une voix ?

« Peut-être. »

J'ai dit que j'avais un enregistrement de la voix de Rauff. Oui, il était d'accord pour l'écouter. Sur mon ordinateur portable, j'ai lancé un extrait du documentaire *The Hunter and the Hunted*, au moment où le journaliste affronte Rauff devant l'entrée de la maison de son fils à Santiago. Zárate regarda et écouta attentivement.

« Soudain, l'impensable s'est produit », raconte le journaliste. « L'homme présumé responsable de l'assassinat d'un quart de million d'êtres humains, le SS Obersturmbannführer Walther Rauff, arrivait du nord de Los Pozos. » Sur fond de pépiement d'oiseaux, Rauff approchait, un homme à moitié chauve et portant des lunettes, chemise bleu nuit à points blancs, cigarette à la main gauche et grosses lunettes sur le nez.

Zárate me demanda où se déroulait la scène. Dans la rue Los Pozos, à Las Condes, lui ai-je répondu. C'est là que Rauff était venu jusqu'au portail faire face au visiteur importun qui portait sur lui un micro dissimulé. « Vous vivez ici à Santiago, n'est-ce pas ? » l'interrogea le journaliste.

« Oui », répondit Rauff. Un seul mot prononcé avec lenteur, d'une voix grave et rocailleuse, avec un léger trémolo, une voix de fumeur et un accent allemand prononcé.

En l'entendant, le visage de Zárate parut se figer, littéralement. Il rapprocha ses deux mains sur la table et les serra fortement. Il se tint immobile et silencieux durant plusieurs minutes. Jamais encore je n'avais vu quelqu'un réagir ainsi.

« Je dois téléphoner à mon conseiller juridique », poursuit Rauff dans le film. Mon procès est terminé. Je ne suis pas coupable. Je veux seulement dire la vérité. » La vérité.

« Oui, oui, me répéta Zárate. Je me rappelle cette voix. » Il était vraiment secoué, terriblement perturbé même. « Oui, oui… oh ! Oui. »

Nous avons visionné l'extrait encore une fois, et réécouté encore.

« C'était à San Antonio, à Tejas Verdes, un camp de concentration dans l'enceinte de l'École d'ingénieurs, au sous-sol, là où j'étais détenu. »

L'homme dont nous avions écouté la voix était présent dans la pièce et posait des questions. « Où sont les armes, où sont les fusils ? C'était la seule chose qu'ils voulaient savoir. » Zárate avait la tête recouverte d'une capuche et n'avait jamais pu voir ses interrogateurs, mais il savait reconnaître un accent allemand, car il y avait beaucoup d'Allemands autour de Valparaíso et de San Antonio.

« Oh… », reprit-il. Non, il ne savait pas si celui qui avait cet accent allemand avait usé de violence contre lui. « Il y avait plusieurs personnes autour de moi, je me souviens seulement de la voix. »

Comment pouvez-vous être certain que c'était sa voix ?

« J'en suis sûr, à quatre-vingts pour cent. Je ne sais pas comment l'exprimer, mais c'est un sentiment profond. »

J'éprouvais la même sensation. Après León Gómez, il était la seconde personne qui affirmait reconnaître Rauff et avoir été interrogé par lui.

Ce n'est que bien plus tard que j'ai fait le lien entre ce moment et la pièce écrite par Ariel Dorfman, *La Jeune Fille et la Mort*, dans laquelle une prisonnière reconnaît son bourreau uniquement en entendant sa voix.

129

Le lendemain matin, Monserrat et moi avons pris la route de San Antonio en compagnie de Samuel Fuenzalida et de Jorgelino Vergara, deux hommes qui en savaient long sur la disparition des gens durant l'ère Pinochet.

Alors que nous approchions de la ville, Fuenzalida suggéra qu'on quitte l'autoroute pour prendre l'ancienne route, celle des années

1970. « Je connais bien cette route, dit-il. Moi aussi, renchérit *El Mocito*, nous la prenions pour rejoindre la maison de Contreras sur la mer, avec le chien et les enfants. » Tout en roulant, nous parlions de choses et d'autres, de mon voyage en Patagonie, de la Pesquera Camelio, de Quito, de Londres 38, et de l'eau de toilette de *Guatón* Romo.

« Moi, je mettais *Flaño*, dit Fuenzalida.

– Moi aussi ! » s'exclama Vergara.

Nous nous sommes arrêtés à une boulangerie, Los Hornitos de Doña Carmen, située à l'emplacement d'une ancienne briqueterie. « Les fourgons transportant les prisonniers faisaient une halte là pour se ravitailler », dit Fuenzalida. Quelques kilomètres plus loin, nous nous sommes rangés près d'un panneau indiquant la direction de l'École d'ingénieurs, à côté de l'ancien pont Lo Gallardo, détruit en 1985 par le tremblement de terre qui avait dévasté le port de San Antonio. « C'est exactement ici que les vans s'arrêtaient, juste le temps de faire descendre les prisonniers pour les remettre à l'équipe de Tejas Verdes », précisa Fuenzalida.

Nous sommes repartis et avons roulé encore pendant quelques kilomètres, jusqu'à la petite ville côtière de Llolleo, nom dérivé de *Llollehue*, qui signifie « lieu de pêche » en langue mapuche. Sur la Plaza Estrella, au centre-ville, Fuenzalida et Vergara allèrent prendre un café, tandis que Monserrat et moi allions à la rencontre d'un pêcheur retraité qui nous attendait sur un banc public.

Jorge Silva était un homme de petite taille avec des mains puissantes. Il portait un pull à motifs bleus et rouges. Quelques mois plus tôt, je l'avais entendu parler dans une émission de radio allemande. On lui avait présenté une photographie en noir et blanc d'un homme vieillissant, chauve et avec des lunettes.

« Quand je vois la photo du vieux nazi, les souvenirs reviennent, dit-il. Il était dans l'usine de poisson avec Contreras et Jara et les autres assassins. »

Le présentateur de l'émission de radio lui avait demandé de préciser l'endroit dans l'usine de San Antonio.

« Dans le hall, là où travaillaient les réparateurs de filets, avait répondu Silva. Il était là, près des camionnettes avec les prisonniers à l'arrière. C'est bien celui de la photo, il avait un accent allemand. » Le journaliste lui avait appris le nom de l'homme : Walther Rauff.

Mais, ce jour-là, le vieux pêcheur voulait parler de lui, pas de ce « salaud de nazi ». Il nous expliqua qu'il y avait quatre grosses entreprises de pêche à San Antonio à l'époque du coup d'État, qui passèrent toutes aux mains de la DINA : Contiki, Sopesa, Arauco et Harling. Silva travaillait pour Harling. Un mois après le coup, il avait été arrêté en raison de son appartenance au MIR. Il avait alors vingt et un ans.

« On m'a emmené dans un fourgon frigorifique à Tejas Verdes, où j'ai été enfermé au sous-sol, à la cafétéria. » Il connaissait l'endroit depuis son service militaire. « J'ai été interrogé et torturé. Comme j'avais la tête recouverte d'une capuche, je ne pouvais voir personne. » Mais il entendait des accents brésilien, français et allemand.

Relâché au bout de six mois, Silva ne retourna pas chez Harling, désormais sous la coupe de la DINA. Certains de ses camarades de détention furent libérés comme lui, mais il croyait savoir que d'autres furent précipités dans l'océan depuis un hélicoptère, ou avaient disparu d'une autre manière. Quelques-uns choisirent de s'exiler à l'étranger. L'année suivante, Silva fut arrêté encore une fois et emmené dans les cabanes de l'ancien camp de vacances situé sur la plage de Santo Domingo, au sud de San Antonio. Il se rappelait le van Chevrolet C-10 avec son large capot avant et la toile qui recouvrait l'arrière. Il hocha la tête quand je lui montrai une photo du modèle.

Il était resté à Santo Domingo pendant trente-quatre jours d'affilée, mains attachées et yeux bandés, avec soixante ou soixante-dix autres détenus. « Santo Domingo était terrible, encore pire que ma première détention. » En parlant, Silva serra ses mains avec force, comme l'avait fait Anatolio Zárate. Chaque cabane était divisée en quatre pièces avec des couchettes superposées. « L'une d'elles était utilisée pour la torture, l'autre servait de salle d'attente. » Pendant la journée, ils pouvaient entendre les enfants sur la plage, le soir il n'y avait plus que le silence. « Au fil des jours, les voix des prisonniers finirent par s'éteindre. Cela a fait grandir notre peur, car nous ne savions pas si cela voulait dire qu'ils avaient été relâchés ou tués. »

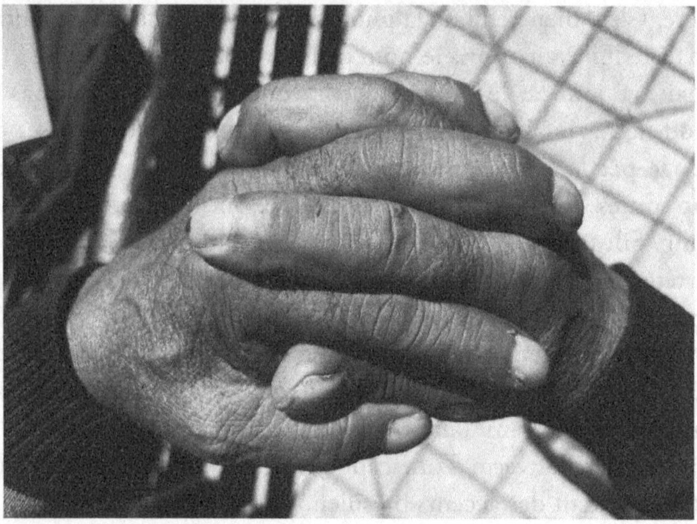

Jorge Silva, San Antonio, 8 mars 2024.

En avril 1975, on le transféra à Santiago, à la villa Grimaldi, puis à Tres et Cuatro Álamos. Un mois plus tard, il fut relâché et conduit quelque part au nord de Valparaíso, puis il retourna à San Antonio en juin. « Mes *compañeros* n'étaient plus là, j'étais seul et terrifié. Au bout de trois mois, j'ai retrouvé du travail à la Pesquera Chile, pour décortiquer des langoustines. »

« L'entreprise servait de site de torture. Le type chauve, je l'ai vu là où on réparait les filets. J'ignorais son nom, mais c'est là que je l'ai vu. Deux fois dans la même semaine. Il parlait avec un accent et était habillé d'un complet, donc on le remarquait aussitôt. » Il se rappelait sa voix gutturale. « C'était la seule personne qui parlait avec un accent allemand. »

Quel âge avait cet homme ?

« Je sais que vous vous dites que je ne me souviens pas, rétorqua Jorge Silva, mais je me souviens très bien. »

Voulez-vous voir une vidéo de Rauff ou entendre sa voix, lui ai-je demandé.

Silva me regarda et secoua la tête. « Non, je ne veux pas voir ça. Ça fait remonter des mauvais souvenirs, comme parler de Contreras. »

Des souvenirs si terribles que, quelques années plus tôt, Jorge Silva avait tenté de se donner la mort en sautant du nouveau pont qui traverse le fleuve Maipo.

Il me confia qu'il était mécontent de ses échanges avec le journaliste allemand qui avait enregistré cette émission de radio, quelques mois auparavant. « Ils voulaient absolument faire ressortir des liens avec cet Allemand. Bien sûr, je me souvenais de lui, je ne connaissais pas son nom, mais je l'avais bien vu dans son costume, à la Pesquera, et ça m'avait marqué. Il était le bras droit des dirigeants de l'entreprise. »

À la suite de l'émission, Silva avait eu la mauvaise surprise d'être contacté par un juge de Santiago. « Si je vous parle, le juge va me rappeler », me confia-t-il, ce qu'il voulait éviter. Il avait répondu aux questions du juge Guillermo del Barra pendant une session de dix minutes par Zoom. « On ne m'a pas montré de photo de Rauff. Il ne m'a rien demandé au sujet des vans, ni ce qu'il m'était arrivé. Tout ce qui l'intéressait, c'était Rauff. »

Silva me demanda si j'allais me rendre au Mémorial à Santo Domingo.

Cet après-midi, lui ai-je répondu.

« Je vous accompagnerai », proposa-t-il.

Je lui dis alors que je n'étais pas seul. Je serai accompagné.

« Par qui ? »

Jorgelino Vergara, *El Mocito*.

« Alors, allez-y sans moi, reprit-il. Écrivez votre livre, c'est important, parce que les juges ne s'occupent pas de tous ces détails, mais Rauff ne m'intéresse pas. Ce que je veux, c'est que ceux qui nous ont fait toutes ces choses aillent en prison. »

Il ne souhaitait pas se retrouver en compagnie de Vergara. Notre conversation s'est arrêtée là.

130

En quittant Jorge Silva, j'ai repris la route avec Fuenzalida, Vergara et Monserrat jusqu'au port de San Antonio. Largement reconstruit après le séisme de 1985, il est aujourd'hui surplombé par la masse imposante du centre commercial Arauco San Antonio, inauguré en 2009. Celui-ci porte le nom de la compagnie immobilière qui le possède, sans indication d'un rapport quelconque avec la Pesquera Arauco.

Les installations de la Pesquera Arauco s'étendaient dans la partie sud du port, derrière la rue Bernardo O'Higgins. Sur l'emplacement des bâtiments et de l'usine aujourd'hui disparus s'étendent des espaces vierges de constructions, occupés par quelques conteneurs maritimes de toutes les couleurs. L'entreprise était idéalement située : la caserne de Tejas Verdes à quelques minutes, les baraques de Santo Domingo un peu plus loin vers le sud. L'hôtel La Bahía, mentionné par Vergara, était à quinze minutes de route vers le nord, à Carthagène.

Nous nous sommes rendus sur le site de Santo Domingo. Cet ancien camp de concentration en bord de mer est un endroit bucolique, empli du bruit des vagues, des appels des mouettes et des cris des enfants qui se poursuivent autour des parasols alignés sur la plage. C'est là que Jorge Silva avait été détenu, et que Vergara courait pieds nus sur le sable sous le regard admiratif de la fille de Manuel Contreras.

Il ne reste pas grand-chose à voir aujourd'hui. Des panneaux de couleur bleu vif signalent le mémorial national, sur l'emplacement de « l'ancien centre de détention de la plage populaire de Rocas de Santo Domingo ». Un agrandissement photographique en noir et blanc montre comment se présentaient les lieux alors, avec les constructions et les dunes se découpant sur l'horizon. Les bungalows de vacances construits sous Allende, utilisés ensuite pour torturer, avaient disparu. Il ne subsistait que les traces au sol des anciennes cabanes, quelques départs de marches, des débris de porcelaine et des bases en ciment de sanitaires évanouis. « C'est là que je promenais le chien de la famille Contreras, un berger allemand appelé "Kazán", mon chouchou, remarqua Vergara. En même temps, beaucoup de gens sont morts ici, des prisonniers torturés, et puis… adieu[83]. »

Beaucoup de temps a passé depuis. Aujourd'hui, il n'y a plus sur la plage qu'un modeste café aménagé sur une plate-forme en bois, avec une belle vue sur l'océan, une étendue de sable et les vestiges des constructions. Nous y avons dégusté une glace. Vergara nous apprit que Contreras habitait sur la colline juste derrière nous, à quelques minutes à pied. Il nous guida jusqu'à une maison qui avait été reconstruite. « Cet homme, Rauff, qu'on appelait *El Chacal*, venait ici pour rendre visite à Contreras. L'endroit était alors entouré d'arbres, très à l'écart. C'est bien là qu'il est venu, où je l'ai vu plus d'une fois. Et aussi à l'hôtel La Bahía. Allons-y. »

Nous avons pris la direction de Carthagène, en retraversant San Antonio, par la route côtière. Nous avons dépassé le phare Punta Panal, transformé en centre de loisirs pour la police, puis une pancarte indiquant la tombe de l'écrivain d'avant-garde Vicente Huidobro ; c'était son neveu Miguel Serrano qui, lors des obsèques de Walther Rauff en 1984, lui avait rendu hommage en exécutant un salut nazi. Reconnu comme l'un des quatre plus grands poètes chiliens, Huidobro a vécu ses dernières années dans la ville balnéaire, très prisée du milieu littéraire. Carthagène avait sûrement dû être jadis un endroit magique.

Vergara avait mentionné une rencontre entre Rauff et Contreras dans un hôtel appelé La Bahía, près de San Antonio. J'ai trouvé un établissement de ce nom situé sur l'Avenida Playa Chica à Carthagène, surplombant la plage. Vergara pensait que ce n'était pas le bon endroit. Dans son souvenir, l'hôtel s'élevait plus en arrière, dans les collines. Dans les années 1970, il était la propriété de Benito Tricio. Ce nom était apparu dans un journal des années 1970, à propos d'une affaire jugée par la Cour suprême concernant sa perception, en 1975, de « plusieurs paiements de la DINA par chèques signés de Manuel Contreras ». L'hôtel La Bahía était un lieu où l'on échangeait de l'argent et concluait des marchés[84]. Peu de temps après, Tricio devint consul honoraire d'Espagne à San Antonio.

Hôtel La Bahía, Carthagène, années 1960.

Vergara nous raconta un trajet en voiture qu'il avait fait un jour. « J'étais à Santiago et je suis revenu à Santo Domingo avec Mamo » :

D'habitude j'étais avec la famille, mais cette fois il n'y avait que nous deux. Une autre voiture suivait, avec des gardes. Mamo voulait conduire sa nouvelle voiture, une Ford Mercury que lui avait offerte son ami Pinochet. C'est pour ça qu'il n'y avait pas de chauffeur, juste Mamo et moi. Pendant que nous roulions, il a appelé cet homme, celui de la photo, sur le radiotéléphone. Bon, il appelait quelqu'un et disait qu'il voulait le voir. Ils se sont donné rendez-vous. Nous nous sommes arrêtés à un hôtel, je pense que c'était à La Bahía.

La photo dont il parlait était celle que je lui avais montrée en premier, celle de Rauff avec ses grosses lunettes à la Kissinger, assis avec Nena qui se penchait vers lui, des bateaux se balançant sur la mer à l'arrière-plan, un moment suspendu dans une sorte de paradis. « Là, à l'hôtel, l'homme de la photo nous attendait, avec une cigarette, car c'était un gros fumeur. »

Vergara se souvenait de l'homme. « Il ressemblait exactement à cela, je l'ai vu à plusieurs occasions, un homme sinistre. » Il s'interrompit. « Cette photo n'a pas été prise à l'hôtel La Bahía, qui était plus éloigné de la mer, ce devait être dans un autre endroit. »

Puis il poursuivit : « Nous sommes entrés dans l'hôtel. Je suis allé aux toilettes, puis je suis revenu vers la table où ils étaient assis, tous les deux, dans une grande pièce. Ils m'ont donné un soda et m'ont dit de sortir et d'aller attendre dans la voiture. Je ne me suis pas assis avec eux. J'ai bu mon soda et je suis retourné vers la voiture. C'était en 1974, pendant l'été. »

Fuenzalida, Vergara, Monserrat et moi sommes arrivés à l'hôtel. Tout comme la ville elle-même, il avait connu des jours meilleurs, tous ses volets étaient baissés. « Oui, c'était bien là, confirma Vergara[85]. C'est drôle, j'aurais juré qu'il était plus haut dans les collines, mais c'était bien là, et c'est ici que j'ai vu Rauff. »

Les volets baissés semblaient indiquer que l'endroit était fermé, mais il y avait néanmoins un numéro de téléphone affiché au-dessus de la porte. Quelqu'un décrocha quand Vergara composa le numéro et improvisa un prétexte pour se faire ouvrir : il était de passage et souhaitait savoir s'il serait éventuellement possible de louer l'endroit pour une réception, une soirée littéraire. « Je vous attendrai à six heures cet après-midi », répondit le propriétaire. Nous avons traîné aux alentours, mangé encore une glace et marché le long du front de mer. La ville était riche de magnifiques maisons et demeures anciennes et plus récentes, aujourd'hui décrépites. Dans les années 1970, la vie sociale avait dû être assez grisante dans ces parages.

À l'extrémité nord de la plage, nous nous sommes arrêtés pour admirer la statue de la *Virgen del Suspiro* (la Vierge des Soupirs), élevée sur un piédestal dressé sur un modeste promontoire accessible en haut de quelques marches. Je m'assis un instant, tandis que Fuenzalida et Vergara en faisaient le tour. Cette journée était interminable, pesante, et ils ne cessaient pas de parler.

Un homme s'est approché de moi. « D'où venez-vous ? » s'enquit-il. Nous avons engagé la conversation. « Moi je m'appelle Sergio, je viens de Baltimore, mais je suis né ici en 1961, et je rends visite à ma mère. »

Il remarqua que j'admirais un édifice de style moderniste inséré dans la paroi rocheuse, juste au-dessus de nous. « Autrefois c'était un night-club qui appartenait à un gauchiste, ils l'ont éjecté après le 11 septembre. » Sergio prononça ces mots avec une assurance tranquille. « Je suis franchement pro-Pinochet, ajouta-t-il. Oui, je connaissais le propriétaire de l'hôtel, Tricio. Et oui, Contreras avait l'habitude d'y venir, il était ami avec Tricio, et avec mon père. Moi j'étais ami avec le fils de Contreras. Beaucoup de gens importants venaient là, c'était un lieu incontournable, en particulier pendant les vacances, au Nouvel An. » Il se mit à rire. « Peut-être même que Michael Townley est venu ! Il vit en Ohio maintenant. »

Je ne savais pas trop comment Sergio pouvait savoir cela, mais il n'était pas disposé à en dire plus.

À six heures passées, le propriétaire de l'hôtel ne s'était toujours pas montré. Vergara le rappela, il répondit qu'il arriverait plus tard. Comme nous ne voulions plus attendre, nous sommes retournés vers la voiture, garée devant l'hôtel La Bahía. C'est alors qu'un homme fit son apparition sur la terrasse du toit. Nous l'avons hélé, c'était le gardien, qui descendit pour nous faire entrer.

« Oui, c'est bien l'endroit, je me souviens de tout, nous chuchota Vergara. Je suis venu ici trois fois, et Rauff était présent à deux reprises, dans cette pièce. Avec Contreras, ils ont pris un verre, Rauff fumait. »

Savez-vous de quoi ils parlaient ?

« Ils ont passé une heure et demie ensemble. Je ne sais pas de quoi il s'agissait. »

Toutefois, il avait pu saisir certains mots au passage. « Ils parlaient de "paquets" à éliminer, sans laisser de traces. » Le rôle de Rauff, c'était de « les faire disparaître définitivement ».

J'ai mentionné l'entretien de Jorge Silva avec un journaliste allemand, qui avait parlé également avec Vergara. Ils avaient évoqué la *perrera*, un incinérateur utilisé pour exterminer les chiens errants, situé dans un parc de Santiago, dans le quartier Quinta Normal, devenu aujourd'hui le parc des Rois.

« L'incinérateur a servi à faire disparaître des corps, plus de trois cents », affirma Vergara.

Fuenzalida avait entendu dire que Rauff s'était rendu à la *perrera*, et qu'il appartenait au groupe de la « Solution finale ».

Tout cela était-il véridique ?

Jorgelino Vergara tourna son regard en direction de la mer et du soleil. Il secoua la tête. Oui, il l'avait aussi entendu dire par d'autres, mais lui n'avait pas vu l'endroit de ses propres yeux. « Ce n'est pas comme cette pièce. Rauff était bien assis ici, avec Contreras. » Il pointa du doigt vers la fenêtre. « Je les ai vus, j'étais avec eux. C'était un entretien professionnel, pas une réunion mondaine. »

Selon lui, il ne faisait aucun doute que Rauff travaillait avec Contreras. « C'est ce que j'ai déclaré au juge », conclut-il.

Hôtel La Bahía, Carthagène, 8 mars 2024.

Le juge

131

La journée passée à San Antonio et dans les environs avait été longue et nous avait remplis d'impressions et de réflexions à assimiler. Sur la route du retour, nous étions presque silencieux, Monserrat et moi, ainsi que les deux hommes qui avaient assisté ou participé à des crimes terribles, dont les témoignages avaient conduit à maintes poursuites et peines de prison, et qui étaient menacés pour ce qu'ils avaient révélé. De mon côté, je pensais à Jorge Silva et à son entretien trop bref et frustrant avec un juge. Je pensais aussi à Anatolio Zárate, et à la voix si particulière de Walther Rauff, avec son accent allemand.

De retour à Santiago, je m'apprêtai à rencontrer un autre juge dont beaucoup parlaient avec le plus grand respect, voire avec révérence : Mario Carroza. Son nom m'était familier. C'était le magistrat qui avait commencé à enquêter sur la Pesquera Arauco et dont le travail avait été repris ensuite par la juge Paola Plaza, puis par le juge De la Barra. « Nul autre juge n'a joué un rôle plus important que Mario Carroza dans les investigations sur les crimes de l'ère Pinochet », m'avait assuré un journaliste en vue. Il s'était investi dans bon nombre des plus grosses affaires, notamment celles relatives à Carmelo Soria et à Alfonso Chanfreau, et celles de la « Caravane de la mort » et de l'opération Condor. En 2015, en sa qualité de juge d'instruction auprès de la Cour d'appel, c'était lui qui avait ouvert les enquêtes sur la Pesquera Arauco. Lorsque je l'ai rencontré, il venait d'être nommé à la Cour suprême du Chili[86].

Après un premier entretien sur Zoom, Carroza m'a invité à venir le voir à la Cour suprême, qui est installée dans un extraordinaire édifice néo-gothique de Santiago dont son assistant juridique nous a fait les honneurs. Nous avons visité la salle d'audience où les avocats de Pinochet avaient échoué à faire valoir son immunité, et vu au sous-sol les portraits des présidents de la Cour suprême dont je connaissais les noms : tel qui avait refusé l'extradition de Contreras, tel autre qui l'avait condamné, celui qui avait réduit le champ d'application de la loi d'amnistie, et ceux qui avaient prononcé les arrêts relatifs à Carmelo Soria ou à Pinochet.

Mario Carroza me conduisit jusqu'à son petit bureau. Il m'expliqua qu'il s'était orienté vers le droit après avoir été diplômé en philosophie, et qu'il avait obtenu ses titres juridiques en suivant les cours du soir. Dès le départ, il avait toujours voulu devenir juge. Au Chili, comme dans d'autres systèmes judiciaires du continent, il s'agit d'une orientation de carrière reconnue.

Il voulait parler de Rauff. Il connaissait son passé, même si son nom n'était pas apparu dans son instruction sur la Pesquera Arauco. Je lui fis part des informations en ma possession.

Aucun document ne permettait de confirmer que Rauff travaillait pour la DINA, ni de l'exclure.

Nul ne pouvait certifier l'avoir vu à la Colonia Dignidad ou sur l'île Dawson, en dépit des nombreuses rumeurs qui couraient dans ce sens.

Un prisonnier avait reconnu la voix de Rauff comme étant celle de son interrogateur et tourmenteur à Tejas Verdes. Anatolio Zárate.

Un agent de la DINA avait vu Rauff au quartier général de la DINA à Santiago, et avait entendu dire qu'il travaillait pour la Pesquera Arauco à San Antonio, mais il ne connaissait pas son nom. Samuel Fuenzalida.

Un jeune valet avait vu Rauff en compagnie de son patron Manuel Contreras à Santo Domingo et à Carthagène, près de San Antonio, tout en ignorant son nom. Jorgelino Vergara.

Un neveu de Nena (la « soignante » de Rauff) l'avait vu à Punta Arenas et savait qu'il empruntait des vols militaires pour Santiago. Raúl Donoso.

Un pêcheur avait aperçu Rauff dans l'une des pêcheries de San Antonio. Jorge Silva.

Un petit-fils qui partageait sa chambre avec son grand-père, à Santiago, voyait Rauff quitter la maison chaque matin, en costume-cravate, pour aller chercher du travail. Walther III.

Un prisonnier avait reconnu dans Rauff l'un de ses interrogateurs à Londres 38, à Santiago. León Gómez.

« Je connais León Gómez, m'interrompit le juge Carroza. Il a témoigné dans de nombreuses affaires, et une de mes cousines l'a épousé, quand il était professeur d'histoire. » Il était au courant de sa détention et connaissait ses livres et ses témoignages. « Je ne puis affirmer que tout ce qu'écrit León Gómez est exact, mais il a rapporté précisément de nombreux faits qui se sont produits. En principe, les faits sont tels qu'il les décrit. Beaucoup d'enquêtes sont parties de ses récits, et nombre de membres des forces armées ont été condamnés sur la base de son témoignage. »

Il n'était pas en mesure d'évaluer le niveau de crédibilité de León Gómez quant à son identification de Rauff à Londres 38. Toutefois, il avait reconnu plusieurs de ses autres bourreaux et ses dires s'étaient révélés fiables. « Il a fourni des identifications exactes de Miguel Krassnoff à Londres 38. » Le juge Carroza ne mettait pas en doute la parole de León Gómez lorsqu'il affirmait avoir été interrogé par Rauff. « Si des Allemands étaient bien présents, il n'était pas difficile de les identifier. Le lieu était très petit, on pouvait tout entendre, les voix et les conversations. »

Le juge Carroza ne s'est pas rappelé immédiatement l'*affidavit* dans lequel Gómez aurait désigné Rauff. Cependant, le lien entre Londres 38 et la Colonia Dignidad était bien établi. Le témoignage de Samuel Fuenzalida l'avait confirmé et les investigations sur ce point étaient toujours en cours. « León a signé beaucoup de déclarations de ce type, alors il est possible que l'une d'elles ait mentionné Walther Rauff, mais je ne suis pas sûr. » Elles étaient toutes conservées au Museo Histórico Nacional.

En homme soucieux d'efficacité, le juge Carroza souleva une interrogation qui l'avait toujours troublé à propos de León Gómez :

> On ne sait jamais pourquoi quelqu'un sera relâché quand d'autres disparaîtront. Si vous coopériez, vous aviez plus de chances. Par exemple, León Gómez n'est pas allé à la villa Grimaldi mais a été envoyé directement à Cuatro Álamos. Il y avait des endroits où les gens étaient maintenus au secret, souvent avant d'être expulsés du Chili. Je n'ai jamais connu les circonstances de la libération de León Gómez, mais j'ai eu beaucoup de contacts avec lui au fil des années pour différentes affaires.

132

Pensez-vous qu'il y avait un rapport entre Rauff et la DINA ?

« Je n'en serais pas surpris, me répondit le juge Carroza. Il existait un lien très fort entre Londres 38 et la Colonia Dignidad, avec de fréquents échanges de prisonniers et une coopération sur les méthodes de torture. » Carroza s'était rendu de nombreuses fois à Londres 38, qui était un lieu de dimension réduite. « León y était quand c'était encore l'unique centre de torture », m'expliqua-t-il :

> Quand l'existence d'un centre de torture à Londres 38 a été révélée au monde, la DINA a dû ouvrir d'autres lieux, comme la villa Grimaldi et le centre de la rue José Domingo Cañas. Beaucoup de ceux qui étaient détenus à Londres 38 ont été transportés vers d'autres destinations. C'est à cette fin qu'ils utilisaient les fourgons réfrigérés de la Pesquera. Il subsiste néanmoins une grande incertitude, parce qu'on n'a aucun exemple de quelqu'un qui aurait été libéré après avoir été transporté ainsi. Donc, il est plus que probable que les détenus transportés dans les fourgons étaient conduits à leur destination finale.

C'est pourquoi il pensait que la Pesquera jouait un rôle central.

« Les fourgons allaient à San Antonio ou à Valparaíso, poursuivit Carroza. Rien n'est définitivement prouvé, mais il y a deux hypothèses. Selon la première, la destination était l'entreprise de pêche, où les corps pouvaient être réduits en farine pour les animaux, mais je n'ai jamais reçu d'explication technique convaincante à l'appui de cela. La seconde hypothèse était que les corps étaient jetés à la mer, attachés à des rails. » C'est ce qui était arrivé à Marta Ugarte, dont le cadavre s'était échoué sur une plage proche de Valparaíso. « Quand j'ai passé la main pour cette enquête, on en était là : la Pesquera, ou l'élimination dans la mer. »

En tant que magistrat instructeur chevronné, que pensait-il des rumeurs autour de la transformation en farine ?

« L'utilisation des vans réfrigérés de la Pesquera Arauco est certaine. On s'en servait pour transporter les gens, vivants et morts. On s'en servait pour apporter les cadavres au Patio 29 du *Cementerio General.* Je m'étais rendu dans cette section du principal cimetière de Santiago où un grand nombre de prisonniers furent enterrés en secret, et où l'on honore la mémoire de ceux qui furent tués sans qu'on retrouve leurs corps – tel que le chanteur-compositeur Victor Jara.

« Il est clair que les fourgons frigorifiques servaient à faire disparaître les corps. » Cela avait été confirmé par l'affaire dite du « Patio 29 », instruite par Paola Plaza, dont l'objectif principal était de localiser les corps et d'essayer de les identifier, mais pas de poursuivre les responsables.

Quel était son sentiment ?

Le juge pensait que plusieurs éléments contribuaient à donner du crédit au scénario de la pêcherie. « La DINA devait trouver un moyen de se débarrasser des corps. Ils les ont ensevelis, mais le risque qu'on retrouve des restes humains devenait trop grand. C'est pour ça qu'ils ont travaillé avec la Colonia Dignidad pour exhumer les corps et les faire disparaître, sans laisser de traces. »

Le juge marqua une pause avant de poursuivre. « Un autre élément me fait croire à la vraisemblance du scénario de la farine animale. C'est ce qu'il s'est produit aux *Hornos de Lonquén*, où un four à chaux a servi de crématorium pour éliminer des cadavres. » Il faisait allusion à la crémation de quinze hommes, arrêtés au cours des semaines suivant le coup d'État, dont les restes furent retrouvés en 1978 à une quarantaine de kilomètres au sud de Santiago. « Ils ont eu recours à la même méthode que celle qui avait été appliquée en Allemagne, remarqua Carroza. C'est une des raisons pour lesquelles nous avons toujours pensé que ces idées venaient d'étrangers et non de Chiliens. Cela se tient. »

« J'ai ouvert l'affaire de la Pesquera à la suite de la plainte déposée par l'organisation Londres 38, poursuivit le juge. Nous nous sommes concentrés sur les transports, l'emploi des fourgons, mais il y avait aussi des investigations au sujet de la production de farine. »

L'enquête avait permis de produire plusieurs dépositions de témoins, que j'avais lues. Je dis à Carroza qu'elles donnaient l'impression d'avoir été préparées en amont et coordonnées, soulevant plus de questions en définitive qu'elles n'apportaient de réponses.

Le juge Carroza sourit et hocha la tête. « Ce volet de l'instruction était ainsi. La police s'est efforcée de trouver des réponses concrètes. Nous connaissons le lien de la DINA avec la Pesquera. Nous savons pour l'utilisation des camionnettes. Pourtant, personne n'a rien dit sur l'arrivée des corps. »

Parce que les gens craignaient de parler ?

Il haussa les épaules, silencieux.

Y aurait-il matière à creuser plus loin ?

« C'est ce que nous nous employons à faire maintenant, en explorant aussi le lien avec la Colonia Dignidad. Rauff pourrait bien avoir été “l'éminence grise”, l'articulation entre la DINA, la Pesquera et la Colonia Dignidad. » Plus tard, Carroza revint sur le sujet. « Vous savez, Contreras et Rauff passaient beaucoup de temps ensemble à la Colonia Dignidad, ils partaient chasser ensemble quand ils étaient dans le coin. » Je n'avais encore jamais entendu cela.

Le nom de Rauff était-il sorti lors de l'enquête sur la Colonia Dignidad ?

« Oui, mais ce n'était pas une présence très forte ou permanente, c'était plutôt un visiteur occasionnel. Paola Plaza a récemment interrogé un témoin, plus jeune, qui évoquait d'autres Allemands, y compris Rauff. »

J'ai questionné Carroza au sujet de Fuenzalida, l'ex-agent de la DINA.

> Samuel a beaucoup coopéré, et grâce à lui nombre de disparus ont pu être retrouvés. C'était un exécuteur, chargé d'« achever » des victimes. Il sait que nous serons plus cléments avec lui s'il coopère, et il est un des rares anciens de l'armée qui collabore. En raison de cela, on ne peut pas se fier entièrement à tout ce qu'il dit. Mais s'il dit qu'il recon-

naît l'homme sur la photo, qu'il l'a vu à Marcoleta, et qu'il avait un lien avec la Pesquera Arauco, je n'aurai aucun doute que c'est vrai. Aucun doute.

Et *El Mocito* ?

Vergara faisait attention à ce qu'il disait, expliqua Carroza, en se limitant soigneusement aux choses qu'il avait vues avant ses dix-huit ans. Le juge l'avait interrogé :

> Je pense que tout ce qu'il a raconté, à moi et au juge d'instruction qui l'avait découvert le premier, était véridique et précieux pour nous. Beaucoup de gens ont été condamnés sur la foi de son témoignage. Il a donné des détails précis et qui se sont montrés exacts. C'est lui qui a révélé les informations sur ce qui s'est passé au centre Simón Bolívar, que l'on ignorait jusqu'à ce qu'il parle. Mais il garde pour lui des informations qu'il n'est pas disposé à partager.

J'ai rapporté au juge Carroza d'autres détails que j'avais pu découvrir. C'était Pinochet qui avait incité Rauff à quitter l'Équateur pour venir au Chili, et ils étaient toujours restés en relation depuis lors. Sous son régime, Rauff se sentait « protégé comme un monument national ». Le général Mendoza avait visité la Pesquera Camelio à Punta Arenas dans les mois qui suivirent le coup d'État et, quelques semaines plus tard, il détachait des officiers de police auprès de la Pesquera Arauco, afin d'assurer la protection des fourgons frigorifiques. Le petit-fils de Rauff m'avait confié que son père, Walther II, avait rencontré Pinochet en 1984.

Le juge Carroza s'éclaircit la gorge :

> Après plus de vingt ans d'investigations sur ces affaires, je peux dire que vous avez réuni plus d'éléments qu'il n'en faut pour établir une présomption juridiquement fondée quant à l'implication de Rauff dans le travail de la DINA. Le lien entre la DINA et la Pesquera Arauco est évident. Le lien entre San Antonio et Londres 38 est clair, avec les nombreux trajets aller et retour. Les agents de la DINA, pas plus que l'armée, n'étaient pas compétents pour diriger la Pesquera Arauco. Rauff avait géré une autre entreprise de pêche. Tous ces éléments constituent un faisceau d'indices qui mènent à une seule et unique conclusion.

Et, bien sûr, Rauff avait cette expérience de l'utilisation de camions pour faire disparaître des gens.

Comment aller plus loin ?

« Une enquête complète doit être conduite sur la responsabilité des civils et des entreprises dans la répression. L'enquête sur la Pesquera Arauco n'a toujours pas pu être menée à bien. Cela reste à faire. »

Carroza marqua une pause :

> Nous avons maintenant un nouveau Plan national de recherche, pour retrouver et identifier les restes des disparus. Peut-être que cela permettra d'éclairer le rôle de la Pesquera Arauco, et celui de Walther Rauff. Cinquante ans ont passé, mais il y a une dynamique pour aller de l'avant sur ces sujets. Cela dépend entièrement de la volonté du magistrat instructeur. J'ai eu cette volonté. Maintenant il faut s'en remettre aux suivants. Je vous invite à partager toutes les informations que vous avez réunies avec Plaza et De la Barra.

Alors que notre conversation touchait à sa fin, j'ai mentionné un entretien téléphonique que j'avais eu dernièrement avec Sebastian Rauff, le frère de Walther III, qui m'avait parlé des relations de son père avec le général, et des carnets de son grand-père. Ces carnets qui étaient passés au fils de Rauff étaient désormais probablement aux mains de sa veuve, Beatriz Vázquez. J'avais essayé de la retrouver, sans y parvenir. Carroza me dit alors :

> Si Paola Plaza avait connaissance de cela, elle pourrait interroger Mme Vázquez et lui parler des carnets. Si nécessaire, elle pourrait demander à la police de se rendre chez elle pour s'enquérir des carnets et les emporter, dans le cadre de l'enquête sur la Pesquera Arauco. Erika Hennings pourrait aussi charger ses avocats de déposer une demande. Mais vous devez prouver que ces carnets, s'ils existent, sont bien en la possession de cette femme, et qu'elle existe bien elle-même.

J'ai alors fait référence à la correspondance privée de Rauff. Toujours prudent dans ses écrits, Rauff n'en évoquait pas moins parfois des éléments laissant deviner une relation avec la DINA. Un lecteur attentif pouvait en retirer quelque chose.

« Cela dépend toujours du point de vue qui est le vôtre quand vous lisez un texte, objecta Mario Carroza. Un policier, un juge et un chercheur peuvent lire la même lettre, et chacun y découvrira une chose différente. »

Puis il reprit plus doucement. « Les questions sont sans fin, mais l'intérêt demeure. C'est une très bonne chose que quelqu'un s'attache à ce personnage, Walther Rauff, et révèle des aspects inconnus de sa vie. Toute l'histoire de *El Mocito* a commencé exactement comme cela. » Jusqu'en 2007, m'expliqua le juge, on ignorait tout de cet homme, Vergara, de son rôle, ou de ce qu'il savait. Nul n'avait jamais entendu parler de lui. Puis, une fois que la porte s'est ouverte, elle ne s'est plus jamais refermée.

Nous sommes revenus sur Pinochet et sur certains des faits que j'avais découverts et qu'il ignorait.

Durant plusieurs années, il avait été impliqué dans la « Caravane de la mort », mais le juge Carroza n'avait jamais vu un seul ordre signé par Pinochet. J'ai mentionné le document que Cristián Toloza avait remis à Jonathan Powell, afin d'étayer l'assurance que Pinochet pourrait perdre son immunité à son retour au Chili.

« Il est très probable qu'il existe d'autres documents qui n'ont pas encore fait surface, remarqua Carroza, tenus secrets par l'armée ou le ministère de la Défense. Il est également possible que les services de renseignement aient détruit ces documents. »

Pour protéger des gens ?

Le juge acquiesça.

Le président de la Cour suprême et le président du Chili ont-ils pu s'entendre afin de faciliter le retour de Pinochet ?

« Je pense que oui, il est vraisemblable que le président Frei a parlé avec le président de la Cour suprême. »

Rauff avait-il apporté son aide à Pinochet en vue de faciliter les disparitions ?

Le juge Carroza approuva en hochant la tête. « En vous écoutant, je suis porté à croire à la véracité de tous ces éléments convergents. »

Pourquoi le pouvoir judiciaire et les magistrats avaient-ils attendu le retour de Pinochet pour se mettre à travailler comme ils auraient dû le faire ?

« Dans les premiers temps de la DINA, le système judiciaire chilien a failli complètement. Et cette faillite s'est poursuivie jusque dans les années 1990, même après le retour de la démocratie. Les juges regardaient ailleurs. Il y avait bien des enquêtes, mais pas de procès ni de condamnations, jusqu'au retour de Pinochet. »

Donc, dans un sens, son retour aura eu un effet positif ?

« L'arrestation d'Augusto Pinochet à Londres a eu un impact considérable. Les juges ont commencé à se sentir plus forts. Nous savions que nous étions légitimes et la Cour suprême nous soutenait. »

Mais l'impunité demeure ?

« Pour les civils et pour les entreprises, l'impunité a été et reste encore totale. »

Le juge Carroza se tourna vers moi. Pourquoi m'intéressais-je tellement à cette histoire et au rôle de Rauff dans les crimes d'Augusto Pinochet ?

C'était une question très légitime. Je répondis que tout était parti du droit, de la manière dont se sont imposées les catégories de crimes inventées pour Nuremberg, et de ce jeu constant entre immunité et impunité. Il y avait aussi un rapport personnel dû à mon implication dans le procès de Pinochet à Londres, à mes sentiments quant à son issue et aux circonstances du retour du dictateur, et à la découverte d'un lien familial avec Carmelo Soria, le cousin de ma femme, assassiné sous Pinochet. Puis un autre lien personnel est apparu quand j'ai découvert que Herta Gruber, douze ans, fut l'une des innombrables victimes des camions de Rauff en Pologne. Herta était la cousine de ma mère.

Mario Carroza m'écoutait attentivement.

« J'ai connu quelqu'un qui a été détenu à Londres 38, me confia-t-il. Il était avec moi à l'université, à El Pedagógico, nous étions tous deux étudiants en philosophie. » Il faisait référence à l'Institut pédagogique de l'Université du Chili. « Il s'appelait Alfonso Chanfreau. »

Nous nous sommes regardés.

« C'est une belle chose d'enquêter pour une raison personnelle, me dit le juge Carroza. Une très belle chose. »

Épilogue
Deux hommes, deux visages

L'arrestation d'Augusto Pinochet, le 16 octobre 1998 au soir, à Londres, a eu de multiples conséquences.

C'était la première fois qu'un ex-chef d'État se voyait appréhendé dans un autre pays que le sien pour avoir commis un crime international. Cet événement a conduit d'autres dirigeants à s'interroger sur leur propre immunité.

À la fin de 1999, en plein milieu des procédures contre Pinochet, on apprit que le président de la Croatie, Franjo Tuđman, avait préféré renoncer à se rendre en Allemagne pour un traitement médical important, car il redoutait d'être rattrapé par une inculpation, tenue secrète jusque-là, pour des crimes commis durant le conflit dans l'ex-Yougoslavie[1]. Il mourut au mois de décembre.

En mars 2002, Henry Kissinger annula un voyage prévu au Brésil. Cette décision faisait suite à certaines informations indiquant qu'il risquait d'être interrogé sur son rôle dans le coup d'État chilien, alors qu'il venait de publier un article contre le principe de compétence universelle et l'arrestation de Pinochet[2].

En février 2011, George W. Bush renonça à une visite en Suisse. La rumeur disait qu'il craignait de se voir questionné pour avoir autorisé le *waterboarding*, simulacre de noyade constituant un acte de torture et un crime international[3].

En août 2023, c'est le président Vladimir Poutine qui décida de ne pas se rendre en Afrique du Sud. Inculpé par la Cour pénale internationale de La Haye pour sa responsabilité dans la déportation d'enfants ukrainiens, il était visé par un mandat d'arrestation[4].

***

En Grande-Bretagne, les conséquences furent diverses.

Le gouvernement de Tony Blair remplaça l'Appellate Committee de la Chambre des Lords par une nouvelle Cour suprême. « J'ai regretté ce changement qui a été largement provoqué par l'épisode Hoffmann, me confia James Vallance White. Sans Hoffmann, c'est Goff qui aurait siégé, l'affaire aurait pris un tout autre tour, et Pinochet serait rentré chez lui en novembre 1998. »

Le Law Lord Nico Browne-Wilkinson fut profondément affecté par toute cette saga. Il démissionnera prématurément de l'Appellate Committee, et resta en froid avec son collègue Hoffmann, ce qui mit fin à une longue amitié[5].

Michael Caplan fut nommé *Queen's Counsel (QC)*, distinction rarement accordée à un *solicitor**. « J'ai reçu une très gentille lettre du général, écrite à la main, en espagnol », et une médaille de la Fondation Pinochet. Cette affaire avait été « un sommet dans sa carrière », me dit-il. « J'ai rencontré des gens intéressants et nous avons contribué à construire l'histoire du droit, en grande partie grâce aux groupes de défense des droits humains. »

Jack Straw regrettait sa décision d'autoriser Pinochet à partir, et le fait qu'il n'avait jamais été jugé ni condamné au Chili ensuite. « J'ai bouclé ce type pendant seize mois, et ça a changé la face de… », m'a-t-il confié avec une pointe de mélancolie. « J'aurais pu décider qu'il était apte à voyager et le remettre à la justice espagnole. J'aurais préféré, mais voilà, ce qui est fait est fait. »

* En Angleterre, il existe deux types d'avocats : à côté des *barristers* qui représentent des clients devant des juridictions, les *solicitors* n'ont pas le droit de plaider, sauf dans certaines affaires jugées par des tribunaux inférieurs. Le client doit engager un *solicitor* qui fait appel lui-même à un *barrister* pour le représenter devant un tribunal *(NdT)*.

Jean Pateras traduit toujours pour la Police métropolitaine et conserve un souvenir très vif de cette soirée du 16 octobre 1998 et des événements qui suivirent.

Clare Montgomery a quitté le cabinet d'avocats qu'elle partageait avec Alun Jones, et s'est jointe à d'autres confrères, y compris moi-même, pour créer un nouveau cabinet. Notre espoir était de voir apparaître un autre chemin, rendu possible par l'interaction entre les droits anglais, européen et international, si emblématique dans le cas Pinochet.

Mon amitié avec James Cameron n'a fait que se renforcer et il est aujourd'hui, vingt-cinq ans après, mon ami le plus proche. Il a quitté l'univers du droit pour se consacrer au changement climatique et à d'autres questions vitales. « C'est curieux », m'a-t-il confié, songeur, « combien ma vie aurait pu être différente si l'avocat général d'Espagne avait cherché à m'engager avant l'équipe de Pinochet, et non après. »

***

Il y eut également des répercussions en Espagne.

Le gouvernement a mis un frein à l'application de la compétence universelle, afin d'éviter le retour à l'avenir d'affaires telles que le cas Pinochet. Aujourd'hui, sauf exception, les tribunaux espagnols ne peuvent pas se saisir de crimes internationaux commis à l'étranger[6].

Juan Garcés poursuit son combat pour la reconnaissance des crimes de Pinochet. Furieux que ce dernier ait pu rentrer chez lui prématurément, il reste néanmoins persuadé de l'importance de ce cas qui a « ouvert une brèche dans le mur d'impunité à Santiago ».

Une vive controverse est née autour des enquêtes de Baltasar Garzón sur les crimes de l'ère Franco et d'autres commis en Espagne. Son action lui a valu d'être démis de ses fonctions de magistrat, décision qui sera jugée illicite par le Conseil des droits de l'homme de l'ONU[7]. Il est persuadé que l'affaire Pinochet « a transformé le Chili et le monde ».

Carlos Castresana poursuit son travail de procureur ; il fut candidat pour devenir procureur auprès de la Cour pénale internationale.

Lui aussi se veut optimiste quant à l'effet du retour de Pinochet au Chili. « La statue devant le palais de la Moneda est celle d'Allende et non celle de Pinochet. »

***

Au Chili, Pinochet et son arrestation restent des sujets qui divisent. Son retour a modifié le cours des procédures pénales. Bien que la loi d'amnistie de 1978 reste en vigueur, des centaines de plaintes ont été ouvertes à l'encontre de ceux qui ont perpétré les crimes autorisés par Pinochet directement ou en son nom. Parmi ceux qui ont été convaincus de crimes contre l'humanité figurent des individus impliqués dans le meurtre de Carmelo Soria et dans la torture suivie de la disparition d'Alfonso Chanfreau. Manuel Contreras est mort en prison en 2015, tandis que son adjoint Pedro Espinoza, Miguel Krassnoff et Christoph Willeke sont toujours incarcérés.

En août 2023, le président Boric a présenté un plan national destiné à reconstituer le sort d'au moins 1469 personnes disparues, pour mettre fin à la torture persistante subie par leurs familles et leurs amis. Il remercia publiquement tous ceux qui avaient permis que Pinochet soit arrêté. « Ce que vous avez fait a permis aux Chiliens, mais également à tous, d'espérer que la justice est possible et qu'elle mérite toujours qu'on se batte pour elle[8]. »

En juin 2024, le gouvernement chilien a annoncé l'expropriation de la Colonia Dignidad et sa transformation en site de la mémoire nationale, avec l'aide du gouvernement allemand. La colonie « offense la conscience humaine », déclara le ministre de la Justice Luis Cordero en parlant de cet endroit où se pratiquaient l'esclavage et les crimes sexuels, et où « des disparitions, des actes de torture et des exécutions politiques étaient commis par la police et les services de renseignement de la dictature »[9].

Pourtant, la justice n'est pas passée pour tous. Les condamnés étaient ceux qui avaient servi l'armée ou la DINA. Bien d'autres responsables ou complices – parmi ceux qui travaillaient pour des entreprises privées ou des journaux, et même parmi les juges – ont en règle générale échappé à la justice et à toute mise en cause de leur responsabilité. Pas un seul civil associé aux crimes de la Pesquera Arauco, y compris Walther Rauff, ne fut interrogé ni accusé.

Pour les crimes de l'ère Pinochet, comme pour ceux qui furent perpétrés jadis par les colons britanniques, allemands et espagnols, l'impunité règne encore et toujours.

***

Pinochet devait-il être renvoyé au Chili ou extradé vers l'Espagne ? Les sentiments restent partagés sur cette question.

Certains, comme José Miguel Insulza, ont approuvé son retour, tout en regrettant qu'il n'ait pas été jugé ni condamné. Cristián Toloza, qui avait négocié ce retour avec un professionnalisme consommé, nourrit encore des regrets. « Je ne suis pas fier du rôle que j'ai joué pour lui permettre de rentrer chez lui. »

S'il avait accueilli avec satisfaction la conclusion de l'affaire, Hernán Felipe Errázuriz n'écrira rien pour autant à ce sujet. « J'en suis incapable, car les violations des droits humains m'ont traumatisé, parce que ce qu'il s'est produit est horrible. »

Jusqu'au bout, Miguel Schweitzer crut sincèrement au projet de Pinochet. « Son gouvernement a été une chance pour le pays », m'assura-t-il, même si l'arrestation a fait remonter « les questions des droits humains au Chili et à l'international », ce qui n'était peut-être pas une mauvaise chose. « J'ai beaucoup appris et cette affaire m'a fait reconnaître au Chili, souligna-t-il, même si mon implication m'a aussi fait perdre des opportunités professionnelles. »

« Encore une anecdote pour finir », conclut-il, cette lettre que la Fondation Pinochet a reçue du gouvernement britannique. « Elle contenait un chèque de 980 000 livres sterling, si ma mémoire est bonne, à l'ordre de Pinochet en personne, pour couvrir ses frais à Londres. »

Il répéta le montant : « 980 000 livres ! »

« Complètement dingue ! » s'exclamera José Miguel Insulza.

« Je suis soufflé », dira Jack Straw. Avec le passage du temps, on pouvait concevoir qu'il avait oublié une déclaration qu'il avait faite à ce propos à la Chambre des Communes après le départ de Pinochet.

Les Law Lords avaient décidé que Pinochet devait être remboursé sur le budget de l'État des frais de justice supportés pour les audiences devant la Divisional Court et les deux premiers jugements de la Chambre des Lords, « étant donné les circonstances inhabituelles de l'affaire[10] ».

« C'est le système, se justifia Michael Caplan. On a fait une demande pour les frais de justice, après son départ, et cela a provoqué un peu de scandale. »

J'ai demandé à Schweitzer s'il avait des regrets.

Ma question déclencha chez lui un petit rire de gorge.

« Je serais prêt à tout refaire sans rien changer », assura-t-il. Bien sûr, les meurtres de Carmelo Soria et d'Orlando Letelier étaient « malheureux », et, oui, « il y avait des choses dans le gouvernement du général » qu'il n'aimait pas. « Mais sachant ce que je sais maintenant… »

Était-il sur le point d'exprimer du regret ?

« Sachant ce que je sais maintenant, je n'aurais pas fait tout cela gratuitement. »

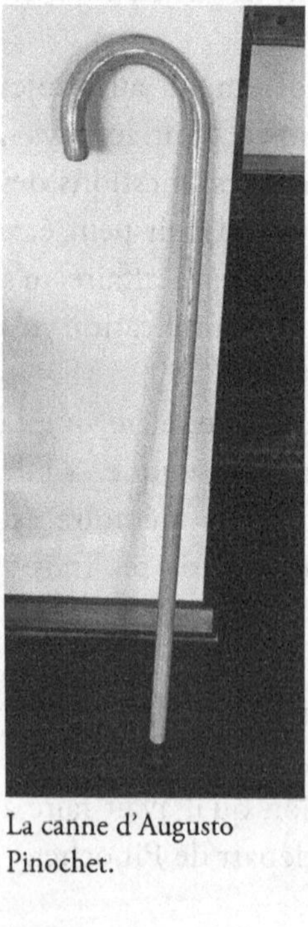

La canne d'Augusto Pinochet.

Ce que vous savez maintenant, mais ne saviez pas à Londres, était-ce qu'il avait amassé des millions illégalement, aux États-Unis ?

« J'aurais dû dire : "Oui, je vais vous défendre, mais il faudra me régler mes honoraires." »

Miguel Schweitzer s'interrompit un instant, puis reprit : « J'ai eu des honoraires, mais sous une autre forme. » Deux jours après le retour au Chili, des émissaires de Pinochet se présentèrent à son domicile.

« "Le général vous envoie ceci, en reconnaissance de tout ce que vous avez fait." Ils m'ont remis sa canne, comme il s'y était engagé. Il faudra venir la voir », conclut-il.

Je n'y suis jamais allé, car Miguel Schweitzer est mort peu de temps après cette conversation.

Son épouse m'a envoyé une photo de la canne.

Quand j'ai rapporté à la juge Paola Plaza l'histoire des honoraires et de la canne, elle a souri et m'a dit : « Laissez-moi vous surprendre. » Allez-y, je vous en prie, ai-je répondu. Ce qu'elle fit.

« Je voulais interroger Miguel Schweitzer au sujet des *boinas negras*, les bérets noirs de l'unité de protection de Pinochet. Je lui ai téléphoné un vendredi pour convenir d'un rendez-vous. Et le dimanche, j'ai appris qu'il était mort. »

***

Le retour de Pinochet comme le rôle joué par Schweitzer furent amèrement perçus par les familles des morts et des disparus qui ont passé plusieurs décennies à se battre pour obtenir justice.

« Je n'éprouve plus rien pour Miguel Schweitzer », m'a confié Laura González-Vera, la veuve de Carmelo Soria. « Je l'ai connu enfant, et plus tard j'ai constaté qu'il se classait clairement à droite. Je ne l'ai revu qu'en le rencontrant à la Cour suprême, pour l'affaire de Carmelo. Nous nous sommes regardés, sans nous parler. Rien d'autre. »

« J'ai été dégoûtée quand Pinochet est revenu », me dit sa fille, Carmen Soria. « Dégoûtée par les partis politiques de la *Concertación*, par Insulza, par tous ceux qui ont permis le retour de Pinochet au Chili. Vingt-cinq ans après, je suis toujours dans le même état d'esprit. Dégoûtée[11]. »

Pourtant, son engagement en faveur de la justice n'a rien perdu de sa force. Avec sa mère, elle ne relâche pas la pression pour obtenir que Michael Townley soit extradé des États-Unis afin d'être traduit en justice au Chili. Elles sont soutenues par le gouvernement chilien mais se heurtent aux administrations américaines successives, qui peuvent s'appuyer sur l'accord négocié en son temps par Miguel Schweitzer[12].

Laura González-Vera a poursuivi Townley avec succès devant les tribunaux américains qui l'ont condamné à payer sept millions de dollars de dommages et intérêts, tout en refusant de révéler sa nouvelle identité et son adresse actuelle. Townley a fait quelques versements modiques, que Laura González-Vera a redirigés vers d'autres bénéficiaires[13].

Carmen Soria a porté le cas de son père devant la Commission interaméricaine des droits de l'homme. Pendant que Pinochet était encore à Londres, la Commission décréta que la torture et le meurtre de Carmelo Soria constituaient un crime international relevant de la compétence universelle, que le Chili avait violé ses droits, qu'il devait poursuivre les responsables, verser une compensation à la famille, et abroger sa loi d'amnistie de 1978[14].

Trois ans après le retour de Pinochet, le gouvernement chilien accepta de verser à la famille Soria une indemnisation « à titre gracieux » *(ex gratia)* de 1,5 million de dollars. Il fallut attendre encore quatre ans pour que le Sénat ratifie l'accord, ce qu'il fit par un vote qui obtint de justesse la majorité requise[15].

À la suite du retour de Pinochet, la justice chilienne rouvrit le dossier Soria, qui passa du stade de l'instruction à celui des poursuites. Jorgelino Vergara confirma l'implication de la DINA dans le meurtre, *via* la brigade Lautaro[16]. Michael Townley fournit des détails sur ce qu'il s'était passé dans la maison de la via Naranja au cours de cette nuit de juillet 1976[17]. Mariana Callejas confirma la présence de son mari, le rôle de Pedro Espinoza, et se souvint des « rires et des bruits » qu'elle avait perçus au moment où Soria suppliait qu'on le laisse en vie[18].

En août 2023, quarante-sept années après l'assassinat, la Cour suprême a confirmé les condamnations de Pedro Espinoza et de cinq autres hommes pour leur responsabilité dans le meurtre de Carmelo Soria. Espinoza, incarcéré à la prison Punta Peuco de Tiltil, a décliné ma demande d'entretien. Trois des autres condamnés ont pris la fuite, et l'on ignore où ils se trouvent[19].

***

L'intérêt pour Walther Rauff ne faiblit pas.

Son personnage apparaît dans des romans[20].

Il est le protagoniste d'un recueil de poèmes[21].

Il est au centre d'articles de presse parus à Milan, rédigés à partir de documents de la CIA qui rendent compte de son activité dans la ville. Ces articles parus sous le titre « Journaux, espions et hôtel de luxe » offrent le récit d'une histoire emblématique du crime et de la collaboration[22].

Une station de radio allemande a diffusé une émission d'une heure consacrée à Rauff, à Pinochet et à la DINA, que l'on peut désormais écouter également en espagnol[23].

En adoptant une résolution sur les nazis au Chili, le Sénat chilien a pris soin d'éviter d'exprimer le moindre regret pour l'extradition manquée de Rauff vers la République fédérale d'Allemagne, voici plusieurs décennies[24].

À Santiago, j'ai découvert une boutique d'antiquités qui proposait un service de table en porcelaine présenté comme lui ayant appartenu. « Chaque pièce de vaisselle est marquée des initiales du propriétaire : W.R. », précise la boutique. « Je n'ai jamais vu ce service », m'a dit le petit-fils de Walther Rauff, sceptique[25].

En mai 2024, la télévision chilienne a marqué le quarantième anniversaire de sa mort en diffusant un reportage exclusif, et plusieurs journaux lui ont consacré des articles[26].

Et cela continue.

***

León Gómez a proposé de m'accompagner à Londres 38. Nous nous sommes retrouvés devant l'immeuble, dans cette rue pavée empruntée autrefois par les fourgons frigorifiques de la Pesquera Arauco. Il m'attendait, une cigarette à la main, avec son fils, Horacio, et Miguel Ángel Rebolledo, un de ses anciens codétenus.

Nous avons foulé les dalles noires et blanches de l'entrée au moment où les cloches de San Francisco se mettaient à sonner. « En les entendant, nous savions où nous étions », se souvint Miguel Ángel.

En entrant dans la grande salle du rez-de-chaussée, León dit : « C'est là qu'on était assis, en attendant d'être appelés à l'étage pour être interrogés. »

Ils se souvenaient de la visite organisée en 1992, avec Erika Hennings et d'autres, quand ils avaient identifié leurs tortionnaires, dans le cadre de l'affaire d'Alfonso Chanfreau.

« J'ai reconnu Krassnoff à partir d'une photo parue dans *El Mercurio* en octobre 1973 », indiqua León. Tout comme il avait pu reconnaître Rauff en voyant la photo de décembre 1962. Le juge crut à la fiabilité de son témoignage, qui contribua à la condamnation de Krassnoff et de deux autres.

« J'ai retrouvé une autre photo de Rauff, me dit-il. Je voulais l'apporter mais je l'ai oubliée, désolé. »

Au premier étage, les interrogateurs feignirent d'abord de mettre León en confiance, puis les choses se gâtèrent. « Dans la pièce, quelqu'un tapait sur une vieille machine à écrire, un modèle ancien de grande taille, différent des modèles modernes plus petits et plats. » Les touches résonnaient : « Tip, tip, tip, tap, tap, tap. » Rauff appréciait les machines de qualité.

« Quand on criait trop fort, ils montaient le son de la musique, dit Miguel Ángel, mais c'était pire d'entendre les cris des autres.

Rauff regardait et écoutait, parfois il faisait des gestes de la main, ajouta León, comme pour dire : "plus de courant", ou "coupez le courant !" Mais il écoutait surtout, cet homme qui parlait en allemand. »

Miguel Ángel ne se souvenait pas bien de tout. « Vous étiez si tendu en attendant votre tour que vous ne pouvez pas vous rappeler tous les détails. »

Horacio me confia : « Mon père ne m'a parlé de ça que très récemment » ; c'était avant son attaque cérébrale. « Il ne parlait pas beaucoup, mais quand je l'ai interrogé sur la présence d'étrangers, il m'a dit : "Il y avait un Allemand." La première fois, il n'a pas prononcé le nom de Rauff, c'était juste un échange en passant, *a la pasada*. »

« Le principal tortionnaire était *Guatón* Romo », reprit Miguel Ángel. Une sale brute.

« Je me souviens de son parfum », précisa León.

« *Flaño* », dit Miguel Ángel.

Flaño ?

« Romo portait cette eau de toilette très bon marché, terriblement forte et entêtante. On savait en la sentant ce qui allait nous arriver, avant même qu'il entre dans la pièce. »

***

Quelques jours après, dans un dîner à Santiago, assis à côté d'une dame qui ne donnait pas l'impression d'être hostile à Pinochet, je fais allusion à ma visite à Londres 38. « J'adore sentir *Flaño* sur les jeunes hommes », lance-t-elle aux convives, qui se montrent légèrement surpris.

« Je me rappelle les sons, mais pas les odeurs », me dit Erika Hennings quand j'évoque cette scène avec elle. Comme Laura González-Vera et Carmen Soria, elle bataille en justice depuis de nombreuses années, notamment au sujet de la Pesquera Arauco. Elle voudrait savoir ce que j'ai appris de Samuel Fuenzalida, qu'elle connaît – « un homme perdu dans les limbes » –, et de Jorgelino Vergara, qu'elle ne connaît pas.

J'ai quelque difficulté à parler avec la femme d'un homme disparu des fourgons frigorifiques, des installations de la Pesquera Arauco, et du lien avec Rauff.

Mais Erika insiste : « Dites-moi. »

Je lui fais part alors de ce que je sais.

« Je suis au courant pour San Antonio et les Rocas de Santo Domingo, dit-elle. Beaucoup pensent que c'était une destination finale. » Elle connaît aussi les histoires sur la Pesquera Arauco. « Nous avons entendu les rumeurs sur l'usine de farine de poisson, mais il n'y a encore jamais eu de témoignage devant un tribunal. Peut-être à cause de l'horreur. »

Silence.

« Il y a des témoignages sur l'utilisation des bateaux, pour faire disparaître des gens », reprend-elle.

Silence.

« J'ai des doutes sur l'histoire de la farine pour l'alimentation animale. »

Sa voix est douce et belle. Elle aimait son mari Alfonso, et l'aime toujours, elle ne s'arrêtera pas, ne renoncera pas.

Par bien des aspects, les affaires Chanfreau et Soria sont mêlées, et les deux familles se connaissent.

« Vous savez comment est Carmen Soria ! me dit Erika. Je n'oublierai jamais quand elle est venue me voir et qu'elle m'a demandé : "Erika ! Comment as-tu fait ?" Je suis toujours restée présente, lui ai-je répondu, j'ai persisté. »

Comme dans l'affaire Soria, les plaintes d'Erika devant les juges chiliens n'ont abouti à rien ; alors elle est partie en France peu de temps après l'arrestation de Pinochet à Londres. Dix ans plus tard, la Cour d'assises de Paris a prononcé deux jugements, un au pénal et l'autre au civil. Treize hommes furent condamnés pour l'enlèvement et la torture d'Alfonso Chanfreau. Perpétuité pour Contreras et Espinoza et trente ans de prison pour Miguel Krassnoff[27].

Tout est lié.

Après le rapatriement de Pinochet, l'affaire Chanfreau finit par décoller également au Chili. En 2015, la Cour suprême a condamné Krassnoff, Basclay Zapata et d'autres pour l'enlèvement d'Alfonso Chanfreau, qualifié de crime contre l'humanité. La Cour leur infligea de lourdes peines de prison et accorda à la famille 400 000 dollars de dommages et intérêts[28]. En avril 2023, la justice condamna enfin le troisième homme identifié par Erika et León Gómez lors de la confrontation organisée si longtemps auparavant[29].

Zapata demanda pardon à Hennings avant de mourir dans la prison de Punta Peuco, mais ne révéla pas l'emplacement des restes de son mari[30]. Quant à Krassnoff, qui s'est vu infliger plus de quatre-vingts condamnations pour des crimes incluant les meurtres de Soria et de Chanfreau, et qui purge des peines totalisant plus de mille années d'emprisonnement, il n'a jamais voulu se repentir. Il peut compter sur des soutiens puissants, dont celui de José Antonio Kast, battu par Gabriel Boric à l'élection présidentielle de 2021, qui demeure un partisan fidèle de Pinochet. Kast est le fils d'un Allemand entré au parti nazi en 1942. Après avoir rendu visite à Krassnoff en prison, Kast avait souhaité publiquement qu'il soit amnistié[31].

« L'arrestation de Pinochet a rendu plus visible le combat pour la justice et pour la reconnaissance des responsabilités », dit Erika Hennings, tout en soulignant que cette lutte avait commencé bien avant les événements de Londres, et qu'elle voulait que le dictateur soit jugé.

« Au bout du compte, il n'aura pas été jugé non plus ici au Chili, malgré les procédures engagées par Juan Guzmán, mais pfff… que dire ? »

Aurait-il dû passer en jugement en Espagne ?

« J'aurais préféré qu'il soit jugé, un point c'est tout. Il ne l'a pas été. Il a seulement été arrêté. L'impunité est demeurée. La justice a traîné, le projecteur braqué presque exclusivement sur la DINA, les entreprises privées laissées en dehors… poursuivit-elle, songeuse. Je suppose qu'il y a des descendants à protéger. »

Elle salue le *Programa Nacional de Búsqueda*, le plan national lancé pour faire toute la lumière sur les disparus[32].

« Au moins, il reconnaît l'importance des personnes disparues. »

Saurez-vous jamais ce qu'est devenu Alfonso ?

« Je ne crois pas. Parfois je suis tentée d'abandonner, mais je ne le ferai pas, à cause de mon petit-fils. »

Krassnoff sait-il ce qui est arrivé à Alfonso ?

« Oui, il le sait. »

***

J'ai rencontré le juge Guillermo De la Barra à Santiago en mars 2024. Le dossier de la Pesquera Arauco lui a été transmis par la juge Paola Plaza, laquelle avait pris la suite du juge Mario Carroza. De la Barra est un homme affable et ouvert, mais j'ai du mal à mesurer son degré d'intérêt et d'investissement dans cette affaire.

« Lors de notre premier contact, me dit-il, il n'y avait pas encore d'investigations sur le rôle de Walther Rauff dans la Pesquera Arauco, mais il y en a maintenant. »

Il s'était entretenu avec de nombreux témoins qui avaient « assuré que Rauff était un conseiller de la DINA », me dit-il. « J'ai interrogé Jorge Silva, Samuel Fuenzalida et *El Mocito*, ainsi que Christoph Willeke. » Ce dernier, ex-agent de la DINA, lui avait avoué qu'il connaissait Rauff, sans l'avoir jamais vu.

Lui avez-vous montré une photographie de Rauff ?

« Non, parce qu'il m'a dit qu'il savait à quoi il ressemblait. »

Quel est votre sentiment au sujet du rôle de Rauff au sein de la Pesquera Arauco ?

« Je n'ai aucun doute sur l'implication de Rauff dans les disparitions », me dit le juge De la Barra, qui s'apprête à accélérer les recherches sur le passé de Rauff, en incluant ses relations avec Pinochet.

***

Je retourne dans la rue de Londres, pour un dernier coup d'œil. De nouveaux arbres viennent d'être plantés et, sur les murs de plusieurs immeubles, des plaques en céramique et d'autres choses signalent des lieux d'intérêt.

On y trouve le buste d'un historien du XIXe siècle qui a écrit sur l'histoire coloniale du Chili. Il y a aussi un hôtel, un garage automobile, le siège d'un parti politique. On voit également un magasin qui vend des bâches de plastique, suffisamment grandes pour envelopper un cadavre.

C'est une rue très ordinaire, qui a cependant toute une histoire.

Un panneau rappelle l'emplacement de la Galería Bolt, cette galerie d'art jadis fréquentée par Neruda, qui y collabora avec Marina Latorre, fondatrice de la revue de poésie *Portal.* Née à Punta Arenas, elle avait terminé sa vie dans cette rue de Londres. Ensemble, ils en ont foulé les pavés qui seront plus tard sillonnés par des fourgons rappelant les camions que Neruda avait évoqués.

Plus loin, au carrefour de la rue de Londres et de l'avenue du Libertador Bernardo O'Higgins, s'élève l'église San Francisco. Sur un des murs, quelqu'un avait bombé ces quelques mots : *No quiero tus golpes*, « Je ne veux pas de tes coups ».

Sur un autre mur de l'église, une plaque en céramique explique qu'un ermitage s'élevait jadis à cet endroit, fondé en 1541 par Pedro de Valdivia, conquistador et premier gouverneur du Chili. Il est précisé qu'il était venu d'Espagne avec une peinture représentant *Notre-Dame du Perpétuel Secours*, ce que relate Alonso de Ercilla y Zúñiga dans son poème épique *La Araucana.* La plaque ne rappelle pas que Pinochet appréciait grandement ce poème, ni qu'il installa un centre de torture à quelques pas de là.

J'entre dans l'église et me dirige vers la fameuse peinture qui est suspendue au-dessus du maître-autel. À côté se trouve une élégante vitrine qui présente une médaille en or offerte à l'église par la poétesse chilienne Gabriela Mistral. Cette médaille est celle du prix Nobel de littérature qu'elle reçut en décembre 1945, au moment où se déroulaient, dans la salle n° 600 du tribunal de Nuremberg, les débats relatifs aux crimes contre l'humanité et de génocide.

Le comité Nobel salua la puissance lyrique des textes de Mistral, reflétant « les aspirations idéalistes du monde latino-américain tout entier». Je n'ai découvert son œuvre que récemment, à Valparaíso, la ville de naissance de Pinochet, où Rauff avait fêté son soixante-dixième anniversaire.

Je me trouvais à Valparaíso pour participer à un festival littéraire, invité à parler de mes livres sur Lviv et la filière d'exfiltration des nazis, et à présenter ma recherche sur Pinochet et Rauff. J'espérais bien qu'il se trouverait dans l'assistance quelqu'un qui pourrait m'apprendre une ou deux choses sur les deux hommes. À la fin de la conférence, une dame a levé la main.

«Je m'appelle Proserpina Fierro», dit-elle. En lisant le programme, elle avait vu la photographie de Rauff.

«J'ai connu Walther Rauff dans les années 1970.» Beaucoup dans la salle furent saisis d'un frisson. Elle n'en dit pas beaucoup plus, et ne révéla pas dans son intervention publique comment elle l'avait rencontré pour la première fois, dans les bureaux de la Pesquera Camelio à Tres Puentes, en 1975.

J'ai rendu visite à Proserpina Fierro le soir même chez elle, à Quilpué, tout près de Valparaíso. Elle me raconta qu'elle avait été la première femme au Chili à obtenir un doctorat d'ingénierie électrique. Cela se passait juste après le coup d'État. On lui proposait un emploi au Brésil, mais Pinochet intervint et interdit qu'elle quitte le pays. L'un de ses ministres, Herman Brady, le lui signifia «par ordre du général», lui précisant que «sa qualification était trop précieuse pour notre pays».

Fierro fut engagée à Punta Arenas par le chantier naval ASMAR, situé à Tres Puentes, à côté de la Pesquera Camelio. Comme elle était la seule femme, ses collègues l'envoyèrent à la conserverie pour demander des coquilles Saint-Jacques qui serviraient à décorer le lieu où devait se tenir une fête. C'est ainsi qu'elle sortit pour voir le *jefe*, le patron de l'usine, dans le bâtiment voisin.

Elle me raconta comment on l'avait envoyée à l'étage, où elle avait découvert Walther Rauff, flanqué de deux gardes et de deux chiens rottweilers, et assis derrière son grand bureau sur lequel trônait une grosse machine à écrire.

«Je n'ai jamais oublié son accent ni l'atmosphère compassée de ce moment. J'ignorais tout de son histoire, dont je n'ai entendu parler qu'après son décès. C'était un homme d'autorité, habitué à organiser et à commander. Un organisateur qui pouvait coordonner beaucoup de choses simultanément. »

Au fil du temps, elle comprit que Rauff était proche de la famille Camelio et qu'il approuvait Pinochet et son régime. « Oui, dit-elle, il se déplaçait », mais elle était incapable de dire où. « Peut-être en Argentine ? Ou à Porvenir, où il avait une maison. » Elle l'avait vue une fois, mais n'y était pas entrée ; nul n'y allait jamais sans y avoir été invité.

J'ai partagé avec elle ce que j'avais appris au sujet de l'homme qui lui avait fait cadeau des coquilles Saint-Jacques. Proserpina Fierro ne s'est pas montrée surprise.

« C'était un homme à deux visages. L'impression dominante était celle d'un contrôle absolu sur tout l'espace qu'il occupait à un moment donné. Mais il savait aussi montrer le visage d'un homme aimable et bon ; c'est celui que je lui connaissais et qui me le rendait sympathique. »

Elle plongea son regard dans le mien tout en parlant. « Je me représentais vos trois visages : l'écrivain, l'avocat, et cet homme personnellement touché par les horreurs subies par sa famille. Pourriez-vous séparer complètement ces visages ? Je me demandais lequel apparaîtrait quand vous prendriez la parole. C'est pour cela que j'ai voulu venir vous entendre au festival. »

Elle ne s'étonna pas que Rauff ait pu faire tant de mal, dans un lointain passé et plus récemment. « C'était son caractère, sa manière d'être. Lorsqu'on lui confiait une mission, il l'accomplissait. »

Elle ne s'étonna pas non plus qu'il ait eu cette seconde vie, recourant une fois encore à des camions pour faire disparaître des gens, camions à gaz d'abord, camionnettes réfrigérées ensuite.

« Si l'on m'avait dit cela quand je l'ai rencontré, je l'aurais cru, comme je le crois maintenant. » Elle réfléchit, toujours précise dans sa pensée comme dans son expression.

« Quand vous étiez devant lui, son aptitude à faire de telles choses pouvait se lire sur son visage. Il ne s'agissait pas de haine. C'était une froideur absolue, un désir de contrôle absolu. Même dans des moments de joie ou de rire, vous pouviez sentir que chaque impression qu'il laissait transparaître était sous contrôle, absolument et inébranlablement...

J'espère que vous brosserez "un portrait équilibré" de Walther Rauff et de Pinochet », reprit-elle.

N'éprouverait-elle pas une certaine forme d'affection pour ces deux hommes ?

« J'aime la physique, donc la précision et l'exactitude comptent beaucoup pour moi, autant que les perspectives du temps et de l'âge, pour représenter cette histoire dans toutes ses nuances. »

Et justement, cette histoire vous intéresse parce que… ?

« Pinochet et Rauff ? Ils étaient semblables. Chacun avait deux visages. L'un aimable, l'autre détestable, mais indissociables. »

Et tous deux ont pu s'en tirer comme cela.

« Oui », confirma-t-elle.

C'est une façon de voir les choses.

Emballage de *centolla*,
crabe royal de la marque Camelio, années 1970.

Un jour nous avons trouvé des squelettes de crabes royaux
Depuis la grande maison nous avons vu
Des taches rouges sur la tourbe
À l'intérieur de leurs pattes se trouvait
Un souple et transparent cartilage

Mariana Camelio, « Laguna Grande », *Isla Riesco*, 2019.

Notes

Prologue (p. 19-22)

1. « Setenta y dos horas en Londres 38 », *Revista de Estudios Sociales*, vol. 25, 2006, p. 49-51.

I. Arrestation (p. 23-122)

1. « Pinochet arrested in London », *BBC News*, 17 octobre 1998 ; « Chileans React with Disbelief », *BBC News*, 18 octobre 1998.
2. Roberto Bolaño, « Entre Pinochet y el culo del mundo », *Ajoblanco*, vol. 113, novembre 1998, p. 35.
3. « Pinochet Decision for Straw », *The Guardian*, 19 octobre 1998.
4. Hansard, House of Lords, 6 juillet 1999, colonne 801 (Margaret Thatcher, Statement on General Pinochet) ; Ros Taylor, « Augusto Pinochet », *The Guardian*, 19 janvier 1999.
5. Ros Taylor, « Pinochet's Friends Go on the Offensive », *The Guardian*, 19 janvier 1999.
6. Voir aussi Alejandra Matus, *Doña Lucía : La biografía no autorizada*, Ediciones B, 2013.
7. Décret-Loi 77, 8 octobre 1973.
8. Déposition de Samuel Fuenzalida, Cour d'Appel, affaire de l'Opération Colombo, cas de Jorge Grez Aburto, jugement du 7 mai 2014, p. 29 (dossier de l'auteur).
9. Pablo Seguel, *Los Soldados de la represión*, Ediciones UAH, 2022.
10. Daniel Borzutzky, « Today or a Million Years Ago : An Interview with Raúl Zurita », Poetry Foundation, 24 mars 2015.

11. *Ibid.* ; et Javier Rebolledo, *El despertar de los cuervos : Tejas verdes, el origen del exterminador en Chile*, Planeta, 2016, et *A la sombra de los cuervos*, Planeta, 2017.
12. Augusto Pinochet Ugarte, *El día decisivo : 11 de septiembre de 1973* ; *Le Jour décisif. 11 septembre 1973*, trad. Maria Luisa Jaramillo, Editorial Andrés Bello, 1985, p. 52.
13. « Participé en el atentado a Pinochet : Patricio Manns y una confesión inesperada », *La Cuarta*, 25 septembre 2021.
14. *Rapport de la Commission nationale Vérité et Réconciliation*, février 1991 (Rapport Rettig) (traduction anglaise disponible ici : https://www.usip.org/sites/default/files/resources/collections/truth_commissions/Chile90-Report/Chile90-Report.pdf)
15. Felix Jiménez Botta, « From Antifascism to Human Rights : Politics of Memory in the West German Campaigns Against the Chilean and Argentinean Military Regimes, 1973-1990 », *Zeithistorische Forschungen/Studies in Contemporary History*, 17, n° 1, 2020 ; Norbert Blüm et Ludger Reuber, *Politik als Balanceakt. « Unverblümtes » aus der Werkstatt Bonn*, Universitas, 1993, p. 22 ; Olivier Guez, *La Disparition de Josef Mengele*, Livre de Poche, 2017, p. 89-90.
16. Juan Cristóbal Peña, *La secreta vida literaria de Augusto Pinochet*, Random House Mondadori, 2013, p. 207.
17. Alonso de Ercilla y Zuñiga, *La Araucana*, trad. E. H. Vinson, reprise de l'édition parue en 1856, Éditions Hachette/BnF, 2017, chant XXXII.
18. Le Décret-loi n° 2191 accorde l'amnistie aux personnes inculpées pour les infractions citées, *Diario Oficial*, 18 avril 1978 ; voir aussi juge d'instruction Adolfo Bañados, 12 novembre 1993, Affaire n° 192-1978, alinéa 18 ; Cour suprême du Chili, 30 mai 1995, Affaire n° 192-1978, alinéa 8.
19. Herbert Mitgang, « Publishing : The Letelier Case », *The New York Times*, 18 juillet 1980.
20. U. S. Department of State, Memorandum secret de l'entretien entre Henry Kissinger et Augusto Pinochet, « US Chilean Relations » (8 juin 1976), in Peter Kornbluh, *The Pinochet File*, 2e edition, The New Press, 2013, p. 264.
21. Entrevista a Orlando Letelier (grabación Sonora), Archivo Audiovisual, Biblioteca Nacional de Chile : https://www.bibliotecanacionaldigital.gob.cl/bnd/625/w3-article-625617.html
22. P. Kornbluh, *The Pinochet File*, *op. cit.*, p. 350.
23. « Berríos : Los casetes secretos del "químico de Pinochet", chapitre 1 : « Armas químicas », *Vergara240*, 2023.
24. J. C. Peña, *La secreta vida literaria de Augusto Pinochet*, *op. cit.*, p. 118 ; Christopher Hitchens, « Jorge Luis Borges », *The Spectator*, 21 juin 1986.
25. « Interview avec Manuel Contreras : "La DINA no se manejaba sola" », *Terrorismo de estado en Chile*, 19 octobre 2011.

26. John Dinges et Saul Landau, *Assassination on Embassy Row*, Pantheon, 1980, p. 299, 307.
27. « Télégramme du Département d'État à l'ambassade au Chili », *Foreign Relations of the United States, 1977-1980*, vol. XXIV, South America, Latin America Region. Doc. 211 (14 mars 1978).
28. J. Dinges et S. Landau, *Assassination on Embassy Row*, *op. cit.*, p. 336.
29. *Ibid.*, p. 332 ; « Interview avec Manuel Contreras », art. cit. ; « *Affidavit* de Pedro Espinoza Bravo enregistré devant le notaire Arturo Carvajal Escobar », Santiago, 2 mai 1978.
30. P. Kornbluh, *The Pinochet File*, *op. cit.*, p. 407 ; Manuel Salazar Salvo, « Contreras : Historia de un Intocable. Los años 80 y el camino a la cárcel », *Interferencia*, 26 avril 2021.
31. « Télégramme du Département d'État à l'ambassade au Chili », *Foreign Relations of the United States, 1977-1980*, vol. XXIV, South America, Latin America Region. Doc. 212 (14 avril 1978) ; P. Kornbluh, *The Pinochet File*, *op. cit.*, p. 405.
32. J. Dinges et S. Landau, *Assassination on Embassy Row*, *op. cit.*, p. 337-338, 391.
33. CIA Intelligence Report, « Strategy of Chilean Government with Respect to Letelier Case, and Impact of Case on Stability of President Pinochet », 23 juin 1978, in P. Kornbluh, *The Pinochet File*, *op. cit.*, p. 440-441.
34. CIA Directorate of Intelligence, « Pinochet's Role in the Letelier Assassination and Subsequent Coverup » (1er mai 1987).
35. Christina Lamb, « Tea with Pinochet », *New Statesman*, 26 juillet 1999.
36. P. Kornbluh, *The Pinochet File*, *op. cit.*, p. 406-409.
37. *Ibid.*, p. 405-409 ; CIA Directorate of Intelligence, « Pinochet's Role in the Letelier Assassination and Subsequent Coverup » (1er mai 1987).
38. *Ibid.*
39. Ascanio Cavallo et Rocío Montes, *La historia oculta de la década socialista : 2000-2010*, Uqbar, 2022, p. 288.
40. David Burnham, « American Testifies He Has No Regrets About Assassinating Letelier », *The New York Times*, 23 janvier 1979.
41. Kenneth Brademeier, « Silbert Agreed with Chile to Curtail Information », *The Washington Post*, 24 janvier 1979.
42. « US Won't Extradite Figure in Letelier Case », *The New York Times*, 26 juillet 1983 ; Ali Beydoun, « The U.S. Should Expedite Extradition for Chilean Diplomat's Assassin », *The Washington Post*, 23 septembre 2016.
43. Erika Harding, « Chile : Former Officials Contreras & Espinoza Found Guilty in Letelier Assassination », *Noti-Sur*, 9 novembre 1993.
44. En ordonnant au Chili de verser une compensation de 2,5 millions de dollars aux familles Letelier et Moffitt, une Commission américano-chilienne n'en respectait pas moins le principe d'immunité souveraine du Chili : *Dispute*

Concerning Responsability for the Deaths of Letelier and Moffitt, Sentence arbitrale, XXV RIAA (1992), p. 3-19.

45. Nigel Rodley, *The Treatment of Prisoners under International Law*, Oxford University Press, 1987, p. 101-107.
46. Entretien de l'auteur avec Miguel Schweitzer, 4 septembre 2020.
47. David Sugarman, « The Hidden Histories of the Pinochet Case », *Journal of Law and Society*, vol. 51, 4, 2024, p. 459-490.
48. A. Cavallo et R. Montes, *La historia oculta de la década socialiste : 2000-2010*, *op. cit.*, p. 15.
49. Jon Lee Anderson, « The Dictator », *The New Yorker*, 11 octobre 1998.
50. « The Lawyer Who Wouldn't Forget », *The Guardian*, 2 février 1999.
51. Loi 44/1971 amendant le Code pénal, Article 137 bis, 16 novembre 1971, *Boletín Oficial del Estado [BOE]*, 274 (Espagne) ; Aleix Pérez i Pitarch, « Spain, 1996 : the origins of the Pinochet case : the initial legal framework (and why words matter) », étude présentée pour l'obtention du LLM Degree, Harvard Law School, mai 2022, p. 17.
52. Ivan Boileau, « La Ciudad Lineal : A Critical Study of the Linear Suburb of Madrid », *The Town Planning Review*, vol. 30, n° 3, 1959, p. 230.
53. A. Pérez i Pitarch, « Spain, 1996 : the origins of the Pinochet case », art. cit., p. 10.
54. Cour suprême du Chili, 4 juin 1996, Affaire n° 1-1993 ; un ultime appel devant la Cour suprême fut rejeté le 23 août 1996 ; A. Pérez i Pitarch, « Spain, 1996 : the origins of the Pinochet case », art. cit., p. 10.
55. « Arturo Soria y su hermano Carmelo, hacia 1940, cuando llegaron a Chile », *El Mercurio*, 31 août 1980.
56. Pedro Lemebel, « Carmen Soria (O la eterna lucha de un ético mirar) », in *Zanjón de la Aguada*, Editorial Planeta Chilena, 2003.
57. Rapport Rettig, vol. 1, 1991, p. 779.
58. Commission inter-américaine pour les Droits humains, Rapport n° 133/99, Affaire 11.725 : Carmelo Soria Espinoza (19 novembre 1999).
59. Andrés López Awad et Camilo Pérez Alveal, *Carmelo : matar dos veces a un mismo hombre*, CEIBO, 2023 ; Nelson Jofré, *La implacable verdad policial : la apasionante investigación del detective que descubrió al grupo más secreto y letal de la Dina*, Catalonia, 2023.
60. Victoria Dannemann, « Garcés : "Como testigo de crimen, debía evitar la impunidad" », *DW*, 15 octobre 2018.
61. Alejandra Matus, « Torres Silva, el fiscal favorito de Pinochet », *Los Casos de la Vicaria* (sans date) ; Silva comparut devant les juges le 3 octobre 1997, et Garcés déposa une motion de rejet de ses requêtes le 27 octobre (Doc. 1997-10-27 JG au Juzgado Central de Instrucción [JCI] n° 6 – Réponse au Général Torres Silva) ; voir aussi « Le général Torres Silva comparaît devant le JCI n° 6 », *El País*, 18 octobre 1997 (dossier de l'auteur).

62. Open Democracy, *Justice in the World's Light*, 2001 (Geoffrey Bindman : «Augusto Pinochet s'est rendu à Londres à plusieurs occasions. Deux fois j'ai essayé de le faire arrêter. Je représentais Amnesty International UK. Une première fois nous sommes allés à Bow Street pour demander l'émission d'un mandat d'arrestation de Pinochet qui était présent à Birmingham pour un salon d'armement. Le magistrat était réticent et a renvoyé l'affaire. Pinochet est retourné au Chili le lendemain» ; une autre fois, «il était venu à Londres pour du shopping et pour voir son amie Margaret Thatcher. Nous avons demandé à l'Attorney General d'engager une poursuite. Il a fini par confier l'affaire à la Metropolitan Police qui paraissait prête à agir. Ils nous ont demandé de produire des preuves supplémentaires de tortures ayant été commises après novembre 1988, c'est-à-dire quand la Convention internationale contre la torture de 1984 est entrée en application dans le droit anglais».)
63. Rapport Rettig, vol. 2, 1991, p. 847.
64. Ernesto Ekaizer, *Yo, Augusto*, Aguilar, 2003, p. 494.
65. «Spanish Request to Question General Pinochet», 14 octobre 1998, in Reed Brody et Michael Ratner, *The Pinochet Papers. The case of Augusto Pinochet in Spain and Britain*, Kluwer, 2000, p. 55.
66. https://www.johndew.uk/prints1
67. Entretien de l'auteur avec Dave Clark, Conseiller spécial de Robin Cook, 17 novembre 2023.
68. Doc. 1998-10-16. Plainte et demande au JCI n° 5 d'arrêter Pinochet, à 13h10, heure à laquelle Enrique Santiago enregistra la plainte au pénal contre Pinochet.
69. John Hooper, «Move to Question Pinochet in the UK», *The Guardian*, 14 octobre 1998 ; note de Jessie Barnett-Cox, 1er mars 2017.
70. Lourdes Gómez et Ramón Lobo, «Amnistía pide al Gobierno británico que retenga al ex dictador Pinochet», *El País*, 16 octobre 1998.
71. «Un Français serait mort à la suite des tortures», *Le Monde*, 30 octobre 1975.
72. Decreto traspaso de Londres 38 al Instituto O'Higginiano, 29 novembre 1978 (dossier de l'auteur).
73. Transcription, 29 septembre 1992, Santiago (dossier de l'auteur).
74. Hansard, House of Commons, 9 février 1999, colonne 143.
75. E. Ekaizer, *Yo, Augusto*, *op. cit.*, p. 535.
76. Straw déclara au Parlement : «L'exécution d'un mandat d'arrêt est une action qui relève de la Metropolitan Police. Le premier mandat d'arrêt provisoire fut signifié au sénateur Pinochet par deux officiers du service des extraditions de la Metropolitan Police à 23 h 45, le 16 octobre 1998. Les personnes présentes étaient le chef du service des extraditions et un autre officier ; une interprète civile ; un médecin et deux infirmières. Il n'y avait pas de personnels armés», Hansard, House of Commons, 9 février 1999, colonne 143.

77. Courriel de Nicholas Evans à l'auteur, 23 août 2022.
78. R. Bolaño, « Entre Pinochet y el culo del mundo », art. cit., p. 35.
79. *Id.*, « El pasillo sin salida aparente », *Ajoblanco*, vol. 116, mai 1999, p. 54-57.
80. *Id.*, *Nocturno de Chile*, Anagrama, 2000 ; *Nocturne du Chili*, trad. Robert Amutio, Christian Bourgois, 2002, « Titres », p. 82.
81. *Ibid.*, p. 122.
82. *Id.*, *La literatura nazi en América*, Seix Barral, 1996 ; *La littérature nazie en Amérique*, trad. Robert Amutio, Christian Bourgois, 2003, « Titres », p. 110-111.
83. *Id.*, *Nocturne du Chili*, *op. cit.*, p. 146-149.
84. *Id.*, *Entre paréntesis : ensayos, artículos y discursos (1998-2003)*, Anagrama, 2004 ; *Entre parenthèses*, trad. Robert Amutio, Christian Bourgois, 2011.
85. Pedro Lemebel, *De perlas y cicatrices*, Lom, 1998.
86. Gloria Esquivel, « Literatura en tiempos de tortura », *Semana*, 28 février 2010 ; Michael Lazzara, « Writing Complicity : The Ideological Adventures of Mariana Callejas », *Radical History Review*, vol. 124, 2016, p. 141 ; Roberto Brodsky, « Amores que matan », in Mili Rodriguez Villouta (éd.), *Compasión*, Planeta, 2000.
87. « Berrios : Los casetes secretos del "químico de Pinochet", chapitre 1 : Armas Químicas », art. cit.
88. *Ibid.* (Nelson Jofré : « Prenez Carmelo Soria… un des types qui vivaient là, hein, il dit qu'on l'avait aspergé de gaz sarin. Une seule personne dit ça, mais il y en a aussi un qui a avoué l'avoir battu à mort, pas vrai ? Ils lui ont fait une clé, lui ont mis une jambe sur l'échelle, et l'ont brisée, donc. En bref, ils l'ont éliminé sauvagement, mais ils disent qu'ils ont aussi appliqué… ils l'ont aspergé au sarin. »)
89. Mariana Callejas, *La larga noche*, Editorial Lo Curro, 1981, p. 69.
90. Mónica González, « Lujos y caprichos de un dictador », *Revista Anfibia*, 23 août 2017.
91. R. Bolaño, *Entre parenthèses*, *op. cit.*
92. Bruce Chatwin, *In Patagonia* (1977) ; *En Patagonie*, trad. Jacques Chabert, Grasset, 1979, « Cahiers rouges », 2007, p. 306-307.
93. Sybille Bedford, « On the Go », *The New York Review of Books*, 9 novembre 1978.
94. Laurence Piercy, « Bruce Chatwin, W. G. Sebald, and the Red-Brown Skin », in Jenni Adams et Sue Vice, *Representing Perpetrators in Holocaust Literature and Film*, Valentine Mitchell, 2013, p. 251-255.
95. Lettre de Rauff à Wächter, 25 mai 1949 (dossier de l'auteur).
96. Martin Cüppers, *Walther Rauff, in deutschen Diensten : vom Naziverbrecher zum BND-Spion*, WBG Academic, 2013, p. 381.
97. Bodleian Archives and Manuscripts, *Archive of (Charles) Bruce Chatwin*, MS.Eng.e.3688.

98. Gerd Heidemann Collection (boîtes 92-94), Hoover Institution Library and Archives, Stanford University.
99. M. Cüppers, *Walther Rauff*, *op. cit.*, p. 40.
100. *Ibid.*, p. 49.
101. Témoignage de Rauff, Santiago (BAL, B162/3637, Bl.87), 28 juin 1972 (dossier de l'auteur) ; M. Cüppers, *Walther Rauff*, *op. cit.*, p. 69.
102. Walther Rauff, *Fragenbogen und Lebenslauf*, *Personal-Bericht*, dossier NS, 1938 (dossier de l'auteur).
103. *Ibid.*
104. Lettre de Rauff à Barbara W, 16 mars 1979 (dossier de l'auteur) ; Heidemann Archive, p. 108.
105. Heidemann Collection, p. 139.
106. M. Cüppers, *Walther Rauff*, *op. cit.*, p. 119.
107. Eugen Kogon, Hermann Langbein, Adalbert Rückerl (éd.), *Nationalsozialistische Massentötungen durch Giftgas – Eine Dokumentation*, Fischer, 1983 ; *Les Chambres à gaz, secret d'État*, trad. Henry Rollet, Éditions de Minuit, 1984; Seuil, 1987.
108. Témoignage de Rauff, Santiago, 28 juin 1972, enregistrement (dossier de l'auteur).
109. Déposition de H. Wentritt, 2 février 1961, StA Hannover, AZ.2 Js 299/60 (ZSL, Az.415 Ar-Z 220/59, Bl. 260b).
110. M. Cüppers, *Walther Rauff*, *op. cit.*, p. 119.
111. Registre allemand des Brevets et des Marques, Reg. n° 302018223l2. https://register.dpma.de/DPMAregister/marke/register/3020182231210/DE
112. E. Kogon *et al.* (éd.), *Les Chambres à gaz, secret d'État*, *op. cit.*
113. Note RSHA/IID 3a du 27.4.1942, AOD, R 58/871 ; cf. Vern. Anton Sukkel du 8.2.1961, BAL, B 162/5066, Bl. 260 m-s; *ibid.*, Willy Just du 18.2.1961, *op. cit.*, Bl. 260 t-y; Mémo Staw Hannover du 1.3.1965, *op. cit.*, p. 316-319 (dossier de l'auteur).
114. Lettre de Becker à Rauff, 16 mai 1942, *IMG*, vol. 26, Doc. PS-501, p. 103 et *sq.*
115. *Ibid.*
116. Note de Just adressée à Rauff, 5 juin 1942, *Nazism : A History in Documents and Eyewitness Accounts, 1919-1945*, vol. II, J. Noakes et G. Pridham (éd.), Schocken, 1988, vol. 1 et 2. Doc. 913. Une traduction française de la lettre de Just est accessible à cette adresse : https://phdn.org/histgen/camionsagaz/rauff420605.html
117. Déposition de Rauff, Santiago, 28 juin 1972 (dossier de l'auteur).
118. Déposition de Walter Burmeister, chauffeur de camion à gaz, 24 janvier 1961, in Ernst Klee, Willi Dressen et Volker Riess, *« Schöne Zeiten » : Judenmord aus der Sicht der Täter und Gaffer*, Fischer Verlag, 1988 ; *Pour eux*

« c'était le bon temps », la vie ordinaire des bourreaux nazis. Témoignages et documents, trad. Catherine Métais-Bührendt, Plon, 1989.

119. M. Cüppers, *Walther Rauff, op. cit.*, p. 133, citation de RSHA/IID 3a au Chef de groupe IID v. 5.6. 1942, AOD, R 58/871 ; voir aussi E. Kogon *et al.* (éd.), *Les Chambres à gaz, op. cit.*
120. Claude Nataf, *Les Juifs de Tunisie sous le joug nazi, 9 novembre 1942 – 8 mai 1943*, Fondation pour la Mémoire de la Shoah/Le Manuscrit, 2012, p. 10.
121. *Ibid.*, p. 253.
122. *Ibid.*, p. 43.
123. Robert Borgel, *Étoile jaune et croix gammée : les Juifs de Tunisie face aux nazis*, Fondation pour la Mémoire de la Shoah/Le Manuscrit, 2007, p. 93.
124. *Ibid.*, p. 110.
125. Nir Cohen, « Inside the Diary of SS Officer Known as Gaz Chamber "Mastermind" », *Y Net News : Jewish World*, 17 avril 2015.
126. R. Borgel, *Étoile jaune et croix gammée: les Juifs de Tunisie face aux nazis, op. cit.*, p. 138.
127. *Ibid.*, p. 108.
128. *Ibid.*, p. 109.
129. *Ibid.*, p. 267 ; Paul Ghez, *Six mois sous la botte*, Fondation pour la Mémoire de la Shoah/Le Manuscrit, 2020, p. 217.
130. R. Borgel, *Étoile jaune et croix gammée: les Juifs de Tunisie face aux nazis, op. cit.*, p. 64.
131. Cl. Nataf, *Les Juifs de Tunisie sous le joug nazi, 9 novembre 1942 – 8 mai 1943, op. cit.*, p. 48-49.
132. Déposition de Rauff, Santiago, 28 juin 1972 (dossier de l'auteur).
133. Rahn an HöSSPF Italy du 15.4.1944, BAB, R 70 Italien/20 ; lettre du général Karl Wolff à l'officier de liaison de l'état-major personnel du Reichsführer-SS (avec pièces jointes) (8 juin 1944) : https://northafricanjews-ww2.org.il/sites/default/files/ybz_item_files/8%281%29.pdf
134. « Les archives secrètes de la CIA en Corse », *Corse Matin*, 23 février 2016 ; Jean-Pierre Girolami, « 1943-1946 : contre les "profiteurs de guerre", une "épuration molle", des condamnations pour collaboration », *Corse Matin*, 22 octobre 2023.
135. teatroallascala.org, saison 1943/1944.
136. Luigi Borgomaneri, *Hitler a Milano*, Datanews, 1997, p. 103.
137. *Ibid.*, p. 117 ; rapport détaillé d'interrogatoire, Milan, 4 juin 1945, signé par H. T. Shergold, Major I. O., O. C. Army Section, CSDIC, CMF, Public Record Office, Kew, Wo, 204/13006.
138. L. Borgomaneri, *Hitler a Milano, op. cit.*, p. 120, citant la lettre de Rauff à Parini, Préfet de Milan, le 25 juillet 1944, ASM, Gp., II, c. 365.
139. M. Cüppers, *Walther Rauff, op. cit.*, p. 193.

140. *Questions of Jurisdictional Immunities of the State and Measures of Constraint against State-Owned Property (Germany* v. *Italy)*, Application instituting proceedings containing a request for provisional measures, [2022], International Court of Justice, ICJ General List nº 183, para. 29-48 ; voir aussi *Jurisdictional Immunities of the State (Germany* v. *Italy, Greece Intervening)* [2012], ICJ Reports 179, para. 139.
141. Décoration décernée le 25 février 1945, M. Cüppers, *Walther Rauff*, *op. cit.*, p. 108.
142. *Ibid.*, p. 199.
143. Heidemann Archive, p. 65, 108.
144. Minute de l'interrogatoire de Miss Emilie Hermine Finnegan, née Lukasch, 4 septembre 1968 (Haute Cour de Berlin, poursuites contre Friedrich Bosshammer) (dossier de l'auteur).
145. CIA Doc. 0022, 22 mai 1945.
146. Heidemann Archive, p. 89.
147. M. Cüppers, *Walther Rauff*, *op. cit.*, p. 207.
148. *Ibid.*, p. 211, 213, 265 ; lettres de Rauff à Hans-Jochen Emsmann, 26 août, 17 septembre, 17 novembre 1946.
149. Office of the United States Chief Counsel for Prosecution of Axis Criminality, « Déclaration du Standarten Führer Walther Rauff du 19 octobre 1945 », *Nazi Conspiracy and Aggression*, vol. IV, document nº 2348-PS.
150. *Trial of the Major War Criminals Before the International Military Tribunal*, Nuremberg, 20 décembre 1945, vol. 4, p. 235.
151. Gerald Steinacher, *Nazis on the Run*, Oxford University Press, 2011, p. 206 ; *Les Nazis en fuite : Croix-Rouge, Vatican, CIA*, trad. Simon Duran, Perrin, 2018 ; Philippe Sands, *The Ratline* (2020) ; *La Filière*, trad. Astrid von Busekist, Albin Michel, 2020, p. 313.
152. Lettre de Rauff à Hans-Jochen Emsmann, 22 septembre 1946.
153. M. Cüppers, *Walther Rauff*, *op. cit.*, p. 216.
154. Niall Ferguson, *Kissinger : 1923-1968, The Idealist*, Penguin, 2015, p. 198.
155. M. Cüppers, *Walther Rauff*, *op. cit.*, p. 218.
156. Heidemann Archive, p. 105.
157. *Ibid.*
158. CIA Doc. 0096, 11 mai 1949.
159. M. Cüppers, *Walther Rauff*, *op. cit.*, p. 233.
160. CIA Doc. 0083, 11 octobre 1950.
161. CIA Doc. 0096, août 1949 ; Chern Chen, « Former Nazi Officers in the Near East : German Military Advisors in Syria, 1949-1956 », *The International History Review*, vol. 4, 2018, p. 732-751.
162. Heidemann Collection, p. 64, 109, 112, 114.
163. Yosef (Yossi) Chen, *The Mossad's Pursuit of Nazi War Criminals*, Mossad History Department, 2007, p. 153-196.

164. M. Cüppers, *Walther Rauff*, *op. cit.*, p. 236. Un correspondant équatorien m'a indiqué que Hans Karste avait épousé Beatriz Peña, originaire de Cuenca, et qu'ils avaient eu ensemble trois enfants (Elizabeth, Hans et Susana). Il semblerait que les parents de Beatriz s'étaient inquiétés de l'identité du beau-père de Karste, Rauff, et en avaient discuté avec le prêtre avant le mariage.
165. M. Cüppers, *Walther Rauff*, *op. cit.*, p. 239 ; CIA Doc. 0077, 13 juin 1950 ; CIA Doc. 0079, 7 juillet 1950.
166. M. Cüppers, *Walther Rauff*, *op. cit.*, p. 243-244, 251, 258.
167. Entretien avec Walther Rauff III, Santiago, 3 décembre 2021.
168. A. Matus, *Doña Lucía : La biografía no autorizada*, *op. cit.* ; Augusto Pinochet, *Camino Recorrido, Memorias de un soldado*, vol. 1, Instituto Geográfico Militar de Chile, 1990, p. 55-155.
169. Lettre de María del Carmen Elizalde, Responsable del Archivo General, Universidad Central del Ecuador, et documents joints, 26 janvier 2023 (dossier de l'auteur).
170. M. Cüppers, *Walther Rauff*, *op. cit.*, p. 259 ; Heidemann Collection, p. 13.
171. *Ibid.*
172. Entretien avec Walther Rauff III, Santiago, 3 décembre 2021.
173. Henry Löschner « m'a trouvé l'emploi là-bas », Heidemann Archive, p. 61, 327 ; Löschner, un Allemand qui avait vécu en Équateur pendant de nombreuses années, était soupçonné d'avoir espionné pour le compte de l'Allemagne durant la guerre ; voir Jacob McIntosh, « The Forgotten Story of Montreat : The Special War Problems Division's Detention of Axis Citizens During Word War II », *Proceedings of the National Conference on Undergraduate Research*, Montana State University, 26 mars 2020, p. 466.
174. Décret du 26 novembre 1959 (dossier de l'auteur).
175. M. Cüppers, *Walther Rauff*, *op. cit.*, p. 275.
176. *Ibid.*, p. 281, 283.
177. *Ibid.*, p. 279.
178. *Ibid.*, p. 284 ; Miguel Schweitzer et Stitchkin faisaient partie des principales personnalités de la communauté juive ; Gustavo Guzmán, *Attitudes of the Chilean Right Towards Jews*, Brill, 2022, p. 142.
179. M. Cüppers, *Walther Rauff*, *op. cit.*, p. 284.
180. *Der Spiegel*, 1er juin 1960 ; M. Cüppers, *Walther Rauff*, *op. cit.*, p. 287.
181. M. Cüppers, *Walther Rauff*, *op. cit.*, p. 289.
182. *Ibid.*, p. 294.
183. Heidemann Archive, p. 329 ; M. Cüppers, *Walther Rauff*, *op. cit.*, p. 300-301.
184. M. Cüppers, *Walther Rauff*, *op. cit.*, p. 298-304.
185. Voir https://agora.sub.uni-hamburg.de//subhh-adress/cntmng;jsessionid=E4926DB339D14EEC105FBE790941AE92.agora13?type=pdf&did=c1:1028107 ; Ministère allemand pour la Sécurité d'État (Stasi), recueils d'archives, MfS-

Lexikon/detail/kreusel-karl; *Boletín*, n° 5.047-07, Rapport de la Commission des droits de l'homme, de la nationalité et de la citoyenneté sur le projet de loi, en première procédure constitutionnelle, qui accorde, par grâce spéciale, la nationalité chilienne à M. Dietrich Paul Friedrich Angerstein Brink, 26 juin 2007.

186. Dietrich Angerstein, «Silvester auf der Sandbank», *Cóndor*, 30 décembre 2020.
187. Heidemann Archive, p. 343.
188. Télex n° 127 (Santiago, 5 décembre 1962) de l'ambassadeur Strack au Foreign Office (dossier de l'auteur).
189. *La Prensa Austral*, 6 décembre 1962.
190. « Ex-Nazi Colonel Arrested in Chile Denies Killing 90 000 Jews », Bulletin n° 236, *Jewish Telegraph Agency*, 10 décembre 1962.
191. M. Cüppers, *Walther Rauff*, *op. cit.*, p. 266.
192. *Ibid.*, p. 267-268.
193. *Ibid.*, p. 272.
194. *Ibid.*, p. 273.
195. *Ibid.*, p. 274, 291.
196. G. Guzmán, *Attitudes of the Chilean Right Towards Jews*, *op. cit.*, p. 142.
197. M. Cüppers, *Walther Rauff*, *op. cit.*, p. 307-308.
198. *Ibid.*, p. 316.
199. *Ibid.*, p. 314.
200. *Ibid.*, p. 320.
201. Heidemann Archive, p. 116 (avis du colonel Schaffhauser).
202. Robert Servatius, « Defender of a Nazi », *The New York Times*, 18 avril 1961.
203. Heidemann Archive, p. 69-70.
204. Lettre de Schäfer à l'ambassade d'Allemagne de l'Ouest à Santiago, 12 juin 1963, citée par Ingo Kletten, « Eine lange Nachgeschichte – Der Fall des SS-Standartenführers Walther Rauff nach 1945 in Chile », *Nürnberger Menschenrechtszentrum*, 3 juin 2008.
205. « Bonn Regime Bids Chile Extradite Former Nazi », *The New York Times*, 6 décembre 1962.
206. « In Santiago, a Nazi S.S. General is apprehended and held for extradition to West Germany. Walther Rauff has been charged by the West German Government with complicity in the wartime killing of 90 000 Jews », *AP Archive*, https://www.youtube.com/watch?v=niT-S7bEYpo
207. « 97 mil judíos muertos con gases lo condenan », *La Tercera*, 27 avril 1963.
208. *Ibid.*
209. Lettre du Consulat de la République fédérale d'Allemagne (RFA) à Antofagasta adressée à l'ambassadeur de RFA à Santiago, 4 mars 1963 (dossier de l'auteur); Mario Amorós, *Pinochet: Biografía Militar y Política*, Ediciones B, 2019, p. 129.

210. M. Cüppers, *Walther Rauff*, *op. cit.*, p. 326.
211. *Ibid.*, p. 327.
212. Heidemann Archive, p. 69.
213. Cüppers, *Walther Rauff*, *op. cit.*, p. 329.
214. Corte Suprema, 26 avril 1963, Rauff, Walther (extradición pasiva), in *Revista de Derecho, Jurisprudencia y Ciencias Sociales*, seconde partie, t. LX, janvier-avril 1963, p. 112 *sq*. Voir aussi Gustavo Guzmán, « Chile y el Holocausto : A cincuenta años de la captura de Walther Rauff », *El Mostrador*, 6 décembre 2012.
215. G. Guzmán, *Attitudes of the Chilean Right Towards Jews*, *op. cit.*, p. 161.
216. Interview de Walther Rauff, Huntley-Brinkley Report, NBC-TV, *Historia Channel*, par Tom Streithorst, *Radio TV Monitoring Service*, 25 avril 1966 (dossier de l'auteur) : https://www.youtube.com/watch?v=dsdSMLKvLNo
217. *Ibid.*, *Radio TV Monitoring Service*, 2 mai 1966 (dossier de l'auteur).
218. Entretien de l'auteur avec Miguel Schweitzer Walters, 4 septembre 2020.

II. Justice (p. 123-218)

1. G. Guzmán, *Attitudes of the Chilean Right Towards Jews*, *op. cit.*, p. 200.
2. John Bartlett, « Files Reveal Nixon Role in Plot to Block Allende from Chilean Presidency », *The Guardian*, 8 août 2023.
3. Entretiens de l'auteur avec David Clark, 19 novembre 2023 ; avec Sherard Cowper-Coles, 9 janvier 2024 ; avec John Dew, 9 janvier 2024 ; courriel d'Andrew Patrick, 10 janvier 2024.
4. Audiencia Nacional de España, Sala de lo Penal, Pleno, Rollo de Apelación 173/98 – Sección Primera – Sumario 1/98, 5 novembre 1998.
5. José Yoldi, « La fiscalía se opone a que se pida la extradición de Pinochet », *El País*, 24 octobre 1998.
6. Anne Swardson, « Pinochet Case Ties Spanish Legal Establishment », *The Washington Post*, 22 octobre 1998.
7. A. Cavallo et R. Montes, *La historia oculta de la década socialista : 2000-2010*, *op. cit.*, p. 22.
8. R. Brody et M. Ratner, *The Pinochet Papers*, *op. cit.*, p. 67.
9. Joanne Foakes, *The Position of Heads of State and Senior Officials in International Law*, Oxford University Press, 2014, p. 13.
10. Cesare Beccaria, *Des délits et des peines* (1764), ch. XXXV, trad. M. Chaillou de Lisy, 1773 ; Institut Coppet, 2011, p. 54.
11. *The Parliament Belge*, UK Court of Appeal (1880), LR 5 PD 197.
12. *The Schooner Exchange* v. *McFaddon*, U.S. Supreme Court (1812), 7 Cranch 116.
13. Traité de paix avec l'Allemagne (traité de Versailles), 28 juin 1919, 2 Bevans 43, Article 227.

14. Agreement for the Prosecution and Punishment of the Major War Criminals of the European Axis, and Establishing the Charter of the International Military Tribunal, 8 août 1945, p. 82, UNTS 279-84 (annex), Art. 7.
15. Convention sur la prévention et la répression du Génocide, 9 décembre 1948, Paris (« Les personnes coupables de génocide ou d'autres actes énumérés à l'article III seront punies, qu'elles soient des personnalités dirigeantes constitutionnellement responsables, des agents publics ou des personnes privées »).
16. Statuts du Tribunal pénal international pour l'ex-Yougoslavie (amendés en 2009) (UN Doc. S/RES/827), UNSC 1993, Article 7 ; statuts du Tribunal pénal international pour le Rwanda (UN Doc. S/RES/955), UNSC 1994, Article 6.
17. Arthur Watts, « The Legal Position in International Law of Heads of State, Heads of Governments and Foreign Ministers » (1994), in *Recueil des Cours de l'Académie de Droit International*, vol. 247, Brill, 1995, p. 82-84.
18. Maev Kennedy, « Tributes to Lord Bingham, "The greatest judge of our time" », *The Guardian*, 12 septembre 2010.
19. *Re Augusto Pinochet Ugarte* [1998] 38 ILM 68 (QB), p. 74.
20. *Ibid.*, para. 58.
21. Joanna Bale, Roland Watson et Michael Evans, « Pinochet Wins First Battle on Extradition », *The Times*, 29 octobre 1998 ; Jamie Wilson et Amelia Gentleman, « Pinochet Wins his High Court Battle », *The Guardian*, 29 octobre 1998 ; Warren Hoge, « English Court Rules Pinochet Should Be Free », *The New York Times*, 29 octobre 1998.
22. *Ibid.*
23. Michael Binyon et Frances Gibb, « Experts Say Pinochet Ruling "not the end" », *The Times*, 29 octobre 1998.
24. Open Democracy, *Justice in the World's Light*, 2001 (Geoffrey Bindman).
25. François Sergent, « Première victoire de Pinochet à Londres », *Libération*, 29 octobre 1998.
26. Norberto Bermúdez, « Esto, Señorías, fue un genocidio », *Página 12*, 30 octobre 1998.
27. *Ibid.*
28. Audiencia Nacional, division criminelle, séance plénière, 5 novembre 1998, présidée par le Juge Siro Francisco García Pérez, p. 22-28 (dossier de l'auteur) ; et R. Brody et M. Ratner, *The Pinochet Papers*, *op. cit.*, p. 95.
29. Garzón Doc., p. 199-200 (dossier de l'auteur).
30. *Ibid.*, p. 270, 291-292, 301.
31. Chambre des Lords, extraits des conclusions juridiques, in R. Brody et M. Ratner, *The Pinochet Papers*, *op. cit.*, p. 109.
32. *Ibid.*, p. 115.
33. *Ibid.*, p. 126.

34. *Pauline Jaccard-Veloso and Others* v. *United Kingdom* (Request for the indication of interim measures pursuant to rule 36,4 novembre 1998), Application n° 44191/98 (ECtHR) (dossier de l'auteur).
35. *The Financial Times*, 22 septembre 1998, p. 1.
36. David Hope, *House of Lords 1996-2009 : Lord Hope's Diaries*, Avizandum, 2018, p. 64.
37. *Ibid.*, p. 67-69.
38. E. Ekaizer, *Yo, Augusto*, *op. cit.*, p. 628.
39. Case for the Respondent, para. 52, in R. Brody et M. Ratner, *The Pinochet Papers*, *op. cit.*, p. 120
40. D. Hope, *House of Lords 1996-2009 : Lord Hope's Diaries*, *op. cit.*, p. 67.
41. R. Bolaño, *Entre parenthèses*, *op. cit.*
42. D. Hope, *House of Lords 1996-2009 : Lord Hope's Diaries*, *op. cit.*, p. 68.
43. Warren Hoge, « Pinochet Is Shown the Door by a Vexed London Hospital », *The New York Times*, 2 décembre 1998.
44. Christina Lamb, « Tea with Pinochet », *New Statesman*, 26 juillet 1999.
45. I. Kletten, « Eine lange Nachgeschichte », art. cit. ; entretien de l'auteur avec Eduardo Lehmann, 29 juillet 2023.
46. M. Cüppers, *Walther Rauff*, *op. cit.*, p. 333.
47. Heidemann Archive, p. 337.
48. Jorge Barbarovic, « Refugiado in Porvenir », *Ercilla*, 18 novembre 1964.
49. Pablo Neruda, « Un acte héroïque au nom de la liberté », *El Siglo*, 3 juillet 1965.
50. M. Cüppers, *Walther Rauff*, *op. cit.*, p. 346.
51. Jugement du 6 juin 1966 ; M. Cüppers, *Walther Rauff*, *op. cit.*, p. 346.
52. M. Cüppers, *Walther Rauff*, *op. cit.*, p. 347.
53. *Ibid.*, p. 340.
54. Heidemann Archive, p. 339.
55. *Ibid.*, p. 341.
56. *Ibid.*, p. 344.
57. *Ibid.*, p. 341.
58. *Ibid.*, p. 342.
59. *Jewish Observer and Middle East Review*, 15 avril 1966, cité par I. Kletten, « Eine lange Nachgeschichte », art. cit.
60. M. Cüppers, *Walther Rauff*, *op. cit.*, p. 347.
61. Mario Guisande Pelic, « El magallánico que fue secretario del Nazi Walther Rauff », *La Prensa Austral*, 4 octobre 2019.
62. M. Cüppers, *Walther Rauff*, *op. cit.*, p. 342-343.
63. Leónidas Bustamante, *Relatos de vida en los mares australes*, Ediciones Kultrún, 2017, pp. 28-29.
64. https://issuu.com/cameliochile/docs/portafolio_camelio_optimizado

65. Stephen Kinzer, « Two New Political Antagonists Emerging in Chile », *The New York Times*, 15 septembre 1983.
66. *Ercilla*, 18 novembre 1964.
67. Lettre de Rauff à Ilse Emsmann, 7 octobre 1970.
68. Lettre de Rauff à Hans-Jochen Emsmann, 10 septembre 1971.
69. M. Cüppers, *Walther Rauff*, *op. cit.* ; lettre de Rauff à Ilse Emsmann, 25 octobre 1964.
70. Convention sur l'imprescriptibilité des crimes de guerre et des crimes contre l'humanité, datée du 26 novembre 1968, entrée en vigueur le 11 novembre 1970.
71. Lettre de Wiesenthal à Allende, 21 août 1972 (dossier de l'auteur) ; Simon Wiesenthal, *Recht, nicht Rache. Erinnerungen*, Ullstein, 1988 ; *Justice n'est pas vengeance, autobiographie*, trad. Odile Demange, Robert Laffont, 1989, p. 77.
72. Heidemann Archive, p. 114.
73. Lettre d'Allende à Wiesenthal, 21 septembre 1972 (dossier de l'auteur) ; lettre de Wiesenthal au Dr Adalbert Rückerl, 24 octobre 1972 (dossier de l'auteur) ; M. Cüppers, *Walther Rauff*, *op. cit.*, p. 349, note 79.
74. Rene Sepúlveda, *PEC*, n° 462, 14 juillet 1972, p. 14-15.
75. Lettre de Rauff à Hans-Jochen Emsmann, 16 août 1972.
76. Carlos Lopez, *Allende and the Military*, Council for Inter-American Security Educational Institute, 1978, p. 15 ; lettre de Rauff à Ilse Emsmann, 1964.
77. Décret-Loi n° 1, 11 septembre 1973, Acte constitutif de la Junte militaire, *Diario Oficial*, Chili.
78. Décret-Loi n° 521, 18 juin 1974, création de la Dirección Nacional de Inteligencia (DINA), *Diario Oficial*, Chili.
79. León Gómez, *Tras la huella de los desaparecidos*, Caleuche, 1990, p. 456-496.
80. *Una Política Pública Permanente : Garantia de No Repetición*, présentation powerpoint préparée par Luis Cordero, ministre chilien de la Justice et des Droits humains, septembre 2023.
81. Inger Agger et Søren Buss Jensen, *Trauma and Healing Under State Terrorism*, Zed, 1996, p. 170.
82. Br. Chatwin, *En Patagonie*, *op. cit.*, p. 227.
83. Edicto, Fiscalia Naval de Magallanes, 14 février 1974 (Luis Vera et Carlos Oyarzo), signé par Salvador Camelio Lopez (Secrétaire) et Jorge Beyta Valenzuela (Procureur naval de Magallanes) (dossier de l'auteur) ; Edward Snyder, « The Dirty Legal War : Human Rights and the Rule of Law in Chile 1973-1995 », *Tulsa Journal of Comparative and International Law*, vol. 2, 1994, p. 254 et 265-268.
84. Rapport Rettig, vol. 1, 1991, p. 591.
85. *Ibid.*, p. 592.
86. I. Agger et S. Jensen, *Trauma and Healing*, *op. cit.*, p. 171.

87. Agrupación Hijas/os y Nietas/os por la Memoria, *Cartografía, Sitios de Memoria : Región de Magallanes y de la Antártica Chilena*, Imprenta La Prensa Austral, 2020, p. 34.
88. Rapport Rettig, vol. 1, 1991, p. 593.
89. https://memoria.bienes.cl/sitios/memorial-de-los-derechos-humanos-de-punta-arenas
90. Les trois victimes étaient : Carlos Raúl Baigorri Hernandez, trente et un ans ; Germán Simón Carcamo Carrasco, vint-quatre ans ; et Ramón Domingo Gonzalez Ortega, trente-sept ans. Rapport Rettig, vol. 1, 1991, p. 594.
91. M. Cüppers, *Walther Rauff, op. cit.*, p. 354 ; Lettre de Rauff à Hans-Jochen Emsmann, 30 juin 1980.
92. *Ibid.*, p. 355.
93. *Ibid.*, p. 354.
94. *Ibid.*
95. Lettre de Rauff à Ilse Emsmann, 4 mars 1974.
96. Lettre de Rauff à Ilse Emsmann et Wolff, 11 janvier 1976.
97. Inter-American Commission of Human Rights, Rapport annuel 1985-1986, chapitre 4, « Chili », Section 3.
98. « Hoy se realiza cambio de mando en la intendencia », *La Prensa Austral*, 4 mars 1974.
99. Lettre de Rauff à Hans-Jochen Emsmann, 6 août 1977.
100. Lettre de Rauff à Ilse et Hans-Jochen Emsmann, 11 janvier 1976.
101. Lettre de Rauff à Ilse Emsmann, 4 mars 1974.
102. Lettre de Rauff à Hans-Jochen Emsmann, 21 mai 1977.
103. « On me dit qu'il y avait autrefois des milliers et des milliers de ces primitifs aux pieds plats dans la ville », déclaration de Hans Frank, Gouverneur général de la Pologne occupée par les nazis, annonçant l'élimination des Juifs, le 1er août 1942, à Lviv. Philippe Sands, *East West Street*, 2016 ; *Retour à Lemberg*, trad. Astrid von Busekist, Albin Michel, 2017, p. 294-295.
104. Lettre de Rauff à Ilse Emsmann et Wolff, 12 juin 1976.
105. Lettre de Rauff à Ilse et Hans-Jochen Emsmann, 11 janvier 1976.
106. Entretien, Monserrat Madariaga et Raúl Donoso, 31 janvier 2022.
107. Lettre de Rauff à Hans-Jochen Emsmann, 6 août 1977.
108. Heidemann Archive, p. 340.
109. Lettre de Rauff à Ilse et Hans-Jochen Emsmann, 11 janvier 1976 ; 12 juin 1976.
110. Rol. 37.829-4, Primer Juzgado del Crimen (affaire Manuel Ruben Fernandez Torres et Mario Barria Diaz, ouverte le 9 décembre 1975) ; et Juzgado del Trabajo, affaire Adolfo Martinez Uribe *v.* Pesquera Camelio Ltda représentée par Walther Rauff, ouverte le 5 avril 1977.
111. Entretien de l'auteur avec Mariana Camelio, 4 juillet 2023.

112. Lettre de Rauff à Hans-Jochen Emsmann, 21 mai 1977; 6 août 1977.
113. Lettre de Rauff à Hans-Jochen Emsmann, 20 décembre 1974.
114. « L'ancien "SS" Walther Rauff est placé à la tête des services de renseignements », *Le Monde*, 3 juillet 1974; CIA Doc. 0106 et 01077, 10 juillet 1974.
115. « Le gouvernement dément que l'ancien "SS" Rauff dirige ses services de renseignements », *Le Monde*, 4 juillet 1974.
116. CIA Doc. 0103, juillet 1974.
117. CIA Doc. 0105, juillet 1974.
118. M. Cüppers, *Walther Rauff, op. cit.*, p. 357, citant DB Santiago an A.Av. 14.10.1974, PAAA, AV 12777.
119. *Ibid.*, note 121.
120. Marcus Klein, « Walther Rauff und die chilenische Militärdiktatur unter Augusto Pinochet », *Vierteljahrshefte für Zeitgeschichte*, vol. 67, 2019, p. 235, 246.
121. *Ibid.*, p. 248.
122. *Ibid.*
123. M. Cüppers, *Walther Rauff, op. cit.*, p. 357, citant des lettres de Wiesenthal à John R. C., 11 novembre 1974; à John F., 10 et 26 mars 1975.
124. I. Kletten, « Eine lange Nachgeschichte – Der Fall des SS-Standartenführers Walther Rauff nach 1945 in Chile », art. cit., citant S. Wiesenthal, *Justice n'est pas vengeance, autobiographie*, *op. cit.*
125. Rose Styron, « Special Report on Chile, Amnesty International, Report on Torture », New York, 1975, p. 243-282, cité par M. Klein, in « Walther Rauff und die chilenische Militärdiktatur unter Augusto Pinochet », art. cit., p. 256.
126. Jonathan Kandell, « Nazis Safer in South America Today », *The New York Times*, 18 mai 1975.
127. Eric M. Breindel, « A New Life », *The Harvard Crimson*, 26 octobre 1974.
128. M. Klein, « Walther Rauff und die chilenische Militärdiktatur unter Augusto Pinochet », art. cit., p. 254.
129. *Ibid.*, p. 255.
130. M. Klein, « Walther Rauff und die chilenische Militärdiktatur unter Augusto Pinochet », art. cit., p. 257, citant le Centre Wiesenthal de Vienne, Archive, Akt Rauff 1, Wiesenthal à Kissinger, Vienne, 1.4.1975, et Isaacs à Wiesenthal, Washington, D. C., 17 avril 1975.
131. CIA Doc., 0110, 8 juillet 1977.
132. *Ibid.*
133. D. Hope, *House of Lords 1996-2009*, *op. cit.*, p. 68.
134. *BBC Worldwide Monitoring*, 25 novembre 1998, source RNE, Radio 1, Madrid, 1449 GMT.
135. *Daily Mail*, 26 novembre 1998, p. 9.
136. *The Chattanooga Times* (Tennessee), 26 novembre 1998, p. 354.

137. « Lords Ruling a Landmark in Human Rights Law », *The Financial Times*, 26 novembre 1998, p. 6.
138. *The Guardian*, 26 novembre 1998, p. 24.
139. *The Guardian*, 26 novembre 1998, p. 4.
140. E. Ekaizer, *Yo, Augusto*, *op. cit.*, p. 655.
141. D. Hope, *House of Lords 1996-2009*, *op. cit.*, p. 69.
142. Diana Woodhouse, *The Pinochet Case : A Legal and Constitutional Analysis*, Bloomsbury, 2000, p. 95-96.
143. D. Hope, *House of Lords 1996-2009*, *op. cit.*, p. 69.
144. *Ibid.*, p. 71.
145. *Ibid.*
146. *Ibid.*, p. 72.
147. *R* v. *Bow Street Metropolitan Stipendiary Magistrate, Ex Parte Pinochet Ugarte* (n° 2) [1999] UKHL 52.
148. D. Hope, *House of Lords 1996-2009*, *op. cit.*, p. 72.
149. *Ibid.*, p. 70.
150. D. Woodhouse, *The Pinochet Case*, *op. cit.*, p. 95-96.
151. Open Democracy, *Justice in the World's Light*, 2001 (Geoffrey Bindman).
152. Claire Dyer, « Law Lords Condemn Hoffmann », *The Guardian*, 16 janvier 1999.
153. D. Hope, *House of Lords 1996-2009*, *op. cit.*, p. 74.
154. Ian Burrell, « Hoffmann Given Boost by Lord Irvine », *The Independent*, 9 février 1999.
155. D. Hope, *House of Lords 1996-2009*, *op. cit.*, p. 69.
156. « Lord Hoffmann interviewed by Louise Brodie », part 7, *British Library, Sounds Archive*, 2011.

III. Immunité (p. 219-285)

1. Br. Chatwin, *En Patagonie*, *op. cit.*, p. 218.
2. « El viaje histórico de esquiadores a grandes centros de Francia », *La Prensa Austral*, 24 janvier 1971.
3. « Treinta años sin el cine Gran Palace », *La Prensa Austral*, 4 octobre 2022.
4. Heidemann Archive, p. 342.
5. « En Punta Arenas derribaron un busto de Menéndez y en su lugar colocaron el de un cazador selk'nam », *CriticaSur*, 7 novembre 2019.
6. « Elemento destacado del mes de septiembre : "Escena de Gansos" de José Ruiz Blasco », Museo Regional de Magallanes, 1er septembre 2014. Br. Chatwin, *En Patagonie*, *op. cit.*, p. 224.
7. http://www.dawson2000.com/sreyes.htm (consulté le 21 mars 2000).
8. Br. Chatwin, « The Making of a Writer : I Always Wanted to Go to Patagonia », *The New York Times*, 27 février 1983.

9. *Id.*, *En Patagonie*, *op. cit.*, p. 271.
10. *La Prensa Austral*, 15 mai 1984.
11. Lettres de Bruce Chatwin à Elizabeth Chatwin, 10 février et 1er mars 1975, in Elizabeth Chatwin et Nicholas Shakespeare (éd.), *Under the Sun : The Letters of Bruce Chatwin*, Vintage, 2011, p. 242, 246 ; *La Sagesse du nomade. Correspondance*, trad. Jacques Chabert, Grasset, 2011.
12. *Ibid.*, Bruce Chatwin à Derek Hill, 12 janvier 1976 ; Bruce Chatwin à Charles Chatwin, 2 décembre 1975 ; Bruce Chatwin à John Kasmin, 12 janvier 1976, p. 252, 254.
13. Christopher Jerez Pinto, « ¿ Quiénes son los Von Appen ? : La familia de origen nazi y dueña de Ultramar que tiene en jaque a los trabajadores portuarios », *El Desconcierto*, 18 décembre 2018.
14. M. Cüppers, *Walther Rauff*, *op. cit.*, p. 340, 369 ; lettre de Walther Rauff à Hans-Jochen Emsmann, 6 août 1977.
15. M. Cüppers, *Walther Rauff*, *op. cit.*, p. 360.
16. Heidemann Archive, p. 343-344.
17. M. Cüppers, *Walther Rauff*, *op. cit.*, p. 370.
18. *Ibid.* ; Heidemann Archive, p. 147.
19. Heidemann Archive, p. 146.
20. M. Cüppers, *Walther Rauff*, *op. cit.*, p. 364-365 ; courriel, Gustavo Guzmán, 30 mai 2024.
21. M. Cüppers, *Walther Rauff*, *op. cit.*, p. 367-368.
22. *Ibid.*, p. 364.
23. *Ibid.*, p. 379-380.
24. Marie-José Chombart de Lauwe, « Le néo-nazisme aujourd'hui », *Le Monde*, 10 novembre 1978.
25. Julio Retamal Favereau, « Walther Rauff et le régime du général Pinochet », *Le Monde*, 24 novembre 1978.
26. M. Cüppers, *Walther Rauff*, *op. cit.*, p. 374.
27. Heidemann Archive, p. 59.
28. *Ibid.*, p. 117, 145-146, 154.
29. *Ibid.*, p. 56, 70, 155-156.
30. *Ibid.*, p. 80.
31. *Ibid.*, p. 56, 59, 68, 90, 99, 106, 114, 139, 156, 159, 232.
32. *Ibid.*, p. 180-184.
33. *Ibid.*, p. 70, 118-120, 114, 142, 157, 184.
34. *Ibid.*, p. 68, 157.
35. Y. Chen, *The Mossad's Pursuit of Nazi War Criminals*, *op. cit.*, p. 153 ; voir Danny Orbach, *Fugitives : A History of Nazi Mercenaries during the Cold War*, Hurst, 2022 ; *Fugitifs*, trad. Hélène Bourguignon, Nouveau Monde, 2023.
36. Y. Chen, *The Mossad's Pursuit of Nazi War Criminals*, *op. cit.*, p. 155.

37. *Ibid.*, p. 158.
38. *Ibid.*, p. 166.
39. *Ibid.*, p. 165.
40. Yossi Melman et Dan Raviv, « Why the Mossad Failed to Capture or Kill So Many Fugitive Nazis », *The Washington Post*, 22 septembre 2017.
41. Y. Chen, *The Mossad's Pursuit of Nazi War Criminals*, *op. cit.*, p. 170.
42. M. Cüppers, *Walther Rauff*, *op. cit.*, p. 380.
43. *Ibid.*, p. 384.
44. *Ibid.*, p. 383-384.
45. Hansard, House of Lords, 23 février 1984, colonne 583 (Margaret Thatcher, « Nazi War Criminals »).
46. M. Cüppers, *Walther Rauff*, *op. cit.*, p. 387.
47. Entretien de l'auteur avec Sebastian Rauff, 13 février 2023.
48. M. Cüppers, *Walther Rauff*, *op. cit.*, p. 388.
49. Patricia Sethi, « Pinochet on Chile », *Latin American Studies Association*, vol. XV, nº 2, 1984, p. 11-15.
50. Robert McFadden, « Walther Rauff, 77, Ex-Nazi, Dead ; Was an Accused War Criminal », *The New York Times*, 15 mai 1984.
51. « Murio Rauff », *La Prensa Austral*, 15 mai 1984, p. 1.
52. « Vida tranquila y trabajo, Walther Rauff a Porvenir », *La Prensa Austral*, 16 mai 1984.
53. M. Cüppers, *Walther Rauff*, *op. cit.*, p. 390.
54. CIA Doc. 0001, mars 1984.
55. « Den Schreibtischtätern auf der Spur. Noch zwei Jahre bis zur Verjährung von NS-Gewaltverbrechen », *Frankfurter Allgemeine Zeitung*, 17 mars 1967 (pour la première utilisation attestée de cette formulation).
56. M. Cüppers, *Walther Rauff*, *op. cit.*, p. 356, citation du *Kölner Stadt-Anzeiger*, 16 et 17 juin 1984.
57. *Análisis*, 11 septembre 1984.
58. I. Kletten, « Eine lange Nachgeschichte – Der Fall des SS-Standartenführers Walther Rauff nach 1945 in Chile », art. cit. ; Kletten cite Shraga Elam et Dennis Whitehead, « In the Service of the Jewish State », *Haaretz*, 29 mars 2007 ; et Klaus Schnellenkamp, *Geboren im Schatten der Angst*, F. A. Herbig Verlagsbuchhandlung, 2007, p. 67.
59. M. Cüppers, *Walther Rauff*, *op. cit.*, p. 356, 358.
60. Carlos Basso, *Chile Top Secret : El submundo clandestino de la CIA, la LGB, la DINA y los nazis*, Aguilar, 2017, p. 91 *sq.*
61. Marcus Kein, « Walther Rauff und die chilenische Militärdiktatur unter Augusto Pinochet », *op. cit.*, p. 240, 249, 259, 261.
62. D. Hope, *House of Lords 1996-2009 : Lord Hope's Diaries*, *op. cit.*, p. 70.
63. *Ibid.*, p. 75.

64. *The Times*, 18 janvier 1999.
65. David Sugarman, « The Hidden Histories of the Pinochet Case », *Journal of Law and Society*, vol. 51, 2024, confirme l'importante contribution de Susan Benesch.
66. Reed Brody et Michael Ratner, *The Pinochet Papers. The case of Augusto Pinochet in Spain and Britain*, Brill, 2000, p. 231 *sq.*
67. Clare Dyer, « Pinochet's Future May Hang on a Date », *The Guardian*, 20 janvier 1999.
68. Brody et Ratner, *The Pinochet Papers*, *op. cit.*, p. 231 *sq.*
69. D. Hope, *House of Lords 1996-2009 : Lord Hope's Diaries*, *op. cit.*, p. 78-79.
70. *The Times*, 22 janvier 1999.
71. D. Hope, *House of Lords 1996-2009 : Lord Hope's Diaries*, *op. cit.*, p. 76.
72. *Id.*, « Pinochet Judge is Forgiven », *The Guardian*, 9 février 1999.
73. Clare Dyer, « Shock at Pope's Pinochet Plea », *The Guardian*, 20 février 1999.
74. « Impactó el deceso de Roberto Dávila », *El Sur*, 28 janvier 2000.
75. *The Times*, 22 mars 1999.
76. D. Hope, *House of Lords 1996-2009*, *op. cit.*, p. 80.
77. E. Ekaizer, *Yo, Augusto*, *op. cit.*, p. 724.
78. D. Hope, *House of Lords 1996-2009*, *op. cit.*, p. 76.
79. *R* v. *Bow Street Metropolitan Stipendiary Magistrate, Ex Parte Pinochet Ugarte* (n° 3) [2000] 1 AC 147.
80. *Ibid.*, p. 278, avec citation de Sheldon Glueck, « The Nuremberg Trial and Aggressive War », *Harvard Law Journal*, vol. 59, 1946, p. 396, 398.
81. Geoffrey Robertson, « Bad News for Torturers », *The Independent*, 25 mars 1999.
82. D. Hope, *House of Lords 1996-2009*, *op. cit.*, p. 76-77.
83. *Ibid.*, p. 77.
84. *Ibid.*, p. 78.
85. « Blair on Bombing Serbia », *The Guardian*, 26 mars 1999.
86. Frances Clines, « NATO Opens Broad Barrage Against Serbs », *The New York Times*, 25 mars 1999.
87. *The New York Times*, 2 juillet 1999, A 16.
88. Open Democracy, *Justice in the Word's Light*, 2001.
89. Amalia Gentleman, « Thatcher Takes Elevenses with Old Ally », *The Guardian*, 26 mars 1999.
90. Garzón a transmis les nouveaux éléments à charge le 26 mars et le 5 avril 1999 (dossier de l'auteur).
91. *Velásquez Rodríguez* v. *Honduras (Merits)* (IACtHR, 29 juillet 1988), série C, n° 4, para. 150, 155-8.
92. Assemblée générale des Nations unies, Résolution 47/133 : « Déclaration sur la protection de toutes les personnes contre les disparitions forcées », 18 décembre 1992.

93. *Janoweic and Others* v. *Russia (Merits and Just Satisfaction) (Grand Chamber)*, Applications n° 55508/07 et 29520/09 (ECtHR, 21 octobre 2013), para. 177-8; *Varnava and Others* v. *Turkey (Merits and Just Satisfaction) (Grand Chamber)*, Applications n°s 16064/90, 16065/90, 16066/90, 16068/90, 16069/90, 16070/90, 16071/90, 16072/90 et 16073/90 (ECtHR, 18 septembre 2009), para. 200.
94. Anabel Diez, « Aznar cree que un juicio a Pinochet impedirá que otros dictadores se vayan », *El País*, 21 octobre 1998.

IV. Évasion (p. 287-376)

1. Galo Ghigliotto, *Museo de la Bruma*, Editorial Laurel, 2019, pièces n° 1, 2, 3, 4, 5, 11, 31, 32, 35, 37, 41, 43, 51, 131, 176, 205, 218, 219, 248, 257, 258, 308.
2. *Ibid.*, p. 13.
3. Br. Chatwin, *En Patagonie*, *op. cit.*, p. 275.
4. Sergio Bitar, *Dawson. Isla 10*, Ediciones Pehuén, 1987; *Dawson, île 10. Un camp de concentration sous Pinochet*, trad. Sara Roumette, éd. Tirésias/Michel Reynaud, 2016, p. 45.
5. Rapport Rettig, vol. 1, 1991, p. 156, 181, 592.
6. S. Bitar, *Dawson*, *op. cit.*, p. 101.
7. *Ibid.*, p. 127-128.
8. *Ibid.*, p. 133.
9. *Ibid.*, p. 134-135.
10. *Dawson Isla 10* (réal. Miguel Littin, 2009), extrait à la 41e mn et 17e s. David Marcial Pérez, « García Márquez, objetivo de la policía política del PRI », *El País*, 23 janvier 2022.
11. Wilfried Huismann et Raul Sohr (réal.), « A Sangre fría – Pinochet y el "Plan Z" », 2003, 13e mn, https://youtube.com/watch?v=f090422kGCk
12. « Isla Dawson », *Memoria Viva* (non daté), https://memoriaviva.com/nueva web/centros-de-detencion/xii-region/isla-dawson
13. Gloria Dünkler, *Spandau*, Ediciones Tácitas, 2012; Juan Manuel Vial, « Un nazi en el sur », *La Tercera*, 5 janvier 2013.
14. Luis Vega Contreras, *La Caída de Allende : anatomía de un golpe de estado*, La Semana Publicaciones, 1983.
15. Luis Vega, *Estado Militar y Transición Democrática en Chile*, ElDorado, 1991, p. 130; Mario Boero Vargas, « Chile, memoria y antecedentes », *Claves de Razón Práctica*, n° 283, 2022, p. 82.
16. « Al General Lutz lo mataron », *La Nación*, 2 décembre 2007.
17. https://archivo.laprensaaustral.cl/cronica/los-caminos-de-la-vida-que-llevaron-a-un-ex-preso-politico-a-convertirse-en-miembro-clave-de-amnistia-internacional-en-dinamarca (consulté le 19 novembre 2021).

18. Eva Vergara, « Mass Grave Is Grim Chapter in Chilean Village », *Los Angeles Times*, 29 juillet 1990.
19. « Levantamiento Técnico y Arquitectónico del Campamento de Prisioneros de Río Chico – Río Chico, Isla Dawson, Punta Arenas, Región de Magallanes » (Agrupación Cultural y de Derechos Humanos Orlando Letelier del Solar y Subsecretaría de Derechos Humanos de Chile, décembre 2019), p. 80, https://memoriahistorica.minjusticia.gob.cl/wp-content/uploads/2020/12/L-37_01-Levantamiento-tecnico-y-arquitectonico-Campamento-de-Prisioneros-de-Rio-Chico (Libio Pérez : « La légende raconte qu'il a supervisé tout cela et qu'on l'a vu sur place, mais je n'y crois pas du tout, je pense que ce sont simplement là les caractéristiques de n'importe quel camp de prisonniers »).
20. Miguel Lawner, *Venceremos ! Dos años en los campos de concentración de Chile ; Two Years in Chilean Concentration Camps*, éd. Husets, 1976 ; Hugo Behm Rosas, *Estelas de la Memoria : Compañerismo entre presos políticos de Chile* (1973), Espora Ediciones, 2023.
21. Rapport du Conseil économique et social, « Protection des droits humains au Chili », A/10285, 7 octobre 1975, p. 63, para. 188. « Si la plupart des lieux de détention sont situés à Santiago, le Groupe a reçu des preuves montrant que des mauvais traitements se sont déroulés dans d'autres parties du Chili. [...] Les endroits suivants ont été mentionnés comme des centres de détention : [...] (6) l'Île Dawson (dans la province de Magallanes). »
22. Marianne Christensen et Flavia Morello, « Una encrucijada de caminos : el poblamiento de la Isla Dawson », *Magallania*, vol. 39, n° 2, 2011, p. 137-152.
23. Informe de la Comisión Verdad Histórica y Nuevo Trato con los Pueblos Indigenas, 2008, p. 42 : https://bibliotecadigital.indh.cl/server/api/core/bitstreams/14dcc8ee-3740-46ff-b520-a34ae85c12ca/content
24. « Federico Marcos del Rosario Errázuriz Zañartu », *Genealog.cl* (sans date), https://www.genealog.cl/Chile/E/Errazuriz/#ErrazurizEchauren,Federico
25. Esteban Lucas Bridges, *Uttermost Part of the Earth*, Hodder & Stoughton, 1948 ; *Aux confins de la Terre*, trad. Michel L'Hénoret, Éditions Nevicata, 2020, p. 307.
26. *Ibid.*, p. 309 ; Nicolás Gómez Baeza, « Scottish Settlers in Patagonia and Tierra del Fuego : Sheep Farming Capitalisms in a South American Frontier », *Scottish Centre for Global History*, 15 septembre 2020.
27. « The British Presence in Patagonia », *Patbrit.org* (non daté), https://patbrit.org/bil/supp/c0278-memorabilia.htm
28. Philippe Sands, « The Glass Arrowhead », in Caroline Charco (éd.), *Explorers, Dreamers and Thieves*, Charco Press, 2024.

29. « Pueblo selk'nam es reconocido entre las principales etnias indígenas », *La Prensa Austral*, 11 août 2023.
30. « Representante Selk'nam en la Convención Constituyente : "Este Estado no nos reconoce" », *Radio Universidad de Chile*, 13 août 2021, https://www.youtube.com/watch?v=NpR5YB09avM
31. D. Hope, *House of Lords 1996-2009*, *op. cit.*, p. 82.
32. Andrew Hewett, témoignage déposé le 16 avril 1999.
33. « Pinochet Lawyers' Court Challenge Dismissed », *The Guardian*, 27 mai 1999.
34. Christina Lamb, « Tea with Pinochet », *New Statesman*, 26 juillet 1999.
35. Juge Garzón, Ordonnances, 27, 30 avril 1999 ; 26 mai 1999 ; 2 juin 1999 (dossier de l'auteur).
36. Warren Hoge, « Trial Opens for Pinochet with Listing of 35 Crimes », *The New York Times*, 28 septembre 1999.
37. Ewan MacAskill, « Pinochet Kidnapped, Says Thatcher », *The Guardian*, 7 octobre 1999.
38. OHCHR, « High Commissioner for Human Rights Welcomes Latest Decision in Pinochet Case », 8 octobre 1999.
39. Jamie Wilson, Clare Dyer et Jonathan Franklin, « Cheers and Tears as Court Rules Pinochet Can Be Extradited for Torture Trial », *The Guardian*, 9 octobre 1999.
40. Carlos Basso, *La secta perfecta*, Ediciones Aguilar, 2022, p. 53.
41. Bruce Falconer, « The Torture Colony », *The American Scholar*, 1er septembre 2008.
42. « Report of the Ad-Hoc Working Group to Inquire into the Present Situation of Human Rights in Chile » (4 février 1976), ECOSOC Commission on Human Rights, E/CN.4/1188, para. 129 ; UN Secretary-General, « Report on the Ad-Hoc Working Group, submitted in accordance with General Assembly resolution 3448 (XXX) » (8 octobre 1976), A/31/253, para. 321.
43. Amnesty International, *Colonia Dignidad : Deutsches Mustergut in Chile – ein Folterlager der DINA*, Amnesty International Publications, mars 1977.
44. Br. Falconer, « The Torture Colony », art. cit.
45. Jorge Escalante, « Las confesiones de Gerhard Mücke, uno de los jerarcas nazis de Colonia Dignidad », *La Nación*, 12 août 2005 ; entretien avec León Gómez et Miguel Ángel Rebolledo, 13 novembre 2021.
46. I. Kletten, « Eine lange Nachgeschichte – Der Fall des SS-Standartenführers Walther Rauff nach 1945 in Chile », art. cit. (« Rauff rendait visite à la Colonia Dignidad, établissement d'une secte allemande utilisé par la DINA [Schnellenkamp 2007, p. 67]. Quand sa visite était annoncée, le dirigeant de la secte Paul Schäfer disait : "Je vais encore m'arracher les cheveux

aujourd'hui." L'hôpital de la colonie l'a un jour adressé à une clinique de Santiago» [Heller 1993, p. 185]).

47. Br. Falconer, «The Torture Colony», art. cit.
48. Colonia Dignidad, Techniques d'interrogation, document (21973), p. 11 (dossier de l'auteur).
49. *Ibid.*, p. 10.
50. «Für Chile Immer Engagiert», *Lateinamerika Nachrichten*, n° 450, décembre 2011.
51. *Colonia Dignidad: Eine deutsche Sekte in Chile/Voyage au bout de l'emprise* (documentaire Netflix, 2021).
52. MoritzEis, https://pedidos.moritz.cl
53. «Survivors of Nazi Commune in Chile: Germany's Compensation Not Enough», *Voice of America*, 18 mai 2019.
54. «Carabineros negó ayuda a otro prófugo de Dignidad», *Fortin Mapocho*, 28 avril 1988.
55. Cour suprême du Chili, 19 juillet 1988, *Szurgelies et Szurgelies* v. *Spohn*, reproduit dans *International Law Reports*, vol. 89, 1988, p. 44-45.
56. Francisco Orrego Vicuña, «Diplomatic and Consular Immunities and Human Rights», *International and Comparative Law Quarterly*, vol. 40, n° 1, 1991, p. 34, 47-48.
57. «Celebrating the Life and Legacy of Francisco Orrego Vicuña», *LSE Law School*, 2 octobre 2019, 28e minute, https://www.youtube.com/watch?v=egrjgBw7m3w
58. M. Cüppers, *Walther Rauff, op. cit.*, p. 356, note 115; I. Kletten, «Eine lange Nachgeschichte – Der Fall des SS-Standartenführers Walther Rauff nach 1945 in Chile», art. cit.
59. León Gómez Araneda, «Libro Proyecto de Investigación: "En la huella de los detenidos-desaparecidos"», *Archivo Museo de la Memoria*, 1988, p. 2.
60. Courriels de Dominique Hervé à l'auteur, 2 avril 2019; de Lieta Vivaldi à l'auteur, 14 mai, 27 juin, 6 octobre 2019; de León Gómez à Lieta Vivaldi, 17 juillet 2019.
61. M. Cüppers, *Walther Rauff, op. cit.*, p. 356.
62. Courriels de Dieter Maier à l'auteur, 21 et 24 mars 2021.
63. I. Kletten, «Eine lange Nachgeschichte – Der Fall des SS-Standartenführers Walther Rauff nach 1945 in Chile», art. cit.; M. Cüppers, *Walther Rauff, op. cit.*, p. 356, note 116; p. 368, note 127.
64. *Military and Paramilitary Activities in and against Nicaragua (Nicaragua* v. *United States) (Merits)*, 1986, Rapports de la Cour internationale de justice, 14, para. 63.
65. Courriel de Dieter Maier à l'auteur, 21 mars 2021.
66. *Ibid.*

67. Courriel de Dieter Maier à Lea Main-Klingst (copie à l'auteur), 29 avril 2021.
68. « Chanfreau Oyarce Alfonso René », *Memoria Viva* (non daté), https://memoriaviva.com/nuevaweb/detenidos-desaparecidos/desaparecidos-c/chanfreau-oyarce-alfonso-rene
69. Amandine Cerutti, « Les nazis et le cône sud-américain. Influences et intégration sociale et politique », mémoire de Master 2, Université de Limoges, 2011, p. 101. L'auteure confirme que « plusieurs détenus ont remarqué chez l'un des tortionnaires un très net accent allemand. Il s'agirait, selon toute vraisemblance, de Walther Rauff ».
70. Courriel de Monserrat Madariaga à l'auteur, 4 mai 2021.
71. Michael Lazzara (éd.), *Luz Arce and Pinochet's Chile: Testimony in the Aftermath of State Violence*, Palgrave Macmillan, 2011.
72. « A la caza del "Guatón Romo" », *The Clinic*, 1er novembre 2018.
73. Cour suprême du Chili, Affaire nº 469-98, septembre 1998, para. 9-10 (disparition de Pedro Enrique Poblete Córdova).
74. « La escabrosa entrevista que concedió Romo a Univisión », *La Tercera*, 4 juillet 2007.
75. Alfonso René Chanfreau Oyarce, Procesamiento, 14 juillet 2011, p. 266, 297, 1328 (dossier de l'auteur).
76. « Pablo Neruda did not die of cancer but may have been poisoned », *Novinite.com*, 21 octobre 2017.
77. « Pinochet en peligro de muerte », *Panamá América*, 29 juillet 1999.
78. E. Ekaizer, *Yo, Augusto*, *op. cit.*, p. 840.
79. *Ibid.*, p. 841.
80. Xavier Montanyà, *La gran evasión*, Pepitas de Calabaza, 2008, p. 13.
81. E. Ekaizer, *Yo, Augusto*, *op. cit.*, p. 227, 503, 841.
82. *Ibid.*, p. 842, 846, 851-852, 855.
83. *Ibid.*, p. 854, 858.
84. *Ibid.*, p. 858-859, 876.
85. *Ibid.*, p. 898-899.
86. *Ibid.*, p. 893.
87. *Ibid.*, p. 896.
88. *Ibid.*, p. 897.
89. *Ibid.*, p. 901.
90. Lettre du Home Office à Pinochet, 5 novembre 2000 (citée in *R., Ex Parte Belgium* v. *Secretary of State for the Home Department*, ILDC 227, jugement du 15 février 2000, para. 9).
91. Lettre de Pinochet au Home Office, 29 novembre 2000 (*ibid.*, para. 11).
92. E. Ekaizer, *Yo, Augusto*, *op. cit.*, p. 916.
93. Mónica Pérez et Felipe Gerdtzen, *Augusto Pinochet: 503 Días Atrapado en Londres*, Catalonia, 2016, p. 282.

94. Entretien de l'auteur avec Peter Dean, 3 octobre 2023; « La acusación presenta un escrito para aclarar las irregularidades del informe médico », *El Mundo*, 24 janvier 2001.
95. « La acusación presenta un escrito para aclarar las irregularidades del informe médico », art. cit.
96. Entretien de l'auteur avec Jean Pateras, 3 octobre 2023.
97. E. Ekaizer, *Yo, Augusto, op. cit.*, p. 924.
98. Cité in *R., Ex Parte Belgium* v. *Secretary of State for the Home Department*, ILDC 227, jugement du 15 février 2000, para. 13.
99. Hansard, House of Commons, 12 janvier 2000, colonne 277.
100. E. Ekaizer, *Yo, Augusto, op. cit.*, p. 926.
101. Eugenia Palieraki, *¡La revolución ya viene! El MIR chileno en los años sesenta*, Editorial LOM, 2014.
102. « Détectives », in Roberto Bolaño, *Llamadas telefónicas*, Anagrama, 1997; *Appels téléphoniques*, trad. Robert Amutio, Christian Bourgois, 2004.
103. Larry Rohter, « A Chilean Writer's Fictions Might Include His Own Colourful Past », *The New York Times*, 8 février 2009.
104. « Ricardo Ernesto Lagos Salinas », *Memoria Viva* (sans date), https://www.memoriaviva.com/English/victims/lagos-salinas.htm
105. C. Basso, *Chile Top Secret: El submundo clandestino de la CIA, la LGB, la DINA y los nazis, op. cit.*
106. Ken Silverstein, *Private Warriors*, Verso, 2000, p. 125.
107. María Soledad de la Cerda, *Chile y los hombres del Tercer Reich*, Sudamericana, 2000.
108. Pablo Seguel Gutiérrez, « La Brigada de Inteligencia Metropolitana de la Dirección de Inteligencia Nacional: Desafíos para la investigación en torno a sus recintos de detención, organización interna y racionalidad del servicio de inteligencia de la dictadura militar en Chile 1973-1976 », *IX Jornadas de Trabajo sobre Historia Reciente, 1-3 août 2018*, 2021, p. 685-706.
109. « Informe del experto sobre la cuestión de la suerte de las personas desaparecidas en Chile », Commission des droits de l'homme, E/CN.4/1363, 2 février 1980.
110. Voir par ex. Rol n° 2.18298 (affaire Tejas Verdes), jugement du 9 août 2010 (p. 9); Rol. n° 33.340-2003 (affaire Alfonso Chanfreau), jugement du 22 mai 2003 (p. 9).
111. « Corte Suprema condena a 31 agentes de la DINA por secuestro calificado de Juan Carlos Perelman », *El Clarín*, 27 octobre 2021.
112. « Operación Colombo: Corte Suprema condena a exagentes de la DINA por secuestro calificado de fotógrafo », *Diario Constitucional*, 21 septembre 2023.
113. « Historic Decision on the Crimes of the Chilean Dictatorship », *FIDH*, 17 décembre 2010: https://memoriaviva.com/nuevaweb/criminales/criminales-m/moren-brito-marcelo-luis-manuel

114. J. Escalante, « Las confesiones de Gerhard Mücke, uno de los jerarcas nazis de Colonia Dignidad », art. cit.
115. « El agente que llevó a Álvaro Vallejos a Colonia Dignidad : La palabra de un ex DINA contra Schaefer », *El Mercurio*, 24 juillet 2005.
116. Entretien de l'auteur avec Samuel Fuenzalida, 14 décembre 2021.
117. Rol. 2.182-1998, Villa Baviera, épisode Álvaro Modesto Vallejos Villagrán, verdict de première instance, 7 mai 2015 ; Cour d'appel de Santiago, Rol 1.051-2015, 10 avril 2017 ; Cour suprême, Rol 19.127-2017, 7 août 2018 ; « Condenan a 22 agentes de la DINA a 15 años de presidio por secuestro a militantes del MIR en la Operación Colombo », *CNN Chile*, 7 août 2018.
118. Paul Kelso et Jamie Wilson, « Belgian Challenge to Pinochet Ruling », *The Guardian*, 24 janvier 2000.
119. Juge d'instruction Damian Vandermeersch, demande de commission rogatoire, 19 janvier 2000 (dossier de l'auteur).
120. Les obligations violées, selon la Belgique, comprenaient la Convention de 1984, la Convention d'extradition de 1957, la Convention européenne sur l'assistance mutuelle dans les affaires criminelles, et l'obligation générale de coopération et de bonne foi en droit international.
121. *Certain Property (Liechtenstein* v. *Germany) (Preliminary Objections)* [2005], Rapports de la CIJ, 6 ; *Jurisdictional Immunities of the State (Germany* v. *Italy, Greece Intervening)* [2012], Rapports de la CIJ, 99.
122. *R., Ex Parte Belgium* v. *Secretary of State for the Home Department*, ILDC 227, jugement du 15 février 2000, para. 3.
123. « Pinochet Opponents Win Legal Point », *BBC*, 8 février 2000.
124. *R., Ex Parte Belgium v Secretary of State for the Home Department*, ILDC 227, jugement du 15 février 2000, para. 3.
125. *Demjanjuk* v. *Petrovsky* (1985), 603 F. Supp. 1468.
126. Marlise Simons, « Spanish Newspapers Disclose Secret Pinochet Health Reports », *The New York Times*, 17 février 2000.
127. « Comments », « Spanish Doctors on British Medical Report », 18 février 2000, in R. Brody et M. Ratner, *The Pinochet Papers*, *op. cit.*, p. 461.
128. Jamie Wilson et Ian Black, « Pinochet Fit for Trial, Says Belgium », *The Guardian*, 23 février 2000.
129. Hansard, House of Commons, 2 mars 2000, col. 664.
130. Open Democracy, *Justice in the World's Light*, 2001 (Geoffrey Bindman).

V. Impunité (p. 377-454)

1. Hugh O'Shaughnessy, « Secret UK Deal Freed Pinochet », *The Observer*, 7 janvier 2001.
2. Manuel Délano, « Blair negoció con Frei en secreto el regreso de Pinochet a Chile », *El País*, 17 octobre 2000.
3. Monica Pérez et Felipe Gerdtzen, *Augusto Pinochet: 503 Días Atrapado en Londres*, *op. cit.*, p. 274 ; H. O'Shaughnessy, « Secret UK Deal Freed Pinochet », art. cit.
4. « Lord Hoffmann interviewed by Louise Brodie », Part 7, *British Library, Sounds Archive*, 2011.
5. Francesc Relea, « El Ejército chileno recibe la decisión de los lores con "frustración, indignación e inquietud" », *El País*, 26 novembre 1998.
6. « Pinochet en peligro de muerte », *Panamá América*, 29 juillet 1999.
7. E. Ekaizer, *Yo, Augusto, op. cit.*, p. 800.
8. « El general Salgado se reúne hoy con autoridades de Defensa y con los abogados de Pinochet en España », *El País*, 10 août 1999.
9. Tony Blair, *A Journey*, Hutchinson, 2010 ; *Mémoires*, traduit par Nathalie Bru *et al.*, Albin Michel, 2010.
10. Raúl Troncoso Castillo est mort le 28 novembre 2004 ; voir « El Ministro del Interior chileno dice que el fallo de la Audiencia provocará "una tembladera mundial" », *El País*, 2 novembre 1998.
11. E. Ekaizer, *Yo, Augusto, op. cit.*, p. 901.
12. « Belgium : Pinochet Case Won't Go to International Court », *AP Archive*, 2 mars 2000, https://www.youtube.com/watch?v=3whZFmusLpQ
13. Margaret Thatcher, *Statecraft : Strategies for a Changing World*, HarperCollins, 2003, p. 269 et 271.
14. E. Ekaizer, *Yo, Augusto, op. cit.*, p. 971.
15. « Pinochet, le retour », *ina.fr*, 3 mars 2000.
16. *Ibid.*
17. « Chilean Leftists Sue Pinochet », *The New York Times*, 13 janvier 1998.
18. Juan Guzmán, *Au bord du monde : les mémoires du juge de Pinochet*, Les Arènes, 2005, p. 239.
19. Jugement, Cour d'Appel de Santiago, 5 juin 2000.
20. Jugement, Cour Suprême du Chili, 9 août 2000.
21. *Ibid.*, p. 539, para. 8/9.
22. Cath Collins, « Human Rights Trials in Chile During and After the "Pinochet Years" », *International Journal of Transitional Justice*, 4, 2010, p. 67-86.
23. « Condenan a represores de la dictatura militar », *El Mostrador*, 16 mars 2010.

24. Sophie Arie, « Doctors Concerned over Pinochet Verdict », 323 (7305), *BMJ*, 2001.
25. J. Guzmán, *Au bord du monde, op. cit.*, p. 224, 241, 243, 265, 268-269, 280.
26. P. Kornbluh, *The Pinochet File, op. cit.*, p. 490.
27. John Dinges et Saul Landau, *Assassination on Embassy Row, op. cit.*, p. 369.
28. Permanent Subcommittee on Investigations, Minority Staff, « Disguised Pinochet Account Names », https://nsarchive2.gwu.edu/NSAEBB/NSAEBB149/names.pdf
29. P. Kornbluh, *The Pinochet File, op. cit.*, p. 491.
30. *Ibid.*, p. 490 ; US Senate, Permanent Subcommittee on Investigations, « Money Laundering and Foreign Corruption, Supplemental Staff Report on U.S. Accounts Used by Augusto Pinochet », 16 mars 2005.
31. « The Secret Pinochet Portfolio : Former Dictator's Corruption Scandal Broadens », National Security Archive Electronic Briefing Book, n° 149, *National Security Archive*, https://nsaarchive2.gwu.edu/NSAEBB/NSAEBB149/index.htm
32. P. Kornbluh, *The Pinochet File, op. cit.*, p. 492.
33. Maria Elvira Salazar, « Entrevista a Pinochet », 10 novembre 2010, https://www.youtube.com/watch?v=nKeLy5HmUZo
34. EastSouthWestNorth, citation d'un article d'Oscar Corral, *Miami Herald*, 18 mars 2005, http://www.zonaeuropa.com/20050320_1.htm
35. Larry Rohter, « A Torture Report Compels Chile to Reassess Its Past », *The New York Times*, 28 novembre 2004.
36. P. Kornbluh, *The Pinochet File, op. cit.*, p. 494.
37. *Ibid.*, p. 495.
38. Associated Press, « Pinochet Takes "Political Responsability" for Actions of Chilean Dictatorship », *The Washington Post*, 25 novembre 2006.
39. Ariel Dorfman, « Spitting on a Dead Man », *Los Angeles Times*, 17 décembre 2006.
40. Jonathan Franklin, « Chilean Government Rejects State Funeral for Pinochet as Thousands Queue to Pay Respects », *The Guardian*, 12 décembre 2006.
41. « Pinochet's Funeral Draws 60,000 », *CBC News*, 12 décembre 2006.
42. « Texto integro de la carta póstuma de Pinochet », *El Mundo*, 24 décembre 2006.
43. Michael Lazzara, « Complicity and Responsability in the Aftermath of the Pinochet Regime : The Case of El Mocito », *Rúbrica Contemporánea*, 5, n° 9, 2016, p. 59, 61.
44. Javier Rebolledo, *La Danza de los cuervos : El « Mocito » y el destino final de los detenidos desaparecidos*, 2e édition (CEIBO, 2012) ; Marcela Said et Jean de Certeau (dir.), « El Mocito », *The Clinic*, 19 mars 2018, https://www.youtube.com/watch?v=1xNHzCLQIMc

45. J. Rebolledo, *La Danza de los cuervos, op. cit.* ; Rodrigo Alvarado, « La historia intima del secreto mejor guardado de la Dictadura », *The Clinic*, 3 juillet 2012.
46. Cour Suprême du Chili, 13 mars 2019, Cas n° 1-1993, para. 91.
47. Ben Doherty, « "We Demand Justice" : The Retired Sydney Nanny and the Chilean Families Still Looking for Answers », *The Guardian*, 23 juin 2021.
48. « Clarín, la DINA, la Casona de Volpone y un abogado del Banco Central », *El Mostrador*, 3 janvier 2013.
49. Macarena Segovia, « Con Oposición del Ejército cuartel donde partió la DINA es declarado Monumento Nacional », *El Mostrador*, 12 novembre 2014 ; « Memorial Rocas AR », *Docubase MIT Documentary Lab*, 2021, https://docubase.mit.edu/project/memorial-rocas-ar
50. « Asesinato de Lumi Videla : El « Guatón » Romo contó que el general Garin le pagó por su silencio », *La Nación*, 25 juillet 2007.
51. « Brigada Lautaro de la DINA habría usado gas sarín para eliminar a peruanos », *El Mostrador*, 18 juin 2007.
52. Francisca Espinosa Muñoz, « « La batalla de la merluza » : Política y consumo alimenticio en el Chile de la Unitad Popular (1970-1973) », *Historia (Santiago)*, 51, n° 1 (2018), p. 31-54.
53. Entretien de l'auteur avec Anatolio Zárate, 7 mars 2024.
54. Entretien de l'auteur avec la juge Paola Plaza, 14 novembre 2022 ; « Regimiento n° 2 de Ingenieros "Tejas Verdes" », *Memoria Viva* (sans date), https://memoriaviva.com/nuevaweb/centros-de-detencion/v-region/regimiento-no-2-de-ingenieros-tejas-verdes ; « Anatolio Zárate : "A Labbé yo lo vi cuando me estaban torturando" », *Soychile.cl*, 20 octobre 2014.
55. Jonathan Franklin, « Augusto Pinochet's Former Bodyguard Detained at Santiago Military Base », *The Guardian*, 21 octobre 2014.
56. Karinna Fernández et Magdalena Garcés Fuentes, « Los casos de la Pesquera Arauco y Colonia Dignidad », in Juan Pablo Bohoslavsky, Karinna Fernández et Sebastián Smart (éd.), *Complicidad económica con la dictadura chilena. Un país desigual a la fuerza*, LOM Ediciones, 2019, p. 391 *sq.* ; *Pinochet's Economic Accomplices*, Lexington, 2020, p. 345.
57. N. Jofré, *La implacable verdad policial : La apasionante investigación del detective que descubrió al grupo más secreto y letal de la Dina, op. cit.*, p. 54-55.
58. *Ibid.*, p. 345.
59. Cour d'Appel de Santiago, Cour Suprême du Chili, 7 mai 2014, cas n° 2.182-98, p. 31.
60. Déclaration de Jorge Manuel Silva Huerta (p. 32), section 74, cas 2182-98 (Tejas Verdes), 9 août 2010 (dossier de l'auteur).
61. Cas 2182-98 (Tejas Verdes), jugement du 9 août 2010, p. 37 (citation du témoignage de Patricio Eduardo Gutiérrez Fernandez [fojas 3338], chauffeur

d'un fourgon de la Pesquera Arauco), https://expedientesdelarepresion.cl/wp-content/uploads/2018/09/sentencia-caso-tejas-verdes-torturas.pdf.

62. Cas 2182-98 (opération Colombo, épisode Jorge Grez Aburto), Cour d'Appel de Santiago, jugement du 7 mai 2014, p. 244 (dossier de l'auteur).
63. Cas 2182-98 (Tejas Verdes, épisode Felix Varga), jugement du 4 mars 2009, p. 36 (dossier de l'auteur) ; *Pinochet's Economic Accomplices, op. cit.*, p. 345.
64. Cas 202-2015, dossier, témoignage de Anatolio Zárate (« … vers 1976, il [Arnoldo Aravena Contreras, RIP] m'a affirmé que l'un des congélateurs de la Pesquera Arauco, précisément celui situé dans la partie sud des locaux, avait servi à stocker les corps en attendant que le *Kiwi* les embarque pour aller les immerger en mer »), p. 422 (dossier de l'auteur).
65. Courriel de Carlos Basso à l'auteur, 11 décembre 2021.
66. Cas 202-2015, dossier, p. 651, et Décret 450 du 30 août 1974 du ministère de l'Intérieur (Art. 1 : « Autorise Pesquera Arauco S.A. … à se doter d'un service de sécurité privée pour une durée de deux ans… » ; l'Art. 2 restreint cette autorisation aux installations de la Pesquera à Lo Valledor (où sont stationnés les fourgons 310 Chevrolet depuis 1973) ; l'Art. 3 limite le nombre d'armes à feu pour chaque garde à trois (avec quatre chargeurs de munitions par arme).
67. *Pinochet's Economic Accomplices, op. cit.*, p. 345.
68. Jugement : « Condenan a 18 ex agentes de la dictadura por el asesinato de la profesora Marta Ugarte », *El Desconcierto*, 29 novembre 2021.
69. « Operación *Kiwi* : enterrados en el mar », *La Nación*, 12 septembre 2004.
70. Cas 202-2015, p. 5 895-5 906 (dossier de l'auteur) ; *Pinochet's Economic Accomplices, op. cit.*, p. 345.
71. Cas 202-2015, p. 15 396-8, 15 652-8 (dossier de l'auteur).
72. Voir le Rapport du Conseil économique et social, « Protection des droits humains au Chili », A/10285, 7 octobre 1975.
73. Déposition d'Anatolio Zárate, 13 octobre 2014, cas 202-2015, dossier, cote 515393 (dossier de l'auteur).
74. Juge Hernan Crisoto Greisse, Operación Colombo Aedo et autres, procédures du cas 2182-98, p. 16275, 12 juin 2015, enquête incorporée ensuite dans le cas 202-2015, p. 442.
75. Cas 202-2015, dossier ; entretien avec Samuel Fuenzalida, 8 mars 2024.
76. « Londres 38 interpone querella contra pesquera colaboradora de la DINA », 3 octobre 2017, https://www.londres38.cl/1937/w3-article-99099.html
77. *Pinochet's Economic Accomplices, op. cit.*, p. 346.
78. « Pablo Neruda : Chilean Poet's Death Still Shrouded in Mystery », *BBC*, 24 septembre 2023 ; pour une approche générale, voir Andrew Feinstein, *Pablo Neruda : A Passion for Life*, Bloomsbury, 2004.
79. J. Escalante, « Las confesiones de Gerhard Mücke, uno de los jerarcas nazis de Colonia Dignidad », art. cit. ; « Chile Sentences Two Germans for Pinochet-

Era Crimes », *DW*, 20 octobre 2015 ; « Muere Gerhard Mücke, criminal de la dictadura y líder de Colonia Dignidad », *SwissInfo*, 18 septembre 2022.

80. « Y hasta que la Corte Suprema se dio cuenta : Verdad judicial, Pinochet sabía todo sobre operación para lanzar desaparecidos al mar », *The Clinic*, 16 août 2009.
81. Tom Burgis, « Chile's Torture Victims to Get Life Pensions », *The Guardian*, 30 novembre 2004.
82. *Parque Arauco* : https://www.pararauco.com/parque-arauco-corporativo-en/nuestra-empresa/identificacion-de-la-compania
83. « Vor 50 Jahren : Putsch in Chile – Pinochets deutsche Paten », *ARD Audiothek*, 3 septembre 2023.
84. Jorge Escalante, « El hijo del dictador chileno Augusto Pinochet fue un agente de la DINA », *El Mundo*, 11 septembre 2010.
85. « Vor 50 Jahren » : Putsch in Chile – Pinochets deutsche Paten », *WDR*, 3 septembre 2023.
86. Noemi Arcos, « La trayectoria judicial de Mario Carroza, nominado por quinta vez a la Corte Suprema », *El Dinamo*, 14 août 2019.

ÉPILOGUE (p. 455-471)
Deux hommes, deux visages

1. Ian Traynor, « Franjo Tuđman », *The Guardian*, 13 décembre 1999.
2. Daniel Marrans, « Henry Kissinger Just Turned 92, Here's Why He's Careful About Where He Travels », *Huffington Post*, 28 mai 2015 ; Henry Kissinger, « The Pitfall of Universal Jurisdiction », *Foreign Affairs*, juillet/août 2001.
3. « Bush Cancels Geneva Speech "Fearing" Possible Torture Charges », *France 24*, 5 février 2011.
4. « Putin Won't Attend a South Africa Summit Next Month, Avoiding Possible Arrest », *NPR*, 19 juillet 2023.
5. Hoffmann m'a raconté qu'il avait écrit à Browne-Wilkinson, mais qu'il avait reçu une réponse « pompeuse » écrite sur un ton « sans réplique » qui aurait pu émaner d'un préfet de collège. « Ce pauvre vieux Browne-Wilkinson, je crois qu'il a fait une sorte de crise de nerfs », se rappelait Hoffmann. « Je ne sais pas jusqu'à quel point cela y a contribué, mais il est tombé en dépression, il ne se sentait plus capable de rédiger ses jugements, et il a pris sa retraite. » Hoffmann, Leonard, National Life Story Collection : Legal Lives C736/010.
6. Rosa Ana Alija Fernández, « The 2014 Reform of Universal Jurisdiction in Spain : From All to Nothing », *Zeitschrift für Internationale Strafrechtsdogmatik* 717, 2014, p. 13.

7. Décision du Conseil des droits de l'homme de l'ONU, UN OHCHR, 26 août 2021.
8. « Canciller van Klaveren por Pinochet : "La jurisdicción chilena en esa época no estuvo a la altura" », *El Mostrador*, 16 juillet 2023.
9. « Chile Begins Expropriation of Land from Colonia Dignidad », *DW*, 2 juin 2024.
10. « Senator Pinochet », Legal Fees, *Hansard*, vol. 357, 20 novembre 2000, Col. 99W. Le total se montait à 1 209 775,05 £ (270 935,89 £ pour la première audience de la Chambre des Lords ; 151 361,30 £ pour la demande de retrait du premier jugement ; et 787 477,86 £ pour les audiences de la Divisional Court).
11. Carmen Soria, Préface, in A. L. Awad et C. P. Alveal, *Carmelo…*, *op. cit.*
12. « Chile Asks U.S. to Extradite Suspects in 1976 Murder of Diplomat », *Reuters*, 17 mai 2016.
13. *Civil Action 02-02240, Laura González-Vera et al. v. Henry Alfred Kissinger et al.*, Order for Default Judgment against Defendant Michael Townley, 23 novembre 2005 ; https:/www.elclarin.cl/fpa/pdf/p_231105_en.pdf ; Laura González-Vera et Ali Abed Beydoun, as Personal Representatives of the Estate of Carmelo Soria Espinoza, Deceased, Appellants *v.* Michael Vernon Townley *et al.*, Appellees, United States Court of Appeal, District of Columbia Circuit, 23 février 2010, *595 F3d 379* (2010) ; Adam Klasfeld, « Court Won't Help Find Pinochet's Former Goon », Courthouse News Service, 20 mars 2010 ; message de Carmen Soria, 22 juin 2024.
14. *Carmelo Soria Espinoza v. Chile*, Case 11.725, Report n° 133/99, OEA/ser.L/V/II.106 Doc. 3 rev. at 494, 19 novembre 1999, para. 110 et 149.
15. Sénat, République du Chili, « Proyecto de ley que declara la nulidad del Decreto Ley n° 2.191, de 1978 », 21 avril 2006 ; après deux tentatives avortées, le Sénat (présidé alors par Eduardo Frei) adopta la loi par 16 votes contre 14 : « Senado aprobó indemnización para familia de Carmelo Soria », *cooperativa.cl*, 18 juillet 2007.
16. Cas I-1993, témoignage de Townley, 13 juillet 2006, p. 61 (dossier de l'auteur).
17. « Townley afirmó haber visto a Carmelo Soria secuestrado en casa de Lo Curro", *El Mostrador*, 21 août 2006.
18. Déposition recueillie le 3 septembre 1992, de Rafael Castillo à Osvaldo Carmona (dossier de l'auteur) ; voir aussi « Informe Especial : Michael Townley – Confesiones de un asesino », *24 Horas*, https://www.youtube.com/watch?v=yg_WUmIv3LA (à 60') ; Cas I-1993, témoignage de Michael Townley, 13 juillet 2006 (dossier de l'auteur).
19. Cour Suprême, cas n° 1-1993, Carmelo Soria Espinoza, 22 août 2023 ; Lun Lee, « Prófugos y millonarios : ex DINA condenados por asesinato de

Carmelo Soria cobran pensión siendo fugitivos de la justicia », *Interferencia.cl*, 21 mars 2024.

20. Pavel Oyarzún, *Será el paraíso*, LOM, 2019.
21. Gloria Dünkler, *Spandau*, Tácitas, 2012 ; Juan Manuel Vial, « Un nazi en el sur », *La Tercera*, 5 janvier 2013.
22. « Giornale, spie e hotel di lusso », *Corriere della Sera*, 18 août 2023.
23. Wilfried Huismann, « Vor 50 Jahren : Putsch in Chile – Pinochets deutsche Paten », *WDR*, 3 septembre 2023.
24. República de Chile, *Diario de Sesión del Senado*, Legislatura 355, Sesión 82, 15 janvier 2008, p. 54 *sq*.
25. *Lamesavintage*, mars 2023 (Instagram).
26. « El jerarca nazi que murió impune en Chile », *24 Horas*, 10 mai 2024 ; Victor Hernandez, « A 40 años de la muerte de Walther Rauff », *El Magallanes*, 12 mai 2024, p. 37-41.
27. Cour d'Assises de Paris, 3e Section, cas 07/2007, Arrêt criminel, 17 décembre 2010 ; Arrêt civil, 17 décembre 2010 ; Paulo Paranagua, « La justice française condamne les accusés jugés pour la disparition de Français au Chili », *Le Monde*, 18 décembre 2010.
28. Cour Suprême, jugement du 29 avril 2015, confirmant l'arrêt du ministre en visite Jorge Zepeda Arancibia dans l'affaire n° 33.340-2003 de la Cour d'Appel.
29. « Corte de Apelaciones confirma condenas contra exagentes DINA por secuestro de Alfonso Chanfreau », *El Mostrador*, 27 avril 2023.
30. « Murió el ex agente de la DINA Basclay Zapata », *cooperativa.cl*, 3 décembre 2017.
31. Maite Fernandez Simon, « Wartime ID Card Suggests Father of Chilean Presidential Candidate was Nazi », *The Washington Post*, 9 décembre 2021 ; Alberto González, « Abogado Meza revela gestiones de Kast para indultar a reos de Punta Peuco : "Ha sido muy consecuente" », *Bibliochile.cl*, 16 décembre 2021.
32. « Atención : Chile anuncia un plan nacional para que el Estado asuma la búsqueda de unas 1 100 victimas por la dictadura », *Semana*, 8 juillet 2023.

Remerciements

Ce livre est l'une des conséquences d'une invitation que je reçus en 2010 pour venir à Lviv, en Ukraine, et il peut être considéré comme le troisième volet de ma trilogie ouverte avec *East West Street (Retour à Lemberg)*. Depuis mon premier entretien, en 2015, j'ai bénéficié de l'aide et du soutien d'un très grand nombre de personnes et d'institutions en Grande-Bretagne, au Chili, en Allemagne et en Espagne, et ailleurs également. Parfois l'aide fut substantielle et soutenue dans le temps, plus informelle dans d'autres cas, ou limitée à un ou deux souvenirs. Je suis profondément reconnaissant à chacune des personnes qui m'a apporté une contribution. Toutes les erreurs ou omissions qui se seraient glissées dans ces pages relèvent de mon entière responsabilité.

J'ai retiré le plus grand profit de l'intelligence et de l'énergie d'une superbe équipe d'assistants de recherche. Monserrat Madariaga Gómez a été ma principale assistante dans cette aventure et s'est montrée l'une des plus remarquables enquêtrices avec qui j'ai eu le privilège de travailler. Je remercie également Jessie Barnett-Cox, Joao Bofill Rodrigues, Josefina del Rosario Lago, Alvaro Galindo, Grega Grobovsek, Lea Main-Klingst, Camilo Martín Muriel, Yaara Mordecai, Aleix Pérez i Pitarch, Samuel Rehberger, A. J. Solovy, Lieta Vivaldi et Luis Viveros.

Au cours des premières années, Louise Rands † a apporté une contribution déterminante pour la frappe et les transcriptions, puis Karen Carter a poursuivi le travail inlassablement et parfaitement.

J'ai reçu un soutien sans réserve des doyens de l'University College de Londres, Piet Eekhout et Eloise Scotford, ainsi que de tous mes collègues, et également celui de Maureen Worth à la Harvard Law School. Au sein du cabinet Matrix, et maintenant chez 11 KBW, mes collègues, en particulier Mark Dann, Lee Cutler, Tori Eastwick et Kian Daniels, ont été indulgents à mon endroit, tolérant mes moments de négligence.

J'ai énormément bénéficié de mes conversations et des informations en provenance du monde entier.

Des remerciements reviennent en tout premier lieu aux parents des principaux personnages du livre, en particulier Carmen Soria et Laura González-Vera, qui sont ma nouvelle famille du Chili ; Mariana Camelio et Pablo Ojeda à Punta Arenas ; Erika Hennings à Santiago et à Paris ; Paula Polanco à Santiago ; Walther Rauff III à Santiago ; et Miguel Schweitzer III à Punta Arenas.

Au Chili, Rodrigo Rojas et Morgana Rodríguez Larraín ont généreusement dépassé les bornes de l'amitié en m'offrant l'hospitalité, ouvrant des portes et bien plus encore, à la suite d'une première rencontre littéraire autour de Bolaño. León Gómez, Erika Hennings, Miguel Ángel et Margarita Rebolledo m'ont consacré du temps et beaucoup plus encore. Mes remerciements vont aussi à José Agüero Nuñez, Margarita Alegría, Adelia Andrade, Emma Barrientos, Carlos Basso, Sergio Bitar, Juan Pablo Bohoslavsky, Eduardo Camelio, Mario Carroza, Ascanio Cavallo, Cath Collins, Luis Cordero, Guillermo de la Barra, Raúl Donoso, Ariel Dorfman, Hernán Felipe Errázuriz, Hernán Fernández, Karinna Fernández, Alejandro Ferrer, Moritz Fried le fabricant de glaces, Ximena Fuentes, Samuel Fuenzalida, Galo Ghigliotto, Eugenio Gligo Viel, Baldovino Gomez, Monica Gonzalez, Claudio Grossman, Gustavo Guzmán, Dominique Hervé, José Miguel Insulza, Andrea Jeftanovic, Ximena Katz, Albert van Klaveren, Benjamin Labatut, Harald Lindemann, Loreta Lopez, Andrés López Awad, Arturó Majlis, Cecilia Medina, Gloria Miqueles, Juan Carlos Muñoz Alegría, Franciso Orrego Vicuña †, Aldo Perán, Andrea Pivcevic, Paola Plaza, Vladimiro Poll, Manuela Portales, Sebastian Rauff, Cristián Rigo Ramirez, Benjamin Salas Kantor, Horst Schaffrick, Miguel Schweitzer †, Monika Sears, Chantal Signorio, Cristián Toloza, Juan

Torres, Javier Urbina, Jorgelino Vergara, Paola Vezzani, María Vivat, pasteur Ricardo Wagner, Yael Zaliasnik, ainsi qu'au personnel et aux virtuoses du café de l'hôtel Maison Italia 1029.

Je remercie également, en Allemagne : Martin Cüppers, Niklas Frank, Gerd Heidemann †, Rainer Huhle, Wilfried Huismann, Dieter Maier, Anna Richter et Nina Sillem.

En Espagne : Mario Boero Vargas, Carlos Castresana, Ernesto Ekaizer, Juan Garcés et Baltasar Garzón.

Au Royaume-Uni, je dois des remerciements particuliers à mes collègues intervenus sur divers aspects du cas Pinochet, notamment Reed Brody, et aussi à Andrew Clapham, Helen Duffy, Ed Fitzgerald, Jonathan Marks, Nigel Pleming, Ken Roth, Urmi Shah, Rabinder Singh, Richard Stein, Wilder Taylor, José Miguel Vivanco, ainsi que les conseils *pro bono* de Paul Hoffman, William Aceves, Susan Benesch, William Gravitt et Dian Orentlicher.

J'adresse également mes remerciements à Lucy Bailey, Susie Bascon, Simon Brown, Simon Browne-Wilkinson, Michael Caplan, Susanna Clapp, Dave Clark, Lawrence Collins, Sherard Cowper-Coles, Peter Dean, John Dew, Nicholas Evans, Vincent Fean, Matthew Gould, Jeremy Hayes, Leonard Hoffmann, Kerstin Hoge, James Holland, David Hope, Robert Howard, Alun Jones, Nick Kent, Christina Lamb, Daniel Lee, David Milliband, Clare Montgomery, Andrew Patrick, Jean Pateras, Jonathan Powell, Angus Reilly, Nicholas Shakespeare, Gordon Slynn, Amy St Johnson, Jack Straw, David Sugarman, Jonathan Sumption, James Vallance White, Essi Viding, et Simon Wessely.

Partout ailleurs, merci à Natalia Barbero, Uki Goni, Luis Moreno Ocampo (Argentine) ; Linda Erker, Cristina Fuentes, Kerstin von Lingen, Friderica Wächter, Horst Wächter, Erich Zott (Autriche) ; Pierre Klein (Belgique) ; Hernán Escudero Álvarez, Alvaro Galindo (Équateur) ; Herman Bennett, Charles Brower, Suzanne Browne-Fleming, Jeremy Eichler, Joseph Finnegan, Gonzalo Florez, Linda Kinstler, Peter Kornbluh, Jennifer Morgan, Cullen Murphy, Amy Rao, Lucy Reed et Ken Silverstein (États-Unis) ; William Bourdon, Beate et Serge Klarsfeld, Gwen Strauss (France) ; Maurice Apprey, Fui Tsikata (Ghana) ; Yossi Chen, Yuval Shany (Israël) ; Eric Lerner (Italie).

J'ai bénéficié de l'aide de généreux archivistes : Richard Ovenden (Bodleian, Oxford), Matthew Butson (Getty Images), Katharine Friedla (Stanford University) et María del Carmen Elizalde (Université centrale de l'Équateur).

Vickie Taylor a réalisé les cartes avec son talent habituel, avec l'aide de Scott Edmonds, et mes chers amis Jonathan Klein et Diana Matar ont prêté leur compétence pour la photographie.

Je salue mes merveilleux et rassurants agents et leur trésor de patience : Georgia Garrett, Laurence Laluyaux et Stephen Edwards de Rogers, Coleridge et White à Londres, et Melanie Jackson à New York.

Mes excellentes éditrices et éditeurs : Jenny Lord de Weidenfeld & Nicolson, qui a été à la tête du projet avec une fine équipe comprenant Leanne Oliver, Georgia Goodall, Natalie Dawkins, le correcteur Richard Mason et l'iconographe Susannah Jayes ; Todd Portnowitz et Victoria Wilson chez Alfred A. Knopf ; Isabel Obiols et Silvia Sesé chez Anagrama ; Lorena Fuentes à Santiago ; Hélène Monsacré chez Albin Michel ; Tanja Hommen chez Fischer.

Mes chers amis : James Cameron avec qui a débuté ce voyage si particulier ; Javier Cercas, James Crawford †, James Daunt (pour les titres entre autres), Adriana Fabra, David Kennedy, Hisham Matar, Mariana Montoya, Gerry Simpson, Alia Trabucco Zerán et Juan Gabriel Vásquez.

Ma chère famille : mon père disparu, Allan, qui était toujours présent à mon côté ; ma mère Ruth, plus que jamais présente ; Marc, le meilleur des frères dont on puisse rêver ; mon neveu Emil, qui a produit en un éclair une peinture du *Walter* ; Annie, ma si chère tante ; et Leina, ma belle-mère merveilleusement espagnole qui m'a ouvert des portes essentielles.

Plus proches encore du noyau familial : Leo, pour l'histoire ; Lara, pour les légendes familiales ; et Katya, pour le coup d'œil et le design.

Et Natalia, celle qui nous maintient tous en bon ordre de marche, les pieds sur terre, incarnation du meilleur de la vie et de l'amour, qui a ouvert des portes – au Chili et en Espagne notamment – et en a refermé d'autres, toujours fidèle à ses principes, solide et généreuse.

Merci, merci, merci.

Sources

« Le rapport entre les preuves, la vérité et l'histoire peut difficilement être ignoré »,

Carlo Ginzburg, *Le Fil et les traces*
(traduit de l'italien par Martin Rueff, Verdier, 2010)

Au cours des huit années passées à travailler sur ce livre, je me suis appuyé sur un grand nombre d'œuvres de fiction et de non-fiction sur les vies d'Augusto Pinochet et de Walther Rauff, les événements du Chili et les questions de droit international, ainsi que sur des films documentaires et de fiction, et sur des enregistrements radiophoniques.

Archives

J'ai utilisé plusieurs fonds d'archives, notamment :

CIA Reading Room (en ligne), Special Collection, Walther Rauff. Voir par exemple : /specialCollection/nwcda7/164/RAUFF,WALTER/RAUFF,WALTER_0106.pdf

Hoover Institution Library & Archives, Gerd Heidemann Collection, [Boîtes 92, 93 et 94].

Bodleian Oxford, Bodleian Libraries, Archive of (Charles) Bruce Chatwin.

Politisches Archiv des Auswärtigen Amts, Berlin.
Bundesarchiv, Berlin.
Correspondance de Walther Rauff (1946-1982), présentée par Martin Cüppers (collection privée de Hans-Jochen Emsmann).
Documents relatifs à Walther Rauff présentés par Dieter Maier.

Livres

Les écrits de Bruce Chatwin et Robert Bolaño m'ont guidé et inspiré :

Roberto Bolaño, *Nocturne du Chili*, traduit par Robert Amutio, Christian Bourgois, 2002.
—, *La Littérature nazie en Amérique*, traduit par Robert Amutio, Christian Bourgois, 2003.
—, *Entre parenthèses : Essais, articles et discours*, traduit par Robert Amutio, Christian Bourgois, 2011.
Bruce Chatwin, *En Patagonie*, traduit par Jacques Chabert, Grasset, 1979.
Bruce Chatwin et Paul Théroux, *Retour en Patagonie : une conversation*, traduit par Jacques Chabert, Éditions de l'Olivier, 1993.
Elizabeth Chatwin et Nicholas Shakespeare, *Under the Sun : The Letters of Bruce Chatwin*, traduit par Jacques Chabert sous le titre : *La Sagesse du nomade. L'écrivain à l'œuvre*, Paris, Grasset, 2012.
Susannah Clapp, *Avec Chatwin : portrait d'un écrivain*, traduit par Jacques Chabert, Grasset, 1998.

De nombreuses œuvres contemporaines de fiction et de poésie qui font référence aux événements réels ont été une riche source d'inspiration pour moi :

Isabel Allende, *La Maison aux esprits*, traduit de l'espagnol par Claude et Carmen Durand, Fayard, 1986.
Pascual Brodsky, *Años de fascinación*, Hueders, 2017.
Roberto Brodsky, « Amores que matan », in Mili Rodríguez Villouta (éd.), *Compasión*, Planeta, 2000.
Mariana Callejas, *La Larga Noche*, Lo Curro, 1987.

Mariana Camelio, *Isla Riesco*, Jampstér Libros, 2019.
Ariel Dorfman, *La Jeune Fille et la Mort*, traduit de l'espagnol par Gabriel Auer, Actes-Sud-Papiers, 2018.
Gloria Dunkler, *Spandau*, Ediciones Tácitas, 2012.
Nona Fernández, *El Taller*, 2012 (pièce de théâtre).
—, *Space Invaders*, traduit de l'espagnol par Anne-Claire Huby, Éditions Zinnia, 2017.
—, *Twilight Zone*, traduit de l'espagnol en anglais par Natasha Wimmer, Graywolf Press, 2021.
Galo Ghigliotto, *El Museo de la Bruma*, Laurel, 2019.
Carlos Iturra, *Crimen y perdón*, Catalonia, 2008.
Andrea Jeftanovic, *Theatre of War*, traduit de l'espagnol par Frances Riddle, Charco, 2020.
Pedro Lemebel, *Je tremble, ô matador*, traduit de l'espagnol par Alexandra Carrasco-Rahal, Gallimard, 2023.
—, *De perlas y cicatrices*, LOM, 1998 ; Seix Barral, 2013.
Lina Meruane, *Système nerveux*, traduit de l'espagnol par Serge Mestre, Grasset, 2020.
Pavel Oyarzun, *Será el paraiso*, LOM, 2019.
Muriel Rukeyser, *Le Livre des morts*, traduit de l'anglais par Emmanuelle Pingault, Éditions Isabelle Sauvage, 2017.
Luis Sepúlveda, *L'Ombre de ce que nous avons été*, traduit de l'espagnol par Bertille Hausberg, Métailié, 2010.
Alia Trabucco Zerán, *La Soustraction*, traduit de l'espagnol par Alexandra Carrasco, Actes Sud, 2021.
Mario Vargas Llosa, *La Fête au bouc*, traduit de l'espagnol par Albert Bensoussan, Gallimard, 2002.
Alejandro Zambra, *Ways of Going Home*, traduit de l'espagnol par Megan McDowell, Granta, 2013.
Raúl Zurita, *INRI*, New York Review of Books, 2018.

Du côté des livres de non-fiction, il me faut d'abord souligner ma dette particulière envers le professeur Martin Cüppers et son livre :

Walther Rauff – In deutschen Diensten. Vom Naziverbrecher zum BND-Spion. Veröffentlichungen der Forschungsstelle Ludwigsburg der

Universität Stuttgart, Wissenschaftliche Buchgesellschaft (WBG), 24, Darmstadt, 2013.

C'est le principal ouvrage auquel je me suis référé.

Les autres livres qui ont nourri ma réflexion – sur les thèmes de la mémoire, du crime, du droit, de la photographie, de la politique et de l'histoire – et qui figurent en bonne place dans les rayonnages de ma bibliothèque, à proximité immédiate de ma table de travail, sont les suivants :

Mario Amorós, Pinochet : *Biografía Militar y Política*, Penguin Random House, 2019.

Dietrich Angerstein, *Los años bajo fuego*, Memoria Creativa, 2019.

Luz Arce, *L'Enfer. Terreur et survie sous Pinochet*, traduit de l'espagnol par Bernardo Toro, Les Petit Matins, 2013.

Andrés López Awad et Camilo Pérez Alveal, *Carmelo : matar dos veces a un mismo hombre*, CEIBO, 2023.

Ronald Bartle, *Bow Street Beak*, Barry Rose, 2000.

Carlos Basso, *Chile Top Secret : El submundo clandestino de la CIA, la KGB, la DINA y los nazis*, Aguilar, 2017.

—, *República nazi de Chile*, Aguilar, 2020.

—, *La secta perfecta : los secretos más oscuros de Colonia Dignidad*, Aguilar, 2022.

Sergio Bitar, *Dawson île 10 : un camp de concentration sous Pinochet*, traduit de l'espagnol par Sara Roumette, éditions Tirésias – Michel Reynaud, 2017.

Robert Borgel, *Étoile jaune et croix gammée. Les Juifs de Tunisie face aux nazis*, Fondation pour la mémoire de la Shoah/Le Manuscrit, 2007.

Werner Brockdorff, *Flucht von Nürnberg*, Welsermühl, 1969.

Reed Brody et Michael Ratner (éd.), *The Pinochet Papers. The Case of Augusto Pinochet in Spain and Britain*, 2000.

Mariana Callejas, *Siembra Vientos : Memorias*, CESOC, 1995.

Ascanio Cavallo et Rocío Montes, *La Historia oculta de la década socialista*, Uqbar, 2022.

Cath Collins, *Post-Transitional Justice : Human Rights Trials in Chile and El Salvador*, Penn State University Press, 2015.

Cath Collins, Katherine Hite et Alfredo Joignant (éd.), *The Politics of Memory in Chile from Pinochet to Bachelet*, Rienner, 2013.

Madeline Davis, *The Pinochet Case : Origins, Progress, Implications*, Institute of Latin American Studies, 2003.
John Dinges, *Les Années Condor : comment Pinochet et ses alliés ont propagé le terrorisme sur trois continents*, traduit de l'anglais par Isabelle Taudière, préface de William Bourdon, La Découverte, 2005.
John Dinges et Saul Landau, *Assassination on Embassy Row*, Pantheon, 1980.
Ernesto Ekaizer, *Yo, Augusto*, Aguilar, 2003.
Michel Faure, *Augusto Pinochet*, Perrin, 2020.
Andrew Feinstein, *Pablo Neruda : A Passion for Life*, Bloomsbury, 2004.
Gabriel García Márquez, *L'Aventure de Miguel Littin, clandestin au Chili*, traduit de l'espagnol par Jean-Claude Masson, Sylvie Messinger, 1986.
Baltasar Garzón, *No a la impunidad*, Debate, 2019.
Paul Ghez, *Six mois sous la botte*, Fondation pour la mémoire de la Shoah/Le Manuscrit, 2009.
León Gómez Araneda, *Que el pueblo juzgue : Historia del golpe*, Terranova, 1988.
—, *Tras la huella de los desaparecidos*, Caleuche, 1990.
Juan Guzmán, *Au bord du monde : les mémoires du juge de Pinochet*, Les Arènes, 2005.
David Hope, *House of Lords 1996-2009 : Lord Hope's Diaries*, Avizandum, 2018.
Joan Jara, *Victor Jara, un chant inachevé*, traduit de l'espagnol par Mikaël Herviaux, Éditions Aden, 2007.
Ernst Klee, Willi Dressen et Volker Riess (éd.), *Pour eux, « c'était le bon temps ». La vie ordinaire des bourreaux nazis : témoignages et documents*, traduit de l'allemand par Catherine Métais-Bührendt, Plon, 1989.
Peter Kornbluh, *The Pinochet File : A Declassified Dossier on Atrocity and Accountability*, New Press, 2013.
Dieter Maier, *Colonia Dignidad : Auf den Spuren eines deutschen Verbrechens in Chile*, Schmetterling, 2017.
Cristóbal Marín, *Huesos Sin Descanso : Fueguinos en Londres*, Debate, 2019.
Gladys Marín, *Regreso a la Esperanza : Derrota de la Operación Cóndor*, Instituto de Ciencias Alejandro Lipschutz, 1999.

Peter Mason, *The Lives of Images*, Reaktion Books, 2001.
Claude Nataf, *Les Juifs de Tunisie sous le joug nazi*, Fondation pour la mémoire de la Shoah/Le Manuscrit, 2012.
Ángel Parra, *Manos en la nuca*, Tabla Rasa, 2005.
Leith Passmore, *The Wars Inside Chile's Barracks*, University of Wisconsin, 2017.
Bruno Patino, *Rire avec le diable*, Grasset, 2024.
Juan Cristóbal Peña, *La secreta vida literaria de Augusto Pinochet*, Debate, 2013.
Mónica Pérez et Felipe Gerdtzen, *Augusto Pinochet : 503 días atrapado en Londres*, Los Andes, 2000.
Augusto Pinochet Ugarte, *El Día Decisivo, 11 de Septiembre de 1973/ The Crucial Day : September 11, 1973*, Renacimiento, 1979-1982.
—, *Camino recorrido : Memorias de un soldado*, 3 vol., compte d'auteur, 1990-1994.
Patricia Politzer, *Fear : Lives under Pinochet*, New Press, 2001.
Javier Rebolledo, *La Danza de los cuervos : el destino final de los detenidos desaparecidos*, CEIBO, 2012.
Jan Stehle, *Der Fall Colonia Dignidad : Zum Umgang bundesdeutscher Außenpolitik und Justiz mit Menschenrechtsverletzungen 1961-2020*, Transcript, 2021.
Steve J. Stern, *Remembering Pinochet's Chile : On the Eve of London 1998*, Duke University Press, 2004.
—, *The Memory Box of Pinochet's Chile*, Duke University Press, 2004-2010.
—, *Battling for Hearts and Minds : Memory Struggles in Pinochet's Chile, 1973-1988*, Duke University Press, 2006.
—, *Reckoning with Pinochet : The Memory Question in Democratic Chile, 1989-2006*, Duke University Press, 2010.
Jack Straw, *Last Man Standing : Memoirs of a Political Survivor*, Macmillan, 2012.
Hernán Valdés, *Tejas verdes : Diary of a Chilean Concentration Camp*, traduit de l'espagnol par Jo Labanyi, Victor Gollancz, 1975.
Luis Vega, *Estado militar y transición democrática en Chile*, El Dorado, 1991.

Autres médias

J'ai beaucoup appris des films et séries suivants, qui traitent des sujets abordés dans ce livre :

La Bataille du Chili : la lutte d'un peuple sans armes, film de Patricio Guzmán, en trois parties : *L'insurrection de la bourgeoisie* (1975), *Le coup d'État* (1977), *Le pouvoir populaire* (1979).
Missing. Porté disparu, Costa Gavras, 1982 (basé sur le meurtre du journaliste américain Charles Horman).
La Jeune Fille et la Mort, Roman Polanski, 1994.
Le Cas Pinochet, Patricio Guzmán, 2013.
Mon ami Machuca, Andrés Wood, 2005.
Tony Manero, Pablo Larraín, 2009.
Dawson Isla 10, Miguel Littin, 2009.
Santiago 73, post mortem, Pablo Larraín, 2009.
No, Pablo Larrain, 2013.
Les Sœurs Quispe, Sebastian Sepúlveda, 2014.
Colonia, Florian Gallenberger, 2016.
Santiago, Italia, Nanni Moretti, 2018.
Voyage au bout de l'emprise : Colonia Dignidad, série Netflix, 2020.
Chili 1976, Manuela Martelli, 2022.
Le Comte, Pablo Larraín, 2023.
Les Colons (los Colonos), Felipe Gálvez Haberle, 2023.

Épigraphes

Sources des épigraphes placées en tête de chaque section du livre :

Page

9 Jean Bodin, *Les Six Livres de la République* (1576).
9 Walther Rauff, entretien avec Gerd Heidemann, juin 1979, Heidemann Archive.
9 Augusto Pinochet, entretien avec Maria Elvira Salazar, Canal 22, Miami, novembre 2003.

23 Cesare Beccaria, *Des délits et des peines* (1764), chap. XXXV, traduit par M. Chaillou de Lisy (1773), Institut Coppet, 2011.

123 Roberto Bolaño, « Entre Pinochet y el culo del mundo », *Ajoblanco*, vol. 113, novembre 1998, p. 35.

219 Bruce Chatwin, *En Patagonie* (1977), traduit par Jacques Chabert, Grasset, 1979.

287 Leonard Cohen, « Everybody knows », *I'm Your Man*, Columbia Records, 1988.

377 Pablo Neruda, « Un acte héroïque au nom de la liberté », *El Siglo*, 2 juillet 1965.

471 Mariana Camelio, *Isla Riesco*, Jampstér Libros, 2019.

513 Carlo Ginzburg, *Le Fil et les traces*, traduit par Martin Rueff, Verdier, 2010.

Sources des illustrations

Page
19 Londres 38, dallage de l'entrée (© Philippe Sands)
39 Augusto Pinochet, Londres, octobre 1998 (© Steve Pyke/Getty)
46 Arbre généalogique de la famille Keller/Soria, Totnes, 2021 (© Philippe Sands)
49 Carmelo Soria avec ses filles (© Carmen Soria)
53 Laura González-Vera, Santiago, 2021 (© Philippe Sands)
56 Maison de Michael Townley et Mariana Callejas, via Naranja, Santiago (© Archivo Histórico/Cedoc Copesa)
68 Erika Hennings et Alfonso Chanfreau, 1972 (© Erika Hennings)
80 Jean Pateras, Londres, 21 mai 2021 (© Philippe Sands)
86 Arrestation de Rauff, Santiago, 7 décembre 1962 (© Keystone Images/Getty)
95 Page de carnet de notes de Bruce Chatwin, 1975 (© Bodleian Libraries, Archive of [Charles] Bruce Chatwin)
99 Camion à gaz, cliché non daté (© Yossi Chen, archives Yad Vashem)
101 Herta Gruber, Vienne, 1938 (© Philippe Sands)
105 Arrestation de Walther Rauff, Milan, 30 avril 1945 (© Hoover Institution Library & Archives, Gerd Heidemann Collection)
114 *The Walter*, dessin (© Emil Sands)
121 Walther Rauff à Porvenir, 1966 (source inconnue)
149 Jean Pateras, novembre 1998 (© Reuters/Dylan Martinez/Bridgeman)

163 Banc des avocats, Chambre des Lords, Londres, 25 novembre 1998 (© Parliamentary Recording Unit, Westminster, Londres)
165 Chambre des Lords, Jugement de Pinochet, 25 novembre 1998 (© Ph. Sands)
175 Emma Barrientos, Porvenir, années 1960 (© Philippe Sands)
178 Cabane de Walther Rauff à Porvenir, 5 novembre 2022 (© Philippe Sands)
180 Conserverie Camelio, 1976 (© Colección Jack Ceitelis, Biblioteca Nacional Digital de Chile)
183 Caricature de Walther Rauff, Punta Arenas, juin 2024 (© Juan Carlos Munoz Alegría)
186 Manuel Contreras, Santiago, 23 décembre 1947 (© Miguel Rubio Feliz, colección del Museo Histórico Nacional)
193 Rauff avec Nena et sa fille, Club Bote Salvavidas, Valparaíso, mars 1976 (© Martin Cüppers)
204 L'équipe juridique de Pinochet, Londres, décembre 1998 (© Miguel Schweitzer Walters)
222 Bomba Alemana, Punta Arenas, 6 novembre 2022 (© Philippe Sands)
231 Ancienne habitation de Rauff à Punta Arenas, 15 janvier 2024 (© Philippe Sands)
241 Pavillon de la South Pacific Corretaje Marítimo Limitada, Santiago (avec l'autorisation de www.crwflags.com)
243 Étiquette des vignobles Viña Linderos (© Hoover Institution Library & Archives, Gerd Heidemann Collection)
245 Walther Rauff et Karl Wolff, restaurant Munich, Santiago, juin 1979 (© Hoover Institution Library & Archives, Gerd Heidemann Collection)
248 Maison de Rauff, Santiago (© Yossi Chen, archives Yad Vashem)
249 Le général Karl Wolff et Klaus Barbie à l'hôtel Sheraton de La Paz, 1979 (© Hoover Institution Library & Archives, Gerd Heidemann Collection)
271 Chambre des Lords, bureau de délibération des Law Lords, Londres, 21 février 2024 (© Philippe Sands)
281 Augusto et Lucía Pinochet avec Margaret Thatcher, Londres, 26 mars 1999 (© Ian Jones/Stringer/Getty)

294 Le *Lord Lonsdale*, Punta Arenas, photo prise par Bruce Chatwin, 1975 (© Bodleian Libraries, Archive of [Charles] Bruce Chatwin)
305 Île Dawson, février 1899 (© Alberto M. De Agostini, Museo Maggiorino Borgatello, Biblioteca Nacional de Chile)
306 Archers selk'nam (© Martin Gusinde/Anthropos Institut)
321 Photographies de Rauff en 1966 et 1976, et de Lindes, non datée (© revue *Ercilla*, Martin Cüppers, Carlos Basso)
335 León Gómez, Santiago, 2 décembre 2021 (© Philippe Sands)
356 Samuel Fuenzalida, Santiago, 14 décembre 2021 (© Philippe Sands)
360 Henry Kissinger et ses lunettes (© Bettman/Getty)
366 Ancien siège de la DINA à Santiago, rue Marcoleta, 1er novembre 2022 (© Philippe Sands)
395 Augusto Pinochet à l'aérodrome militaire RAF de Waddington, 2 mars 2000 (© Jean Pateras)
411 Jorgelino Vergara à Teno, 9 novembre 2022 (© Philippe Sands)
416 Walther Rauff à Porvenir, novembre 1964 (© revue *Ercilla*)
421 Séchage de merlus, Pesquera Arauco, San Antonio, 1976 (© Archive Zig-Zag Quimantú, Museo Histórico Nacional)
433 Publicité, modèle Chevrolet C30 (© Veoautos.cl)
438 Jorge Silva, San Antonio, 8 mars 2024 (© Philippe Sands)
441 Hôtel La Bahía, Carthagène, années 1960 (© *La Gaceta de Los Clásicos*)
444 Hôtel La Bahía, Carthagène, 8 mars 2024 (© Philippe Sands)
460 La canne d'Augusto Pinochet, 2020 (© Miguel Schweitzer Walters)
471 Étiquette d'une boîte de *centolla* Camelio, années 1970 (© Hoover Institution Library & Archives, Gerd Heidemann Collection)

Index

A

Académie navale chilienne, 96, 109, 237, 257

Aktion T4 (projet nazi d'euthanasie), 98

Alacalufes, ou Kawésqar (peuple indigène de la Terre de Feu), 226, 304

Allemagne, 42, 138, 230; et la Colonia Dignidad, 326, 458; ambassade à Santiago, 114, 171, 241, 326, 329; devant la Cour internationale de justice, 368; immunité, 104; influence allemande au Chili, 120, 222-223, 304; marine, 96, 184; Allemands et activités criminelles au Chili, 318, 429, 449; Croix allemande, 103-104

Allemagne de l'Ouest, 109, 254, 317, 355, 365; tentatives d'extradition de Rauff, 115-122, 235, 255; règles de prescription, 117-119; *voir aussi* BND (service de renseignement ouest-allemand)

Allende, María Isabel (fille du président Allende), 26, 156, 199, 345, 400

Allende, Salvador, 184, 282, 299, 367; président élu, 27, 184; sa relation avec Pinochet, 27, 185; refuse d'extrader Rauff, 185, 301; coup d'État et mort, 26, 40, 49, 186; Allende, Hortensia, 49, 199; Contreras, Mira, « La Payita », 335

Álvarez, José (victime de la dictature), 189

Al-Zaïm, Housni (dictateur syrien), 107-108

Amnesty International, 126, 154, 315; rapports de torture au Chili, 318, 355; appels à l'arrestation de Pinochet, 59, 126; audiences à la Chambre des Lords, 142, 154, 210, 264; incident autour du juge Hoffmann, 201-202, 209-212, 214-215; sur l'état de santé de Pinochet, 349, 368, 376; rapport de Rose Styron, 197; Duffy, Peter (avocat), 211

Amnistie, *voir* Loi d'amnistie (Chili)

Ancien hôpital naval, Punta Arenas (lieu de détention et de torture, «Palais des sourires»), 29, 188, 225, 227
Anderson, Jon Lee (journaliste), 5
Andrade, Adelia (ancienne employée de Rauff), 176
Angerstein, Dietrich (Pesquera Bonacic), 113-114
Antofagasta (ville côtière du Chili), 120
Arce, Luz (détenue et informatrice de la DINA), 55, 70, 336, 359
Arellano Stark, Sergio (général, «Caravane de la mort»), 400
Arendt, Hannah, 261
Argentine, 60, 106, 184, 195; procès devant les tribunaux espagnols, 42-43, 58-59, 60-61, 64, 129, 133; fin de l'impunité, 42-43, 255; opération Condor, 29, 60; Buenos Aires, 29, 60, 72
Armée chilienne, 29, 35, 37, 58, 94, 109, 120-121, 135, 185, 189, 297, 358, 382-383, 388-389
ASMAR, *Astilleros y Maestranzas de la Armada* (chantiers et base navale), 52, 188, 192, 194, 225, 469
Auger, Clemente (président Audiencia Nacional, Espagne), 132
Auschwitz, 117, 296, 299, 308
Autorisation, décision de poursuivre *(Authority to Proceed)*, 73, 205, 275, 278, 280, 284, 309, 311, 387
Aux confins de la Terre (livre), *voir* Bridges, Esteban Lucas
Aylwin, Patricio (président de la République du Chili), 30
Aznar, José María (Premier ministre espagnol), 132, 134, 283

B

Bachelet, Michelle (présidente de la République du Chili), 296, 299, 406
Badawi, Zeinab (journaliste, BBC), 140, 150
Balaguer, Javier (procureur espagnol), 57-58
Barbie, Klaus, 171, 245, 248-249, 254, 291
Barrientos, Emma (ancienne employée de Rauff), 175
Bartle, Ronald (juge britannique), 135-136, 144, 165, 313-315, 341-342, 344
Basso, Carlos (journaliste et professeur chilien), 262, 319, 324, 351-352
BBC, 25, 140, 150, 200, 274, 296, 350
Beausire, William (victime britannique de la dictature), 154
Becker, August (chimiste nazi), 98-99, 116-117, 179, 244, 290
Bedford, Sybille, 94
Begin, Menahem, 246
Beisner, Wilhelm (officier SS), 111-112
Belgique, 134, 349-350, 367-368, 392
Belmarsh (prison et tribunal, Londres), 206-207, 209
Bemister, William (réalisateur de documentaires), 252-253; *The Hunter and the Hunted* (film), 434
Berlin, 96-99, 102-103, 108, 111, 116, 225, 237
Berríos, Eugenio (chimiste au service de la DINA), 52, 89, 292, 406, 418

Best, Werner (officier SS, collègue de Rauff), 97, 179
Bettancourt, Silvio (victime de la dictature, disparu), 189
Bindman, Geoffrey (avocat britannique), 147, 279
Bingham, Thomas (Law Lord), 142-146, 149, 152, 154, 159, 213, 274
Bitar, Sergio (ministre d'Allende, détenu sur l'île Dawson), 188, 295-299, 301
Blair, Tony; pas l'ami des dictateurs, 38, 158, 279, 284, 309; accord avec le Chili, 283, 343, 345, 379, 383; recours de la Belgique, 367-368, 392
BND, *Bundesnachrichtendienst* (service de renseignement ouest-allemand), 111-114, 117, 121, 193, 196, 198, 244-245
Boinas negras, unité spéciale des « bérets noirs », 28, 429, 461
Bolaño, Roberto, 84-90, 92-93, 118, 123, 162, 221, 293, 332, 351, 514
Bolivie, 29, 245, 254, 417
Bonaparte, Napoléon, 31, 38, 244, 311, 372
Bonnieux (village du Luberon), 14, 228-229
Borges, Jorge Luis, 27, 34
Boric, Gabriel (président de la République du Chili), 458, 466
Bormann, Martin, 86, 245
Bórquez, Israel (juge chilien), 36
Bourdon, William (avocat français), 134
Branham, William (pasteur évangélique américain), 317
Brésil, 70, 108, 194, 244, 397, 417, 455, 469
Bridges, Esteban Lucas, 221, 305; *Aux confins de la Terre* (livre), 221; Hektliohlh (indigène selk'nam), 305
Brigada de Inteligencia Metropolitana (BIM), *voir* DINA *et* Villa Grimaldi
Brigade Lautaro (DINA), 29, 401, 409-411, 462; Calle Conferencia (affaire de la), 401
British Library, 217, 305
British Medical Association, 374
British Museum, 306
Brockdorff, Werner (auteur de livres), 241
Brody, Reed (avocat britannique), 155-156, 164, 210, 314
Brossard, Marcelo (ancien employé de Rauff, Punta Arenas), 233-234
Brown, Simon (Lord Justice), 369
Browne-Wilkinson, Nicolas (Law Lord), 146; incident autour du juge Hoffmann, 209-211, 216, 456; troisième audience à la Chambre des Lords, 264, 268, 270-271, 273, 275-276, 278-279, 284
Brownlie, Ian (professeur de droit, Oxford), 272
Buchholz, Leon, *voir* Sands, famille
Bush, George W., 455

C

Cabrera Gaete, Pedro Pablo (ambassadeur du Chili à Londres), 342-345, 350, 391
Callejas, Mariana (écrivaine, épouse de Michael Townley), 33, 88-89, 90-92, 293, 418, 462, 514; *voir aussi* via Naranja
Camelio (famille propriétaire de la Pesquera Camelio, Punta Arenas),

180, 223, 229, 232, 235, 254; Eduardo, 223, 229, 231-233; Humberto, 181, 192, 195, 234; José, 181, 192, 223, 229-230, 234; Salvador, 188; Camelio Rial, José Porotin, 181, 192, 195; Silvana, 229

Camelio, Mariana (poète), 230-233, 237, 473

Cameron, James (avocat international), 147, 273, 280, 457; à propos de Pinochet, 203-204; procès Pinochet n° 1, 160, 162, 202; équipe juridique de Pinochet, 151, 156; sur la décision de Straw, 282, 285; à propos de l'accord entre le Royaume-Uni et le Chili, 380-381

Camions à gaz (unités mobiles de gazage), conçus par Rauff, 22, 98-102, 116-117, 179; Gaubschat (entreprise), 99; arrestation de Rauff, 115-117; responsabilité reconnue de Rauff, 95, 171, 179, 221, 228, 238-239, 246, 259, 301, 419; Rauff minimise son rôle, 106, 118, 232, 244

Camionnettes, vans, fourgons réfrigérés, 341, 415, 432-433; pour le transport de prisonniers, 19, 339, 354, 359, 422, 425, 432-433, 437, 448, 463; *voir aussi* Pesquera Arauco

Canal del Carmen (Santiago), 10, 30, 54, *voir aussi* Soria, Carmelo

« Capitaine Vincente », *voir* Zárate, Anatolio

Caplan, Michael (avocat britannique, *solicitor*), 127, 206-207, 311-312, 341, 456, 460; à propos des mandats d'arrêt, 128, 130-131, 136; sur l'audience d'immunité, 142, 147; auditions à la Chambre des Lords, 154, 211, 279; incident autour du juge Hoffmann, 201, 209, 211, 213; audience préliminaire d'extradition, 313-316; sur la santé de Pinochet et son départ, 280, 346, 348, 369, 380, 393, 396; à propos de Pinochet, 208, 316

« Caravane de la mort », 29, 133, 384, 400, 401-402; implication directe de Pinochet, 31, 37, 344, 389-390, 400, 453; Arellano Stark, Sergio (général), 400

Carrasco Tapia, José (journaliste assassiné), 352, 366

Carroza, Mario (juge d'instruction chilien), 340, 424, 445-446, 453-454, 467

Carthagène (ville côtière du Chili); carte, 10, 430

Caserne Simón Bolívar, Santiago (centre de détention et de torture), 409-410, 419

Cassidy, Sheila (victime britannique de la dictature), 154

Castresana, Carlos (procureur espagnol), 60, 152-153, 457; constitue le dossier espagnol contre Pinochet, 41-46, 53, 57-59, 281, 312; à propos du procès Pinochet au Royaume-Uni, 133, 206, 213, 381

Castro, Fidel, 112

Chacabuco (camp de détention), 363

Chambre des Lords, 146, 161-162, 199, 202, 209, 217-218, 264-265, 269-270; *Appellate Committee*,

163, 209, 456 ; comité judiciaire, 147 ; audiences, *voir* Pinochet, procès
Chanfreau Oyarce, Alfonso, 67, 205, 277, 454, 458 ; vie, 66-68 ; disparition et torture, 20, 67-69, 281, 334, 427 ; cité dans le procès Pinochet, 153, 155, 281, 285, 315 ; affaire judiciaire au Chili, 69-70, 427, 445 ; condamnations obtenues, 336, 340, 458, 464, 466 ; Chanfreau, Natalia, sa fille, 67, 155, 281 ; *voir aussi* Hennings, Erika
Chatwin, Bruce, 98, 188, 221, 227, 290, 293-295, 305, 351, 514 ; *En Patagonie*, 93, 219, 222, 228-230 ; Charles Milward, 227
Chełmno, ou Kulmhof (camp d'extermination), 99-100, 106, 116
Chen, Yossi (ancien agent du Mossad), 246, 251
Chili, carte, 10 ; opinion divisée sur Pinochet, 134-135, 142-143, 148, 264-265, 272, 458 ; tentatives pour mettre fin au procès de Pinochet, 282, 342-345, 347-348 ; accord avec le Royaume-Uni pour libérer Pinochet, 379-391 ; intervention dans le procès Pinochet nº 3, 264, 272, 279 ; velléités de traduire Pinochet en justice, 206, 343, 387-391 ; élection présidentielle (1999), 312, 342, 348, 387 ; effets durables du procès Pinochet, 427, 454-455, 458-459 ; colonisation, 32, 151, 304-306 ; coup d'État (1973), 27-29, 40, 49, 58, 68, 186-190, 238, 267, 295, 318, 328, 406, 408 ; retour à la démocratie, 30, 135 ; *Concertación*, 30, 134, 461 ; Cour d'appel, 400-405 ; ambassade de Londres, 127, 135, 142, 341-342 ; peuples indigènes, 32, 174, 224, 226, 289, 304-306 ; communauté juive, 312 ; rapports sur les crimes de la junte (rapports Rettig et Valech), 30, 406 ; plan national de recherche des disparus, 452, 467 ; Secrétariat national pour les détenus, 308 ; Conseil national de sécurité, 382 ; police, 91-92, 115, 326 ; délai de prescription, 117, 121, 312, 401 ; *voir aussi* Cour suprême du Chili
Chillán (ville du Chili), 329-330
CIA, Central Intelligence Agency, 35-36, 95, 105, 107-109, 196, 198, 239, 262, 290-291, 462 ; Dulles, Allen, 105
Clapham, Andrew (juriste britannique), 141
Clinton, Bill, 157
CNI, Central Nacional de Informaciones (Chili), 34, 69, 418 ; *voir aussi* DINA
Collao, Gustavo (colonel et avocat de Pinochet), 402
Collins, Andrew (magistrat britannique), 145
Collins, Lawrence (avocat du gouvernement chilien), 265, 272
Coloane, Francisco (romancier chilien), 290, 293
Colonia Dignidad, Colonie Dignidad, 86, 317-329, 353, 415 ; histoire, 317-318 ; rapport avec la DINA, 317-320, 325, 358, 429, 448-449 ; lien supposé avec Rauff, 262-263, 317, 320-321, 325, 353,

448; visite de Pinochet, 86; torture, meurtres et inhumations, 86, 262, 317, 428; Opération *Retiro de Televisores* («Rappel des téléviseurs»), 429
Comité Pro Paz, 69
Commission interaméricaine des droits de l'homme, 56, 461
Compétence universelle (principe de droit international) 37, 41-42, 65, 127, 134, 160, 266-267, 279, 316, 376, 455, 457, 461
Compingim (camp de détention), 172, 295; *voir aussi* Île Dawson
Concepción (ville du Chili), 10, 111, 263, 319, 321, 323-324, 351
Contreras, Manuel, «Mamo», 186-187, 355, 421-422, 444, 458, 466; chef de la DINA, 28, 186-187; dissolution de la DINA, 34-35, 353, 363, 418; assassinat de Letelier à Washington, 33-36, 385, 418; échappe à l'extradition aux États-Unis, 34-36, 125; meurtre de Soria, 52; sa maison sur la plage, 413-414, 436; lien avec Rauff, 192, 262, 337, 353, 363-364, 412-417, 419, 436, 441-442, 444; fréquente la Colonia Dignidad, 318, 325, 328; relation avec Pinochet, 34-35, 62, 153; dirige la Pesquera Arauco, 421-422, 433; tue un enfant en chassant, 325
Convention contre la torture (1984), 269, 282, 315, 346; dans la décision du juge Bingham devant la Haute Cour, 145-146; dans le cas Pinochet n° 3, 266-270, 272-277; recours de la Belgique, 350, 368
Convention de Vienne sur les relations diplomatiques (1961), 160, 329
Convention européenne d'extradition (1957), 73, 368
Convention européenne des droits de l'homme, 375
Convention pour la prévention et la répression du crime de génocide (1948), 42-43, 118, 138, 144
Cook, Robin (ministre des Affaires étrangères de Tony Blair), 61, 126, 129, 135, 142, 283, 343, 386
Cordero, Luis (ministre de la Justice du Chili), 458
Cour de justice de l'Union européenne, 157
Cour européenne des droits de l'homme, 155, 282
Cour interaméricaine des droits de l'homme, 281
Cour internationale de justice (CIJ), 27, 104, 367-368
Cour pénale internationale (CPI), 41, 76, 150, 165, 455, 457; statut, 37, 138, 158
Cour suprême du Chili, 36, 301, 330, 385, 401, 446; affaire Carmelo Soria, 45, 56, 462; immunité de Pinochet, 382-384, 392, 400-401, 405, 454; procès de Rauff, 118-121, 185, 255-256
CPS, Crown Prosecution Service (Royaume-Uni), 136, 139, 141, 147, 154, 159, 267, 280-281, 346
Crimes contre l'humanité, 13, 37, 41, 43, 53, 138-139, 144, 146, 160, 167, 254, 269, 309, 312, 357, 412, 421, 429, 458, 468

Criminal Justice Act (Royaume-Uni, 1988), 145, 267, 274-275
Croix-Rouge, 296, 303
Cuatro Álamos, Santiago (caserne et centre de détention et de torture), 29, 69, 298, 339, 357, 359, 438, 448
Cuba, 112, 184, 405
Cüppers, Martin, professeur (historien, biographe de Rauff), 262, 331
Cyanure, 410

D

Damas, 22, 94, 107, 111, 244
Danemark, 298, 303
Dávila Díaz, Roberto (président de la Cour suprême du Chili), 273, 383
Dean, Peter (médecin attaché à la Metropolitan Police), 148, 208, 347, 372-375
De la Barra, Guillermo (juge d'instruction chilien), 445, 452, 467
Der Spiegel, 112
Dew, John (diplomate britannique), 63, 65, 72, 132, 348
Díaz López, Víctor (dirigeant communiste assassiné), 409
DINA, *Dirección de Inteligencia Nacional* (Chili), création et développement, 28, 186; influence nazie présumée, 196-198; centres de détention, 28-29; corps jetés à la mer, 414, 423-424, 429, 433, 449; sociétés écrans, 354, 412, 423-425, 437; quartier général, 354, 360, 366; meurtres, 30, 33-34, 167, 339-340, 385; sous le contrôle direct de Pinochet, 62, 153, 166-167, 186; implication présumée de Rauff, 94, 192-196-198, 232, 245, 262, 292, 294, 336-337, 354, 363-365, 417, 446-448, 467; contrôle de la Pesquera Arauco, 354, 424-426, 437, 450-451; meurtre de Carmelo Soria, 30, 33, 51, 55-56, 89, 462; projet Andrea, 89; projet Colombo, 406, 423; utilisation de la Colonia Dignidad, 262, 318-320, 357-358, 448-449; dissolution, 34, 418, 428; destruction de documents, 34, 353, 363, 428; agents traduits en justice, 355, 358, 411-412, 415, 421, 423, 458; Casa Piedra, 417; *Brigada de Inteligencia Metropolitana* (BIM), 355; *voir aussi* Brigade Lautaro
Disparitions, dans les poursuites contre Pinochet, 25, 66, 352, 400, 427; considérées comme une forme de torture prolongée, 281-282, 315, 341, 458; aide aux familles de victimes, 25, 41, 58, 69, 339, 467; nombre de victimes, 28-30, 66, 187-188, 281, 315, 332, 458; projet Colombo (DINA), 406, 423; rôle prêté à Rauff, 352, 444, 467
Donaldson, Liam, professeur, *Chief Medical Officer*, 345, 348, 374-375, 391
Dönitz, Karl (amiral allemand, successeur désigné de Hitler), 138, 241
Dorfman, Ariel (écrivain), 26, 407, 435
Duffy, Peter (avocat d'Amnesty International), 211

E
Eichmann, Adolf, 86, 97, 105, 112, 116, 118
El Clarín (journal chilien), 40
El Mercurio (journal chilien), 33, 125, 382, 417, 463
El Mocito, voir Vergara, Jorgelino
El País, 41, 61, 152
El Siglo (journal chilien), 121
Emsmann, Hans-Jochen (neveu de Rauff), 112; *voir aussi* Rauff, Walther
Enríquez Espinoza, Edgardo (victime de l'opération Condor, disparu), 60
Enríquez Espinoza, Miguel (fondateur du MIR, assassiné par la DINA), 60
Équateur, 27, 120, 245; Quito, 109-110, 112, 234, 237, 322, 324, 436; liaison supposée de Pinochet avec la pianiste Piedad Noé, 110
Ercilla y Zúñiga, Alonso de, 32, 468; *La Araucana* (poème épique), 32, 151, 468
Errázuriz, Hernán Felipe (avocat chilien de Pinochet), 126-127, 129, 169, 200, 206, 459; et Rauff, 236, 259; à propos du compromis entre le Royaume-Uni et le Chili, 342, 347-348, 380; inquiet pour la sécurité de Pinochet, 129-130, 169, 206, 393
Erwing, Pedro (colonel, secrétaire général du gouvernement Pinochet), 196
Espagne, 42-43, 72, 315-316, 381; Audiencia Nacional, 57, 59-61, 71-72, 133, 153, 315; règles de prescription, 41, 44, 312; appels contre la décision d'immunité, 146, 151, 153-154; compétence sur les crimes internationaux, 40-41; compétence sur les crimes de Pinochet, 59, 129, 133-134, 143, 152, 315; effets durables du procès Pinochet, 457; guerre civile espagnole, 32, 44; héritage de Franco, 44, 129, 151-152; affaires judiciaires concernant l'Argentine, 41-42, 44, 59, 61-62, 152; partie plaignante dans la procédure, 143, 146, 268, 277; affaire Pinochet, 42-46, 53, 57-59; santé et libération de Pinochet, 349-350, 373, 393; réaction à l'arrestation de Pinochet, 133-134; victimes espagnoles du régime de Pinochet, 30, 44, 142-143, 152-153
Espinoza, Pedro (colonel, adjoint de Manuel Contreras), 187, 331, 421, 433, 458; affaire Chanfreau, 466; assassinat de Letelier, 33-37, 256, 385; meurtre de Soria, 462; autres meurtres, 358, 423
États-Unis d'Amérique, 32-33, 58, 196, 200, 261; Commission judiciaire du Sénat, 404-405; Corps de contre-espionnage de l'armée, 106-107, 196; relation avec Pinochet, 27, 32-36
Evans, Nicholas (magistrat britannique), 74, 78, 81, 128, 131, 143, 165, 214, 224
Evening Standard, 149
Extradition, expulsion comme alternative, 35, 135, 254-256; crimes passibles d'extradition, 73, 77-78, 119-120, 135, 143-144, 205, 274-276, 311, 315; lois d'extradition

au Chili, 255-256 ; requêtes, contre Contreras et Espinoza, 35-36, 418 ; contre d'anciens nazis, 106, 112, 244, 254-255 ; contre Paul Schäfer, 318 ; comparaison des procédures contre Rauff et Pinochet, 116, 128, 312 ; contre Romo, 70-71, 336 ; contre Townley, 34-35, 37
Extradition Act (1989) (Royaume-Uni), 72-73, 142, 204, 283, 285, 311, 316, 343, 345, 391

F
Fabra, Adriana (avocate espagnole), 280
Fernández, Dr (médecin militaire chilien), 51
Ferrer, Alejandro (ancien détenu sur l'île Dawson), 223-224
Fierro, Proserpina (relation de Rauff à Punta Arenas), 194-195, 469-470
Financial Times, 158, 200
Fitzgerald, Ed (avocat britannique), 150
Flaño (parfum), 20, 68, 436, 464-465
Fondation Pinochet, 25, 126, 408, 456, 459 ; Cáceres, Carlos, 126
Fondation Salvador Allende, 41, 45
Fontecilla, Rafael (président de la Cour suprême du Chili), 118-120, 241
France, 42, 69, 255, 466 ; Paris, 21, 101, 103, 149, 197, 242, 256, 466 ; plaintes contre Pinochet, 134, 205 ; Marette, Jacques (homme politique français), 69 ; mission de Rauff en Corse, 103
Franco, Francisco, 32, 40, 42-43, 45-46, 59, 129, 150-151, 457
Franey, Elizabeth (greffière du tribunal de Bow Street), 75, 79
Frank, Hans, 138
Frei, Eduardo (président de la République du Chili), 16, 126, 135, 137, 342-343, 345, 347, 379, 382-385, 387-389, 453
Freier, Shalhevet (officier de renseignement israélien), 108, 246-247
Friedman, Milton, 28
Fritz Bauer Institut, Francfort, 331, 333
Fuenzalida, Samuel (conscrit affecté à la DINA, témoin), 354-366, 409, 435-436, 444, 465 ; à propos de la Colonia Dignidad, 358 ; sa crédibilité, 429, 450-451 ; reconnaît Rauff, 354, 359-360, 362-365, 416, 429 ; son témoignage, 357-358, 361-362, 424, 447, 450
Fungairiño, Eduardo (procureur général, Audiencia Nacional), 58-60, 71-72, 134, 152

G
Galtieri, Leopoldo (général et dictateur argentin), 58-59
Garcés, Juan (avocat espagnol), 52-53, 82, 129, 457 ; affaire Soria, 40-41, 44, 52-53 ; cherche à interroger Pinochet, 59-62, 64-65 ; demandes d'extradition, 133, 281, 312 ; procès Pinochet au Royaume-Uni, 213, 314, 381 ; procédure en Espagne, 152
García Márquez, Gabriel, *L'Aventure de Miguel Littin, clandestin au Chili*, 297
García-Castellón, Manuel (juge d'instruction espagnol), 17, 45, 57, 59-65, 129, 133, 152

Garzón, Baltasar (juge d'instruction espagnol), personnalité, 134, 139-140, 151 ; instruction des crimes commis en Argentine, 44, 58, 61-62 ; extension de sa compétence au Chili, 58, 129, 133 ; demande à interroger Pinochet au Royaume-Uni, 61-65 ; émet un mandat d'arrêt contre Pinochet, 65-66, 71-73, 76 ; deuxième demande d'extradition, 132-135, 144-145 ; rencontre Alun Jones, avocat du CPS, 139 ; procédure devant la justice espagnole, 152-153 ; apparaît à l'audience du jugement Pinochet nº 3, 265 ; établit l'accusation de conspiration, 267, 276-277, 281 ; troisième demande d'extradition, 309 ; dévoile d'autres cas de torture, 281, 312, 314-315 ; à propos de la santé de Pinochet et de sa fuite, 371, 375, 381, 394, 399 ; conseil pour le procès chilien, 401 ; sa révocation, 457

Gaz sarin, 29, 33, 52, 57, 89, 292, 406, 410, 418, 429 ; projet Andrea (DINA), 89

General Medical Council (GMC), Royaume-Uni, 374

Génocide, 21, 37, 40, 122, 128, 145, 205, 306, 309, 337 ; définition juridique, 42-43, 152 ; de la population indigène chilienne, 290, 304-306 ; crime reconnu au Chili, 117-120 ; exception pour lever l'immunité, 138-139, 145 ; Pinochet accusé de, 37, 72

Gestapo, 15, 97, 104, 234, 244, 322

Ghigliotto, Galo, 82 ; *voir* Musée du brouillard, Punta Arenas

Gligo Viel (« Giglio »), Eugenio (poète), 177, 292-293

Godoy, Gerardo (tortionnaire actif à Londres 38), 70

Goff, Robert (Law Lord), 210-211, 274-278, 456

Gómez, Baldovino (ancien détenu sur l'île Dawson), 223, 302

Gómez, León (ancien détenu, témoin), 19-20, 70, 334-340, 466 ; son *affidavit*, 262-263, 329-334, 340, 447 ; affaire Chanfreau, 68-70, 333-334 ; détenu à Londres, 38, 187, 262-263 ; reconnaît ses tortionnaires, 337-338, 447-448 ; fourgons réfrigérés, 341, 354, 422 ; son témoignage, 340, 447 ; visite Londres 38 avec l'auteur, 463-464 ; ses livres, 187, 331

Gómez Segovia, Fernando (officier chilien), 357-358

González, Felipe, 52

González, Gonzalo (ancien détenu sur l'île Dawson), 298

González-Vera, Laura (épouse de Carmelo Soria), 16, 47, 51, 53, 94, 117, 125, 134, 153, 236, 461, 465

Granados, Carlos (procureur général, Espagne), 44

Greenwood, Christopher (avocat, professeur de droit), 160, 162, 268-269, 330

Grimley Evans, John (médecin, professeur de gériatrie), 346, 370-371, 373, 375

Grovelands Priory (hôpital et résidence de Pinochet), 12, 148, 168-170

Gruber, Herta (petite cousine de l'auteur, assassinée par les nazis), 101, 454

Guerre des îles Malouines/Falkland, 31, 126, 380
Guillaume II, 138
Guzmán, Juan Gabriel (juge chilien), 31, 344, 384, 389, 399-403, 405-406
Guzmán, Patricio, *La Bataille du Chili* (film), 27, 37
Guzmán, Violeta (juge d'instruction chilienne), 56

H

habeas corpus, 131, 136
Hagenberg (Autriche), 21
Hambourg, 35, 113, 248, 331
Hanovre, 112, 115-116
Harald (résident de la Colonia Dignidad), 325-326
Harvard Crimson, 197
Hass, Karl (officier SS, criminel de guerre), 106
Heidemann, Gerd (*alias* « G », journaliste d'investigation), 15, 251-252, 365-366
Heller, Friedrich Paul (*alias* Dieter Maier, journaliste), 331-333
Hennings, Erika (ancienne détenue, épouse d'Alfonso Chanfreau), 67-70, 134, 155, 281, 334, 406, 465-467; sur le site de Londres 38, 70, 406, 464-465; l'organisation « Londres 38 », 331, 406; à propos de l'arrestation et de la libération de Pinochet, 134, 399; plainte contre la Pesquera Arauco, 426, 452
Hess, Rudolf, 241, 245
Hewett, Andrew (inspecteur de la Metropolitan Police), 75-76, 81-82, 309-311, 313, 394, 402
Heydrich, Reinhard, 97-98, 102, 179, 244
Himmler, Heinrich, 97-98, 103, 232, 242, 249, 256; Margarete, son épouse, 243
Hiriart, Lucía, *voir* Pinochet, Lucía
Hitler, Adolf, 31, 97, 102-103, 167, 223, 258, 263; opinion de Rauff à son propos, 239, 241, 244, 252, 258; lien supposé avec Pinochet, 263; « Les Journaux de Hitler », 251, 293
Hobsbawm, Eric (historien britannique), 199
Hoffmann, Leonard (Law Lord), 162, 283, 285; son lien avec Amnesty International, 200-201, 209-213, 214-218; répercussions de l'incident à son endroit, 210-211, 217-218, 273, 386, 456-457; jugement Pinochet n° 1, 158-159, 164, 167, 200
Hoge, Kerstin, Dr (germaniste, Université d'Oxford), 322-324
Hope, David (Law Lord), 158-159, 161, 199, 210-214, 309, 315; à propos du jugement Pinochet n° 3, 264, 271-272, 274, 276-278
Hornos de Lonquén (lieu de crémation de corps de disparus), 449
Horst (résident de la Colonia Dignidad), 325-326
Hôtel La Bahía (Carthagène), 419, 441-443; Tricio, Benito (propriétaire), 441, 443
Huidobro, Vicente (poète chilien), 258
Human Rights Watch, 150, 154-155, 210, 271, 314; engagement

de l'auteur, 150, 200-201, 264, 266, 330
Hunter and the Hunted, The (film), *voir* Bemister, William
Hutton, Brian (Law Lord), 210, 274

I
Île de Calbuco (lieu de détention), 432
Île Dawson (site de détention), 294-304, 307-308; *Compingim* (camp de prisonniers), 295; *Dawson Isla 10* (film), 297; ministres d'Allende détenus, 29, 49, 295-297; prisonniers politiques, 33, 188, 224, 227, 294-299; rumeurs à propos de Rauff, 29, 197, 262, 296-299, 301-302; carte, 172; Fagnano, José, Monsignor (missionnaire salésien), 304
Immunité, contradiction avec les traités et les droits de l'homme, 269, 273, 277, 329-330; exceptions pour les actes de génocide et de torture, 138, 139, 144, 150, 160, 165-167, 268-269, 277; pour un ancien chef d'État, 25, 72, 127-128, 136-137, 141-142, 146, 160, 166-167, 268, 274-275; dans le droit international, 137-138; devant les tribunaux nationaux, 138-139, 144, 160, 269; dans les procès de Nuremberg, 454; présumée par Pinochet avant son arrestation, 21, 25, 30, 37-38, 82, 126-128, 137; débattue dans le procès Pinochet, 137-145, 147-148, 153-154, 160-161, 163-167, 205, 268-271, 273-277, 316, 341; perdue par Pinochet à son retour au Chili, 350, 382, 384, 387-390, 399-400, 404, 406; *voir aussi* Loi d'amnistie; procès Pinochet
Instituto O'Higginiano, Chili, 406
Insulza, José Miguel (secrétaire général du gouvernement chilien), 134-136, 383-385, 399, 459
International Law Reports, 330
Interpol, 63, 72, 133
Irvine, Derry (Lord Chancelier), 209, 213, 273
Israël, services de renseignement (Mossad), 112, 246-247; opération « Stainless Steel » (« Acier inoxydable »), 246, 249
Italie, ambassade à Santiago, 417; devant la Cour internationale de justice (CIJ), 368; exactions de Rauff, 104-105; *voir aussi* Milan, Rome
Izquierdo Vergara, Nicolás (directeur des travaux publics, Punta Arenas), 307-308
Izurieta, Ricardo (général, commandant en chef de l'armée chilienne), 135, 342, 381-382, 385, 391, 398, 404
Izvestia (journal russe), 197, 332

J
Jara, Mario (major, agent de la DINA, tortionnaire), 418, 421-422, 424-426, 428, 436
Jara, Victor (chanteur-compositeur assassiné), 449
Jarpa, Sergio Onofre (activiste d'extrême-droite, ministre de Pinochet), 182
Jérusalem, 112, 116, 119, 246, 254

Jones, Alun (avocat britannique, conseil du CPS), 17, 136, 139, 155, 159, 211, 267-268, 313-314, 457, 511
Just, Willy (technicien du RSHA, collaborateur de Rauff), 100, 102

K

Kast, José Antonio (homme politique chilien d'extrême-droite), 92, 466
Kawésqar, ou Alacalufes (peuple indigène de la Terre de Feu), 226, 304
Keller (belle famille de l'auteur), 47; Iglesia, Federico de la, 46; Schiffrin, Leina, 46-47, 96; Schiffrin, Natalia, 32, 150, 200; Elmhirst, Leonard et Dorothy, 46; *voir aussi* Soria, Carmelo
Kiev, 99, 290
Kingsley Napley, Solicitors (cabinet d'avocats, Londres), 17, 127, 129, 215
Kissinger, Henry, 107, 360, 455; soutient Pinochet, 27, 32-33, 156, 196, 198; sentiments de Rauff à son endroit, 191, 239, 241
Klarsfeld, Beate et Serge, 254, 256, 292
Klein, Marcus (journaliste), 262-263
Kletten, Ingo (*alias* Dieter Maier, journaliste d'investigation), 262, 331-333, 340
Knowles, Julian (avocat britannique), 129, 314
Kohl, Helmut, 255
Kosovo, 278, 312
Krassnoff, Miguel (agent de la DINA, tortionnaire), 16, 70, 358, 447, 458, 463-464, 466-467
Krieg, Cornelius («Lindes», instructeur à la Colonie Dignidad), 321-322, 328, 412

L

La Araucana (poème épique), *voir* Ercilla y Zúñiga, Alonso de
Labbé, Cristián (politicien chilien, accusé de crimes contre l'humanité), 420-421
Lagos, Ricardo (président de la République du Chili), 16, 296, 298, 347, 350, 388
La Gran Prescripción (pièce de théâtre), 185
La Haye, 76, 139, 316, 333, 367, 392, 456
Lamb, Christina (journaliste), 311
Lamont, Norman (ancien ministre conservateur), 26, 162
La Nación (journal chilien), 433
La Prensa Austral (journal chilien), 115, 190, 223, 227, 233, 256
Lauterpacht, Hersch (juriste, introducteur du concept de crime contre l'humanité), 167
Lawner, Miguel (ancien détenu sur l'île Dawson, architecte), 188, 199, 258, 299-304, 308
Le Carré, John, 79
Le Monde, 195, 242
Lees, Andrew, Pr (neurologue), 346
Leighton, Bernardo (ancien dirigeant du Parti chrétien démocrate chilien), 29
Lemebel, Pedro (poète chilien), 54, 88
Lepe, Jaime (agent de la DINA et tortionnaire), 56
Letelier, Orlando (ministre d'Allende), 32-33, 88-89, 291, 363;

détenu sur l'île Dawson, 33, 224, 294; son assassinat à Washington, 30, 32, 33, 34-37, 62, 89, 404, 427, 429, 460

Libération, 149

LICRA, Ligue internationale contre le racisme et l'antisémitisme, 197

« Lindes », *voir* Krieg, Cornelius

Littin, Miguel (cinéaste), 297

Llido, Antonio (prêtre espagnol disparu), 45

Llollehue (localité côtière du Chili), 436

Lloyd, Tony (Law Lord), 158, 162-163, 166, 217

Łódz, Pologne (Litzmannstadt pour les Allemands), 100

Loi d'amnistie (Chili, 1978), Pinochet protégé, 30, 32, 37-38, 45, 56, 70, 382; réduction des protections, 37, 336, 399, 445, 458; campagne pour abroger la loi, 56, 462

Londres, carte, 10; The London Clinic, 21, 39, 64, 79, 81, 128, 130, 148-149; 10 Downing Street, 387, 389; cour des magistrats de Bow Street, 74, 79, 130, 135, 309-310, 313; manifestations en marge du procès Pinochet, 127, 141, 143, 208, 313, 316; Hampstead, 74, 79, 373; Imperial War Museum, 238; Kenwood House, 214, 216; Northwick Park Hospital, 347-348, 373; palais de Westminster, 155, 162, 213, 271; Royal Courts of Justice, 141; St. Mary's Hospital, 344; St. Peter's Hospital, Runnymede, 342

Londres 38, Santiago du Chili (site de torture), 28, 70, 153, 354-355, 359, 361, 448, 451; description, 19, 187, 332, 336; visite de l'auteur, 332, 463, 468; site de la mémoire nationale, 298, 406; présence alléguée de Rauff, 261, 331, 336-338; odeur et bruit, 68, 464; témoignages de conscrits, 359-360, 361; témoignages de victimes, 331, 333-334, 336, 340, 447; « Caserne Yucatán », appellation du site de Londres 38, 28

Londres 38 (organisation de victimes), 71, 331, 406, 426, 450; *voir aussi* Hennings, Erika

Lord Chancelier, *voir* Irvine, Derry (Lord)

« Loro Matías » (Alvaro Vallejos Villagrán, étudiant torturé, tué à la Colonia Dignidad), 353, 357-358

Los Colonos, Les Colons (film), 226, 306

Lukasch, Emilie (ancienne secrétaire de Rauff), 105

Lutz, Augusto (directeur du service de renseignement de l'armée chilienne), 297

Lviv, 13, 22, 469

M

Madariaga Gómez, Monserrat (assistante de l'auteur au Chili), 90, 92, 289, 292-293, 324, 334, 411, 416, 439, 446

Madrid, 21, 40-41, 44, 46-47, 52-53, 57-59, 63, 65, 71-72, 75, 78, 131, 133-134, 139, 143, 152, 206, 213, 265, 281, 316, 343, 347-349, 374

Magellan (détroit de), 29, 96, 113, 222, 294-295; cartes, 172-173; Fernand (de), 96

Maier, Dieter, 332-333, 349, 511; *voir* Kletten, Ingo
Maillet, Madame (libraire à Apt), 228
Mallard, Alain-Paul (écrivain), 290
Manríquez Bravo, César (agent de la DINA actif à Londres 38, tortionnaire), 357
Mansilla, Rodolfo (sculpteur, ancien détenu sur l'île Dawson), 297
Marín, Gladys (secrétaire générale du Parti communiste du Chili), 38, 399
Marine chilienne, 71, 184, 192, 195, 321, 324,
Marks, Jonathan (avocat britannique), 150
Mascareña Diaz, Carlos (étudiant membre du MIR, torturé et tué), 189
Matthei, Evelyn (sénateur chilien), 200
Matutes, Abel (ministre espagnol des affaires étrangères), 316, 343, 381
Mauthausen (camp de concentration), 99
Mayor Oreja, Jaime (ministre espagnol de l'intérieur), 343
McEntee, Andy (Amnesty International), 60
McLennan, Alexander, *alias* « le Cochon roux » (homme de main de José Menéndez), 226, 305-306
Mendoza, César (général, membre de la junte chilienne), 85, 190-191, 228, 232-233, 239, 263, 422, 451
Menéndez, José (entrepreneur, « roi de Patagonie »), 221, 223, 226, 289, 305-306
Mengele, Josef, 86, 171, 245, 292, 328
Mertins, Gerhard (ancien SS et trafiquant d'armes), 353
Metropolitan Police, Royaume-Uni, 78-79, 131, 283, 347, 372, 374
MI6 (service de renseignement extérieurs du Royaume-Uni), 282, 284-285
Michel, Louis (ministre belge des affaires étrangères), 367, 392-393
Milan, Italie, 104-105, 292, 462
Millett, Peter (Law Lord), 269-270, 272, 274, 276
Miloševic, Slobodan (ancien président de la Serbie), 76, 139, 278, 309, 312
MIR, *Movimiento de Izquierda Revolucionaria* (étudiants chiliens), 50, 60, 67, 187, 189, 322, 334, 351-353, 357, 417, 437
Mistral, Gabriela (poète chilienne, prix Nobel de littérature), 468
Mitterrand, François, 255
Moffitt, Ronni Karpen (tuée avec Orlando Letelier à Washington), 34, 37
Montgomery, Clare (avocate britannique de Pinochet), 129-130, 136, 155, 160-162, 202, 210, 269-272, 457
Monserrat (assistante de l'auteur au Chili), *voir* Madariaga Gómez, Monserrat
Moreiras, Miguel (magistrat espagnol), 57
Moren Brito, Marcelo (chef opérationnel de la DINA), 356
Mossad, *voir* Israël, service de renseignement
Mücke, Gerhard (dirigeant de la Colonia Dignidad, tortionnaire), 358, 429

Müller, Elissalde « Chico » (associé de la DINA), 412
Muñoz Poutays, Jorge (mari de Gladys Marín, disparu), 399
Musée du brouillard, Punta Arenas, 289, 293
Mussolini, Benito, 105

N
Nations Unies, 160, 302-303, 316, 355, 424, 457 ; affaire Soria, 30, 33, 44, 49-50, 56 ; tribunaux des années 1990, 40, 138, 145
Navarro, Hedy (ancienne détenue de Londres 38), 70
NBC, 121-122, 296
« Nena » (compagne de Rauff), *voir* Zúñiga, Armida
Néonazis, 242, 258
Neruda, Pablo, 48, 178, 199, 291, 317, 427, 468 ; Delia del Carril, « La Hormiga », 48 ; Galería Bolt, rue de Londres à Santiago du Chili, 468 ; Marina Latorre, 468
Newsweek, 95, 255, 289
Nicholls, Clive (avocat international britannique), 129, 136, 155, 160, 162, 164, 202-203, 216
Nicholls, Donald (Law Lord), 158, 167
Nixon, Richard, 27, 196
Noé, Piedad (pianiste équatorienne), 110
Nolan, Michael (Law Lord), 210
Noriega, Manuel (général, ancien dirigeant du Panama), 78
Northolt (aéroport), 168, 394
Novoa, Eduardo (avocat chilien), 118, 120

O
Obando, Susanna Estrella (victime de la dictature, assassinée), 189
Ognall, Harry (magistrat britannique), 311
Olivares, Gloria (juge chilienne), 70
Onas, ou selk'nam (peuple indigène de Patagonie), 174, 226, 304-306
Opération Colombo, 423 ; *voir* DINA
Opération Condor, actions en Argentine, 58, 60-62 ; procédures judiciaires au Chili, 405, 412, 445 ; son lancement, 29, 363, 416-417 ; à l'origine des poursuites judiciaires espagnoles contre Pinochet, 58, 66, 129, 133, 144 ; lien avec Rauff, 416-417
Opération *Retiro de Televisores* (« Rappel des téléviseurs »), *voir* Colonia Dignidad
Opération « Stainless Steel » (« Acier inoxydable »), *voir* Israël, Mossad
Opération « Sunrise » (1945), 105, 242-243
Organisations de défense des droits humains, 59, 142, 282
Orrego Vicuña, Francisco (professeur de droit chilien), 27, 330, 510
Oxford, 64, 226, 230, 346

P
Palais de la Moneda, Santiago du Chili, 11, 19, 27, 32, 34, 40, 186, 254-255, 383, 458
« Palais des sourires » (lieu de détention et de torture, Punta Arenas), *voir* Ancien hôpital naval
Palma, Daniel (détenu et disparu), 410

Panorama DDR, 198
Parada, José Manuel (victime de la dictature, assassiné), 191
Parada, Roberto (acteur, interprète du personnage de Rauff), 191
Paris, 21, 101, 103, 149, 197, 242, 256, 466
Parkinson, Graham (magistrat britannique), 206
Parlement européen, 44, 254
Parra, Nicanor (poète chilien), 162
Parral (ville du Chili), 10, 317, 357
Parti communiste du Chili, 399
Parti socialiste du Chili, 187
Patagonie, 22, 96, 111, 113, 171, 221, 226, 230, 290, 351
Pateras, Jean (interprète), 79-83, 139, 149, 153, 168, 265, 379, 457; à propos de Garzón, 139, 394; avec Pinochet, 21, 139, 148-149, 168-169, 206-208, 309-310, 393-396; sur l'état de santé de Pinochet, 208, 348, 370-372, 393, 399
« Patio 29 » du cimetière général de Santiago du Chili (affaire criminelle), 449
Patria y Libertad (groupement politique d'extrême-droite), 318
Pecchenino, Renzo (*alias* « Lukas », caricaturiste), 417
Peebles, Luis (fugitif de la Colonia Dignidad), 318, 324
Peláez, Jesús (procureur espagnol), 58-59
Pérou, 10, 112, 172, 417, 430
Pesqueras (entreprises de pêche et de transformation), *voir* Pesquera Arauco, Pesquera Bonacic, Pesquera Camelio; Pesquera Chile, 423-424, 438; Pesquera Harling, 437; Pesquera Nuevo Aurora, 423
Pesquera Arauco (entreprise de pêche et de transformation de poisson, San Antonio), 420, 432-433, 440, 465; lien avec la Colonia Dignidad, 428; activités criminelles, 418, 426, 429; disparitions, 423-426, 428-429; société écran pour la DINA, 420-422, 424-426, 433, 450-451; Fuchs Asenjo, Hubert, 421-422; objet d'une instruction judiciaire, 423, 445, 452, 459, 467; rumeurs macabres, 361, 414, 419, 424, 426, 449, 465; transport de prisonniers, *voir* vans réfrigérés; lien supposé avec Rauff, 354, 359, 363-364, 413-414, 429, 431, 446, 451, 467; dépositions de témoins, 425-426, 428, 450
Pesquera Bonacic, 113, 173-176, 179; Angerstein, Dietrich, 113
Pesquera Camelio (entreprise de pêche et de transformation, Punta Arenas), 179-182, 223-224, 247; faillite, 235-236, 254; lien avec ASMAR, 194-195, 469; conflits avec le personnel, 192; souvenirs des employés, 233-234; visite du général Mendoza, 190, 228, 233, 263, 422, 451; lien avec Schweitzer, 235, 362
Phillips, Nicholas (Law Lord), 274
Pinochet, procès, arrestation à Londres, 21, 26, 39, 82, 418; réactions au Chili, 84, 134-135, 326, 340; constitution de l'équipe juridique de Pinochet, 125-127, 129-130; l'auteur est approché

pour rejoindre l'équipe de défense, 21, 149; demande d'extradition, 25, 64, 66, 71-79, 141-143, 278-282; mandat d'arrêt provisoire, 72-74, 76-79, 128-132, 165; deuxième demande d'extradition, 133-136, 143-146, 165, 279; immunité garantie lors de l'audience de la Divisional Court, 141-146; Pinochet transféré à Grovelands Priory, 148; jugement Pinochet n° 1, appel à la Chambre des Lords (garantie d'immunité), 155-168; la Chambre des Lords se prononce contre l'immunité, 163-168, 199-200; Pinochet transféré à Wentworth, 169-170; le Home Secretary signe une autorisation de poursuivre, 205-206; audience au tribunal de la prison de Belmarsh, 207-208; jugement Pinochet n° 2, les Law Lords cassent le premier jugement, 209-212, 213-217; jugement Pinochet n° 3, troisième audience à la Chambre des Lords, 264-272, 273-279, 386; seconde autorisation de poursuivre, 284-285, 309; émission d'un nouveau mandat d'arrêt, 309-310; audience initiale d'extradition, 311, 313-316; apparition de la question médicale, 280, 341-350, 368-376; expertise médicale indépendante, 346-347, 348-350, 368-376, 383; extradition suspendue pour raisons de santé, 349; la Belgique conteste la décision du Royaume-Uni, 350, 367; les efforts du gouvernement chilien pour mettre fin au procès, 342, 344, 379-391, 453; accord d'immunité entre le Chili et le Royaume-Uni, 379-391; effets durables de l'affaire, 386, 427, 454, 455-459; impact sur d'autres personnalités politiques, 455; parallèles avec le procès de Rauff (1963), 275, 312; soupçons de maladie simulée, 371-375, 379, 391; caractère inédit de l'affaire, 127, 136, 139-141, 146, 211, 375; utilisation d'un fauteuil roulant, 153, 394-395, 397-398; la canne de Pinochet, 209, 398, 460

Pinochet Hiriart, Augusto (fils), 199-200

Pinochet Hiriart, Lucía (épouse de Pinochet), 15, 27, 38, 81, 90, 110, 130, 168, 281, 397, 406

Pinochet Molina, Augusto (petit-fils), 408

Pinochet Ugarte, Augusto, son apparence, 39, 203, 310-311, 395; sa personnalité, 27, 142, 148, 170, 203, 207, 395; naissance et enfance, 27, 96; carrière militaire, 27, 49, 110, 184, 299; travail et études en Équateur, 27, 110; rumeur de liaison, 110; il fait connaissance avec Rauff, 110; contestation du jugement d'extradition de Rauff, 120; coup d'État (1973), 26-29, 186-187; soutenu par les États-Unis, 28, 32-33; expulse Michael Townley pour se protéger, 36; rend visite à la Colonia Dignidad, 86, 324, 328, 358; refuse d'extrader Rauff, 254-256, 264; survit à une tentative d'assassinat, 30, 129, 342,

388 ; renonce à la présidence après un référendum, 30, 55, 261 ; voyage à Londres (1998), 38-39, 126 ; inculpé pour génocide et terrorisme, 71 ; arrêté à Londres, *voir* Pinochet (procès) ; quitte le Royaume-Uni, 393-397 ; retour au Chili, 397-398, 461 ; perd son immunité au Chili, 389-391, 399, 405-406 ; inculpé dans l'affaire de la « Caravane de la mort », 402-403 ; démissionne de son poste de sénateur à vie, 403 ; déclaré apte à subir un procès au Chili, 402-403, 405-406 ; assignation à résidence, 403, 406 ; accusé de complot en vue de commettre des actes de torture, 267, 277, 281-282, 310 ; accusé de fraude, 405 ; accusé de génocide, 66, 71, 77, 134 ; accusé de meurtre, 21, 78, 143, 402 ; accusé de terrorisme, 59, 66, 71, 134 ; accusé de torture, 25, 30, 68, 77, 135, 144, 152, 313 ; anticommuniste, 27, 31, 33, 110, 148, 255, 299 ; lien avec les nazis et l'Allemagne, 27, 31, 110, 263, 303 ; lien avec Rauff, 11, 110, 120-121, 196, 237, 256, 259, 308, 352, 451 ; nie connaître Rauff personnellement, 95, 255-256 ; contrôle la DINA en personne, 27, 62, 186 ; craint d'être assassiné, 129, 142, 169, 206, 388, 393-394 ; lien avec la Pesquera Arauco, 422 ; protégé par les *boinas negras*, 27, 429, 461 ; relation avec Allende, 49 ; relation avec le Royaume-Uni, 38 ; rôle dans l'opération Condor, 58, 62, 64, 66 ; image de lui-même, 32, 38, 148, 310, 405, 408 ; admire Napoléon, 31, 38, 311, 372 ; amateur des films *Star Wars*, 31, 311-312, 372 ; comptes bancaires aux États-Unis, 36, 404-405, 460 ; utilise diverses variantes de son nom, 110, 404 ; décès et funérailles, 407-408

Pisagua (camp de prisonniers), 299

Plan Z, *Le « Plan Z de Pinochet »* (film), 297

Plaza, Paola (juge d'instruction chilienne), 427-429, 445, 449-452, 461, 467

Pleming, Nigel (avocat), 368

Pologne, 99, 102, 106, 138, 454

Poll, Vladimiro (ancien pêcheur ayant travaillé pour Rauff), 174

Popper, Julio (explorateur de la Patagonie et aventurier), 289

Porvenir (Patagonie), 113, 173-180, 190, 291-293, 301, 401, 416 ; cartes, 172-173

Poutine, Vladimir, 158, 455

Powell, Jonathan (chef de cabinet de Tony Blair), 284, 343, 345, 380, 383, 386-390, 400-401, 453 ; réunions avec Cristián Toloza, 383-384, 387-391

Pradel, Friedrich (officier SS, criminel de guerre), 98, 179

Prats, Carlos (général, assassiné sur ordre de Pinochet), 27, 29, 31, 37, 88, 110, 185, 204, 237, 407 ; Cuadrado Prats, Francisco (son petit-fils), 407

Priebke, Erich (officier SS, criminel de guerre), 106

Prison et tribunal de Belmarsh, Londres, 206-207, 209

Procès de Nuremberg, 40, 42, 106, 127, 138, 140, 157, 160-161, 167, 242, 269, 279, 454, 468 ; Statut du tribunal international, 145, 269
Projet Colombo (DINA), 406, 423
Puerto Montt (ville côtière chilienne, lieu de détention et de disparition), 189, 340, 357, 432
Punta Arenas, 221-228, 469 ; cartes ; 172-173 ; casernes, 188, 224-225 ; Palais Braun-Menéndez, 226 ; cimetière, 189, 225 ; dans le livre de Chatwin, 93 ; Club Andino, 223, 231 ; détention et torture après le coup d'État, 188-189, 228, 295 ; stade de football, 188, 223 ; communauté allemande, 96, 113, 174, 222-223, 225 ; cinéma Grand Palace, 113, 115, 225 ; histoire, 96, 222, 225 ; population indigène, 222, 226, 304-305 ; bureau de Rauff, 180, 225 ; musée, 223, 225, 304 ; « Palais des sourires », *voir* Ancien hôpital naval ; Plaza de Armas, 96, 113, 221-222, 224, 305 ; habitations de Rauff, 113, 180, 225, 231 ; compagnie Sara Braun, 96, 110-111, 183, 257 ; Université, 224
Punta Peuco, Tiltil (prison), 412, 462, 466

Q

Quesada Yáñez, Marcos (étudiant mort sous la torture), 153, 277
Quito, *voir* Équateur

R

Rapport Rettig (commission nationale pour la vérité et la réconciliation), 30, 55, 66
Rapport Valech (commission nationale sur l'emprisonnement et la torture), 406
« Ratline » (filière d'exfiltration), *The Ratline*, *La Filière* (Philippe Sands), 13, 22, 41, 94
Rauff, Alf (fils de Walther), 106, 112
Rauff, Edith (née Richter, femme de Walther), 97, 106-109, 111-112, 258
Rauff, Ilse (sœur de Walther), 96, 184, 190-191, 241
Rauff, Sebastian (petit-fils de Walther), 452, 510
Rauff, Walther, apparence, 85, 103, 122-123, 176, 192, 195, 238, 243, 248, 253, 257, 338, 360 ; photographies, 85, 119, 230, 233, 245, 248, 322, 338, 361, 363, 416, 442 ; personnalité, 97, 99, 103, 105-108, 111, 121-122, 177, 179, 181-183, 191, 233-234, 238, 244-245, 257, 337, 470-471 ; voix et accent, 103, 123, 413, 434, 437, 469 ; jeunesse, 95-96 ; carrière dans la marine, 96-97, 244 ; premier voyage au Chili (1925), 96 ; mariages et enfants, 97 ; adhésion au Parti nazi, 97 ; carrière de SS, 97-105 ; conçoit les camions de gazage, 98-100, 246 ; exactions en Italie, 104-105 ; décoré de la Croix allemande, 103-104 ; affecté en Tunisie, 102-103, 122, 244 ; affecté en Syrie et au Liban, 22, 94, 108 ; incarcéré en Italie,

104-105 ; son rôle évoqué aux procès de Nuremberg, 106 ; rencontre Mussolini, 105 ; fugitif en Italie, 106-108 ; travaille pour les services de renseignement israéliens, 108, 246 ; vit en Équateur, 108-110 ; rencontre Pinochet à Quito, 109-110, 237 ; s'installe en Patagonie, 110 ; travaille pour les services de renseignement ouest-allemands (BND), 111-112, 117, 121, 244 ; se rend en Allemagne de l'Ouest, 111-112 ; témoigne contre d'autres nazis, 179 ; vie discrète en Patagonie, 173, 180-181, 190, 228, 301 ; dirige la Pesquera Bonacic, 113-114, 174-175, 179 ; emménage avec Nena Zúñiga, 180 ; arrêté et inculpé pour meurtre, 115-116, 118, 225, 227, 246 ; extradition demandée par la République fédérale allemande, 115-122, 198, 235-236, 312, 362, 401, 463 ; demande d'extradition par Wiesenthal, 185, 254 ; dirige la Pesquera Camelio, 179, 229, 240, 257, 469 ; accueille avec enthousiasme le coup d'État, 185, 188, 190 ; se rend régulièrement à Santiago après le coup d'État, 192, 238, 298 ; tentative d'assassinat par le Mossad, 250-251 ; évite l'expulsion du Chili, 255-256 ; retraite à Santiago, 238, 240-241, 256 ; santé déclinante, 240, 255 ; n'assiste pas aux obsèques de Nena, 254 ; son décès et ses obsèques, 256-261, 441 ; lien avec le sort de la famille de l'auteur, 454 ; lien avec les services de renseignement chiliens, 244-245 ; *voir aussi Dirección de Inteligencia Nacional* (DINA) ; lien avec l'armée chilienne, 184, 190, 192, 234, 447 ; lien avec Eichmann 115-116, 173 ; relation avec Pinochet, 95, 120, 186, 190, 245, 256, 259, 297, 352 ; lien avec la famille Camelio, 229-232 ; anticommuniste, 103, 110, 115, 182, 190-191, 232-233, 241 ; opposition à la démocratie, 186, 191 ; antisémite, 103, 110, 119, 191, 234, 239-241, 257 ; aversion pour la presse, 232, 243 ; aime les chiens, 175-176, 194, 229, 232, 250, 256 ; aime les machines à écrire, 103, 111, 178, 181, 223, 464 ; victimisation, 109, 115, 227, 244, 257 ; nazi fanatique non repenti, 97-98, 103-104, 232, 238, 241, 244 ; accusé de torture, 261, 331, 336-337, 352, 438 ; suscite les rumeurs, 178, 225, 228, 263, 294 ; biographie par Cüppers, 262, 331 ; accusé de génocide, 118, 312 ; dans le livre de Chatwin, 93, 221 ; correspondance et écrits, 22, 94-95, 108-109, 184, 190-191, 193, 239, 242, 452 ; nie avoir eu un rôle direct dans l'assassinat de Juifs, 106, 115, 118, 120, 234, 244 ; son affaire d'extradition préfigure celle de Pinochet, 312 ; récits romancés, 85-87, 92, 93-94, 185, 289-294, 462 ; ses domiciles en Patagonie, 113, 176-180, 225, 231, 416, 470 ; maison à Santiago, 240, 243, 248, 252 ; largement connu en tant qu'ancien nazi, 175-176, 182, 228, 256, 259, 301, 337, 365, 419 ;

esquisse de mémoires, 241-243 ; surnommé « El Chacal », 363-364, 413, 416-417 ; associé à l'opération Condor, 416-417 ; protégé par le régime de Pinochet, 95, 117-119, 190-191, 239, 245, 255-256, 263, 360, 451 ; parle espagnol avec un fort accent, 174, 338, 413 ; utilise différents noms, 109, 110, 404 ; ses vices, 176-177, 232, 234, 240, 301 ; inquiet pour sa sécurité, 180, 183-184, 242, 246
Rauff, Walther II (fils), 118, 121, 237, 239-242, 256-257, 259-260, 452 ; lien avec la DINA, 417, 452 ; jeunesse, 106, 109 ; relation avec Pinochet, 256, 451
Rauff, Walther III (petit-fils), 110, 237-239, 257, 260, 447, 451, 463
Ravensbrück (camp de concentration), 242
Reagan, Ronald, 254
Rebolledo, Javier, *La Danza de los cuervos* (livre), 409
Rebolledo, Miguel Ángel (ancien détenu torturé à Londres 38), 70, 463, 510
Redress, Fondation médicale pour les victimes de torture, 147, 154
Reed, Lucy (avocate américaine), 36-37
Régiment Pudeto, 35, 188, 224-225, 227
République fédérale d'Allemagne, *voir* Allemagne de l'Ouest
Retour à Lemberg, East West Street (Philippe Sands), 42, 101, 140, 509
Reyes, « Pituco » (capitaine du *Kiwi*), 433
Reyes, Sergio (victime de la dictature, torturé), 227
Riga, 99-100
Riggs Bank (États-Unis), 404-406
Rivas, Adriana (ancienne secrétaire de Manuel Contreras), 411, 415
Robb, Howard (médecin, professeur de psychiatrie), 372-373
Robecco sul Naviglio (village d'Italie), 104
Roberts, Oral (prêcheur évangélique américain), 317
Rojas, Rodrigo (poète), 510
Rome, 21, 29, 94, 107-108, 141, 196, 246 ; famille Dupré, 107-108 ; Fosses ardéatines (massacre), 106 ; évêque Alois Hudal, 107 ; monastère de Vigna Pia, 107
Romero, Juan Carlos (dessinateur), 182-183
Romero, Margarita Alegría (ancienne employée de Rauff), 182-183
Romo, Osvaldo, *Guatón*, « le Gros » (agent de la DINA, tortionnaire), 68, 70, 336, 340, 436, 464
Royaume-Uni, menaces de poursuite par la Belgique, 367-369, 392 ; compromis avec le Chili pour libérer Pinochet, 379-391 ; jugement de la Divisional Court, 141-143, 154, 163-165, 274-275, 284 ; politique étrangère éthique, 61, 285, 309, 386 ; procédure d'extradition, 72-74 ; Foreign Office, 139, 283, 348 ; Haute Cour de justice, 136, 159, 279-280, 311, 341, 396 ; Home Office, 130, 345-346, 349-350, 369 ; gouvernement travailliste, 38, 61, 126 ; dédommagement de Pinochet, 459-460 ;

règles de prescription, 312 ; Cour suprême, 456 ; *voir aussi* Blair, Tony ; Powell, Jonathan ; Straw, Jack ; Cook, Robin ; Thatcher, Margaret
RSHA, *Reichssicherheitshauptamt*, Office central de la sûreté du Reich, 97
Rubio Feliz, Miguel (photographe), 187, 420-421
Ruiz Mancilla, Juan Carlos (étudiant exécuté), 189
Ruiz y Blasco, José (peintre, père de Picasso), 226
Rwanda, 40, 138, 140, 145

S

Sachsenhausen (camp de concentration), 98
Salazar, María Elvira (journaliste), 405-406 ; Canal 22 (chaîne de télévision de Miami), 405
Salgado, Juan Carlos (général chilien), 382
Salinas, Ricardo (militant socialiste, disparu), 352
San Antonio (ville portuaire du Chili), 359, 428, 431-436, 465 ; carte, 430 ; tremblement de terre (1985), 436, 439-440 ; entreprises de pêche, 437, 447 ; lien avec Rauff, 361, 412-414, 419, 446 ; visite de l'auteur, 436, 439-444, 446
Sánchez, Jesús (clerc attaché au cabinet du juge Garzón), 65, 71-72
Sánchez-Albornoz, Nicolás (historien espagnol), 52
Sands, famille, Ruth (née Buchholz), 512 ; Leon Buchholz (grand-père de l'auteur), 149 ; Gruber, Herta (petite cousine de l'auteur, assassinée par les nazis), 101-102, 454 ; Rosenblum, Laura (née Buchholz), 101-102 ; Schiffrin, Natalia, 32, 150, 200, 512
Santiago du Chili, carte, 11 ; clinique allemande, 255-256 ; ambassade d'Italie, 417 ; cimetière principal, 257, 260, 449 ; via Marcoleta (quartier général de la DINA), 360, 364 ; Museo Histórico Nacional, 447 ; Museo de la Memoria, musée de la mémoire et des droits humains, 307, 332-333 ; stade national (lieu de détention), 29, 298 ; maison de Rauff, 240, 243, 248, 252, 254 ; villa Michoacán (maison de Neruda), 48
Santo Domingo (site de détention et de torture), 29, 413-414, 428, 431, 437, 439-441, 446, 465
Sara Braun (Compagnie), Punta Arenas, 96, 257 ; Goldmann, Janssen et Ciá, 110-111
Saville, Mark (Law Lord), 274
Shackleton, Ernest (explorateur), 223
Shawcross, Hartley (procureur britannique à Nuremberg), 167
Schäfer, Ernst (consul allemand à Punta Arenas), 119
Schäfer, Paul (fondateur de la Colonia Dignidad), 317-320, 325-328, 353, 358, 428
Schepeler, Enrique (avocat chilien), 119, 235
Schiffrin, André (éditeur), *Assassination on Embassy Row* (livre), 32
Schiffrin, Leina, 46-47, 96 ; *voir aussi* famille Keller

Schiffrin, Natalia, 32, 150, 200 ; *voir aussi* familles Sands et Keller
Schwebel, Stephen (président de la Cour de justice internationale), 368
Schweitzer Fernández, Miguel (fils de Miguel Ángel), 235
Schweitzer Speisky, Miguel (père de Miguel Ángel), 16, 117-118, 121-122 ; ministre sous Pinochet, 51, 332, 362
Schweitzer Walters, Miguel Ángel (avocat principal de Pinochet), 125-126, 347, 460-461 ; apparence et personnalité, 128, 156-157, 170, 265 ; affaire Soria, 51 ; affaire Letelier, 34-35, 125, 236, 420 ; ministre de Pinochet, 125, 236 ; lien avec Rauff, 122, 235-236, 362 ; lien avec la famille Camelio, 232, 235, 254, 362 ; constitue l'équipe juridique de Pinochet, 126-131 ; opinions sur le procès Pinochet au Royaume-Uni, 142-143, 146, 170, 201-202, 207-208, 279, 312 ; Paula Polanco (sa seconde épouse), 235, 254 ; présent aux audiences de la Chambre des Lords, 156-157, 161, 164, 265, 268, 276 ; à propos de l'accord d'immunité et de renvoi de Pinochet au Chili, 342, 346, 380, 396-398 ; à propos du recours de la Belgique, 367 ; son appréciation du Royaume-Uni, 157, 161 ; affaire de la « Caravane de la mort », 402-403 ; astuce du fauteuil roulant de Pinochet, 207, 397-398
Schweizer, Helmuth (médecin militaire chilien), 342
SD, *Sicherheitsdienst* (service de renseignement SS), 97
Seewald, Gerd (bras droit de Schäfer à la Colonia Dignidad), 320
Segura, Nibaldo (juge à la Cour suprême du Chili), 401
Selk'nam, ou Onas (peuple indigène de Patagonie), 96, 174, 224, 226, 289, 304-306 ; Fuego, Arpón de (chef selk'nam), 306
Serrano, Miguel (néonazi chilien), 258, 419, 441
Servatius, Robert (avocat allemand), 119
Shoah, *Holocaust* (série télévisée), 241 ; « Solution finale », groupe d'activistes chiliens, 167, 444
Silva, Jorge (ancien détenu, témoin), 436-440, 444-445, 447, 467
Simferopol (Crimée), 99
Singh, Rabinder (avocat), 368
Slepoy, Carlos (avocat international argentin), 152
Slynn, Gordon (Law Lord), 157-159, 161, 163-164, 166, 209, 212, 214-215, 217-218, 511
Sobibor (camp d'extermination), 102, 244
Soria, Carmelo (victime de la dictature, torturé et disparu), 332, 429 ; vie, 47-50 ; disparition, 50-52, 153 ; torture et meurtre, 30, 37, 41, 44, 47, 54, 56-57, 89, 133, 277, 410, 418 ; autopsie et dissimulation, 50-51 ; plainte devant la justice espagnole, 55, 57 ; plaintes devant les tribunaux chiliens, 45, 56, 445, 458, 462 ; élément clé du procès Pinochet au Royaume-Uni, 62, 142, 153 ; rela-

tion avec la famille de l'auteur, 47, 150, 153 ; lien avec Schweitzer, 125, 460-461 ; son frère, Arturo, 44, 48 ; sa veuve, *voir* González-Vera, Laura
Soria, Carmen (fille de Carmelo Soria), 47, 54-56, 89, 206, 399, 461, 465
Soto, Oscar, Dr (ancien médecin de Salvador Allende), 60
SS *(Schutzstaffel)*, 13, 15, 22, 85, 94, 97, 100, 104-106, 108-109, 111, 196, 250, 259, 290, 292, 298, 322, 353, 398, 434
State Immunity Act (Royaume-Uni, 1978), 144, 154, 163
Stein, Richard (avocat, solicitor), 150
Stern, 15, 193, 249, 251, 365
Steyn, Johan (Law Lord), 158-159, 164, 166-167, 199, 217
Stitchkin, David (recteur, Université de Concepción), 482
Storey, Robert (colonel, procureur américain à Nuremberg), 106
Strack, Hans (ambassadeur allemand à Santiago), 117-118
Straw, Jack (Home Secretary de Tony Blair), 142, 282 ; incident autour du juge Hoffmann, 201, 283 ; première autorisation de poursuivre, 205 ; seconde autorisation de poursuivre, 275, 280, 283-285 ; à propos de la santé de Pinochet, 341-345, 349 ; compromis avec le Chili pour libérer Pinochet, 348, 380, 387 ; renonce à extrader Pinochet, 349, 367, 375-376, 379, 391 ; recours judiciaire belge, 368-369, 392 ; lettre du Dr Peter Dean, 374-375 ; opinions personnelles à propos de l'affaire Pinochet, 282-283, 285, 349, 380, 399, 456
Stubenrauch, Rodolfo (consul allemand à Punta Arenas), 96, 304
Sumption, Jonathan (avocat, conseil du Home Secretary), 142, 284, 343, 348, 350, 368, 388, 391
Sunday Times, 344
Suisse, 105, 134, 205, 349, 369, 415, 455
Syrie, 27, 107-108
Szurgelies, Jürgen (fugitif de la Colonia Dignidad), 329-330 ; Ingrid, sa mère, 320

T

Tapia, Jorge (ministre d'Allende, détenu sur l'île Dawson), 295
Tejas Verdes, San Antonio (caserne, site de détention et de torture), 197, 298, 412, 421, 440 ; école d'ingénieurs, 28-29, 187, 355, 431, 432, 437, 446
Temuco (ville du Chili et site de disparition), 189
Teno (localité du Chili), 411-412, 419
Terre de Feu, 96, 113, 174, 177, 221, 289-290
Terrorisme, 42, 59, 61, 66, 351 ; accusation contre Pinochet, 71, 134 ; inculpation de Rauff, 108
Thatcher, Margaret, 162, 169, 284-285 ; alliée de Pinochet, 126 ; sa réaction au procès de Rauff, 254 ; son cadeau pour Pinochet, 396-397 ; opposée à la détention de Pinochet, 26, 200, 284 ; rend visite à Pinochet à Londres, 281, 313
The Guardian, 64, 200, 279, 283
The New Yorker, 38-39

The New York Times, 197
The Times, 147, 201, 273-274, 279
Tohá, José (ministre d'Allende, détenu sur l'île Dawson), 189, 296
Toloza, Cristián (haut fonctionnaire chilien, émissaire et négociateur), 343, 345, 383-391, 400, 459
Torres Silva, Fernando (général, émissaire de Pinochet en Espagne), 58
Torres Toro, Juan (instituteur retraité, témoin, Porvenir), 176, 189, 293, 401
Torture, à la Colonia Dignidad, 317-320, 328; dans d'autres sites au Chili, 28-29, 138, 188-189, 225, 227, 298, 418, 447; exception à la règle de l'immunité, 269, 277; aide aux victimes, 42, 57, 69, 303; définition juridique, 266; nombre de victimes au Chili, 189, 315; accusation portée contre Pinochet, 77, 281-282, 312; accusation contre Rauff au Chili, 223, 261, 331, 337-338, 352, 438; pratiquée par Rauff pendant la guerre, 103-104, 108; largement répandue et systématique au Chili, 276, 281, 315; *voir aussi* Convention contre la torture (1984)
Townley, Michael (agent de la DINA et tortionnaire), 33-37, 88-89, 92, 125, 410, 418, 443, 461-462; *voir aussi* Letelier, Orlando (assassinat à Washington) et via Naranja
Treblinka (camp d'extermination), 102, 243
Tres Álamos, Santiago (caserne et site de détention), 29, 69, 336, 339
Tres Puentes (faubourg de Punta Arenas et embarcadère sur le Détroit), 113, 174, 180, 188, 192, 194, 225, 227, 233, 469
Tribunal de Tokyo, 41, 138
Tribunal Russell, 196
Troncoso, Raúl (ministre chilien de l'Intérieur), 383, 385, 387, 389
Tuđman, Franjo, 455
Tunisie, 102-103, 122, 196

U

Ugarte, Marta (enseignante assassinée et jetée dans l'océan), 423, 449
Ukraine, 98, 301
Union soviétique, 40, 197, 432; Armée rouge, 259, 323
Université de Santiago du Chili, 122
Urbina, Javier (général chilien), 343, 381-383, 386
Uribe, Barbara (détenue et disparue), 70; Uribe, Viviana (sa sœur, ancienne détenue à Londres 38), 70
Uruguay, 29, 52, 417

V

Valdés, Juan Gabriel (ministre chilien des Affaires étrangères), 343, 345, 383, 388
Valdivia, Pedro de (conquistador espagnol, fondateur de Santiago), 292, 468
Vallance White, James (greffier principal, Chambre des Lords), à propos des audiences à la Chambre des Lords, 158, 163, 273, 278; sur l'incident autour du juge Hoffmann, 159, 200, 209, 212-214, 218, 456; sur l'état de santé de Pinochet, 399

Vallejos Villagrán, Álvaro, *voir* « Loro Matías »
Valparaíso, 15, 96, 109, 295, 423, 428, 435, 438, 448-449 ; lien avec Pinochet, 27, 408, 469 ; lien avec Rauff, 193, 233, 361 ; Quilpué, 469
Vans, *voir* camions à gaz (unités mobiles de gazage) ; *voir aussi* camionnettes, fourgons réfrigérés (pour le transport des prisonniers et des corps)
Vandermeersch, Damien (juge belge), 367
Vatican (presse le gouvernement britannique de laisser Pinochet rentrer au Chili), 273
Van Yurick, Edwin (détenu et disparu), 70
Vázquez, Beatriz (veuve de Walther Rauff II), 239, 452
Védrine, Hubert (ministre français des affaires étrangères), 343
Vega, Luis (avocat chilien), 297
Vera Oyarzún, Juan (victime de la dictature, disparu), 189
Vergara, Jorgelino, *El Mocito* (employé de Contreras, témoin), 363, 409-420, 429, 431, 436, 439, 446, 451, 453 ; *El Mocito, Le Jeune valet* (film), 409 ; témoin clé, 409-411, 415, 451, 453 ; reconnaît Rauff, 412-413, 419, 442 ; se rend à San Antonio avec l'auteur, 435-436, 439-443, 446
Versailles, traité de, 138
Via Naranja (maison de Townley et Callejas), 29, 33, 88, 90-92 ; meurtre de Soria, 52, 57, 153, 418, 462
Vicaría de la Solidaridad (Église du Chili), 57, 69
Videla, Jorge Rafael (général et dictateur argentin), 44
Videla, Lumi (victime de la dictature, assassinée), 417
Vienne, 101-102, 160, 256, 329
Villa Baviera, *voir* Colonia Dignidad, 318, 324-325, 328
Villa Grimaldi, Santiago (centre de détention et de torture), 29, 261, 298, 355-357, 360, 406, 417, 423, 438, 448 ; *Brigada de Inteligencia Metropolitana* (BIM), 355
Vuskovic, Sergio (ancien maire de Valparaíso, détenu sur l'île Dawson), 295

W

Wächter, Otto (officier supérieur SS, collègue de Rauff), 21-22, 94, 97, 106, 108, 182
Wagner, Ricardo (évêque luthérien, Santiago), 257-261, 511
Wagner, Gustav (officier SS, collègue de Rauff), 244
Washington, D. C., 30, 32-34, 88-89, 95, 156, 196, 280, 404, 420
Watts, Arthur, Sir (ancien conseiller juridique du Foreign Office), 139, 485
Weber, Pablo (amiral chilien, ami de Rauff), 184, 186, 190-191, 234, 239, 263
Wedekind, Michael (major britannique, interrogateur de Rauff), 105
Wehrmacht, 103-104, 108, 317, 321, 323, 398
Wentritt, Harry (officier SS, criminel de guerre), 479

Wentworth (résidence de Pinochet à Londres), 169, 202-203, 206, 208, 281, 309, 313, 393, 402
Wiesenthal, Simon, 31, 184-185, 193, 197-198, 241-242, 252-254, 256, 291, 301 ; tente de faire extrader Rauff, 184, 241, 254, 256, 301 ; obsession de Rauff, 193, 242, 252
Willeke, Christoph (agent de la DINA et tortionnaire), 412, 458, 467
Wolff, Karl (ancien général SS, supérieur de Rauff), 15, 103-105, 242-247, 249, 251-252, 365
Wyke, Maria (médecin neuropsychiatre), 346, 348, 371, 373, 375

Y

Yale Law School, 266
Yougoslavie, 40, 116, 138-140, 145, 312, 455
« Yucatán », appellation du site de Londres 38 (centre de torture), 28

Z

Z, Ernie (journaliste américain), 242
Zapata, Basclay, *El Troglo* (tortionnaire), 70, 466
Zárate, Anatolio (ancien détenu, témoin), 420, 424, 431-435, 445-446 ; « Capitaine Vincente », 433
Zentralle Stelle (Commission Z, République fédérale allemande), 116
Zott, Erick (fugitif de la Colonia Dignidad), 318, 324
Zúñiga, Armida, « Nena » (compagne de Rauff), 119, 180, 192-193, 231-233, 238, 240, 244-245, 250, 252, 254, 361, 442, 447
Zurita, Raúl (poète chilien), 29

Table

Avertissement au lecteur 13
Personnages principaux 15
Prologue 19

I.
ARRESTATION

Londres, octobre 1998 25
Nuits au Chili 84
Santiago, 1963 93

II.
JUSTICE

Londres, novembre 1998 125
Punta Arenas 171
Londres, décembre 1998 199

III.
IMMUNITÉ

Nuits en Patagonie 221
Santiago, 1979 240
Londres, mars 1999 264

IV.
ÉVASION

Nuits au musée 289
L'île Dawson 295
Londres, avril 1999 309
León 317
Londres, octobre 1999 341
Concepción 351
Londres, janvier 2000 367

V.
IMPUNITÉ

Le compromis 379
Londres, mars 2000 392
El Mocito 409
La Pesquera Arauco 420
San Antonio 431
Le juge 445

Épilogue. Deux hommes, deux visages 455
Notes 473
Remerciements 509
Sources 513
Sources des illustrations 521
Index 525

Du même auteur

La dernière colonie, traduit par Agnès Desarthe, Paris, Albin Michel, 2022.

La Filière, traduit par Astrid von Busekist, Paris, Albin Michel, 2020.

The Grey Zone : Civilian Protection Between Human Rights and the Laws of War (éd. avec Mark Lattimer), Oxford et New York, Hart Publishing, 2018.

City of Lions (avec Józef Wittlin), Londres, Pushkin Press, 2017.

Retour à Lemberg, traduit par Astrid von Busekist, Paris, Albin Michel, 2017.

Bowett's Law of International Institutions (avec Pierre Klein), 6e édition, Londres, Sweet & Maxwell, 2009.

Torture Team. Deception, Cruelty and the Compromise of Law, Londres, Allen Lane, 2008.

Lawless World. America and the Making and Breaking of Global Rules, Londres, Allen Lane, 2005.

Justice for Crimes Against Humanity (éd. avec Mark Lattimer), Oxford et Portland, Hart Publishing, 2003.

From Nuremberg to The Hague. The Future of International Criminal Justice (éd.), Cambridge, Cambridge University Press, 2003.

Principles of International Environmental Law (*et al.*, 3 vol.), Manchester et New York, Manchester University Press, 1995.

Film

What Our Fathers Did. A Nazi Legacy, 2015.

Lecture musicale [Performance]

The Last Colony, 2022.

East West Street : A Song of Good and Evil, 2014.

Podcast/Radio

The Ratline

La Filière

Impression : Normandie Roto Impression s.a.s.
Éditions Albin Michel
22, rue Huyghens, 75014 Paris
www.albin-michel.fr

ISBN : 978-2-226-49344-6
N° d'édition : 25881/01 – N° d'impression : 2503780
Dépôt légal : septembre 2025
Imprimé en France